国家社会科学基金重大招标项目"延安文艺与20世纪中国文学研究"成果

"十三五"国家重点图书出版规划项目

国家出版基金项目

陕西省委宣传部重大文化精品项目

陕西师范大学中国语言文学世界一流学科建设成果

"十三五"国家重点图书
出版规划项目

国家出版基金项目
NATIONAL PUBLICATION FOUNDATION

延安文艺与20世纪
中国文学研究

赵学勇 李继凯 主编

鲁迅与延安文艺思潮

田 刚 著

陕西师范大学出版总社

图书代号　SK23N2107

图书在版编目(CIP)数据

鲁迅与延安文艺思潮 / 田刚著. — 西安：陕西师范大学出版总社有限公司，2023.12
（延安文艺与20世纪中国文学研究 / 赵学勇，李继凯主编）
"十三五"国家重点图书出版规划项目　国家出版基金项目
ISBN 978-7-5695-3493-1

Ⅰ.①鲁…　Ⅱ.①田…　Ⅲ.①鲁迅（1881—1936）—人物研究 ②文艺—文化史—研究—延安—现代　Ⅳ.①K825.6　②I209.941.3

中国国家版本馆CIP数据核字（2023）第012818号

鲁迅与延安文艺思潮
LU XUN YU YAN'AN WENYI SICHAO

田　刚　著

出版统筹 /	刘东风　雷永利
责任编辑 /	刘存龙
责任校对 /	王丽敏
出版发行 /	陕西师范大学出版总社
	（西安市长安南路199号　邮编 710062）
网　　址 /	http://www.snupg.com
印　　刷 /	中煤地西安地图制印有限公司
开　　本 /	710 mm×1000 mm　1/16
印　　张 /	37.75
字　　数 /	589千
版　　次 /	2023年12月第1版
印　　次 /	2023年12月第1次印刷
书　　号 /	ISBN 978-7-5695-3493-1
定　　价 /	168.00元

读者购书、书店添货或发现印装质量问题，请与本公司营销部联系、调换。
电话：（029）85307864　85303629　传真：（029）85303879

总　序

　　延安文艺是20世纪中国文学历史进程的重要节点。自1940年代至今，延安文艺及其相关问题的研究不断拓展深化，并于不同的历史语境及研究者的身份立场中呈现出有别甚至迥异的话语阐释与纷争局面，成为中国现当代文化史、文学史上难以绕开的学术研究领域。如果说20世纪的延安文艺研究更多为外在的各种（政治的、文化的、文学的）力量所推助，那么在拨开意识形态的迷雾后，新世纪以来的延安文艺研究则更加彰显出延安文艺自身的丰富内涵与持续性研究的宽阔空间，并不断促使延安文艺研究向更加深广的领域拓进。

　　延安文艺研究的重要价值和意义，首先由延安文艺本身的价值和意义所决定。在中国现当代文学的发展中，延安文艺上承五四、左翼时期的文学传统，下启"十七年"、"文革"及新时期至今的文学路向。这一承前启后的文学历史的"坐标"意义及其影响巨大而深远。其次，延安文艺是一种特殊空间范畴的文艺形态，它完成了将战时特殊的区域化文学实践与一般意义上的民族/国家文学的创构目标相联结的巨大的文化实验。因此，认识中国现代文化与文学，以至认识现代中国革命与社会，认识当代中国诸多文化与文学的现实问题，都离不开对延安文艺的不断认识和解读。

　　延安文艺研究的价值还在于其在当代中国文学话语中的元叙事作用。一方面，它所建立的文学规范显性地呈现为一种话语权威，支撑起新意识形态下文艺体系中的文学组织方式、生产方式的合法性运转；另一方面，它隐性地内化为当代文学所具有的特殊文艺传统和精神品格——作为极为重要的中国经验的组成部分，不断地渗透于中国文化建设的各个层面。

此外，延安文艺研究的价值无疑还在于其鲜明的当下性指向。作为吸收、鉴取和凝聚了中国传统民间智慧与外国文艺理论及艺术形式的大众文艺形态，延安文艺以其"新鲜活泼的、为中国老百姓所喜闻乐见的中国作风和中国气派"的艺术样式，真正意义上践行了文学与社会现实、与广大民众密切结合的时代诉求，具有鲜明的先锋性、民族性与现代性特征。新世纪以来，面对大众文化的崛起、底层书写的兴盛、民间资源的流失、全球化与本土化的对峙等中国文学亟待解决的问题，重新爬梳并清醒认知延安文艺的历史经验及其创造性转化的价值和意义，无疑能够为当代人民文艺的健康发展提供借鉴与审思的契机。

强调以历史意识和史学视角切入研究，亦即本着贴近历史语境的原则，对延安文艺做出历史的、社会的及美学的阐释和评价。历史与现实视域是评价延安文艺应持守的基本态度。坚持历史的实事求是的学术精神，注重对历史的多重把握与透视，在理解与阐释中触及历史的真实；重视现实的客观中肯的研究方法，尝试探索具有当下延伸意义的理论路径，并着力针对历史文化现象做出科学的阐释。这是本课题研究的基本出发点。

"延安文艺与20世纪中国文学研究"书系，是其同题国家社会科学基金重大招标项目的终期研究成果。课题组成员力图从新的理论视界，对延安文艺本体形态与中国新文学的历史关联和发展、延安文艺的重大历史价值和影响、延安文艺的马克思主义文艺理论的中国化理论和实践、延安文艺之于中国现当代文学精神的经验借鉴、延安时期及对后来产生广泛影响的作家作品、延安文艺的中外传播及世界影响等重要议题，进行深入、系统的研究。书系主要包括对延安文艺的文学史价值重估、本体研究、文本细读、史料钩沉等方面，且延展至对延安文艺所纳含并有突出贡献的戏曲、电影、书法等多种艺术门类作品的再读与评价，亦触及对女性主义、传播生态、族裔书写、文人心态等相关重要理论命题及实践层面的探讨。由此构成了整一的"延安文艺与20世纪中国文学研究"课题的内容结构。

深入系统地研究延安文艺与20世纪中国文学的广泛联系及深远影响，对重新认识中国现当代思想史、社会史、革命史、文化史、文学史具有重大的学术价值和意义。在每部著作的内容和结构中，最值得反复强调的是，站在学术的时代前沿，审慎地、科学地重估延安文艺的价值，着力建构延安文艺史料学与延安文艺学术史，在作家新论的基础上探究延安文学的经典化历程，在广阔的社会文化视野中考察延安文艺的发生、特征及影响，探索精英文化与民间文化的融合、新型文艺形态的创构，等等。这些都是本课题的创新和亮点。

作为马克思主义文艺理论与中国本土文艺实践和历史语境相结合的综合性、创造性转化成果，延安文艺以鲜明的时代性诠释了马克思主义理论与中国文化传统和实践经验的融合、生发与创新，成为马克思主义中国化的成功方案。延安文艺本身也以其丰富性、多样性和创新性不断地诠释、发展和丰富着马克思主义文艺理论中国化的内涵。延安文艺思想中的人民主体文艺观、革命功利主义文艺观、文学艺术源泉论、中国民众喜闻乐见的民族形式论、文艺舞台上人民群众主角论，都包含了文论方面的独特创造，充分体现了其话语体系的实践性特征。因此，正视和总结马克思主义文艺理论中国化的经验，无疑有着重大的现实意义与理论价值。

延安作家的书写行为及特殊战时环境中延安文人形象的塑造，其精神内涵丰富且意味深长，对研究现代中国知识分子的生命历程及精神史有极为重要的价值。因此，在关注延安文艺的本质特征、艺术价值、珍贵史料之外，更直接地从文艺制度、文人处境、文人性格、作家精神气质、日常生活场景、民间文化资源等层面入手，探讨延安文艺的创作经验及其在之后文学发展中的赓续与转化问题，不失为延安文艺研究中突破政治与文学的二元对立模式，凸显革命政治文化与文学文化之间的互文，积极尝试重构一种文人与政治、政治与文学之间相互独立、相互融通、相互创造关系的研究范式，有意想不到的发现。

延安文艺传播的成功经验，建基于传播主体与受众间密切且灵活的联系，既汇聚了集体智慧共同参与文艺创作，更扩展了艺术与生活的边界，在良性的深度互动中呈现出包容性、广泛性与渗透性的文艺传播效果。而域外作家的延安书写及域外延安文艺学术史的研究，使得延安文艺与20世纪中国文学研究的视野更加开阔，眼界更具开放性、包容性及参照比较的特点，对中国当代文学具有积极的书写经验的镜鉴意义。延安文艺的世界性传播，引发了海外汉学界的关注与研究。面对海外汉学界某些偏颇的批评观念，给予理性的符合历史情境的回应，且进行深刻的自我审视与反思，在融汇本土视角与国际视野的研究视域下，开启对文化身份认同、国际形象建构与世界文学追求等方面的积极探索，具有重要的理论价值。

不断深化延安文艺与20世纪中国文学的历史发展研究，旨在形成一种必要的更加宏阔的研究视野，以此拓宽认识20世纪后半叶及新世纪的中国文学、文化、艺术对延安文艺精神的继承、发展与创变，以及随之收获的历史资源和经验教训。其学术价值的重点在于，对当下文学、文化和艺术的广泛观照与深刻反思。通过考察新的历史条件下，毛泽东《在延安文艺座谈会上的讲话》与习近平《在文艺工作座谈会上的讲话》之间的精神联系，探索并回应社会主义文艺的重大问题，如世界文化发展趋势与中国经验的兼容性内涵，社会主义文艺观的当代性发展，弘扬革命文艺传统与坚持社会主义文艺的前进方向，等等。强烈的当代意识和当下观照是本课题研究的鲜明特色。

可以看到，有关延安文艺的研究目前正不断地朝着更加学理化、纵深化、精细化、历史化的方向拓进。这一研究课题的再深化，对整个20世纪中国文学话语资源及范式的清理、反思、再认识及重塑，于学科层面而言具有十分重要的意义。与此同时，在中国文化软实力全球化推进的背景下，延安文艺的相关研究亦可对当下所倡扬的"中国经验""中国智慧"进行丰富的更深意义上的补充。因而，在此基础上，我们期待一个更加开放的、深化的、互通的延安文艺研究的新局面。

赵学勇

2020年10月6日

目　录

第一章　晚年鲁迅与陕北的中共中央
第一节　"鲁迅、茅盾致红军贺信"考辨 / 004
第二节　左联晚期"两个口号"论争考辨 / 025
第三节　鲁迅《答托洛斯基派的信》考辨 / 041

第二章　鲁迅"旗手"形象的确立
第一节　"悲痛的告别"：鲁迅葬仪纪事 / 068
第二节　毛泽东与鲁迅："文艺与政治的歧途" / 087

第三章　"鲁迅"在延安的纪念与传播
第一节　陕北苏区的鲁迅纪念活动 / 110
第二节　"鲁迅"在延安的广泛传播 / 114
第三节　延安整风前后的"鲁迅" / 133

第四章　鲁迅精神感召下的延安文艺新潮
第一节　延安文艺新潮出现的历史背景 / 142
第二节　延安文艺新潮的发生 / 149

第三节　延安文艺新潮的进一步扩大与蔓延 / 159
第四节　以鲁迅启蒙主义为旨归的延安文艺新潮 / 167

第五章　延安文艺座谈会上的"鲁迅"

第一节　延安文艺整风运动的展开 / 182
第二节　延安文艺座谈会上的"鲁迅" / 194
第三节　毛泽东《讲话》权威性的确立 / 206

第六章　丁玲："莎菲女士在延安"

第一节　"昨天文小姐,今日武将军" / 241
第二节　积习难改的"名士气派" / 245
第三节　在整风中"革面洗心" / 250
第四节　在审干中"脱胎换骨" / 258

第七章　萧军："勇斗风车的独行侠"

第一节　"侠肝义胆走天下" / 270
第二节　"精神界的流浪汉" / 277
第三节　卷入"王实味事件" / 285
第四节　从乡下"归来" / 294

第八章　王实味："世人皆曰杀"的楚狂人

第一节　楚汉狂人 / 306
第二节　《野百合花》 / 314
第三节　被整肃的命运 / 323

第四节　王实味与鲁迅：时乖运蹇的人生际遇 / 333
　　第五节　王实味与鲁迅：五四启蒙主义文学价值观的坚守 / 341

第九章　新的鲁迅阐释话语的建构
　　第一节　从"同路人"到"旗手"：鲁迅形象的再造 / 356
　　第二节　阿Q的"复活"与"新生" / 368
　　第三节　"鲁迅杂文时代"的终结 / 382

第十章　《文化报》事件：批判萧军
　　第一节　凯旋东北与恋爱风波 / 430
　　第二节　两报论战与批判萧军 / 442
　　第三节　为什么是萧军？为什么是《文化报》？ / 455

第十一章　《论主观》风波：清算胡风
　　第一节　何其芳、刘白羽的重庆之行 / 475
　　第二节　一场中途夭折的新启蒙运动 / 485
　　第三节　《论主观》风波 / 499
　　第四节　《大众文艺丛刊》："香港批判" / 509

结局或开始　第一次文代会："人民鲁迅"的诞生 / 543

参考文献 / 578

后　　记 / 590

第一章 晚年鲁迅与陕北的中共中央

"鲁迅、茅盾致红军贺信"、"两个口号"论争和鲁迅《答托洛斯基派的信》，是中共中央和中国工农红军1935年10月到达陕北后，发生在鲁迅晚年并体现他与中国共产党关系的三大公案。但在鲁迅研究界，这三大公案多年来却处于众说纷纭的争议旋涡之中。本章通过对这三大疑案的考述和辨析，试图厘清其中的来龙去脉及历史纠葛，以恢复其本来面目。

第一节

"鲁迅、茅盾致红军贺信"考辨

标志着鲁迅与陕北的中共中央发生联络的第一个重大事件,是多年来被学界争得沸沸扬扬而至今莫衷一是的"鲁迅、茅盾致红军贺信"。这封贺信刊于1936年4月17日出版的中国共产党西北中央局机关报《斗争》第95期,被认定为鲁迅、茅盾1936年3月29日祝贺红军东征胜利的信件。"鲁迅、茅盾致红军贺信"是一份珍贵的历史文献,对研究鲁迅和茅盾生平思想、中国现代史、中共党史、军史都具有重要的意义。2005年出版的《鲁迅全集》将此信件编入"书信卷"附录三。但是,由于刊载此信件的《斗争》在当时属于发行量和影响面都极小的党内秘密刊物,所以在新中国成立前除却几个当事人外,几乎无人知晓。1951年,冯雪峰第一次披露了这封贺信存在的事实。因为这封信是鲁迅后期一次重要的政治表态,关涉鲁迅与党的关系这一重大事件,所以立即引起了鲁迅研究界的高度重视。从此,一场寻访和查证这封贺信的工作启动。

一、冯雪峰最早提到的是"长征贺电"

最早提到这封贺信的,是在鲁迅晚年与之过从甚密的冯雪峰。不过,冯雪峰最初认定的是"电报",而不是"贺信"。冯雪峰于1951年在《党给鲁迅以力量——片断回忆》中说:"当红军长征到达陕北的时候,他(鲁迅)和茅盾先生共同转转折折地送去过一个给毛主席和朱总司令庆祝胜利的电报。"[1]接着,他

---

[1] 冯雪峰:《党给鲁迅以力量——片断回忆》,见河南省文联编辑出版部编辑:《党给鲁迅以力量》,河南省文联筹委会1951年版,第9页。

又在1952年发表的《回忆鲁迅》一文中提到了这封电报："我在一九三六年四月间从陕北瓦窑堡通过封锁线辗转到上海，记得到达上海是四月二十四或二十五日。……鲁迅先生和茅盾先生共同给毛主席和朱总司令庆贺长征胜利的电报，也正在我动身的前几天才转到瓦窑堡的。"[①]1972年11月，冯雪峰在回答上海鲁迅纪念馆同志的访问时说："我没有看到原件。""电报是信的形式。"（访问记录存上海鲁迅纪念馆）1974年9月2日，他在回答延边大学来访的同志时又说："一九三六年四月，党中央在陕北也是收到他（指鲁迅）和茅盾的贺电才派我去上海，去找他们。"[②]

冯雪峰提到的这封鲁迅给中共中央的贺电，引起了各界的极大关注：第一，到底有没有这封贺电？第二，这封贺电的内容是什么？许多学者从此开始了认真而艰苦的寻访和查证工作。

对于第一个问题，人们自然想到了这封贺电的第一当事人鲁迅。但查诸鲁迅生前的日记、书信和文章，却未见有该贺电的任何记录。这时，人们又想到了该贺电的另外一个当事人——当时还健在的茅盾。但茅盾的回答让人们一头雾水。他不否定有这封贺电的存在，但认为自己既没有经手起草、拍发这封贺电，更没有见到贺电的原稿和内容。查茅盾书简，最早涉及这封贺电的是1971年7月25日回复周振甫的询问："鲁迅贺红军长征胜利一电，究何月发出，不能确记，但红军胜利抵达陕北之讯，鲁迅与我在沪知之较早，约在'残秋'前后，盖当时在沪国际友人（如史沫特莱）时相过从，彼等消息灵通，知后即便相告，且此电亦即托史女士设法拍发者也。"[③]1975年4月26日，在北京鲁迅博物馆举行的座谈会上，茅盾又对上述提法进行了补充性说明："关于毛主席率领红军长征的胜利，国民党是封锁消息的，上海一般人直到很晚才知道。一天我到鲁迅那里谈别的事，临告别时，鲁迅说史沫特莱昨来告知，红军长征胜利，并建议拍一个电报到陕北祝

[①] 冯雪峰：《雪峰文集》（第4卷），人民文学出版社1985年版，第229—230页。
[②] 陈琼芝：《在两位未谋一面的历史伟人之间——记冯雪峰关于鲁迅与毛泽东关系的一次谈话》，载《中国现代文学研究丛刊》1980年第3期。
[③] 上海图书馆中国文化名人手稿馆编：《尘封的记忆——茅盾友朋手札》，文汇出版社2004年版，第25—26页。

贺。我当时说这很好，却因为还有约会，只问电报如何发出去。鲁迅说，我交给史沫特莱，让她去办就是了；又说电文只要短短几句话。当时我实未见电文原稿，因为鲁迅还没起草，以后因事忙，把此事忘了，没有再问过鲁迅，也没有问过史沫特莱。不知史沫特莱如何把这个电报拍出去的，现在相传是通过第三国际从法国转的，这只是猜想而已。"①

茅盾的回答可以肯定的有以下三点：一是鲁迅贺红军长征胜利电确有其事；二是自己未参与贺电的起草和联署，更未见到电文原稿；三是贺电之事是通过史沫特莱全权办理的，具体详情未知。他的这一看法，还在1977年4月8日和6月12日分别回复孔罗荪和叶子铭的信中多次加以强调，可以参看。②由此可知，茅盾基本上否定了自己在这封贺电中的作用。晚年茅盾写回忆录，其中写到他全家1940年5月到延安，在回拜张闻天时，"在谈话中，闻天插了一句：'你和鲁迅给中央拍来的贺电，我们收到了。'当时我漫然听之"③。这里，特别值得玩味的是"漫然"一词。1979年6月17日，西北大学教授阎愈新和研究生阎庆生（现陕西师范大学文学院教授）访问茅盾。据阎庆生后来回忆，会见时他们谈及了鲁迅、茅盾的这封贺电，茅盾说了这样一句话："就是有了这封贺电，也不是天大的事情。"这可以视为茅盾上述"漫然"一词的最好注脚。

尽管茅盾一再否认自己参与贺电联署的事情，但他并没有否认这封贺电的历史存在。那么，这封贺电到底写了什么？学者们对贺电电文的查找工作还在进行着。

1956年《文艺报》第19期"纪念鲁迅专号"，刊载樊宇《"在你们的身上寄托着人类和中国的将来"》，该文称翻阅旧日记，查出了这样一段，1947年7月27日《新华日报》载：1936年2月20日，红军东渡黄河，抗日讨逆，这一行动得到全国广大群众的拥护，鲁迅先生曾写信庆贺红军，说"在你们的身上，寄托着人类和中国的将来"。该文随之进一步追问道："《新华日报》当是晋冀鲁豫解放区

---

① 茅盾：《我和鲁迅的接触》，见鲁迅研究资料编辑部编：《鲁迅研究资料》（第1辑），文物出版社1976年版，第73页。
② 上海图书馆中国文化名人手稿馆编：《尘封的记忆——茅盾友朋手札》，文汇出版社2004年版，第201、220—221页。
③ 茅盾：《一九三五年记事——回忆录（十八）》，载《新文学史料》1983年第1期。

的而不是重庆的《新华日报》。如果循着这个线索去找寻,不知能不能够查到这个电报的底本或复本?"樊宇的文章,对于贺电的查找工作是一次具有重要意义的推动:第一,进一步证实了冯雪峰所提到的贺电存在的历史事实;第二,纠正了冯雪峰的"长征贺电"说,认为鲁迅发出的不是"贺电"而是"贺信",而且这封贺信是声援红军东征胜利的,而不是祝贺红军长征胜利的;第三,第一次披露了鲁迅贺信的内容。但是,樊宇的文章并没有引起社会各界的重视,以至于冯雪峰的说法得以长期流传。其重要的表现就是人民文学出版社1976年出版的《鲁迅书信集》,在卷首刊载《致中共中央》"在你们身上,寄托着人类和中国的将来"一句,注明:"此件为鲁迅获悉中国工农红军经过长征胜利到达陕北后发的贺电,是通过美国记者史沫特莱发出的。时间大约在一九三五年十一月间。电文据1947年7月27日《新华日报》(太行版)载《从红军到人民解放军——英勇斗争二十年》所引抄存。"这一说法,曾被各种关于鲁迅的课本采用而产生了重大的影响。现在看来,这一历史的叙事乃是由冯雪峰、茅盾和樊宇三家的说法杂糅而成的,其失实之处自不待言。

二、最后发现的却是"东征贺信"

1979年6月9日,《人民日报》刊出唐天然《新发现的鲁迅佚文》,发现早在1936年10月28日,中华苏维埃中央政府机关报《红色中华》悼念鲁迅专版上就刊有"摘鲁迅来信":"英勇的红军将领和士兵们,你们的勇敢的斗争,你们的伟大胜利,是中华民族解放史上最光荣的一页,全国民众期待你们更大的胜利,全国民众正在努力奋斗,为你们的后盾,为你们的声援!你们的每一步前进,将遇到极热烈的欢迎与拥护。"唐天然这一发现具有重要的史料价值:上述所谓的"鲁迅来信",进一步证明了鲁迅祝贺红军的乃是"来信",而不是"来电"。但他认为"这就是新发现的鲁迅庆贺红军长征胜利信件的片断"却似乎根据不足。

现在的问题是,樊宇和唐天然所发现的太行版《新华日报》和《红色中华》中所征引的鲁迅"贺信"的内容来自何处呢?1984年8月,西北大学阎愈新经过多方寻访,在山西省档案馆查到中共河北省委编的《火线》第61期(1936年9月15

日出版的32开油印本），其中载有杨尚昆1936年7月24日写的《前进！向着抗日战争的胜利前进！——纪念1936年的"八一"》一文。该文写道："东征的胜利，使全国一切不愿意当亡国奴的人，都认识到红军的先锋作用，认识到红军是在为了全中国人民利益而奋斗。""朋友们赞扬我们，期望着我们更大的胜利。"接着引用了如下一段文字：

> 英勇的红军将领和士兵们，你们的英勇的斗争，你们的伟大胜利是中华民族解放史上最光荣的一页！全中国民众期待着你们更大的胜利。全中国民众正在努力奋斗，为你们的后盾，为你们的声援，你们每一步前进，将遇到热烈的拥护和欢迎！

文章指出："这是我们的战友们对我们的赞扬，是全国一切不愿意做亡国奴的人们对我们的希望。"接着又引用了下面一段话：

> 对于你们，我们那最英勇的伟大的民族解放的先锋队，我们是抱着那样深刻的敬仰，那样热烈的爱护，那样深挚的期望，在你们身上寄托着人类的光荣和幸福的未来。只要想到你们在中国那样无比的白色恐怖进攻下，英勇的，顽强的，浴血苦斗的百折不回的精神，就是半身不遂的人也会站起来笑！

上述两段引文，杨尚昆文章中没有说明来历，但第一段引文，《红色中华》1936年10月28日刊出时，已注明"摘鲁迅来信"。第二段引文中"在你们身上寄托着人类的光荣和幸福的未来"一句，与太行版《新华日报》所引，除了个别文字小有出入外，其余的意思完全相同。杨尚昆的文章写于1936年7月，而太行版《新华日报》是在十一年后的1947年7月刊出，当然应以最早的版本为准。由此阎愈新认定，上述两段引文均出自鲁迅贺信。他据此写成《鲁迅致红军贺信的新发现》一文，先后在《鲁迅研究月刊》（1986年4月）和《解放军报》（1986年7月31日）发表，同时还提交到了1986年10月间在北京召开的纪念鲁迅逝世五十周年学术讨论会上。阎文发表之后，产生了很大的社会影响。新华社于1986年10月21日发布消息《西北大学教师阎愈新发现鲁迅致红军贺信》，中央人民广播电台、中央电视台分别于22日、25日黄金时间播出。

在找到了太行版《新华日报》和《红色中华》上的鲁迅贺信的部分内容出自杨尚昆的文章之后，接下来的问题又来了：杨尚昆的文章所引用的鲁迅贺信又出自哪里？能否找到鲁迅的这封贺信？为此，阎愈新探寻的步伐并没有停止。1994年，他偶然翻阅童小鹏《军中日记》（解放军出版社1986年版），书中对红军1936年2月开始进行的东征记述颇详，其中4月26日的记载为查找贺信提供了线索："休息。阅《斗争》报载的上海各团体来信，兴奋已极。"于是阎愈新到陕西省档案馆、山西省档案馆、中央档案馆、延安纪念馆，以及兴县档案馆、国家档案总库等处，查找1936年4月出版的《斗争》。1995年8月2日，他终于在北京中央档案馆，查到了该馆收藏的中国共产党西北中央局机关报《斗争》。1936年4月17日出版的《斗争》（32开蜡纸刻写油印本）第95期封面目录上，赫然出现了《中国文化界领袖××××来信》的题目。阎愈新喜出望外——这正是大家多年来查找的鲁迅、茅盾来信！该信全文如下：

　　读了中国苏维埃政府和中国共产党中央的《为抗日救国告全体同胞书》、中国共产党《告全国民众各党派及一切军队宣言》、中国红军为抗日救国的快邮代电，我们郑重宣言：我们热烈地拥护中共、中苏的号召，我们认为只有实现中共、中苏的抗日救国大计，中华民族方能解放自由！

　　最近红军在山西的胜利已经证明了卖国军下的士兵是拥护中共、中苏此项政策的。最近，北平、上海、汉口、广州的民众，在军阀铁蹄下再接再厉发动反日反法西斯的伟大运动，证明全国的民众又是如何热烈地拥护中共、中苏的救国大计！

　　英勇的红军将领们和士兵们！你们的勇敢的斗争，你们的伟大胜利，是中华民族解放史上最光荣的一页！全国民众期待你们的更大胜利。全国民众正在努力奋斗，为你们的后盾，为你们的声援！你们的每一步前进将遇到热烈的拥护和欢迎！

　　全国同胞和全国军队抗日救国大团结万岁！

　　中华苏维埃政府万岁！

　　中国红军万岁！

中华民族解放万岁！

××　××

一九三六、三、廿九

在这一期《斗争》上，还刊有其他四封贺信：上海抗日团体《全国×××抗日救国代表大会来信》（1936年3月25日）、《全国民族武装×××来信》（1936年3月26日）、《上海××抗日救国联盟来信》（1936年3月25日）、《满洲三千万同胞的代表的来信》（1936年3月24日）。五件来信，一万余字。其中，《全国×××抗日救国代表大会来信》抬头写着"中国共产党中央执行委员会、中华苏维埃政府、红军革命军事委员会暨全体红军战士"，《满洲三千万同胞的代表的来信》抬头写着"红军将士同志们"。其余三件来信，包括《中国文化界领袖××　××来信》，都没有写抬头。遗憾的是，当阎愈新试图进一步申请查阅这五件来信的原件时，中央档案馆资料利用部的批复是："在我馆收藏档案中，未查到所需材料。"

阎愈新的发现，在长达四十余年的"贺信"追寻历史上具有里程碑的意义：第一，彻底确证了这封"鲁迅、茅盾致红军贺信"的历史存在，使这份尘封六十年的贺信终于重见天日；第二，进一步证实了鲁迅、茅盾给红军发出的并不是"长征贺电"，而是"东征贺信"；第三，纠正了当时流传颇广的所谓的鲁迅致红军贺电的谬误——"在你们身上，寄托着人类和中国的将来"，其实这并不是鲁迅致红军贺电的句子，而是来自发表于同一期《斗争》中的另外一封信《全国×××抗日救国代表大会来信》。[1]1996年，阎愈新把自己四十余年查证这封贺

---

[1] 据阎愈新查证，长期流传的鲁迅致红军贺电的句子"在你们身上，寄托着人类和中国的将来"，出自太行版《新华日报》。而《新华日报》所刊载的鲁迅的这句话，录自1945年12月1日山东军区滨政宣传科编写的《从红军到解放军英勇斗争十八年大事记》："一九三六年二月二十日，红军东渡黄河，抗日讨逆，这一行动得到全国广大群众的拥护，鲁迅先生曾写信庆祝红军，说：'在你们身上，寄托着人类和中国的将来。'"（1945年12月山东军区滨政《民兵报》）而《从红军到解放军英勇斗争十八年大事记》中的这句话，可能是从杨尚昆文章的上述第二段引文抄来的。只是辗转移引之故，两者文字小有出入。而杨尚昆文章的上述第二段引文，其实并不是鲁迅贺信的内容，其出处则是《全国×××抗日救国代表大会来信》。参见阎愈新：《鲁迅、茅盾致红军贺信的发现与辨析》，载《炎黄春秋》1997年第2期。

信的反复经过，写成《六十年前鲁迅、茅盾致红军贺信之发现》，提交该年举办的纪念茅盾百年诞辰国际学术讨论会。新华社也于1996年7月1日发布通稿《陕西发现鲁迅茅盾致红军贺信》，被中央电视台、中央人民广播电台播出，全国各报刊刊载。新华社电称："在中国著名作家茅盾诞辰100周年前夕，备受中国现代革命史、中共党史和鲁迅茅盾研究界关注的鲁迅茅盾致红军贺信，日前被西北大学教授阎愈新发现。"同时，阎愈新有关的论文也在《新文学史料》《鲁迅研究月刊》《新华文摘》《人民论坛》《炎黄春秋》等刊物发表，立即引起学术界的高度重视。当时有评论认为，鲁迅、茅盾贺信是"一封极具重要的政治意义和文献价值的联名贺信"，是"众多学者久攻不下的一道难题"。"《鲁迅研究年刊》主编，年逾古稀的阎愈新先生，以顽强的毅力，锲而不舍的精神，长期致力于这一问题的探寻、钻研，终于使学术界多年争论不休、悬而未决的一个重要问题找到正确答案，划上了一个完整的句号。"①

三、"东征贺信"并不是鲁迅、茅盾所为

鲁迅、茅盾致红军贺信于1995年被发现后，人们在惊喜之余，自然会有如下的疑问：这是否是鲁迅的作品？它是经过什么渠道或者说是经谁之手送达红军那里？它是否该收录进新版的《鲁迅全集》？二十多年来，学术界又围绕着这些问题，开始了新一轮的争议。

以阎愈新为代表的大部分学者坚持认为这封贺信是真实的，应认定其为鲁迅的作品，并收入新版的《鲁迅全集》。其论据如下：

第一，1936年4月，冯雪峰作为党的特派员从陕北保安被派往上海，正是在中共中央接到鲁迅、茅盾来信之后。冯雪峰回忆："一九三六年四月，党中央在陕北也是收到他（指鲁迅）和茅盾的贺电才派我去上海，去找他们。"②另据张闻天夫人刘英回忆，冯雪峰的上海之行，是时任党中央领导人张闻天、周恩来在收

---

① 张小鼎：《关于鲁迅茅盾致中共中央的贺信》，载《中华读书报》1996年11月6日。
② 陈琼芝：《在两位未谋一面的历史伟人之间——记冯雪峰关于鲁迅与毛泽东关系的一次谈话》，载《中国现代文学研究丛刊》1980年第3期。

到鲁迅、茅盾的贺信后把冯雪峰从东征前线调回来，派往上海找鲁迅、茅盾的。"记得临走之前，我们还在自己的窑洞里请雪峰吃了一餐饭。闻天交代雪峰：'到了上海，先去找鲁迅、茅盾，他们是靠得住的。'"①而且，冯雪峰到了上海之后，张闻天、周恩来还致信冯雪峰："你的老师（指鲁迅）与沈兄（指沈雁冰，即茅盾）好吗？念甚……他们为抗日救国的努力，我们都很钦佩。希望你转致我们的敬意。"②这可以看作中共领导人对鲁迅、茅盾在贺信中拥护中共抗日救国主张的热诚回报。

第二，当时的中共领导人博古、毛泽东、杨尚昆都曾在文章、电报、讲话中引用或提到过鲁迅、茅盾的这封贺信。最早在文章中引用贺信中文字的是博古。他在1936年4月20日出版的《斗争》第96期发表的《红军在山西》一文中，就引用过贺信中的内容："红军的东征，给了他们以极大的兴奋，鼓励和激动，……试读着下面的书信和祝词的摘引：'英勇的红军将领们和士兵们！你们的每一步将遇到热烈的拥护和欢迎！'"但博古在文章中并没有注明出处。杨尚昆的引文前已述及，此不赘述，但其引文来源，却可能来自毛泽东1936年5月8日在陕北延川交口召开的政治局扩大会议上的讲话《目前形势与今后战略方针》。在讲话中，毛泽东明确提到"东征动员了全国"，"鲁迅、茅盾等都公开拥护"，而这个讲话的记录者就是时任东征红军政治部主任的杨尚昆。③另外，同年5月20日，林育英、张闻天、毛泽东、周恩来等党中央和红一方面军领导人给正在长征途中的党和红军领导人朱德、张国焘等拍发的一封长电，也提到了鲁迅、茅盾、宋庆龄、覃振等来信拥护中国共产党与苏维埃中央的抗日主张。④

第三，1936年10月28日出版的中华苏维埃中央政府机关报《红色中华》的悼

---

① 转引自程中原：《应该肯定下来的和需要继续考证的——"贺信贺电问题"之我见》，载《新文学史料》1998年第1期。
② 张闻天、周恩来：《请向鲁迅转致我们的敬意》，载《鲁迅研究月刊》1992年第7期。
③ 程中原：《应该肯定下来的和需要继续考证的——"贺信贺电问题"之我见》，载《新文学史料》1998年第1期。
④ 中央统战部、中央档案馆编：《中共中央抗日民族统一战线文件选编》（中册），档案出版社1985年版，第148页。

念鲁迅专版，在中心位置特栏刊载《鲁迅先生的话》，并摘录了这封贺信第三段的全部内容，同时还注明"摘鲁迅来信"。这是第一次公开来信者之一鲁迅的名字，而之所以没有注明另一位联名者，是茅盾还居住在国民党统治区上海之故。茅盾生前说过，当时"这将冒砍头的危险"①。另外，在这期《红色中华》的悼念鲁迅专版上，还摘录了一段鲁迅《答徐懋庸并关于抗日统一战线问题》中的文字："中国目前的革命的政党向全国人民所提出的抗日统一战线的政策，我是看见的，我是拥护的，我无条件地加入这战线，那理由就因为我不但是一个作家，而且是一个中国人。"②这里所谓的共产党"向全国人民所提出的抗日统一战线的政策"，就是贺信所提到的《为抗日救国告全体同胞书》（《八一宣言》）。后引的鲁迅的这段话，与贺信在思想和精神上是一脉相承的，都是鲁迅拥护中共中央提出的抗日民族统一战线的铁证。

上述证据只是说明了这封信历史存在的事实，但要说它真的就是鲁迅、茅盾所发出的就大可令人生疑了。因为从史料的性质来看，上述证据都不是直接证据，而只能说是旁证或者说是间接证据，并不能直接证实这封贺信就是鲁迅、茅盾所为。就这封贺信而言，能够证明它就是鲁迅、茅盾所为的直接证据无非是如下三项：

其一，这封贺信的起草者或联署者，即鲁迅和茅盾参与的事实。但遗憾的是，从学者们发掘的史料来看，至今还没有非常确凿的证据能够证实鲁迅或茅盾参与了这封信的起草或联署。茅盾对贺信的态度上面已经述及，他承认这封信存在的事实，但却否认自己参与起草或联署，这基本上是撇清了自己与这封贺信的关联。茅盾自己都没有起草或联署，怎么能把这封信的冠名权算在他的名下呢？而且，茅盾所说的鲁迅曾经跟他谈过发贺信的史实，也是大可怀疑的：一是茅盾所说是"长征贺电"，而现在发现的却是"东征贺信"；二是茅盾所说是在"文革"及以后，多是人云亦云的重复，无一处新的证据，显然不像是当事人的回忆；三是茅盾不敢否认贺电存在的事实，估计是有所忌惮而为。他最初回应贺信

---

① 韦韬、陈小曼：《茅盾的晚年生活》（七），载《新文学史料》1996年第3期。
② 鲁迅：《鲁迅全集》（第6卷），人民文学出版社1981年版，第529页。

之事是在"文革"期间，当时鲁迅、茅盾给中共中央发出贺电之事几乎家喻户晓，并且已成了鲁迅"拥护"党中央的重要的政治表态的证据，显然茅盾不敢也不能否决此事。但要无中生有地说有此事，又无法给后人和历史交代。茅盾对待贺电的矛盾心态大致如是。这也从另一方面透露出了一个重要的事实，那就是茅盾与这封贺信基本上没有什么关联。

既然茅盾承认自己与贺电无关，那么，另外一个更主要的当事人鲁迅呢？从现有的史料看，基本上也没有鲁迅参与起草或联署的事实。贺信的发现者阎愈新认为，鲁迅、茅盾贺信的落款日期是1936年3月29日。查《鲁迅日记》，1936年3月下旬，茅盾多次到鲁迅寓所。20日："明甫来。"23日："午后明甫来。"25日："明甫来。"27日："午后明甫来。"这里"明甫"即茅盾，由此或许可以说明两位文化巨人确曾有商量起草并发出贺信之事。①实际上，这些日子茅盾造访鲁迅，主要是商量安排为3月15日刚刚在上海创刊的英文半月刊 *The Voice of China*（《中国呼声》）组稿等事宜，并没有商量拟电或起草贺信的事情。②这就是说，鲁迅留下的原始资料——日记和书信也没有发现与茅盾商量拟电或起草贺信的记载。鲁迅、茅盾都没有商量起草或联署贺信的原始记录或回忆，这封贺信就不能记在他们的名下。

其二，这封贺信的原件或见过原件的人的证明。我们已经知道，这封贺信的原件至今还没有被发现。没有贺信的原件，那有没有谁见过该信的证词呢？目前的史料还没有发现有谁能证明他见过该信的原件。这封贺信最早的提出者冯雪峰1972年11月在回答上海鲁迅纪念馆同志的访问时就说过："我没有看到原件。"据中共党史学者程中原推测，这封贺信可能是由时在上海的董健吾牧师通过中共驻东北军代表刘鼎送给党中央的，但查阅董健吾和刘鼎传记及年谱，却没有该信的任何记录。③就是当时在电传、讲话和文章中提到了该信的党中央领导人张闻

---

① 阎愈新：《六十年前鲁迅、茅盾致红军贺信之发现》，载《新文学史料》1996年第3期。
② 具体详见周楠本：《关于"鲁迅茅盾致红军的贺信"》，载《书屋》1997年第3期。
③ 程中原：《应该肯定下来的和需要继续考证的——"贺信贺电问题"之我见》，载《新文学史料》1998年第1期；王光远：《红色牧师——董健吾》，中央文献出版社2000年版；李滔、易辉主编：《刘鼎》，人民出版社2002年版。

天、毛泽东、博古、杨尚昆等人，也只是提到了该信、引用了该信的内容，但并没有说明他们见到了该信的原件或该信传递的任何细节。

其三，这封贺信的文本本身。在没有关于该信为鲁迅、茅盾所为的确凿证据或细节的情况下，也许这封信的文本本身最能说明问题。但诚如程中原所说："从文风来看，这信不像鲁迅、茅盾亲笔所写，可能由别人代笔。究竟是怎样写出来的，有待研究。"[①]程中原的说法，得到了关于这封贺信真伪的争论双方的基本认同。细究一下这封贺信的文本，从文风、文体及用词习惯看，确实不大可能出诸鲁迅手笔。从文风来看，这封信充满了"八股"气息，不但与鲁迅极为审慎的政治个性不相符合，也与鲁迅一贯腾挪有致、形态多变的文风相去甚远。从内容来看，这封信是在深入领会中共中央文件精神的前提下书写的。鲁迅是党外人士，这时已基本上与上海的党组织失去了联系，虽然他也会从其他渠道了解中共中央的《八一宣言》内容，但像这封信一样，以如此高昂明朗的政治立场、如此娴熟的政治语汇表达自己对中共中央文件的领会和拥护，这不但不符合鲁迅的身份，也与鲁迅一贯稳重、审慎的政治态度不相符合。更为显眼的是，从该信的用词习惯来看，在文末四呼"万岁"，这对鲁迅来说更是匪夷所思。

在上述三大直接证据都落空的情况下，现在基本上可以认定，不但这封贺信不是鲁迅或茅盾的手笔，而且他们二人也没有参与这封贺信的起草或联署工作。

但不是鲁迅或茅盾的手笔，或者说他们二人没有参与这封信的起草或联署工作，并不意味着这封贺信就不是鲁迅或茅盾的作品。这里还有一种可能是，由作者委托别人代拟的作品，也可以算在作者的名下。比如《鲁迅全集》中，《论我们现在的文学运动》《答托洛斯基派的信》《答徐懋庸并关于抗日统一战线问题》等文章，就是经鲁迅认可，由冯雪峰代笔而署名"鲁迅"发表的。那么，这封信会不会是别人代笔的呢？如果是别人代笔，这个人又是谁呢？目前，学界对于这封信的起草人的推测和认定主要有三种：

一是史沫特莱起草并办理的。史沫特莱起草并办理贺信之事，最早由茅盾

---

① 程中原：《应该肯定下来的和需要继续考证的——"贺信贺电问题"之我见》，载《新文学史料》1998年第1期。

提出，上面的引文已经提及，此不赘述。1996年，倪墨炎撰文认定这封信的代办人是史沫特莱和她的中文秘书。他认为，冯雪峰在1972年11月回答访问者时说："红军长征胜利，史沫特莱搞了个东西请鲁迅签名后，由史带到华北，再给交通送去的。电报是信的形式。"史沫特莱是第三国际情报员，她当然能及时知道中共中央文件和红军动向、各地群众运动动向。她起草这封信的内容，是合乎她的身份的。但冯雪峰没有看过鲁迅、茅盾贺信的原件，"请鲁迅签名"是他想当然的。茅盾的回忆录表明，此信他既没有过目也没有签名。这里很大的可能是：史沫特莱起草好信后，未经鲁迅、茅盾过目和签名，就将信发出了。但是，史沫特莱发出此信，是事先得到鲁迅、茅盾的同意的（茅盾的回忆录《我走过的道路》中很明确地提到，1936年春节后的一天，鲁迅告诉他拟发一电，贺红军胜利，文字只"简短的几句"，可由史沫特莱发出）。①

　　二是萧军代鲁迅起草的。倪墨炎的文章发表后，陈福康提出不同意见。他认为这封信不可能是史沫特莱和她的中文秘书起草的。因为一来史沫特莱不懂中文，她与鲁迅谈话都要由茅盾翻译，怎么能有用中文起草信的能力？二来史沫特莱也没有所谓的中文秘书，如果她有中文秘书，又何必让工作很忙的茅盾代劳？陈福康从刊载这封信的同一期《斗争》杂志上发表的《满洲三千万同胞的代表的来信》入手，认定后一封来信的撰稿人只能是萧军。又据《鲁迅日记》，1936年3月间萧军与茅盾曾频繁地去鲁迅家，是史沫特莱及其友人格兰尼奇为具体了解东北人民抗日斗争情况，请鲁迅邀请萧军等来谈义勇军之事，由茅盾翻译。由此可以断定，这封贺信是萧军在征得鲁迅同意后代鲁迅起草的。萧军生前似乎从未提到当年他曾给红军写过信，更没有提到他为鲁迅、茅盾起草过信，这可能是他不愿以此"吹嘘"，或者确实是忘却了。②

　　三是地处瓦窑堡的红军宣传干部代笔起草的。倪墨炎多年来一直专注于这封贺信的问题。最早他认为"贺信是史沫特莱建议，鲁迅和茅盾商量后由鲁迅起

---

① 倪墨炎：《关于鲁迅茅盾贺红军的信》，载《文汇报》1996年9月25日。
② 陈福康：《鲁迅茅盾致党中央信是谁起草的》，见《民国文坛探隐》，上海书店出版社1999年版，第247页。

草，两人署名的"①。1996年，他又撰文认为这封信出于史沫特莱和她的中文秘书。②十年后，倪墨炎彻底改变了自己以前的见解，认为不存在所谓的"别人代笔"的问题。他连续在《北京日报》《文汇报》《档案春秋》等报刊发表论文，提出这封信是在鲁迅、茅盾都不知情的情况下，由地处瓦窑堡的红军同志起草并发表出来的。他所勾勒的这封信的起草者的特点如下：（1）他在日常生活中已习惯把"中国苏维埃政府"简称为"中苏"，生活在上海的革命同志不可能有这种简称的习惯。（2）他熟悉党的各种文件，由于接触多了，就对种种文件有种不规范的简便的代号或说法，如"快邮代电"之类；在白色恐怖下的上海同志，文件都看不到，哪里会有日常不规范的简便叫法呢？（3）他熟悉各地在中共领导下的民众运动和红军动向，这也是国民党统治下的上海同志所无法比拟的。（4）他习惯于在文章或书信之末喊几句"中国红军万岁"一类的口号。这文末喊口号的习惯，可能有地域性关系，上海的革命界很少有这样的习惯。如宋庆龄《为新中国而奋斗》一书中收有长短不一的声明、宣言、谈话、呼吁、书信、演说、评论，没有一篇文末是喊口号的。又如鲁迅署名发表的宣言、声明、函电、祝词、演说、抗议书，也不大见文末有一连串口号的。而在苏区，例如《六大以来》中，有些宣传、通信、通告、决议、个人署名文章，文末是口号。（5）他在此信中所用词语，细细品味，也和当年上海革命者的用语不同，具有苏区、红军中用语的特点。根据这些特点，断定起草此信的革命同志在瓦窑堡的红军中，是有道理的，是可信的。③

倪墨炎的这一大胆推测，为学界揭开这一贺信的真相打开了一个新的思路。可以认为，在目前没有确切证据证明这封贺信作者的前提下，最为直接和现实的证据就是这一贺信的文本本身。笔者曾经在查阅红军东征时期中共中央和苏维埃中央政府的机关报《红色中华》及其他原始文献时，见到多篇与这一封贺信在格

---

① 倪墨炎：《鲁迅写信祝贺红军长征胜利一事的思考》，载《鲁迅研究动态》1984年第5期。
② 倪墨炎：《关于鲁迅茅盾贺红军的信》，载《文汇报》1996年9月25日。
③ 倪墨炎：《关于"鲁迅茅盾致红军信"的探讨》，载《文汇报》2007年9月23日。

式、措辞、文风等方面极为相似的贺电、贺信、声明、宣言等文献（见本章附录），让人很容易得出与倪墨炎相类似的结论。

但这里需要特别强调的是，在上述学者对于贺信继续追索之前，必须先弄明白一个前提，那就是起草人在拟稿之前，首先必须征得这封信的联署人鲁迅或茅盾的委托或授权，否则，这封贺信署名"鲁迅、茅盾"就没有法理上的意义，或者说就是一封"伪造"的贺信。就上述第一种推测即史沫特莱起草或处理该信而言，从目前各种史沫特莱的传记来看，还没有她代鲁迅起草或处理该贺信的任何记录，故上述倪墨炎的推测只能存疑或聊备一说。即便是如倪墨炎所说，"史沫特莱起草好信后，未经鲁迅茅盾过目和签名，就将信发出了"，这封贺信也没有实际意义，更不能算在鲁迅或茅盾的名下。后来，倪墨炎又有了新的"发现"，即上述第三种推测，认为这封贺信是在鲁迅、茅盾都不知情的情况下，由地处瓦窑堡的红军同志起草并发表出来的。由千里之外的人代替自己写信，这就更不可能是鲁迅、茅盾的信了。就第二种推测而言，主张该信为萧军起草的陈福康的言下之意，就是这封贺信是事先经过鲁迅的授权或示意的，但他在文章中并没有提出更有力的证据来证实此事。更为重要的是，陈福康认为萧军生前之所以没有提到他为鲁迅、茅盾起草过信，这可能是因为他不愿以此"吹嘘"，或者确实是忘却了。但陈福康的这一推测是大可怀疑的：一是萧军此后曾到了延安，此时鲁迅已成了中国新文化的导师和旗手，一直以弘扬乃师鲁迅的精神为志业的萧军，如此荣光之事，为什么不曾披露一点呢？二是"文革"以后，萧军曾写有《鲁迅给萧军萧红信简注释录》，详尽注释了鲁迅给他们的书信的来龙去脉及其中的疑点，但对于这封如此重要的贺信，却只字未提，令人不可思议！三是萧军的性格豪爽、直率。他在延安，是以"鲁迅的学生"的身份而引人注目并受到毛泽东等中共领导人的待见和重视的。晚年萧军曾这样回忆他与毛泽东等中央领导人的交往："我们的友情，是建立在'鲁迅关系'上的。"① 我们从萧军发表的日记及其在延安文艺座谈会上的发

---

① 邢富君：《"半宾半友式的交往"——毛泽东与萧军》，载《党史纵横》1992年第4期。

言来看，萧军并不是谦虚或含蓄之人。在延安及新中国成立后说自己曾替鲁迅给红军写信这样重大、荣光之事，萧军既不会忌讳，更不会忘却！由此可以说明，萧军替鲁迅起草贺信的可能性是几乎不存在的。

综上所言，即便是有人代替鲁迅或茅盾起草了这封贺信，这封信也不是鲁迅或茅盾所为，更不能算在鲁迅或茅盾的名下。说得稳妥一点，即使这封贺信是不可否认的历史存在，即使它也合乎鲁迅、茅盾的思想感情和革命精神，但它是鲁迅或茅盾所为的可能性是微乎其微的。要揭开这封贺信的真面目，还有待于新的历史资料的发掘。

附录：

陕北省二苏大会致前方红军电

英勇的红一方面军的指战员们：

正当着你们在东线上获得了伟大的胜利的时候，我们陕北省苏维埃第二次代表大会也顺利的成功了。

我们代表大会向你们致讨伐汉奸卖国贼胜利的敬礼！你们是中国民族解放运动中的最坚决最英勇的英雄，你们的伟大的事业激动着全中国民族要求解放的热情，你们的行动直接的给了日本帝国主义的侵略和汉奸阎锡山的卖国行为以最大的打击。你们的战绩写上了中国历史上最光辉灿烂的一页。

我们代表大会热烈的拥护你们，我们决定动员一切力量来配合和帮助你们，我们要猛烈开展游击战争以巩固和扩大作为你们抗日后方的陕北苏区；我们要加紧扩红动员以补充你们的有生力量；我们要努力进行春耕，以供给你们军需给养；我们要切实执行优待红属条例，以解决你们家属困难。——我们要加紧一切后方勤务工作为创造模范的抗日根据地，使你们能毫无顾虑的进行抗日讨卖国贼的战争而斗争！

我们盼望你们更坚决的执行苏维埃中央政府西北办事处和西北革命军事委员会抗日讨逆的命令，更大度的提高进行民族革命战争的热情，更多量的消灭阻拦你们与日本帝国主义直接作战的汉奸阎锡山的部队。我们在热烈的企望着你们的新的捷报！

陕北省二苏代表大会
三月十五日

（原载《红色中华》第263期，1936年3月16日第2版）

为反对卖国贼蒋介石阎锡山
拦阻中国人民红军抗日先锋军东下抗日捣乱抗日后方宣言

全中国爱国的同胞们！

自华北五省名存实亡之后，日本帝国主义的强盗们正向着并吞整个华北与整个中国的目标急进着。

在亡国灭种的紧急关头，中华苏维埃人民共和国中央政府与中国抗日红军革命军事委员会，曾经再一要求停止一切内战，不分红军白军一致联合抗日，召集全国抗日救国代表大会组织国防政府与抗日联军，全国主力红军集中河北以阻止日本帝国主义的迈进。为了响应全国抗日救亡的迫切要求，苏维埃人民共和国中央政府与中国抗日红军革命军事委员会，特组织中国人民红军抗日先锋军渡河东征，抗日讨逆，为全国抗日同胞打先锋申义愤，山西阎锡山甘为日本帝国主义走狗，动员他的全部武装力量拦阻红军的抗日去路。万恶的卖国贼头子蒋介石又以上十师的兵力协助阎锡山进攻中国人民红军抗日先锋军，更命令张学良杨虎臣等部队向北推进，以捣乱我陕甘苏区的抗日后方！

看吧！当日本帝国主义并吞华北五省，日本与满洲国军队开入平津察绥时，蒋介石命令他的军队全部退出华北五省。但当红军东下抗日而危及于日本帝国主义在华北五省的安全时，蒋介石则又把他的军队调入山西，进攻中国人民红军抗日先锋军，现在谁都明白这是日本帝国主义并吞华北的新的阴谋毒计，这是日本帝国主义所谓广田三大原则的具体实施。中日满联合"防共"的协定，现在由卖国贼头子蒋介石坚决执行了。

中华苏维埃人民共和国中央政府与中国抗日红军革命军事委员会向全国爱国同胞宣言，日本帝国主义想在中日满联合"防共"的名义之下灭亡中国，动员所有汉奸卖国贼的军队向我中国人民红军抗日先锋军进攻。为了中华民族的自由独立与领土完整，我们誓以全力消灭拦阻我先锋军抗日去路与捣乱抗日后方的汉奸卖国贼军队，以粉碎日本帝国主义灭亡中国的新计划，以争取迅速的对日直接作战。我们更号召全国爱国同胞一致奋起，抗日讨逆，响应与拥护中国人民红军抗日先锋军的东征，以救中国于灭亡。红军抗日讨逆的胜利，即是我全中国爱国同胞的胜利，即是中华民族的胜利。

停止一切内战，一致联合抗日，创立各党各派抗日的人民阵线！

反对中日满联合"防共"灭亡中国！

联俄联共，一致抗日，取得中国的独立自由！

召集全国抗日救国代表大会，组织国防政府与抗日联军！

拥护全国主力红军集中河北打日本！

拥护红军迅速对日直接作战！

全国海陆空军集中河北打日本！

打倒拦阻红军抗日捣乱红军抗日后方的汉奸卖国贼蒋介石阎锡山！

全中国人民武装起来，打倒日本帝国主义，打倒汉奸卖国贼！

胜利的抗日民族革命战争万岁！

中华苏维埃人民共和国中央政府主席毛泽东

中国抗日红军革命军事委员会主席朱德

一九三六年四月五日

（原载《红色中华》第267期，1936年4月13日第2版）

中共中央等为庆祝红一、二、四方面军大会合通电

朱总司令、张总政委、彭司令员兼政委、贺总指挥、任政委、徐总指挥、陈政委转一、二、四方面军各军事政治机关、各军师团营连排班首长及全体红色战士同志们：

（甲）正当日本帝国主义准备好了举行对于中国新的大规模的进攻，我有五千余年光荣历史的中华民族处在空前未有的危急存亡地位的时候，我民族革命战争的先锋队，第一、第二、第四三个方面军在甘肃境内会合了，中国共产党中央委员会、中华苏维埃中央政府、中央革命军事委员会，谨以热烈的敬意与欢跃的贺忱，致之于我们的民族英雄与红军领导者毛泽东同志、朱德同志，张国焘同志、周恩来同志、彭德怀同志、林彪同志、徐向前同志、陈昌浩同志、贺龙同志、任弼时同志、王稼蔷同志、刘伯承同志、叶剑英同志、萧克同志、徐海东同志之前，致之于各军军长同志、政委同志，各师师长同志、政委同志，各团团长同志、政委同志之前，致之于各级参谋机关首长之前，致之于各级政治机关首长之前，致之于全体红色军事政治指挥员、战斗员、全体光荣的民族英雄之前。

（乙）我们的这一在抗日前进阵地的会合，证明日本帝国主义的强盗侵略是决要受到我们全民族最坚强的抗日先锋队的打击了，证明中国民族抗日统一战线与抗日联军是有了坚强的支柱了，证明处在水深火热之中的全国同胞是有了团结御侮的核心了，证明正在抗日前线的爱国工人、爱国农民、爱国学生、爱国军人、爱国记者、爱国商人、英勇的东北义勇军以及一切爱国志士是有了援助者与领导者了。总之全国主力红军的会合与进入抗日前进阵地，在中国与日本抗争的国际火线上，在全国国内政治关系上，将要起一个决定的作用了。

（丙）我全国主力红军的会合与进入抗日前进阵地，也将向正在革命怒涛中的西班牙民族证明，我们是他们反对法西斯反革命的好朋友；将向法国、比国、捷克国及全欧洲各国爱好和平的民族证明，我们是他们防御法西斯德国侵略的好朋友；将向英勇抗争至死不屈的亚比西尼亚民族证明，我们是他们反对法西斯意大利侵略的好朋友；将向全世界一切被压迫的国家与民族证明，我们是他们反

对帝国主义的好朋友；最后我们将向苏联共和国、外蒙共和国、内蒙民族、西北回人证明，我们是与他们共同奋斗反对日本帝国主义与世界侵略者的最切近的好朋友。

（丁）我们即刻就要进入一个新阶段了，这就是抗日民族革命战争的阶段，就是创造全国国防政府、抗日联军与民主共和国的阶段。我们要在这个新阶段中树立全国人民的模范，树立抗日战线的模范，争取一切国民党军队加入抗日民族统一战线，开通抗日前进道路，扩大抗日根据地，巩固抗日根据地，为保卫西北而战，为保卫华北而战，为保卫全国而战，为收复失地而战，为联合工农商学兵，为联合各党各派各界各军驱逐日本帝国主义出中国而战。

中国人民红军抗日先锋军万岁！

中华民主共和国万岁！

中华苏维埃万岁！

中华民族自由平等独立解放万岁！

中国共产党中央委员会
中华苏维埃中央政府
中央革命军事委员会
一九三六，十，十

［选自中共中央文献研究室、中央档案馆编：《建党以来重要文献选编（一九二一——一九四九）》（第13册），中央文献出版社2011年版，第318—320页］

共产党中央、苏维埃中央政府、中革军委会给红军战士与苏区人民电

（甲）蒋介石此次大举向苏区进攻，不但不许红军抗日反要消灭红军消灭苏区人民，命令胡宗南各军向盐池、定边、环县猛攻并要向陕北苏区前进。

（乙）我一、二、四方面军会合之后士气大振，坚决拥护中央与军委之路线，消灭进攻敌人，扩大统一战线，实行抗日救国，于十一月廿一日在定盐南边

之山城堡打了第一个胜仗，消灭胡宗南之一个旅。

（丙）这个胜仗是粉碎蒋介石全部进攻的开始。我全体红军将士要更加团结起来，忍苦耐劳，服从命令，勇敢作战。我全苏区人民要帮助红军作战，输送粮食，搬运伤兵，搬运胜利品，白军来时用坚壁清野对付之，为保卫抗日根据地而战，为扩大抗日根据地而战，为消灭全国部进攻之敌人而战。

红军万岁！　　苏维埃万岁！

抗日救国之民族革命战争万岁！

十一月二十日

（原载《红色中华》第312期，1936年11月23日第3版）

第二节

左联晚期"两个口号"论争考辨

陕北的中共中央于1936年4月间派原左联领导人冯雪峰赴上海，指导当时已与党中央失去联络的左联的工作。冯雪峰到上海后，为贯彻执行中共中央在瓦窑堡会议确定的新的抗日民族统一战线政策，在左联内部启动并引发了著名的"两个口号"论争。所谓的"两个口号"论争，指的是1936年5月到8月间左联内部发生的关于"国防文学"和"民族革命战争的大众文学"的激烈冲突与纷争。这里，论争的一方即"国防文学派"是原在上海的左联党的领导人周扬、夏衍、艾思奇等，另一方主张"民族革命战争的大众文学"，其代表人物是鲁迅、冯雪峰、胡风等。由于"两个口号"之争夹缠着左联解散问题、抗日民族统一战线的原则问题等重要的历史事项，其重要性更是超出了文学事业的范围。"两个口号"论争可以说是新文学诞生以来规模最大、论争最激烈的一次论战，也是鲁迅临终前的一桩重大的历史公案。以往关于"两个口号"性质的评判，多是从政治背景和人事纠葛两个层面探讨其中的是非曲直，这恰恰遮蔽或忽略了这场论争的"文学"性质。本节所要做的，就是试图从文学的视角来探讨这场文学论争的是非曲直，进而揭示其在中国现代文学思想史上的价值和意义。

一、是"莫斯科中央"，还是"陕北中央"？

"两个口号"论争的缘起无疑来自政治方面。

首先，这场论争本身就是一种特殊的政治背景下的产物。九一八事变后，国内反日情绪高涨，中日两国的民族矛盾逐渐压倒国内的阶级矛盾而上升为时代的主要矛盾。新的政治形势必然对文学提出新的要求。也就是说，文学如何适应新的时代，如何反映时代的要求，如何担当历史的重托，是一个有良知有责任的文学家和理论家必须予以重视的重大的理论问题，也是时代给予文学的强烈的历史呼求。而事实上，当时的文学界也为此做出了积极的努力和理论上的探索。在全国抗日浪潮的推动和左联的具体组织下，许多作家参加了抗日的宣传活动，并积极创作以抗日为题材的作品。不少革命作家加入"中国文化界反帝联盟"组织，并起着核心的作用。《文艺新闻》《十字街头》等刊物都以反帝抗日为主要内容。《文艺新闻》在"一·二八"事变中出版了战时特刊《烽火》，激励上海军民的斗志。随着爱国浪潮的不断扩展，文坛上出现了各种服务于民族解放斗争的文学口号，如"革命战争的文学"①、"革命民族战争的大众文学"②、"民族革命文学"③、"民族的革命战争文学"④等。1934年周扬以"企"为笔名所发表的《"国防文学"》一文，介绍了苏联的"国防文学"，并认为在中华民族"生死存亡的今日"，"国防文学"就是"目前中国所最需要的"。⑤这些口号虽然表现出了作家和批评家回应时代与历史要求的强烈愿望，但由于当时党内的分歧和左联的矛盾还没有充分暴露，这些口号并没有引起广泛的注意和讨论。

其次，"两个口号"论争也是当时中共党内两条路线斗争或两种政治策略分歧的结果。我们知道，周扬等是读了在巴黎出版的《救国报》上王明以中共驻莫斯科代表团团长名义起草的《八一宣言》和季米特洛夫在共产国际七大上的报告，以及在王明的督促下萧三给左联的来信后，才正式提出"国防文学"的口号的。⑥周扬这样做，一方面是由于政治上的敏感和快速的反应，另一方面也是"奉命"执行。因为当时正处于国民党的白色恐怖之中，周扬所代表的上海文艺

---

① 同人（瞿秋白）：《上海战争和战争文学》，载《文学》（上海）1932年第1期。
② 《榴花的五月》，载《文艺新闻》1932年5月2日。
③ 茅盾：《"五四"与民族革命文学》，载《文艺新闻》1932年5月2日。
④ 丹仁（冯雪峰）：《民族革命战争的五月》，载《北斗》1932年第2卷第2期。
⑤ 企：《"国防文学"》，载《大晚报》1934年10月2日。
⑥ 周扬：《关于国防文学·作者附记》，见《周扬文集》（第1卷），人民文学出版社1984年版，第175—176页。

界党组织与正在长征中的党中央机关失去了联系。在这样的情况下，当时身为中共中央政治局委员和中共驻共产国际代表团团长的王明，在周扬们的心目中无疑就成了党中央的"代表"和"正宗"。所以，就此而言，"文革"中的《林彪同志委托江青同志召开的部队文艺工作座谈会纪要》指责"三十年代的中期，那时左翼的某些领导人在王明的右倾投降主义路线的影响下，背离马克思列宁主义的阶级观点提出了'国防文学'的口号"，基本上还是符合历史事实的，尽管这时候王明的右倾投降主义路线实际上还没有形成。

而作为"两个口号"论争的另一方，提出"民族革命战争的大众文学"的冯雪峰，在政治上则代表了另外一个"党中央"。本来，周扬提出"国防文学"口号后，一时受到文学界的热议，多数人拥护，但也有一些人有不同看法，其中就包括鲁迅、茅盾和胡风等。但开始的争论，鲁迅、胡风等并没有介入，而是保持沉默，所以一开始双方并没有形成冲突。而引起冲突并使形势趋于恶化的标志乃是胡风的文章《人民大众向文学要求什么？》的发表。实际上，虽然挑起论争的人是胡风，但背后真正的主使者却是冯雪峰。据冯雪峰、胡风共同的回忆，"民族革命战争的大众文学"这一口号，是由冯雪峰同胡风会商后，经鲁迅同意而由胡风在《人民大众向文学要求什么？》一文中提出的。[1]胡风提出新的口号后，周扬方面不明就里，以为是胡风故意与他们作对，遂奋勇反击并大加挞伐，"两个口号"之争蔚然形成。

冯雪峰为什么要提出与周扬们相左的文学口号呢？对此，冯雪峰自己在"文革"期间的交代材料《有关一九三六年周扬等人的行动以及鲁迅提出"民族革命战争的大众文学"口号的经过》一文中有详细的描述。该文记述，冯雪峰1936年4月25日从陕北奉中央指示到达上海后，先暂时住在鲁迅家里。胡风获悉后，即到鲁迅家里会见。冯雪峰回忆道：

---

[1] 冯雪峰：《有关一九三六年周扬等人的行动以及鲁迅提出"民族革命战争的大众文学"口号的经过》，见《雪峰文集》（第4卷），人民文学出版社1985年版，第513—514页；胡风：《回忆录》，见《胡风全集》（第7卷），湖北人民出版社1999年版，第335页。

我即下去引他上三楼谈话。胡风谈了不少当时文艺界情况,谈到周扬等的更多。他当时是同周扬对立得很厉害的。(关于我同胡风的关系,我过去作过检讨,这里从略。)于是谈到"国防文学"口号,胡风说,很多人不赞成,鲁迅也反对。我说,鲁迅反对,我已知道,这个口号没有阶级立场,可以再提一个有明白立场的左翼文学的口号。胡风说,"一二八"时瞿秋白和你(指我)都写过文章,提过民族革命战争文学,可否就提"民族革命战争文学"。我说,无需从"一二八"时找根据,那时写的文章都有错误。现在应该根据毛主席提出的抗日民族统一战线政策的精神来提。接着,我又说,"民族革命战争"这名词已经有阶级立场,如果再加"大众文学",则立场就更加鲜明;这可以作为左翼作家的创作口号提出。胡风表示同意,却认为字句太长一点。我和他当即到二楼同鲁迅商量,鲁迅认为新提出一个左翼作家的口号是应该的,并说"大众"两字很必要,作为口号也不算太长,长一点也没什么。①

这就是"民族革命战争的大众文学"出笼的经过。在谈到提出新的口号的缘由时,冯雪峰特别强调的主要有两点:第一,周扬们提出的"国防文学""没有阶级立场",这是个原则性的问题,必须要有一个新口号来代替它。第二,新的口号"应该根据毛主席提出的抗日民族统一战线政策的精神来提"。这就明确告诉胡风、鲁迅等同人,他这次来上海,是带有"尚方宝剑",即"毛主席提出的抗日民族统一战线政策的精神"而来的。而鲁迅、胡风本来就对"国防文学"口号有不同的看法,加之他们与"国防文学"口号的提出者周扬等的隔阂和积怨已是"冰冻三尺非一日之寒",所以,当冯雪峰主张提出新的文学口号以代替"国防文学"时,他们的态度当然是积极促成并加以推动了。

那么,冯雪峰在上面所提到的"毛主席提出的抗日民族统一战线政策的精

---

① 冯雪峰:《有关一九三六年周扬等人的行动以及鲁迅提出"民族革命战争的大众文学"口号的经过》,见《雪峰文集》(第4卷),人民文学出版社1985年版,第513—514页。

神"是什么呢？这还得从冯雪峰这次来上海的缘起说起。我们知道，冯雪峰这次是受当时的党中央负责人张闻天和周恩来的派遣，从陕北来上海的。在此之前，也就是1935年10月19日，中共中央随中央红军到达陕北，并于同年12月17日至25日在那里召开了著名的瓦窑堡会议。会议讨论通过了《中央关于目前政治形势与党的任务决议》，确定了在当时这个抗日民族革命运动面临新高潮的形势下党的基本策略路线："发动、团结与组织全中国全民族一切革命力量去反对当前主要的敌人——日本帝国主义与卖国贼头子蒋介石"[1]，即"反蒋抗日"的基本策略。这个基本策略与远在莫斯科的王明在1935年9月以后所采取的"联蒋抗日"的战略不但是不一样的，而且是对立的。[2]为贯彻瓦窑堡会议的精神，1936年初，中央红军组成中国人民红军抗日先锋军，由毛泽东任总政委、彭德怀为总司令，发布《东征宣言》，宣告红军"为实现抗日，渡河东征"。在东征期间，中共中央为了联合全国的统一战线，"反蒋抗日"，遂决定派冯雪峰到上海开展工作。据冯雪峰回忆，他临行前，中央交给他四个主要任务：一是在上海设法建立一个电台，把所能得到的情报较快地报告中央。二是同上海各界救亡运动的领袖沈钧儒等取得联系，向他们传达毛主席和党中央的抗日民族统一战线政策，并同他们建立关系。三是了解和寻觅上海地下党组织，取得联系，替中央将另派到上海去做党组织工作的同志先做一些准备。四是对文艺界工作也附带管一管，首先是传达毛主席和党中央的抗日民族统一战线政策。[3]这里姑且不论前三项工作，单说第四个。冯雪峰来上海后，首先在鲁迅家里就知道了当时在文坛上已闹得沸沸扬扬的"国防文学"口号以及左联内部的矛盾。在他看来，"国防文学"口号的精神，不但原则性不强，而且容易引起歧义。"国防文学"中的"国防"，到

---

[1] 《中共党史教学参考资料》（2），人民出版社1957年版，第50页。
[2] 本来，由王明在1935年8月1日起草的《八一宣言》的基本精神还是主张"反蒋抗日"的，但从1935年9月开始，他的文章里大部分都没有斥骂蒋介石及国民党的字眼，相反，他还时常强调中共本身力量的不足及错误，同时多次强调与蒋介石南京政府联合的可能。详见王宏志：《鲁迅与左联》，新星出版社2006年版，第200—201页。
[3] 冯雪峰：《有关一九三六年周扬等人的行动以及鲁迅提出"民族革命战争的大众文学"口号的经过》，见《雪峰文集》（第4卷），人民文学出版社1985年版，第506页。

底是谁的"国防"？是国民党南京政府的"国防"吗？如果是的，那还"反蒋"干什么？显然，这与瓦窑堡会议所提出的"反蒋抗日"的口号精神不符。而由他提议并由胡风发布的"民族革命战争的大众文学"的口号，更强调的是在独立和斗争中的"统一战线"，显然更符合党中央瓦窑堡会议的"反蒋抗日"的精神。

由此看来，所谓的"两个口号"之争，表面看起来是两种话语的表述方式之争，实际上是两种政治策略之争，更是中共中央的两个权力中心之争，即以王明为代表的"莫斯科中央"和以毛泽东为代表的"陕北中央"之争。在文学的话语背后，表达的乃是各自的政治诉求。但也应该看到，"两个口号"之争的政治内涵，只是绑缚在"文学"这一战车上的内在诉求，其本身是一种外在的主导的因素，还需要文学话语本身得以实施。时代和政治向文学提出新的挑战和要求，其最终还需要文学本身来回答。

二、是"政治"统领"文学"，还是"文学"独立于"政治"？

"两个口号"论争的真正内涵，主要是在文学的批评中展开的。

虽然冯雪峰出于政治方面的考虑而提出了"民族革命战争的大众文学"的口号，但毕竟这一口号还是"文学"口号，接下来的问题就出现了：文学如何实施或落实政治上的统一战线？文学毕竟不同于政治，文学更多的是观念意义上的。政治上的"联合"促进了文学组织上的"联合"，但是否意味着文学观念或方法上的"联合"，甚至还意味着文学的分歧和斗争也随之被消解？围绕着上述这些问题，"两个口号"的争论双方进行了激烈的论辩。但总括起来，双方的论辩主要还是集中在下面三个核心的问题上：

第一，文学的"统一战线"与"革命文学"的关系问题。"无产阶级革命文学"是30年代左翼文学的旗帜。在这个旗帜下，以鲁迅为代表的左翼作家同30年代各色文艺团体和主张进行了旗帜鲜明、立场坚定的斗争。"国防文学"的提出，使得以往左翼作家为之殊死战斗过的"革命文学"的合法性也成了问题。也就是说，原来处于敌对状态的双方的"联合"，是否就意味着"革命作家"当初的行为是不合法的?

但"国防文学"的倡导者似乎无暇顾及这些更为深在的问题,在他们看来,仿佛大家一"联合"并"共同对敌",其乐融融,以前的争论和问题就一笔勾销了。但是,这又该如何看待和评价左联以前的"无产阶级革命文学"呢?对此,鲁迅深为忧虑。他说:"也要联合国民党,那些先前投敌的分子,是最欢迎的了。""要一下子将压迫忘记得干干净净,是到底做不到的。""不念旧恶,什么话!"[①]而对于将来的"联合战线",鲁迅有更深的考虑。他专门发表了《论现在我们的文学运动》,开宗明义即阐明新的形势下的文学运动与以前的无产阶级革命文学运动之间的承接关系:

> "左翼作家联盟"五六年来领导和战斗过来的,是无产阶级革命文学的运动。这文学和运动,一直发展着;到现在更具体底地,更实际斗争底地发展到民族革命战争的大众文学。民族革命战争的大众文学,是无产阶级革命文学的一发展,是无产阶级革命文学在现在时候的真实的更广大的内容。……因此,新的口号的提出,不能看作革命文学运动的停止,或者说"此路不通"了。所以,决非停止了历来的反对法西主义,反对一切反动者的血的斗争,而是将这斗争更深入,更扩大,更实际,更细微曲折,将斗争具体化到抗日反汉奸的斗争,将一切斗争汇合到抗日反汉奸斗争这总流里去。决非革命文学要放弃它的阶级的领导的责任,而是将它的责任更加重,更放大,重到和大到要使全民族,不分阶级和党派,一致去对外。[②]

这里,鲁迅认定了当前的"民族革命战争的大众文学"运动是"无产阶级革命文学"的"一发展","是将这斗争更深入,更扩大,更实际,更细微曲折,将斗争具体化到抗日反汉奸的斗争,将一切斗争汇合到抗日反汉奸斗争这总流

---

① 冯雪峰:《一九二八至一九三六年的鲁迅·冯雪峰回忆鲁迅全编》,上海文化出版社2009年版,第152、153页。
② 鲁迅:《论现在我们的文学运动》,见《鲁迅全集》(第6卷),人民文学出版社1981年版,第590页。

去"。这样,原来的"无产阶级革命文学"与现在的新的"民族革命战争的大众文学"之间就有历史和逻辑的连续性。这既避免了"国防文学"口号本身在理论上的疏漏,又维护了以往左翼作家为之浴血奋斗的"无产阶级革命文学"的合法性。

第二,统一战线下的文学的个性、流派及其争论等的关系问题。"国防文学"提出后,新的文学格局问题遂突显出来,即文学上的"联合战线"形成后,各类作家、各种流派、各种文学类别以及各种文学风格等应该如何相处呢?也就是说,还有没有不同的文学个性和流派?不同作家及文学流派之间还需不需要原则性的争论?这些都需要文学界给予切实的回答。

但"国防文学"的倡导者,正如鲁迅所指责的那样,不但没有更深入地考虑这些深层次的问题,而且"还非常浓厚的含有宗派主义和行帮情形"。在组织上,他们所组织的"文艺家协会",鲁迅说:"不看别的,单看那章程,对于加入者的资格就限制得太严;就是会员要缴一元入会费,两元年费,也就表示着'作家阀'的倾向,不是抗日'人民式'的了。"在理论上,"如《文学界》创刊号上所发表的关于'联合问题'和'国防文学'的文章,是基本上宗派主义的;一个作者引用了我在一九三〇年讲的话,并以那些话为出发点,因此虽声声口口说联合任何派别的作家,而仍自己一相情愿的制定了加入的限制与条件"。[①]这里鲁迅所说的《文学界》创刊号上发表的关于"联合问题"的文章,就是何家槐的《文艺界联合问题我见》[②]。这篇文章采用的就是政治的标准和艺术的标准合一的眼光来看待文艺界的统一战线。比如,他认为,文艺界的统一战线就是要"有一个共同的目标,那就是在文学领域内进行救亡的工作"。这实际上就意味着,文学创作就须有一个共同的"救亡"的主题,那除了"救亡"之外,我们的文学就不表现了吗?看似有了一个统一战线,实则的"条件"和"限

---

① 鲁迅:《答徐懋庸并关于抗日统一战线问题》,见《鲁迅全集》(第6卷),人民文学出版社1981年版,第630页。
② 何家槐:《文艺界联合问题我见》,见中国社会科学院文学研究所现代文学研究室编:《"两个口号"论争资料选编》(上),人民文学出版社1982年版,第220—230页。

制"是极严苛的。

对此，还是鲁迅有更为深入的考虑。他认为应该把政治意义上的"国防文学"与文学意义上的"国防文学"分开使用，所以他同意郭沫若对"国防文学"的解释："国防文艺是广义的爱国主义的文学"，"国防文艺是作家关系间的标帜，不是作品原则上的标帜"。这里，鲁迅坚持的是他原先的"文艺与政治的歧途"的文艺观点，认为政治的标准不能作为更不能取代艺术上的标准，文艺有不同于政治的特殊性，政治上的联合，并不意味着艺术上的一致性，即使在政治上目标一致的情况下，文艺上的争鸣仍然是正常的，更何况大家在政治上还有诸多不同甚至不一致的取向。显然，鲁迅的表述更具原则性。

第三，统一战线下的文学主题、题材及方法等关系问题。"国防文学"口号提出来以后，紧接着的理论问题就随之而来。"国防文学"是特殊的政治形势下的产物，那"国防文学"是否就是文学题材或文学主题呢？在"国防文学"的大旗下需要什么样的创作方法呢？"国防文学"妨害创作自由了吗？这些问题可以说是"两个口号"争论双方辩论的又一个焦点。

"国防文学"的倡导者周扬是这样论述上述文学要素之间的关系的：

> 国防文学运动就是要号召各种阶层，各种派别的作家都站在民族的统一战线上，为制作与民族革命有关的艺术作品而共同努力。国防的主题应当成为汉奸以外的一切作家的作品之最中心的主题。这不但没有缩小作家的创作的视野，反而使它扩大了。现在和过去的现实中所包含的一切有国防意义的主题必须具体地广泛地去发现。为民族生存的抗争存在于政治的，经济的，文化的，日常生活的——一切场面。主题的问题是和方法的问题不可分离的，国防文学的创作必须采取进步的现实主义的方法。[①]

周扬这里实际上就是对于"国防文学"具体内涵的进一步解释。在他看来，

---

① 周扬：《关于国防文学——略评徐行先生的国防文学反对论》，见中国社会科学院文学研究所现代文学研究室编：《"两个口号"论争资料选编》（上），人民文学出版社1982年版，第235页。

"国防文学"的具体所指并不是单单一个政治的组织的概念，而主要指的是一种创作的方法。其政治内涵与文学意义应该是统一的，即"国防文学"的内涵与文学的题材、主题和方法应该是一致的。也就是说，其在文学题材和文学主题上是有规定的"中心的"主题，在文学的创作方法上必须要采用"进步的现实主义的方法"。

周扬对于"国防文学"的进一步阐释立即招致了诸多批评。茅盾本来还是"国防文学"的拥护者，在周扬他们的"国防文学"口号提出之后，茅盾立即以"波"的笔名发表《需要一个中心点》一文表示响应。但他看了周扬的上述阐释之后，即刻写出《关于引起纠纷的两个口号》一文进行反驳，指出周扬上述把"国防文学"作为创作口号的主张存在着关门主义和宗派主义的危险，认为"国防文学"是作家们在抗日旗帜下联合起来的口号而不是一般的创作口号，在联合抗日的旗帜下作家们应有更大的创作自由。[①]而鲁迅则在那篇著名的《答徐懋庸并关于抗日统一战线问题》的万言长文里特别予以纠正："我以为应当说：作家在'抗日'的旗帜，或者在'国防'的旗帜之下联合起来；不能说：作家在'国防文学'的口号下联合起来，因为有些作者不写'国防为主题'的作品，仍可从各方面来参加抗日的联合战线；即使他像我一样没有加入'文艺家协会'，也未必就是'汉奸'。'国防文学'不能包括一切文学，因为在'国防文学'与'汉奸文学'之外，确有既非前者也非后者的文学，除非他们有本领也证明了《红楼梦》，《子夜》，《阿Q正传》是'国防文学'或'汉奸文学'。"[②]茅盾和鲁迅这里都点到了"国防文学"在理论上的"死穴"，即"国防"与"文学"之间不能是一种同一的关系，"国防"只能是政治和组织意义上的所谓的"国防"，其对于文学创作中的题材、主题和方法等因素，并没有根本的决定作用。

实际上，上述三个问题的根本还在于讨论统一战线结成后的文学格局问题。

---

① 茅盾：《"左联"的解散和两个口号的论争》，见《我走过的道路》（下），人民文学出版社1997年版，第75页。
② 鲁迅：《答徐懋庸并关于抗日统一战线问题》，见《鲁迅全集》（第6卷），人民文学出版社1981年版，第531页。

而其中的关键还是在于对文学与政治的关系的处理，即是"政治"统领"文学"，决定"文学"，还是"文学"在表现"政治"之余仍然保持其独立的意志和价值。"联合"不仅仅是政治意义上的，还意味着文学的分歧和斗争也随之被消解。这不仅仅是左翼文学的消解和泯灭，同样是作家和文学自主性的丧失问题。从上述的讨论我们可以看到，"国防文学"的倡导者们大多采用了文学与政治的同一的文学观念，在强调政治上的联合之余，大多忽视甚至抹杀了文学自身的独特性和独立的感性特质，而把文学看成了随政治而动的风向标和感应器。但他们没有想到，虽然文学的认识功能带来的是文学与政治之间千丝万缕的联系，但文学毕竟是文学，是主体性、精神性的事业，是想象、激情和文字的表达本身。如果离开了这些来谈社会性和政治性，那就没有文学而只有政治了。而鲁迅维护并捍卫的，正是文学不同于政治的这种独立的价值。

三、是"周扬派"，还是"鲁迅派"？

"两个口号"的论争，还夹缠着双方早已有之的个人和宗派情绪。

以往关于"两个口号"论争的研究，多从这种个人和宗派恩怨来讨论其在论战中的激发和催化作用，这种分析也是符合史实的。但笔者以为，不必渲染甚至夸大论战双方的个人和宗派恩怨在其中的作用，实际上，"两个口号"之争主要是思想理论上的原则分歧。由思想理论上的原则分歧激化了本来就已形成的个人恩怨和宗派情绪，而本来就有的个人恩怨和宗派情绪使论战双方的思想对峙及论战态势更趋白热化。也就是说，论战双方的个人恩怨和宗派情绪，在论战中主要还是起到了"火上浇油"的作用，而理论原则的话语争夺则是问题的核心所在，夹缠于其中的个人恩怨和宗派情绪，并不构成事情的主因，只是这场理论原则的争论的延续和附属物而已。关于"两个口号"论争中的人事纠葛和宗派恩怨的具体情形，已有多种当事人的回忆录及研究著作、论文对此做了详细描述。因此，在此不拟重复，而重在论述和揭示这场论争的深在原委和动机。

关于以周扬为代表的"国防文学"派与鲁迅之间的龃龉和冲突，在周扬他们看来，主要是胡风挑拨的结果。但问题在于，要指出胡风在其间挑拨的证据，则似乎很难，因为除了鲁迅和胡风二人之外，谁又能确切地知道胡风是怎样挑拨的呢？笔者以为，胡风是否在其间挑拨其实并不重要，主要还是鲁迅忍受不了周扬们那种以"指导家"的身份来"鞭笞"作家的"横暴"作风。其具体表现如下：

第一，鲁迅派与周扬派之间的矛盾，根源还在于以鲁迅为代表的一批"同路人"作家不能忍受周扬们以政治"指导家"的身份对他们的"鞭笞"之苦。其实，周扬和鲁迅，分属于两类不同的政治和人格范型。鲁迅有着强烈的政治和道德使命，是抱着"为人生"的目的而从事文学启蒙的文学家。在鲁迅看来，政治与文学分属于两种"歧途"，有各自不同的目的和行为方式。虽然鲁迅有着强烈的政治诉求，但他从不以政治家自命，鲁迅之参与政治，更多的是出于一种道义的责任。对于革命，尤其是当时方兴未艾的共产主义革命，鲁迅不过是一个"同路人"而已。周扬则不同，他首先是革命家，然后才是文学家。他是出于政治的目的而从事文学事业的，文学只不过是他革命生涯的具体表现而已。他以政治统文学，又以文学促政治，对文学界行使"指导"的权力。以周扬为代表的诸多左联领导人，多是以文学家身份从事政治活动的革命者，其所从事的文学事业大多带着极其浓厚的政治色彩，这就决定了他们在考量文学的价值时多是从政治的要求和目的出发的精神趋向。他们在对待以鲁迅为代表的文学家时，多是从政治的视角出发，以行其"指导"之责的。但在鲁迅等看来，文学中的政治性并不可怕，可怕的是"政治统领文学"，文学成了政治意志的附属物。鲁迅从林默（廖沫沙）、绍伯（田汉）、狄克（张春桥）等左翼批评家对自己或别的作家的无端攻击中已嗅出这种强烈的"指导"气息。因此，在私下里就曾多次以"元帅""奴隶总管""小英雄们"等绰号来指称这些人，并认为"他们自有一伙，狼狈为奸，把持着文学界，弄得乌烟瘴气"[①]。这样，周扬们对文学家的"指导"和"批评"，在鲁迅那里则成了一种"鞭笞"："以我自己而论，总觉得缚了一条铁索，有一个工头在背后用鞭子打我，无论我怎样起劲的做，也是打，而

---

① 鲁迅：《360915 致王冶秋》，见《鲁迅全集》（第13卷），人民文学出版社1981年版，第426页。

我回头去问自己的错处时,他却拱手客气的说,我做得好极了,他和我感情好极了,今天天气哈哈哈……。真常常令我手足无措……"①所以,晚年的鲁迅在遭受了周扬们的"鞭笞"之苦后,时常会感到一种"横站"的悲愤:"叭儿之类,是不足惧的,最可怕的确是口是心非的所谓'战友',因为防不胜防。例如绍伯之流,我至今还不明白他是什么意思。为了防后方,我就得横站,不能正对敌人,而且瞻前顾后,格外费力。"②而后期的左联与鲁迅等的矛盾,也由此而肇始。

第二,"两个口号"论争之发生并趋向白热化,固然是冯雪峰、鲁迅、胡风等对周扬提出的"国防文学"口号有不同的看法所致,但更主要的原因还是周扬等认为胡风提出的新的口号挑战了自己的权威。本来,在文学上对一种观点提出不同的看法应该是文坛的正常生态,没有争鸣,没有流派,哪还叫"百花齐放,百家争鸣"的文坛?即使在文艺上的统一战线建立后,也是可以"和而不同"的。但胡风的文章《人民大众向文学要求什么?》发表后十天,徐懋庸即以相同的题目在《光明》创刊号撰文还击,批评胡风的文章绝口不提"国防文学"及"统一战线"等口号,只是在"标新立异","混淆大众的视听",所以是"分化整个新文艺运动的路线"的。③这就清楚表明,在"国防文学"派的心目中,"国防文学"就是统一战线,不支持"国防文学",就是不支持统一战线。这种非此即彼的"争正统"的思维方式,就充斥在"国防文学"派的文章中。例如:"国防的主题应当成为汉奸以外的一切作家的作品之最中心的主题。"④"目前

---

① 鲁迅:《350912 致胡风》,见《鲁迅全集》(第13卷),人民文学出版社1981年版,第211页。
② 鲁迅:《341218 致杨霁云》,见《鲁迅全集》(第12卷),人民文学出版社1981年版,第606页。
③ 徐懋庸:《"人民大众向文学要求什么?"》,见中国社会科学院文学研究所现代文学研究室编:《"两个口号"论争资料选编》(上),人民文学出版社1982年版,第276—279页。
④ 周扬:《关于国防文学——略评徐行先生的国防文学反对论》,见中国社会科学院文学研究所现代文学研究室编:《"两个口号"论争资料选编》(上),人民文学出版社1982年版,第235页。

的主要的斗争，为汉奸作家与非汉奸作家的斗争。"①"从今以后，文艺界上的各种繁多的问题，有了一种裁判的法律了，那就是国防文艺的标准。"②"凡反对，阻碍或曲解国防文学的都是我们的敌人！"③

第三，更为可怕的是，周扬们在率先拥有"国防文学"的话语权之后，就举起了一面统一战线的大旗。在此大旗下，所有的反对者或不合作者，都成了他们党同伐异、"以理杀人"的牺牲品。"国防文学"派在提出"国防文学"口号的同时，还在组织上试图筹建文艺界统一战线的组织——中国文艺家协会，并希望鲁迅参与发起和筹建工作。但由于与他们之间的隔阂日益加深，鲁迅不但协同冯雪峰、胡风等提出了新的统一战线的文学口号，而且拒绝加入中国文艺家协会。这使得周扬他们的工作顿时陷入被动，这也为周扬他们在理论上陷鲁迅等以"不义"落下了口实。例如，何家槐就在一次有关"国防文学"的座谈会上，抨击"有批作家——特别是资格较老的作家们——却冷淡得很，漠不关心的样子"④。而周扬则在抨击徐行时，还带出了一批"到现在还是保持着超然的沉默的态度"的作家，认为"他们的宗派主义对于文艺上的统一战线或多或少地发生了阻碍的力量"。⑤对此，鲁迅曾在私下的书信中多次提及："近日这里在开作家协会，喊国防文学，我鉴于前车，没有加入，而英雄们即认此为破坏国家大计，甚至在集会上宣布我的罪状。"⑥"又有一大批英雄在宣布我破坏统一战线

---

① 何家槐：《文艺界联合问题我见》，见中国社会科学院文学研究所现代文学研究室编：《"两个口号"论争资料选编》（上），人民文学出版社1982年版，第224页。
② 力生：《文艺界的统一国防战线》，见中国社会科学院文学研究所现代文学研究室编：《"两个口号"论争资料选编》（上），人民文学出版社1982年版，第82—83页。
③ 胡洛：《国防文学的建立》，见中国社会科学院文学研究所现代文学研究室编：《"两个口号"论争资料选编》（上），人民文学出版社1982年版，第29页。
④ 何家槐等：《国防文学问题——〈文学青年〉文艺座谈第一回》，见中国社会科学院文学研究所现代文学研究室编：《"两个口号"论争资料选编》（上），人民文学出版社1982年版，第118页。
⑤ 周扬：《关于国防文学——略评徐行先生的国防文学反对论》，见中国社会科学院文学研究所现代文学研究室编：《"两个口号"论争资料选编》（上），人民文学出版社1982年版，第231页。
⑥ 鲁迅：《360504 致王冶秋》，见《鲁迅全集》（第13卷），人民文学出版社1981年版，第370页。

的罪状，自问历年颇不偷懒，而每逢一有大题目，就常有人要趁这机会把我扼死，真不知何故，大约的确做人太坏了。"①"当病发时，新英雄们正要用伟大的旗子，杀我祭旗。"②"因为不入协会，群仙就大布围剿阵，徐懋庸也明知我不久之前，病得要死，却雄赳赳首先打上门来也。"③"这里的有一种文学家，其实就是天津之所谓青皮，他们就专用造谣，恫吓，播弄手段张网，以罗致不知底细的文学青年，给自己造地位；作品呢，却并没有。真是惟以嗡嗡营营为能事。如徐懋庸，他横暴到忘其所以，竟用'实际解决'来恐吓我了，则对于别的青年，可想而知。"④对于这种以统一战线的"公意"侵害个人权利的方式和行为，鲁迅随即在给徐懋庸的信中进行了一针见血的揭露："因为据我的经验，那种表面上扮着'革命'的面孔，而轻易诬陷别人为'内奸'，为'反革命'，为'托派'，以至为'汉奸'者，大半不是正路人；因为他们巧妙地格杀革命的民族的力量，不顾革命的大众的利益，而只借革命以营私，老实说，我甚至怀疑过他们是否系敌人所派遣。"因此，若从整个中国革命事业发展的视野来看，鲁迅认为："首先应该扫荡的，倒是拉大旗作为虎皮，包着自己，去吓呼别人；小不如意，就倚势（！）定人罪名，而且重得可怕的横暴者。"⑤这里，鲁迅的眼光是锐利的。他在这里所捍卫的，乃是自己免于政治"污蔑"和"陷害"的权利，或者说，是一种个人的自由意志的权利，说到底，是一种文学的自我选择和表达的权利。鲁迅不仅仅考虑的是中国文学的事业，还有中国革命事业发展的前途。

---

① 鲁迅：《360514　致曹靖华》，见《鲁迅全集》（第13卷），人民文学出版社1981年版，第378页。
② 史纪辛：《尘封67载，鲁迅书信近日发现——读解鲁迅1936年7月17日给杨之华的回信》，载《人民日报》2003年6月25日。该信收入《鲁迅全集》（第14卷），人民文学出版社2005年版，第117页。
③ 鲁迅：《360828　致杨霁云》，见《鲁迅全集》（第13卷），人民文学出版社1981年版，第416页。
④ 鲁迅：《360915　致王冶秋》，见《鲁迅全集》（第13卷），人民文学出版社1981年版，第426页。
⑤ 鲁迅：《答徐懋庸并关于抗日统一战线问题》，见《鲁迅全集》（第6卷），人民文学出版社1981年版，第529—530、537页。

由上所述，我们可以看到，所谓的"两个口号"之争，即使充满着个人和团体之间的恩怨与情绪，也是围绕着政治与文学的关系而引发的。也就是说，"两个口号"中的意气之争，说到底还是"政治与文学的歧途"之争，是鲁迅们为了捍卫文学的独立性而进行的"护法"之战。这场文学论战，不仅直接导致了中国现代左翼文学的分裂，而且对于后来的文学思潮乃至文学事业都产生了重大而深远的影响。弄清楚这场文学论争的事情原委和理论纠葛，对于进一步理解随之而起的中国现当代文学思潮乃至革命事业，将具有深刻的启示意义。

第三节

鲁迅《答托洛斯基派的信》考辨

冯雪峰从陕北到达上海后,除了完成党中央交给他的主要政治任务外,还有就是在他的主导下启动并引发了著名的"两个口号"论争。在论争中,冯雪峰替病重的鲁迅起草了三篇论辩文章:《答托洛斯基派的信》《论现在我们的文学运动》和《答徐懋庸并关于抗日统一战线问题》。这三篇文章中,名气最大的当数《答托洛斯基派的信》。这篇署名鲁迅的信件,因为义正词严地痛斥了托派的"无耻谰言",表现了鲁迅大无畏的革命精神,更因是鲁迅著作中第一次出现了"毛泽东"的名字,充分表达了鲁迅对毛主席"坚决抗日主张的竭力拥护",从而被选入"文革"期间的中学语文课本而广为人知。一直以来,《答托洛斯基派的信》都被理所当然地认为是鲁迅的光辉灿烂的篇章而收入《鲁迅全集》。但从20世纪末开始,随着一些有关的重要史料的出现,这一定论却遭到了学界的质疑。要弄清鲁迅晚年这一重大的历史公案的来龙去脉及是非曲直,还须通过对这些有关的历史资料的引证和辨析,以求得对其本来历史面目的深入的了解。

一、冯雪峰的"越俎代庖"之作

《答托洛斯基派的信》,最初发表于1936年7月的《文学丛报》月刊第4期和《现实文学》半月刊第1期。信的落款日期是6月9日,括号内注明:"这信由先生口授,O.V.笔写。"现在知道O.V.是冯雪峰。来信人署名陈仲山,发表其信时以"陈××"代之,现在知道陈仲山即陈其昌,当时是中国托派临时中央委员会委员。托洛斯基，又译作"托洛兹基""托罗兹基"等，现通译为"托洛茨基"。①鲁迅去世后，该文由许广平编入《鲁迅全集》的《且介亭杂文·附集》。

托派陈仲山为什么要给鲁迅写信？鲁迅为什么要以如此激烈的态度给托派们回信呢？要弄清其中的来龙去脉，还得从发生在鲁迅晚年的"两个口号"论争开始说起。

1936年是鲁迅生命的最后一年，他时常处于病痛的折磨之中。查《鲁迅日记》，1936年3月2日，鲁迅往藏书室找书，因中寒骤患气喘，经延医疗治，至3月中旬小愈。但从5月15日起又现病状，16日后连续发热并气喘，且自此日起日见沉重，医生断为肺结核与肋膜炎之并发症。本来鲁迅即使在病中，仍然每天写日记不辍。唯独6月份只有头五天的日记，空缺二十五天，那是因为他病体沉重了。他自己后来在6月30日特别注明："自此以后，日渐委顿，终至艰于起坐，遂不复记。"②

鲁迅病体日见沉重，正值"两个口号"论战正酣之时。在论战期间，"国防文学"的领军人物周扬等，因鲁迅更倾向于"民族革命战争的大众文学"并拒绝参加他们组织的文艺家协会，遂迁怒于鲁迅。他们中有人放出风言风语，诬陷鲁迅为"汉奸""托洛茨基分子"，这使鲁迅很伤心，很悲怆，以致他怀疑这样的战友"是否系敌人所派遣"。鲁迅这种"横站"而"独战"的悲哀，上一节我们在引述他给朋友的书信中已详细述及，此不赘述。

正当鲁迅处于内外交困之际，托派陈其昌却来添乱。1936年6月3日，他化名"陈仲山"致信鲁迅，在攻击了斯大林和中共之后，说："先生的学识文章与品格，是我十余年来所景仰的，在许多有思想的人都沉溺到个人主义的坑中时，先生独能本自己的见解奋斗不息！我们的政治意见，如能得到先生的批评，私心将引以为荣。现在送上近期刊物数份，敬乞收阅。"现在有资料证明，陈其昌写这封信并不是托派中央的决策，而纯粹是他个人的行为。③陈其昌写信给鲁迅，完

---

① 本书中除引文遵照原文译名外，其余均作"托洛茨基"。
② 鲁迅：《鲁迅全集》（第15卷），人民文学出版社1981年版，第295—301页。
③ 王凡西：《双山回忆录》，东方出版社2004年版，第191页；周绍强：《赵济先生忆陈仲山及其他》，载《鲁迅研究月刊》1992年第12期。

全是出于对鲁迅道德文章的崇敬，想征得鲁迅对他们托派观点的理解和支持。陈其昌，本名陈清晨，河南洛阳人。1922年进入北京大学学习，在校期间加入中国共产党，是王实味的入党介绍人。在北大期间，他就对鲁迅十分崇拜。1928年加入托派组织并成为活跃分子。"两个口号"论争发生后，在上海主编托派机关刊物《斗争》的陈其昌等也密切关注着论争的战况。在他们看来，鲁迅在"两个口号"论争中，反对解散左联，支持"民族革命战争的大众文学"，坚持在统一战线中的独立立场，其基本精神与托派在政治上反对统一战线，坚持阶级斗争的观点是一致的。对此，当时与陈其昌同为托派的王文元（王凡西）也是这样理解的，他回忆说：

> 我没有清楚当时发生于上海左翼文人中间的争论情形。后来也不曾有机会去阅读那一争论的有关文章，不过大体是知道的，它多少牵涉到文学中的阶级斗争立场和阶级合作立场之争，代表前者的是鲁迅，他较执著于左翼作家们的原有立场；代表后者的是徐懋庸与周起应（即周扬）等，他们无条件拥护新政策的文学路线。故若从更大的背景看，这简单是斯大林由"第三时期"转入"人民阵线"时所引起的一点新旧之争。徐周等人提出了"国防文学"的口号，鲁迅不甚赞同，他认为应该提"民族革命战争的大众文学"口号。我们并不以为"第三时期"比"人民阵线"较为正确；但在鲁迅和徐懋庸等人的争论，亦即他和斯大林政策新转变的争论中，却多少表示了真诚的革命者对于阶级斗争的坚定，对于无条件投降于国家主义的厌恶。鲁迅始终不是一个马克思主义者，但这位伟大的文学家永远是一个同情被压迫与被践踏者斗争的战士，因而即使不是思想上，至少在感情上他仍是阶级斗争学说的服膺者。何况，在他思想和行动的逐渐成长中，反对各式各样国家主义文学的斗争，曾起了决定性作用的。现在（一九三六年），提倡了多年的"普罗文学"，与国民党御用文学及所谓"第三种人"等作了长期尖锐斗争之后，忽而要掉转枪头，化敌为友，从事什么"国防文学"了，在他心里当然不会舒适安静的。于是引起了争论，而且这个"内部"争

论，传到了我们耳中。陈其昌听到了这消息后非常兴奋，于是写了一封信（此信后来附印在鲁迅的复信后面，被收入全集中），附上《斗争》及另外几册中译的托洛茨基的小书，由内山书店转送鲁迅。①

这里王文元的回忆，把陈其昌写信给鲁迅的内在的思想动机和盘托出了。但实际上，托派们并不真正了解鲁迅。他们只看到了鲁迅在"两个口号"论争中与其政治上趋同的一面，而没有识透鲁迅精神深处与他们的根本性的歧异。托派们是从政治层面来理解鲁迅与周扬的冲突的。在他们看来，鲁迅所坚持的"民族革命战争的大众文学"，"多少表示了真诚的革命者对于阶级斗争的坚定，对于无条件投降于国家主义的厌恶"，意在强调阶级斗争，反对中国共产党《八一宣言》所提出的抗日民族统一战线的主张。而鲁迅乃是从人的精神层面，以"立人"启蒙立场来反对"国防文学"的。实际上，鲁迅在政治上并不反对中共提出的抗日民族统一战线政策，但涉及文学与政治的关系时，他强调的还是文学相对于政治的独立性。文学作为人的精神的守护者，文学的独立也就意味着人的个性的形成和独立，文学丧失了独立性，也意味着作家个性与人格的流失。鉴于此，鲁迅在当时就深有感触地说："用笔和舌，将沦为异族的奴隶之苦告诉大家，自然是不错的，但要十分小心，不可使大家得着这样的结论：'那么，到底还不如我们似的做自己人的奴隶好。'"②文学所诉诸的对象，就是要"立人"，而不是造就"奴隶"，不管是"异族的奴隶"，还是"自己人的奴隶"。这里，鲁迅还是坚持他一以贯之的"立人"的启蒙立场，把维护作家的人格独立作为自己的理论底线。鲁迅与托派们对于"两个口号"的理解，是貌合而神离、同构而异质的。

陈其昌不知个中底细，一厢情愿地给鲁迅写信进行"拉拢"，殊不知"拉拢"不成反给鲁迅添乱，为以周扬为代表的"国防文学"派陷鲁迅于"不义"制造根据。正因为如此，鲁迅接到信后的烦忧和恼怒是可以想见的。

关于鲁迅收到陈其昌的信后的反应以及冯雪峰替鲁迅写信的具体过程，后来

---

① 王凡西：《双山回忆录》，东方出版社2004年版，第190—191页。
② 鲁迅：《半夏小集》，见《鲁迅全集》（第6卷），人民文学出版社1981年版，第595页。

冯雪峰和胡风都有回忆录详细地进行了描述。冯雪峰的回忆是:

>就在六月初旬的一天下午,我抱着这样的目的去看鲁迅。鲁迅病卧在床上,见我去,突然地竖起身来,从枕头底下取出几本刊物和一封信来,一面递给我,一面十分气愤地说:"你看,真的来了!可恶不可恶!"又说:"我连密斯许(指许广平)也没有给她看过。"鲁迅当时的表情,除气愤之外,我觉得还有点寒心的流露。
>
>我一看,是托派寄来的刊物和一封署名"陈仲山"的信。我看了后说:"他们自己碰上来,就给他们一个迎头的痛击吧!"
>
>鲁迅说:"你去处理吧!"
>
>当时我也提到两个口号已发生论争,两方对立情况也更厉害起来,而胡风的文章也确实写得不好等事情。我向鲁迅说,他是否可以发表一个谈话之类的东西,一方面对"民族革命战争的大众文学"这个口号,正面表示他的意见;一方面,不排斥"国防文学"口号。他同意,也叫我照他的意见和态度去处理。
>
>我回来后,即以"O.V.笔录"形式拟了《答托洛斯基派的信》和《论现在我们的文学运动》,都是完全按照他的立场、态度和多次谈话中他所表示的意见写的。发表后他自己都看了,认为符合他的立场、态度和意见的;并且从刊物上剪下来,放到他的积稿堆中去,准备将来编进他的文集。①

而胡风的回忆是:

>重要的是发表了鲁迅的《答托洛斯基派的信》和《论现在我们的文学运动》。两文都注明了是他口述,O.V.笔录。其实都是冯雪峰拟稿的。O.V.影寓我的名字,免得猜到是他。他是党的领导人,我觉得掩护他是我应尽的责任。

---

① 冯雪峰:《有关一九三六年周扬等人的行动以及鲁迅提出"民族革命战争的大众文学"口号的经过》,见《雪峰文集》(第4卷),人民文学出版社1985年版,第516—517页。

口号问题发生后，国防文学派集全力进攻。冯雪峰有些着慌了，想把攻势压一压。当时鲁迅在重病中，无力起坐，也无力说话，连和他商量一下都不可能。恰好愚蠢的托派相信谣言，竟以为这是可乘之机，就给鲁迅写了一封"拉拢"的信。鲁迅看了很生气，冯雪峰拿去看了后就拟了这封回信。"国防文学"派放出流言，说"民族革命战争的大众文学"是托派的口号。冯雪峰拟的回信就是为了消解这一栽诬的。他约我一道拿着拟稿去看鲁迅，把拟稿念给他听了。鲁迅闭着眼睛听了，没有说什么，只简单地点了点头，表示了同意。①

两个回忆录从不同的角度，叙写了这封《答托洛斯基派的信》出笼的经过和具体情境。两相比较，有一点是共同的，那就是这封《答托洛斯基派的信》在文末加注的"这信由先生口授，O.V.笔写"，是不符合历史事实的。而实际的情况是，鲁迅当时处于大病之中，根本无力起坐，更没有力气说话，这封信并没有经过鲁迅的"口授"，而是由冯雪峰全权代理拟的稿，最后以"鲁迅"署名而发表的。

二、鲁迅对这封"答信"并不认同

既然这封信是由冯雪峰代鲁迅拟的稿，那么这封信是否如冯雪峰所说的，"都是完全按照他的立场、态度和多次谈话中他所表示的意见写的"呢？或者说，冯雪峰替鲁迅代笔写的稿，是否符合鲁迅的原意呢？

令人感到意外的是，鲁迅对此当时即做了否定的回答！据胡风后来回忆：

冯雪峰回去后，觉得对口号问题本身也得提出点理论根据来。于是又拟了《论现在我们的文学运动》，又约我一道去念给鲁迅听了。鲁迅显得比昨晚更衰弱一些，更没有力气说什么，只是点了点头，表示了同意，但略略现出了一点不耐烦的神色。一道出来后，雪峰马上对我说：鲁迅还是不行，不如高尔基；高尔基那些政论，都是党派给他的秘书写

---

① 胡风：《鲁迅先生》，见《胡风全集》（第7卷），湖北人民出版社1999年版，第106页。

的，他只是签一个名。……

　………………

　　到病情好转，恢复了常态生活和工作的时候，我提了一句："雪峰模仿周先生的语气倒很像……"鲁迅淡淡地笑了一笑，说："我看一点也不像。"①

值得注意的是，这里鲁迅的"一点不耐烦的神色"，实际上是他对冯雪峰试图利用和控制自己所表现出的不满。而他对冯雪峰"模仿秀"的否定，则表明冯所代拟的文章，并不像冯雪峰所说的"符合他的立场、态度和意见的"，而是有所保留的。

如果说胡风回忆中所谈到的鲁迅"略略现出了一点不耐烦的神色"及他认为冯雪峰模仿的语气"一点也不像"，意思还比较模糊，不足以说明鲁迅的具体态度的话，那么许广平在《且介亭杂文》后记中所做的说明，则清楚地表明冯雪峰的说法并不符合客观实际——鲁迅并没有把这两篇文章"从刊物上剪下来，放到他的积稿堆中，准备将来编进他的文集"。许广平说：

　　一九三六年作的《末编》，先生自己把存稿放在一起的，是自第一篇至《曹靖华译〈苏联作家七人集〉序》。《因太炎先生而想起的二三事》，和《关于太炎先生二三事》，似乎同属姊妹篇，虽然当时因是未完稿而另外搁开，此刻也把它放在一起了。

　　《附集》的文章，收自《海燕》，《作家》，《现实文学》，《中流》等。《半夏小集》，《这也是生活》，《死》，《女吊》四篇，先生另外保存的，但都是这一年的文章，也就附在《末编》一起了。②

查《附集》的文章发表于《现实文学》的，只有《答托洛斯基派的信》和《论现在我们的文学运动》这两篇，那么许广平所说的收自《现实文学》的，也只能是这两篇。值得注意的是，鲁迅却没有把这两篇文章剪下来收存起来。而与

---

① 胡风：《鲁迅先生》，见《胡风全集》（第7卷），湖北人民出版社1999年版，第106—107页。
② 鲁迅：《鲁迅全集》（第6卷），人民文学出版社1981年版，第637页。

对待上述两篇文章的态度相反，鲁迅对冯雪峰代笔的另外一篇万言长文《答徐懋庸并关于抗日统一战线问题》，却早早地从刊物上剪下来贴好并手写上题目放在存稿中，以备将来编入《且介亭杂文·末编》里。鲁迅这样做，是因为他认为这篇文章是自己的作品——冯雪峰起草了稿子后，鲁迅又带病对之进行大幅度的修改并增加了其中的核心内容。①

那么，鲁迅为什么不想着把《答托洛斯基派的信》和《论现在我们的文学运动》这两篇文章收入自己的《末编》呢？笔者认为，是因为鲁迅在内心深处并不认可这两篇文章是自己的作品。但问题在于，《附集》中的各篇除这两篇文章外，其余的都应该是鲁迅的作品，但鲁迅为什么也没有把它们收入《末编》呢？下面让我们试着对《鲁迅全集》中的《且介亭杂文·附集》各篇的具体情况加以梳理和分析：

第一，许广平说："《因太炎先生而想起的二三事》，和《关于太炎先生二三事》，似乎同属姊妹篇，虽然当时因是未完稿而另外搁开，此刻也把它放在一起了。"鲁迅把回忆太炎先生的这两篇散文另外搁开，笔者认为他是想把这两篇散文与《附集》中的《半夏小集》《"这也是生活"……》《死》《女吊》等编成一本类似《朝花夕拾》的回忆性的散文集。冯雪峰在他1937年所写的《鲁迅先生计划而未完成的著作——片断回忆》一文中说："鲁迅先生病后写的《"这也是生活"……》、《死》、《女吊》，都是一类文体的诗的散文，他说预备写它十来篇，成一本书，以偿某书店的文债。"②但遗憾的是，许广平却把这两篇散文编进了《末编》，这显然是不符合鲁迅生前的意愿的。

第二，除了上述系列散文之外，在《附集》中尚有三组文章：一是短评类四篇，即《文人比较学》《大小奇迹》《难答的问题》《登错的文章》；二是序言类的三篇，即《海上述林》上下卷序言和《〈苏联版画集〉序》；三是"立此存

---

① 鲁迅的这个修改稿现在被收入《鲁迅著作手稿全集》，上面留有鲁迅密密麻麻的修改痕迹和添加的文字。参见萧振鸣主编：《鲁迅著作手稿全集》（第12卷），福建教育出版社1999年版，第1344页。
② 冯雪峰：《鲁迅先生计划而未完成的著作——片断回忆》，见《雪峰文集》（第4卷），人民文学出版社1985年版，第16页。

照"系列七篇。其中，第一类的短评四篇与第三类的"立此存照"系列七篇，都属于典型的鲁迅"杂感"，与早年的《随感录》有相似之处。鲁迅没有把它们编入《末编》，是不是要另编一个类似《随感录》式的杂文集，也未可知。至于第二类的三篇序言，其中《〈苏联版画集〉序》写于1936年6月23日，文末说明"鲁迅述，许广平记"。这正是鲁迅重病期间。查《鲁迅日记》，鲁迅收到《苏联版画集》的样书是1936年7月4日和6日。可能是由于印刷精良，装帧豪华，"非艺术学徒购买力之所能企及"[①]，考虑到需要送人，所以没有将序文剪下作为文稿专门保存。《海上述林》上下卷序言的情况当与此相同，因而也没有从书上剪下来专门存留。

第三，从胡风与鲁迅关于冯雪峰模仿鲁迅的语气像与不像的对话中可以推知，鲁迅病情好转后肯定看了冯雪峰越俎代庖的这两篇文章，他如果把这视为自己的文章，就会把它们从刊物上剪下来，再手写上题目，放到他的积稿堆中。然而他并没有这样做，这就很明确地表明了他对这两篇文章的态度。这就是说，鲁迅在内心深处并没有把这两篇当成自己的文章。鲁迅是把文字视为自己的生命的人，这种态度使他在原则上都不随便使用自己的名字，即使是自己的讲演，其记录稿只要不经亲自手订，他也都弃而不收。鲁迅曾明确表示过："我凡有东西发表，无论讲义，演说，是必须自己看过的。"否则，他都不予承认。[②]《答托洛斯基派的信》和《论现在我们的文学运动》这两篇文章，一篇在文末加注"这信由先生口授，O.V.笔写"，另一篇以"病中答访问者，O.V.笔录"作为副标题，其实既不是"由先生口授"，也没有"病中答访问者"，都是冯雪峰的越俎代庖之作。在鲁迅看来，它们既不是出于自己之口，又没有经过自己手订，这显然违背他一贯坚持的原则，因而也就不会把这视为自己的文章。

[①] 鲁迅：《360707 致赵家璧》，见《鲁迅全集》（第13卷），人民文学出版社1981年版，第392页。
[②] 鲁迅：《而已集·通信》，见《鲁迅全集》（第3卷），人民文学出版社1981年版，第447页。

但就《论现在我们的文学运动》和《答托洛斯基派的信》这两篇文章而言，鲁迅的态度又有所不同。尽管鲁迅没有把《论现在我们的文学运动》视为自己的文章收存起来，但在《答徐懋庸并关于抗日统一战线问题》中有这样一句话："但现在文坛上仿佛已有'国防文学'牌与'民族革命战争大众文学'牌的两家，这责任应该徐懋庸他们来负，我在病中答访问者的一文里是并没有把他们看成两家的。"虽然这句话是冯雪峰起草的原稿中就有的，但鲁迅在修订、重写的过程中并没有把它删去，这意味着他承认了这句话，也就是说他承认了这篇"病中答访问者"。更重要的是，据冯雪峰、胡风、茅盾等人的回忆，冯雪峰从陕北到上海后，曾多次和鲁迅议论过左翼文艺战线当时所面临的形势、任务及应采取的工作方针，议论过对周扬等人所提出的"国防文学"口号的看法，并一起酝酿提出了"民族革命战争的大众文学"口号，对于鲁迅的意见，他了解得很清楚。因此，《论现在我们的文学运动》虽然不是鲁迅真正的"病中答访问者"，而是由冯雪峰直接撰写，但无疑是符合鲁迅的意见的。目前学界对这一篇文章似乎没有多少争议。即使如此，因为这不是鲁迅自己的文字，所以他仍不把它视为传记的文章。①

而对《答托洛斯基派的信》，鲁迅不但明确地表态说"我看一点也不像"，而且拒绝把它收入自己的文集。这实际上就意味着，鲁迅从内容到文字形式都不认同冯雪峰的这篇"模拟"或"代笔"之作。鲁迅这种视文章为生命的认真负责态度，显然令作为党代表的冯雪峰不满意。难怪他会对胡风说："鲁迅还是不行，不如高尔基；高尔基那些政论，都是党派给他的秘书写的，他只是签一个名。"

三、这封"答信"更不符合鲁迅的初衷

那么，鲁迅为什么会对冯雪峰为自己代笔的《答托洛斯基派的信》表现出如此的不满呢？仔细分析一下这封著名的书信的文本，我们会发现，它至少在如下

---

① 参看张永泉：《关于鲁迅与〈答托洛斯基派的信〉的关系的疑问》，载《鲁迅研究月刊》1999年第3期。

两个方面不符合甚至违背了鲁迅的初衷。

第一，信中对托洛茨基所表现出的冷嘲热讽，并不是鲁迅对托氏应有的态度。该信一开始就写道：

> 史太林先生们的苏维埃俄罗斯社会主义共和国联邦在世界上的任何方面的成功，不就说明了托洛斯基先生的被逐，飘泊，潦倒，以致"不得不"用敌人金钱的晚景的可怜么？现在的流浪，当与革命前西伯利亚的当年风味不同，因为那时怕连送一片面包的人也没有；但心境又当不同，这却因了现在苏联的成功。事实胜于雄辩，竟不料现在就来了如此无情面的讽刺的。①

其中对托洛茨基所表露出的幸灾乐祸乃至深恶痛疾是一目了然的。实际上，鲁迅之于托洛茨基，不但本无恶感，而且他还是从托氏的《文学与革命》开始接受马克思主义的文艺理论并以之解读、指导当时方兴未艾的中国革命文学的。查《鲁迅日记》，1925年8月26日，鲁迅即购买了日文版的《文学与革命》；1927年9月11日，他又购买了英文版的《文学与革命》赠与学生廖立峨。1926年8月，鲁迅翻译了该书的第三章《亚历山大·勃洛克》，作为胡斅翻译的勃洛克的长篇叙事诗《十二个》的"前言"由北新书局出版，同时还写了"后记"对托洛茨基予以介绍："在中国人的心目中，大概还以为托罗兹基是一个喑呜叱咤的革命家和武人，但看他这篇，便知道他也是一个深解文艺的批评者。"②而鲁迅选用托洛茨基评价勃洛克的文字作为《十二个》的前言，乃是因为他认为对勃洛克，"若用了纯马克斯流的眼光来批评，当然也还是很有可议的处所。不过我觉得托罗兹基的文艺批评，倒还不至于如此森严"③。可见鲁迅并不满意当时流行的"纯马克斯流"的教条主义的批评方法，而更欣赏托洛茨基灵活宽容的批评文风。1927

---

① 鲁迅：《答托洛斯基派的信》，见《鲁迅全集》（第6卷），人民文学出版社1981年版，第588页。
② 鲁迅：《〈十二个〉后记》，见《鲁迅全集》（第7卷），人民文学出版社1981年版，第301页。
③ 鲁迅：《马上日记之二》，见《鲁迅全集》（第3卷），人民文学出版社1981年版，第343页。

年，鲁迅开始在《革命时代的文学》《革命文学》等文中，把托洛茨基的理论运用到当前的革命文学理论的建设中，从而形成了他的"革命人"的理论："我以为根本问题是在作者可是一个'革命人'，倘是的，则无论写的是什么事件，用的是什么材料，即都是'革命文学'。从喷泉里出来的都是水，从血管里出来的都是血。"①这里"革命人"的概念，即来自托洛茨基的《文学与革命》一书。②除了用托氏的理论讲解"革命时代的文学"，鲁迅这时期还支持未名社翻译出版《文学与革命》，认为"可以销路较好"③。即使是在1927年11月托洛茨基被苏共开除出党后，鲁迅仍在跟创造社论争时高度肯定托洛茨基："托罗兹基虽然已经'没落'，但他曾说，不含利害关系的文章，当在将来另一制度的社会里。我以为他这话却还是对的。"④总之，鲁迅上述所肯定的托洛茨基，都是在文艺的范畴内，并未涉及政治斗争。

但是从1932年9月19日写出《〈一天的工作〉后记》后，直到1936年6月9日这篇《答托洛斯基派的信》，在长达四年的时间里，鲁迅除了在《辱骂和恐吓决不是战斗》一文中间接提到托洛茨基外，在他的著述中不再引述托洛茨基的名字或观点。也就是说，鲁迅在晚年对托洛茨基选择了空前的沉默。为什么晚年鲁迅对托洛茨基会选择沉默呢？日本学者长堀祐造有专题论文探讨这一问题，他认为鲁迅的托洛茨基观的改变，可能受到了瞿秋白的影响。⑤瞿秋白影响鲁迅对托洛茨基的看法的可能性是完全存在的，但这仍不能解释鲁迅选择对托洛茨基保持沉默的深在缘由。因为既然瞿秋白影响了鲁迅的托洛茨基观，鲁迅完全可以像瞿秋白那样对托洛茨基的看法来一个一百八十度的大转弯——由礼赞托洛茨基转变为批

---

① 鲁迅：《革命文学》，见《鲁迅全集》（第3卷），人民文学出版社1981年版，第544页。
② 详见长堀祐造：《鲁迅"革命人"的提出——鲁迅接受托洛茨基文艺理论之一》，载《鲁迅研究月刊》2002年第10期。
③ 鲁迅：《270409 致李霁野》，见《鲁迅全集》（第11卷），人民文学出版社1981年版，第537页。
④ 鲁迅：《我的态度气量和年纪》，见《鲁迅全集》（第4卷），人民文学出版社1981年版，第112页。
⑤ 参见长堀祐造：《试论鲁迅托洛茨基观的转变——鲁迅与瞿秋白》，王士花译，载《鲁迅研究月刊》1996年第3期。

判和声讨（尽管不一定是发自内心的）。但问题是鲁迅对托洛茨基选择的是惊人的沉默。对此的解释只能是：晚年鲁迅虽然在政治上更加接近了苏俄和共产党，但在文艺观念上却更亲近托洛茨基。按照斯大林苏俄的政治逻辑，政治和文艺的关系是同一的，政治上反动的，艺术观念也一定不可取。而鲁迅是主张"文艺与政治的歧途"的，这就是说：一方面文艺终究是"为人生的"，甚至也可以"为政治的"，反对把文学当作"休闲"与"趣味"；另一方面文学终归是独立于其他目的的，尤其是独立于政治的。对托洛茨基而言，在文艺与政治不能取得统一的情况下，晚年鲁迅只好也只能选择沉默。

但《答托洛斯基派的信》的发表，却让鲁迅在沉默四年之后，像中共领导人瞿秋白一样突然对托洛茨基"开火"，用极尽嘲讽之笔调对托洛茨基进行奚落、挖苦乃至谴责，这无论如何是不符合晚年鲁迅对托洛茨基的矛盾心态的，更与他一贯严正、审慎的为人原则相抵触。

第二，信中对中国的托洛茨基派进行了深文周纳式的诬陷，更违背了鲁迅为人为文的原则。鲁迅为文，一贯坚持"辱骂和恐吓决不是战斗"。他说："倘在诗人，则因为情不可遏而愤怒，而笑骂，自然也无不可。但必须止于嘲骂，止于热骂，而且要'喜笑怒骂，皆成文章'，使敌人因此受伤或致死，而自己并无卑劣的行为，观者也不以为污秽，这才是战斗的作者的本领。"[①]但看看这封冯雪峰代笔的回信，而偏偏就把辱骂当战斗，以"日元说"代替"卢布说"，这种"卑劣的行为"，使观者"也以为污秽"。文中先攻击说："你们的'理论'确比毛泽东先生们高超得多，岂但得多，简直一是在天上，一是在地下。但高超固然是可敬佩的，无奈这高超又恰恰为日本侵略者所欢迎"；然后又回过来暗示道："我不相信你们会下作到拿日本人钱来出报攻击毛泽东先生们的一致抗日论"；最后严厉地警告："你们的高超的理论，将不受中国大众所欢迎，你们的所为有背于中国人现在为人的道德"。这实际上就坐实了前面的暗示，让读者感觉到托派们真的是拿了"日元"在办报似的。以躲躲闪闪

---

① 鲁迅：《辱骂与恐吓决不是战斗》，见《鲁迅全集》（第4卷），人民文学出版社1981年版，第453页。

的笔调,暗示托派是汉奸,这在中日战争即将全面爆发的1936年,其敏感度可想而知。

果不其然,《答托洛斯基派的信》以"鲁迅"的名义发表后,陈其昌在失望和悲愤之余,于1936年7月4日提笔给鲁迅回了一封言辞激烈的信。陈其昌的第一封信,对曾是自己老师的鲁迅态度还是比较崇敬和谦卑的,但从第二封信里可以看出,他的失望和愤怒几乎是到了不能自控的程度:

> 你躲躲藏藏的造谣,说日本人拿钱叫我们办报等等,真亏你会诬蔑得这样周到!布列派的《斗争》与《火花》是同志们节衣缩食并闷在亭子间阁楼上挥汗劳动的产品,正因财力不给,《斗争》已从周刊变为半月刊,听说又快要降为月刊了。假如布列派能从日本人拿钱办报,那它一定要像你们那样,公开的一本本一种种的出书出杂志,并公开摆在四马路出卖,即不然,也仍可以交给日本人书店在玻璃窗内张广告出卖,而决不须这样自印自散了。……
>
> 你拿辱骂与污蔑代替了政治问题的讨论,而这恰是史大林党官僚们的一脉相传的法宝。你的回信的态度是"中国现代文豪"之思想与行为的最最无情的讽刺![1]

陈其昌以有力的事实,驳斥了信中的"日元说"。而陈其昌后来的遭遇,更以血的事实洗刷了这封信里所强加给他的"为日本侵略者所欢迎"的罪名。1941年12月8日珍珠港事变后,日本军队进入上海租界。从事秘密抗日活动的陈其昌再没有藏身之地,于1942年初被日军捕杀。[2]

同样受到鲁迅这封回信"伤害"的,还有陈其昌的托派朋友们。当时同为托派重要人物之一的郑超麟,正关押在国民党的监狱中。鲁迅的回信发表后,他通过一位"难友"的家属送来的一本杂志看见了鲁迅这封答信。他后来回忆自己当

---

[1] 《陈仲山致鲁迅(一九三六年七月四日)》,见北京鲁迅博物馆鲁迅研究室编:《鲁迅研究资料》(第4辑),天津人民出版社1980年版,第169页。
[2] 具体详见陈其昌的儿子陈道同的回忆录《陈其昌之死(回忆录片断)》(载《鲁迅研究月刊》2001年第4期)。

时看到这封答信后的感受时写道:

> 我当然不赞成陈仲山写信并寄出版物给鲁迅，但对于鲁迅这封答信特别反感。鲁迅不是说过"辱骂和恐吓决不是战斗"的么？他不是一向反对国民党御用报刊上常常出现的"卢布说"么？他为什么自己用"日圆说"来辱骂人呢？他有什么证据呢？……鲁迅这封答信贬低了他在我心目中以前的地位。[①]

而实际上，鲁迅是拿不出什么证据的。也许正因为如此，使鲁迅感到了理亏和难堪。本来以鲁迅的性格，陈其昌第二封言辞激烈的回信是足令他愤怒的，但鲁迅于1936年7月7日收到该信后，只在当日的日记中记道："得陈仲山信，托洛茨基派也。"此后也未见对此有什么回应。鲁迅对陈其昌的回信选择了沉默，主要是他没有勇气面对陈其昌及其托派朋友们的质问。因为冯雪峰已经代表党以他的名义回复了托派们，他当然不能再作文透露出自己的真实想法了。

而更令鲁迅感到难堪的，还是他面对老朋友陈独秀的尴尬。冯雪峰代鲁迅作答并痛击托派的这一年（1936年），当时还是托派领袖的陈独秀还关在国民党的监狱里。鲁迅的这封信，对落难中的陈独秀无疑是落井下石般的一击。据王凡西回忆，《答托洛斯基派的信》发表后，极大地伤害了陈独秀，他"知道了大发脾气，问我们为什么会对鲁迅发生幻想。他认为，鲁迅之于共产党，无异吴稚晖之于国民党，受捧之余，感恩图报，决不能再有不计利害的是非心了"[②]。陈独秀在情绪激动下的判断，显然是误解了鲁迅。实际上，即使在陈独秀转向托派并被中共开除后，鲁迅仍在文学上对他有正面的评价。1932年12月14日鲁迅作《〈自选集〉自序》，称自己在"文学革命"中的作品是"遵命文学"，但又特别强调："不过我所遵奉的，是那时革命的前驱者的命令，也是我自己所愿意遵奉的命令，决不是皇上的圣旨，也不是金元和真的指挥刀。"[③] 鲁迅这里所谓的"前

[①] 郑超麟：《读胡风〈鲁迅先生〉长文有感》，见《郑超麟回忆录》（下），东方出版社2004年版，第352—353页。
[②] 王凡西：《双山回忆录》，东方出版社2004年版，第191页。
[③] 鲁迅：《南腔北调集·〈自选集〉自序》，见《鲁迅全集》（第4卷），人民文学出版社1981年版，第456页。

驱者"，无疑指的是陈独秀。也正因为如此，鲁迅才在《我怎么做起小说来》一文中，特别声明："这里我必得记念陈独秀先生，他是催促我做小说最着力的一个。"①对于陈独秀的杂感文，鲁迅也有高度的评价。晚年他在回答斯诺的采访中，曾把陈独秀列为中国最优秀的杂文作家之一②，还特意推荐1922年出版的《独秀文存》的编法："附有和所存的'文'相关的别人的文字"，"这样的集子最好"。③尽管鲁迅在政治上对陈独秀转向托派未必没有自己的看法④，但要他以"汉奸"的名目去含沙射影地暗示狱中的陈独秀，无疑是在落难后的陈独秀背后又捅了一刀。这之于鲁迅，真是情何以堪！

总之，鲁迅对于托派陈其昌的来信，只是恼怒他"谬托知己"，没有眼色，给自己添乱。鲁迅对托派的忌讳，只是出于政治原则性的——当时他已经被共产党推举为文学上的精神领袖，在原则上他对托派不能不有所规避。而他之规避托派，主要还是不想让对手——"国防文学"派的周扬们抓住自己的辫子，从而在政治上陷自己于不利。而在私情上，尤其是在文学观念上，鲁迅未必会如答信中那样对托派持有那么大的恶感。因为托派的背后——不管是托洛茨基，还是陈独秀，毕竟都是鲁迅曾经心仪过的人物。

但开弓没有回头箭，这封署名"鲁迅"的《答托洛斯基派的信》毕竟已经公之于众了。冯雪峰酿的酸酒，鲁迅只能喝下去。

---

① 鲁迅：《我怎么做起小说来》，见《鲁迅全集》（第4卷），人民文学出版社1981年版，第512页。
② 斯诺整理：《鲁迅同斯诺谈话整理稿》，安危译，载《新文学史料》1987年第3期。
③ 鲁迅：《"题未定"草（六至九）》，见《鲁迅全集》（第6卷），人民文学出版社1981年版，第430页。
④ 其实，鲁迅对于陈独秀在政治上的"转向"，是有看法的。1932年11月27日，鲁迅在北师大演讲《再论第三种人》，其中用"西装""皮鞋"比喻资产阶级，用"泥腿"比喻无产阶级，说在五四新文化运动中，"西装先生的皮鞋踏进来了，这就是胡适之先生，陈独秀先生的'文学革命'"，"不料想三四年前，下等人的泥腿插进了文坛，此时前者反对后者，即是皮鞋先生反对新兴普罗文学，因而他们说，左翼的文学家竟是拿卢布的，陈独秀反而称革命的工农为土匪了，不过事实已经证明，左翼作家的确没有拿卢布，工农也确实不是土匪"。这段话引自当时报纸刊登的其他报道，未经鲁迅审阅改正，可能在字词上不很准确，但大体意思及表述是可信的。参见朱金顺辑录：《鲁迅演讲资料钩沉》，湖南人民出版社1980年版，第182—183页。

四、托派竟然真的成了"汉奸"！

尽管我们可以说，冯雪峰代鲁迅写的这封答信暗示托派拿日本人的钱办报是"无中生有"，但问题在于，冯雪峰为什么要这样做呢？或者说，他为什么在文中指责托派有"汉奸"的嫌疑呢？其中的缘由，除了冯雪峰作为党代表要"代表"鲁迅对托派进行政治宣判（但过了头），以及他从苏区带来的"党化"的宣传文风之外，而更主要的逻辑，还是托派自身的理论带来的。

托派坚持阶级斗争、"继续革命"、反对抗日民族统一战线政策的理论，这在中共的《八一宣言》发表以后，尤其是在西安事变后国共合作的局面即将形成，共产党的抗日民族统一战线已经确立的大形势下，其消极的破坏作用是显而易见的：它形"左"而实"右"，表面激进，而实际上坏大事。在理论上，它只能有利于正在大兵压境的日本军方，起到他们的"帮凶"的作用。而在《答托洛斯基派的信》中，冯雪峰代替鲁迅指责托派的理论"又恰恰为日本侵略者所欢迎"，"将不受中国大众所欢迎"，其旨归就在于此。中共对于"托陈派"，过去只是批判和肃清其"取消主义"的错误。但自共产国际七大之后，中共的战略决策已经发生了重大变化，建立与国民党合作的抗日民族统一战线已成了不可逆转的历史趋势。因此，早在1936年8月5日，中共中央书记处给北方局及河北省委的指示信中就特别指出："极'左倾'的托派的领导分子，用尽了一切恶劣的字句，领导抗日的共产党，咒骂抗日主力的红军，为党所提出的联合各党派一致抗日的统一战线的主张，是出卖中国的革命，他们实际上已成了日寇的代言人，他们不仅是共产主义的叛徒，而且是整个被帝国主义压迫到吐不出气的中华民族的汉奸。"为此，党中央确定："对于托派，应采取坚决打击，使之瓦解与消灭的方针。"[①]可以这样说，托派在新的形势下由"反革命"沦为"汉奸"，乃是他们在理论上合目的的一种历史结果。冯雪峰代鲁迅而写的《答托洛斯基派的信》，以"日元说"暗示托派为"汉奸"的文字，在当时的历史背景下并不是凭

---

① 中央统战部、中央档案馆编：《中共中央抗日民族统一战线文件选编》（中册），档案出版社1985年版，第188—189、492—493页。

空产生。

但无论如何,理论上的"汉奸"倾向毕竟与事实上的"汉奸"行为不可同日而语。而历史的发展却往往是按照它的"惯性"而不是"理性"运作的。《答托洛斯基派的信》发表以后,连署名者鲁迅和起草者冯雪峰都始料未及的是,文中以"日元说"暗示托派为"汉奸"的敏感字眼,却让王明等人立即捕捉到,从而成为他们在政治上"肃托"的有力武器。

就在鲁迅的《答托洛斯基派的信》于1936年7月在《文学丛报》和《现实文学》上发表不久,当时驻莫斯科第三国际的中国共产党代表团团长王明,即于8月27日,向第三国际中国部和共产国际执委会委员弗洛林,呈报了托派写给鲁迅的信及鲁迅答信的俄文打印件。呈报时,王明并附有一纸短柬。这封短柬译文如下:

尊敬的中国部(另一份署"弗洛林"——录者):

兹寄上陈独秀(中国著名的托洛茨基分子)给鲁迅(中国最著名的大作家)的信和鲁迅给陈独秀的回信,以供了解。

王明(BaH MuH)

1936年8月27日①

这封短柬有如下两点特别值得注意:一是王明把写信人陈其昌当成了"陈独秀"。由于冯雪峰在发表《答托洛斯基派的信》和"来信"时,隐去了写信人的名字,仅仅署作"陈××",以至王明在呈报信件时,竟然把"陈××"直接写成了"陈独秀"。王明未经查考,便言之凿凿,认定必系陈独秀无疑,且信笔写出,专函向上驰报,这种在重大原则问题上见风便是雨、主观妄断的态度,是与其后来被毛泽东所指责的"主观主义"的政治作风相符合的。但王明自己也没有想到,他的这种并非完全有意的"误读",却为后来由他所主导的一系列"托陈派汉奸案"埋下了伏笔。二是王明报送这封信的速度特别迅捷。据查王明报送给第三国际的这些材料,其来源渠道并不是通过上海地下党组织从内部直送到莫斯

---

① 具体详见唐天然:《对斯大林清除异己的曲意配合——王明向第三国际呈报鲁迅〈答托洛斯基派的信〉》,载《鲁迅研究动态》1989年第8期。

科的，而是从发表此文的公开出版物《现实文学》或《文学丛报》获取的。这两期杂志的出版时间都是1936年7月。当时，上海和莫斯科关山阻隔，交通不便，邮事迟缓，王明得到这些信件，猜情度理，最早也该是当年的8月了。而王明则在8月27日，便封妥发出，"中国部"和"弗洛林"于29日就已收到（据原件所盖收文印记）。可以想象，王明是在收读刊物之后，立即找人翻译（或自译），又随即打印封发的。

王明如此迅捷地呈报这些材料，是有其明显的政治用意的。原来，当年8月，苏联正在斯大林的直接指挥下，进行大规模的镇压所谓季托联盟的斗争。11日至23日，军事法庭公开审讯了季诺维也夫、加米涅夫等十六位老布尔什维克。他们被指控为和流亡国外的托洛茨基互相勾结，进行"叛国"活动。这些"叛国"活动主要表现在"与法西斯蒂的德国秘密警察建立直接关系，同时与美国法西斯蒂的领袖墨尔斯特的报纸建立公开的联系"[①]等等。8月24日，季诺维也夫等人即被处决。王明就是在这次审讯结束后的第四天呈报以上材料的。王明急忙向第三国际提供这些材料，其用意旨在配合斯大林那次清除异己的行动，印证托派活动带有国际性，说明斯大林审讯和处决季诺维也夫等人是完全必要的和无比正确的。同时，由于季诺维也夫曾是第三国际的第一任主席，王明的这一行为，也是为了向斯大林表明心迹，以示忠诚。

就在王明向第三国际呈报鲁迅《答托洛斯基派的信》后一个月，在王明的授意下，编辑部设在莫斯科，在法国巴黎出版的中文版《救国时报》于1936年10月5日第39期第1版，发表一则署名"伍平"的长篇报道，题为《我们要严防日寇奸细破坏我国人民团结救国运动　请看托陈派甘作日寇奸细的真面目》，同时，为加强这篇报道的政治张力和新闻导向，还头版头条配发题为《甘作日寇奸细的托洛茨基派》的社论。该报道提到如下内容："其实托派重要分子张慕陶早就公开主张联日倒蒋，托陈派小卒等在山西所组织的反共防共的花样……早就证明托陈派这一干人是在替日寇服务了。"社论更具体地列举了一系列的托派罪名，如不

[①] 《苏联审讯反革命的托洛斯基派》，载《红色中华》1936年9月6日。

仅诬陷张慕陶极力破坏冯玉祥部张北抗日，还说他"在天津向日寇告密，以致吉鸿昌烈士被囚被杀"，并说张慕陶串通"其他的反革命的托派分子屠维奇、潘家辰奔走山西，鼓动反共运动，以与日寇的'联合反共'相呼应"。《救国时报》上的这篇报道和社论，被认为是最早把托派与汉奸进行恶意连接的文字记录。[①]从此开始，一直到1938年2月10日《救国时报》停刊止，该报又连续发表批判"托陈派"的文章40余篇，短则千字，长则半版，有时竟满版发表"整肃日本奸细陈独秀"的谤文。

1936年10月19日，鲁迅逝世。为了纪念鲁迅，《救国时报》1936年10月25日第63期第1版首次发布悼念鲁迅逝世的消息，其中还特别指出，鲁迅"对破坏联合战线者如对反革命的托陈派等，不惟尽量批评纠正，而且揭奸发充，不遗余力"。同时，该报还发表了王明的长篇论文《中国人民的重大损失》，说鲁迅"不仅痛恨那些'所为有背于现时中国人为人的道德'和'恰恰为日本侵略者欢迎'的'托陈取消派'，而且他痛恨那一切假革命之名行反革命之实的那些挂羊头卖狗肉的人"。这是王明第一次公开著文指斥"托陈派"的"反革命奸细行为"。最后，为了证明这些话言之有据，该报第3版又全文发表了鲁迅《答托洛斯基派的信》，以壮声威。

1937年11月，王明、康生等从莫斯科经新疆乘飞机抵达延安。接着，中共中央于12月9日至14日召开了政治局会议。会上，专门讨论了托派问题。毛泽东等人认为中国的托派不能与苏联的托派相提并论，可以考虑与陈独秀等形成某种合作关系，以期一致抗战，但遭到了王明的强烈反对。"他指出我们和甚么人都可以合作抗日，只有托派是例外。在国际上我们可以和资产阶级的政客军阀甚至反共刽子手合作，但不能与托洛斯基的信徒们合作。在中国我们可以与蒋介石及其属下的反共特务等等人合作，但不能与陈独秀合作。他用字典里最恶劣的名词，如'汉奸'、'托匪'、'杀人犯'等来攻击托派，并诬指陈独秀是每月拿日本三百元津贴的日本间谍。"当政治局有人提到，说陈独秀是日本间谍，究非事

---

① 参见王观泉：《诬陷陈独秀为汉奸问题的深究》，载《鲁迅研究月刊》1998年第7期。

实，王明随即亮出了"尚方宝剑"，说："斯大林正在雷厉风行的反托派，而我们却要联络托派，那还了得；如果斯大林知道了，后果是不堪设想的。""他还说反对托派，不能有仁慈观念，陈独秀即使不是日本间谍也应说成是日本间谍。王明这些斩钉截铁的话，使大家为之默然。从此，在中共宣传上，陈独秀就变成了'每月拿三百元津贴的日本间谍'了。"①

作为斯大林的"钦差大臣"，王明回国后坚决反托派的姿态，主导了中共党内对于托派的态度和策略。随即，一场声势浩大的"肃托"运动在全国，特别是在共产党控制下的解放区迅速开展起来。

首先，他们利用自己手中所掌握的舆论工具，乘着全面抗战爆发前后国共两党齐心一致抗日的东风，对"托派奸细"进行了更为深入的揭露和批判。早在1937年上半年，在延安出版的《解放》周刊一创刊，就有文章谴责中国"托陈派""直接受日本侵略所指使"，"中国托陈派为日寇效劳"②。1937年12月4日出版的《解放》第26期，转载巴黎《救国时报》"九一八特刊"上王明的《日本侵略的新阶段与中国人民斗争的新时期》，更是把"托陈派"汉奸罪状讲得有鼻子有眼，如托匪张慕陶、徐维烈等人"每月从日寇的华北特务机关部领取五万元的特务津贴"等。而为了配合王明，康生接着又在1938年1月28日、2月8日出版的《解放》第1卷第29、30期上连载长篇文章《铲除日本侦探民族公敌的托洛茨基匪徒》，列举了更为详尽的种种"事实"，来揭露"托派奸细"行为。七七事变后，中共主办的《群众》和《新华日报》在武汉创刊后，发表了许多文章，更是把抨击"托派汉奸"视为巩固抗日民族统一战线的必要手段。此外，还出版了多种专门揭露"托派汉奸"卖国罪行的书，计有南京中苏文化协会1937年编印的《托洛茨基派危害苏联案》，民族解放社1938年出版的斯大林著《人民公敌——托洛斯基匪徒》，树梁编译《法西斯蒂的新工具——托洛斯基》（1938年3月版），王明编《托派在中国》（1939年8月版），微末编《抗战以来托派罪行总结》（1939年10月版）等。

---

① 张国焘：《我的回忆》（第3册），东方出版社1998年版，第422—423页。
② 高烈：《肃清托洛茨基主义——日寇侵略的别动队》，载《解放》1937年创刊号。

其次，制造了一系列"托派汉奸案"。1938年2月4日张慕陶在山西临汾被群众捕获，这一行动把反托派汉奸斗争推向了高潮。张慕陶，原名张金刃，陕西旬邑人，原为中共党员，后因反对王明中央而被开除党籍。在西安事变中，张力主杀蒋并在事变后支持东北军中的强硬派孙铭九等杀害了主和派的王以哲将军。为此，延安的新华社发出专文称"托派张慕陶等阴谋企图破坏和平统一"，表示愤怒声讨。《新华日报》《群众》《解放》相继发表社论、评论和报道，一致认为张慕陶被捕是抗战中的一个伟大胜利，其程度甚至远远超过平型关大捷。延安召开反托匪大会，坚决要求惩治托匪，强调"只有彻底肃清托匪活动，才能保证抗战最后胜利"。中共中央书记处随即于1938年2月16日发布《中央关于扩大铲除托匪汉奸运动的决定》，号召"利用张慕陶及各地托匪破坏抗日民族统一战线的具体事实，揭破各地托匪的卖国罪状，扩大各地铲除托匪汉奸的斗争"[①]。"张慕陶事件"后，接着又发生了俞秀松、黄公度、陈独秀，以及山东湖西、晋察冀边区等一系列"托派汉奸案"，影响所及，还有后来在延安整风期间发生的"王实味托派案"。[②]

在如此"强大"的舆论和"明摆"的"事实"面前，日寇、汉奸和托派是侵略中国的"三位一体"，在当时人们心目中，就这样成了板上钉钉的事实和常识，已经没有任何怀疑的可能性了。这时人们再回想起1936年鲁迅痛斥托派的那封《答托洛斯基派的信》，就不由得不敬佩他的"远见卓识"了。而中共领袖毛泽东就是这样认识的。1937年10月19日，毛泽东在延安陕北公学纪念鲁迅逝世周年大会上发表演讲，其中就谈到了鲁迅的"政治的远见"："他用显微镜和望远镜观察社会，所以看得远，看得真。他在一九三六年就大胆的指出托派匪徒的危险倾向，现在的事实完全证明了他的见解是那样的稳定，那样的清楚。托派成为

---

① 中共中央书记处编：《六大以来——党内秘密文件》（上），人民出版社1981年版，第912页。
② "黄公度案"虽发生在1937年9月，但被王明等视为"托派汉奸"主要还是在"张慕陶事件"之后。具体参考唐宝林：《中国托派史》，东大图书公司1994年版，第259—291页。

汉奸组织而直接拿日本特务机关的津贴，已是很明显的事情了。"① 相对王明而言，毛泽东原来对托派的态度还是比较温和的，但在王明制造的舆论和"事实"面前，也坚信不疑了。

那么，托派到底是不是"汉奸"呢？现在已经查明，上述所谓的"托派汉奸案"，大多都是冤假错案。俞秀松、张慕陶、王公度、王实味等，既不是真正的托派，也不是什么汉奸，而托派的领袖陈独秀，并没有拿什么日本的津贴，更不是什么日本的间谍。"湖西事件"和"晋察冀肃托案"也得到了平反。② 关于抗战期间"托派汉奸案"的权威认定，1991年出版的《毛泽东选集》，在第2卷第516页注"〔9〕"是这样说的：

> 抗日战争时期，托派在宣传上主张抗日，但是攻击中国共产党的抗日民族统一战线政策。把托派与汉奸相提并论，是由于当时在共产国际内流行着中国托派与日本帝国主义间谍组织有关的错误论断所造成的。

既然托派不是汉奸，怎么就假戏真做，真的成了"汉奸"而被整肃？究其缘由，除了他们自身迂阔的抗战理论之外，还有就是王明他们从苏联"肃托"中学来的"法宝"——"陈独秀即使不是日本间谍也应说成是日本间谍"③。这样的结果，恐怕会让《答托洛斯基派的信》的署名者鲁迅的在天之灵，无论如何是得不到慰安的！

---

① 大汉笔录：《毛泽东论鲁迅》，载《七月》1938年第10期。《七月》发表的《毛泽东论鲁迅》是毛泽东讲演的最初记录，该演讲被收入《毛泽东文集》和《毛泽东文艺论集》时，已经有所改动。参见中共中央文献研究室编：《毛泽东文艺论集》，中央文献出版社2002年版，第9—10页。
② 详见邓培：《重新认识"托派汉奸"问题》，载《中共党史研究》1989年第6期。
③ 张国焘：《我的回忆》（第3册），东方出版社1998年版，第423页。

第二章 鲁迅『旗手』形象的确立

20世纪40年代，中国现代文学史最值得记取的事件，就是鲁迅被中国共产党领袖毛泽东在其《新民主主义论》中确立为中国现代新文化的"旗手"并代表着"中华民族新文化的方向"。可以想象，假如没有毛泽东对鲁迅的推举，20世纪中国文学中的所谓"鲁迅传统"会不会出现或肯定是另一番面貌。毛泽东如此高度地推举鲁迅，与他在中国现代思想文化史上作为"民族魂"的崇高形象和地位是分不开的。而鲁迅"民族魂"的崇高形象和地位，则是在他1936年轰动一时的葬仪上被进一步强化的。因此，鲁迅去世后为什么会获得国民如此崇高的礼遇，这一崇高的礼遇为什么会成为一个政治性的事件，毛泽东为什么会树鲁迅为中国现代新文化的"旗手"，以及毛泽东与鲁迅到底是什么关系，将是本章要探讨的主要问题。

第一节

"悲痛的告别"：鲁迅葬仪纪事

1936年10月，上海民众为鲁迅举行了规模盛大的葬礼。而鲁迅葬礼的成功举办，则是与由陕北前往上海的地下党领导人冯雪峰分不开的。正是冯雪峰在幕后的运筹帷幄，鲁迅葬礼才由一件私人事情转化为一桩重大的政治历史事件。它既是民众对自己的"民族魂"的深切悼念，更是全面抗战前夕民众抗日情绪的一次总爆发。而由鲁迅的葬礼所显示出的鲁迅在中国民众中的崇高形象和地位，则成了日后毛泽东在延安树鲁迅为中国现代新文化的"旗手"的深在缘由。因此，我们这一节的叙述则从鲁迅的葬仪开始。

一、冯雪峰代表党在幕后操办了鲁迅的丧事

1936年10月19日，鲁迅在上海去世，举国震惊。

鲁迅逝世的消息，立即由当时中共上海办事处主任冯雪峰通过秘密电台报告给了远在陕北保安的中共中央。三天之后即10月22日，中共中央和中华苏维埃中央政府发布了三个"表示最深沉痛切哀悼"的文件，即《为追悼鲁迅先生告全国同胞和全世界人士书》《追悼鲁迅先生——致许广平女士的唁电》《为追悼与纪念鲁迅先生致中国国民党中央委员会与南京政府电》。在《为追悼鲁迅先生告全国同胞和全世界人士书》里，称鲁迅为"中国文学革命的导师、思想界的权威、文坛上最伟大的巨星"，赞颂鲁迅"做了一个为民族解放社会解放、为世界和平而奋斗的文人的模范。他的笔是对于帝国主义、汉奸国贼、军阀官僚、土豪劣绅、法西斯蒂以及一切无耻之徒的大炮和照妖镜，他没有一个时候不和被压迫的

大众站在一起，与那些敌人作战。他的犀利的笔锐，完美的人格，正直的言论，战斗的精神，使那些害虫毒物无处躲避"，"他在中国革命运动中立下了超人一等的功绩"。①为了永远纪念鲁迅先生，中国共产党中央委员会、苏维埃人民共和国中央政府还决定在全苏区内："（一）下半旗致哀并在各地方与红军部队中举行追悼大会。（二）设立鲁迅文学奖金基金十万元。（三）改苏维埃中央图书馆为鲁迅图书馆。（四）在中央政府所在地设立鲁迅纪念碑。（五）搜集鲁迅遗著，翻印鲁迅著作。（六）募集鲁迅号飞机基金。"同时，中共中央及苏维埃政府还向主政的国民党和国民政府提出如下要求："（一）鲁迅先生遗体举行国葬，并付国史馆立传。（二）改浙江省绍兴县为鲁迅县。（三）改北平大学为鲁迅大学。（四）设立鲁迅文学奖金，奖励革命文学。（五）设立鲁迅研究院，搜集鲁迅遗著，出版鲁迅全集。（六）在上海、北平、南京、广州、杭州建立鲁迅铜像。（七）鲁迅家属与先烈家属同样待遇。（八）废止鲁迅先生生前贵党贵政府所颁布的一切禁止言论出版自由之法令，表扬鲁迅先生正所以表扬中华民族的伟大精神。"②

这是中国共产党第一次对于鲁迅的正式评价。据当时的中央宣传部部长吴亮平回忆，这三个文件是时任党中央总书记张闻天的手笔。它们先通过秘密电台传到上海，接着在保安通过红色中华新闻社（CSR），用口语进行广播。10月23日，张闻天为此还向主持北方局工作的刘少奇通报了内容要点，并指示："鲁迅的死对于中国民族是巨大的损失，必须立即进行公开追悼鲁迅的动员。"③另外，张闻天还给在上海的冯雪峰发去专电，责成他代表中央全权主持鲁迅治丧工作④。

---

① 《中国共产党中央委员会、中华苏维埃人民共和国中央政府为追悼鲁迅先生告全国同胞和全世界人士书》，载《斗争》（西北版）第116期（1936年11月10日）。
② 《共产党中央、苏维埃中央政府为追悼鲁迅致国民党中央、南京政府电》，载《红色中华》1936年10月28日。
③ 李涛编著：《在总书记岗位上的张闻天》，中央文献出版社2000年版，第245页。
④ 吴亮平：《为真理而斗争的一生》，见《回忆张闻天》编辑组：《回忆张闻天》，湖南人民出版社1985年版，第58页；程中原：《张闻天与新文学运动》，江苏文艺出版社1987年版，第266页。

但中共要求对鲁迅进行"国葬"的呼吁,却没有得到国民党政府的任何回应。鲁迅的葬礼操办自然就落到了共产党的代表冯雪峰的身上。

鲁迅刚一去世,冯雪峰立即就赶到了鲁迅家里。在与宋庆龄、蔡元培、沈钧儒以及许广平、周建人等商量后,很快就组成了治丧委员会,发表了《鲁迅先生讣告》,刊登于1936年10月19日的《大晚报》上。全文如下:

> 鲁迅(周树人)先生,于一九三六年十月十九日上午五时二十五分,病卒于上海寓所,享年五十六岁。即日移置万国殡仪馆,由二十日上午十时至下午五时,为各界瞻仰遗容的时间。依先生的遗言,"不得因为丧事收受任何人的一文钱",除祭奠和表示哀悼的挽词花圈等以外,谢绝一切金钱上的赠送。谨此讣闻。
>
> 鲁迅先生治丧委员会:
>
> 蔡元培　内山完造　宋庆龄　A·史沫特莱　沈钧儒　萧　三
>
> 曹靖华　许季茀　茅　盾　胡愈之　胡　风　周作人　周建人

当日(10月19日)《大沪晚报》、《华美晚报》、《大美晚报》(中文版和英文版)等也发表了鲁迅逝世的消息,并介绍先生略史及患病经过,有的还配刊照片、墨迹等。冯雪峰起草的鲁迅治丧委员会名单的初稿,现存上海鲁迅纪念馆。

第二天(10月20日),冯雪峰又重新起草了一份讣告。在这份讣告上,治丧委员会由第一次的十三人名单改为九人名单,这九人为蔡元培、马相伯、宋庆龄、毛泽东、内山完造、史沫特莱、沈钧儒、茅盾、萧三等。第二份名单与第一份名单相比,鲁迅亲友和文学界人士的比重显著下降了,其政治色彩更加鲜明:蔡元培为国民党元老,宋庆龄是孙中山遗孀,他们入治丧委员会,是因为既是鲁迅生前的朋友,又都反对蒋介石国民党的独裁政治;马相伯、沈钧儒代表的是救国会方面,他们在民众中的号召力不言自明;史沫特莱、内山完造,是鲁迅的外籍朋友,他们代表的是国际的影响;茅盾、萧三,一是左联的最重要的作家,一是左联驻苏联的代表,他们代表的是已经解散的左联的势力。这里最值得一提的是,毛泽东的名字也出现在治丧委员会名单中。但由于众所周知的政治原因,第二份讣告10月20日在《大公报》《申报》《大晚报》等各大报纸上刊登时,并没有出现毛泽东的名字。只有一家外国人办的《上海日日新闻》的日文版和中文版披露过这份名单。冯雪峰起草的第二份名单的底稿,也保存在上海鲁迅纪念馆。

  关于这两份治丧委员会名单,有以下两个问题值得注意:一是这两份名单的次序问题。冯雪峰回忆说九人名单是最初治丧委员会的名单,并说"当时记者们集中在楼下催得很紧,就把这名单向他们宣布了"[①]。许多关于鲁迅丧仪的著作,如孔海珠的《痛别鲁迅》一书,也是这样认为的。[②]但实际上九人名单是冯雪峰起草的第二份讣告中的。《大晚报》第二次刊登了《鲁迅先生讣告》,其内容与19日刊登的讣告完全不同。冯雪峰的回忆,显然是错误的,但却误导了许多鲁迅研究者,这是需要特别指正的。二是冯雪峰起草的第二份讣告及治丧委员会名单是否经过与各方协商的问题。据陈早春《冯雪峰评传》中说,第二份治丧委员会名单是冯雪峰与各方协商的结果,而且在协商中对于毛泽东是否被列入治丧委员会,还与其他人发生了争议。但冯雪峰在《回忆鲁迅》及《在北京鲁迅博物馆的谈话》中并没有谈及有关毛泽东列名与其他人协商的问题,只是说,"毛主席是我提的,宋庆龄也同意"[③]。而胡风甚至对治丧委员会是否存在都没有明确记忆,他说:"治丧委员会——是不是有这名目呢(当然应该有)?我没有明确的记忆。我没有参加过这种会议,也没有看见过或听说过委员的名单。如果有,也只可能是冯雪峰和许广平在遗体运到殡仪馆后和招待记者前临时拟定告诉记者的。总之,在这四天内没有开过这种会,即令报上发表了这个会。"[④]而作为鲁迅三弟的周建人对这第二份治丧委员会名单,也没有任何印象。据周晔说:"以后,我看到鲁迅治丧委员会的名单。10月19日《大沪晚报》、《大美晚报》、

[①] 冯雪峰:《在北京鲁迅博物馆的谈话》,见《雪峰文集》(第4卷),人民文学出版社1985年版,第497页。
[②] 孔海珠:《痛别鲁迅》,上海社会科学院出版社2004年版,第30—33页。
[③] 冯雪峰:《在北京鲁迅博物馆的谈话》,见《雪峰文集》(第4卷),人民文学出版社1985年版,第497页。
[④] 胡风:《关于鲁迅丧事情况》,见《胡风全集》(第6卷),湖北人民出版社1999年版,第539页。

《华美晚报》、《大晚报》登载的就和10月20日（即次日）《大公报》、《申报》、《大晚报》的不同，还据说毛泽东也是治丧委员会成员，我父亲不胜惊异，说他完全不知道有这样的事。"①胡风和周建人应该说是鲁迅晚年的至亲好友，也是鲁迅葬礼的主要操办者，连他们对此名单都一无所知，可见冯雪峰所拟定的鲁迅治丧委员会第二份名单，并没有与各方协商，很可能只是与宋庆龄商定后的结果。

　　关于冯雪峰在鲁迅葬仪中的作用，有几种说法。第一种说法认为，鲁迅逝世后，中共中央决定由冯雪峰负责主持鲁迅葬仪，发动群众参加浩大的悼念活动。在葬仪上，那么多的学生和工人都来吊唁鲁迅，当然是与冯雪峰的组织领导分不开的。②第二种说法是当时报上的传闻，说因为许广平先生哀毁过度，治丧委员会的委员又很忙碌，凡是有关丧事的规划，另外由一个人全面负责。"这个人独居斗室，从不露面，只在幕后指挥，但从布置灵堂，瞻仰遗容，一直到出殡路由和下葬仪式，都经他亲自研究，然后作出决定，付诸实施。"消息还说，这个从不抛头露面的是一位十分神秘的人物（这个神秘人物当然是冯雪峰了）。第三种说法是唐弢认为，报上的消息是夸大了的。冯雪峰虽然和许广平、周建人一起参加治丧事宜的商讨，特别是在同宋庆龄、蔡元培、沈钧儒诸先生的联系方面，做了许多工作，"但他既不曾独居斗室，也没有全面指挥丧仪的进行。在当时，他只是代表组织尽了他个人应尽和能尽的力量"。③这三种说法，都从不同的角度，强调了冯雪峰在鲁迅葬仪中所发挥的组织和领导作用。但前两种说法，似乎把冯雪峰的作用夸大了。在鲁迅葬仪中，许多人来吊唁鲁迅，不能否认其中肯定有共产党人在地下状态中的组织作用，比如上海培明女子中学就是送葬中参加人数最多并一直坚持到底的单位，这还得归功于在该校任英文教员的地下党员胡

---

① 周晔：《伯父的最后岁月——鲁迅在上海（1927—1937）》，福建教育出版社2001年版，第449页。
② 秋石：《鲁迅病重、逝世及大出殡始末》，载《新文学史料》2003年第2期；郑育之：《无私无畏的冯雪峰同志》，载《雪峰研究通讯》1983年第4期。
③ 后两种说法均见于唐弢：《追怀雪峰》，见包子衍、袁绍发编：《回忆雪峰》，中国文史出版社1986年版，第99页。

乔木等的组织作用。①但要说鲁迅的葬仪活动是冯雪峰组织领导的，则似乎有点夸大。而唐弢的说法，则似乎有点抹杀冯雪峰作为党代表在鲁迅葬仪中的主导作用。

而事实上，冯雪峰在鲁迅葬仪中虽然处于地下的隐蔽状态，没有组织和主持鲁迅的葬礼，也没有亲自发动群众参加悼念活动，但治丧的原则问题，即把鲁迅的丧仪作为一次重大的政治活动来进行，以及一些重要的事项安排，都是由冯雪峰参与决策的。胡愈之后来回忆说当时冯雪峰代表中共中央决定，鲁迅的丧事由救国会出面，嘱胡联系和组织。陈原《胡愈之》一书也忆及胡愈之生前曾回忆鲁迅逝世后，"冯说由救国会出面办鲁迅的丧事比较合适——而胡愈老正是救国会的中坚分子"。胡愈之遂与上海救国会领导人共同商定："鲁迅先生的葬仪以上海救国会联合会名义主办，并应通过鲁迅先生的葬礼，发动一次民众的政治性示威，把抗日救国运动推向新的高潮。"②另外，冯雪峰当时和鲁迅三弟周建人同住在颖村（今复兴中路1232弄）一幢三层的楼房里。底楼住冯雪峰一家，周建人一家住二楼。这样冯雪峰就可以随时通过周建人对鲁迅丧仪发出自己的指示。另据胡风回忆，冯雪峰自第一天下午以后，就没有亲到殡仪馆去，有什么事由许广平转达，而且丧仪中的诸多重要事项，比如让黎烈文担任治丧处长（但为黎所拒绝），都是由冯雪峰决定的。③而且，胡风夫人梅志回忆："鲁迅先生丧事是冯雪峰代表党在幕后操办的，当时胡愈之也参加。胡风每晚都去向他们汇报、请示。"④这就是说，冯雪峰虽然不能公开出面主持并组织鲁迅的丧仪活动，但丧仪的重大事项和整个局势还是由他安排和掌控的。由此可见，鲁迅逝世后，在中国共产党提出要对鲁迅进行国葬的倡议被国民党南京政府拒绝后，是冯雪峰代表

---

① 胡乔木：《致上海培明女子中学》（1984年6月24日），见《胡乔木传》编写组编：《胡乔木书信集》，人民出版社2002年版，第582页。
② 胡愈之：《我和救国会》，见周天度、孙彩霞编：《救国会史料集》，中央编译出版社2006年版，第1040页。
③ 胡风：《关于鲁迅丧事情况》，见《胡风全集》（第6卷），湖北人民出版社1999年版，第538—540页。
④ 周海婴：《鲁迅与我七十年》，南海出版公司2001年版，第67页。

共产党主导并积极组织了鲁迅的葬仪活动。但由于国共还处于敌对状态，冯雪峰只好委托救国会来主持鲁迅的葬仪。

二、救国会主持了鲁迅的葬礼

那么，救国会是一个什么样的组织呢？它在鲁迅丧事活动中到底起到了什么样的作用呢？

所谓的救国会，是全国各界救国联合会的简称，是20世纪30年代中期，以上海为中心组织起来的一个全国性、有广泛群众基础的抗日救亡团体。九一八事变后，随着日本对中国侵略的加紧和抗日救亡运动的高涨，上海、北平、天津、南京、武汉等地相继成立各界救国会。1936年5月31日，各地救国会代表在上海集会，成立全国各界救国联合会，推选宋庆龄、沈钧儒、马相伯、邹韬奋等十五人为常委，发表《全国各界救国联合会成立大会宣言》，响应中国共产党"停止内战，一致抗日"的号召，要求国民党立即释放政治犯，各党派立即派代表进行谈判，以制定救国纲领，建立统一的抗战政权等。救国会是一个群众性的爱国团体，并没有严密的组织，也没有专门的办公机构和办事人员，一切活动主要靠全体会员的爱国热情和自觉行动。救国会虽然成立，但在当时国民党政府心目中，它还是一个"非法"的组织。

据宋庆龄回忆，鲁迅逝世后，冯雪峰即于10月19日早晨第一时间通知了她：

> 一天早晨，我忽然接到冯雪峰的电话，在鲁迅家我曾见过冯一面。当我这次去鲁迅家时，冯同我走进卧房，只见这位伟大的革命家，躺在床上溘然长逝了。他夫人许广平正在床边哭泣。
>
> 冯雪峰对我说，他不知怎样料理这个丧事，并且说如果他出面就必遭到国民党反动派的杀害。当时我想到一位律师，他就是年迈的沈钧儒。我立即到沈的律师办事处，要求他帮助向虹桥公墓买一块墓地。沈一口答应，并马上去办理。[①]

[①] 宋庆龄：《追忆鲁迅先生》，见本社编：《鲁迅回忆录》（一集），上海文艺出版社1978年版，第2页。

也就是说，鲁迅的葬礼最后决定由救国会出面主持，还是由冯雪峰与宋庆龄协商后的结果。接着，宋庆龄立即打电话给时任救国会干事会总干事的胡子婴说："鲁迅已经逝世了，鲁迅的丧事由救国会来办；而且要通过他的丧事来发动民众，搞成一个群众性的运动。"胡子婴向救国会干事会转达了宋庆龄的意见，经过大家反复议论，最后商量出一个初步方案：一是组织民众为鲁迅安葬。二是鲁迅的遗体安放万国殡仪馆，让各界民众瞻仰遗容三天。三是发动各界救国会和民众送挽联，这些挽联在出葬时作为仪仗。四是送葬时唱悼歌。五是安葬那天，起灵和下葬由各界人士包括国外友人来抬棺木，并且拟了一个名单，社会名流有蔡元培、周建人等，全国各界救国会理事有宋庆龄、沈钧儒、邹韬奋、章乃器等，文艺界有茅盾等，还有国际友人内山完造、史沫特莱。干事会还决定组织五六千群众参加送葬，由各救国会分头去组织发动。①

但救国会关于鲁迅葬礼中的"起殡"方案，遭到了鲁迅学生胡风、萧军的强烈反对。胡子婴回忆道："我们商量的这个方案提出来后，由沈钧儒主持召集了各界救国联合会理事会会议。沈老在会上说明了宋庆龄的意见和干事会拟议的方案，与会的理事都表示赞同，决定分别去准备。但参加会议的一些文艺界人士对于由各界人士来抬鲁迅棺木这一点，提出了不同意见，特别是胡风坚持主张只能由文艺界来抬，在会上争得很厉害。沈老等提出，要顾全大局，不要为这件事争论不休，总算决定起灵的时候，由文艺界来抬棺木，安葬的时候，由各界人士来抬。"这里胡子婴说胡风等反对由各界人士抬棺，是在沈钧儒主持召集的各界救国联合会理事会会议上，似乎不合情理。胡风并没有参加所谓的救国会，也不是什么理事，怎么能参加理事会呢？况且，据胡风《关于鲁迅丧事情况》一文回忆，在鲁迅治丧期间，他白天忙于丧事的事务性工作，晚上还得在殡仪馆与黄源、雨田、萧军四人轮流为先生守灵，哪有时间去参加救国会的理事会呢？另外，胡子婴所谓的"由各界人士包括国外友人来抬棺木"之事也不合情理。宋庆龄、沈钧儒、蔡元培等为老弱之人，怎么能去抬棺呢？周建人为死者家属，更

---

① 胡子婴：《关于救国会和"七君子"事件的一些回忆》，见周天度、孙彩霞编：《救国会史料集》，中央编译出版社2006年版，第998—999页。

不能抬棺。史沫特莱、茅盾等人，在鲁迅出殡时根本就不在现场，哪里有抬棺之举？

那么，关于鲁迅如何出殡的会议到底是在什么时间召开的呢？倒是胡风的回忆还有点靠谱，胡风回忆说："出殡前有一次会。除我们四人外，一定还有别的人"①。笔者认为很可能这场争执是在出殡前的这次会上。另章乃器回忆："当时大概是由地下党安排而由许广平大姐出面，指定沈钧儒、邹韬奋、史良和我四人扶柩，灵柩上面还盖了写着'民族魂'的大旗。胡风和萧军临时出来反对，认为我们都仅仅是民族主义者，不配为国际主义者又有国际地位的鲁迅扶柩。在许广平大姐的坚持下，仍旧按照原定方案进行。"②章乃器的回忆更是"离谱"：沈钧儒已是年逾花甲的老人（1875年生），史良是文弱的女性，怎么能扶柩？而实际的情形很可能是：在出殡前，原计划10月22日1时30分有一个仪式为上海民众举行"献旗礼"，也就是由沈钧儒等四人代表上海民众向鲁迅棺木献上"民族魂"白底黑字旗。但由于时间仓促，这个献旗礼遂改到了在墓地入葬前的葬仪上。而出殡时的扶柩即抬棺者乃是鲁迅生前接近的或没有攻击过鲁迅的十二个青年作家，而不是章乃器所谓的沈钧儒、邹韬奋、史良、章乃器四人。而所谓的献旗礼乃出现在最后入葬前的葬仪上，由王造时、沈钧儒、章乃器、李公朴等四人代表上海民众献旗，上缀有沈钧儒手书的"民族魂"三字，覆盖在鲁迅棺木上面。③

关于救国会主持鲁迅葬仪所出现的另一个问题，是鲁迅丧葬费用的争议。在鲁迅葬仪期间，报刊上即有传言云"灵柩的代价，据说是九百八十元，为宋庆龄女士所送"④。为此，在一星期后，宋庆龄即通过《北平晨报》发表声明：

---

① 胡风：《关于鲁迅丧事情况》，见《胡风全集》（第6卷），湖北人民出版社1999年版，第542页。
② 章乃器：《我和救国会》，见周天度、孙彩霞编：《救国会史料集》，中央编译出版社2006年版，第974页。
③ 参见萧军：《鲁迅先生逝世经过略记》，见刘运峰编：《鲁迅先生纪念集》，天津人民出版社2007年版，第256页。
④ 《巨星殒落大地　鲁迅出殡：蔡孑民宋庆龄执绋，哀歌声震动了苍空》，载《公教周刊》1936年第30期。

> 昨贵报载庆龄以老友资格，担任鲁迅先生治丧费新闻一则阅后殊以为异！查鲁迅先生遗嘱有"不得因为丧事收受任何人的一文钱"一条，庆龄既为鲁迅先生老友，何以乃竟不遵鲁迅先生之遗嘱，是则传闻之不实可知，以后如各方捐款，系作办理纪念鲁迅先生事宜之用，并非捐作治丧费，特此声明。希而更正为荷。即颂撰安！孙宋庆龄。[①]

但宋庆龄的这一声明，并没有引起人们足够的注意。1972年12月25日，冯雪峰在鲁迅博物馆举办的座谈会上的讲话，称"棺材是宋庆龄送的，价三千元。我们党以'中央委员会'的名义送过一个花圈，也以党的名义送过五百元赙仪"[②]。冯雪峰此说一出，追随的人立即响应。各种公开的出版物都认为鲁迅丧葬费是由救国会出的，鲁迅的棺木是由宋庆龄赠送的，而且这似乎都成了定论。但是到了2001年，鲁迅之子周海婴出版了引起社会普遍关注的《鲁迅与我七十年》一书。在书中，周海婴专门谈到了鲁迅葬仪中的丧事和棺木之事，认为救国会并没有为鲁迅的丧仪出丧葬费，宋庆龄也没有为鲁迅购买棺木，这棺木是自费购买的。其根据是他特地请教了梅志、黄源、胡愈之三位重要的见证人，又从救国会的资料里查到："（鲁迅）丧（葬）后，宋（庆龄）声明过，所有捐款用于纪念，并非资助丧事。"由此，周海婴认为：

> 综合上面几位重要人氏的证明，父亲的棺木似乎并非由救国会或孙夫人宋庆龄出资。我母亲历来对党感恩戴德，如果棺木确实是冯雪峰代表党付的款，母亲在国民党的统治下需要保守秘密的话，那么解放后直到她去世，时间约二十年，完全可以不必为这件事保密了。在"文革"期间她心脏病很严重，明知自己健康很差，随时可能不测，有些事她就口述，让秘书记录下来，而惟独仍将这件事深埋于心底秘而不宣，是不可思议的。而且，从冯雪峰生前历年的文章、讲话里，也没有看到他讲

[①] 《上海特讯：鲁迅丧中孙夫人一露祥容》，载《北平晨报》1936年10月26日。
[②] 冯雪峰：《在北京鲁迅博物馆的谈话》，见《雪峰文集》（第4卷），人民文学出版社1985年版，第497页。

过鲁迅的棺木确实是我党付的款。①

周海婴的话,立即引起了一场关于鲁迅丧葬费用的争论。上海鲁迅纪念馆副馆长王锡荣撰文《鲁迅丧事费用之谜》,通过对上海鲁迅纪念馆保存的鲁迅丧仪的一些原始资料(鲁迅葬仪收支账单)的详细分析,结算出鲁迅丧仪收支清单:总收入3580元,总支出3567.08元,两者相抵基本持平,结存12.92元。由此他认为,鲁迅丧葬费的"收入"项,"有极大可能是来自某个组织或个人的捐款",因为"如果是许广平自己从银行取出来的钱,是不可能写到'收入'里去的"。最后他认定:"而这资助者,应该就是宋庆龄或者再加上救国会。"②

对于王锡荣的观点,周正章有不同看法。他撰文认为王锡荣把鲁迅丧仪中收支账单识别成"许广平亲笔记下的丧事费用结账单"是完全错误的。他从北京鲁迅博物馆查阅到原件,最后经胡风夫人梅志确认,认定上述账单的笔迹不是许广平的,而是胡风的,是胡风向治丧委员会报告的丧事费用结账单。这实际上,也解除了王锡荣上述对许广平自己掏钱写进收入项目的账理上的疑窦,即许广平是不可能将自己从银行取出的钱写成"收入"项的。但现在弄明白了:王锡荣所认定的许广平手书的账单,其实是胡风手书的账单。这样,王锡荣的质疑就站不住脚了:(胡风)"不写到'收入'里去,难道应写到'支出'里去吗?这个账理只要请教会计师是不难明白的"。由此,周正章支持了周海婴的观点,即认为鲁迅葬仪费用中的总收入为3580元,减去上海、北平亲友所赠奠仪的558.39元和中共所赠的500元,剩下的2521.61元均为许广平拿自己的钱支出的。冯雪峰把整个丧事费用的3567.08元讹错成棺木费用,并说宋捐赠,显然是回忆"错接"的结果。在鲁迅的整个葬仪中,最大支出是这两项:坟地1280元,殡仪馆(含棺木930元)1430元,合计2710元,占3567元的76%。③周正章的文章,是目前所见的最为

---

① 周海婴:《鲁迅与我七十年》,南海出版公司2001年版,第68页。
② 王锡荣:《鲁迅丧事费用之谜》,见葛涛编:《鲁迅五大未解之谜——世纪之初的鲁迅论争》,东方出版社2003年版,第365—370页。
③ 周正章:《三驳秋石:究竟是谁不讲真话?——宋庆龄否认捐赠鲁迅丧仪的声明》,见葛涛编:《鲁迅的五大未解之谜——世纪之初的鲁迅论争》,东方出版社2003年版,第392页。

信实的考据。他不但支持了周海婴的观点，认为救国会并没有为鲁迅的丧仪出丧葬费，宋庆龄也没有为鲁迅购买棺木，这棺木基本上是许广平自费购买的，同时印证了宋庆龄在《北平晨报》所发的声明的真实性。但周正章的观点与周海婴书中所说稍有不同，周海婴书中认为鲁迅的棺木费中我党并没有出资，而周正章认为，胡风账单中所显示出的五百元，可能是冯雪峰代表我党给鲁迅葬礼的赙仪。即使如此，鲁迅丧葬费中的主要开支还是由许广平自己付出的。据许广平两年后（1938年10月1日）给周作人信中所言，鲁迅的丧葬费及医药费共花费五千余元，几乎占去了鲁迅留给她们母子的积蓄的大半，使得鲁迅死后她们母子的生活变得异常清苦。①对此，周海婴在《鲁迅与我七十年》一书中也有详细描述，可以参看。②

鲁迅曾在生前的遗嘱中写道："赶快收敛，埋掉，拉倒。""忘记我，管自己生活。——倘不，那就真是胡涂虫。"③鲁迅的话，主要还是从家庭经济实际情况出发，着眼于上海、北平还有绍兴亲属的生计而言的。据梅志回忆，胡风在安葬了鲁迅后回到家里曾和她谈起过："这次许先生为周先生的丧事花了约两三千元，那是周先生生前将蔡元培聘请他当中央研究院（案：应为'大学院'）编译员支付的薪金存下来的。当时周先生就说过，这钱为许先生和海婴留下，将来万一有什么事，可做生活用度。"④没想到鲁迅去世过于突然，没有来得及对自己的后事做详细交代。许广平面对如此的突发事件，一方面想要对得起辛劳一生的鲁迅，另一方面想满足社会各界希望把鲁迅葬礼办得庄严隆重的要求，只能倾其所有来办理鲁迅的丧事，最后以至于把鲁迅留给自己和海婴的积蓄也拿了出来——其内心之苦楚可以想见！但从鲁迅的葬礼所引起的广大而深远的社会影响来看，许广平的牺牲还是值得的。

---

① 许广平：《许广平文集》（第3卷），江苏文艺出版社1998年版，第326页。
② 周海婴：《鲁迅与我七十年》，南海出版公司2001年版，第66页。
③ 鲁迅：《死》，见《鲁迅全集》（第6卷），人民文学出版社1981年版，第612页。
④ 梅志：《几点补遗》，见晓风编：《梅志文集》（第4卷），宁夏人民出版社2007年版，第6页。

三、"纯粹的民众的葬仪"

前面我们已经知道，鲁迅的葬礼是由冯雪峰代表党在幕后指挥，救国会出面主持的，但具体负责鲁迅治丧活动的，还是由临时办事人员组成的"治丧办事处"。这个治丧办事处除履行治丧委员会一切指定外，还担负丧事内部一切事务，如来宾招待、灵堂布置、签名、缚纱、祭物收受、通告文书、新闻记者接见等。参与治丧办事处的工作人员主要由文学界的人士组成。据萧军执笔的《鲁迅先生逝世经过略记》一文记载，这些文学界人士主要是鲁彦、巴金、黄源、张天翼、靳以、陈白尘、蒋牧良、姚克、萧乾、黎烈文、张春桥、赵家璧、费慎祥、孟十还、欧阳山、周文、聂绀弩、凡容、以群、白危、曹白、周颖、曹明、雨田、华沙、穈公、契明、田军、池田幸子、鹿地亘等。此外，还有不少人未列入名单，如鲁迅丧事中最重要的人物之一、鲁迅晚年最亲密的弟子胡风，当时在上海的木刻青年黄新波、力群等，在治丧期间每天都在殡仪馆协助做事的孔另境、马子华等。还有，这几天里，内山书店歇业，全体职工也前来协助治丧工作。

正是在上述三股力量的作用下，鲁迅的葬仪如期而顺利进行。

关于鲁迅葬仪的具体细节和感人情景，已有多种专著如《鲁迅纪念集》（北新书局1936年版）、《鲁迅先生纪念集》（文化生活出版社1937年版）、《痛别鲁迅》（孔海珠著，上海社会科学院出版社2004年版）等对其进行了专门的描述，可以参看，此不赘言。但笔者这里主要想强调的就是，虽然国民党政府没有答应中共中央要政府为鲁迅举行"国葬"的呼吁，但由上海民众为鲁迅举行的葬礼，不管从规模还是盛况，都远远超出了人们的预想。鲁迅的葬礼是纯粹民众的葬仪，是大众为自己的"民族魂"举行的真正意义上的"国葬"。正是通过这个盛况空前的葬仪，鲁迅的价值得以集中体现，鲁迅的地位得到空前突显，其"民族魂"的意义更为广大民众所认同。这可以通过以下的几个方面体现出来：

其一，纷纷寄来的唁电、唁函。

从19日下午开始，来自国内外的唁电、唁函就陆续发来。在国外，反应最快的是朝鲜的京城大学的辛岛晓教授、苏联的对外文化协会、苏联大使鲍格莫洛夫和日本的改造社社长山本实彦及大阪每日新闻社社员泽村幸夫。当时很多亲友并不相信这是真的，所以反应迟缓。而外国人却没有不相信的，所以他们的反应更快。第二天起，噩耗得到证实，唁电、唁函如雪片般飞来。其中，有鲁迅的挚友章川岛、许寿裳、曹靖华、台静农、李霁野、郁达夫、李秉中等，还有丁玲等诸多文学界人士和团体。到22日丧仪结束后，还不断收到唁函，前后共收到唁电54件，唁函78件。

在这些唁电、唁函中，最著名的莫过于许寿裳和郁达夫的唁电、唁函。许寿裳是鲁迅的同乡同学、终生挚友。10月19日上午，他在北平得到电传噩耗，不觉失声恸哭。他说："这是我生平为朋友的第一副眼泪。鲁迅是我的畏友，有三十五年的交情，竟不幸而先殁"。"我没法想，不能赶去执绋送殡，只打了一个电，略云：'上海施高塔路大陆新邨九号，许景宋夫人，豫才兄逝世，青年失其导师，民族丧其斗士，万分哀痛，岂仅为私，尚望善视遗孤，勉承先志……'"①时在福州的郁达夫也是在10月19日得知鲁迅逝世的消息的，他连夜即致电许广平表示哀悼："乍闻鲁迅噩耗，未敢置信，万祈节哀。"第二天，郁达夫即从南台赶坐赴沪的轮船，在船上作《对于鲁迅死的感想》，文中说："鲁迅虽死，精神当与中华民族永在。"22日，他赶上瞻仰了鲁迅的遗容并参加了鲁迅的葬仪。两天后又在上海作《怀鲁迅》，在这篇传世的短文里，他简练地表达了对鲁迅逝世的认识和感受：

> 没有伟大的人物出现的民族，是世界上最可怜的生物之群；有了伟大的人物，而不知拥护，爱戴，崇仰的国家，是没有希望的奴隶之邦。因鲁迅的一死，使人们自觉出了民族的尚可以有为，也因鲁迅之一死，使人家看出了中国还是奴隶性很浓厚的半绝望的国家。②

还有一封唁电值得注意，这就是曾任国民政府教育部部长的朱家骅的唁电。1927年初，鲁迅任教国立中山大学时，朱家骅是中山大学的校务委员、代理校务

---

① 许寿裳：《亡友鲁迅印象记》，人民文学出版社1953年版，小引、第105页。
② 郁达夫：《怀鲁迅》，见刘运峰编：《鲁迅先生纪念集》，天津人民出版社2007年版，第399页。

委员长，与鲁迅有同事之谊。鲁迅逝世后，时任国民党中央政治委员会代秘书长兼任中央研究院总干事的朱家骅来电致哀，云："顷奉豫才先生之讣，深为悼惜。先生文学孚海内外盛望，著作等身，岂意遽尔溘逝；此之损失，不独朋友之思而已。骅昔与同事，交好最契，追思旧友，靡增凄感。惟夫人等勉节哀思！国事牵绊，不能凭棺，以为歉憾。"①遗憾的是，这封唁电并没有收入后来的《鲁迅先生纪念集》。

其二，如雪飘般的挽联。

除了唁电、唁函，还有就是各方送来的挽联、挽幛。这些挽词张挂在殡仪馆礼堂内外，表达了人们对鲁迅逝世的哀思。其中，多半是由工人团体、文化团体、各界救国会送来的。上海工人互助会的挽联是："这种不屈服的精神，是我们工人的模范"；上海学生救国会的挽联是："在民族解放的行列中，我们失掉了伟大的导师！未来的新中国更不能借你的笔传布给全人类！"；海燕剧社的挽联是："在大众的心里是永生的"；读书生活社的挽联则直接用的是鲁迅语录："用笔和舌，将沦为异族的奴隶之苦告诉大家，自然是不错的，但要十分小心，不可使大家得着这样的结论：'那么，到底还不如我们似的做自己的奴隶好。'"除此而外，著名人士的挽联更是别出心裁。蔡元培的挽联"著述最谨严，非徒中国小说史；遗言太沉痛，莫作空头文学家！"已是脍炙人口了。王造时的"死者赶快收敛埋掉拉倒，生的主张宽容那才糊涂"也十分警醒。郭沫若的"方悬四月，叠坠双星，东亚西欧同陨泪；钦诵两心，憾无一面，南天北地遍招魂"对仗工整，也为人所知。

另外，有两副挽联更是意味深长。一副是时任国民党政府财政部长孔祥熙的挽联："一代高文树新帜；千秋孤痛托遗言"；另一副是"国防文学派"的代表人物徐懋庸的挽联："敌乎友乎，余惟自问；知我罪我，公已无言"。孔祥熙为什么会送挽联呢？原来，孔祥熙曾与鲁迅偶然有过接触，那是在广州的时候，鲁迅应邀去岭南大学演讲曾碰到孔祥熙。归途鲁迅还应孔祥熙之邀，到孔家去坐了

---

① 《鲁迅先生逝世前后》，见鲁迅纪念会编：《鲁迅纪念集》（第1辑），北新书局1936年版，第25页。

一会儿。孔祥熙对鲁迅一向颇怀敬意,尽管鲁迅对他并不太恭维,但既然他请了,鲁迅也不便拒绝,就去应付了一回。尽管如此,此后孔祥熙也一直对鲁迅敬重有加。在鲁迅丧仪中,孔祥熙不但送了挽联,还携夫人宋霭龄参加了送殡,一直把鲁迅送到墓地,也难得他一片诚心。徐懋庸曾因左联内部的纠纷和"两个口号"的论争,被鲁迅在《答徐懋庸并关于抗日统一战线问题》一文中严厉痛斥过。鲁迅逝世后,徐的心绪紊乱,十分沉痛,连忙托人把自己写的挽联送到了万国殡仪馆,同时他还冒着可能遇到冲击的危险去瞻仰了鲁迅的遗容,并参加了送葬的行列。而徐懋庸的挽联,表达的正是自己复杂的哀痛之情。

其三,潮涌般的吊唁人群。

从10月20日开始,治丧委员会决定接受社会各界人士瞻仰鲁迅遗容。这一天,万国殡仪馆的大门上悬着白布横额,上书"鲁迅先生丧仪"。进门的院子路口放了两张桌子,设有签名处,由接待员负责来宾签到。签名后,即有立在桌角的女子为每个人在左手臂套上黑纱,以示哀敬。

从早晨6点开始,原本寂静的胶州路上,就有人早早等候在殡仪馆门口。他们在入口处排列成队,等候着一批一批地进去,虽然人很多,但没有一点声响。大家都为巨星的突然陨落而感到心情沉重。据孔另境回忆,一大早,治丧委员蔡元培、宋庆龄、胡愈之等都已经在场了,文化界的许多朋友也先后赶来凭吊,至8时许,凭吊者愈来愈多。作家萧乾当时在鲁迅灵堂担任了两天的"照料差使",他以一个杰出记者的生动笔触描绘了当时的凭吊场景:

> 扶着那面绛色帷幔,职务使我看见了数千副陌生的但是诚笃的脸,一个个脚跟都像坠了铅球,那么轻又那么沉重地向灵堂踱。低垂的头,低垂的手,低垂的眉眼和心。待踱到中间,冥冥中似有什么使他们肃然停足了,敬穆和哀悼如一双按住的手,他们的身子皆极自然地屈下了。然后,噙了一滩湿湿的眼泪,用手巾堵着嘴,仓促地奔了出来。①

按照《鲁迅先生纪念集》的统计,10月19日下午鲁迅遗体被安放在万国殡仪

---

① 萧乾:《朦胧的敬慕——纪念鲁迅先生》,载《中流》1936年第1卷第5期。

馆二楼后，当天瞻仰人数为48人，团体则还没有。显然都是至亲好友。20日早上10点至下午5点为公开瞻仰时间，21日入殓，22日出殡。但第一天人流如涌，据报道称有五六千人，据治丧办事处统计，共计个人4462人，团体42个，有的团体写明人数，有的没有写。由于人流太密集，根本无法满足社会的需求，于是决定延长瞻仰时间，到21日下午入殓后继续可以瞻仰，直到22日上午。21日，仍然人流汹涌，统计显示，签名的个人有2857人，团体则增加到68个。到22日上午，人流又起了高潮，仅上午就有个人2103人，团体也达到46个，密集的程度超过了前两天。据统计，从19日下午到22日上午，总共参加吊唁签名的个人为9470人，团体156个。①

其四，宏大悲愤的出殡场面。

10月22日下午1时50分，鲁迅出殡仪式开始。先是"启灵祭"，由家属、亲友和治丧委员会成员等30余人肃立静默，并向灵柩行三鞠躬礼，然后绕棺一周而退。而后始由鲁迅生前接近的或没有攻击过鲁迅的十几位作家扶柩上车。关于这十几位作家，各个记述人的名单有一定的差异。孔海珠在《痛别鲁迅》一书中通过多次采访和查考，同时根据照片的比对，确定的这十几位作家是萧军、吴朗西、靳以、黄源、胡风、巴金、黎烈文、周文、姚克、张天翼、曹白、鹿地亘等12人。②由12位年青作家扶柩出殡，象征着鲁迅的精神和事业后继有人。

下午2时30分左右，鲁迅灵柩出殡。队列的总指挥是萧军，他手执两块硬纸板做成的话筒，在人丛中穿来穿去。行在行列最前面的是作家蒋牧良、欧阳山，执掌由张天翼书写的"鲁迅先生殡仪"的横幅。接着是挽联队、花圈队、挽歌队，遗像、灵车、家属车、执绋者、徒步送殡者，送殡汽车。送葬者包括蔡元培、宋庆龄、孔祥熙、宋霭龄、沈钧儒、章乃器、李公朴、胡愈之、王造时、郁达夫等各界人士达万人以上，规模和盛况空前。下面便是当时的几位送葬者对于现场的描述：

在出殡的时候，几千人密集在万国殡仪馆的草场上，大门口，乃至

---

① 王锡荣、秦海琦、乐融：《弥足珍贵的鲁迅丧仪文献》，载《世纪》2006年第5期。
② 孔海珠：《痛别鲁迅》，上海社会科学院出版社2004年版，第120页。

马路上。一声喊:"有人愿意拿花圈么?"回答是听不清,看不明的一片嘈杂和骚动,于是几百人变成"花圈队"了。一声喊:"有人扛挽联么?"马上又是几百人变成"挽联队"了。"唱挽歌的人集合!"成千的人就在一块儿发出他们底沉痛的歌声了!①

谁也没有下过命令,没有做过邀请,也没有豫先约好,而送葬的行列,却有六千人光景的大众,而且差不多全是青年男女和少年。旗子挽联,都是棉布的;拿花圈的也罢,拿旗子挽联的也罢,全部是送葬的人。而且,除了主治医生一个人之外,一辆自备汽车也没有,仅仅由"治丧委员会"租来九辆汽车(按时间计算租金)。一个僧侣也没有,一个牧师也没有,一切都由八个治丧委员办了。这等等,毫无遗憾地发挥着被葬者的人格,两小时半的大行进,一丝未乱,什么事故也没有出,到完全入好穴的辰光,是上弦月开始放射青辉到礼堂上的下午六时了。②

4时30分左右,灵柩到达上海万国公墓。入葬前举行了隆重庄严的葬礼。哀乐响起之后,由蔡元培、沈钧儒、宋庆龄、内山完造、章乃器、邹韬奋、萧军等做了墓前演说。其中,以沈钧儒的讲演最具震撼力,他说:

今天的葬礼是纯粹民众的葬仪。像鲁迅先生那样的人,应该有一个国葬,无论在哪一个国家都应该这样,而今天在这许多人里面,就没有一个代表政府的人。中国的政府到哪里去了?

但是我们的民族造就了鲁迅,我们的人民积聚在鲁迅的旗帜下,和伟大的鲁迅心心相印。没有全国性的统一的号召和组织,却有一种共同的基调,那就是反对帝国主义、封建主义,热爱祖国,为民族和人民的解放而永无休止地奋斗。③

---

① 绀弩:《关于哀悼鲁迅先生》,载《小说家》1936年第1卷第2期。
② 内山完造:《鲁迅先生》,见刘运峰编:《鲁迅先生纪念集》,天津人民出版社2007年版,第442—443页。
③ 孔海珠:《痛别鲁迅》,上海社会科学院出版社2004年版,第148—149页。

最后在《安息歌》中，由沈钧儒、章乃器、王造时、李公朴四人代表上海民众献"民族魂"白底黑字旗一面，覆于棺上入葬。

邹韬奋送葬归来后，情不自禁地写下了如下的感受："鲁迅先生逝世和殡葬的情形，还历历如在眼前。我们回想到整千整万的群众瞻仰遗容时候的静默沉痛，回想到整千整万的群众伴送安葬时候的激昂悲怆，再看到全国各日报和刊物上对于他的逝世的哀悼，无疑地可以看出鲁迅先生是民众从心坎里所公认的一个伟大的领袖。我要特别注重'从心坎里'这几个字，因为我们要注意由民众从心坎里公认的领袖，不是藉权势威胁可以得到的，不是藉强制造作可以得到的。是由于永远刚毅不屈不挠的为大众斗争的事实所感应的。"[1]邹韬奋的话，表达出了所有参与送葬者的心声，也是对鲁迅之于现代中国之价值最好的概括。

---

[1] 邹韬奋：《悼鲁迅先生》，见刘运峰编：《鲁迅先生纪念集》，天津人民出版社2007年版，第339页。

第二节

毛泽东与鲁迅："文艺与政治的歧途"

　　毛泽东与鲁迅，一位是20世纪中国最重要的政治领袖，另一位是20世纪中国最杰出的精神偶像。研究二者的关系，是20世纪中国文学和中国文化的重要课题。多年以来，毛泽东与鲁迅，在人们的心目中似乎是一体之两面。研究者多是在毛泽东"我的心与鲁迅是相通的"这句话指引下，探讨的是毛泽东与鲁迅"相通"或"相同"的一面，证明的是二者的一致性。但自2001年周海婴在《鲁迅与我七十年》一书中抛出著名的"毛罗对话"之后，使上述结论遭遇到空前的挑战。人们不禁要问：既然毛泽东与鲁迅的心是相通的，那为什么还要把"鲁迅"关进牢房呢？或者是，如果毛泽东在精神价值上与鲁迅存在着根本的冲突，那为什么还要封他为中国新文化的"旗手"，并让他代表着"中华民族新文化的方向"呢？也就是说，毛泽东与鲁迅，这两位20世纪中国新文化的巨人之间，在精神价值上存在着如此复杂和吊诡的历史联系。如何解释这一思想和历史的纠结并弄清这一纠结所产生的精神或历史的缘由，将是本节的主要目的所在。

一、毛泽东与鲁迅的三次"神交"

　　在鲁迅研究史上，毛泽东的"鲁迅论"无疑具有里程碑的意义。正是在毛泽东那里，鲁迅才开始成为中国新文化的"旗手"，并且代表着"中华民族新文化的方向"。在此之前甚至之后，可能再没有人能比毛泽东那样对鲁迅有那么高的评价了。很难设想，假如没有毛泽东，20世纪的鲁迅研究会是什么样的局面。但令人困惑的是，这两位在20世纪政教两个领域最具影响力的人物，却没有一面之缘。他们之间的"接触"或"对话",基本上是一种"神交"。据现有的资料记载,毛泽东在1940年确立鲁迅为中国现代新文化的"旗手"之前,曾经有三次"接触"并"神交"鲁迅的机缘。

第一次是在五四时期。关于毛泽东与鲁迅发生"关系"的最早记载,是《周作人日记》。1920年4月7日,《周作人日记》中出现了"毛泽东君来访"的记录。①是时,毛泽东刚刚起草完在岳麓山一带建设"半耕半读"的新村的计划书,并将其中《学生之工作》一章发表于1919年12月出版的《湖南教育》月刊,趁第二次来北京之机,拜访中国新村运动的倡导人周作人。当时周作人与其兄鲁迅刚刚从绍兴会馆搬至八道湾十一号新宅不久,那么,毛泽东在拜访周作人时,鲁迅是否也在场呢?查1920年4月7日《鲁迅日记》,只云"晴。午后会议",并无毛、鲁会面的记录。后来在瑞金时期,毛泽东还不无遗憾地告诉冯雪峰:"五四时期在北京,弄新文学的人我见过李大钊、陈独秀、胡适、周作人,就是没见过鲁迅。"②1954年当时负责审阅《鲁迅全集》注释的胡乔木曾就毛泽东、鲁迅是否会过面一事,面询过毛泽东。毛泽东当时断然回答说:他早年在北京,是会过不少名人的,见过陈独秀,见过胡适,见过周作人,但没有见过鲁迅。③尽管有人也曾就周作人的这点记载,煞有介事地编造出了"鲁毛会面"的佳话,但其证据已被证明是不可靠的。④也就是说,毛泽东和鲁迅并没有见过面。

值得注意的是,当时周氏兄弟齐名,毛泽东为什么要去拜访周作人,而不去拜访他后来高度推崇的鲁迅呢?这应该与毛泽东早期所热衷的"乌托邦"理想有关。早在1918年6月,刚从湖南第一师范毕业时,毛泽东曾与蔡和森、张昆弟等跑遍岳麓山,想找一个地方建立新村,试验新生活。后来又为建设新村起草过计划书,他在序言中说:"我数年来梦想新社会生活,而没有办法,七年(按:

---

① 《周作人日记》(中),大象出版社1996年版,第115页。
② 陈琼芝:《在两位未谋一面的历史伟人之间——记冯雪峰关于鲁迅与毛泽东关系的一次谈话》,载《中国现代文学研究丛刊》1980年第3期。
③ 陈漱渝:《一场应该结束的辩论》,载《团结报》1982年12月4日;唐天然:《毛泽东没有会见过鲁迅》,载《书林》1982年第5期。
④ 参见宋贵仑:《鲁迅研究中的一段历史公案》,载《毛泽东思想研究》1992年第2期。

即1918年）春季，想邀数朋友在省城对岸岳麓山设工读同志会，从事半耕半读，因他们多不能久在湖南，我亦有北京之游，事无成议。今春（按：指1919年）回湘，再发生这种想像，乃有在岳麓山建设新村的计议，而先从办一实行社会说本位教育说的学校入手。此新村以新家庭新学校及旁的新社会连成一块为根本理想"。从这里可以看出，当时毛泽东受空想社会主义的影响，想把学校、家庭、社会结合为一体，建立起"人人作工，人人读书，人人平等"的新社会生活。"旧日读书人不预农圃事，今一边读书，一边工作，以神圣视工作焉，则为新生活矣。"[①]这种半工半读、自由研究学术的"工读同志会"的理想，毛泽东在1918年8月未去北京之前，曾写信告诉蔡和森，蔡1918年7月24日的回信表示很赞同："着手办法，惟有吾兄所设之'乌托邦'为得耳。"[②]由此可见，毛泽东趁第二次进京专门拜访周作人，一定是想从这位中国现代新村运动的倡导者那里得到对于新村的更深理解和更多支持。因为周作人不但是中国新村运动的理论倡导者，而且还曾对由日本作家武者小路实笃在九州向日所建立的新村所在地——石河内村进行过实地考察。周作人对于新村的理论倡导，在当时即得到了中国最早的一批马克思主义者如李大钊、蔡和森、恽代英、毛泽东等人的响应。在北大，李大钊还与周作人共同发起"工读互助团"，其"募款启事与简章"宣称，其宗旨在于"实行半工半读主义，庶几可以达教育与职业合一的理想"。毛泽东等人设计的岳麓山新村计划，也是当时新村运动的一个重要组成部分。

但周作人所倡导的新村运动，在得到李大钊为首的早期马克思主义者的热烈赞同的同时，却在其胞兄鲁迅那里受到了意想不到的冷遇甚至反对。在写给钱玄同的信中，鲁迅认为周作人宣称新村运动的文章，"不是什么大文章、不必各处登载的"[③]。在小说《头发的故事》里，鲁迅更借小说主人公之口，提出了自己的质问："改革么，武器在那里？工读么，工厂在那里？""我要借了阿尔志跋

[①] 毛泽东：《学生之工作》，见《毛泽东早期文稿》，湖南出版社1995年版，第455页。
[②] 《蔡和森文集》，人民出版社1980年版，第22页。
[③] 鲁迅：《190813 致钱玄同》，见《鲁迅全集》（第11卷），人民文学出版社1981年版，第366页。

绥夫的话问你们：你们将黄金时代的出现豫约给这些人们的子孙了，但有什么给这些人们自己呢？"①鲁迅显然不满于周作人们对于乌托邦理想的沉溺，他是一直主张立足于现实的更切实的战斗的。对此，他曾在给许广平的信中披露过此中的深在缘由："你的反抗，是为希望光明到来罢？（我想，一定是如此的。）但我的反抗，却不过是偏与黑暗捣乱。"这里鲁迅虽是说给许广平的，但实际上宣示出的乃是自己与周作人、李大钊、毛泽东等在思想上的根本的歧异之处：周作人等所倡导和渲染的新村，是一种历史的"黄金时代"或社会的"乌托邦"。他们反抗现实，是为了实现"理想"。而鲁迅反抗现实，则是为反抗而反抗——鲁迅对于"黄金世界"或"乌托邦"的实现，是持质疑或不相信的态度的。鲁迅这种"反抗绝望"的思想或精神特质，在毛泽东这种为理想而奋斗的革命者看来，显然是偏于消极和颓唐，当然也是不可取的：不为理想而奋斗，不去再造一个"新世界"，仅仅是为了"捣乱"或反抗，这种思想和无政府主义又有什么差别？难怪鲁迅在同一封信中紧接着又露出了自己思想的血肉："其实，我的意见原也不容易了然，因为其中本有着许多矛盾，教我自己说，或者是'人道主义'与'个人的无治主义'的两种思想的消长起伏罢，所以我忽而爱人，忽而憎人；做事的时候，有时确为别人，有时却为自己玩玩，有时则竟因为希望将生命从速消磨，所以故意拼命的做。"②这里，"个人的无治主义"就是"无政府主义"的又一称呼。这样一个在"人道主义"和"个人的无治主义"两种思想之间徘徊的鲁迅，能是怀着重整河山之鸿鹄大志的青年毛泽东所心仪的对象吗？

毛泽东与鲁迅的第二次"接触"是在瑞金时期。这时，是1933年底到1934年1月，冯雪峰因叛徒出卖险遭毒手，已被迫转移到中央苏区来工作。而毛泽东已在1931年11月的赣南会议和1932年10月的宁都会议上被排挤出中央苏区党和红军的领导岗位。他心情抑郁，为了避免牵连别人而有意回避，但听说冯雪峰是从鲁迅身边来的，破例主动找其攀谈。对此，冯雪峰回忆道：

---

① 鲁迅：《头发的故事》，见《鲁迅全集》（第1卷），人民文学出版社1981年版，第465页。
② 鲁迅、景宋：《鲁迅景宋通信集——〈两地书〉的原信》，湖南人民出版社1984年版，第69页。

一九三三年底，我到瑞金中央苏区去之后，常有机会见到毛主席。他那时受王明路线排斥，不担任党中央的领导职务，时间比较多。有时他约我到他那里，有时他自己踱到我的住处来。有几次他说："今晚我们不谈别的，只谈鲁迅好不好？"毛主席早就知道鲁迅，他曾遗憾地跟我讲过："五四时期在北京，弄新文学的人我见过李大钊、陈独秀、胡适、周作人，就是没见过鲁迅。"

我当时曾告诉他，有一个日本人说，全中国只有两个半人懂得中国：一个是蒋介石，一个是鲁迅，半个是毛泽东。毛主席听了哈哈大笑，然后沉思着说："这个日本人还不简单，他认为鲁迅懂得中国，这是对的。"

……一九三三年末，我担任中央苏区党校教务主任，党校校长是张闻天同志。有一次他和几位中央领导闲谈，谈到一些干部的人选，当时我也在场。他们谈到有人反映苏区教育部门的工作有点事务主义，张闻天想让瞿秋白来主持教育工作，问我他能不能来。我说他是党员，让他来一定会来的。后来由我起草了电报拍到上海，秋白就服从党的决定到苏区来了。议论中，博古认为也可以让鲁迅来担任这个职务，说鲁迅搞教育行政很有经验。后来我向毛主席讲起，毛主席是反对这种意见的，他说："鲁迅当然是在外面作用大。"

我还曾告诉过毛主席，鲁迅读到过他的诗词，认为诗词中有"山大王"的气概。毛主席听了，也开怀大笑。①

"有时中央党校杀了猪，雪峰就请毛泽东同志来会餐，有时发了津贴两个人就一道下小馆。两个人一起散步交谈不下数十次。他们畅谈文学，畅谈诗歌，畅谈上海文艺界的活动，畅谈共产党员的文化人和进步作家反对反动派残酷野蛮屠杀和压迫的英勇斗争。"②而这些谈话，总是围绕着鲁迅的革命活动而展开的，

---

① 陈琼芝：《在两位未谋一面的历史伟人之间——记冯雪峰关于鲁迅与毛泽东关系的一次谈话》，载《中国现代文学研究丛刊》1980年第3期。
② 冯夏熊：《冯雪峰传略》，见《中国现代作家传略》（上集），四川人民出版社1981年版，第153页。

对鲁迅先生的斗争、写作、身体状况、结交的朋友，以及生活习惯等，毛泽东都非常关心，反复询问。毛泽东还告诉冯雪峰：他很早读了鲁迅的作品，《狂人日记》《阿Q正传》都读过。阿Q是个落后的农民，缺点很多，但要求革命。看不到或者不理会这个要求是错误的。鲁迅对群众理论有估计不足的地方，但他看到农民的要求，毫不留情地批评阿Q身上的弱点，满腔热情地将阿Q的革命要求写出来。我们共产党人和红军干部，许多人看不到，对群众的要求不理会，不支持。应当读一读《阿Q正传》。毛泽东说他自己也想重读一遍，可惜当地找不到。①

通过冯雪峰，瑞金时期的毛泽东开始了解和认识了鲁迅，尤其是鲁迅对中国革命的价值和作用。

但毛泽东真正深入地理解鲁迅，还是在党中央进驻陕北以后。1936年4月，冯雪峰接受党中央委派去上海前夕和1937年2月回延安向党中央汇报工作期间，毛泽东又多次和他长谈。在黄土窑洞中，在油灯下，毛泽东和冯雪峰长谈了十多个夜晚。②他们回忆长征，谈西安事变，谈中国革命的形势，也谈到鲁迅的追悼会，谈到国民党统治区文化界的斗争和上海各个方面的情况，等等。毛泽东一再关切地问鲁迅逝世前后的情况，表示了对鲁迅的怀念之情。毛泽东还谈到关于鲁迅和鲁迅作品的一些评论。而毛泽东之所以如此关注鲁迅，是因为此时他正开始如饥似渴地阅读鲁迅著作。1937年1月，毛泽东进驻延安后，在设于此地的陕西第四中学图书室里发现有鲁迅的书，如获至宝。他借了几本，读后再借，先后三次借阅。最后，他读了这里所有的鲁迅选本和单行本。③后来，毛泽东回忆起这一时期的阅读体验往事时曾这样说："我就是爱读鲁迅的书，鲁迅的心和我们是息息相通的。我在延安，夜晚读鲁迅的书，常常忘记了睡觉。"④1938年1月12

---

① 唐弢：《追怀雪峰》，见包子衍、袁绍发编：《回忆雪峰》，中国文史出版社1986年版，第103—104页。
② 冯夏熊：《冯雪峰传略》，见《中国现代作家传略》（上集），四川人民出版社1981年版，第155页。
③ 陈晋主编：《毛泽东读书笔记解析》，广东人民出版社1996年版，第1514页。
④ 龚育之、逄先知、石仲泉：《毛泽东的读书生活》，生活·读书·新知三联书店2009年版，第153页。

日，他曾回信给时任抗日军政大学主任教员的哲学家艾思奇，说："我没有《鲁迅全集》，有几本零的，《朝华夕拾》也在内，遍寻都不见了。"①其实，这时所谓的《鲁迅全集》还没有出版，但由此可以说明毛泽东还是非常渴望系统地阅读鲁迅著作的。

那么，通过对鲁迅的进一步接触和了解，毛泽东从其中读出了什么呢？

二、"文艺与政治的歧途"

现存的毛泽东第一次正式谈论鲁迅的有关记载，是1937年3月1日他与前往延安访问的美国女作家史沫特莱的谈话。在谈话中，针对西安事变后国共合作形成的政治局面被某些犯了"左派幼稚病"的人所指责的现象，毛泽东毫不客气地回敬道："国内有一部分带着阿Q精神的人，却洋洋得意地把我们的这种让步叫做'屈服、投降和悔过'。大家知道，死去不久的鲁迅，在他的一篇小说上，描写了一个叫做阿Q的人，这个阿Q，在任何时候他都是胜利的，别人则都是失败的。让他们去说吧，横直世界上是不少阿Q这类人物的。"②但毛泽东在这里只是拿阿Q做比喻，以增加谈话的丰富性和形象性而已，对鲁迅及其作品并无实质性的涉及。

1937年10月19日，毛泽东在延安陕北公学纪念鲁迅逝世周年大会上发表讲话，对鲁迅及其作品进行了全面的评价。在讲话中，毛泽东指出："鲁迅在中国的价值，据我看要算是中国的第一等的圣人。孔夫子是封建社会的圣人，鲁迅则是现代中国的圣人。"这可以说是给予鲁迅最高的"谥号"！还有能比"圣人"更高的溢美之词吗？问题在于，毛泽东为什么要给鲁迅如此高的评价呢？主要还是看中了他之于中国革命的价值：

> 我们今天纪念鲁迅先生，首先要认识鲁迅先生，要懂得他在中国革命史中所占的地位。我们纪念他，不仅因为他的文章写得好，是一个伟

---

① 中共中央文献研究室编：《毛泽东书信选集》，人民出版社1983年版，第118页。
② 毛泽东：《中日问题与西安事变》，见《毛泽东文集》（第1卷），人民出版社1993年版，第490页。

大的文学家，而且因为他是一个民族解放的急先锋，给革命以很大的助力。他并不是共产党组织中的一人，然而他的思想、行动、著作，都是马克思主义的。他是党外的布尔什维克。①

毛泽东这里是从政治革命的视角，来论述鲁迅在中国革命史中所占的地位的："因为他是一个民族解放的急先锋，给革命以很大的助力。"但仅仅做一个"急先锋"还是不够的，更重要的还是要在思想上"入党"。紧接着，毛泽东一个"党外的布尔什维克"的定义，就让鲁迅成了"马克思主义者"，成为"党的鲁迅"了。而为了证明鲁迅的"党外的布尔什维克"身份，毛泽东随即又列举出鲁迅的三大特点："政治的远见""斗争精神""牺牲精神"。最后他总结说："综合上述这几个特点，形成了一种伟大的'鲁迅精神'。……我们纪念鲁迅，就要学习鲁迅的精神，把它带到全国各地的抗战队伍中去，为中华民族的解放而奋斗！"②

其实，上述毛泽东是完全按照一个革命家的标准来总结"鲁迅精神"、塑造鲁迅的"红色战神"形象的。尽管"政治的远见""斗争精神""牺牲精神"确实是鲁迅精神中的重要元素，但鲁迅思想和精神中更为核心的成分，也就是鲁迅之子周海婴所总结的"鲁迅的真精神"的四大元素，即"立人为本""独立思考""拿来主义""韧性坚守"③，毛泽东却无一提及。这里的问题倒不在于非要辨析出谁总结的"鲁迅精神"更逼真，想说明的是，上述毛泽东的"鲁迅论"只是从革命家或政治家的视角，而不是从一个启蒙思想家的视角（周海婴的视角）来看待鲁迅的。仅仅从革命或政治的视角来看待鲁迅，显然离作为一个启蒙思想家和文学家的鲁迅，即周海婴所谓的"鲁迅的真精神"相去还有一段距离。但毛泽东并没有由此止步，而是仍然沿着上述《论鲁迅》的思路继续前进，来构想他更为宏大的"鲁迅论"。这主要是通过下述三篇文献表现出来的。

---

① 毛泽东：《论鲁迅》，见中共中央文献研究室编：《毛泽东文艺论集》，中央文献出版社2002年版，第9页。
② 毛泽东：《论鲁迅》，见中共中央文献研究室编：《毛泽东文艺论集》，中央文献出版社2002年版，第8—11页。
③ 周海婴：《鲁迅究竟是谁？（续）》，载《语文新圃》2006年第12期。

第一篇文献是1938年4月28日《在鲁迅艺术学院的讲话》。在这篇讲话里，毛泽东一开场就以徐志摩为例批驳了所谓的"艺术至上主义者"，并认为"艺术至上主义者是一种艺术上的唯心论"。接着，又以鲁迅为例谈到了艺术上的统一战线问题，实际上就是文艺与政治的关系问题：

  现在为了共同抗日在艺术界也需要统一战线，正如鲁迅先生所说的那样，不管他是写实主义派或是浪漫主义派，是共产主义派或是其他什么派，大家都应当团结抗日。当然对我们来说，艺术上的政治独立性仍是必要的，艺术上的政治立场是不能放弃的，我们这个艺术学院便是要有自己的政治立场的。我们在艺术论上是马克思主义者，不是艺术至上主义者。①

毛泽东这里所引用的鲁迅的话，来自鲁迅在1936年"两个口号"论争中所写的那篇著名的《答徐懋庸并关于抗日统一战线问题》。在该文中，鲁迅的原话是："我以为文艺家在抗日问题上的联合是无条件的，只要他不是汉奸，愿意或赞成抗日，则不论叫哥哥妹妹，之乎者也，或鸳鸯蝴蝶都无妨。"②也就是说，艺术家完全可以在"抗日"的大旗下结成统一战线。这一点，即政治层面上的统一战线问题，毛泽东的论述与鲁迅是一致的。

但问题在于，艺术家在政治上结成统一战线之后，在艺术上是否也需要一个统一战线呢？在后一个问题上，毛泽东与鲁迅的理解完全不一样。鲁迅所谓的"统一战线"主要还是政治层面上的，对于文艺层面上的统一战线，他是有保留意见的。鲁迅坚持以"民族革命战争的大众文学"口号来取代周扬等提出的"国防文学"口号，就是不能忍受周扬们以"国防"统领"文学"，即"政治"决定"文艺"的企图。但毛泽东在这里却与周扬在思想逻辑上表现出了惊人的一致。毛泽东虽然也谈到了统一战线中的独立性，但他把"独立性"进行了一个概念上的转换，转换成了"艺术上的政治独立性"，进而演化为"艺术上的政治立

---

① 毛泽东：《在鲁迅艺术学院的讲话》，见中共中央文献研究室编：《毛泽东文艺论集》，中央文献出版社2002年版，第15—16页。
② 鲁迅：《鲁迅全集》（第6卷），人民文学出版社1981年版，第530页。

场",这就与鲁迅的"文学独立性"完全不同了。也就是说,鲁迅所理解的统一战线中的"独立性"是文学上的"创作自由",而毛泽东却理解成了"政治独立性"或"政治立场"。毛泽东和鲁迅,在抗日民族统一战线背景下的文艺政策的理解上,看似一致,实际上是"同构而异质"的。但令人玩味的是,毛泽东竟然在这次讲话中把完全属于他自己的话语,加诸鲁迅的身上:"在统一战线中,我们不能丧失自己的立场,这就是鲁迅先生的方向。你们鲁迅艺术学院要遵循鲁迅先生的方向。"

第二篇文献是1939年11月7日《致周扬》。这封信是毛泽东看了周扬送来的《对旧形式利用在文学上的一个看法》一文的送审稿后写的。周扬的文章是针对当时"民族形式"讨论中的一些问题阐述自己的观点的。文章原稿是密密麻麻的十一页油印稿,毛泽东在上面批改和批注了几十处,只有一页没有改动。此文后来发表在延安出版的《中国文化》创刊号上,当然是按毛泽东修改后的稿子排印的。由于特殊的历史缘由,毛泽东这封信一直没有问世。直到2002年,《致周扬》才由中央文献出版社出版的《毛泽东文艺论集》首次发表。这封信全文如下:

周扬同志:

文章看了,写得很好,必有大影响。某些小的地方,我认为不大妥当的,已率直批在纸上。其中关于"老中国"一点,我觉得有把古代中国与现代中国混同,把现代中国的旧因素与新因素混同之嫌,值得再加考虑一番。现在不宜于一般地说都市是新的而农村是旧的,同一农民亦不宜说只有某一方面。就经济因素说,农村比都市为旧,就政治因素说,就反过来了,就文化说亦然。我同你谈过,鲁迅表现农民着重其黑暗面,封建主义的一面,忽略其英勇斗争、反抗地主,即民主主义的一面,这是因为他未曾经验过农民斗争之故。由此,可知不宜于把整个农村都看作是旧的。所谓民主主义的内容,在中国,基本上即是农民斗争,即过去亦如此,一切殖民地半殖民地亦如此。现在的反日斗争实质上即是农民斗争。农民,基本上是民主主义的,即是说,革命的,他们的经济形式、生活形式,某些观念形态、风俗习惯之带着浓厚的封建残余，只是农民的一面，所以不必说农村社会都是老中国。在当前，新中国恰恰只剩下了农村。是否有当，还请斟酌。

作文当遵命办。

有暇请来谈。

敬礼！

毛泽东
十一月七日①

这是毛泽东关于中国未来文化发展方向的一篇非常重要的文献，其中牵涉到了鲁迅。信中首先从对于"老中国"的认定入手，认为"现在不宜于一般地说都市是新的而农村是旧的，同一农民亦不宜说只有某一方面。就经济因素说，农村比都市为旧，就政治因素说，就反过来了，就文化说亦然"，这就彻底颠覆了五四启蒙主义现代性的文化观。"老中国"的提法最早见于五四时期。如茅盾（方璧）在《鲁迅论》一文中就认为鲁迅的《呐喊》《彷徨》，"除几篇例外的，如《不周山》、《兔和猫》、《幸福的家庭》、《伤逝》等，大都是描写'老中国的儿女'的思想和生活"。其中，还对"老中国"做了特别的说明："我说是'老中国'，并不含有'已经过去'的意思，照理这是应该被剩留在后面而成为'过去的'了，可是'理'在中国很难讲，所以《呐喊》和《彷徨》中的'老中国的儿女'，我们在今日依然随时随处可以遇见，并且以后一定还会常常遇见。"②周扬文中的"老中国"的提法，沿用的还是五四时期流行的启蒙主义现代性的话语，隐含着的是对于包括农村在内的传统中国的批判性指向。据整理过毛泽东这份修改稿的龚育之记载，毛泽东对周扬文中"老中国"的提法显然是不满意的，而且还做了修改：

最重要的修改，是改掉了原稿中多处"老中国"的提法，改为"自己的中国"、"自己民族自己国家"，或者划去"老"字，并在旁边批

---

① 中共中央文献研究室编：《毛泽东文艺论集》，中央文献出版社2002年版，第259—260页。

② 方璧：《鲁迅论》，载《小说月报》1927年第18卷第11期。

道:"不但老中国,而且新中国"。原稿中还有一句:"在它(新文艺)眼前的是旧的人民,他们旧的生活,旧的相互之间的关系,旧的观念见解、风习、语言、趣味、信仰……"毛在旁边批道:"单拿1个旧字来表现一切,不妥,也与你在前面说过的中国已有新的社会因素不合,抗战这事完全是新的。"大概仍然意犹未尽,所以在信中又作了那样一番发挥。①

这样一改,农村、农民这些在五四启蒙主义现代性话语中被视为传统性存在的"老中国"的内涵,完全被颠倒过来了:农民成了"先进文化"的代表,农村是"新中国"的典范。因为"农民,基本上是民主主义的,即是说,革命的","所谓民主主义的内容,在中国,基本上即是农民斗争,即过去亦如此,一切殖民地半殖民地亦如此。现在的反日斗争实质上即是农民斗争"。这就是说,一切"民主斗争""民主主义的内容",包括殖民地半殖民地的民族民主革命运动,全都是农民斗争,所以,只有农民才是革命的动力、主力。就这样,在毛泽东的妙手下,"农民革命"被披上了"无产阶级革命"的外衣,成为"新民主主义革命"主要内容。

正是有了上述的理论前提,毛泽东才在给周扬的信中对鲁迅的"不足"提出了自己的看法:"我同你谈过,鲁迅表现农民着重其黑暗面,封建主义的一面,忽略其英勇斗争、反抗地主,即民主主义的一面,这是因为他未曾经验过农民斗争之故。"也就是说,鲁迅通过阿Q这个人物,仅仅揭示其身上的"国民的劣根性"或"精神奴役的创伤"是不够的。在毛泽东心目中,像阿Q这样的农民一定是中国革命所倚重的对象,是革命动力和主力,不但不该被批判,而且还要在革命斗争中积极健康地成长起来,成为未来"新中国"的主人。显然,毛泽东是从政治家或革命家的立场去要求鲁迅的。但问题在于,鲁迅首先是小说家,他在作品中岂止是"忽略"了阿Q之流的农民"英勇斗争、反抗地主"的一面,而且还对阿Q式的革命做了整体性的否定!他在《阿Q正传》中,不但没有让阿Q在

---

① 龚育之:《首次发表的毛泽东致周扬的一封信——读〈毛泽东文艺论集〉》(上),载《学习时报》2002年6月10日。

革命队伍中健康成长起来,而且还在最后把他给"枪毙"了。鲁迅让阿Q早早死去,实际上是在鸣枪示警。在他看来,中国革命不应该是阿Q式的以暴易暴的革命,这样的历史循环该结束了。鲁迅如此描写和处理阿Q,既显示出了他作为一个"清醒的现实主义者"所具有的杰出的才能,更突显了他作为一个伟大的思想家的惊人的预见力。作为革命家的毛泽东和作为文学家的鲁迅在农民问题的认识上,竟然有如此大的"歧途"!

第三篇文献是《新民主主义论》。《致周扬》这封信还表明了一个重要的信息,那就是毛泽东为正在构思的《新民主主义的政治与新民主主义的文化》(即后来的《新民主主义论》),曾不止一次地与周扬交换意见。如果说毛泽东在《致周扬》的信中的"鲁迅论"还只是雏形的话,那么,到了《新民主主义论》中,毛泽东的"鲁迅观"基本上已经成熟,而且已经融化到了他的宏大的新民主主义理论体系之中了。两个月之后,也就是1940年1月9日,毛泽东在陕甘宁边区文化协会第一次代表大会上,做了题为《新民主主义的政治与新民主主义的文化》的讲演。1940年2月15日,延安出版的《中国文化》创刊号刊登了该演讲稿。同年2月20日在《解放》第98、99期合刊登载时,题目改为《新民主主义论》。

正是在《新民主主义论》中,鲁迅的"旗手"地位得以确立,"鲁迅的方向"开始成为"中华民族新文化的方向"。请看毛泽东这段著名的论断:

> 鲁迅是中国文化革命的主将,他不但是伟大的文学家,而且是伟大的思想家和伟大的革命家。鲁迅的骨头是最硬的,他没有丝毫的奴颜和媚骨,这是殖民地半殖民地人民最可宝贵的性格。鲁迅是在文化战线上,代表全民族的大多数,向着敌人冲锋陷阵的最正确、最勇敢、最坚决、最忠实、最热忱的空前的民族英雄。鲁迅的方向,就是中华民族新文化的方向。①

值得注意的是,本来自称在五四新文化运动中处于"敲边鼓"的边缘地位的鲁迅,在毛泽东的话语中顿时成了"中国文化革命的主将"。但问题在于,鲁

---

① 《毛泽东选集》(第2卷),人民出版社1991年版,第698页。

迅是什么样的"中国文化革命的主将"呢？如果我们联系上下文来阅读，就会看出，毛泽东话语中的这个"文化革命"，并不包括我们一般所理解的从1915至1918年的五四新文化运动，主要指的是从1919年五四运动开始至1940年这一段的"文化革命"："在'五四'以后，中国产生了完全崭新的文化生力军，这就是中国共产党人所领导的共产主义的文化思想，即共产主义的宇宙观和社会革命论。……而鲁迅，就是这个文化新军的最伟大的和最英勇的旗手。"也就是说，"共产主义者的鲁迅"才是最重要的，才可能是"这个文化新军的最伟大和最英勇的旗手"。显而易见，毛泽东屏蔽的是作为启蒙主义者的鲁迅，而突显的是作为共产主义者的鲁迅。

由此看来，毛泽东对鲁迅的理解，并不是从鲁迅的视角，而是完全按照"六经注我"的方式，从自己革命家或政治家的价值立场出发进行评说的。毛泽东视域中的鲁迅，并不是周海婴心目中的"鲁迅的真精神"，即以"立人为本""独立思考""拿来主义""韧性坚守"为基点的启蒙主义者，而是一个具有"中国共产党人所领导的共产主义的文化思想"的鲁迅。毛泽东与鲁迅，两者对于中国历史、现状和出路，对于文艺与政治关系等方面的看法和主张，有着根本性的不同。

三、为什么是"鲁迅"？

既然毛泽东和鲁迅是两种不同类型的人，拉的是两股道上的车，为什么历史要把他们二者拉到一起，成为二而一的整体呢？或者说，既然他们在诸多问题上有根本性的歧异，但为什么毛泽东还是如此重视并高度评价鲁迅，以至于把他送上"神坛"，成为"旗手"，让他代表着"中华民族新文化的方向"呢？

首先，毛泽东关注鲁迅，是与他关于中国革命的宏大战略息息相关的。早在1936年11月22日，毛泽东就在陕北保安举行的中国文艺协会成立大会上发表讲话，提出了进行中国革命的"文武之道"："怎样才能停止内战呢？我们要文武两方面都来。要从文的方面去说服那些不愿停止内战者，从文的方面去宣传教育全国民众团结抗日。如果文的方面去说服不了那些不愿停止内战者，那我们就要用武的去迫他停止内战。""现在我们不但要武的，我们也要文的了，我们要文武双全。"①后来，毛泽东的"文武之道"又在《新民主主义论》中演化为"两个围剿"的理论，即国民党的反革命"军事围剿"和"文化围剿"。在《在延安文艺座谈会上的讲话》（以下简称《讲话》）中又变化为"两个总司令"的称呼，即我们有"两个总司令"，一个是"朱（德）总司令"，一个是"鲁（迅）总司令"。

毛泽东这一"文武兼备"的革命战略，得之于他早年的宋明理学的训练。早年毛泽东曾师从杨昌济等接受了系统的宋明理学的传统教育，宋明理学"内圣外王合一"的思想，曾经是青年毛泽东仰止景从的道德理想。这从他1913年10月至12月在湖南第四师范学校学习时的读书笔记《讲堂录》中随处可以见出：

十一月十五日　修身

王船山：有豪杰而不圣贤者，未有圣贤而不豪杰者也。圣贤，德业俱全者；豪杰，歉于品德，而有大功大名者。拿翁，豪杰也，而非圣贤。

十一月二十三日　修身

有办事之人，有传教之人。前如诸葛武侯范希文，后如孔孟朱陆王阳明等是也。

宋韩范并称，清曾左并称。然韩左办事之人也，范曾办事而兼传教之人也。

帝王一代帝王，圣贤百代帝王。②

在青年毛泽东心目中，"内圣外王"的理想人格代表是曾国藩。在1917年8月23日给好友黎锦熙的信中，他坦言："愚于近人，独服曾文正，观其收拾洪杨一役，完满无缺。"何以哉？这是因为曾国藩集豪杰和圣贤于一身，内圣外王，君师合一。在毛泽东看来，欲救天下之难，"徒欲学古代奸雄意气之为，以手腕智计为牢笼一世之具，此如秋潦无源，浮萍无根，如何能久？""欲动天下者，当

---

① 中共中央文献研究室编：《毛泽东文艺论集》，中央文献出版社2002年版，第3—4页。
② 《毛泽东早期文稿》，湖南出版社1995年版，第589、591页。

动天下之心，而不徒在显见之迹。动其心者，当具有大本大源。"何谓"大本大源"？毛泽东进一步申说道：

> 夫本源者，宇宙之真理。天下之生民，各为宇宙之一体，即宇宙之真理，各具于人人之心中，虽有偏全之不同，而总有几分之存在。今吾以大本大源为号召，天下之心其有不动者乎？天下之心皆动，天下之事有不能为者乎？天下之事可为，国家有不富强幸福者乎？然今之天下则纷纷矣！推其原因，一在如前之所云，无内省之明；一则不知天下应以何道而后能动，乃无外观之识也。故愚以为，当今之世，宜有大气量人，从哲学、伦理学入手，改造哲学，改造伦理学，根本上变换全国之思想。此如大纛一张，万夫走集；雷电一震，阴曀皆开，则沛乎不可御矣！

也就是说，洞悉宇宙之真理，既有内省之明，又有外观之识，方能"动人心"。获取人心，当为大本，只有内圣，方能外王。"圣人，既得大本者也"。[①]可见，"得其大本"的关键是"动天下之心"，而"动天下之心"，思想是其根本。中国革命，仅仅靠武力夺取江山是不够的，要夺取革命的胜利，必须是文武兼备，相得益彰。

西安事变后，国共第二次合作，抗日民族统一战线形成。1937年1月13日，中共中央由保安迁驻延安，从此开始了中国共产党历史上最为辉煌的"延安时期"。在延安，相对安定的环境，给毛泽东寻求"文武兼备"的革命方略、建立"大本大源"的革命理论，提供了物质上的保障。但这时的毛泽东在政治思想上还没有建立真正的权威。在党内，理论上的优势和资源，还掌握在以张闻天、王明、博古等为代表的"留苏派"手里。他们有人曾为此对毛泽东进行了种种讥讽和责难，甚至还给他扣上"狭隘经验主义"的帽子，还说"山沟里出不了马克思主义"，等等。为此，毛泽东深受刺激。后来他在一次谈话中提到这件事时曾说："我因此，到延安就发愤读书。"1983年出版的《毛泽东书信选集》中，

---

① 以上引文均引自毛泽东：《致黎锦熙》（1917年8月23日），见《毛泽东早期文稿》，湖南出版社1995年版，第84—90页。

其中好几封信就有他在延安读书的记载。①1988年出版的《毛泽东哲学批注集》共收录毛泽东批注的哲学读本十一种，其中全面抗战初期阅读的就达九种。1938年2月1日至4月1日，毛泽东还破例写开了读书日记，详细地记录了自己阅读李达《社会学大纲》、克劳塞维茨《战争论》等著作的情景。而毛泽东深入地阅读鲁迅著作，也是在这一时期。

毛泽东在延安刻苦攻读的同时，也在构想着重整山河的文韬武略。当时抗日战争已经全面爆发，与国民党等合作的抗日民族统一战线的政治局势已经形成。如何认识现代中国的社会性质？如何制定中国革命的策略，尤其是在抗战救国形势下的革命策略？抗战胜利后的"新中国"将是什么样子？如何在经济水平比较落后形势下实现共产党的理想，即建设社会主义并为共产主义的实现而奋斗？这些都是当时亟待中国共产党给予回答的重大的理论问题。为此，全面抗战初期的毛泽东进行了长期的理论准备和系统的思考。从1938年10月在六届六中全会上的讲话中提出"马克思主义中国化"的理论，到1939年12月在《中国革命和中国共产党》中提出对当前中国革命的"资产阶级民主革命"性质的判断，再到1940年1月在陕甘宁边区文化协会第一次代表大会上提出争取革命领导权的"新民主主义论"，我们可以见出毛泽东在理论上探求"大本大源"的救国之术的思想轨迹。建立新民主主义的理论体系，"新民主主义的文化"自然是理论建构的重中之重。如何总结、利用并汲取现代的思想资源以构建自己的新民主主义思想的体系，就成了毛泽东试图寻求并亟待解决的理论文化问题。这时，鲁迅进入了毛泽东的视野。

毛泽东发现、选择鲁迅，并以之作为"中华民族新文化的方向"，近几年来使鲁迅颇受一些自由主义者的诟病。他们曾这样发问："五四那一辈他有很多同道，为什么其他人的民主追求不可能被利用，唯独鲁迅能？""为什么最硬的骨头会成为打人的棍子？"言外之意就是说，"鲁迅思想的短板"被毛泽东"利

---

① 1936年8月14日《致易礼容》，1936年9月11日《致彭德怀、刘晓、李富春》，1936年10月22日《致叶剑英、刘鼎》，1938年1月12日《致艾思奇》，1939年1月17日《致何干之》，1939年2月1日《致陈伯达》，1939年2月20、22日《致张闻天》等。

用",最后竟至于"最硬的骨头成为打人的棍子"。而"鲁迅思想的短板"在这些论者看来,就是鲁迅曾经坦言过的"个人的无治主义"即"无政府主义"。[①] 我们且不论鲁迅在给许广平的信中说他的思想的矛盾是"人道主义与个人的无治主义的两种思想的消长起伏",并不是这位论者所谓的"个人的无治主义",更不想过多地纠缠于鲁迅在思想层面上的"个人的无治主义"是否一定就等于政治上的"个人的无治主义"这一问题的辨析上。在《论鲁迅》中,毛泽东说:"鲁迅是从正在溃败的封建社会中出来的,但他会杀回马枪,朝着他所经历过来的腐败的社会进攻,朝着帝国主义的恶势力进攻。他用他那一支又泼辣,又幽默,又有力的笔,画出了黑暗势力的鬼脸,画出了丑恶的帝国主义的鬼脸,他简直是一个高等的画家。"在这里,笔者想着重强调的是,毛泽东看中鲁迅的,在其《论鲁迅》中已经说了,是鲁迅的"政治的远见""斗争精神""牺牲精神"。这里,"政治的远见"实际上就是后来毛泽东在《讲话》中所强调的"立场问题","斗争精神"后来在他的《新民主主义论》中发展成为"硬骨头精神","牺牲精神"在《讲话》中被演化成了"鞠躬尽瘁,死而后已"的"孺子牛精神"。三者相加,不正是一个"共产主义者的鲁迅"吗?而"共产主义者的鲁迅",才是毛泽东所着重强调的。经过修饰和限定,毛泽东所阐释的鲁迅,已经与真正的鲁迅不同了。也就是说,毛泽东和鲁迅,并不是我们后来看到的一而二、二而一的整体,而是两个不同质的精神存在。前面我们已经论及,毛泽东和鲁迅对于中国历史、现状和出路的看法和主张,不但完全不同,而且恰好相反。看不到鲁迅在历史上这一被重新阐释的过程,而把他们视为一体而大加挞伐,其实是一种非历史的短视态度,这才真正是自己的"思想短板"。

这里必须申明的是,毛泽东"爱读鲁迅的书",并与鲁迅的心"息息相通",是鲁迅著作中那种强烈的"复仇意识""斗争精神""硬骨头精神",尤其是其中对于现实世界痛苦而绝望的体验及反抗,一定在一心推翻旧世界的毛泽

[①] 参见朱学勤:《鲁迅的思想短板》,载《南方周末》2006年12月14日;李劼:《鲁迅:通向毛泽东的独木桥》,见《枭雄与士林——20世纪中国政治演变和文化沧桑》,晨钟书局2010年版,第103页。

东的心灵深处激起了强烈的共鸣和激赏。毛泽东之"爱读鲁迅的书",其心理基础即在于此。这是毛泽东"发现"鲁迅的另一个重要的缘由。但需要指出的是,同样是对现实世界的反抗,鲁迅与毛泽东的出发点却不同。鲁迅对现实世界有"恨",但他是由"爱"而"恨"的,其出发点是仁爱的立场。他说:"创作总根于爱。杨朱无书。"①所以他的"个人的无治主义"之中又夹杂着"人道主义",所以他对阿Q等农民的态度才会是"哀其不幸,怒其不争"。毛泽东在《论鲁迅》中所阐发的那个具有"政治的远见""斗争精神""牺牲精神"的"鲁迅精神"的鲁迅,就是这样一个红色的战神。毛泽东是一位杰出的革命家和政治家,他与那个信奉"创作总根于爱"的鲁迅是不同的。

毛泽东"发现"鲁迅并把他树为"旗手",还有一个策略上的考虑。那就是鲁迅在现代中国文化思想上崇高的地位和广泛的影响力。鲁迅在五四之后的现代中国的"文豪"地位,他作为左翼文坛"盟主"在中国乃至世界上的巨大影响,尤其是他去世后以"民族魂"的形象在民众中所赢得的精神领袖的地位,这时已经给人们留下了深刻的印象。

而鲁迅这种超越阶级、政党甚至时代的"民族魂"地位,在抗日战争这一民族矛盾空前激烈的特殊时期,所起到的凝聚人心的精神作用将是难以估量的。这一点,毛泽东在《新民主主义论》中那一段著名的"三家""五最"论已经指明,此不赘言。那么,如何借重鲁迅这一精神资源并"为我所用"呢?对此,"七月派"诗人牛汉在他的回忆录中有一段深中肯綮的看法,他说:"毛泽东1942年《在延安文艺座谈会上的讲话》(按:应为《新民主主义论》)中树鲁迅为旗手,这些情况,冯雪峰深深知道内情。1934年他当中央苏区党校副校长时和遵义会议前的毛泽东有较多的接触,经常在一起散步聊天。1942年整风后,延安文艺界思想一致了,但国统区、大后方文艺界、文化界对共产党、对毛泽东及其思想还不了解。要找一个众望所归的人来'统一'。想

---

① 鲁迅:《小杂感》,见《鲁迅全集》(第3卷),人民文学出版社1981年版,第532页。

来想去还只能是鲁迅。"①通过1937年的《论鲁迅》、1938年的《在鲁迅艺术学院的讲话》、1939年的《致周扬》、1940年的《新民主主义论》和1942年的《讲话》等文章,尤其是延安整风对《讲话》精神的贯彻和执行,毛泽东对鲁迅及其作品进行了系统阐释,为他在思想上统一全党奠定了坚实的基础。

---

① 牛汉口述,何启治、李晋西编撰:《我仍在苦苦跋涉——牛汉自述》,生活·读书·新知三联书店2008年版,第116页。

第三章 「鲁迅」在延安的纪念与传播

鲁迅作为中国现代新文化的"旗手"，在毛泽东的《新民主主义论》中被确立之后，其形象及其作品遂在以延安为中心的解放区内迅速传播并弘扬开来。对此，当时的《新华日报》曾于1941年1月7日和8日以连载形式发表过一篇署名"惊秋"的长篇报道《陕甘宁边区新文化运动的现状》，其中特辟一节"鲁迅在延安"。该文称："鲁迅，这一个愈久愈光辉的名字，它永远存在觉醒了的中国人民大众的心里。最尊重鲁迅的，是最彻底为中华民族、中国人民解放斗争，为创造中华民族新文化斗争的延安。'鲁迅的方向，是中华民族新文化的方向'（毛泽东），'鲁迅的旗帜，即是中华民族新文化的旗帜'（洛甫），因此，研究鲁迅，学习鲁迅，继承鲁迅的事业前进，成为努力于中华民族新文化工作者底一个基本的任务。在延安，鲁迅的品格，被悬为每一个革命青年尤其是文化工作者的修养的模范，鲁迅的语言，被引作政治报告中最确切的补充例证，鲁迅对新文化运动的见解，被作为研究中国新文化运动的基本导循，金字红色书面的'鲁迅全集'，成为青年们最羡慕的读物。"[①]可以说，鲁迅已经成了延安文化生活的重要组成部分，也是延安新文化的象征。

---

① 惊秋：《陕甘宁边区新文化运动的现状》（下），载《新华日报》1941年1月8日。

第一节

陕北苏区的鲁迅纪念活动

1935年10月19日，中共中央和中央红军到达陕北吴起镇。11月，中华苏维埃人民共和国中央执行委员会决定，在陕甘宁晋苏区设立中华苏维埃共和国临时中央政府驻西北办事处。1935年12月13日，中共中央移驻安定县（1942年改为子长县）县府所在地瓦窑堡。1936年7月3日，中共中央移驻保安县（后改为志丹县）。同年12月，西安事变爆发，国共两党开始合作。次年1月13日，中共中央机关进驻延安。1937年7月7日，卢沟桥事变爆发，国共两党经过艰苦谈判，蒋介石于9月23日在庐山发表谈话，实际承认中国共产党的合法地位。1937年9月6日，中国共产党将位于陕北的苏维埃政府正式改为陕甘宁边区政府。从1935年11月陕北苏维埃政府成立到1937年9月更名改制为陕甘宁边区政府，是为中国共产党延安时代的"苏区"时期。

鲁迅与陕北中共中央的最初渊源，肇始于一封《中国文化界领袖××××来信》。关于这份信件的真伪问题，学界聚讼纷起，至今还没有形成一致的意见，一部分学者甚至认为这封信的撰写者并不是鲁迅、茅盾，因为茅盾明确否认他参与这封信的写作，目前也没有发现鲁迅撰写或参与署名的确切证据。[①]即使这

---

① 参见倪墨炎：《鲁迅、茅盾联名致红军"贺信"之谜》，载《北京日报》2006年4月10日；倪墨炎：《关于"鲁迅茅盾致红军信"的探讨》，见《真假鲁迅辨》，上海人民出版社2010年版，第14页；周楠本：《一封不应该收入〈鲁迅全集〉的信》，载《鲁迅研究月刊》2006年第3期；刘运峰：《〈鲁迅、茅盾致红军贺信〉，茅盾生前怎样说——读〈尘封的记忆——茅盾友朋手札〉札记》，载《鲁迅研究月刊》2006年第6期。

封信不是鲁迅、茅盾所为，但有一个基本的认识却是不容置疑的，那就是这封信确实在当时转战陕北的党中央领导人和红军将士之中起到了极大的鼓舞和激励作用。由此可见，鲁迅在当时的中共领导人乃至红军将士心目中，还是有着崇高的威望和巨大的影响力的，不是"党给鲁迅以力量"，而是"鲁迅给党以力量"。

但鲁迅真正成为延安时期各解放区的精神偶像，还是通过其去世后的追悼和纪念而实现的。同时，1936年10月28日在陕北保安出版的中华苏维埃中央政府机关报《红色中华》的第3版，以"鲁迅先生精神不死！"为标题，整版报道并追悼鲁迅：第一则为《共产党中央、苏维埃中央政府为追悼鲁迅致国民党中央、南京政府电》，第二则为《鲁迅先生的话》，第三则为《追悼鲁迅先生之盛大筹备会》，第四则为《追悼鲁迅先生》（中国共产党中央委员会、中华苏维埃中央政府致许广平女士的唁电），第五则为《鲁迅逝世后各方举行追悼》。

电文除对鲁迅之于整个中华民族的价值进行了高度的评价之外，还对陕北苏区悼念鲁迅的活动进行了周密的安排，对南京国民党政府提出了具体的要求。

《红色中华》悼念鲁迅专版还以《追悼鲁迅先生之盛大筹备会》为题，预告了陕北苏区拟召开的鲁迅追悼大会："自鲁迅先生逝世消息传来后，党中央、苏维埃中央政府、少共中央局三机关，发起盛大之追悼鲁迅筹备会。该会负责人选已决定，正在筹备收集鲁迅先生的遗著及其他作品，并将在志丹市于本月卅日召开各机关部队群众团体之盛大的追悼会。"据当时曾参加了这次追悼大会的朱正明回忆："那天，红军和各部工作人员以及红军大学学员都出席参加，人数总在一二千之间，毛泽东并亲自出席发表了演说，对于这位革命的青年导师，苏维埃政府给予了沉痛的追悼及崇高的哀思。那时天气很冷，全体参加者已经在寒风中坐立了二三小时。"[①]但遗憾的是，这次追悼鲁迅的大会在当时和后来都鲜有人知，以致各种有关悼念鲁迅的文献资料不仅没有记载下大会的具体情形，而且毛泽东在鲁迅追悼大会上的讲演内容也没有保留下来。除此之外，"各地方和红军

---

① 朱正明：《有关鲁迅两件事的回忆》，见西北大学鲁迅研究室编辑：《鲁迅研究年刊·1980》，陕西人民出版社1984年版，第76页。

部队中举行追悼大会"，全陕北苏区掀起了悼念鲁迅的高潮，大到城市，小到不知名的山村都在举行纪念活动。据朱正明回忆，当时在陕北苏区一个没有名字的山村里曾经举行过一个小型的鲁迅追悼会。在追悼会上，先是简明扼要地介绍了"鲁迅的生平、主要斗争事迹和他的伟大作用，很受群众欢迎"，"然后默哀，一些青年男女们表示哀痛，他们可能读过些鲁迅的小说和杂文，知道中国有这样一个伟大的人物"。①

除了悼念性的活动，为纪念鲁迅，陕北苏区还建立了以"鲁迅"命名的鲁迅青年学校和鲁迅剧社等社团机构。同时，鲁迅的作品开始在陕北苏区传播开来。

1936年11月7日，团中央举办的鲁迅青年学校正式开学。这是陕北第一所以鲁迅的名字命名的学校。《红色中华》1936年11月9日以《鲁迅青年学校开学》为题对其进行了报道。该报道称："团中央举办的鲁迅青年学校于十月革命节正式开学了。计已到学校的学生共八十余人。全体学员精神勃勃、活泼热烈的情绪充满在每个青年学生中。据说这批学生中均经过审查，是比较优秀的青年。他们的学习情绪很好，他们入校后已经唱熟了六个新歌，大家都愿意与决心努力学习，以准备将来担任青年工作的重要责任。"鲁迅青年学校第一期学员学习两个多月，1937年1月24日在延安府高级小学俱乐部举行毕业典礼。毕业学员八十一人。25日，毕业生出发工作。

鲁迅剧社于1936年11月10日成立。《红色中华》1936年12月8日的陕甘通讯《陕甘成立鲁迅剧社》中称：陕甘省群众在鲁迅先生逝世后为着纪念鲁迅先生，特发起组织鲁迅剧社。该社本月10日在省工委开成立大会，到会社员二十余名。成立会通过了该社章程及正副主任，并选定编辑委员五人，教育总务科长和各股干事。同时决定每十天（逢三）在下士湾表演新剧一次，进行文艺宣传。剧社社员全为各机关工作人员，不脱产，利用业余时间排演节目。准备将来转为专业团体。11月26日下午，鲁迅剧社在下士湾进行了首场演出，获得很大成功。观众在寒风中静静观看这大众化的文艺演出。

---

① 朱正明：《陕北苏区山村里的鲁迅追悼会》，载《鲁迅研究月刊》1990年第11期。

鲁迅作品在苏区改编和演出。1937年3月7日，苏区人民抗日剧社成立。这年夏天，廖承志、赵品三、朱光、杨醉乡、董芳梅联合公演了《阿Q正传》一剧。廖承志扮演王胡，赵品三扮演阿Q，杨醉乡、董芳梅扮演尼姑。演出相当成功，毛主席和其他领导不时地鼓掌。时在延安采访的美国记者斯诺夫人观看了《阿Q正传》的演出，她称："演出最成功的剧目之一，是鲁迅的名小说《阿Q》。剧本是由上海的许幸之改编的，改编得确实很好。逗人发笑的农村无产阶级阿Q这个角色，是由剧社社长赵品三扮演的。自这个剧演出以后，凡他所到之处，人们就风趣地打个喷嚏：'Ah Qu-oo！'（啊—啼呜！）向他问好。同他一起演出的，是剧社的儿童喜剧演员，扮演了悲剧中一个面孔严峻的卓别林式的小人物，引起了一场狂笑，几乎能把屋顶吵塌。"[1]

---

[1] 海伦·斯诺：《卓有成效的延安舞台》，安危译，载《陕西戏剧》1984年第3期。

第二节

"鲁迅"在延安的广泛传播

全面抗战爆发后，中国革命进入国共合作的新时代。"鲁迅"之于中华民族抗战救亡，民族解放的价值和意义日益突显出来。当时延安所在的陕甘宁边区在经济上是中国最贫困的地区，文化条件自然不能与上海、重庆、武汉、西安等大城市相比，但并不妨碍这里文化的繁盛及人们对精神生活的强烈渴求，相反延安却成了抗战时期文艺最为活跃的文化中心之一。而延安对于鲁迅的纪念及其作品的传播，正是在这样的基础上进行的。

1937年10月19日，鲁迅逝世一周年，刚刚成立不久的陕北公学在延安举行了纪念大会。应陕北公学校长成仿吾的邀请，毛泽东参加了纪念大会并发表了热情洋溢的演讲。[①]毛泽东在演讲中不吝以最高的颂词来礼赞鲁迅，称其在中国革命史上的地位是"党外的布尔什维克"，在中国的价值是"第一等的圣人""现代中国的圣人"。接着他又概括了"鲁迅精神"的三大特点：一是"政治的远见"，二是"斗争精神"，三是"牺牲精神"，认为这是当下中国为民族解放而斗争到底最需要的精神渊源。

1938年10月19日，鲁迅逝世二周年纪念活动更是具有特殊意义。这一日，正

---

① 据说当时参会的人不太多，毛泽东在演讲时没有稿子，但其讲话的内容被在座的陕北公学第一期学员汪大漠详细地记录了下来。后来汪大漠把稿子寄给了胡风主编的《七月》杂志，胡风随即将该演讲定名为《论鲁迅》，以"毛泽东演讲，大汉笔录"的署名发表在《七月》1938年第10期。就这样，毛泽东的这篇著名演讲被保存了下来。其实，"大汉"应为"大漠"，肯定是因为"大汉"的"漢"繁体字在形体上近似"大漠"的"漠"，遂造成了上述的误读。

是中共中央六届六中全会在延安召开之际。扩大会全体致电许广平女士，表示哀悼和慰问："中国共产党扩大的六中全会开会中，适逢鲁迅先生逝世二周年纪念日，扩大会全体追念先生对中华民族解放事业与对文学运动伟大的贡献，深切表示敬意。当此民族危急之际，尤深哀悼，除全体静默追悼外，特电慰问。"[1]同时，延安《解放》周刊还发表了成仿吾、陈伯达、周扬等人纪念鲁迅逝世二周年的文章。[2]也是在这一日，武汉和延安都举行了鲁迅逝世二周年纪念会。武汉纪念会是以全国文协和鲁迅先生纪念委员会的名义召开的，"中共领导人周恩来、秦博古两同志，本来很忙，因为纪念鲁迅先生而特意赶来"[3]。而延安的纪念会在规模和形式上更是盛况空前。《新华日报》（重庆版）1938年11月23日以《延安纪念鲁迅逝世二周年》（敏英）为题，报道了边区文化界救亡协会主持召开延安纪念鲁迅逝世二周年大会的盛况："大会是由边区文化界救亡协会主持的，一个并不甚大——府衙门，能容四五千人的会场的正面，张挂满了各团体学校或个人送来的花圈挽联、挽歌等。看去极其庄严隆重。纪念大会是定于下午一时开幕的，但是，抗大、陕公、鲁迅艺术学院……在十二时半就到了。在等候开会的时间里，照例是由于各方面唱歌竞赛，互相挑战，使人感不到丝毫寂寞的。……大会主席团——毛泽东、陈绍禹……等中共领袖，和周扬、沙可夫、沙汀、柯仲平、丁玲、徐懋庸等十三人——在全体到会会员的鼓掌声中一致通过了。大会即由柯仲平同志宣布开会并报告开会的意义。……继由周扬同志讲演。……随后丁玲、徐懋庸、沙可夫等同志都相继讲演……最后，丁玲同志提议在'延安文艺界抗战联合会'内成立一个'鲁迅研究学会'；延安各大图书馆都要买一部《鲁迅全集》。大会就在一个响亮的雄壮的'同意'和纪念口号声中闭幕了。"

1940年1月4日至12日，陕甘宁边区文化协会第一次代表大会在延安中国女子大学礼堂举行。出席这次会议的有全边区各文化团体、学校、机关、俱乐部的团

---

[1] 《中共中央六中全会致许广平女士电》，载《解放》1938年第55期。
[2] 成仿吾《纪念鲁迅》、陈伯达《鲁迅逝世二周年纪念》、周扬《一个伟大的民主主义现实主义者的路——纪念鲁迅逝世二周年》，载《解放》1938年第55—56期。
[3] 《鲁迅逝世二周年纪念会》，载《新华日报》1938年10月20日。

体代表，有在边区工作的全国知名的艺术家、理论家、自然科学家、医学家、教育家以及其他文化部门的个人代表，中共中央领导人及边区党政军各方面的负责人，共六七百人。吴玉章致开幕词说：文化界今天要开辟出一条新道路，打下一个新基础，这就是我们代表大会的任务。1月5日，张闻天做《抗战以来中华民族的新文化运动与今后任务》的报告，建议"发行各种为中小学一级知识分子所能看与爱看的刊物与书籍。鲁迅的著作是青年知识分子最好的读物"，"组织新文化运动大师鲁迅先生的研究会或研究院等"。①

1940年8月3日，是鲁迅六十周年诞辰纪念日。这一天，《新华日报》特别发表社论《我们怎样来纪念鲁迅先生？》，指出要继承鲁迅"创作的光荣传统和他一生所抱的为民族，为人民，和为求进步而斗争的精神"，"要学习他坚强不妥协和坚持抗战到底的精神"，"要加强进行新民主主义的文化运动"。8月4日，《新华日报》还以《行都文化界纪念鲁迅六十诞辰》报道了重庆文化界纪念鲁迅六十周年诞辰大会的实况。郭沫若、田汉、张西曼、葛一虹、沈钧儒等到会并讲话，一致强调"学习鲁迅不屈不挠的精神"。8月15日，《大众文艺》第1卷第5期推出《纪念鲁迅六十生辰》专栏，刊出周文的《鲁迅先生和"左联"》、茅盾的《为了纪念鲁迅的六十生辰》、丁玲的《"开会"之于鲁迅》、胡蛮的《鲁迅在生活着》等纪念文章。

1940年10月19日，是鲁迅逝世四周年的忌日。这一日，《新华日报》发表社论《悼念青年的导师鲁迅先生》，指出"我们今天来纪念鲁迅，不是要把他当做过去来回忆，而是要把他当做现今革命战阵面前的旗帜去追求"。在延安出版的《中国文化》月刊第2卷第3期刊出《"鲁迅的方向就是中华民族新文化的方向"——纪念鲁迅逝世四周年》的社论，开始完全按照毛泽东《新民主主义论》中的思路来评价鲁迅。而于10月19日在延安举行的鲁迅逝世四周年纪念大会更是盛况空前。这一天，"全延安的文化人，文化工作者，青年学生，工厂工人及广大'为奴隶们争取自由解放'而韧战多年的老革命战士们"，共三千余人参加了

---

① 张闻天选集编辑组编：《张闻天文集》（第3卷），中共党史出版社1994年版，第62、56页。

纪念大会。当时的记者是这样描述大会的盛况的：

> 虽然会前仅是一纸的通知，但以鲁迅先生生前在革命业绩上的伟大号召力量，使一个能容一千余人的会场，感到了过分的狭小，一排排的座位上，早已被先到会的人紧紧的挤拢得没有一点空隙，座位两边的人行路上，也被人塞得无法通行。会场四周的窗棂外边，重叠的人群在竞相扶肩翘首的向会场内瞩望，而会场的大门口，黑压压人群仍象潮水似的向里涌进。[①]

纪念会上，吴玉章、萧军、周扬、冯文彬、萧三、张庚、艾思奇以及延安工人代表朱宝庭等分别讲了话。最后丁玲讲话，提出今后纪念鲁迅先生的具体措施：一是成立鲁迅研究委员会，分组研究其遗著。二是发动边区以外各地成立鲁迅研究委员会，并与之取得密切联系。三是延安各机关、学校成立鲁迅研究小组。四是建立鲁迅材料室。五是计划雕塑鲁迅先生遗像。六是发展鲁迅先生基金委员会工作，进行募捐以创办文学奖金。七是电询鲁迅先生家属探询其经济状况，并予设法救济。此外，热烈通过了新文字运动委员会、世界语协会等团体为纪念鲁迅逝世四周年加紧发展新文字与世界语运动的许多提案。萧军更提议电告全国将十月十九日定为"鲁迅节"。最后通过了大会宣言，与文抗总会、各分会及全国文艺界的通电。[②]

毛泽东《新民主主义论》的发表，确立了鲁迅在延安及各根据地文化"导师"和"旗手"的地位。如果说，在此之前延安的鲁迅纪念活动在规模上还只是局部的或者说还不具备浓厚的仪式意义的话，那么1940年之后，其规模和形式就发生了重大的变化。具体表现如下：

第一，鲁迅作品在延安的编辑和出版。

首先是《鲁迅全集》在延安及各解放区的传播。1938年6月15日，《鲁迅全集》初版的"普及本"在上海出版，由鲁迅纪念委员会（主席蔡元培、副主席宋庆龄）编纂，鲁迅全集出版社出版。全集共二十卷，一至十卷系鲁迅著作，十二

---

① 郁文：《鲁迅先生逝世四周年纪念大会志》，载《新中华报》1940年11月7日。
② 郁文：《鲁迅先生逝世四周年纪念大会志》，载《新中华报》1940年11月7日。

至二十卷系鲁迅译著。8月1日,《鲁迅全集》又以"复社"名义出版甲、乙两种精制的纪念本——每部书上均特别标明为"非卖品",且各有顺序编号,都只印了二百部。6月25日起,生活书店连续在汉口《新华日报》刊登预售《鲁迅全集》信息,称全集是"出版界空前巨业!新中国伟大火炬!"全书六十种,计五百万字,分订二十巨册,硬皮布脊。蔡元培作序,许寿裳撰年谱。全书定价二十五元。早在5月,周恩来在武汉八路军办事处预订了我国第一部二十卷本的《鲁迅全集》精、平装本各十套(后来送到延安时实际上各为八套)。该书6—8月出版后,购回给了延安鲁迅图书馆和鲁艺图书馆各两套,其中送给毛泽东的《鲁迅全集》为精装本第58号。现在保存的那张著名的毛泽东在延安窑洞伏案写作的照片上,这套紫红漆皮封面、黑色漆皮烫金书脊、二十册的精装本的《鲁迅全集》即清晰可见。作家杜鹏程在抗战胜利前一年,有一次到毛泽东的办公室,就见到他的书柜中摆着二十卷的《鲁迅全集》,其中有一本在桌子上摊开放着,看来足有一寸多厚。当时,杜鹏程不好意思去翻阅,但是匆匆一瞥,也使他心情非常激动,直到后来,当时的很多细节,他还清楚记得。[①]另外,由鲁迅先生纪念委员会编辑、上海鲁迅全集出版社于1941年10月初版的三十册《鲁迅三十年集》,鲁艺图书馆也收藏了一套。到了解放战争时期,大连光华书店于1946年又一次陆续大量翻印了《鲁迅三十年集》和《鲁迅全集》,使得这两套"鲁迅全集"在各解放区得到进一步广泛传播。

其次是各种"鲁迅选集"在延安及各解放区的编辑、出版和传播。从1940年到1949年,延安及各个抗日根据地和解放区的干部群众热烈争购鲁迅作品,党和政府的文化教育机关也多方设法翻印和编选鲁迅译著,除了翻印大型套书以外,还有很多单行本、选编本以及译作翻印本。据初步统计,这些"鲁迅选集"大致有如下几种。

①《鲁迅论文选集》。张闻天委托刘雪苇编选,1940年10月由延安解放社出版。该选集以编年方式共选鲁迅在各个时期重点作品七十九篇,卷首由张闻天写

[①] 杜鹏程:《读鲁迅先生书——并怀念雪峰》,见《杜鹏程文集》(第3卷),陕西人民出版社1993年版,第78页。

成《关于编辑〈鲁迅论文选集〉的几点声明》作为序言,最后以瞿秋白的《〈鲁迅杂感选集〉序言》作为附录,选目精当,注释简要。"编选声明"特地阐述了出版此书的目的和意义,说明解放区人民是把鲁迅著译当作精神食粮来看待的。特别是编者运用毛泽东思想来评价鲁迅及其著作,指出鲁迅是"近代中国最伟大的文学家、思想家、革命家。现代中国的青年,从鲁迅先生的作品中可以得到很多有益的、宝贵的东西"[1]。

②《鲁迅小说选集》。1941年,刘雪苇又受命于张闻天编成《鲁迅小说选集》,并于同年亦由延安解放社出版。该"小说选"同样以编年方式选辑《呐喊》《彷徨》《故事新编》中的主要作品十七篇,基本囊括了鲁迅小说的重要作品。卷首以《关于编辑〈鲁迅小说选集〉的几点声明》作为序言,最后的"附录(一)"收录鲁迅有关自己小说的文章五篇,即《〈呐喊〉自序》《〈自选集〉自序》《我怎么做起小说来》《〈阿Q正传〉的成因》《〈出关〉的"关"》等,"附录(二)"收录了鲁迅写的《自传》,介绍鲁迅的生平事迹。《鲁迅小说选集》出版后,延安《解放日报》1941年10月19日《文艺》副刊发表了张闻天的秘书许大远(须旅)所写的长文《鲁迅的小说》,副题是"介绍《鲁迅小说选集》并纪念鲁迅先生逝世五周年"。

《鲁迅论文选集》和《鲁迅小说选集》由解放社出版以后,各个抗日根据地很快都加以翻印。计有:1941年10月新华日报华北分馆版,1942年华北书店版,1946年4月张家口新华书店晋察冀分店版。除此而外,各个地区,甚至各个县城也都翻印出版。尽管这些书用土纸印刷,纸捻装订,颜色很不一致,而且有些在仓促行军之中辗转携带,在暗淡如豆的灯光之下摩挲研读,大部残破不全,但是人民群众还是对其善加保护,多方流布,使其在培养群众的革命思想方面发挥了积极的作用。

③《故乡》。1941年7月由华北书店出版发行,收录有鲁迅的《故乡》《风波》《孔乙己》三篇小说。由于物质条件困难,它使用彩色宣传纸油墨印刷,是

---

[1] 张闻天选集编辑组编:《张闻天文集》(第3卷),中共党史出版社1994年版,第120页。

晋察冀抗日根据地较早出版的一本鲁迅著作。

第二，鲁迅作品在延安的传播和宣传。

首先是鲁迅作品在延安的改编和演出。1938年10月19日，鲁迅艺术学院为纪念鲁迅，演出活报剧《鲁迅之死》，钟敬之编导。1941年1月1日，延安各界热烈庆祝新年，延安的中国医科大学又演出了话剧《阿Q正传》。

其次是以鲁迅为主题的展览会的举办。1940年4月，为纪念中国新兴木刻的栽培者鲁迅，鲁艺举行延安首次木刻展览会，共展出二百幅作品。后来又应延安鲁迅研究会之请，画家张仃绘制了鲁迅大画像，雕塑家王朝闻塑造了鲁迅的浮雕像。这两件美术作品，至今仍是现代美术的名作之一。1940年11月2日，为纪念鲁迅逝世四周年而筹备的展览会在延安文化俱乐部开幕。这次展览分四部分：鲁迅先生的著作，鲁迅先生在国外，书信照片，鲁迅先生死后。展品共二百余件。参观人冒雨络绎不绝，两天来达六百余人。[1]茅盾得知后，特意把自己珍存的一份鲁迅手迹交给展览会展出，这就是鲁迅1935年为苏联国际文学社所写的《答苏联国际文学社问》（一封信）。这份手稿在茅盾离开延安时，交留方纪代为保管。[2]

第三，以"鲁迅"命名的学校或社会机构大量出现。

为纪念鲁迅，陕北苏区即成立了鲁迅青年学校、鲁迅剧社等机构。1937年党中央迁驻延安后，又相继成立了鲁迅图书馆、鲁迅师范学校、鲁迅小学、鲁迅艺术学院、鲁迅研究会、鲁迅研究基金等以"鲁迅"命名的机构和学校。这些机构和学校的大致情形如下：

①鲁迅图书馆。鲁迅图书馆的前身是中华苏维埃中央图书馆。中华苏维埃中央图书馆1932年建立于江西瑞金叶坪村，1935年该馆随中央机关长征到达陕北。1936年6月，中共中央进驻保安后，中央图书馆把经过长征保存下来的少量图书整理，加上到陕北后收集到的书报，重新开放。1936年7月，美国记者埃德加·斯诺到保安时，就曾到图书馆查阅过《字林西报》上的资料，并在图书馆

---

[1] 郁文：《鲁迅先生逝世四周年纪念大会志》，载《新中华报》1940年11月7日。
[2] 茅盾：《我走过的道路》（下），人民文学出版社1997年版，第370页。

前为一位山西籍的小战士拍过一张照片。他的《西行漫记》一书中，也刊载有一张题为《红色图书馆阅览室》的照片。鲁迅逝世后，为了纪念这位伟大的文学家、思想家、革命家，中共中央、中华苏维埃中央政府于1936年10月22日致电国民党中央与南京政府，提出为悼念鲁迅，决定"改苏维埃中央图书馆为鲁迅图书馆"。1937年10月19日，毛泽东在陕北公学纪念鲁迅逝世周年大会上讲话说，为了永久地纪念鲁迅，"在延安成立了'鲁迅图书馆'，在延安开办了'鲁迅师范学校'，使后来的人民可以想见他的伟大"。

鲁迅图书馆初创时规模较小，藏书无多。1939年底，陕甘宁边区教育厅决定扩建该馆，补充设备，添购图书。毛泽东等闻讯后，纷纷自动捐款资助。毛泽东和陕甘宁边区政府主席林伯渠分别捐款290元和300元。该馆在边区政府附近择址新建后，即向各界开放。1942年3月至6月，为适应革命斗争的需要，更好地为读者服务，鲁迅图书馆进行了整编和扩充，新添轻便书架四十个，新购文学、自然科学书籍百余种，并重新进行了分类，编目建卡和补旧工作。该馆下设图书室和阅览材料室，每室配备干事一人。刘耿任图书馆主任，主持馆务，兼理总务工作。1947年3月，国民党胡宗南部队进犯延安，鲁迅图书馆随边区政府撤离。1948年延安光复后，图书馆又随着回到延安。1949年5月20日西安解放，鲁迅图书馆随迁西安，先后交由西北军政委员会、西北行政委员会、陕西省人民政府、陕西省人民委员会管辖。

鲁迅图书馆是陕甘宁边区建馆最早、办馆历史最长的一座图书馆，也是新中国成立后保留原名一直沿用至今的唯一图书馆。当时在延安的许多人士都曾受惠于鲁迅图书馆并留下了深刻的印象。陕西省文联主席李若冰曾在回忆录中写道："我发现城南沟坡中，燃烧着一团圣火……那就是鲁迅图书馆……设在当年边区政府的几孔窑洞里"，"我窜入书海，我惊喜得发呆，一摞一摞书籍，几乎压断木头架子，把窑洞都快要挤破了"，"这座书库给了我最初的启蒙，我从心底里感激这座以现代中国圣人鲁迅命名的图书馆"。[1]新中国成立后，鲁迅图书馆收

---

[1] 李若冰：《赞鲁迅图书馆》，见《李若冰文集》（第4卷），陕西人民出版社2003年版，第465页。

藏的延安时期出版发行的数千册书刊、部分珍贵手稿和革命文献资料，经整理后大部分派专人送到北京作为革命文献保存。

②鲁迅师范学校。1937年，为纪念新近逝世的中国文化"旗手"鲁迅，当时的苏维埃政府主席毛泽东与教育部长徐特立密切协作，继承中央苏区列宁师范、列宁小学、高尔基戏剧学校的光荣传统，在一年多的时间里，相继创办了延安的系列鲁迅学校，包括鲁迅师范、鲁迅小学、鲁迅艺术学院。徐特立刚到延安时，为了改变陕北文化落后的面貌，适应革命形势发展需要，培养边区文教工作干部，报请中央创办一所像江西中央苏区那样的"列宁师范"学校。1月30日指示："应当创办一所中等师范学校，校名应叫鲁迅师范。因为鲁迅是中国新文化的旗手。这样，一方面用以纪念鲁迅，另一方面有利于发展抗日民族统一战线。"[①]随即，鲁迅师范于1937年2月2日在延安正式成立，校址设在二道街中央财政部让出的几孔窑洞，招收学生23人。不久，延安发生粮荒，为了招收更多的学生，于是搬到延长，学生增加到8个班360人。徐特立任校长，王志匀任副校长。

1937年全面抗战爆发后，为了适应抗战形势的迫切需要，鲁迅师范扩大招生，除了从延长本地招生以外，各县还保送一批基层干部来校学习。边区政府还以鲁迅师范名义向边区内外发布了招生广告，国民党统治区的许多青年学生纷纷来鲁迅师范求学，学校规模进一步扩大。1938年初，鲁迅师范从延长县迁往关中旬邑县马家堡（关中地委所在地），校长由林迪生担任。1939年上半年，国民党顽固派挑起反共"摩擦"，关中地区形势紧张，当地机关和学校奉命缩编。7月，根据边区政府决定，鲁迅师范学校和陕甘宁边区中学合并，在安塞县吊儿沟建立了陕甘宁边区第一师范学校。1939年9月，陕甘宁边区决定在关中马栏成立陕甘宁边区第二师范学校。

鲁迅师范在将近两年半的时间里，先后为边区培养了800多名小学教师及好几层教育行政干部，为发展边区教育事业做出了贡献。1936年6月，毛泽东在延

---

① 刘宪曾、刘端棻：《陕甘宁边区教育史》，陕西人民出版社1994年版，第218页。

安高干会上的讲话里充分肯定了鲁迅师范的成绩。1941年，边区政府主席林伯渠赞扬："鲁师毕业的这批青年教师，形成今天边区教育工作中的主力部队"，"这是我们边区教育事业中最宝贵的财产"。

③鲁迅小学。鲁迅小学为鲁迅师范学校附设的小学部。1937年卢沟桥事变之后，红军改编为八路军开赴抗日前线。党中央和毛泽东在鲁迅师范学校附设了干部子弟小学班，招收干部子女和烈士遗孤。苏维埃政府教育部长兼鲁迅师范学校校长徐特立精心安排和照料这些小学生的生活与学习。

1938年1月，陕甘宁边区政府在延安市孤魂沟创办了延安干部子弟学校，把鲁师干小班的学生转入该校学习。后因校舍、师资、设备困难，边区教育厅决定将延安干部子弟学校同延安完小（原为群众子弟小学）合并，改为鲁迅小学，校址在延安老城城隍庙内，干部子弟班的学生一度有百余人。毛泽东先后把侄女毛远志和侄子毛华初送进鲁迅小学学习。1938年4月，毛泽东为鲁迅小学的毕业生题词："学习之后，就要工作。工作之中，还要学习。学习与工作，都是为着一个总的目的——打倒帝国主义及其跟随势力，建立自由平等的新中国与新世界。"毛泽东的光辉题词，指引青年们朝着宏伟的革命目标英勇奋斗。1939年6月10日，毛泽东在延安高干会上的报告中充分肯定了鲁迅小学的成绩。

1939年9月8日，日寇飞机46架次轮番轰炸延安，边区政府命令各单位疏散转移。鲁迅小学合并进边区中学，成为边区中学小学部，疏散到安塞吊儿沟。1938年11月边区政府创建的战时儿童保育院疏散到安塞白家坪后新建校舍，因边区中学已合并为师范，所以小学部迁入保育院，改名陕甘宁边区儿童保育院小学，简称"保小"。1940年保小迁回延安。1945年在宝塔山下又建立了边区第二保育小学。1948年4月延安光复后，一保小的第一路从山西返回延安复课。1949年西安解放后，一保小迁西安南郊，改名西北保育小学，以后发展成为西安市第37中学，再后易名西安育才学校。留在延安的一、二保小经过多次整合，1949年冬改名延安保育小学，1956年春迁老城南门口，改名延师附小，1975年改名延安市南门坡小学，1985年易名延安育才学校。

一保小的第二路改名延安保小后，过黄河，越太行，于1947年7月到河北武安

— 123 —

县阳邑镇复课。1948年7月1日与行知、光明小学合并，建立华北育才小学，1949年撤进北京先农坛。1950年秋改名北京育才小学，以后招收初高中班，改名北京育才学校。

全面抗战初期在毛泽东关怀下建立的鲁迅小学，经过近七十年历史的沧桑巨变，在延安、西安、北京发展成为三所育才学校，为中国教育事业的发展做出了很大的贡献。

④鲁迅艺术学院。鲁迅艺术学院（简称"鲁艺"），成立于1938年4月10日。初期设戏剧、音乐、美术三个系，后增设文学系。1940年后校名改为鲁迅艺术文学院。这是一所由中共创办的高等文艺学院。创办时副院长为沙可夫。

早在1937年11月间，党中央为了发展延安的文艺运动，培养革命文艺人才，就拟定在陕北公学内增设一个艺术训练班，由沙可夫、朱光负责筹备。1938年1月，延安文艺工作者联合创作演出了话剧《血祭上海》，产生了轰动效应。在一次有毛泽东等中央领导同志参加的座谈会上，有人提出以该剧人马为基础，创办一所艺术学院时，毛泽东当即表示赞成并愿尽一切力量帮助促成。2月间，由毛泽东、周恩来、徐特立、成仿吾、艾思奇、周扬联名签署的鲁迅艺术学院《创立缘起》发布，其中说："我们决定创立这艺术学院，并且以已故的中国最大的文豪鲁迅先生为名，这不仅是为了纪念我们这位伟大的导师，并且表示我们要向着他开辟的道路大踏步前进。"同时，开始抽调干部、教师和学员。3月初，宣布学院机构，任命院处负责人。3月10日，开始上课。4月10日，在城内中央大礼堂举行开学典礼，毛泽东等中央负责人也莅临。5月12日，毛泽东亲临鲁艺讲话。当时校址在北门外山坡上。1939年5月10日，鲁艺举行推迟了十天的周年纪念会，毛泽东、朱德、张闻天、刘少奇、陈云、李富春等领导人出席并题词。毛泽东题写了"抗日的现实主义，革命的浪漫主义"。第二天，毛泽东等又观听了由冼星海创作并指挥的《黄河大合唱》的首场演出。8月2日，鲁艺迁往桥儿沟边区工人学校旧址。11月，任命吴玉章为院长，周扬为副院长。1940年5月鲁艺成立二周年时，毛泽东题写了"鲁迅艺术文学院"的新校名，又题了八个字的校训——"紧张、严肃，刻苦、虚心"。

鲁艺的教育方针是由中央书记处通过的："以马列主义的理论与立场，在中国新文艺运动的历史基础上，建设中华民族新时代的文艺理论与实际，训练适合今天抗战需要的大批艺术干部，团结与培养新时代的艺术人才，使鲁艺成为实现中共文艺政策的堡垒与核心。"

鲁艺为适应战时的需要，先后派出鲁艺木刻工作团、鲁艺文艺工作团、鲁艺工作团、鲁艺实验剧团前方工作团、鲁艺音乐工作团等赴前方或敌后做宣传演出工作。学院内先后成立了平剧团、实验剧团、美术工场、文学研究室、民间音乐研究会等机构，创办了《草叶》文学刊物。

1942年5月，鲁艺数十名教师和研究人员出席了延安文艺座谈会。5月30日，毛主席又亲临鲁艺讲话，号召师生走出"小鲁艺"，进入"大鲁艺"（人民群众），将"小鲁艺"与"大鲁艺"结合起来。

1944年春，鲁艺与延安大学合并，成为延大的一个学院。日本投降后，鲁艺大部分人员被分配到新解放区接受任务，开始新区工作。陈荒煤带领一部分人员赴太岳，舒群、田方带领的是东北文艺工作团，艾青、江丰带领的是华北文艺工作团。1945年11月，中央决定延大及各学院全部迁出延安，到东北办学。

鲁艺在1938年3月至1945年的七年时间内开办了文学、戏剧、音乐、美术四个系，除文学系办了四届，其他三个系都办了五届。共培养出学生685人，其中文学系197人、戏剧系179人、音乐系162人、美术系147人。先后办了普通科、前方艺术干部班、地方艺术干部班以及文艺学习班。在这所学院中，集中了富有艺术才华和造诣的教师、研究者160多人，为新民主主义文艺的发展，为中国革命的胜利，做出了重大贡献。同时学院为新中国的文艺事业培养了人才，积累了经验，从而奠定了继续发展的坚实基础。

⑤鲁迅文化基金会。1941年10月，延安文化界发起募捐"鲁迅文化基金"的运动，他们发表了《鲁迅文化基金募捐缘起》《鲁迅文化基金筹募会简章草案》《鲁迅文化基金使用细则草案》。《缘起》中说，发起鲁迅文化基金的运动，目的是"帮助文化事业的发展，奖掖文化的新战士，救济文化工作者的困难及其

遇难的家属，并作为中国近代新文化大师——鲁迅先生的纪念"①。在《缘起》上签名的共18人，他们是林伯渠、吴玉章、董必武、徐特立、茅盾、艾思奇、周扬、陈伯达、何思敬、丁玲、萧三、张仲实、萧军、范文澜、何其芳、吕骥、乔木、张庚。1942年5月11日，鲁迅基金管理委员会得陕甘宁边区政府文委会拨助基金5000元，即日开始贷款。凡延安文艺界因疾病、结婚、分娩等需款者，均可提出申请，与延大何思敬接洽。规定每月以五人为限，每人以150—200元为限。

⑥鲁迅文艺奖金。1940年7月25日，中华全国文艺界抗敌协会晋察冀边区分会召开成立大会。到会有文艺团体代表及文艺工作者共50余人。大会通过建立文学顾问委员会、鲁迅研究会、鲁迅文艺奖金等提案，最后通过《全国文协晋察冀边区分会成立大会宣言》。1941年5月3日，为纪念鲁迅，鼓励创作，开展边区文艺运动，晋察冀边区特成立鲁迅文艺奖金委员会。推沙可夫、罗东、丁里、田间、陈山、沃渣、卢肖、崔嵬等为委员，沙可夫为主任，陈山为秘书。1942年1月29日，晋察冀边区颁发鲁迅文艺奖金。晋察冀边区文联暨鲁迅文艺奖金委员会颁布在粉碎敌"三次治强运动"和开展"华北军民誓约"活动中边区获奖文艺作品167件的名单（包括文学作品99件、音乐作品40件、美术作品8件、戏剧20件）。1942年7月12日，晋察冀边区文联颁布鲁迅文艺奖金。《晋察冀日报》报道，晋察冀边区文联鲁迅文艺奖金委员会，已将该年度第一季获奖的文艺作品共十三件评定完毕，推动了边区的文艺创作。文学有《区村及连队文学写作课文》（孙犁）、《红和绿》（诗，田间），音乐有《少年进行曲》（邵子南词、周巍峙曲），美术有《八路军铁骑兵》（木刻，沃渣）等。8月16日，《晋察冀日报》公布边区鲁迅文艺奖金委员会1942年第二季度得奖作品。1943年4月17日，《晋察冀日报》报道边区鲁迅文艺奖金委员会评选年奖、季度奖、政治攻势文艺奖。报社记者仓夷的《纪念连》、王炜的《赵发和驴子》、沈重的《冷落了的大亚公司》获奖。

⑦鲁迅研究会。鲁迅研究会是由党中央领导人张闻天在1940年1月5日召开的陕甘宁边区文化协会第一次代表大会上提议，经过一年多的精心筹备，于1941年

---

① 《鲁迅文化基金募捐缘起》，载《中国文化》1940年第2卷第2期。

1月15日在延安成立的。鲁迅研究会选出艾思奇、萧军、周文三人组成干事会，同时成立了由艾思奇、萧军、周文、周扬、陈伯达、范文澜、丁玲、萧三、胡蛮、张仲实等十人组成的编委会。鲁迅研究会成立后，展开了一系列宣传和弘扬鲁迅的文化活动：编辑了《鲁迅小说选集》和《鲁迅论文选集》，由延安新华书店在全国发行；编辑出版了研究鲁迅的最新成果——《鲁迅研究丛刊》和《鲁迅研究特刊》(《阿Q论》集)；设立了鲁迅文化基金，以资助在延安工作同时生活上有困难的文艺工作者；举办了纪念鲁迅的展览，如世界油画展等；同时还主办或协助了历年的鲁迅逝世纪念活动。延安鲁迅研究会在传播和宣传鲁迅方面发挥了核心的组织作用。

在延安鲁迅研究会的带动下，1941年2月5日，晋察冀边区拟成立鲁迅研究会。据《晋察冀日报》报道，沙可夫、远千里、田间、孙犁、周而复、张春桥、周巍峙等已组织鲁迅研究会筹委会，鲁迅研究会即将成立。1942年12月25日，晋察冀边区文联鲁迅研究会召开会议，讨论今后工作，到会会员二十人。首先文联主任沙可夫报告加强鲁迅研究工作的意义及对今后研究工作的希望。会议决议从鲁迅的创作、思想方法、学术、传记四方面分头研究，并计划出版丛书，以普及为主。《晋察冀日报》报道，晋察冀边区文联于12月上旬召开二次常委会，讨论目前文化、文艺工作，并通过一些重要决议，如整顿鲁迅研究会组织，聘孙犁、何洛、钟惦棐为筹备委员。[①]

抗战胜利后，延安大批作家、诗人、学者和艺术家来到张家口，准备去平津或东北，由于形势变化，大多数留在张家口。这些人汇集张家口市时，纷纷为《晋察冀日报》副刊投稿，成为这个解放区新文化阵地的有力后盾。1946年7月14日，张家口鲁迅学会成立。据萧军日记载，上午10时在报社开鲁迅学会座谈会。到会的有何干之、欧阳凡海、江烽、余修、何洛、邓拓、沙可夫、王哲等，另外冯宿海、沙风等未到。会议主要确定组织、分配工作，以本年10月19日鲁迅逝世十周年为工作重心。常务委员五人：萧军为常务，何干之管出版，欧阳凡海主持

[①] 张学新：《晋察冀文艺运动大事记》，载《新文学史料》1986年第1、2期。

研究，其余的为邓拓、沙可夫负责。1946年7月28日，张家口鲁迅学会举行第一次常务会。到会的人有何干之、欧阳凡海、邓拓、萧军等。会议决定在鲁迅先生逝世十周年纪念日以前应做的工作：一是举行一月《暑期文艺讲谈会》，拟定八个题目，由萧军、欧阳凡海、何干之、何洛、周巍峙、沙可夫、邓拓、唐伯弢等担任；二是出版萧军《鲁迅逝世十年记》研究丛刊；三是出版三辑鲁迅活页文选（约四万字）；四是出版四期《鲁迅学刊》；五是出版瞿秋白遗作《乱弹》。

1941年10月19日的鲁迅逝世五周年纪念大会是由新成立的鲁迅研究会具体筹办的。大会在延安中央大礼堂隆重举行，参加者有作家、诗人、戏剧家、美艺家、音乐家及各界代表达千余人。会前成立了鲁迅纪念筹备委员会，并由筹委会散出"鲁迅先生逝世五周年纪念特刊"与"鲁迅语录"多种，人们争相传阅。开会后由鲁迅纪念筹备委员会报告筹备经过，接着选举主席团，向鲁迅遗像致敬，并唱鲁迅纪念歌。继由主席萧军做报告，总结过去工作，提到成立鲁迅研究会，出版《鲁迅研究丛刊》第1辑、《阿Q论》集与《鲁迅论文选集》、《鲁迅小说选集》，创作鲁迅画像和制成鲁迅石膏像，并举办鲁迅纪念展览会。会上通过继续出版《鲁迅论文选集》和慰问鲁迅先生家属信的提案。晚上有文艺节目。与此同时，重庆文协等八团体在抗建堂举行鲁迅逝世五周年纪念晚会。晋察冀边区文化界举行鲁迅逝世五周年纪念大会。山东《大众日报》和《新山东报》出版纪念鲁迅专号。一一五师的"文艺习作会"举行鲁迅纪念会，并讨论文学的民族形式问题，同时在《战士报》刊出纪念鲁迅专号。

第四，鲁迅研究成为延安的"显学"。

延安是当时鲁迅研究的重镇。早在1937年5月，在延安即由文协主持召开了两次会员座谈会，讨论由上海左翼文艺运动引起的"两个口号"的论争问题。到会七八十人，丁玲任主席。根据丁玲建议，由原来从上海来的文艺理论组的负责人朱正明（李殷森）会前阅读了一些资料，做了长时间准备，在会议一开始，就做了关于联合战线下的文艺运动的报告。据朱正明在1937年秋天回上海后写的《陕北文艺运动的建立》，他的报告内容为：第一部分是联合战线论，第二部分检讨这两个口号的论争，最后是联合战线下文艺运动的目标和任务。该文记录了他当时的观点："显然的'国防文学'这个口号是更适合于进行和建立战线的，'民族革命战争的大众文学'的这个口号是太狭窄了。即以它的名字一项而论，标榜'大众文学'，那末非大众的份子就已经都被关于门外，丢到联合战线之外去了。民族统一战线不仅是要'大众'的联合，而且是要联合非'大众'的资产阶级地主以及甚至军阀等等。如果政治上的联合战线或整个的联合战线的阵营是这样的广泛，而文艺界的联合战线却是如此的狭窄，那末这个联合战线是不可能建立的。所以'民族革命战争的大众文学'的这一口号在目前确是不适合的。"他还在文章中介绍了中央局宣传部部长吴亮平做的结论："他说对于'国防文学'和'民族革命战争的大众文学'这二个口号的论争，我们同毛主席与洛甫、博古等也作过一番讨论，认为在目前，'国防文学'这个口号是更适合的。'民族革命战争的大众文学'这个口号，作为一种前进的文艺集团的标帜是可以的，但用它来作为组织全国文艺界的联合战线的口号，在性质上是太狭窄了。"这篇文章也简要地谈到，座谈会上"奚如和白丁两人是赞成'民族革命战争的大众文学'这口号的，因为它的革命性质比较明显"。①根据参加这次座谈会的一位同志回忆，当时他曾就"两个口号"的讨论等问题，问过毛泽东。毛泽东笑着回答："两个口号都是对的。不过，一个有立场，一个没有立场。"

自从鲁迅被毛泽东在《新民主主义论》中确立为新文化的"旗手"，"鲁迅的方向，就是中华民族新文化的方向"以后，鲁迅研究遂成为延安的"显学"之一。当时的中共领导人毛泽东、张闻天、周恩来、吴玉章、谢觉哉等都是铁杆的"鲁迅迷"，床头或案头常年都放着鲁迅的著作，而且对鲁迅都有精深的见解和研究。而鲁迅的弟子、战友和研究专家等遍布延安各个机构，至于说鲁迅的崇拜者和忠实读者更是不计其数了。正是在这样的基础上，1941年1月15日，延安成立了鲁迅研究会。鲁迅研究会成立后，召开了多次例行的工作会议，制定了详细的研究纲领和研究步骤，从而在传播和宣传鲁迅方面发挥了核心的组织作用。继延安鲁迅研究会成立之后，1941年2月5日，晋察冀边区拟成立鲁迅研究会。抗日战

---

① L. Insun：《陕北文艺运动的建立》，见《西北特区特写》，每日译报社1938年版，第55—58页。

争结束后，在延安的鲁迅研究会的主要成员大多移师张家口。1946年7月14日，张家口鲁迅学会成立。这三大鲁迅研究会，除了主持或参与上述的鲁迅纪念或宣传工作外，还在鲁迅研究和普及方面做出了卓有实效的工作。这些工作包括：

①编辑出版了三辑的《鲁迅研究丛刊》。延安鲁迅研究会成立时，即制定了详细的研究纲领和研究步骤。研究纲领拟从六个方面对鲁迅及其作品进行全面的研究并大致落实了具体的研究人员：思想研究（艾思奇、陈伯达、刘雪苇）；行传研究（萧军）；创作研究（丁玲、周文、舒群、周扬、立波）；翻译方面；学术研究（范文澜、江烽、胡蛮）；鲁迅作品在国外的研究。而1941年在延安出版的两辑《鲁迅研究丛刊》即是上述各领域研究的论文结集。《鲁迅研究丛刊》第1辑分思想、创作、行传、学术四个专栏，收录九篇鲁迅研究专题论文，同时还附录了三篇有关延安鲁迅研究会活动的报道。《鲁迅研究丛刊》第2辑收录文章五篇，分别为：《论鲁迅》（毛泽东）、《论鲁迅的杂感》（瞿秋白）、《回忆鲁迅先生》（萧红）、《铸剑》（萧军）、《采薇》（萧军）。但遗憾的是，第2辑《鲁迅研究丛刊》虽然已经排好并打出了样稿，却因当时经济和印刷条件太差而未能得以付印。同时，延安鲁迅研究会为纪念鲁迅逝世五周年，于1941年5月27日在《解放日报》发出《敬征关于讨论阿Q文献》的启事。8月，《阿Q论》集编辑成书，收有钱杏邨的《死去了的阿Q时代》、青见的《阿Q时代没有死》、茅盾的《阿Q相》、徐懋庸的《关于阿Q》、锦轩的《阿Q的后事如何》、鲁迅的《阿Q正传的成因》、朱彦的《阿Q与鲁迅》、张天翼的《阿Q论》、立波的《论阿Q》等论文，共二十余万字。①遗憾的是，《阿Q论》集在延安时，本来印刷厂说好与《鲁迅研究丛刊》第1辑同时出版，但最终没能印成。据说纸型已经打好，萧军曾经催问过几次，却没有得到回答。在张家口时，萧军托回延安的同志把《阿Q论》集的纸型带出来，结果是没有办到。②另外，张家口鲁迅研究会编辑的《鲁迅学刊》于1946年8月5日在《晋察冀日报》副刊上创刊。它是张家口市鲁迅学会的会刊，萧军主编，只出版了四期，最后因《晋察冀

---

① 《征集〈阿Q论〉文献》，载《文艺月报》1941年第5期。
② 萧军：《鲁迅研究丛刊·新版前记》，鲁迅文化出版社1947年版。

日报》撤出张家口市而停刊。《鲁迅学刊》是最后一个在《晋察冀日报》上创办的副刊，在它短短四期里，关于鲁迅作品和学术思想的评论文章，使读者更多了解了这位左翼文艺旗手的坚韧的战斗精神和不懈的革命斗志。以上各级鲁迅研究的刊物，均由鲁迅的学生萧军编辑。

②撰写了高质量的鲁迅研究的论文和著作。延安时期的鲁迅研究成果，除了中共领导人毛泽东、张闻天等的鲁迅论之外，比较有代表性的研究论文或著作还有艾思奇的《鲁迅先生早期对于哲学的贡献》、周扬的《一个伟大的民主主义现实主义者的路——纪念鲁迅逝世二周年》《精神界之战士——论鲁迅初期的思想和文学观，为纪念他诞生六十周年而作》、正义的《鲁迅语言理论的初步研究》、茅盾的《关于〈呐喊〉与〈彷徨〉》、立波的《谈阿Q》、萧军的《〈铸剑〉篇一解——鲁迅先生历史小说之一》《〈铸剑〉篇的史料又一出处》、张仃的《鲁迅先生作品中的绘画色彩》、何其芳的《两种不同的道路——略谈鲁迅和周作人的思想发展上的分歧点》、何干之的《鲁迅思想研究》（张家口新华书店1946年版）等。这些论文或专著代表当时鲁迅研究比较高的水平，至今仍有比较大的影响。另外，在延安至少还有三次比较集中探讨鲁迅及其作品的学术讨论：一次是六届六中全会之后由陈伯达、艾思奇、周扬等发起的关于"民族形式"的讨论，一次是延安整风时期关于"鲁迅杂文时代"的讨论，一次是1942年林默涵和力群在《解放日报》上关于"祥林嫂的死"的讨论。这三次围绕着鲁迅作品的大讨论，对于深入研究鲁迅及其作品产生了相当大的助力。

③以多种形式进行鲁迅及其作品的普及工作。让鲁迅及其作品深入大众，也是鲁迅研究会的重要工作之一。举办讲座，是普及鲁迅的主要方式。1940年12月25日，边区文协文艺顾问委员会为使文艺小组及其他团体的文艺习作者系统地了解文艺理论，特约延安作家每两周在文化俱乐部报告一次。其中，茅盾报告了《中国文学运动史》、周文报告了《阿Q正传》。1942年5月7日，陕甘宁边区米脂的文艺运动已逐渐活跃起来。雷加在米脂中学做了《〈阿Q正传〉漫谈》的报告。1946年8月26日，全国文协张家口分会、鲁迅学会等为帮助广大爱好文艺青年自修，联合举办暑假文艺讲谈会，每周二次。萧军讲如何从事业余文艺工作，欧

阳凡海讲中国新文艺发展史略，何干之讲文艺的使命和现代中国几位革命文艺作家介绍（鲁迅、郭沫若、茅盾），沙可夫讲马克思主义文学观，周巍峙讲农村文艺运动的几点经验，唐伯弢讲关于改革平剧的几个问题，邓拓讲文化普及运动的几个问题（详见《解放日报》报道）。

④编写鲁迅及其作品的通俗读本来宣传鲁迅，也是普及鲁迅的重要方式之一。在这方面，作家孙犁和徐懋庸花费了更多的心血。1941年9月，孙犁编写的《鲁迅、鲁迅的故事》出版。该书由沙可夫作序，作为"青年儿童文艺丛书"第1辑由新华书店晋察冀分店出版发行。另外，孙犁还编有《少年鲁迅读本》共十四课，连载于边区《教育阵地》。①该书后来于1946年6月由晋察冀边区张家口教育阵地社出版了单行本。1949年4月，天津知识书店重新出版了这本书。徐懋庸也是鲁迅的着力宣传者之一。1943年，他对鲁迅的小说《阿Q正传》和《理水》进行通俗化注释，其中力图用毛泽东文艺思想的新精神来诠释鲁迅作品，这两本书分别于1947年7月和9月由华北书店出版。

---

① 张学新：《晋察冀文艺运动大事记》，载《新文学史料》1986年第1期。

第三节

延安整风前后的"鲁迅"

鲁迅及其作品在延安及各解放区的广泛宣传和传播,使得鲁迅的形象和思想日益深入人心。鲁迅在延安不仅是中国现代新文化的象征,更是人们的人生指针和精神偶像。在如此的历史情势下,一股由"鲁迅"而引发的文艺思潮在延安文坛悄然涌动。

1941年10月19日,鲁迅逝世五周年祭日,延安、重庆及各解放区照例举行了隆重的纪念活动。延安市各界在中央大礼堂召开纪念大会,各界代表千余人参加。会前筹委会散发"鲁迅先生逝世五周年纪念特刊"与"鲁迅语录"多种。随后是丁玲、萧三讲话,会上通过继续出版《鲁迅论文选集》和"慰问鲁迅先生家属信"的提案。①

值得注意的是丁玲的讲话内容,她说:"我们年年纪念鲁迅,说的多,做的少。今后希望拿笔杆子的同志要大胆的互相批评,展开自由论争。学习继续鲁迅先生所使用过的武器'杂文';来团结整齐大家的步骤,促进延安社会的进步。而且要打破老作家'名誉尊严',积极的提拔新的有写作能力的作者。"②这实际上透露出了一个重大的信息,那就是以"鲁迅杂文"为标识的揭露黑暗、抨击时弊的创作风尚开始在延安流行开来。10月21日,萧军在《解放日报》发表文章《纪念鲁迅:要用真正的业绩!》,说这"业绩",不仅限于"文化事业",应该"用无我的爱,自己牺牲于后起新人"。孩子的世界和成人的是不同的,要理

---

① 《延安各界举行大会纪念鲁迅逝世五周年》,载《解放日报》1941年10月21日。
② 《延安各界举行大会纪念鲁迅逝世五周年》,载《解放日报》1941年10月21日。

解他们,"为了新的孩子们要给他们新的作品"。只有这样,后一代才能比自己更幸福。这也是用真正的业绩来纪念鲁迅。10月23日,丁玲在《解放日报》撰文《我们需要杂文》。她说现在仍没有脱离鲁迅先生的时代,这个时代依然需要杂文。逃避是非、明哲保身是错误的。我们要正确运用民主、批评与自我批评及自由论争。要学习鲁迅,为真理说话,不怕一切。1942年,丁玲的《三八节有感》、萧军的《杂文还废不得说》、罗烽的《还是杂文的时代》、王实味的《野百合花》、张仃的《漫画与杂文》等文章的发表,使得"还是鲁迅杂文时代"的观念成为主导当时方兴未艾的延安文艺新潮主旋律。

1942年的鲁迅纪念大会是在延安整风运动的政治大背景下召开的。这一年的2月1日,毛泽东在中共中央党校开学典礼会上做《整顿党的作风》的报告,轰轰烈烈的延安整风运动由此而启动。5月2日、16日、23日,为解决延安文坛的冲突和混乱现象,党中央以当时的中宣部部长凯丰的名义召开了三次文艺座谈会,毛泽东在会上发表了著名的《讲话》,文艺界的整风运动由此也开始全面展开。

1942年10月18日下午,延安各界在中央大礼堂举行纪念鲁迅逝世六周年大会。中央大礼堂外面贴着鲁迅遗言:"我解剖自己并不比解剖别人留情面","由于事实的教训,明白了唯有新兴的无产阶级才有将来"。会议主席团由丁玲、周扬、萧三、塞克等组成。丁玲讲完开会意义后,吴玉章以思想革命家、社会革命家、文学革命家、文字革命家四点作为正确估价鲁迅先生的致辞,他说:"鲁迅先生是中国文化界的旗帜,我们要完成鲁迅先生的一切事业。"徐特立说:"鲁迅先生始终是站在革命政党的立场上,他从来没有背离它。鲁迅先生看重革命行动,实际工作,因此鲁迅先生是真正理论和实际联系的。"萧三说:"鲁迅先生认为思想问题是第一个,不然写不出革命文学来。一个革命文学家一定要无产阶级化,在这一点上鲁迅先生是做到的。鲁迅先生从来没有个人英雄主义,他非常谦逊说自己是大众中的一个,是桥梁中的一木一石。他的爱和恨是敌我分明的,他爱大众,恨大众的敌人,因此鲁迅先生是没有歪风的完人……"[①]

[①] 《延安各界纪念鲁迅先生逝世六周年,追悼前方殉国文化战士》,载《解放日报》1942年10月19日。

但10月18日的鲁迅纪念大会却在争议中不欢而散。据萧军日记载,在纪念大会上,萧军发言,"诉说了文艺座谈会我谈话的经过,读了《纪念鲁迅——检查自己》,说了备忘录的摘要,驳斥了不能和共产党为朋友的胡说"①。萧军写这份"备忘录"的起因是:6月初,萧军接到通知要他到中央研究院参加批判王实味大会。会后,他对会上一边倒的批判方式发了几句牢骚,不料被一位女同志听到,她回到文抗就向党组织汇报了。过了几天,中央研究院派来四个代表,有金灿然、王天铎、郭小川、郭靖,拿着一份八大团体一百零八人签名的"抗议书"来找萧军。代表们走后,萧军越想越气,连夜写了一份"备忘录",把参加批判王实味大会的所见所闻连同自己的意见,详尽地写成书面材料准备上呈中共中央和毛泽东。

没想到,这份"备忘录"却在鲁迅逝世纪念大会上引起了轩然大波。萧军念完"备忘录",主席团的五位党员作家丁玲、周扬、刘白羽、柯仲平、李伯钊和两位非党员作家艾青、陈学昭,一个接一个站起来与其展开辩论。从下午8点一直到午夜2点,辩论持续了六个多小时,气氛十分紧张。台下一千六百多名群众无一人退席,都要看个结果。大会主席吴玉章见双方僵持不下,劝解道:"萧军同志是我们共产党的好朋友,我们一定有什么方式方法不对头的地方,才使得萧军同志发这么大火,我们应当以团结为重,自己先检讨检讨。"萧军一听气消了不少,站起来说:"吴老的话还让人心平气和,这样吧,我先检讨检讨吧,百分之九十九都是我的错行不行?那百分之一呢?你们也想一想是不是都对呢?"丁玲立即回敬道:"这一点最重要,我们一点也没错,百分之百都是你的错,我们共产党的朋友遍天下,你这个朋友等于九牛一毛,有没有你萧军这个朋友没关系。"这一下激怒了萧军:"我百分之九十九的错都揽过来了,你们一点错都不承认,尽管你们的朋友遍天下。我这根毛啊也别附在你这牛身上。……从今天起,咱们就拉——蛋——倒!"②

10月18日鲁迅纪念大会上的这场冲突,自然引起中共中央高层的关注。10月

---

① 萧军:《延安日记 1940—1945》(上卷),牛津大学出版社2013年版,第619页。
② 王德芬:《我和萧军风雨50年》,中国工人出版社2004年版,第117—118页。

19日,《解放日报》发表社论《纪念鲁迅先生》,指出:"鲁迅先生底伟大,不仅是在他是一个中国近代的最伟大的文学家,而且更重要的是,他是伟大的革命家,民族解放的战士,中国共产党底良友与战斗的同志。"同时还特别强调:"只有与先进的阶级一起,只有自愿的遵守它的'命令',只有与一切小资产阶级的恶劣残余,及反革命的托派活动作坚决的斗争,才配得上作为'鲁门子弟',才配得上作一个先进的文学家、作家。"同一日的《解放日报》上,还登有祭文《鲁迅先生逝世六周年祭》以及鲁迅《论"费厄泼赖"应该缓行》和《答托洛斯基派的信》的片段,以表明鲁迅的党性原则和战斗精神。《解放日报》的社论,显然是针对萧军而来。

1942年4月,《整风文献》作为整风必读文件由延安解放社发行(随后曾多次重印,发行量巨大),内收以鲁迅论创作要怎样才会好的《答北斗杂志问》一文。1942年5月20日,《解放日报》重新发表鲁迅的《对于左翼作家联盟的意见》,并加编者的话:"这是一九三〇年三月二日鲁迅先生在左翼作家联盟成立大会上的讲演。其中对于左翼作家与知识分子的针砭,对于文艺战线的任务,都是说的很正确的,至今完全有用。今特重载于此,以供同志们的研究。"6月16日,为整风学习,鲁艺印出列宁的《论党的组织与党的文学》和鲁迅的《对于左翼作家联盟的意见》两篇著作作为研究参考资料,以推动延安文艺界整风运动。7月31日,《晋察冀日报》重新发表鲁迅的《对于左翼作家联盟的意见》并加编者按。编者按指出:"其中对于左翼作家和知识分子的针砭,对于文艺战线的任务,都是说得很正确的,至今完全有用。"9月2日,晋察冀边区文化界整顿文风委员会编印的《整风参考资料》出版。该资料选载列宁《党的组织和党的文学》、鲁迅《对于左翼作家联盟的意见》、高尔基《和青年作者的谈话》及别林斯基、杜勃洛留勃夫、瞿秋白的文章。1944年5月,周扬编选的《马克思主义与文艺》一书由延安解放社出版。该书是为了更好地学习毛主席《讲话》而编辑的,选辑了马克思、恩格斯、普列汉诺夫、列宁、斯大林、高尔基、鲁迅及毛泽东同志的有关文艺理论和意见,其中鲁迅的意见引用最多,颇引人注目。

对鲁迅作品的解读也开始进行政治化的简单类比和阐发。1943年7月15日,华北书店晋冀豫总店出版了徐懋庸注释的《阿Q正传》。这是鲁迅研究史上第一部《阿Q正传》的注释本。徐懋庸用马列主义原理来注释鲁迅小说显得比较生硬、牵强，但在当时的环境下，徐懋庸对《阿Q正传》的注释对于促进读者对鲁迅小说的理解和扩大鲁迅作品在各根据地的影响都起到了较好的作用。1944年8月，十八集团军总政治部宣传部选编的鲁迅小说集《一件小事》，由延安印工合作社出版发行。该选集收录鲁迅小说五篇，即《阿Q正传》《一件小事》《故乡》《祝福》《孔乙己》。五篇小说，正文前有导语，文后有注释。书的正文前有总政宣传部1944年8月1日写的《编辑缘起》，书末有写于1944年7月1日的《编后记》。《编辑缘起》阐述了总政宣传部编印"文艺读物选丛"的目的，是供给部队一些文化精神食粮，使战士和干部"在紧张的战斗与生产和整训中，能得到一些生活上的调剂"。编选的标准"不是从单纯的艺术水平的观点出发"，而是"针对着我们部队中的干部文化水平不高，社会知识与经验不够广阔，想用这些作品来提高我们的文化水平，帮助我们了解中国社会的各个侧面，中国社会各阶层的面貌、感情、思想和行动，使一些抽象的社会阶级概念形象化"。1947年东北解放区翻印此书时，改书名为《鲁迅小说选》。

1943年10月19日的鲁迅逝世七周年纪念日真是"别有一番滋味"。这一天，在延安并没有举行任何纪念鲁迅的活动。而同一日的《解放日报》以近三个版面的篇幅，全文发表毛泽东的《讲话》。《讲话》以如此的方式隆重出台，其中颇具有一种象征的意味：从此开始，延安大型的鲁迅纪念活动不再举行，代之而起的乃是以《讲话》为精神核心的一种新的文学体制和文学规范。

第四章 鲁迅精神感召下的延安文艺新潮

随着鲁迅新文化"旗手"形象的确立及其作品在延安为中心的解放区的广泛传播，到了1940年至1942年，在延安悄然兴起了一股以鲁迅启蒙主义精神价值为核心的批判现实主义的文艺思潮。这一思潮弥漫于投奔延安的知识分子之间，其表现几乎涉及了延安文学与艺术的各个领域。"风乍起，吹皱一池春水。"一时间，延安及各解放区的街头巷陌，到处回荡起了这一文艺思潮所掀起的阵阵回响。文学艺术家们就文艺所出现的诸多问题发生了争吵乃至冲突。而著名的延安文艺座谈会就是回应这一文艺思潮冲击而召开的。

第一节

延安文艺新潮出现的历史背景

延安这一新的文艺思潮的出现,是在一定的历史条件下发生的。而这一历史条件,不外乎以下三个方面:在特殊历史情势下文人间的聚合,延安对知识分子的特殊礼遇和优惠政策,以及皖南事变后延安空前的经济困境所激发的各种社会文化危机。

首先是战争改变了一切。1937年7月卢沟桥事变后,抗日战争全面爆发,中国人被迫走上保家卫国的抵抗之路。在民族危机空前严重的情况下,中国共产党坚决抗日的政治主张,赢得了众望所归。西安事变后,十年内战的局面基本结束,国内和平初步实现,国共合作抗日已成为不可抗拒的大势。全面抗战爆发后,国共合作进入了实质性阶段。1937年9月23日,蒋介石发表了承认中国共产党合法地位的谈话。同月,林伯渠正式发出致国民政府、国民党中央、中共中央、各省政府的通电,宣布"陕甘宁工农民主政府"更名改制为"陕甘宁边区政府",首府为延安。中国共产党合法性的恢复及其坚决抗战的政治感召力,极大地吸引了各地的知识分子。从1937年到1942年,成千上万怀抱着抗日救国政治抱负的青年知识分子从各地千里迢迢奔向延安。据八路军西安办事处统计,1938年5月至8月,通过西安八办接待安排进入陕甘宁边区的青年学生就有2288人。1938年下半年,西安八办在给中共中央的报告中称:"延安学生总数将近万余,差不多完全经过西安。"[①]1940年2月5日,陕甘宁边区科技人员大会召开,"有理、工、农、医

[①] 熊美杰、刘彤璧主编:《抗日战争时期的西安八办》,陕西人民教育出版社2013年版,第25—26、13页。

等高、中级科技人员三四百人参加"[①]。1942年5月23日，延安文艺座谈会结束时参加合影人数为104人，其中文艺工作者为97人。[②]截至1942年，全边区中等学校学生人数1828人，高等教育共培养2万多各类人才（其中包括短期培训人员）。[③]据国民政府教育部统计，抗战前全国专科以上学校学生42922人，至1940年减至3万余人。[④]在1943年12月底中共中央书记处工作会议上，任弼时发言时说："抗战后到延安的知识分子总共四万余人，就文化程度言，初中以上71%（其中高中以上19%，高中21%，初中31%），初中以下约30%"[⑤]。按此推算，具有高中以上文化程度的约7600人。1944年春，毛泽东说："延安有六、七千知识分子"[⑥]。所以，综合以上说法，按不同层次计算：延安（陕甘宁边区）共有各类知识文化人约4万人，其中高等教育程度近万人，人文社会科学知识分子百余人。[⑦]

对于前来延安的各类知识分子，尤其是知名的人文知识分子，中共中央及其领导人表现出的是礼贤下士的欢迎姿态。丁玲是第一个到陕北的著名文人。1936年11月初，丁玲由西安抵达陕北保安。11月中旬的一个晚上，中共中央高层专门为她举行了一个欢迎晚会，党中央领导人毛泽东、周恩来、张闻天、博古等悉数出席。1938年3月，萧军、何思敬、徐懋庸等到达延安。这时，丁玲率领的西北战地服务团也由山西回到了延安。有一天晚上，由毛泽东及康生、张闻天、张国焘出面，代表党中央和边区政府举行了一次宴会，欢迎这几位新到延安的文化

---

① 屈伯川：《延安自然科学院》，见《延安自然科学院史料》，中共党史资料出版社、北京工业学院出版社1986年版，第355页。
② 苏一平、艾克恩：《陕甘宁边区文艺工作回顾》，见《陕甘宁边区抗日民主根据地·回忆录卷》，中共党史资料出版社1990年版，第360—361页；又见艾克恩编纂：《延安文艺运动纪盛》，文化艺术出版社1987年版，第364—365页，书中列出了详细名单；黎辛：《关于"延安文艺座谈会"的召开、〈讲话〉的写作、发表和参加会议的人》，载《新文学史料》1995年第2期，对此略有增减。
③ 牛昉、康喜平：《陕甘宁边区人口概述》，载《延安大学学报》1992年第3期。
④ 李锐：《关于大后方的大学教育》，见《窑洞杂述》，湖南人民出版社1981年版，第131页。
⑤ 胡乔木：《胡乔木回忆毛泽东》（增订本），人民出版社2003年版，第277页。
⑥ 胡乔木：《胡乔木回忆毛泽东》（增订本），人民出版社2003年版，第249页。
⑦ 参见朱鸿召：《延安文人》，广东人民出版社2001年版，第5页。

人。①艾青抵延，同样享受了高规格的欢迎。据艾青回忆："到了延安之后，党中央当然知道了。因为周总理的电报已经到了。就欢迎。总书记叫张闻天，一个宣传部长叫凯丰，一个组织部长柯庆施，欢迎，搞一个宴会"②。一个文人的到来，由中共中央书记处的头面人物接待，其求贤若渴之心，颇有一种"周公吐哺，天下归心"的古人之风。

而与求贤若渴、礼贤下士的态度相对应的，是中共中央高层对前来投奔的知识分子开放宽容的政策。1939年12月，毛泽东即为中共中央起草了《大量吸收知识分子》一文，并作为方针和政策下发。他特别提醒全党同志："对于知识分子的正确的政策，是革命胜利的重要条件之一"，以往"我们党在土地革命时期，许多地方许多军队对于知识分子的不正确态度，今后决不应重复；而无产阶级自己的知识分子的造成，也决不能离开利用社会原有知识分子的帮助"。③1940年1月5日，张闻天代表中共中央在陕甘宁边区文化协会第一次代表大会上做了题为《抗战以来中华民族的新文化运动与今后任务》的报告。此报告可以看作自毛泽东《讲话》以来党对文化艺术问题所持的基本态度，具有政策性的作用，其中谈道："大量的吸收与培养全国各地的文化人与知识分子，使他们能够成为全国新文化运动的基本干部"，"善于尊重共同工作的文化人，其人格，其事业，其创作与意见。要同他们有真诚恳切的交谊，要有大气量，要谦逊，要能求大同而弃小异"，"组织各种文化的、研究的、考察的团体，提倡自由研究、自由思想、自由辩论的生动、活泼、民主的作风"。④其中，对于文化人的理解和宽容态度格外引人注目。为了执行中央的知识分子政策，1940年10月，中宣部、中央文委专门发出指示，提出"正确处理文化人与文化人团体"的若干原则，其中特别指出："应该重视文化人，纠正党内一部份同志轻视、厌恶、猜疑文化人的落后心

---

① 徐懋庸：《回忆录》，见《徐懋庸选集》（第3卷），四川人民出版社1984年版，第313—314页。
② 1982年8月16日采访艾青录音。转引自李洁非、杨劼：《解读延安——文学、知识分子和文化》，当代中国出版社2010年版，第34页。
③ 《毛泽东选集》（第2卷），人民出版社1991年版，第620页。
④ 张闻天选集编辑组编：《张闻天文集》（第3卷），中共党史出版社1994年版，第56、60页。

理。""应该用一切方法在精神上、物质上保障文化人写作的必要条件,使他们的才力能够充分的使用,使他们写作的积极性能够最大的发挥。""党的领导机关,除一般的给予他们写作上的任务与方向外,力求避免对于他们写作上人工的限制与干涉。""对于文化人的作品,应采取严正的、批判的、但又是宽大的立场,力戒以政治口号与偏狭的公式去非难作者,尤其不应出以讥笑怒骂的态度。""估计到文化人生活习惯上的各种特点,特别对于新来的、及非党的文化人,应更多的采取同情、诱导、帮助的方式去影响他们进步……共产党人应有足够的气量使自己能够同具有不完全同我们一样生活习惯的文化人,共同生活、共同工作。对于文化人生活习惯上的过高的苛刻的要求是不适当的。"[1]其考虑之精细,可谓煞费苦心。1941年1月,总政治部和中央文委也就部队文艺工作联合发出指示,要求"以极热忱的、虚心的态度去对待""外来的知识分子、文艺工作者","不要使他们与群众脱离联系,而陷于孤独的生活,因而发生烦闷苦恼等等现象"。[2]1941年6月10日,《解放日报》发表社论《欢迎科学艺术人才》,以充满抒情诗般的语言声称:"只有在抗日民主根据地的边区,特别是延安,他们才瞧见了他们的心灵自由大胆活动的最有利的场所","在延安,不拘一切客观条件的困难与限制,各种文化活动在蓬蓬勃勃地发展。科学和艺术受到了应有的尊重。在抗日的共同原则下,思想的创作的自由获得了充分保障。艺术的想像,与乎科学的设计都在这里发见了一个可在其中任意驰骋的世界"。

正是如此礼贤下士的态度和开放宽容的政策,才使大批文人和知识分子在延安聚合和风云际会成为可能。这些文人中,有到延安短期居住和访问的,如茅盾、老舍、卞之琳、聂绀弩、阿垅、海伦·斯诺、史沫特莱等,但更多的是在延安长期工作和居住的,他们中有已经成名的文艺家,如成仿吾、艾思奇、周扬、李初梨、高长虹、丁玲、陈学昭、周立波、艾青、田间、冼星海、萧军、周文、吴奚如、舒群、罗烽、欧阳山、草明、何其芳、徐懋庸、光未然、严文井、

---

[1] 《中央宣传部中央文化工作委员会关于各抗日根据地文化人与文化人团体的指示》,载《共产党人》1940年第12期。
[2] 《关于部队文艺工作的指示》,载《八路军军政杂志》1941年第3卷第2期。

陈荒煤、沙汀、王实味、贺绿汀、华君武、王朝闻、张汀等，也有在延安成长起来的艺术家，如杨朔、周而复、贺敬之、郭小川、李焕之、古元、江丰、彦涵、石鲁等。大批文人的涌来，使得延安的文化面貌发生了质的变化。全面抗战之后，大批文人和知识分子的到来，使延安俨然成了中国最为活跃的文化中心之一。

而延安战时共产主义性质的供给制生活方式，更使延安文人和知识分子的文艺创作有了物质的保障。当时的文人初到延安，即由延安交际处负责接待，被安排到西北旅社（中共中央招待所）或陕甘宁边区招待所，免费食宿。然后根据各人情况或分配单位工作，或进学校学习，从此就成了"公家人"。而所谓的"公家人"享受的就是一种生活供给制的待遇。对于这种供给制的生活方式，当时在延安采访的斯诺夫人尼姆·韦尔斯在她的《续西行漫记》一书中有详细的描述和介绍：

> 这是简单到无法再简单的生活，即是个人的私有物也简直不存在，物质的必需品也减低到仅以活命的程度。就是这样：食物，衣服，一条棉被，概由国家供给，遮蔽之所则由本地居民供给。……一年到头，大家不过亲亲密密的吃顿便饭。有十年工夫，这些人一直照着最苛刻的性质的战时共产主义生活过来。这便是"各依能力——到各依最低限度的需要"。[1]

当然，来到延安的作家也一样。在1940年以后的一段时间里，有30位作家汇集在蓝家坪的中华全国文艺界抗敌协会延安分会（简称"文抗"），读书、学习、讨论，其余的时间就是写作。作家方纪回忆：

> 当时，作家们对生活也无过分要求，大家待遇都一样，每日无非一斤菜二钱油。每逢开饭时间，"小鬼"（对通讯员亲切的称呼）用两个半截煤油桶作饭担挑上山来，一边是香喷喷的金黄色的小米干饭，一边

---

[1] 尼姆·韦尔斯：《续西行漫记》（上册），安徽省中共党史学习研究会1980年版，第72页。

是清水煮白菜，一吹哨子，大家各自从自己窑洞中出来去打饭。①

供给制解决了延安文人们的吃饭、穿衣问题，满足了他们最基本的生活需要和工作需要。说白了，这种供给制的生活，实际上就是一种被"养起来"的生活方式。这种生活虽然并不丰厚，但相对于大后方知识分子因受战争的影响而过着的那种饥一顿饱一顿的颠沛流离的生活，艺术家们已经感觉非常满足了。冼星海到延安生活一段时间后，1940年3月21日曾给远方的朋友写信说："现在学校里生活改善，每星期有两次肉吃，两次大米饭或面吃，常餐菜多加一个汤（别的机关没有），这比起上海武汉时虽不如，但自由安定，根本不愁生计，则是在那些地方所没有的。如果比起在法国的生活，更好得多了。"②萧军甫一到延安，即给胡风写信道："在这里住有几种好处：第一不愁吃穿居住；第二不必跑警报；第三不会有意外的'横灾'，夜间可以不闩门安安稳稳睡觉。"③当时的《新华日报》上有介绍延安文化人生活的文章，其中也称："一般的从事文化工作的同志，都得有一个安静的工作环境，住的较舒适的窑洞，伙食方面也略有优待。除了衣食住等一切生活条件都由公家供给外，凡稿子在延安出版的，一律给予每千字一元的稿酬。延安生活由于边区战时财政经济的处理得当，使在抗战三年后的今天，一般生活较战前有进步。比较上说，尤其是文化人的生活还算舒适。"④另据徐懋庸回忆，他自己在延安抗大工作时，毛泽东为中共中央起草《大量吸收知识分子》的决定后，对于新参加抗大工作的外来高级知识分子干部，在生活方面特别优待：

> 红军出身的各级领导干部，一般每月的津贴费，最高不过四、五元，而对一部分外来的高级知识分子，当教员或主任教员的，如艾思奇、何思敬、任白戈和我这样的人，津贴费每月十元。一九三八年、一九三九年间，延安的物价很便宜，猪肉每斤只值二角，鸡蛋一角钱可

---

① 方纪：《新的起点——回顾延安文艺座谈会前后》，载《新文学史料》1982年第2期。
② 冼星海：《我学习音乐的经过》，见《冼星海全集》（第1卷），广东高等教育出版社1989年版，第108页。
③ 晓风、萧耘辑注：《萧军胡风通信选》，载《新文学史料》2004年第2期。
④ 惊秋：《陕甘宁边区新文化运动的现状》（下），载《新华日报》1941年1月8日。

买十来个。所以这十元津贴费,是很受用的。我第一次在延安时,还兼了鲁迅艺术学院的一点儿课程,另有每月五元的津贴费,此外还有一些稿费,所以,我是很富的,生活过得很舒服。[①]

总之,1937—1941年的延安文人生活,虽不富足,但还是比较舒适的。

但1941年1月发生的皖南事变,则打破了延安文人舒适宁静的生活。皖南事变,不但是全面抗战期间国共两党关系出现全面破裂的转折点,也是延安社会、政治、文化生活发生重大变化的开始。在此之前,在抗日民族统一战线的大局之下,国共两党纵有摩擦冲突,但仍属局部问题;在此之后,双方剑拔弩张之程度,离全面破裂以至发生大规模内战,实仅一步之遥。事变最后虽然不了了之,但双方的关系已经难以修复。一方面,蒋介石下令解散新四军,而共产党则继续高扬新四军旗号,充分显示八路军、新四军已经彻底独立于国民政府的指挥系统;另一方面,国民政府不再为陕甘宁边区政府和八路军、新四军提供经费,并且还对陕甘宁边区实施封锁和进攻。国民党的行动,促使共产党在政治上全然脱离了国民政府的统辖。他们另立银行,发行边币,自行收税,再不与重庆政府发生请示、汇报关系。[②]国共关系的这一重大变化,直接影响了延安的社会文化生活。本来延安就处于中国经济最不发达的地区,生产能力有限,加之全面抗战爆发后,在中共坚决抗日的政治主张感召下一下子又涌来这么多的进步青年,而国民党的封锁和进攻,则更使得陕甘宁边区的经济生活雪上加霜,陷入空前的困难。经济的困难和供给的不足则进一步暴露出了原有以等级和差别为基准来分配生活资料的供给制的制度性缺陷,也使得延安社会政治生活中的固有矛盾更加突显,直接影响到了人们的日常生活。社会生活的矛盾和日常生活的困顿自然激发了艺术家们对于现实的反思和批判。一股以"批判现实""暴露黑暗"为旨归的批判现实主义文艺新潮,遂在延安文坛应运而生。

[①] 徐懋庸:《回忆录》,见《徐懋庸选集》(第3卷),四川人民出版社1984年版,第337页。
[②] 杨奎松:《国民党的"联共"与"反共"》,中国社会科学文献出版社2008年版,第424页。

第二节

延安文艺新潮的发生

1940年至1942年，发生在延安的这场文艺新潮是因鲁迅而启动的，而揭橥这场文艺新潮大幕的乃是延安文抗组织的文艺月会。1940年10月19日为鲁迅先生逝世四周年纪念日，为了纪念鲁迅，由丁玲、舒群、萧军三人发起，拟组织一个文艺月会。此前，他们三人拟了一份通知：

> 为了提高文艺创作兴趣，展开文艺讨论空气，我们想成立一个"文艺月会"。兹定于十月十九日下午二时，在杨家岭文化协会俱乐部开第一次座谈会，临时除交换此后一切进行的步骤意见外，兼以纪念逝世四周年的鲁迅先生。敬祈参加为荷！此致
>
> 　　　　　　　　　　　　　　　　　　　　同志
>
> （略备晚餐）丁玲　舒群　萧军　同启

10月19日下午3时，文艺月会第一次座谈会在杨家岭文化协会俱乐部举行，会议由丁玲主持，讨论了文艺月会的组织、性质和任务，《文艺月报》的编辑方针及纪念鲁迅逝世四周年等事宜。在讨论《文艺月报》编辑方针时，周立波、萧军、刘雪苇、周文等发言，提倡办成一个短小精悍、有斗争性的刊物，要有小说、诗歌，还要有批评、杂文。当场推选由陈荒煤、舒群、刘雪苇负责编辑。关于如何纪念鲁迅，周扬提出召开一个规模较大的座谈会，纪念他实事求是的精神。接着萧军谈到鲁迅的精神，一是不苟，一是实践。譬如整理《瞿秋白全集》的时候，有很多编辑委员，结果却是由先生一人把《海上述林》编出来了。丁玲

最后说：不要自满，也不要自卑。自满就是不虚心，妨碍进步；自卑就是缺乏信心，没有勇气。①

1940年11月17日，文艺月会在文协俱乐部举行了第二次座谈会，参加者只有12人，会议由萧军主持，主要讨论草案。丁玲本来头疼，声明不多说话，这时又说起来了："听人家意见要有大度，几句恭维话有什么用呢？原来就是要让别人指出自己的缺点来。而批评人要直爽，要贡献意见给别人，是爱护人的。作家见面不谈作品的现象一定要打破。"萧军很赞成这个意见，也说明他对于批评的态度，不管别人说话的方式怎样，只要动机好，就要容纳，就要选择接受。刘白羽也深深感到延安缺乏创作气氛。后来丁玲又把这次会议的发言进一步整理成《大度、宽容与〈文艺月报〉》的文章，发表在《文艺月报》的创刊号上。其中标举的，是文艺说真话、说直话、揭露黑暗、指斥罪恶的"批评"功能。丁玲的这次讲话，基本上定下了《文艺月报》实施"批评"的办刊宗旨和风格。后来的几次例会，大家仍在不断地议论、催促这种"批评"风格的具体实施。后来萧军在《文艺月报》第12期以"编者"名义写的《为本报诞生十二期纪念献辞》，在谈到刊物的编辑方针时，第一条即明确标示"每期应有类似社论式论文一篇，针对一月中延安文艺现象而来"。显然，丁玲是自觉地借鉴了鲁迅编辑《语丝》杂志时以自由活泼的文风进行社会批判、文明批评的方式，来作为《文艺月报》的编辑方针。而《文艺月报》后来登载的一系列论争，也与这种编辑方针有着密切的关联。

《文艺月报》创刊后，先后组织并登载了一系列论争的文章。这一系列论争，仿佛几颗砸向平静湖面的石子，立即在延安文坛激起阵阵涟漪。可以认为，这是延安文艺新潮的最初的潮涌或声响。总括起来，这些论争包括：

其一，陈企霞与何其芳关于"诗歌的新民主主义"问题的论争。

1941年3月1日的《文艺月报》第3期上，发表了陈企霞的《旧故事的新感想》，不点名地批评了何其芳关于诗歌与新民主主义关系的论断。陈企霞在文章

---

① 《简记文艺月会·第一次座谈会》，载《文艺月报》1941年第1期。

中先是用了一个小孩子学写"万"字的笑话,说明"把世界看成太容易原是孩子们普遍的'弱点'"之后,接着把矛头对准了何其芳,说:

> 不知怎样,这故事忽然使我联想到别的一件事情,有一位同志在一次关于诗的报告中说到诗的主题时,他说:"现在我们的诗的主题就是新民主主义……"以下他又作了一些很普通的关于新民主主义本身意义的说明。
>
> …………
>
> 对于诗,我懂得很少。对于在当前所有方面、各部门的工作,必须服从于整个民族,全体人民斗争的现实目标,我是能坚决相信的。但是想到人们能够这样简便地拿着政治的口号来"概括"诗的主题,好像一下子就用了轻松的办法把诗作了战线的俘虏,我却有着很大的疑虑。

这里所谓的"有一位同志"指的是何其芳。1941年1月5日,何其芳在文化俱乐部报告《抗战来的诗歌及其前途》中提出新诗的道路或方向,其"范围应该服从于新民主主义整个这个政治口号"。陈企霞这里对于何其芳的批评,与当年鲁迅批评周扬"国防的主题应当成为汉奸以外的一切作家的作品之最中心的主题"几乎如出一辙。陈企霞反对的仍然是鲁迅当年反对周扬在"国防文学"论争中以政治统领文学的观点。

陈企霞的文章,很快激起了何其芳的回应。1941年4月1日的《文艺月报》第4期上登载了何其芳的《给陈企霞同志的一封信》。文章开首便说:"陈企霞同志:读了《文艺月报》第三期上你的《旧故事的新感想》,我很不满意。我想我应该很直率地把我要对你说的话都写出来。"接着何其芳把自己那次报告的提纲列了出来,试图说明自己用新民主主义概念理解中国新诗历史的思路。最后,何其芳明确提出了自己对于陈企霞文章的不满:

> 最后,我还有一点点对于杂感的杂感。……鲁迅自己称这种形式为匕首,说可以用它去刺伤敌人的要害。在他的后来的杂感集的附录里面,我们却发现了,不但敌人们也用这种形式的文章来对他,而且,使他最感到痛心的,有时从自己的营垒里也射过来了这样的暗箭。今天,

我们在延安，而且以同志相称呼，有什么话不可以痛痛快快地说呢？有什么必要还得埋伏着，暗暗地射这个一冷箭，又射那个一冷箭呢？

看来，陈企霞的文章惹恼何其芳的，并不是其中的观点，而是所用的方式和态度。对于何其芳的回应，陈企霞干脆正面回答。接着他在1941年5月1日的《文艺月报》第5期上发表《我射了冷箭吗？——答何其芳》，为自己写文章的动机辩解，最后说："何其芳同志把自己比作常受'自己营垒里射过来'暗箭的鲁迅先生，而也把人家明明白白的意见无缘无故一定说是冷箭，这恐怕更不是'以同志相称'所应有的态度吧！"争论到了这种程度，已经是纯粹的意气之争了。

其二，萧军对何其芳诗歌《革命，向旧世界进军》和周立波小说《牛》的批评。

陈企霞与何其芳激辩"诗歌的新民主主义"的声音刚一停歇，接着《文艺月报》1941年7月1日第7期上又登出萧军的《第八次文艺月会座谈拾零》，对《解放日报》上发表的何其芳的诗歌《革命，向旧世界进军》和周立波的小说《牛》提出尖锐的批评。萧军的这篇文章，是1941年6月8日在文艺月会第八次座谈会上发言的整理稿。萧军说，可惜当天何其芳和周立波都没有来，不然，结果会更热烈些。当时参加谈论的人刘雪苇、艾青、陈荒煤、陈企霞、赵文藻等，"大致全是对这两篇作品不满的"。对于何其芳的那首诗，文章说："我感觉不到情绪、形象、音节、意境……即是作者的思想，也只是一条棍子似的僵化了的硬棒棒的东西，感觉不到它的能动性和弹力！只是一片抽象语言的排列。我不承认它是诗。"对于周立波的小说《牛》，萧军认为："关于立波那篇文，我看得还不够仔细，但我只觉得作者那不是用的如一般进步作家们所主张的科学的现实主义的手法，而似乎是用的庸俗的'自然主义'的手法……在写作。"这里萧军说何其芳的诗"不是诗"，说周立波的小说"用的是庸俗的'自然主义'的手法"，确实是够不客气的了。虽然何其芳和周立波二位对此都没有回应，但他们心中肯定是不舒服的。

其三，萧军与刘雪苇关于"艺术标准"与"政治标准"关系的争论。

萧军与刘雪苇的争论是由上述萧军批评何其芳诗歌和周立波小说的争论所衍生出来的。在1941年6月8日文艺月会第八次座谈会上，萧军在批评何其芳诗歌和周立波小说时，也顺便捎带批评了发表他们作品的编辑——时任《解放日报·文艺》编辑的刘雪苇，说："这里，我对于《解放日报》登载这样的作品也应该提出一些责任……"萧军的话同样引起了在座的刘雪苇的不快，他当即发言替《解放日报》辩护：第一，你前面所提的现象是有一些，但并不如我所提的那样严重；第二，报馆是不能代作品负艺术上的责任的；第三，成名的作家的作品，文责可以自负。后来，刘雪苇把会议上的发言整理成《关于"第八次文艺月座谈拾零"——给萧军同志的公开信》在《文艺月报》第9期发表，对萧军的说法进行了逐条解释和反驳。刘雪苇在文章中说：

> 作为是一个"同仁性质"的杂志或报纸副刊，那他自然完全有以其艺术上的主见来选择稿件的自由，甚至只登他主张或赞成一派的作品而全不让别一派的作品有占一席地机会。但假如是这样一种杂志或报纸的副刊呢，——这种杂志或报纸副刊不是以艺术上的一派见地作它的指导原则，而是以公共的"抗战的文学活动"作它的指导原则。那据我的了解，至少在这些艺术上的争端还未得到公认的解决以前，就不能以编者的主观、以他在文艺上的某种立场来作选稿的标准，而应以只要是"一定艺术水平的文学作品，而且是适应于抗战利益的"作标准了。

萧军和刘雪苇在这里争论的实际上就是文学作品"艺术标准"与"政治标准"的关系问题，萧军是主张应以"艺术标准"作为编辑准则的。据萧军日记记载，他在6月8日的座谈会上，还谈到了当时的延安作家黄既写了一篇文章被退稿了，"因为里面有犯了八路军折磨死人的嫌疑"。萧军认为："不管这事是否有，在艺术上先问他写得像不像，可能不可能，是否脱离了科学的现实主义的观点和手法，那是不能仅根据：'八路军不会折磨死人'的理由来抹杀一切的。"[①]而刘雪苇并不以为然，他认为，作为一个"同仁性质"的杂志，完全可以以自己的艺术主张来选用稿件，但像《解放日报》这样的党报就不能这样，它既要有一定的艺术标准，同时必须兼顾政治标准，即"适应于抗战利益"的标

---

① 萧军：《萧军全集》（第18卷），华夏出版社2008年版，第439页。

准。由此可以看来，在毛泽东《讲话》没有发表以前，关于"政治标准"与"艺术标准"的关系问题，在延安文坛还没有定于一尊。

其四，冯牧与肖梦关于"欢乐的诗"的争论。

萧军与刘雪苇的争论刚刚尘埃落定，紧接着烽烟再起。1941年11月1日出版的第11期《文艺月报》上就发表了刚刚从鲁艺毕业的冯牧的文章《欢乐的诗和斗争的诗》。文章针对当时诗歌创作中存在的问题，尖锐地批判了诗歌创作中存在的空喊口号和廉价赞颂的现象，认为那些"脱口而出的无条件的赞颂，和那些离现实生活还太辽远的渺茫的梦想"，是现实并不需要的。对于那些空喊口号的"斗争的诗"，冯牧也提出了尖锐的批评，他说："搜集材料派，多产派，粗制滥造派，一切对于诗的创作不严肃的人，一切为写诗而写诗的人，一切把诗看作是过分容易的事情的人，都把你们的笔移动得慢一些吧，再思索一下吧，不然，你的笔尖将会折断的。"冯牧认为，不能狭隘地理解作家的责任感，每个作家应该写自己更胜任的东西。

针对冯牧的文章，有人以"肖梦"为笔名，在1942年4月15日出版的第14期《文艺月报》上发表《旁观者言——关于〈欢乐的诗与斗争的诗〉》一文，认为边区出现的一批颂诗、欢乐的诗，是边区现实生活的反映。这些诗的产生，"原因就在于边区是一个新的现实，而且是民主自由的这一点上。这里的经济、政治是新型的，这里的人是不同的；因而，生活的基调、律动都呈现了前所未有的姿态。于是诗人兴奋了，写了，如像高尔基在十月革命成功后回到祖国，在欢迎会上无奈之中含泪读的两句话：'我的话只有一句：一切都好，一切都好。'……这正是真实的，现实主义的"，"所以，我认为歌得'深刻'的，颂得'准确'的诗还少，问题不在于使这类诗少作，在于作得更'深刻'些，更'准确'些，也就是更真实些"。肖梦指出，冯牧以嘲讽的口吻把这类诗命名为"欢乐的诗"是不对的。

冯牧与肖梦的争论，实际上牵涉的就是后来在延安文艺座谈会上讨论的"歌颂"与"暴露"的关系这一重大的问题。

其五，萧军等与周扬关于《文学与生活漫谈》的论争。

萧军等人与周扬关于《文学与生活漫谈》的论争，是这场延安文艺新潮中的焦点事件。因为这场论争不仅是以丁玲为代表的文抗中的"暴露黑暗"派与以周扬为首的鲁艺里的"歌颂光明"派的一次正面交锋,而且这场论争当时即上告到最高领导毛泽东那里,以至于为新中国成立后的诸次文艺思想斗争埋下了伏笔。①

这一论争的起因是时任鲁迅艺术学院副院长的周扬于1941年7月17日至19日在《解放日报》上以连载的形式发表《文学与生活漫谈》一文,主要意思是强调作家深入生活的重要性。文中引起萧军们不满的主要是下列两个观点:一个是"作家写不出东西的苦闷"论,一个是"太阳中的黑点"论。关于前者,周扬说,在延安,有些弄创作的同志感觉到写不出东西来了。多种有趣的解释,肉吃得太少,不愁衣食无须卖稿,文艺刊物太缺乏等,"这些'唯物的'解释虽或不无它的理由,却不能使我们满足。作家既然被称为'灵魂的工程师',我们还是于精神的方面来寻求原因罢"。关于后者,周扬说:"一个作家在精神上与周围环境发生了矛盾,是可能有各种绝然相反的原因的。一种是周围生活本身是压迫人,窒息人的,是一片黑暗,作家怀抱着对于光明的热望不能和那环境两立,他拼命反对它。另一种是他处身在自己所追求的生活中了,他看到了光明,然而太阳中也有黑点,新的生活不是没有缺陷,有时甚至很多;但它到底是在前进,飞快地前进。……如果有一个作家在这里感到了苦闷,是必须首先努力祛除那引起苦闷的生活上的原因的。所以作家和延安的生活,即使有些扞格不入的地方,因为基本方向是一致的,而又两方都在力求进步,是终会完满地互相拥抱起来的。……对于延安,我们已经唱了我们的赞歌了,但却还没有能实写出它的各方面来。"这里周扬实际的意思是说,延安的作家写不出东西,不能怪客观环境,主要是自己身处光明中感受不到光明。太阳中也有黑点,新的生活中也有缺陷,不能只感受到黑暗而忘记了太阳通体的光明。因为"生活即美",关键是你是否到生活中去感知美的存在。周扬的意思是更强调生活中的光明面,主张"歌颂光明"。

---

① 1957年反右运动中对"丁(玲)、陈(企霞)反党集团"及"舒(群)、罗(烽)、白(朗)反党小集团"的大批判,源头即来自延安这场关于"太阳中的黑点"的论争。参见李向东、王增如:《丁陈反党集团冤案始末》,湖北人民出版社2006年版,第246页;金玉良:《落英无声——忆父亲母亲罗烽、白朗》,文化艺术出版社2009年版,第34—44页。

— 155 —

周扬的文章发表后，立即引起丁玲、萧军、白朗、艾青、舒群、罗烽等文抗作家的不满。7月20日左右，他们在延安杨家岭文抗分会内聚会协商后，决定由萧军执笔写出《〈文学与生活漫谈〉读后漫谈集录并商榷于周扬同志》[①]，对周扬的观点逐一加以批驳。针对周扬所谓的"作家写不出东西的苦闷"论，萧军他们回敬道：人要吃肉，这和吃饭、睡觉、结婚等等应该是一般光明正大。"在延安来说不怎么样吃肉的人，大约不外下列数种：一，自愿不吃肉的；二，生理上不能吃肉的；三，像周扬同志一般自己有小厨房，有时某机关请客经常有些外肉吃等等。……凡是到延安来的——连一个小鬼也在内——他们决不是想到这里来吃肉或者是补充维他命C的；这也正如周扬同志底参加革命，不仅仅是为了做院长，吃小厨房以至于出门有马骑……一般。""刊物太缺乏这是事实，这事实的根源大家也明白……总之，这一切事实，并不是那样有趣！周扬同志是应该更深一点来看看，思索思索，太轻飘地发言论事，有时就容易犯点太天真的嫌疑。"针对周扬提出的"太阳中也有黑点"的命题，萧军他们驳斥道："但若说人一定得承认黑点'合理化'，不加憎恶，不加指责，甚至容忍和歌颂，这是没有道理的事。这除非他本身是一个在光明里面特别爱好黑点和追求黑点的人，绝不是一个真正的光明底追求和创造者。"

萧军等与周扬商榷的这篇文章，正如丁玲后来回忆所说的："这篇《漫谈集录》对周扬同志文中所提的作家要到生活中去并无异议，只对周扬在漫谈中的态度和对作家写不出作品的原因的几条假设不同意。"[②]作为这一历史事件的当事人，丁玲的看法深中肯綮。其实萧军看不惯的，主要还是周扬在文中表现出的那种自视甚高、颐指气使的态度。在左联时期，周扬这种"文坛皇帝"的气派鲁迅

[①] 该文发表于《文艺月报》1941年第8期。丁玲曾参与此文的讨论，但作为《解放日报·文艺》的主编，她坚持一贯的党报不发展"争论"的原则，不同意在《解放日报·文艺》发表这篇与周扬的商榷文章，后来还把投来的文章退回去，因此最终丁玲没有署名。参见丁玲：《延安文艺座谈会的前前后后》，见张炯主编：《丁玲全集》（第10卷），河北人民出版社2001年版，第275页；韦婪：《延安作家生活纪实》，见程远主编：《延安作家》，陕西人民教育出版社1992年版，第513页。

[②] 丁玲：《延安文艺座谈会的前前后后》，见张炯主编：《丁玲全集》（第10卷），河北人民出版社2001年版，第275页。

已经领教过。

  萧军他们把文章写好后，遂送到《解放日报》发表，不意遭到退稿。萧军不服，告到毛泽东那里去，毛泽东请他把报纸和写的文章都寄来看看。过了三天，毛泽东来信请萧军惠临一叙，萧军应约前往。谈话中说到退稿之事，毛泽东说："《解放日报》不给登，你不是自己办了一份《文艺月报》吗！你可以登在《文艺月报》上啊！"经毛泽东这一提醒，这篇文章发在了《文艺月报》1941年第8期上。①"当时《文艺月报》发行数量很少，读到这篇文章的人并不广泛。这件事很快就过去了。"②这样，萧军等与周扬《文学与生活漫谈》之争才告一段落。

  由《文艺月报》所发动的这几次论战可以见出，这些论争多是文抗派作家向鲁艺派作家的挑战。1940年至1942年，延安文艺界主要有三大"文化山头"：文协、文抗与鲁艺。③文协全称为"陕甘宁边区文化协会"，1937年11月14日成立，原为"陕甘宁边区特区文协"，同年12月11日改为"陕甘宁边区文协"。地址在延安南门外西北旅社旧址，主任原为艾思奇，后为吴玉章，副主任为柯仲平。文抗全称为"中华全国文艺界抗敌协会延安分会"。1941年7月1日以前，文协与文抗是两块牌子，一套人马。1941年7月后，随着皖南事变的爆发，文抗从文协中分离出来，成为独立的伙食单位，地址也迁至延安西北的蓝家坪。以文抗副主任丁玲为核心，周围聚集了延安最有影响力的一大批专业作家，如萧军、艾青、舒群、罗烽、白朗、欧阳山、草明、刘白羽、周而复、柳青等。鲁艺全称为"鲁迅艺术学院"，1940年4月改名为"鲁迅艺术文学院"，地址先在延安北门外的旧文庙里，1939年8月2日迁到东郊的桥儿沟。1941年4月，周扬担任鲁艺副院长，开始施行其专门化的提高性的文学教育活动。在他的周围，有周立波、何其芳、陈荒煤、严文井和一批文学系学员。因为文抗从文协分离后，文协主要着力于边区文化宣传普及和政治化的文学活动，所以1941年左右出现的延安文艺新潮

---

① 王德芬：《我和萧军风雨50年》，中国工人出版社2004年版，第105页。
② 丁玲：《延安文艺座谈会的前前后后》，见张炯主编：《丁玲全集》（第10卷），河北人民出版社2001年版，第275页。
③ 具体详见吴敏：《宝塔山下交响乐——20世纪40年代前后延安的文化组织与文学社团》，武汉出版社2011年版，第102—114页。

中主要还是文抗与鲁艺的对峙。也许因此之故,周扬在后来的回忆中才说:"当时延安有两派,一派是以'鲁艺'为代表,包括何其芳,当然是以我为首。一派是以'文抗'为代表,以丁玲为首。……我们'鲁艺'这一派的人主张歌颂光明……而'文抗'这一派主张要暴露黑暗。"[1]而从上述《文艺月报》的论争情况来看,周扬的说法大致不错。这些争论大多都是文抗的作家发难,其攻击对象基本都是鲁艺的人,而且还是鲁艺的代表性人物——周扬、何其芳、周立波。当时周扬任鲁艺副院长,何其芳是文学系主任,周立波是编译处处长,他们三人构成了鲁艺派的三驾马车。文抗主办的《文艺月报》把批评矛头对准他们三人,虽非有意为之,但也是各自文艺思想的自然流露。由此,文抗与鲁艺在文艺思想上的对立,开始浮出历史的地表。

---

[1] 赵浩生:《周扬笑谈历史功过》,载《新文学史料》1979年第2期。

第三节

延安文艺新潮的进一步扩大与蔓延

除了《文艺月报》,《解放日报·文艺》也是这场延安文艺新潮的重要策源地。1941年5月16日,中共中央机关报《解放日报》创刊,丁玲任《文艺》副刊主编,陈企霞任编辑。《解放日报》甫一创刊,即在创刊号上刊登了"广告":"本刊竭诚欢迎一切政论、译著、文艺作品、诗歌、短篇小说等等之稿件。一经揭载,当奉薄酬。"由此可见其对办好《文艺》栏的重视程度。《解放日报》创刊后的头四个月只有对开两版,没有独立的专栏。社长博古主张文艺稿件不辟专栏,好的文艺稿件可以放在报纸二版、三版甚至头版。虽说不辟专栏,但多数文艺稿件都刊登在第二版左边,每次发稿约三千字。从1941年9月16日开始,《解放日报》正式设立《文艺》副刊,到1942年3月11日丁玲离开《解放日报》,她总共主编了一百期《文艺》。

虽然在设立《文艺》之前,由《文艺月报》揭橥的文艺批评已经凸显出文抗与鲁艺这两大文人团体的对立,但正如丁玲所说,《解放日报·文艺》"对于住在文抗或住在鲁艺的知名作家,我们都一视同仁,平等对待,不存门户之见"[①]。丁玲是这样叙及《解放日报·文艺》最初的办刊方针的:

> 博古同志主持报社,给我的印象是极为审慎的。总编辑杨松同志也很负责。文艺栏发表的稿件,几乎每篇都经他们过目。博古多次对我说,《解放日报》是党报,文艺栏绝不能搞成报屁股,甜点心,也不搞

---

① 丁玲:《延安文艺座谈会的前前后后》,见张炯主编:《丁玲全集》(第10卷),河北人民出版社2001年版,第274页。

"轻骑队"。

正是因为丁玲所坚持的党报"不争论"的办报原则,她才拒绝了萧军等与周扬的商榷文章。而事实上,相对于《文艺月报》的尖锐激烈的办刊方针,刚开始的《解放日报·文艺》虽然也发表了一些有争议的作品,但总的来讲还是比较审慎甚至比较保守的。在丁玲看来,作为民间性质的期刊《文艺月报》与作为党报的《解放日报》在办刊方针上应该是有明显区别的。正因为如此,她才首倡并支持《文艺月报》富有挑战性的实施时事与文明批评的"批评"办刊原则,而对自己主办的《解放日报·文艺》,她选择"不争论"的审慎的办报方针。《解放日报·文艺》最初的"风平浪静"的局面,就是这样造成的。

但随即而来的整风运动改变了这一切。1942年2月1日,毛泽东在中共中央党校开学典礼会上做《整顿党的作风》的报告。2月2日《解放日报》发表社论《整顿"学风"、"党风"、"文风"》,阐发毛泽东《整顿党的作风》报告的基本精神,说明了毛泽东号召在党的干部中普遍开展整风运动的伟大意义。2月8日,毛泽东在中共中央宣传部召集的干部会上发表演说,对残存于党内的主观主义、宗派主义和党八股进行了剖析。到会者有毛泽东、任弼时、王稼祥、凯丰等领导,党内外高级干部与从事文化工作、研究工作、编写工作的干部八百余人。毛泽东讲话的题目是《反对党八股》,讲话中他痛陈党八股的八大罪状,号召全党加以抵制。毛泽东的《整顿党的作风》和《反对党八股》这两篇文章,标志着在全党展开的反对主观主义以整顿学风,反对宗派主义以整顿党风,反对党八股以整顿文风的整风运动正式开始。

毛泽东所倡导的大规模的整风运动一旦发动,作为党报的《解放日报》自然就要积极跟上并加以配合。这样,《文艺》以往那种近乎审慎保守的办刊方针就显得"太死板、太持重、太缺乏时代感了"。1942年3月11日是《文艺》出刊百期纪念日。为了迎接《文艺》百期,《文艺》专刊出版了三期《百期特刊》,发表了刘白羽的《新的气息》、欧阳山的《祝〈文艺〉的百尺竿头》、丁玲的《编者的话》、舒群的《为编者写的》、艾青的《了解作家,尊重作家》、奚如的《一点意见》,积极呼吁《文艺》栏要解放思想,跟上时代步伐,百尺竿头更进一步。

其实，作家们的呼吁和期待与丁玲的内心初衷是暗合的。早在1941年10月23日，《解放日报》上即刊出丁玲的《我们需要杂文》，认为："现在这一时代仍不脱离鲁迅先生的时代，贪污腐化，黑暗，压迫屠杀进步分子，人民连保卫自己的抗战自由都没有……即使在进步的地方，有了初步的民主，然而这里更需要督促，监视，中国的几千年来的根深蒂固的封建恶习，是不容易铲除的，而所谓进步的地方，又非从天而降，它与中国的旧社会是相连结着的。"所以，她主张："我们这时代还需要杂文，我们不要放弃这一武器。举起它，杂文是不会死的。"整风运动反对教条主义和党八股的政治大形势，促使丁玲开始改变当初的审慎保守的编辑方针，决定《解放日报·文艺》也可以对目前的"时尚"行使批评之风。此后，《解放日报·文艺》逐渐出现了一些受读者欢迎的非作家写的杂文。

在延安社会真正引起轩然大波的，是稍后发表在《文艺》上的丁玲的《三八节有感》和王实味的《野百合花》。关于《三八节有感》的写作缘由，丁玲晚年回忆说，1942年3月7日，"陈企霞派人送信来，一定要我写一篇纪念'三八'节的文章。我连夜挥就，把当时我因两起离婚事件而引起的为妇女同志鸣不平的情绪，一泄无余地发出了"[①]。而这篇杂感的主题，用丁玲的话说就是："《'三八'节有感》不过是指责了随便离婚而已，把那个土包子老婆休了，另外找一个知识分子。现在看来，这实在没有什么了不起。离婚自由，双方没有共同语言，没有爱情，当然可以离婚。《'三八'节有感》就是表现这么一点，里面有一点批评，也不多，不过是替少数女同志发了点牢骚而已。"[②]但这一替女同胞鸣不平的女性本位立场却触及了延安社会敏感的神经。王实味的《野百合花》更是用尖刻的语言，揭示了延安社会"衣分三色，食分五等"的不平等现象和知识青年到了延安得不到应有的"关爱"与"温暖"的人情冷漠。

[①] 丁玲：《延安文艺座谈会的前前后后》，见张炯主编：《丁玲全集》（第10卷），河北人民出版社2001年版，第278页。
[②] 丁玲：《谈自己的创作》，见张炯主编：《丁玲全集》（第8卷），河北人民出版社2001年版，第89页。

《解放日报·文艺》除了发表《三八节有感》和《野百合花》之外，还陆续发表了丁玲的《我们需要杂文》、艾青的《了解作家，尊重作家》、罗烽的《还是杂文时代》、萧军的《纪念鲁迅：要用真正的业绩！》《论"终身大事"》《作家面前的"坑"》《论同志的"爱"与"耐"》、张仃的《漫画与杂文》等杂文，还有柳青的《被侮辱了女人》《废物》、狄耕（张棣赓）的《腊月二十一》、刘白羽的《陆康的歌声》、雷加的《躺在睡椅里的人》等小说。在《解放日报·文艺》的引动下，当时在延安及其他解放区出版的刊物如《大众文艺》《中国文化》《文艺月报》《谷雨》《西北文艺》等也跃跃欲试，相继发表了一些抨击时弊的小说和杂文，如丁玲的《"开会"之于鲁迅》《在医院中时》《我在霞村的时候》《干部衣服》，萧军的《杂文还废不得说》，王实味的《政治家·艺术家》，陈企霞的《鸡啼》，莫耶的《丽萍的烦恼》，等等。这些作品，以抨击时弊为主，大都触及了当时延安社会的诸多阴影，如男女不平等、人情冷漠、分配不公、干部特权等问题。至此，由文抗的《文艺月报》发动的延安文艺新潮，因为发行量最大的《解放日报·文艺》的加入，开始走出文艺圈子而在延安社会甚至各解放区产生影响。

但真正使这股延安文艺新潮走向街头，接近民众并产生广泛社会影响的，还是当时轰动延安的三大墙报——由中央青委主办的《轻骑队》，张谔、华君武、蔡若虹三人的"讽刺画展"，以及由中央研究院主办的《矢与的》。

其一，中央青委的《轻骑队》墙报。

《轻骑队》墙报是由中共中央青年工作委员会机关的几个青年知识分子业余编辑的，1941年4月创刊，地点在中央青委的所在文化沟（老百姓俗称为"大砭沟"）。参与《轻骑队》墙报写作和编辑的主要人物为李锐、萧平、许立群、童大林、于光远、王若望等。

《轻骑队》墙报，是用木头搭的一个大木牌，面积不过九到十平方米，每两周一期，每期七八篇文章。每期都由童大林用毛笔抄成大字报，精心安排，有时还配上华君武、蔡若虹、张谔等的漫画，可谓图文并茂。中央青委的一些领导，对《轻骑队》出刊相当慎重，担心出这样的墙报，万一批评得不对，会惹出事来，但对青年们的这种热情又一定要保护。于是，没有让他们贴到外面去，而是贴在窑洞里，并且把凯丰等领导请来"审查"。大概因为第一期的内容比较温和，"审查"顺利通过。皆大欢喜之际，众人决定：贴出去！《轻骑队》墙报就这样诞生了。

《轻骑队》墙报一创刊，立即轰动了延安。每到周末文化沟便热闹非凡，鲁迅艺术学院的学员，附近许多单位大大小小的干部，都到文化沟来看《轻骑队》墙报。也有从七八里外，甚至更远的地方赶来的，为的是要看看《轻骑队》墙报！胡乔木1941年6月调离中央青委到杨家岭当毛泽东的秘书以后，只要《轻骑队》新墙报一贴出，必定专程过延河去看。

《轻骑队》之所以深受大家喜爱和欢迎，是因为上面发表的大都是一些揭露时弊、妙趣横生的短小精悍之文。李锐有一篇题为《想当年》杂文，讽刺某些老干部，没有新的建树，只一味摆老资格。文中虽然没有点名，但所举例子"想当年我在苏联如何如何""想当年，我与高尔基如何如何"，看来主要是批评萧三的。一天傍晚，在延河边散步时，李富春遇见李锐，笑指他说："李锐，你好尖锐，挖苦萧三嘛！"《轻骑队》批评萧军的稿子不少，带头的是许立群。青年们不喜欢他"老子天下第一"的做派，更不喜欢他动不动就以"鲁迅弟子"自居。韦君宜到泽东青年干部学校以后给《轻骑队》投稿的题目是《论师道》。文中说，老师就要比学生高明，而泽东青年干部学校某些教师的水平却不能令人满意。陈企霞也是《轻骑队》编辑之一。他写的长诗《丘比特之箭》是讽刺当时延安的女青年择偶的标准，"王明的口才，博古的理论"，非此不嫁。因为当时延安男女比例18：1，一些女青年的眼睛都盯着大官、大知识分子，工农干部和小知识分子被冷落。

《轻骑队》上也发表了一些"惹祸"的文章。《轻骑队》的第一任主编（其实《轻骑队》并没有像样的编委会，是中央青委的几个青年业余搞的，因此无所谓主编，权且如此称呼）是萧平。他是同田家英一起从四川来到延安的，当时任《中国青年》杂志的编辑。他在《轻骑队》墙报上写过一篇相当尖锐的批评文章，题为《龙生龙，凤生凤》，说的是当时延安的鲜牛奶供应极少，除了供少数

— 163 —

高级干部以外，只有幼儿园里才能见到，但又不是每个孩子都能喝到，于是便给了高级干部的孩子喝。萧平的这篇文章，后来被国民党的一个叫作《良心话》的杂志转载，利用它攻击延安的"等级""腐败""一团糟"。"闯祸"的另一篇稿子是《论离婚》，批评延安的某些领导同志在婚姻问题上喜新厌旧、换偶频繁。作者是一位少数民族干部，虽几经修改后刊出，一位从前线回来的八路军将领看了，拍桌子大骂：这些小资产阶级搞什么名堂？！还有一篇受批评的文章，其内容是议论高岗窑洞的窗户纸的。当时延安的窑洞门窗没有玻璃，用纸糊起来，采光和挡风较差。当时高岗住的窑洞的窗户纸比较白而透亮，普通干部住的窑洞的窗户纸比较黑而且粗糙，透亮性也差。作者因此认为不必在如此细小的生活细节中都体现出"等级"差别来。[1]

由于《轻骑队》的影响，胡乔木想到应让毛泽东也去看看。当然毛泽东工作繁忙，很难有时间过延河去看墙报。于是，胡乔木便让童大林将每期《轻骑队》的文章油印，送给毛泽东、朱德、博古等中央领导人，以及有关单位的领导。毛泽东不仅每期都看，而且还转送给他的警卫员看。毛泽东对《轻骑队》的文风尤为满意，在《反对党八股》中说："要使革命精神获得发展，必须抛弃党八股，采取生动活泼新鲜有力的马克思列宁主义的文风。这种文风，早已存在，但尚未充实，尚未得到普遍的发展。"据说，"早已存在"四个字，就是指《轻骑队》。毛泽东把《轻骑队》的文风誉为"生动活泼新鲜有力的马克思列宁主义的文风"，其评价之高，实属罕见。毛泽东的称赞使《轻骑队》的编者们备受鼓舞。

整风运动初期，《轻骑队》照常出版，并且得到不少赞许。《解放日报》1942年3月20日发表了张宣在3月12日写给该报的信。他认为："像《轻骑队》那样的揭露性刊物，虽然不免为好多纱帽气十足的'干部'们斥为'杂牌军'，我以为仍然是应该存在下去的；不但存在下去，而且其存在的规模还似乎应该与党的正气同其扩大，扩大到更正经合法的版面上去。"当《轻骑队》创刊将近一周

---

[1] 以上文章的内容介绍，均来自宋晓梦：《李锐其人》，河南人民出版社1999年版，第183—190页。

年之际,《解放日报》刊发消息《"轻骑队"出刊一年 征询各界意见,扩大篇幅纪念》说,纪念特刊将扩大篇幅,并定4月12日出版。

杂文界的老前辈曾彦修认为:"在革命根据地来讲,这样的文章(指《轻骑队》上的杂文)也是破天荒第一次出现,实际上它们的思想水平、艺术水平大都在丁玲、艾青、罗烽诸名人之上。"①可惜的是,《轻骑队》的文稿几乎一篇都没有保存下来。

其二,张谔、华君武、蔡若虹三人的"讽刺画展"。

讽刺性的漫画活动,最早先是以墙报的方式出现在鲁艺。但在延安真正引起轰动性效应的还是张谔、华君武、蔡若虹三人的"讽刺画展"。"讽刺画展"于1942年2月15日至17日在延安军人俱乐部举办。在"讽刺画展"之前,三位画家的"作者自白",表明了他们举办画展的目的和意义:"我们已经看到了新社会的美丽和光明,但也看到了部分的丑恶与黑暗,这些丑恶和黑暗是从旧的社会中,旧的思想意识中带过来的渣滓,它附着在新的社会上而且在腐蚀着新的社会。我们——漫画工作者——的任务,就必须是:指出它们,埋葬它们。"②

对于"讽刺画展"的盛况,当时《解放日报》报道说:"各界参观者,络绎不绝",展品"大小六十多幅,主要是针对延安主观主义、教条主义、党八股者、恋爱、开会、不遵守时间、乱讲自由、自大自高、小鬼、干部生活、学习、工作等不良现象而发,可谓对症下药,切中要害,妙笔横生,针砭备至,参观同志,无不同声称快,流连欣赏"。③许多中共领导人和知名人士如毛泽东、王稼祥、叶剑英、艾思奇、萧军等均前往观看。"讽刺画展"先是举办了三天,参观者络绎不绝,而且"因观众过于拥挤,甚至将门挤倒,并有向壁而返者"。因此,美协决定画展又于2月19日至20日、21日至22日分别在文抗作家俱乐部、

---

① 曾彦修:《我为何至今赞美〈轻骑队〉》,载《文汇读书周报》1999年7月31日。
② 《讽刺画展的"作者自白"》,载《解放日报·文艺》1942年2月15日。
③ 《"讽刺画展"观者踊跃》,载《解放日报》1942年2月17日。

新市场商会俱乐部继续举办，真可谓盛况空前，成为当时延安的一大盛事。①

其三，中央研究院的《矢与的》墙报。

1942年3月23日，中央研究院为了配合整风创办了《矢与的》墙报。《矢与的》的取名，源于毛泽东《改造我们的学习》讲话中的话："'的'就是中国革命，'矢'就是马克思列宁主义。我们中国共产党人所以要找这根'矢'，就是为了要射中国革命和东方革命这个'的'的。"中央研究院副院长范文澜为《矢与的》墙报写了发刊词，提出"彻底民主""绝对民主"，"谁阻碍民主，就会在民主面前碰出血来"，"以民主之矢，射邪风之的"。创办《矢与的》墙报的决定，是在此之前的3月18日，在中央研究院整风检查工作动员大会上由时任中宣部副部长，主管中央研究院整风工作的李维汉（罗迈）宣布的。也就是在这次大会上，发生了当时轰动延安的"民主"选举风波：以中央研究院特别研究员王实味为代表的群众代表反对院方指定的整风检查工作委员会，主张所有委员应该通过全院民主选举产生，在整风壁报上写文章应允许匿名等，结果其建议以八十四票对二十八票通过。《矢与的》创办后，范文澜的这个发刊词更加鼓舞了以王实味为代表的中央研究院的"民主派"。李维汉后来回忆说，正是因为这个发刊词，被"少数人"利用，"在《矢与的》上再次挑起了动员大会上的争论"。

《轻骑队》、"讽刺画展"与《矢与的》这三大墙报，对于已经在《文艺月报》和《解放日报》滥觞并涌起的延安文艺新潮，起到了极大的推动作用。这三大墙报出现后，各地也有竞相模仿者，如西北局的《西北风》、三边分区的《驼铃》、关中分区的《新马兰》等墙报也相继出现。这些墙报，使得这场延安文艺新潮的影响超越了文艺界的范围，直接发展为一场颇为壮观的社会文化思潮。

---

① 参见《解放日报》1942年2月17日、18日、19日的有关报道。

第四节

以鲁迅启蒙主义为旨归的延安文艺新潮

在对这场波澜壮阔的延安文艺新潮具体场景的历史描述中,我们总能感到一个巨大的背影的存在。这个巨大的背影就是鲁迅。也就是说,这场蔓延于延安文坛,以暴露黑暗、抨击时弊为主要内容的文艺思潮,精神源头来自被毛泽东誉为中国新文化"旗手"的鲁迅。

首先,这一文艺思潮中的活跃人物,或是鲁迅的弟子,或是鲁迅的崇拜者,尤其是丁玲、萧军等,在鲁迅生前曾亲炙于先生,都曾发愿以秉承先生的事业为志向。鲁迅与他们之间,有着或明或暗的精神性的传承谱系。

萧军是公认的鲁迅三大弟子之一[①],鲁迅事业最忠实的继承人。自1934年1月萧军在青岛与鲁迅开始通信,并于1934年11月30日与鲁迅首次会面,萧军一生都在追随鲁迅、弘扬鲁迅,坚守着鲁迅的战斗精神和文学事业。萧军晚年曾说:"鲁迅先生,是我一生中唯一所钟爱的人……"[②]萧军有两枚印章,一曰"三十年代人物,鲁门小弟子",一曰"辽西凌水一匹夫耳",辽西指他的家乡锦州,凌水是他家乡的一条河的名字。

晚年鲁迅与萧军、萧红交往甚频。查《鲁迅日记》,从1934年10月9日鲁迅接萧军的第一封信至1936年8月10日萧军致鲁迅最后一封信这短短的两年间,二人的往复书信就达110封之多。其中,萧军致鲁迅62封,鲁迅复萧军48封。特别是萧军初到上海时,二人的通信尤为频繁,在1934年11月到1935年4月仅半年时间内就通

[①] 另外两大弟子为胡风和聂绀弩。
[②] 萧耘、建中:《鲁迅与萧军》,载《前进论坛》1997年第4期。

信多达57封。尤其令人感动的是，鲁迅在1934年4月4日一天内竟一连给萧军去信4封。相交熟悉以后，二萧经常去拜访鲁迅。萧军晚年回忆：

> 每到星期六周建人先生全家来鲁迅先生家聚一聚嘛，我和萧红赶上了也一块吃。鲁迅先生只吃那么一小碗饭，喝那么一杯老酒，最后呢，由我包了（liao）！如果烤一只鸡，他们每人只吃那么几口就算完了，差不多整只鸡都叫我给吃了。这还不算，旁人送的鲜果之类吃的东西，鲁迅先生说吃不了，还让我们包着拿走，我就拿走！①

由此可见其亲密程度。其实，鲁迅欣赏萧军的，不只是他所从事的革命文学事业，更主要的是他身上带着"胡子气"的直率和坦诚。

鲁迅去世的消息传来，萧军悲恸欲绝。周海婴在《鲁迅与我七十年》一书中，曾记下了这样令人难以忘怀的场面：

> 七八点钟以后，前来吊唁的人渐渐多起来了，但大家的动作仍然很轻，只是默默的哀悼。忽然，我听到楼梯咚咚一阵猛响，我来不及猜想，声到人随，只见一个大汉，没有犹豫，没有停歇，没有客套和应酬，直扑父亲床前，跪到在地，像一头狮子一样石破天惊般地号啕大哭。他伏在父亲胸前好久没有起身，头上的帽子，沿着父亲的身体急速滚动，一直滚到床边，这些他都顾不上，只是从肺腑深处旁若无人地发出了悲痛的呼号。我从充满泪水的眼帘之中望去，看出是萧军。②

如此深厚的师徒情感，令人动容！而鲁迅的葬礼，萧军也是极尽弟子之礼，从守丧、吊唁再到送葬，始终如一，同时还担任了送葬队伍的总指挥，并在墓前代表治丧办事处同人及《译文》《作家》《中流》《文季》四大刊物讲了话。鲁迅的葬礼结束后的善后事宜及编辑《鲁迅先生纪念集》，也是主要由萧军办理的。

在延安，因为萧军头上有鲁迅弟子的光环，所以常常被毛泽东等领导人奉为上宾。他在日记中曾这样写道："在文学、精神上鲁迅先生是我唯一的先生，对

---

① 萧军谈话，萧耘整理：《我与鲁迅先生的交往》，载《鲁迅研究月刊》1988年第9期。
② 周海婴：《鲁迅与我七十年》，南海出版公司2001年版，第57页。

于毛在政治上我也愿以他为先生，为这政治理想而战斗！但我却以兄长的地位看待他。"①到延安后，继承并弘扬鲁迅的文学事业，是萧军最主要的奋斗目标和工作内容。他先后组织了延安鲁迅研究会、文艺月会、星期文艺学园、作家俱乐部等文化组织，并担任文抗理事会的理事、鲁迅研究会的主任干事，同时参与编辑了《鲁迅研究丛刊》《文艺月报》《谷雨》等杂志，还参加了1942年的延安文艺座谈会。

丁玲与鲁迅的关系虽不如萧军那样紧密，但她却认为自己"还是鲁迅先生的忠实的学生"②。丁玲说，"我便是吃鲁迅的奶长大的"③，也就是说，鲁迅在丁玲心目中，始终都有着一种"精神之父"的魅力。丁玲出身于湖南临澧一个破落的大家族，与鲁迅一样，他们同属于"破落户子弟"，从小备尝世态炎凉之苦。相似的家庭出身，决定了他们类同的性格和精神气质：敏感、孤傲和愤世嫉俗。1919年，受五四新文化运动唤醒的丁玲毅然走出家庭的羁绊，先后赴长沙、上海、北京求学。1924年下半年，在北京遭遇人生大苦闷的丁玲开始接触鲁迅的作品，并于走投无路中向鲁迅求助，但鲁迅竟误会是沈从文化名"丁玲"写的信，没有理会，这使丁玲倍感痛苦和失望。不久，鲁迅知道了真相，感到很是抱歉。④1930年，左联成立，鲁迅成为左联的盟主。这时已经成名的丁玲也来到上海，主编左联的机关刊物《北斗》。1931年7月30日，丁玲在冯雪峰的陪同下去见鲁迅，请求他为《北斗》提供插图和文稿，鲁迅很愉快地答应了她的要求。这是丁玲与鲁迅的第一次会面。事后，鲁迅果然用冬华、长庚、隋洛文、洛文、丰瑜、不堂等笔名，在《北斗》上发表了十几篇杂文和译文，其中有脍炙人口的名篇《我们不再受骗了》《答北斗杂志社问》等。左联时期，丁玲的创作有重要

---

① 萧军：《人与人间——萧军回忆录》，中国文联出版社2006年版，第420页。
② 丁玲：《鲁迅先生于我》，见张炯主编：《丁玲全集》（第6卷），河北人民出版社2001年版，第120页。
③ 丁玲：《我便是吃鲁迅的奶长大的》，见张炯主编：《丁玲全集》（第8卷），河北人民出版社2001年版，第204页。
④ 艾云（荆有麟）：《鲁迅所关怀的丁玲——鲁迅全集研究拾遗》，载《新华日报》1942年7月22日；丁玲：《鲁迅先生于我》，见张炯主编：《丁玲全集》（第6卷），河北人民出版社2001年版，第111—112页。

的变化。她先后写出了《田家冲》《水》《多事之秋》《五月》《某夜》《法网》《消息》《夜会》《奔》等反映农民、工人以及革命者生活与斗争的小说和散文，并写出了长篇历史小说《母亲》的一部分。丁玲对革命文学的贡献，受到了左翼文坛的高度重视，得到了鲁迅的高度评价。1936年5月，美国记者埃德加·斯诺采访鲁迅。斯诺问鲁迅："最好的短篇小说家是谁？"鲁迅答："茅盾、丁玲、郭沫若、张天翼、郁达夫、田军。"[①]此时丁玲已经被国民党特务软禁起来了，但鲁迅仍然高度评价丁玲的小说成就，可见对其才华的欣赏。

1933年5月14日，丁玲在上海寓所遭到国民党特务绑架。鲁迅闻讯后，即刻托郑伯奇带口信给良友图书公司编辑赵家璧，建议将丁玲的长篇小说《母亲》立即付排，对原作残缺不全的原因在编者按语中做个交代，出版时，大登广告，广为宣传，作为一种方式开展斗争。27日，赵家璧送来丁玲的《母亲》，是作者的亲笔签名本。鲁迅见此悲愤难抑，作七绝一首："如磐遥夜拥重楼，剪柳春风导九秋。湘瑟凝尘清怨绝，可怜无女耀高丘。"[②]丁玲被捕后，敌人将她软禁起来，外界长期得不到她的消息。鲁迅为此既忧心如焚，也不免产生了疑惑。1934年9月4日，他在给王志之的信中说："丁君确健在，但此后大约未必再有文章，或再有先前那样的文章，因为这是健在的代价。"[③]1934年11月12日在致萧军、萧红的信中又说："蓬子转向；丁玲还活着，政府在养她。"[④]在监禁中的丁玲可能不在乎别人怎么说，但却很在乎鲁迅怎么说。1935年秋天，当一个朋友将鲁迅"忧心的误会"告诉了丁玲时，她"呆住了"，"热泪涌上了她的眼眶，她半晌说

[①] 斯诺：《埃德加·斯诺采访鲁迅的问题单》《鲁迅同斯诺谈话整理稿》，安危译，载《新文学史料》1987年第3期。
[②] 该诗后来以《悼丁君》的题目，发表于曹聚仁主编的《涛声》1933年第2卷第38期上。发表的诗稿做了三处改动："遥夜"改"夜气"，"拥"改"压"，"湘"改"瑶"。
[③] 鲁迅：《340904 致王志之》，见《鲁迅全集》（第12卷），人民文学出版社1981年版，第513页。
[④] 鲁迅：《341112 致萧军、萧红》，见《鲁迅全集》（第12卷），人民文学出版社1981年版，第563页。

不出话来"。①她希望能立刻见到鲁迅,向他诉说心中的委屈。1936年7月18日鲁迅在日记中写道:"午后得丁玲信。"此信是丁玲从南京秘密到达上海时写的,当时她很想去见鲁迅,但被冯雪峰劝住了。因鲁迅正在病中,需要安静和休息。丁玲只得借助笔和纸,"给他写了一封致敬和慰问的信"。和第一次收到丁玲的信一样,这次鲁迅也没有回信。推测其原因,一是身体状况的关系;一是因于当时的环境,丁玲还没恢复自由,和她通信会带来种种不便。

1936年10月初,丁玲在冯雪峰的安排下由上海到达西安,准备前往陕北。10月20日,鲁迅逝世的消息传来,丁玲悲恸不已,立即以"耀高丘"的名字发唁函给许广平:"我是今天下午才得到这个最坏的消息的!无限的难过汹涌在我心头。尤其是一想到几十万的青年骤然失去了最受崇敬的导师,觉得非常伤心。我两次到上海,均万分想同他见一次,但为了环境的不许可,只能让我悬想他的病躯,和他扶病力作的不屈的精神!现在却传来如此的噩耗,我简直不能述说我的无救的缺憾了!"②这是丁玲给鲁迅的第三封信,也是最后一封信,从此她再也见不到鲁迅,无法当面给他释疑,得到他的完全谅解和信任。

1936年11月初,丁玲抵达陕北保安。11月22日,由丁玲倡议,在保安成立了中国文艺工作者协会,丁玲任主任。1937年1月,丁玲随中共中央机关进驻延安。8月,中共中央军委决定西北战地服务团(简称"西战团")赴前线慰问抗日将士,丁玲任西战团主任,并开始随团出征。西战团辗转陕西、山西劳军十个月,于1938年奉命回到延安。在延安,丁玲开始专职从事文学创作,先后任文抗执委、副主任,《解放日报·文艺》主编等职务。因为鲁迅在丁玲心目中有着一种"精神之父"的深厚情谊,再加之她与冯雪峰之间的特殊关系,丁玲坦承她是铁杆的鲁迅支持者:"他和一些人论战时,我站在他一边,尽管我没有用笔来参加这论战。我很不平于一群人围攻他一个人。历史留下来的是鲁迅的不朽的作

---

① 里夫:《丁玲——新中国的女战士》,转引自熊守海:《丁玲与鲁迅》,载《华中师院学报》1981年第2期。
② 丁玲:《致许广平》,见张炯主编:《丁玲全集》(第12卷),河北人民出版社2001年版,第17页。

品，淘汰了那些围攻他的大量的所谓文章。"[1]其中所谓的"论战"，主要指的还是"两个口号"论争。毫无疑问，在鲁迅与周扬之间，丁玲肯定是坚定的"鲁迅派"。在延安弘扬鲁迅的精神和事业，对丁玲来说乃是责无旁贷。

除了萧军、丁玲这两位亲炙于鲁迅的弟子之外，在延安更多的还是崇奉鲁迅，以鲁迅的文学事业为自己人生志业的鲁迅信徒和追随者。他们是艾青、萧三、舒群、罗烽、白朗、陈学昭、周文、欧阳山、草明、吴奚如、刘雪苇、王实味、江丰、力群、张仃等等，有的曾与鲁迅时相过从，有的曾与鲁迅有过联系但未谋面，有的与鲁迅既没有联系也未曾谋面，但是他们却因"鲁迅"而不约而同地集结起来，参与并汇入这场声势浩大的延安文艺思潮。

其次，这场文艺思潮的倡导者公开打出了"鲁迅"的旗号，提出"还是杂文时代，还是鲁迅笔法"的命题。而鲁迅匕首投枪式的杂文，不但是他们景慕和模仿的对象，更成了他们捍卫杂文在延安社会合法性存在的重要依据。

早在这场延安文艺新潮发动之时，萧军、丁玲等倡导者首先想到的就是从鲁迅那里寻找精神资源和理论根据。萧军日记1941年3月15日记："我准备把延安的文艺运动开导和整理出一个规模来，那时即使我走开也是好的。……文艺运动的方向：使月会扩大，尽可能把他们提到鲁迅研究会来，使受鲁迅的影响。……对于一般不正的，卑下的文艺见解要纠正过来，对阻害文艺运动发展的东西，要给以扫除与攻击。"[2]接着，文艺月会又于3月19日、3月20日、3月22日分别在泽东青年干部学校、抗日军政大学、陕北公学召开了第九次、第十次、第十一次座谈会，其中讨论的问题都牵涉到了鲁迅。第九次座谈会提出："在延安是否应写暴露缺点的作品，应写，又应怎样写法？"第十次座谈会提出："鲁迅笔法及用字可否学？"第十一次座谈会提出："阿Q的典型性""文学服从政治，政治服从文学？谁决定谁？"[3]延安文艺新潮所出现的诸多重大理论问题，萧军最初都通过鲁迅牵出来

---

[1] 丁玲：《我便是吃鲁迅的奶长大的》，见张炯主编：《丁玲全集》（第8卷），河北人民出版社2001年版，第204页。
[2] 萧军：《人与人间——萧军回忆录》，中国文联出版社2006年版，第339—340页。
[3] 萧军：《萧军全集》（第18卷），华夏出版社2008年版，第395—398页。

了。而丁玲在《我们需要杂文》中更是指出:"现在这一时代仍不脱离鲁迅先生的时代,……我们这时代还需要杂文,我们不要放弃这一武器。举起它,杂文是不会死的。"①

而随着这场延安文艺新潮的骤然兴起,"鲁迅风"杂文的合法性问题就成了延安文艺界热议的焦点。当丁玲、萧军、王实味等创作的一批抨击时弊的杂文问世后,人们在竞相阅读之余,接着就会顿生疑窦:这些以揭露时弊为主调的杂文或小说在延安这样的新社会合适吗?也就是说,在这"美丽新世界"里,还能以冷嘲热讽的"鲁迅笔法"写文章吗?这样,"还是杂文时代,还是鲁迅笔法"这一重大的理论问题就被提了出来。当时在延安流传出一种"鲁迅杂文过时了"的论调,称:"最近延安有些同志用鲁迅抗战前在极端不自由的环境里向帝国主义和军阀官僚作战的那种尖刻的讽刺文体来批评我们自己的革命队伍里边的同志,并且提出了现在还是同样的杂文时代作为口号。这里显然忘记了鲁迅写讽刺杂文是在什么时候,什么条件之下,处在如何的环境,对象又是什么人?"②对此,萧军写出《杂文还废不得说》、罗烽写出《还是杂文的时代》、张仃写出《漫画与杂文》等文章,对这一主流的观点进行批驳。罗烽说:"在边区——光明的边区,有人说'杂文的时代过去了',我也是很希望杂文的时代不要再卷土重来的,因为不见杂文,同时也就不见可怕的黑暗,和使人呕心的恶毒的脓疮,这样,岂不是'天下太平'了吗?岂不是很有把握获得'抗战的最后胜利'吗?但事实常常是不如希望那末圆满的,尽管你的思想如太阳之光,经年阴湿的角落还是容易找到,而且从那里发现些垃圾之类的宝物,也并不是什么难事。"③罗烽这里所用的论据,是从鲁迅"文字须与时弊同时灭亡"的思想中得到启示的。鲁迅曾在《热风·题记》中谈到自己的杂感时说:"我以为凡对于时弊的攻击,文字须与时弊同时灭亡,因为这正如白血轮之酿成疮疖一般,倘非自身也被排除,

---

① 丁玲:《我们需要杂文》,载《解放日报》1941年10月23日。
② 于野:《"没有抽象的真理,真理总是具体的"》,载《解放日报》1942年4月18日。
③ 罗烽:《还是杂文的时代》,载《解放日报》1942年3月12日。

则当它的生命的存留中,也即证明着病菌尚在。"①鲁迅的看法是,杂文是社会黑暗的产物,社会弊端存在一日,杂文就永远不会过时。罗烽的《还是杂文的时代》,思路显然来自鲁迅。

对鲁迅杂文情有独钟的,还有王实味。王实味的《野百合花》与鲁迅的《无花的蔷薇》不但在形式上有相同之处,而且更主要的在于他还从鲁迅杂文中获得了精神上的灵感和呼应!②王实味之所以要"针对着我们自己和我们底阵营进行工作",正是因为自己战侣的灵魂中有"不少的肮脏和黑暗",而"改造旧中国的任务",则是由这些灵魂中"带着肮脏和黑暗"的"旧中国底儿女"来进行的,所以,对他们进行"社会和文明批评"的工作就显得刻不容缓、势在必行。③正因为如此,对目前延安社会中的不良或不平现象进行尖锐揭露和批判,有什么不可以呢?

再次,从延安文艺新潮中文抗与鲁艺的对峙形态和争论议题来看,实际上仍然是30年代左联时期"鲁迅派"与"周扬派"争论的继续。鲁迅晚年与以周扬为代表的左翼文人在文学基本价值观上的根本性冲突,在新的历史条件下又开始了新一轮的上演。

1936年,在鲁迅晚年,左联内部爆发了"国防文学"与"民族革命战争的大众文学"两个口号的论争,左联由此也分裂成"鲁迅派"和"周扬派"两大文人团体。虽然后来随着鲁迅的去世,左翼文学内部这两派的对峙局面暂时消歇,但全面抗战爆发后,这两大团体的文人又通过各种渠道来到延安,历史的风云际会又使他们重新组合为文抗与鲁艺两大文学派别。文抗以丁玲、萧军为中坚,周文、萧三、欧阳山、草明、陈学昭、吴奚如、陈企霞、刘雪苇等,在30年代都与鲁迅有过直接的接触,鲁迅对他们有着精神之父般的影响;艾青因为与胡风的"知遇之恩",加之与何其芳在来延安之前曾有过一场笔战④,自然属于"文抗

---

① 鲁迅:《热风·题记》,见《鲁迅全集》(第1卷),人民文学出版社1981年版,第292页。
② 参见周文:《从鲁迅的杂文谈到实味》,载《解放日报》1942年6月16日。
③ 实味:《政治家·艺术家》,载《谷雨》1942年第1卷第4期。
④ 艾青:《梦·幻想与现实》,载《文艺阵地》1939年第3卷第4期;何其芳:《给艾青先生的一封信——谈〈画梦录〉和我的道路》,载《文艺阵地》1940年第4卷第7期。

派";舒群、罗烽、白朗在上海时更接近"国防文学"派,因此舒群被接到了鲁艺任教,但因为不久舒群离开鲁艺到了文抗,加之与萧军的东北同乡关系,因此他们也成了"文抗派"。鲁艺那边周扬无疑是核心,原来的部下大多都到了鲁艺,他们有周立波、沙汀、陈荒煤、张庚等,是当年"国防文学"的最坚刚分子;何其芳原属"京派",到延安后思想大变,成了"歌颂光明"派主要人物,再加之后来加入的严文井、曹葆华、贺敬之、孔厥、康濯、黄钢、杨思仲(陈涌)等,"鲁艺派"阵容也不小。另外,"鲁艺派"实际上还有一批外围的支持者,如成仿吾、李初梨、陈伯达、艾思奇、胡乔木、徐懋庸等。他们或者在"革命文学"论争中与鲁迅有过争执,或者在"两个口号"论争中属于"国防文学"派。这一批人到延安后大多已经从政,基本上脱离了延安的文学圈子,但在文学思想上,他们与周扬有着更多的一致。

但文抗与鲁艺的对峙,从根本上讲还是文艺思想上的对立。由上述延安文艺新潮的论争我们可以看出,这两大新的文人团体的形成,不仅仅是组织上和个人关系上的意气相投与感情组合,更主要的还是他们在文学价值观方面的重大差异所致。而他们之间的论争,在某种程度上仍然是"鲁迅派"与"周扬派"在30年代之争的继续。陈企霞与何其芳关于"诗歌的新民主主义"问题的论争并没有像"两个口号"那样惹起轩然大波,许多相连的问题还没有展开,但其争执的内容关涉的还是文学与政治关系的问题,这与"国防文学"论争有着惊人的相似。同样,萧军与刘雪苇关于"艺术标准"与"政治标准"关系的争论,牵连到的仍然是文学与政治的关系问题。对此,鲁迅在《文艺与政治的歧途》[①]这一著名的演讲中已有精辟深刻的见解,可以参看,此不赘言。

最后,当然更为重要的还是这一文艺思潮的精神旨归及文学价值观与鲁迅启蒙主义文学思想的内在契合,而这正是这场延安文艺新潮得以迅速蔓延的原动力。

鲁迅的启蒙现实主义文学不是要"大众化"而是一种"化大众"的文学,它

[①] 鲁迅:《鲁迅全集》(第7卷),人民文学出版社1981年版,第113页。

是以知识分子为主体的，是掌握了现代文明的具有现代理性的知识分子对于蒙昧的大众的"启蒙"，其重在以文明修复或改造人性的缺陷，使人类从文化的蒙昧中"觉醒"。在《我怎么做起小说来》中，鲁迅谈到自己写小说的初衷时说："说到'为什么'做小说罢，我仍抱着十多年前的'启蒙主义'，以为必须是'为人生'，而且要改良这人生。"[①]鲁迅认为，"文艺是国民精神所发的火光，同时也是引导国民精神的前途的灯火"，所以，我们的作家应该"取下假面，真诚地，深入地，大胆地看取人生并且写出他的血和肉来"。[②]基于此，他的小说"多采自病态社会的不幸的人们中，意思是在揭出病苦，引起疗救的注意"[③]；他的杂文是一种"社会批评"或"文明批评"[④]，其特征"是在对于有害的事物，立刻给以反响或抗争，是感应的神经，是攻守的手足"[⑤]。鲁迅这一以启蒙为旨归的现实主义文学观，特别是在毛泽东提出"鲁迅的方向，就是中华民族新文化的方向"之后，自然就成了以延安为中心的解放区作家所尊奉的典范。上述这些作品，实际上就是他们师法鲁迅的结果。在这方面，丁玲的《在医院中时》最具典型性。小说中的主人公陆萍是一个受过现代科学知识教育而又初步接受了革命洗礼，有着高度革命责任感的知识分子。但是她的现代观念却遭到了医院中以工农干部为主的习惯势力的不解和漠视：她的科学的救护管理方法得不到采纳，反而备受从院长到护士的责难和诽谤。其实，陆萍与院长和其他同事的冲突，并不是她"不能与工农群众相结合"的具体表现。丁玲《在医院中时》试图诉求的，是一种典型的启蒙现实主义的文学价值观念。上述这些文艺作品，实际上就是五四时代鲁迅启蒙现实主义文学观在新的时代的回响。

---

① 鲁迅：《我怎么做起小说来》，见《鲁迅全集》（第4卷），人民文学出版社1981年版，第512页。
② 鲁迅：《论睁了眼看》，见《鲁迅全集》（第1卷），人民文学出版社1981年版，第240—241页。
③ 鲁迅：《我怎么做起小说来》，见《鲁迅全集》（第4卷），人民文学出版社1981年版，第512页。
④ 鲁迅：《两地书》，见《鲁迅全集》（第11卷），人民文学出版社1981年版，第63页。
⑤ 鲁迅：《且介亭杂文·序言》，见《鲁迅全集》（第6卷），人民文学出版社1981年版，第3页。

毛泽东的《讲话》，批判并逆转了以"鲁迅"为名目的启蒙主义的洪流。从此，延安文人的面貌为之一变，延安文坛的局面顿时改观。而随着新的历史大幕的打开，这场以五四启蒙主义为旨归的延安文艺新潮，也将成为历史的一次回光返照为后人所记忆。

第五章 延安文艺座谈会上的『鲁迅』

1942年春天，借着整风运动的风势，在延安发生的这场以"鲁迅"为名目的文艺新潮达到了制高点，并逐渐越出了文学的范围，从而演化为一场社会文化思潮。这种文艺新潮发展的态势，引起了以毛泽东为首的中共中央领导层的高度警觉。他们随即调整整风运动的大方向，决定召开文艺座谈会，开展对延安文艺界的整风。但我们知道，这场延安文艺新潮是借着中国现代新文化的"旗手"鲁迅的名目而发动的。延安文艺整风如何处理与鲁迅的关系，也就是如何阐发鲁迅与延安文艺整风的关系，成了这次文艺座谈会必须予以解决的重大问题。

第一节

延安文艺整风运动的展开

一、整风运动的临时转向

发生在延安的这场文艺新潮，立即引起了以毛泽东为首的中央领导层的高度警觉。本来，毛泽东发动以清算主观主义、宗派主义和党八股为内容的整风运动，主要是为了统一思想，整顿干部队伍。对此，当时主管党的干部教育工作的中宣部副部长李维汉有这样的说法：

> 整风的对象，主要是老干部（当时是中年干部）。但整风刚开始时中央研究院的一部分青年知识分子出来刮了一阵小资产阶级歪风，影响很广，如果不首先加以端正，就不可能把整风运动纳入正路。因此，在一段时间内，整风矛头首先对准了青年知识分子中的这股歪风。但过后不久，毛泽东还是把整风矛头拨回到领导干部的思想路线方面……[①]

李维汉的这段话，实际上道出了毛泽东在1942年进行延安文艺整风及召开文艺座谈会的内在玄机：1942年的延安文艺整风只是整个整风运动的一个小插曲，而延安文艺座谈会正是为着发生在延安的这场文艺新潮而召开的。也就是说，延安整风的对象是老干部，但延安一部分知识分子对此却进行了"误读"，他们以为毛泽东批判教条主义和党八股的目的意在冲破藩篱、解放思想，因此便试图利用杂文这一社会批评和文明批评的利器对社会弊端进行揭露

[①] 李维汉：《回忆与研究》（下），中共党史资料出版社1986年版，第478页。

和批判。在他们看来,这是在帮助党进行整风。在整风初期,当延安文艺新潮的批评之风刚刚刮起时,毛泽东还是默认甚至赞赏的。这是因为毛泽东一贯主张"相信群众,依靠群众",他相信,通过群众"大鸣大放"的方式来监督各级干部,暴露问题是教育干部的最有效手段。因此,当部分知识分子通过《轻骑队》和"讽刺画展"等方式来揭露延安社会中存在的教条主义和官僚主义弊端时,毛泽东是乐观其行的。

但整风运动开始后不久,毛泽东就发现,整风并没有按照他的既定目标发展,而是偏离了他所预制的既定轨道。也就是说,随着这场延安文艺新潮的进一步扩大和弥漫,特别是《三八节有感》和《野百合花》等杂文的发表,其中的某些倾向已经触及了延安政治的敏感区域,甚至妨害到了党的核心利益,这对于战时状态下的凝聚人心,无疑具有某种败坏的作用。因为战争所依靠的主要对象无疑是以工农兵为主体的人民大众,或者说就是农民。而上述文艺作品中,农民出身的干部或战士却成了批评或讽刺的对象,这无论如何是他们无法接受的。一个农民出身的干部,看了"讽刺画展"后更是愤愤不平:"简直是夸大的讽刺,……乱弹琴,不过和我们开开心罢了,再说,政治影响……"[1]尤其像《三八节有感》和《野百合花》更是触及了高级将领乃至最高政治领袖的利益。更要命的是其中对延安的社会制度——战时供给制所带来的"衣分三色,食分五等"现代等级制度的揭露和批判,就颇有一种冒犯和不敬。正是在如此历史背景下,毛泽东才决定调整运动方向,展开延安文艺界的整风,治理文艺界的诸多乱象。

二、延安文艺界的整风

关于延安文艺座谈会召开的背景及目的,据中央档案馆保存的一份延安时期的电报抄件《关于延安对文化人的工作的经验介绍》(1943年4月22日)有如下的说明:

---

[1] 海燕:《镜子——记讽刺画展》,载《解放日报》1942年2月21日。

在边区文协大会上，毛主席提出了新民主主义的文化，作为团结进步文化人的总目标。但是毛主席提出的这个方针，当时许多文化工作同志，并未深刻理解，文委亦未充分研究，使其变为实际。且强调了文化人的特点，对他们采取自由主义态度。加以当时大后方形势逆转，去前方困难，于是在延安集中了一大批文化人，脱离工作脱离实际。加以国内政治环境的沉闷，物质条件困难的增长，某些文化人对革命认识的模糊观念，内奸破坏分子的暗中作祟，于是延安文化人中暴露出许多严重问题，如对政治与艺术的关系问题，有人想把艺术放在政治上，或者脱离政治。如对作家的立场观点问题，有人以为作家可以不要马列主义的立场观点，或者以为有了马列主义的立场、观点就会妨碍写作。如对写光明写黑暗问题，有人主张对抗战与革命应"暴露黑暗"，写光明就是公式主义（所谓歌功颂德），还是"杂文时代"（即主张用鲁迅对敌人的杂文来讽刺革命）一类口号也出来了。这种〔由〕非无产阶级的思想出发，如文化与党的关系问题，党员作家与党的关系问题，作家与实际生活问题，作家与工农兵结合问题，提高与普及问题，都发生严重的争论；作家内部的纠纷，作家与其他的方面纠纷也是层出无穷。为了清算这些偏向，中央特召开文艺座谈会，毛主席作了报告与结论，上述的这些问题都在毛主席的结论中得到了解决。①

这一抄件虽没有标明为中央文件，但从其行文和语气看当是中共中央所发的一份非正式的文件，可以视为当时中央高层对召开这次文艺座谈会初衷的总结性看法。值得注意的是，该抄件对上述的这股由"鲁迅"而生发的文艺思潮进行了整体性的否定，认定其中"暴露出许多严重问题"，是"非无产阶级的思想"。其中"某些文化人"，指的就是这次延安文艺新潮的主要倡导者如丁玲、萧军、艾青等人，而"内奸破坏分子"显然指的就是王实味。

召开延安文艺座谈会，是毛泽东进行文艺界整风最核心的工作。在召开文艺

---

① 西北五省区编纂领导小组、中央档案馆：《陕甘宁边区抗日民主根据地·文献卷》（下），中共党史资料出版社1990年版，第449—450页。

座谈会之前,他首先做的就是叫停传播这一新潮的传媒,如《解放日报·文艺》《轻骑队》《矢与的》等,遏制这场在延安及各解放区正在迅速扩大和蔓延的文艺新潮。他除了在许多场合发表讲话,解释整风的原则外,同时还积极在文艺、文化管理体制上做了整改,接连发布《中共中央办公厅关于党务广播问题的通知》(2月17日)、《中共中央宣传部为改造党报的通知》(3月16日)、《中央书记处关于统一延安出版工作的通知》(4月15日)等文件[①],其中,对《解放日报》的改版工作尤为重视。

1942年3月31日,毛泽东在杨家岭中共中央办公厅召集延安各部门负责人和作家共七十多人开座谈会,讨论《解放日报》改版问题。据参加会议的萧三的日记记载:"下午在杨家岭中央办公厅,由主席和博古联名召开座谈会,讨论《解放日报》改进的问题。到会党内外人士六七十人。《解放日报》主编博古讲话。自我批评——根据中央政治局的决议引文中说了一番,次由到会者发言。李鼎铭、柳湜、霍××、谢觉哉、徐特立。"对于近来延安文坛出现的一些杂文的思想倾向,毛泽东提出尖锐的批评,"主席讲了颇长的话,对延安近来有些人写文章所提出的绝对平均主义、绝对民主以及冷嘲暗箭的做法,他沉痛地做了批评(王实味的《野百合花》,丁玲的《三八节有感》到墙头壁报《轻骑队》)"。[②]毛泽东说:"近来颇有些人要求绝对平均,但这是一种幻想,不能实现的。""小资产阶级的空想社会主义思想,我们应该拒绝。""批评应该是严正的、尖锐的,但又应该是诚恳的、坦白的、与人为善的。只有这种态度,才对团结有利。冷嘲暗箭,则是一种销蚀剂,是对团结不利的。"[③]1942年4月1日,《解放日报》改版,由两个版面改为四个版面,而且头版由改版前的国际新闻改为国内外重大新闻,国内新闻以我党、我军和陕甘宁边区其他根据地的重要新闻为主,成了"真正的战斗的党的机关报"。从这一天开始,第4版取消《文艺》栏,而成为综合

---

① 参见中央档案馆编:《中共中央文件选集》(13),中共中央党校出版社1991年版。
② 高陶译著:《萧三佚事逸品》,文化艺术出版社2010年版,第175页。
③ 中共中央文献研究室编:《毛泽东年谱(1893—1949)》(中卷),人民出版社、中央文献出版社1993年版,第372页。

副刊。丁玲离开《解放日报·文艺》，由舒群接任副刊部主任。

1942年4月2日，也就是《解放日报》改版座谈会后的第三天，在中央政治局会议讨论关于在延安讨论中央决定及毛泽东同志整顿三风报告的方法时，康生提出：《轻骑队》以及王实味、丁玲两人文章风气不正，并且有极端民主化的倾向，主张对青年要注意引导，提倡积极的批评，不符合党的政策的文章最好不登。对此，意见不一致：一部分人认为暴露暴露有好处，只有乱起来，才便于有目标地开展斗争和教育新干部；另一部分则认为放得太过，搞不好会出现莫斯科当年清党斗争的情况，为托派所利用，闹成分裂，难于收场。毛泽东的态度明显"趋中"：一面强调不能放任自流，肯定新干部发生毛病是难免的；一面仍主张工作人员中的不平之气，要让他们发泄。同时，肯定各单位墙报的积极作用，相信除个别坏分子外，大多数都是好的，不是反领导的，只要领导得好，先纵后收，揭露问题，不会闹出大乱子的。[①]就在这次会议上，根据毛泽东的上述讲话精神，会议通过了《关于在延安讨论中央决定及毛泽东同志整顿三风报告的决定》，即"四三"决定。"四三"决定是由凯丰起草，经毛泽东修改，以中央宣传部名义发出的。1942年4月7日，《解放日报》刊载了这一决定。此后，这个决定成了延安整风的一个基本准则，从中央到地方，从各单位到参加整风的每一个人，都必须遵照此决定并贯彻执行。

"四三"决定所确立的"上面领导和发扬民主同时并重，不可偏废"的"先纵后收"的指导原则，平抚了党内高干的怨气，也为他们"加强领导"、"纠偏"整风运动提供了政策依据。本来，整风发动以后，在中央研究院主持工作的罗迈成了主要的攻击目标，处境比较被动。这时，在毛泽东看来同属"国际派"的凯丰（何克全，时任中央宣传部代部长），出面帮助罗迈摆脱困境。"四三"决定发出以后，4月7日，凯丰主持召开了一次座谈会，由中央研究院的负责干部（研究室主任以上）和积极分子（各研究室秘书和党小组长）二三十人参加。凯丰在会议开始时，讲了"四三"决定的精神，但会上仍然发生了争论，参加会议

---

① 转引自杨奎松：《毛泽东发动延安整风的台前幕后》，载《近代史研究》1998年第4期。

的多数同志仍然主张继续发扬民主，不承认在中央研究院的整风中有"偏向"，甚至坚持不让提"要防止偏向"。这样，凯丰在座谈会结束时所做的结论中，以严肃的态度，责备了把中央研究院的争论看成"宗派斗争"的错误观点，批评了整风初期出现的极端民主化的倾向，强调："必须明确地说，要纠正中央研究院在整风运动中的偏向"。在这个讲话中，凯丰暗示中央研究院一些同志的"自发性"偏向与王实味的"挑拨性"言论的区别。[①]凯丰的这个讲话彻底扭转了罗迈在中央研究院所处的不利局面，为他在中央研究院放手"纠偏"提供了强力的支持。用罗迈后来的话说，中宣部的"四三"决定和"四七"座谈会，"终于把中央研究院的整风引上了正确的轨道，开始了整风的深入阶段"。[②]

解决一般偏向问题的方法，一是个人学习整顿党风文件，二是集体讨论民主集中制问题。根据罗迈的回忆，在延安的中央直属机关和军委直属机关，4月18日联合举行学习动员大会，4月20日起开始学习规定的二十二个整风文件。他们学习整风文件，一般是按总论、学风、党风、文风的次序进行的。中央研究院针对运动初期发生的偏向，改变了这一次序，5月上旬开始，首先学习"四三"决定和有关整顿党风的文件。学习"四三"决定使大家初步懂得了整风运动的方针、立场、方法和中央研究院整风运动中存在的问题；毛泽东《改造我们的学习》使大家初步端正了学习的态度；列宁、斯大林、毛泽东《论党的纪律与党的民主》使大家对党的组织原则有了比较具体的了解；毛泽东《反对自由主义》、陈云《怎样做一个共产党员》和刘少奇《论共产党员的修养》等使大家初步清算了自己的非无产阶级思想意识，加强了党性修养。所有这些文件的学习，都是结合各人的思想实际和中央研究院的整风经验进行的，理论联系实际，实事求是，有的放矢，个人领会精神，自觉检查，相互启发诱导，和风细雨，开展批评和自我批评，思想普遍获得提高。[③]

---

① 宋金寿：《毛泽东与王实味的定案》，载《北京科技大学学报》（人文社会科学版）1998年第4期。
② 李维汉：《回忆与研究》（下），中共党史资料出版社1986年版，第486页。
③ 转引自李维汉：《回忆与研究》（下），中共党史资料出版社1986年版，第488—489页。

1942年4月17日，中共中央政治局讨论整风学习与检查工作时，毛泽东提到文艺界的情况，说：现在必须纠正平均主义和极端民主等问题，文艺界对整风是抵抗的，如晋东南文艺界及萧军等。现在我们进行全党的整风运动，文艺界的党员也应如此。《解放日报》要考试，乘此机会讨论党的文艺政策。接着，与会者发言指出的问题似乎比上一次会议进了一步，也具体了一些。康生说：许多文化人说中共无人性，延安不顾青年人的人性，说延安青年是政治青年。国民党特务称赞《轻骑队》为延安专制下的唯一呼声，说延安言必称鲁迅，许多新知识分子把鲁迅作为教条。这是一股歪风。博古说：许多青年感情冲动大，现在困难问题还是文艺界，对文艺界的人，要尽量不伤害，对《轻骑队》的七八个编者，要找他们谈话。陈云也提出：对文协的丁玲、萧军等，采用个别谈话最好。①

1942年3月下旬，王震在副院长范文澜的陪同下，到中央研究院看了《矢与的》墙报，读了上面王实味的文章后说："前方的同志为党为全国人民流血牺牲，你们在后方吃饱饭骂党！"毛泽东也曾经让胡乔木向王实味转达他对《野百合花》的意见："首先是批评的立场问题。"胡乔木还对王实味说："毛主席希望你改正的，首先是这种错误的立场。那篇文章充满了对领导者的敌意，并有挑起一般同志鸣鼓而攻之的情绪。只要是党员，这是绝对不容许的。"范文澜和院党委也先后同王实味谈过十次话，对他进行了耐心的帮助，希望他正视自己的错误。但所有这一切，王实味都无动于衷，始终坚持错误立场，声言要走"自己所要走的路"。②4月初，毛泽东到中央研究院用马灯和火把照明，看了《矢与的》墙报。从3月23日起，《矢与的》最初三期连续发表了王实味的三篇文章。毛泽东看后说：思想斗争有了目标了，这也是有的放矢嘛！③

对"讽刺画展"的画家，毛泽东也亲自过问。就在1942年的大年初三，毛泽东参观画展时，对正在那里值班的华君武说过"漫画要发展"的话，但华君武并

---

① 陈晋：《文人毛泽东》，上海人民出版社1997年版，第226页。
② 李言：《对中央研究院整风运动的几点体会》，见温济泽、李言、金紫光等编：《延安中央研究院回忆录》，中国社会科学出版社、湖南人民出版社1984年版，第108—109页。
③ 中共中央文献研究室编：《毛泽东年谱（1893—1949）》（中卷），人民出版社、中央文献出版社1993年版，第373—374页。

没有真正听懂毛泽东话里的意思。①不久，毛泽东就约三位画家到自己的住处谈话，指出："对人民的缺点不要冷嘲，不要冷眼旁观，要热讽。鲁迅的杂文集叫《热风》，态度就很好。"②

《轻骑队》的日子也越发艰难。1942年4月13日《解放日报》第2版又登出了如下消息《轻骑队将改变编辑方针》。消息说：《轻骑队》编委会最近曾检讨一年来工作，认为编辑方针错误，并决定加以彻底改变。此后，一个星期天，在青年俱乐部挤满了人，一些关注和爱护《轻骑队》的同志和朋友，听取了已调到杨家岭中央政治研究室的许立群，以《轻骑队》第二任主编的身份，做了长篇的检查。许立群检查以后，胡乔木让童大林将原文压缩，准备登报。随后，胡乔木把童大林压缩以后的稿子拿给毛泽东过目。毛泽东亲手为这篇检查加上个标题："我们的自我批评"。在这份检查中，《轻骑队》的"编委会"（其实《轻骑队》并没有所谓的"编委会"）"坦白承认过去的编辑方针是错误的"。1942年4月23日，《解放日报》作为来件发表了这份检查。此后，在延安社会活跃了一年多的《轻骑队》终于停刊。

三、延安文艺座谈会的筹备

在对文艺界的诸多乱象，尤其是其中的自由化倾向进行一系列治理整顿之后，接下来的问题就是召开会议，制定文艺政策，统一文艺界的思想了。1942年4月10日，中共中央书记处召开工作会议。会议同意毛泽东的提议，准备以毛泽东、博古、凯丰的名义召集延安文艺座谈会，拟就作家立场、文艺政策、文体与作风、文艺对象、文艺题材等问题交换意见。③从此，具有里程碑意义的延安文艺座谈会开始正式提上了日程。

为了召开这次座谈会，毛泽东以前所未有的加速度，紧锣密鼓地进行了大量

---

① 华君武：《1942年毛主席和我们的谈话》，见《我与毛泽东的交往》，山西人民出版社1993年版，第274页。
② 艾克恩编纂：《延安文艺运动纪盛》，文化艺术出版社1987年版，第316—318页。
③ 中共中央文献研究室编：《毛泽东年谱（1893—1949）》（中卷），人民出版社、中央文献出版社1993年版，第374页。

—189—

的前期准备。大约从1942年4月初开始,他就有意识地与文艺界的作家、艺术家往来,约请他们到杨家岭驻地谈话,与他们谈对文艺的看法,同时还请他们代为收集文艺界各方面包括反面的意见和材料。与此同时,中央组织部部长陈云、宣传部代部长凯丰等也分别找作家谈话。根据一些当事者的回忆,毛泽东约去谈话的文艺家有丁玲、艾青、萧军、舒群、刘白羽、欧阳山、草明、何其芳、严文井、周立波、曹葆华、姚时晓等多人。

毛泽东于4月间与艾青通信三封,见面两次。据艾青回忆:"四月间,毛主席给了我一封信说:'有事商量,如你有暇,敬祈惠临一叙,此致敬礼!'我去了,他说:'现在延安文艺界有很多问题,很多文章大家看了有意见。有的文章像是从日本飞机上撒下来的;有的文章应该登在国民党的《良心话》上的……你看怎么办?'我说:'开个会,你出来讲讲话吧。'他说:'我说话有人听吗?'我说:'至少我是爱听的。'接着他又谈了一些文艺方针。过了两天,他给我第二封信说:'前日所谈有关文艺方针诸问题,请你代我收集反面的意见。如有所得,希随时赐知为盼。此致敬礼!'在'反面的'三个字下面打了三个圈。我也不知道什么是反面的意见,就没有收集,只是把我自己对文艺工作的一些意见写成文章寄给他了。过了几天,他来信说:'大著并来函读悉,深愿一谈,因河水大,故派马来接,如何?乞酌。此致敬礼!'我去了。记得是在一个新搬的窑洞里,中间放了一张桌子,他把我的文章交还给我说:'你的文章,我们看了,有些意见,提供你参考。'我就准备记录,但是地不平,桌子有些摇晃,我跑出窑洞去找小石片来垫桌子,不料他跑得比我快,马上拣来小瓦片回来垫上,桌子不再摇晃了。"[①]

毛泽东与萧军的通信和交往早就开始了。我们知道,此前萧军和周扬因为"《文学与生活漫谈》事件"闹得很不愉快,随后又因为《文艺月报》和其他

[①] 艾青:《延安文艺座谈会前后》,见《艾青全集》(第5卷),花山文艺出版社1991年版,第605页。

生活琐事与丁玲、罗烽等朋友闹得基本"不交言语"并断绝来往。①因此,萧军就想离开延安,于1941年7月向毛泽东辞行。萧军说明来意以后,毛泽东非常奇怪,问他究竟发生了什么事,对延安或对某个人有什么意见,希望他坦率地毫无顾虑地说出来。萧军便直言不讳地谈了他所见到的延安一些不良现象及某些同志的宗派主义、行帮作风的具体实例,以致发生的一些矛盾和冲突。毛泽东听了以后又是解释又是宽慰,使萧军的心情感到舒畅多了。毛泽东说:"你别走了,帮我收集一下文艺界各方面的意见和情况好吗?"经毛泽东恳切挽留,萧军答应不走了,回家以后立刻把手里现有的一些材料陆续寄给了毛泽东。而到了延安文艺座谈会召开的4、5月间,毛泽东与萧军之间的通信和见面更为频繁。据统计,1942年4、5月两个月,毛泽东与萧军会面九次(包括座谈会上的三次),通信六封,所谈论内容多为文艺座谈会的具体事宜和讨论议题。②

毛泽东在延安文艺座谈会之前,曾三次找刘白羽约谈,但就不像待艾青和萧军那样客气了。因为刘白羽是党内作家,而且还兼着文抗的支部书记,他们之间的谈话则是同志式的。刘白羽后来回忆道:"有一天,毛主席派人来约我到他那里去(我到毛主席家去过几次),这一次去后觉得气氛有点不同。……他引我坐到书桌旁木椅上,自己坐到书桌正面。我们离得很近,他开门见山讲了两句话:'中央把边区的经济问题整顿得差不多了,现在可以腾出手来整顿文艺问题了。'这两句话非常重要,是关于究竟为什么要召开文艺座谈会的根本原因。很明显,文艺需要整顿,召开'延安文艺座谈会',决不是什么某个人建议,而是党中央的决定。毛主席跟我谈的话,内容大概是《在延安文艺座谈会上的讲话》引言提出的那些个问题。我只埋着头记他的话,他的说话是经过反复思考的,吐字也有节有奏,不紧不慢。可能也是有意让我记得仔细一些。最后他说:'你那里作家不少,你把他们集合起来,把我谈的话念给他们听听,然后让他们发表意

---

① 晓风、萧耘辑注:《萧军胡风通信选》,载《新文学史料》2004年第2期;金玉良:《落英无声——忆父亲母亲罗烽、白朗》,文化艺术出版社2009年版,第204页。
② 王德芬:《我和萧军风雨50年》,中国工人出版社2004年版,第102—111页;萧军:《萧军全集》(第18卷),华夏出版社2008年版,第595—640页。

见。会有正面意见,可我更需要的是反面意见。刘白羽同志,我不是说兼听则明吗?'他一下子变得轻松起来,他的笑容使你感到有点俏皮。……过了一阵,毛主席又找我去听取意见。这次是我说他听。他有时也用铅笔记几笔,有时听不过去就反驳几句。我记得后来在讲话中批判的'不是立场问题,立场是对的,心是好的,意思是懂的,只是表现不好,结果反而起了坏作用……'这一席话就是从我们那儿议论的话题生发出来的。"[1]

毛泽东还于4月下旬,邀集鲁艺文学系和戏剧系的几位党员教师何其芳、严文井、周立波、曹葆华、姚时晓等到杨家岭谈话。毛泽东一见面就问:你们是主张歌颂光明的吧?听说你们有委屈情绪。一个人没有受过十年八年委屈,就是教育没有受够。又说:知识分子到延安以前,按照小资产阶级的幻想把延安想得一切都很好,延安主要是好的,但也有缺点。这样的人到了延安,看见了缺点,看见了不符合他们的幻想的地方,就对延安不满,就发牢骚。有人问:现在反映抗日战争的作品感人的比较少,是不是由于生活要经过沉淀,经过一段时间的隔离,然后才能够写成很好的作品?毛泽东说:写当前的斗争也可以写得很好,4月6日《解放日报》上一篇黄钢的作品《雨》,写得很好,就是写当前敌后抗日战争的。[2]会见中,毛泽东还问姚时晓:"你们在农村演戏,老百姓看不看得懂?"姚时晓回答:"看不懂。演的戏写的是铁路工人。陕北老百姓连铁路、火车都没有看见过,怎么能懂?"毛泽东说:"问题主要不在这里。你们多到农民中去,你们了解了农民,农民也了解了你们,你们的戏农民就能看懂了。"最后,毛泽东还谈到了人性问题,说:"小资产阶级喜欢讲人性,讲人类爱,讲同情。比如打仗,我们正在追击敌人,这时我们旁边的同志受伤了,倒在地上了。到底是应该停下来,照顾受伤的同志,还是应该追击敌人呢?我们认为还是应该先追击敌人,把敌人消灭,完成战斗任务以后,再回来照顾受伤的同志。这样,

---

[1] 刘白羽:《毛主席为何要召开延安文艺座谈会》,载《世纪》2003年第3期。
[2] 中共中央文献研究室编:《毛泽东年谱(1893—1949)》(中卷),人民出版社、中央文献出版社1993年版,第378页。

小资产阶级知识分子就说我们没有人性,没有人类爱,没有同情。"①

在经过了广泛深入的调研和准备之后,4月27日,毛泽东与凯丰联名向延安文艺界百余人发出参加座谈会的请柬:

> 为着交换对于目前文艺运动各方面的意见起见,特定于五月二日下午一时半在杨家岭办公厅楼下会议室内开座谈会,敬希届时出席为盼。
>
> 此致
>
> ×××同志
>
> 毛泽东 凯丰
>
> 四月二十七日②

请柬用粉红色油光纸油印而成,16开大小。这样,匆忙准备不到一个月的延安文艺座谈会,终于即将开幕。

---

① 何其芳:《毛泽东之歌》,见《何其芳全集》(第7卷),河北人民出版社2000年版,第406—414页。
② 影印原件见中共中央文献研究室第一编研部、军事科学院军事战略研究部、中国人民革命军事博物馆编著:《历史巨人毛泽东画传》(第2卷),中央文献出版社2013年版,第511页。

第二节

延安文艺座谈会上的"鲁迅"

一、鲁迅弟子的被边缘化

1942年5月2日，延安文艺座谈会在杨家岭中央办公厅召开，在延安的中央政治局委员及各部门负责人也参加了会议。毛泽东首先做了个开场白，说我们有两支军队，一支是朱总司令，一支是鲁总司令。[①]接着他提出了文艺工作者的立场、态度、工作对象及学习问题，算是"引子"，要大家发表意见。接下来是大家的讨论，气氛热烈。毛泽东这一天的讲话，后来发表时就成了《讲话》的"引言"部分。

据何其芳回忆："全体会议开了三天，不是连续举行，而是隔了若干天又开。第一次开了一整天。中午，大家在杨家岭中央机关的食堂吃了午饭。下午又继续讨论。第二次会议是在五月十六日开的，也是一整天。……五月二十三日开第三次会议，参加的人扩大了一些。会场里挤得满满的。下午最后一个发言的是朱总司令。他发言后，讨论就结束了。……朱总司令发言后，负责摄影的同志邀请大家到广场上去，利用还未消逝的西斜的阳光，同毛主席和其他中央领导同志照相。毛主席的《结论》是吃晚饭以后，在由三根木杆架成三角形的木架上悬着一盏煤气灯的广场上做的。耀眼的白色的灯光燃烧着。毛主席手里拿着一叠写

[①] 后来正式发表时，这句话就改成了"手里拿枪的军队"和"文化的军队"。

有毛笔字提纲的白纸,就开始讲了。"①这里何其芳的描述大致不差,但也有一点小失误:5月2日的第一次座谈会并不是"一整天",而是"半天"。因为请柬上明明写着"特定于五月二日下午一时半在杨家岭办公厅楼下会议室内开座谈会",而且萧军日记也记着"下午一时半去杨家岭办公厅参加由毛泽东,凯丰等召集的文艺座谈会"②。何其芳可能把第二次一整天的座谈会误记成第一次座谈会了。

历来的延安文艺研究者在研究延安文艺座谈会及毛泽东《讲话》时,大都忽略或根本没有看见其中鲜明的"鲁迅"元素。这一元素的显明表现就是在座谈会上作为鲁迅弟子的丁玲、萧军、吴奚如等被批评或自我批评的重要事实。也就是说,坚持乃师启蒙主义文学价值观的鲁迅弟子们,在延安文艺座谈会上明显处于被动和不利的位置。他们的观点,遭到了座谈会人员的非议和严厉的批驳。

在座谈会自由发言中,作为这场延安文艺新潮的最重要的发起人,同时因为写了《三八节有感》而备受非议的丁玲的表现最耐人寻味。据干学伟回忆:5月2日的座谈会,毛泽东讲了"引言"之后,大家开始座谈,"第一个发言的,我记得是丁玲,丁玲发言主要是检讨,因为她那个时候主办《解放日报》的文艺副刊,在那儿她发了一篇文章叫《'三八'节有感》,感慨在延安有的人对妇女不够尊重。丁玲在检讨里讲到:我虽然参加革命时间也不短了,但是从世界观上来说,我还应该脱胎换骨。这四个字绝对不会错。所以第一个发言是丁玲,怎么有人说萧军是头一个发言呢?奇怪"③。这里干学伟可能记错了。据萧军回忆:"毛主席致开幕词后,要我第一个发言。丁玲也说:'萧军,你是学炮兵的,你第一个开炮吧!'我就第一个发言了。我讲的题目是《对于当前文艺诸问题的我

---

① 何其芳:《毛泽东之歌》,见《何其芳全集》(第7卷),河北人民出版社2000年版,第416—417页。
② 萧军:《萧军全集》(第18卷),华夏出版社2008年版,第614页。
③ 干学伟:《我们从感情上起了变化》,见王海平、张军锋主编:《回想延安·1942》,江苏文艺出版社2002年版,第197—198页。

见》，后来登在《解放日报》上。"①萧军的回忆可以证之于他的日记。他在当天的日记上记道："由毛泽东报告了边区现在危险的政治环境，国际的环境，接着他提出了六个文艺问题，我第一个起立发言，约四十分钟。"②丁玲虽然不是第一个发言的，但那天她发言的大致内容干学伟大概记得没有多大问题。根据干学伟所介绍的丁玲的发言，其内容首先是检讨自己的错误，接着讲到了作家的立场问题。这一发言后来被整理成《关于立场问题我见》一文，初刊于1942年6月15日出版的《谷雨》第1卷第5期上。问题在于，丁玲为什么在5月2日的座谈会上一上来就做"检讨"呢？还是刘白羽的回忆录道破了个中三昧，刘白羽说："会前，陈云专门把丁玲和我找到中央组织部去，他是组织部长，要我们站稳立场。会议开始前，毛主席坐在正面桌后木椅上，我和丁玲坐在靠毛主席座位较远的墙角边。"③由此可见，丁玲做检讨，事先是做了工作的。陈云找丁玲谈话，很可能是毛泽东的安排。毛泽东似乎是有意在保护丁玲，使她免于王实味一样的命运。

皖南事变后回到延安的新四军的文化人吴奚如，也是鲁迅晚年的弟子之一。1942年5月16日，在延安文艺座谈会的第二次会议上，吴奚如在周扬之后发言，谈了两点意见：第一，在表示赞同毛泽东所提出的文艺家要"站稳无产阶级立场"的同时，他强调团结面要宽广，说这次会议精神，毛泽东的《讲话》应该面向全国，重庆那边有大批小资产阶级知识分子作家，只提无产阶级立场，会把他们吓跑的，所以建议加上"人民大众"，用"站稳无产阶级和人民大众的立场"。据吴奚如后来回忆说，当时陈云、朱德都点头表示同意。后来毛泽东的《讲话》发表时，也用的这一提法。可是，下面他的第二层意思就遭到了朱德的严厉批评。第二，他接着上面的话题往下说，转而批评"左"倾教条主义，说现在是抗战时期，要执行统一战线政策，不要把"无产阶级""共产党员"的标记刻在脑门

---

① 萧军：《难忘的延安岁月——读〈延安文艺运动纪盛〉随想》，载《人民日报》1987年5月11日。
② 萧军：《萧军全集》（第18卷），华夏出版社2008年版，第614页。
③ 刘白羽：《毛主席为何要召开延安文艺座谈会》，载《世纪》2003年第3期。

上,像鲁迅说的"唯我是无产阶级","左得可怕"。文艺运动也应该有利于抗日,有助于抗日民族统一战线,而不能违背这一原则,造成摩擦以致同室操戈,使得亲者痛,仇者快。他这些话本来就是有所指的,却遭到一些人的反驳,特别是朱德,指责他忘记了自己的革命军人身份,丧失立场,忘记了皖南事变中的战友的鲜血和生命。吴奚如说,他谈的是文艺运动,却遭到了这样的误解;他更没有想到,后来这也成了他是国民党特务的罪证。[1]据说朱德当时态度极为严厉,点着吴奚如的名字说:"吴奚如,你是人民军队的一名战士,居然讲出这种话来,你完全丧失了无产阶级的立场!"[2]这可能是因为吴奚如曾是新四军干部的关系,朱德才会如此严厉地批评他。

与丁玲、吴奚如的悔过检讨或沉默内敛相反,萧军在延安文艺座谈会上则表现得相当张扬甚至狂妄。5月2日第一次座谈会,毛泽东致开幕词后,萧军第一个发言,说:

> 红莲、白藕、绿叶是一家;儒家、道家、释家也是一家;党内人士、非党人士、进步人士是一家;政治、军事、文艺也是一家。虽说是一家,但它们的辈分是平等的,谁也不能领导谁。我们革命,就要像鲁迅先生一样,将旧世界砸得粉碎,绝不写歌功颂德的文章。像今天这样的会,我就可写出十万字来。我非常欣赏罗曼·罗兰的新英雄主义。我要做中国第一作家,也要做世界第一作家。[3]

快言快语,一如萧军其人。萧军的发言很长,"他身旁有个人提一壶水时时给萧军添水;一壶水全喝完了他的话还没有讲完,那个提水壶的人又去后面打水去了"[4]。5月16日的座谈会,萧军表现得更为激昂。他和罗烽先是因"作家立场"问题与吴亮平发生冲突,后来又因为艾思奇在发言中不同意自己提出的"在光明里看不到光明事"的看法,遂发生激烈争执。据温济泽回忆:"在马列学院

---

[1] 姜弘:《吴奚如和他的落花梦》,载《江南》(文学双月刊)2009年第3期。
[2] 朱鸿召:《延安日常生活中的历史(1937—1947)》,广西师范大学出版社2007年版,第115—116页。
[3] 高杰:《流动的火焰——回顾延安文艺座谈会始末》,载《传记文学》1997年第5期。
[4] 蔡若虹:《关于延安文艺座谈会的回忆及观感》,载《光明日报》1999年6月3日。

讲马列主义课的吴亮平在发言中说，革命作家一定要学习马列主义，这是一切革命者都应该学习的科学。他从理论上讲得比较多，没等他讲完，有个作家就站起来大声说：'我们是来开会的，不是来听你讲课的！'同时嚷嚷的还有两三个人"。这里说的那个作家就是罗烽，而同时嚷嚷的两三个人中就有萧军。据5月16日的萧军日记云："开座谈会时，因为几个人冗长的卑丑的发言，我激怒了，用大的声音向主席提出①发言人要尊重规定时间，听者的精力。②不要到这里来讲起码的文学课，背书，引证名人警句。③要抓住题目做文章。我真佩服这人们的面厚和无耻性。"在这一天的日记里，萧军还写道："为真理而战，应不顾亲仇和任何敌视与障碍、损失。"[1]其表现之活跃，给人们留下了深刻的印象。

到了5月23日的文艺座谈会上，萧军的发言却遭到了更多与会人员的有力阻击。其中，他和胡乔木的冲突最为激烈。据温济泽回忆：

> （第三次座谈会）争论得更为剧烈的是在萧军发言之后。萧军发言讲到整风运动，大意说，你们现在整风，就怕有些人不会认真改正，如果光说不改，那不成了"露淫狂"了吗？如果三风改不了，将来有一天怕会要整六风哩。他的话尖刻刺耳，引起同志们的气愤，几个同志争着要求发言反驳，不过所有发言都还是说理的。记得发言最和风细雨、最有说服力的是胡乔木，他着重讲中国共产党人是能够认真作自我批评并认真改正的，因为这些人是以中国人民的最大利益为出发点的。[2]

查萧军日记，上述的这段有点不雅的发言，出现在他对何其芳所提的"忏悔解释"的驳斥上。何其芳在5月2日第一次座谈会上曾发言说："听了主席刚才的教诲，我很受启发。小资产阶级的灵魂是不干净的，他们自私自利、怯懦、脆弱、动摇。我感觉到自己迫切地需要改造。"他的发言，赢得了毛泽东的会心一笑。但与会者当时的反应并不一致称赞，在回到各单位组织的小组讨论会上，有

---

[1] 萧军：《萧军全集》（第18卷），华夏出版社2008年版，第627页。
[2] 温济泽：《第一个平反的"右派"：温济泽自述》，中国青年出版社1999年版，第138页。

人开玩笑地说:"你这是带头忏悔啊!"①萧军自然对何其芳的"忏悔说"极为反感,他在发言中说:"A,我过去没有,将来没有,现在也没有忏悔,因为我没有意识堕落过。要有一种有内容的忏悔,不然就是抒情的游戏,或者骗子的谎言。B,忏悔本身并无多大价值。C,在没提出整顿三风以前,一些忏悔的人是否思考过这些问题,假使将来再整顿六风时,或在这中间有人指出是否肯承认。人是思考动物,党员要有自发性。"②上述那段有点不雅的话,可能就是从这段发言中带出的。

二、《讲话》对鲁迅的成功"改造"

萧军和胡乔木的另一个争执则是由"鲁迅"引发的。萧军在此前的发言中强烈反对作家讲所谓的"党性",他认为:"A,作家应以作品,党员应以身份两况要个别看。B,一切言语应以行为来证明。C,要团结必须真诚坦白。工作时讲朋友,攻击时讲党性是不中的。没有半斤换不来八两。"③接着他以鲁迅为例,来阐发自己的观点。据胡乔木回忆:

> 文艺座谈会召开时,萧军第一个讲话,意思是说作家要有"自由",作家是"独立"的,鲁迅在广州就不受哪一个党哪一个组织的指挥。对这样的意见,我忍不住了,起来反驳他,说文艺界需要有组织,鲁迅当年没受到组织的领导是不足,不是他的光荣。归根到底,是党要不要领导文艺,能不能领导文艺的问题。萧军就坐在我旁边,争论很激烈。他发言内容很多,引起我反驳的,就是这个问题。④

这里胡乔木的记忆可能有误。据萧军日记记载,他与胡乔木就鲁迅的"发展"与"转变"问题发生争执,是在5月23日,而不是文艺座谈会召开的那一天(5月2日)。延安文艺座谈会召开的那一天,在毛泽东做"引言"之后,萧军是

---

① 朱鸿召:《延安日常生活中的历史(1937—1947)》,广西师范大学出版社2007年版,第110页。
② 萧军:《萧军全集》(第18卷),华夏出版社2008年版,第631—632页。
③ 萧军:《萧军全集》(第18卷),华夏出版社2008年版,第632页。
④ 胡乔木:《胡乔木回忆毛泽东》(增订本),人民出版社2003年版,第54页。

第一个发言,发言的内容是后来他发表在《解放日报》上的《对于当前文艺诸问题底我见》,但这篇文章基本上没有牵涉鲁迅。①当时萧军在发言中认为:鲁迅的道路是"发展",不能说是"转变"。"转"者方向不同也,原来向北走,又转向南了或者转向东、向西了,越走越远了。"变"者是质的不同,由反革命的变成革命的,或由革命的变成反革命的,是质的变化,鲁迅先生并不反动,所以只能说是"发展"而不能说是"转变"。对此,胡乔木进行了批驳,认为是"转变"。②这里,两人的争论牵涉到的是对于晚年鲁迅的评价问题。晚年鲁迅参与了共产党领导下的左联的工作,他受党的领导和指挥,还是保持自己的创作自由,这是鲁迅是否"转变"和"发展"的关键所在:鲁迅晚年虽然参加了党领导下的左联的工作,但还保持着身份和创作的自由,这是与鲁迅前期的思想一致的,所以说是"发展";但如果说鲁迅晚年受到党的领导和指挥,就意味着他的思想发生了重大的"转变"。萧军和胡乔木争论的焦点说到底还是文学创作的自由问题,或者如胡乔木上面所说的"归根到底,是党要不要领导文艺,能不能领导文艺的问题"。

这里最值得注意的是毛泽东对于萧、胡二人争论的倾向和态度。据萧军日记记载,在延安文艺座谈会闭幕的第二天,即1942年5月24日晚上,萧军即拜访了毛泽东:"吃晚饭后想去毛泽东处谈一谈,关于我去绥德的事。他们正准备下去跳舞,我说了以一个作家身份来慰问他,并说明同意他那结论的意见。也告诉关于乔木说鲁迅是'转变',我已经给了他信,请他说明一番。毛的脸色起始是很难看,他说'转变'与'发展'没有区别的,经我解说,他也承认应有区别。"③与对萧军的态度形成鲜明对照的是,毛泽东对胡乔木却是关爱有加,胡

---

① 许多有关延安文艺座谈会的描述,肯定是受了胡乔木回忆录的影响,都把萧军与胡乔木的这场争执放在5月2日,即第一天的文艺座谈会上。但对照萧军日记的记载,萧、胡之争的日期应为1942年5月23日。参见萧军:《萧军全集》(第18卷),华夏出版社2008年版,第614、631、632页。
② 王德芬:《萧军与胡乔木的交往》,载《读书周报》1993年12月25日;萧军:《萧军全集》(第18卷),华夏出版社2008年版,第631—632页。
③ 萧军:《萧军全集》(第18卷),华夏出版社2008年版,第633页。

乔木说："对于我的发言，毛主席非常高兴，开完会，让我到他那里吃饭，说是祝贺开展了斗争。"①而且，"会后，乔木还特别给萧军写了一封信，经过思考又另外阐述了自己的见解，信上还有两处毛主席用铅笔修改的字迹，说明乔木这封信是和毛主席共同研究过的"②。可见，胡乔木代表的实际上就是毛泽东的观点。

但毛泽东鼓励胡乔木只是赞赏他的立场，而对于胡乔木在与萧军的争论中表现出的对鲁迅的批评，即"鲁迅当年没受到组织的领导是不足，不是他的光荣"的论点，他是不以为然的。因为在毛泽东看来，鲁迅既然成了"旗手"，就不应该有"不足"，其人其言其行的真理性也是不容置疑的，否则，怎么能代表"中华民族新文化的方向"呢？毛泽东显然比胡乔木更有深谋远虑。他既要高举鲁迅的旗帜，同时还要让鲁迅适合自己的思想节奏；既要让鲁迅继续代表"中华民族新文化的方向"，同时还要适时地"转变"。而他于1942年5月23日晚上在延安文艺座谈会上的讲话，则是在理论上调适这一思想矛盾的成功范例。

纵观毛泽东《讲话》，除过在"引言"中口头上讲过"鲁总司令"之外，有五处谈到鲁迅并引用他的著述。第一处见于"结论"的第一部分，谈到文艺的超阶级性时，毛泽东提到鲁迅对梁实秋的批评，鲁迅原文见于其《新月社批评家的任务》《"硬译"与"文学的阶级性"》③。第二处仍见于"结论"的第一部分，此外引用了鲁迅对文艺界联合战线的论述，鲁迅原文见于其《对于左翼作家联盟的意见》。第三处见于"结论"的第二部分，谈到不做"空头文学家"时，提到鲁迅的《死》一文，鲁迅原文见于其《且介亭杂文末编·附集》④。第四处见于"结论"的第四部分，阐述了对鲁迅杂文的评价及运用原则。第五处见于"结论"的第五部分，毛泽东用鲁迅"横眉冷对千夫指，俯首甘为孺子牛"的诗

---

① 胡乔木：《胡乔木回忆毛泽东》（增订本），人民出版社2003年版，第54页。
② 据萧军夫人王德芬回忆，萧军把这封信和朱德、林伯渠、王明、董必武等人给他的信一同粘贴在一个信夹里，一直珍藏了二十多年，可惜在"文革"初期被抄家的红卫兵抄走了。参见王德芬：《萧军与胡乔木的交往》，载《读书周报》1993年12月25日。
③ 鲁迅：《鲁迅全集》（第4卷），人民文学出版社1981年版，第159、195—212页。
④ 鲁迅：《鲁迅全集》（第6卷），人民文学出版社1981年版，第608—612页。

句，号召"一切共产党员，一切革命家，一切革命的文艺工作者，都应该学鲁迅的榜样，做无产阶级和人民大众的'牛'，鞠躬尽瘁，死而后已"。这句诗来自鲁迅旧体诗《自嘲》，收入《集外集》。除第一处和第三处只是顺便提及外，其余三处都牵涉了对于鲁迅及其作品的评价、引用和阐发。下面让我们看一下毛泽东在《讲话》中是如何评价和阐发"鲁迅"，或者说是如何让"鲁迅"适合自己的节奏和需要，来阐发自己的文艺观点的。

在《讲话》中的"结论"第一部分，毛泽东首先提出的问题就是："我们的文艺是为什么人的？"他的回答是："文艺是为人民大众服务的"。"那末，什么是人民大众呢？最广大的人民，占全人口百分之九十以上的人民，是工人、农民、兵士和城市小资产阶级。……这四种人，就是中华民族的最大部分，就是最广大的人民大众。"接着，毛泽东继续阐发道："我们要为这四种人服务，就必须站在无产阶级的立场上，而不能站在小资产阶级的立场上"，也就是说，"为什么人的问题，是一个根本的问题，原则的问题。过去有些同志间的争论、分歧、对立和不团结，并不是在这个根本的原则的问题上，而是在一些比较次要的甚至是无原则的问题上。而对于这个原则问题，争论的双方倒是没有什么分歧，倒是几乎一致的，都有某种程度的轻视工农兵、脱离群众的倾向"。[1]毛泽东认为，必须去掉文艺界的这种宗派主义，到群众中去，与广大人民群众相结合。这时，毛泽东引用了鲁迅《对于左翼作家联盟的意见》一文中的最后一段话："联合战线是以有共同目的为必要条件的。……我们战线不能统一，就证明我们的目的不能一致，或者只为了小团体，或者还其实只为了个人。如果目的都在工农大众，那当然战线也就统一了。"[2]毛泽东引用鲁迅的这段话，是为了强化他的"知识分子必须与工农相结合"的思想。其实鲁迅在这段话里虽然希望左翼作家能够在"工农大众"的共同目的下团结起来，组成联合战线，但让作家到工农大众中去，通过积极地亲近工农兵来实现"脱胎换骨"的"改造"，则是鲁迅怎么也没有想到，当然也不会想到的问题。这是毛泽东在"革命文学"问题上的独特

---

[1] 中共中央文献研究室编：《毛泽东文艺论集》，中央文献出版社2002年版，第56—60页。
[2] 中共中央文献研究室编：《毛泽东文艺论集》，中央文献出版社2002年版，第61页。

创造，也是他超越鲁迅的地方所在。

　　文艺为人民大众服务，必须到工农大众中去，并与他们相结合，这是毛泽东在《讲话》中提出的"革命文艺"工作的基本路径。那么问题又来了，作家到工农大众中去，该如何对待他们呢？对他们身上的优良品质当然应该"歌颂"，那对他们身上的缺陷是不是应该"暴露"呢？这就牵涉到了《讲话》中所主要阐述的作家"立场与态度""歌颂与暴露"等问题。鲁迅的小说，主要表现的是老中国的儿女们身上"精神奴役的创伤"；鲁迅的杂文，"是在对于有害的事物，立刻给以反响或抗争，是感应的神经，是攻守的手足"。那么，鲁迅的作品在延安这个"美丽新世界"里，是否还有合法性呢？"还是杂文时代，还要鲁迅笔法"这一争议命题，就是在这样的背景下提出来的。对于这个争议的命题，毛泽东在《讲话》中给予了回应，他说：

　　　　鲁迅处在黑暗势力统治下面，没有言论自由，所以用冷嘲热讽的杂文形式作战，鲁迅是完全正确的。我们也需要尖锐地嘲笑法西斯主义、中国的反动派和一切危害人民的事物，但在给革命文艺家以充分民主自由、仅仅不给反革命分子以民主自由的陕甘宁边区和敌后的各抗日根据地，杂文形式就不应该简单地和鲁迅的一样。我们可以大声疾呼，而不要隐晦曲折，使人民大众不易看懂。如果不是对于人民的敌人，而是对于人民自己，那末，"杂文时代"的鲁迅，也不曾嘲笑和攻击革命人民和革命政党，杂文的写法也和对于敌人的完全两样。对于人民的缺点是需要批评的，我们在前面已经说过了，但必须是真正站在人民的立场上，用保护人民、教育人民的满腔热情来说话。如果把同志当作敌人来对待，就是使自己站在敌人的立场上去了。[①]

　　这里，毛泽东运用辩证的分析方法，巧妙地解决了鲁迅杂文在新时代遭遇的理论尴尬：鲁迅杂文在他那个时代是正确的运用，鲁迅是永远正确的；但执着于鲁迅的战法，在新的社会继续写鲁迅式的杂文则是不合时宜的。这实际上就是否

---

① 中共中央文献研究室编：《毛泽东文艺论集》，中央文献出版社2002年版，第76—77页。

定了鲁迅式杂文在新时代存在的合法性。"讽刺"本来是无所谓阶级性的，但在毛泽东这里，却被赋予了阶级性的内涵。如何运用讽刺，关键还是立场问题。

那么作家该如何与工农兵相结合呢？这时候"鲁迅"又进入了毛泽东的话语：

> 既然必须和新的群众的时代相结合，就必须彻底解决个人和群众的关系问题。鲁迅的两句诗，"横眉冷对千夫指，俯首甘为孺子牛"，应该成为我们的座右铭。"千夫"在这里就是说敌人，对于无论什么凶恶的敌人我们决不屈服。"孺子"在这里就是说无产阶级和人民大众。一切共产党员，一切革命家，一切革命的文艺工作者，都应该学鲁迅的榜样，做无产阶级和人民大众的"牛"，鞠躬尽瘁，死而后已。①

这里引用的鲁迅诗句，来自他的旧体诗《自嘲》。查鲁迅原诗，其原意并不是毛泽东上面解释的意思。"千夫"并不一定就是"敌人"，"孺子"更不是什么"无产阶级和人民大众"。在这首诗中，鲁迅究竟为什么要用"千夫指"的典故呢？无非是借用《汉书·王嘉传》中引用过的里谚——所谓"千人所指，无病而死"——来嘲笑自己竟已无可奈何地陷入了众口铄金的险境。鲁迅又究竟为什么用要"孺子牛"的典故呢？也无非是借用《左传·哀公六年》的故事——所谓"鲍子曰，'女忘君之为孺子牛而折其齿乎？而背之也！'（杜预注：孺子，荼也。景公尝衔绳为牛，使荼牵之。荼顿地，故折其齿。）"——来嘲笑自己如今竟也甘心为子女当牛做马了。这就是说，"千夫指"和"孺子牛"，指的都是鲁迅自己。鲁迅晚年，陷入敌人或战友的流言和攻击，成为"千夫所指"。在这些流言和攻击里，就有所谓的"英雄气短，儿女情长"之类的话，对此，鲁迅曾赋诗回答："无情未必真豪杰，怜子如何不丈夫。知否兴风狂啸者，回眸时看小於菟。"②而《自嘲》这两句诗的弦外之音，"无非是一个'索性……偏不……'的句式罢了——我居然已经犯下众怒了吗？那么我索性硬着头皮被你们骂死，偏不跟你们达成和解！我居然算是溺爱孩子的吗？那么

---

① 中共中央文献研究室编：《毛泽东文艺论集》，中央文献出版社2002年版，第82页。
② 鲁迅：《答客诮》，见《鲁迅全集》（第7卷），人民文学出版社1981年版，第439页。

我索性俯首下心地任他跨骑，偏不听从你们的劝诫！"这首诗意在表明："无论是所谓'千夫所指'，还是所谓'为孺子牛'，都无非是作者徒唤奈何的自我嘲讽"①。显然，毛泽东在这里对鲁迅《自嘲》一诗进行了创造性的发挥和阐释。②

但问题并不在于《自嘲》一诗真正的意思到底是什么，而值得注意的是毛泽东在这里按照自己的思想逻辑来阐释鲁迅，成功地实现了对鲁迅的"改造"。到这时，我们看到的，已经不是那个孤独愤世的启蒙主义者鲁迅了，而是在党的领导下"俯首甘为孺子牛"的鲁迅了。启蒙主义者的鲁迅是"铁屋子"中的先觉者，是以"化大众"作为自己的使命的；而经过毛泽东的"改造"，这个孤独的"先觉者"却已经通过"大众化"的洗礼，成为"党外的布尔什维克"了。

综上所述，延安文艺座谈会在某种程度上可以说是因"鲁迅"而召开的。在这次具有重要历史意义的座谈会上，秉承了鲁迅衣钵的鲁迅弟子如丁玲、萧军、吴奚如等人，明显地与会议的基本精神处于某种冲突或不和谐的状态。而鲁迅在毛泽东《讲话》中被重写和"改造"，消弭了上述的冲突或不和谐。在毛泽东《讲话》精神的主导下，一个被称为"工农兵文艺"的新的文学时代开始了。

---

① 刘东：《什么才是"孺子牛"？——鲁迅的〈自嘲〉诗与毛泽东的解读》，载《开放时代》2005年第3期。
② 1944年1月24日，山东省文协曾有致中央总学委的电报，云："毛主席在延安文艺座谈会上的讲话，引用鲁迅两句诗，第一句'横眉冷对千夫指'，解'千夫'为敌人。惟细读原诗所用'千夫指'典故，似即'千夫所指，无病而死'，若然，则千夫是大众，而千夫所指的家伙则是敌人。这样的解释，虽不违背毛主席话的精神，但千夫的解释恰恰相反，请问明毛主席电示为盼。"2月8日，毛泽东起草了答复电，指出："鲁迅虽借用'千夫指'古典的字面，但含义完全变了，你们的解释，是不适当的。"参见中共中央文献研究室编：《毛泽东年谱（1893—1949）》（中卷），人民出版社、中央文献出版社1993年版，第494页。

第三节

毛泽东《讲话》权威性的确立

延安文艺座谈会的召开，尤其是毛泽东在《讲话》中对"鲁迅"所进行的创造性阐释和"改造"，在理论和实际上成功地遏制并逆转了这股以鲁迅为根柢而生发的批判现实主义文学思潮，并使得延安文艺界的风气为之一变。但这里还须特别说明的是，毛泽东1942年5月发表的"讲话"还只是口头讲话，而且在当时并未以文本的形式公之于众。

事实上，毛泽东在延安文艺座谈会上的"讲话"，真正以完整的文本形式亮相则在近一年半之后。1943年10月19日是鲁迅逝世七周年纪念日，延安《解放日报》以近三个版面的篇幅，全文发表毛泽东《讲话》，同时在题后文前加按语。该按语称："今天是鲁迅先生逝世七周年纪念。我们特发表毛泽东同志一九四二年五月在延安文艺座谈会上的讲话，以纪念这位中国文化革命的最伟大与最英勇的旗手。"《讲话》以如此象征性的纪念方式出台，确实是耐人寻味：毛泽东《讲话》为什么要拖到一年半之后才正式发表，而且还要选择在1943年10月19日的鲁迅逝世七周年纪念日呢？

关于毛泽东的《讲话》被延宕发表的这一史实，当年亲手编发《讲话》文稿的《解放日报》文学编辑黎辛也曾"纳闷"："《讲话》在演说的一年半以后才发表，相隔的时间之长，在延安时期是绝无仅有的"[①]。这的确是一个特殊的现象。在同一时期，与《讲话》同被列为整风文献的《整顿学风党风文风》是

---

① 黎辛：《关于"延安文艺座谈会"的召开、〈讲话〉的写作、发表和参加会议的人》，载《新文学史料》1995年第2期。

1942年2月1日毛泽东在中共中央党校开学典礼上的演说，该报告于同年4月27日在《解放日报》全文刊发；《反对党八股》是1942年2月8日毛泽东在中宣部召集的干部会议上发表的演说，该演说于同年6月18日在《解放日报》全文刊发；就连毛泽东颇感委屈的未能及时刊发的1941年5月19日在中央宣传干部学习会上所做《改造我们的学习》的报告，也只推了十个月，于1942年3月27日在《解放日报》刊出了。对此，曾经亲手"整理"《讲话》且对《讲话》讲稿的"文字顺序"做过"调整"的胡乔木是这样解释的，他说："稿子整理后并没有立即发表，其原因，一是他（指毛泽东）要对稿子反复推敲、修改，而他当时能够抽出的时间实在太少了；二是要等发表的机会。到1943年10月19日鲁迅逝世7周年时，讲话全文正式在《解放日报》上发表。"[1]黎辛回忆说：1943年3月13日，《讲话》在《解放日报》披露一千字的内容后，副刊部的同志们"希望早日发表"。"舒群催问过多次，毛主席总说文艺问题要慎重些，最后他竟然说不要再催问了，到发表的时候，他会拿出来的。"黎辛自己也认为《讲话》推迟发表的原因是"由于毛泽东慎重，也为着寻找时机"，但对胡乔木所说由于工作忙"能够抽出的时间实在太少"一说则表示怀疑："我想不会是因为工作繁忙，再忙，再难也不会超过1942年了。1942年毛泽东写作与发表作品是比较多的。"[2]胡乔木与黎辛都是《讲话》公开发表过程的当事人，他们共同认定的"反复推敲、修改""慎重""寻找时机"等理由，都是合理的，但黎辛的上述质疑却将这些理由一风吹了，这就是说：不管是"推敲""修改"也好，表示"慎重"也好，还是"寻找时机"也好，《讲话》的编辑整理工作均可以在1942年完成，为什么要推到1943年的10月才决定发表呢？

我们知道，延安整风运动大体上可以分为三个时期，即准备阶段（1938年9月—1942年1月）、普遍整风阶段（1942年2月—1943年10月）和总结党的历史经验时期（1943年10月—1945年4月）。其中，普遍整风阶段是延安整风运动最核心

---

[1] 胡乔木：《胡乔木回忆毛泽东》（增订本），人民出版社2003年版，第260页。
[2] 黎辛：《关于"延安文艺座谈会"的召开、〈讲话〉的写作、发表和参加会议的人》，载《新文学史料》1995年第2期。

和最集中的时期，一般所谓的延安整风主要指的是普遍整风阶段。

1942年2月1日，毛泽东在中共中央党校开学典礼上发表《整顿党的作风》演说；8日，在中共中央宣传部和中共中央出版局联合召开的宣传工作会议上，发表《反对党八股》演说。这两个演说发表后，延安整风运动正式开始。

普遍整风时期大体上分为五个阶段，逐步前进：普遍发动阶段（1942年2月1日—1942年4月2日），学风学习阶段（1942年4月3日—1942年8月初），党风学习阶段（1942年8月初—1942年12月中旬），文风学习阶段（1942年12月18日—1943年3月中旬），总结阶段（1943年3月20日—1943年10月9日）。在经过一年零八个月整顿学风、党风和文风的学习之后，至1943年秋，打退国民党第三次"反共"高潮以后，中共中央决定，从10月10日开始，党的高级干部重新学习党的历史和党的路线问题。延安整风运动由普遍整风时期转入总结党的历史经验时期。① 由此，对《讲话》有着精深研究的高杰发现："《讲话》推迟发表的过程，就是文艺界的整风过程；文艺界整风运动的完结，对应的就是《讲话》文本公开发表时的最后定型。"② 也就是说，自从1942年5月23日毛泽东在延安文艺座谈会上演讲"结论"之后，直至1943年10月19日《解放日报》发表毛泽东《讲话》的文字版，这一时段正好与"普遍整风时期"相对应，正处于延安整风运动的实质和突破的阶段。实际上这就意味着《讲话》的发表并不是一件偶发的事件，而是毛泽东及党中央着意的政治部署，且与整风运动之间有着内在的精神上的呼应。因此，探讨延安整风运动，尤其是延安文艺整风运动具体展开的历史情形与毛泽东《讲话》正式见诸文字的历史和逻辑的关联，将是本节的重要聚焦所在。

其实，早在1942年5月23日《讲话》的最后，毛泽东已透露出了即将在延安文

---

① 以上整风阶段的划分，是一个大致的划分。各单位实际进行中，又有些交错和区别，如中央研究院是先进行党风学习而后进行学风学习；在时间上也有些先后不同；各单位根据自己的实际情况，学习也各有侧重。参见延安整风运动编写组编：《延安整风运动纪事》，求实出版社1982年版，第53—61、425—432页。
② 高杰：《〈讲话〉公开发表过程的历史内情探析》，见《延安文艺座谈会纪实》，陕西人民出版社2013年版，第234页。

坛展开的文艺整风运动的具体目的、步骤和方法。《讲话》中,他在列举了当时延安文艺界中存在着的八种问题之后,总结说:上述问题"说明这样一个事实,就是文艺界中还严重地存在着三风不正的东西,同志们中间还有很多的唯心论、洋教条、空想、空谈、轻视实践、脱离群众等的缺点,需要一个切实的严肃的整风运动"。"为要领导革命运动更好地发展,更快地完成,就必须把内部从思想上组织上认真地整顿一番。而为要从组织上整顿,首先需要在思想上整顿,需要展开一个无产阶级对非无产阶级的思想斗争"。[①]延安文艺界的整风运动,正是按照毛泽东在《讲话》中的上述思路,先从思想上整顿,而后从组织上整顿的。具体而言,大致经历了以下三个阶段:

第一个阶段是"整风学习"。

前面已经提及,1942年2月1日和8日,毛泽东先后做了《整顿学风党风文风》和《反对党八股》的整风动员报告。这两个演说的发表,标志着延安整风运动由准备时期转入普遍整风时期,由少数高级领导干部的学习发展为全党各级领导机关的干部和党员的学习,由以政治路线学习为主转变为以整顿思想方法和思想作风为主。4月3日,中宣部做出《关于在延安讨论中央决定及毛泽东同志整顿三风报告的决定》,对于整风运动的目的、要求、方法、步骤和学习的文件,做了明确具体的规定。6月,中共中央成立了以毛泽东为主任的中央总学习委员会,领导延安和全党的整风学习。这里,所说的"整风"就是整顿"三风":反对主观主义以整顿学风,反对宗派主义以整顿党风,反对党八股以整顿文风。整风的一

---

① 毛泽东:《在延安文艺座谈会上的讲话》,载《解放日报》1943年10月19日。

个重要的内容，就是加强对"二十二个整风文件"①的学习，这对于统一全党思想、统一文艺界思想起着至关重要的作用。为此，《解放日报》专门发表《加强对于学习的领导》的社论，指出这次"整顿三风，就是运用党内思想斗争的武器，以无产阶级的思想，去克服党内的小资产阶级思想，把党的布尔塞维克化，提到更高的程度"，"廿二个文件，是无产阶级思想的结晶，是党员手中的斗争武器。笔记、讨论会、漫谈、谈话、墙报等等，都是斗争所采取的方式。学习的每个步骤都应充满着思想斗争的内容"。②

根据这种精神，延安的各个机关、团体划分为五个学习分区，一千多个学习小组，统一受中央总学委领导。每个分区都由总学委指派的重要人员负责，对于一些重要的单位、团体，特别是知识分子密集的地方，如鲁艺、文抗、青年艺术剧院等，各个分区又要分别派人进行具体指导。为了保证有充足的学习时间，除了必要的日常工作外，各个机关、团体都停止了其他的一切活动，把二十二个整

---

① "二十二个整风文件"有广义和狭义之分。一般提到延安时期的整风文件，单指这二十二个整风文件。广义上的整风文件也包括后来陆续收入由解放社以《整风文献》为名编辑出版的整风文件集，此外还包括虽然未被列入《整风文献》，但是由毛泽东和中共中央明确指定为整风学习文件的两个文件。二十二个文件由中央宣传部分两次公布，1942年4月3日，中共中央宣传部在《关于在延安讨论中央决定及毛泽东同志整顿三风报告的决定》中规定了整风学习的十八个文件：（1）毛泽东二月一日在党校的报告；（2）毛泽东二月八日在延安干部会上的报告；（3）康生两次报告；（4）中央关于增强党性的决定；（5）中央关于调查研究的决定；（6）中央关于延安干部学校的决定；（7）中央关于在职干部教育的决定；（8）毛泽东在陕甘宁边区参议会的演说；（9）毛泽东关于改造学习的报告；（10）毛泽东论反对自由主义；（11）毛泽东农村调查序言二；（12）《联共党史》结束语六条；（13）斯大林论党的布尔什维克化十二条；（14）刘少奇论共产党员的修养第二章第二、第三、第四、第五节；（15）陈云论怎样做一个共产党员；（16）红四军九次代表大会论党内不正确倾向；（17）宣传指南小册；（18）中央宣传部关于在延安讨论中央决定及毛泽东同志整顿三风报告的决定。4月16日，中共中央宣传部在《关于增加整风学习材料及学习时间的通知》中又增加了四个整风学习文件：（1）斯大林论领导与检查；（2）列宁、斯大林等论党的纪律与党的民主；（3）斯大林论平均主义；（4）季米特洛夫论干部政策与干部教育政策。参见黄亚玲：《延安时期马克思主义中国化教育运动文本考释——基于〈整风文献〉文本源流研究》，载《马克思主义研究》2016年第8期，第57—62页；麻省理：《整风文献与中共党内话语的转变——以二十二个文件为中心的考察》，载《苏区研究》2019年第5期。

② 《加强对于学习的领导》，载《解放日报》1942年6月2日。

风文件的学习、讨论、研究以及工作检查、思想检查放在第一位。①

在毛泽东的鼓动和号召下，文艺界的整风运动遂在延安及各解放区的文艺团体全面铺展开来。文艺界的整风虽然在座谈会之前就已开始，但真正以全新的面貌开展自我反省、相互批评是从座谈会以后才开始的。延安文艺座谈会后，鲁艺、文抗、青年剧院、中央研究院等文艺家集中的部门，都结合各自的实际，对以往不符合《讲话》精神的文艺思想和实践进行了全面深刻的总结和检讨。

1942年6月11日，中央研究院召开批判王实味座谈会。会上，丁玲做了《文艺界对王实味应有的态度及反省》的发言。在发言中，丁玲指出王实味的思想问题，从这个座谈会的结果来看，已经不是一个思想方法的问题、立场或态度的失当，而是一个动机的问题，是反党思想和反党的行为，已经是政治的问题。而更引人注目的是，她从立场和思想感情的高度，对自己主编的《解放日报·文艺》专栏允许《野百合花》发表，和她自己的《三八节有感》一文做了检讨。6月15日至18日，延安文艺界在文抗作家俱乐部举行座谈会，批判王实味的错误思想。大家一致认为托派分子王实味是政治上的敌人，也是文艺界的敌人，作家们特别驳斥了王实味《政治家·艺术家》中的一些荒谬观点；把进步的政治家和进步的艺术家对立起来极尽挑拨之能事，为文艺家所痛恶。这次座谈会是延安文艺界为了响应毛泽东整风的号召，掌握毛泽东《讲话》精神，对王实味思想的清算。会上，作家们纷纷表示了严格的自我反省，表示决心彻底扫除小资产阶级的思想意识，密切和群众结合。②

作为延安文艺思潮中最为活跃也最为著名的作家，丁玲的检讨颇具引领和示范作用。接着，一场更大规模的学习《讲话》精神，改进文艺工作的热潮在延安各文艺团体开展起来。西北文艺工作团能够联系实际学习，"提出艺术活动应随时和文件学习密切联系起来"，"目前该团为了响应文委号召，正大量创作以

---

① 《延安一个月学习运动的总结》，载《解放日报》1942年6月5日。
② 延安整风运动编写组编：《延安整风运动纪事》，求实出版社1982年版，第201—202页。

工农大众为对象之剧本，歌词，绘画，并力求贯穿文件精神于创作当中"。①7月，青年剧院在学风文件的学习中，根据中央文件的精神，对自己创作的十个小型剧本做了认真的分析、讨论，检讨了小型剧的创作方法，指出了过去工作中的缺点，以促进青年剧院的创作思想的进步。②8月，文抗进行学风总结。总结大会开了八天半。总结方式是先由被检查者自己做分析，然后其他同志就其分析进行补充或纠正误解和偏向之处。大多数人的反省能把握文件的中心，态度坦白诚恳。向他人提出批评的同志毫不客气，尖锐彻底，但不失与人为善的态度。被批评的同志也很虚心。大家表示，要严肃地对待文件，把真正掌握文件作为改造自己的开端。最后由丁玲做了学风队伍的总结后散会。③9月，"平剧院学风部分的学习业已结束"，"该院同志此次都很诚恳地反省了自己，在反省中许多同志消除了对人的成见，许多同志真能安心于平剧工作而不再要求调换。在平剧教学研究方法上面：检讨出过去工作中技术与理论脱节的教条主义倾向，今后要注意改正"。④11月，部艺改为部队艺术工作团，"下分剧社、文艺社两部分，真正做到'面向士兵，到部队去！'并决定今后多采用小型晚会，创作通俗的战士读物和短小的通讯、歌曲等，使艺术更大众化、战斗化，成为艺术军中一支轻装部队"⑤。

鲁迅艺术文学院在6月4日就根据毛泽东的《讲话》精神和本院的实际情况编印了《复习学风文件参考大纲》，作为复习学风文件时的反省参考材料，同时发动全院师生对学校的教育计划及实施方案进行讨论。最后，讨论的焦点都汇集到一个中心点上："鲁艺的教育方针和实施方案是在路线上有错误呢？还是在执行中有错误？或两者都没有什么错误？"经过讨论，大家的意见逐渐趋于一致，认为"鲁艺的教学活动和实际脱节，和运动脱节，教育计划和实施方案里缺乏研究现状的精神，关门提高的偏向从而发生。表现在课程配备上，就是充满着西洋古

---

① 《西北文艺工作团联系实际学习》，载《解放日报》1942年7月29日。
② 延安整风运动编写组编：《延安整风运动纪事》，求实出版社1982年版，第226页。
③ 《文抗终结学风学习，检查思想方法学习进度》，载《解放日报》1942年8月21日。
④ 《整风学习消息》，载《解放日报》1942年9月6日。
⑤ 《部艺改为工作团》，载《解放日报》1942年11月19日。

典。表现艺术作风上，是从个人出发，不注重普及和对普及的指导。接受遗产的批评的、战斗的精神，也很不够。由这所产生在个人身上的影响，就是都想做专家，但对专家的概念又认识模糊，强调技巧，集团主义的发展受到障碍：个人突出"[1]。鲁艺的这一讨论结果，最后在周扬的《艺术教育的改造问题——鲁艺学风总结报告之理论部分：对鲁艺教育的一个检讨与自我批评》一文中进行了总结和反省。

在这篇公开发表的检讨和自我批评的长文中，周扬首先承认鲁艺的艺术教育中存在"主观主义、教条主义的严重的毛病"，指出鲁艺的教育与抗日战争和抗日民主根据地的客观实际有严重脱节的现象，"贯穿于从教育方针到每一具体实施的全部教学的过程中"，"关门着提高"可以概括这一"根本方针上的错误"的全部内容。其次，周扬认为鲁艺的理论与实际、所学与所用的脱节，主要表现在提高与普及、艺术性与革命性的分离上，因此导致了正规化和专门化的错误倡导和实行。值得注意的是，在这篇文章中，周扬除了对鲁艺过去的教育方针及其实施进行了基本的否定之外，还批评了五四以来新文艺、19世纪资产阶级现实主义文学和鲁艺颇为流行的文艺创作观。他指出，五四以来的新文艺的一个"致命缺点"是，缺乏"老百姓所喜闻乐见的，新鲜活泼的中国作风，中国气派"，与大众结合的程度非常微弱。他认为，在名著选读课所选定的、为师生们所欣赏的19世纪资产阶级现实主义文学中，常见的主题是个人与社会的对立，而这类主题最容易唤起小资产阶级知识分子读者心理上的共鸣，从而助长其个人主义的情感和意识。他还指出，在"写自己熟悉的生活"的创作口号下，出现了写身边琐事和回忆过去生活的作品，"结果是让自己流连在狭隘的个人生活的圈子里，松弛了向新的生活、向工农兵的生活的突进，而真实的情感结果也只是小资产阶级知识分子的情感罢了"。[2]周扬的这番总结，"显示了整风运动开始和文艺座谈会以后，以周扬为首的鲁艺负责人积极贯彻毛泽东在文艺座谈会

---

[1]《联系实际掌握文件精神　鲁艺全院展开热烈辩论》，载《解放日报》1942年8月4日。
[2] 周扬：《艺术教育的改造问题——鲁艺学风总结报告之理论部分：对鲁艺教育的一个检讨与自我批评》，载《解放日报》1942年9月9日。

上的讲话精神的姿态和努力。对鲁艺过去的教育方针及其实施历史的检讨和否定,对周扬个人来说,也意味着一次并不轻松的自我否定。他要重新思考自己的文艺观,重新思考自己的艺术教育主张,按照毛泽东的要求来校正自己以后的方向"[1]。

第二个阶段是"文艺下乡"。

紧接着延安文艺界的学习、总结和自我反省而来的,是延安文化人及文艺团体的"下乡活动"。对延安知识分子进行思想上精神上的"改造",使之"脱胎换骨"成为"新人",一直是毛泽东的重要文化策略之一。

延安文艺座谈会结束不久,也就是1942年5月28日,毛泽东在整风高级学习组做报告。报告的第三部分专门谈了延安文艺界的问题。毛泽东说:"最近准备作一个关于文学艺术工作的决定,召开了三次座谈会,目的是解决文学家、艺术家、艺术工作者和我们党的结合问题,和工人农民结合的问题,和军队结合的问题。要结合,就必须克服资产阶级、小资产阶级思想的影响,转变到无产阶级思想,这样才能够在思想上与无产阶级、与工农大众相结合,如果这个问题不解决,总是要格格不入的。我们的政策要好好引导小资产阶级出身的艺术家自觉地不是勉强地、慢慢地与工农打成一片。少数人不能打成一片,这是思想问题,不能勉强,不能用粗暴的态度。对文化人对知识分子要采取欢迎的态度,要懂得他们的重要性,没有这一部分人就不能成事。"[2]毛泽东这个报告,既是对延安文艺座谈会的总结和补充,又透露了他试图通过"与工农相结合"以达成改造知识分子并使之成为党的事业的有机组成部分的最终意图。

5月30日下午,毛泽东到鲁艺检查整风学习工作,接着向鲁艺师生发表了演讲。毛泽东说:"有些从上海、重庆来到延安的同志,还没学会用新的眼光来看新的事物。这些同志的屁股还是坐在小资产阶级知识分子那一边,不是坐在工农兵这一边。我劝这些同志把屁股移过来,移到工农兵这一边来。"毛泽东还着重

---

[1] 王培元:《延安鲁艺风云录》,广西师范大学出版社2004年版,第279页。
[2] 中共中央文献研究室编:《毛泽东年谱(1893—1949)》(中卷),人民出版社、中央文献出版社1993年版,第384—385页。

讲了"普及"和"提高"的关系问题,他指出:"提高要以普及为基础,不要瞧不起普及的东西,大树也是从像豆芽菜一样小的树苗长起来的。那些瞧不起普及的人,他们在豆芽菜面前熟视无睹,结果把豆芽菜随便踩掉了。你们现在学习的地方是小鲁艺,还有一个大鲁艺,还要到大鲁艺去学习。大鲁艺就是工农兵群众的生活和斗争,广大的劳动人民就是大鲁艺的老师。你们应当认真地向他们学习,改造自己的思想感情,把自己的立足点逐步移到工农兵这一边来,才能成为真正的革命文艺工作者。"[1]从"小鲁艺"到"大鲁艺",从狭小的文人圈子到工农兵大众中去,这是毛泽东为延安文艺工作者指定的改造自我以成为文艺"新人"的唯一正确的方法和路径。

为了贯彻毛泽东《讲话》的精神,延安文化界二百余人于1943年2月6日在青年俱乐部举行欢迎边区三位劳动英雄座谈会。会上,模范农民吴满有、模范工人赵占魁、模范机关生产者黄立德先后报告他们翻身的历史和生产的事迹。"这许多明确言词,使出席之文化工作者,深受感动。范文澜说:只知道吃救国公粮的像我们这样的文化人,对于自己应负的责任,实在太惭愧了。艾思奇说:文化的来源靠生产,我们要好好的向你们学习。陈伯达说他自己非常惭愧:'能有什么真正的知识呢?'张仲实听了三位英雄的报告,内心感到非常亲切,他说:'这不是知识分子所能够说出来的'。而丁玲更感慨地说:'过去总有些感伤的性情,今天三位新的英雄,已经给予我们新的健康的题材了。'文化界的同志,都一致接受三位英雄'到农村去到工厂去'的意见,并且还要向他们学习,把笔头与锄头、铁锤结合起来。"座谈会还献给三位英雄各一面旗帜,吴满有为"耕牧神手",赵占魁为"钢铁英雄",黄立德为"囤中英雄"。该报道结尾云:"现已有若干著名作家,即将到农村、工厂中去"。[2]这次座谈会之后,一场以吴满有、赵占魁、黄立德等劳动英雄命名学习英模运动遂在陕甘宁边区轰轰烈烈地开

---

[1] 中共中央文献研究室编:《毛泽东年谱(1893—1949)》(中卷),人民出版社、中央文献出版社1993年版,第385页。
[2]《延安文化界招待吴满有赵占魁黄立德 若干作家将到农村工厂中去》,载《解放日报》1943年2月7日。

展起来。

　　学习劳模英雄固然有增加生产的现实需要，但根本的旨归还是意识形态的考量——通过肉体的磨炼以达成精神改造和提升的目的。对此，毛泽东1945年4月25日在党的七大口头政治报告中有精彩的阐发。他在谈到1942年前后整风中的知识分子时说："当时，很多文化人总是和工农兵搞不到一起，他们说边区没有韩荆州。我们说边区有韩荆州，是谁呢？就是吴满有、赵占魁、张治国。……他们找不到韩荆州在哪里，其实到处都有韩荆州，那就是工农兵。工人的韩荆州是赵占魁，农人的韩荆州是吴满有，军人的韩荆州是张治国。"①

　　"文艺下乡"的新风气，在随即而来的1943年春节文艺活动中最初得到彰显。春节期间，鲁艺秧歌队百余人连续在杨家岭、中央党校、文化沟、联防司令部等处表演。新节目有王大化、李波演出的《兄妹开荒》，这是文艺整风后产生的第一个优秀秧歌剧。还有四人花鼓《七枝花》，一问一答唱道："什么花开花朝太阳？什么人拥护共产党？葵花开花朝太阳，老百姓拥护共产党。共产党，怎么样？他给人民出主张，老百姓拥护共产党。"《二流子变英雄》，载歌载舞，韩冰、王家乙表演。还有快板、狮舞、旱船、推车等，内容均以庆祝废约、拥军、拥政爱民及生产运动为主题。1943年2月5日，农历的大年初一，延安群众敲锣打鼓，扭起秧歌，到毛泽东住处拜年。毛泽东观后大喜过望，称赞说："这还像个为工农兵服务的样子，你们觉得怎样？"朱总司令说："不错，今年的节目和往年大不同了！革命的文艺创作，就是要密切结合政治运动和生产斗争啊！"②1943年4月25日的《解放日报》为此专门发表由副总编辑兼文艺副刊主任艾思奇亲自撰写的社论《从春节宣传看文艺的新方向》，称赞这是"新的运动发展成绩的一个检阅式"，"表明我们的文艺工作者已开始走上毛泽东同志所指出的正确的道路"。③

---

① 毛泽东：《在中国共产党第七次全国代表大会上的口头报告》（一九四五年四月二十四日），载《党的文献》1993年第6期。
② 参见艾克恩编纂：《延安文艺运动纪盛》，文化艺术出版社1987年版，第419页。
③ 《从春节宣传看文艺的新方向》，载《解放日报》1943年4月25日。

为了更好地贯彻毛泽东在《讲话》中提出的文艺为工农兵服务的方向，也为了使即将到基层参加实际工作的党员作家进一步了解党的文艺政策，解决如何到群众去工作等问题，1943年3月10日，中央文委和中央组织部召开党的文艺工作者会议，动员文艺界下乡。周扬主持会议，凯丰、陈云、刘少奇、博古、李卓然等领导人相继在会上讲了话。陈云的讲话是围绕着"文化人是以什么资格做党员的"这一问题而展开的。他针对文艺工作者中存在的两个不良倾向——自视特殊和自大自满，指出：党内没有抽象的党员，文艺工作只是分工不同，因此，分工绝不能作为特殊化的根据。一个做文艺工作的党员，他的工作做得有成绩更是分内的事，如同每个劳动者每个战士都做了他分内的事一样，完全值不得骄傲。①这次党的文艺工作者会议，是实现毛泽东《讲话》中所指示的新方向的有决定意义的一个步骤，"这次会对到会同志影响极大，对实现毛泽东同志在去年文艺座谈会上所指示的新方向，可说有决定的作用"。会后，延安文艺界提出响亮的口号："到农村、到工厂、到部队中去，成为群众一分子。"②

在党中央高层的号召下，延安文艺工作者热情更加高涨，纷纷写文章，发表谈话，决心到基层中去，与工农兵群众相结合，并很快见诸行动。1943年3月15日的《解放日报》对此进行专门报道。③

鲁艺文学部4月3日在本院大礼堂召开欢送会，欢送三十余位同志即将到农村部队去。严文井、何其芳讲了话。严文井称赞大家愉快地服从组织调动是革命者应有的作风。何其芳谈了三点：一是调动工作的原则是按照工作的需要，而不是按照个人的兴趣；二是下乡首先要向当地的干部、群众学习；三是下乡应把重心放在从工作中学习，从实际中学习。鲁艺工作团离延下乡至第二年4月9日返延，历时四个多月，走遍绥德、米脂、佳县、吴堡、子洲等许多城镇乡村。

1943年秋冬，西北局宣传部组织延安各剧团下乡。民众剧团出发到关中，西

---

① 陈云：《关于党的文艺工作者的两个倾向问题》，见《陈云文选》（第1卷），人民出版社1984年版，第273—281页。
② 《中央文委召开党的文艺工作者会议》，载《解放日报》1943年3月13日；延安整风运动编写组编：《延安整风运动纪事》，求实出版社1982年版，第359—364页。
③ 《延安作家纷纷下乡 实行党的文艺政策》，载《解放日报》1943年3月15日。

北文工团到陇东,青年剧院和部队剧团到三边,平剧团到延属各县。[①]他们在基层演出、生活,深受群众欢迎。深入基层不仅解决了文学艺术的源泉问题,而且是解决文学家、艺术家们与工农兵群众相结合问题的良好开端。他们从现实生活中获得了鲜活的素材,并在当地群众的协助下,创作出了许多真实动人的作品。后来,他们创作了歌剧《惯匪周子山》、秧歌剧《兄妹开荒》、新歌剧《白毛女》、大型秦腔现代剧《血泪仇》等,受到了广大人民群众的喜爱和欢迎,至今仍然是中国现代文学史上的经典作品。

第三个阶段是对延安文艺界进行组织上的整改和审查。这里包含着以下三个层面的措施:

一是延安文艺部门和团体的裁撤与调整。延安的文艺工作者主要集中在文协、文抗和鲁艺,在随之而来的文艺整风中,这三个单位在组织上都进行了较大的裁撤、归并和调整。

1943年9月,鲁艺与延安大学、自然科学院、民族学院、新文字干部学校等院校合并,校名仍为延安大学,校址设在延安桥儿沟鲁艺原址。合并后的延安大学校长,仍由吴玉章担任。各校合并的筹备工作以及整风学习,由周扬主持,受中宣部领导。[②]因此,鲁艺在结构上仍然是一个整体,在组织上没有受到较大的冲击。

但文协和文抗就不一样了。文协的源头是1936年11月22日在陕北保安成立的中国文艺协会。全面抗战爆发后,陕北苏区改制为"陕甘宁特区"。1937年11月14日,在中国文艺协会基础上又成立了陕甘宁特区文化界救亡协会,简称"特区文协"。1938年1月,陕甘宁特区改称为"陕甘宁边区",因此,特区文化协会也相应地改称为"边区文化协会"。文协由艾思奇任主任,柯仲平为副主任,高

---

① 《延安文艺运动大事记·一九四三年》,见钟敬之、金紫光主编:《延安文艺丛书·文艺史料卷》(第16卷),湖南文艺出版社1987年版,第168—191页。
② 《中共中央西北局常委会议关于延大、自然科学院等精简问题的决议》(会议记录),见《延安自然科学院史料》,中共党史资料出版社、北京工业学院出版社1986年版,第28—29页;王云风主编:《延安大学校史》,陕西人民教育出版社1994年版,第83—84页。

敏夫为秘书长，柳青担任秘书。文协成立时，其基本定位是"负责推动与领导整个边区的文化运动"，是"边区文化运动的总的领导机关"。[①]文抗全称为"中华全国文艺界抗敌协会延安分会"。延安文抗是中华全国文艺界抗敌协会（简称"全国文协"）的下属或分支机构。全国文协1938年3月27日成立于汉口，是国共两党形成抗日民族统一战线之后中国文艺家的全国性的文艺机构。全国性的文协成立后，延安的边区文协与其自然会有重叠和扞格之嫌，于是在边区文协的召集下，1938年9月11日延安成立了陕甘宁边区文艺界抗战联合会，以作为边区文艺界的总组织机构并与各文艺小组构成工作联系。[②]1939年2月19日，延安成立中华戏剧界抗敌协会陕甘宁边区分会。[③]受其影响，陕甘宁边区文艺界抗战联合会为与全国文协取得密切联系，决定改名为"中华全国文艺界抗敌协会延安分会"。1939年5月14日文抗延安分会正式成立。会议选举理事，成仿吾、周扬、萧三、沙可夫、丁玲、艾思奇、柯仲平、张振亚、严文井、陈学昭、赵毅敏当选，张庚、骆方为候补理事，周扬、萧三、沙可夫为常务理事，张振亚为秘书长，会员67人。从此，文抗正式挂名工作。1941年7月1日以前，文抗与边区文协是两块牌子，一班人马，虽然名称有异，但成员和活动是一体的，成员笼括了当时延安大部分活跃的文化人。

1941年1月，皖南事变爆发，国共关系陷入冰点。为了应对国民党的"反共"高潮，中国共产党调整了自己的文化政策。一方面，中国共产党表达出对文化工作的高度重视。1941年5月1日，陕甘宁边区政府颁布《陕甘宁边区施政纲领》，其中第14款说："奖励自由研究，尊重知识分子，提倡科学知识与文艺运动，欢迎科学艺术人才。"[④]同时，提高知识分子生活待遇和文艺稿酬，设立多种文艺奖金。另一方面，设计中国共产党、边区与国民党、重庆之间"既联合又斗争"

[①] 参见芳茵：《边区文化运动》，载《新华日报》1938年11月27日；艾思奇：《抗战中的陕甘宁边区文化运动——二十九年一月六日在边区文协第一次代表大会上的报告》，载《中国文化》1940年第1卷第2期。
[②] 林茫：《我们的"文联"成立了》，载《新中华报》1938年9月20日。
[③] 《中华戏剧界抗敌协会边区分会正式成立》，载《新中华报》1939年2月13日。
[④] 艾绍润、高海深主编：《陕甘宁边区法律法规汇编》，陕西人民出版社2007年版，第5页。

的政治谋略和文化格局。将文抗从文协中分离出来，由文抗与全国文协、重庆保持联系，而文协则着力于处理边区自身的文化问题，是延安设想的文化谋略之一。[①]1941年6月19日《解放日报》公布了《文抗分会筹备改选》，声明："今经决定，边区文协将由边区中央局及边区政府直接领导，工作中心，在于开展边区文化工作。延安文艺界诸同志，将团结于延安文抗分会之组织下，独立进行工作，直接接受总会之领导。"1941年7月2日，《解放日报》第2版同时刊登文抗和文协的启事，正式宣告两个文化组织的分家。"与文抗分家后，边区文协的工作定位的确也较为含混和尴尬。当丁玲、艾青、萧军、罗烽、刘白羽、周而复等被划分到文抗后，文抗成为独立的工作团体，丁玲等人只是边区文协的'挂名理事'，偶尔来南门外开开会，文协除了柯仲平不放弃'诗人'创作外，剩下的大多是政府官员和行政人员，它很难为自己再设定专业创作的'提高'位置；同时它也很难再有力量将文抗成员为主体而建立的文学团体，诸如文艺月会、鲁迅研究会、谷雨社以及鲁艺文学系的草叶社等，纳入自己的'领导'范畴。边区文协曾经被设定为'边区文化运动的总的领导机关'，现在，其位置也被架空了，因为1942年3月，延安又成立了陕甘宁边区文化工作委员会，代表陕甘宁边区政府领导边区的文化工作，原边区文协正副主任吴玉章和艾思奇又成了边区文化工作委员会的正副主任，而边区文协又成为文化工作委员会领导下的团体会员。"[②]这样，边区文协则几乎被"掏空"，而文抗延安分会则成了实体单位，延安文人大多成了驻会作家[③]。

---

① 参见吴敏：《宝塔山下交响乐：20世纪40年代前后延安的文化组织与文学社团》，武汉出版社2011年版，第51页。
② 吴敏：《宝塔山下交响乐：20世纪40年代前后延安的文化组织与文学社团》，武汉出版社2011年版，第54页。
③ 文抗延安分会先后驻会的作家有林默涵、高长虹、马加、罗丹（程追）、石光、高原、方纪、于黑丁、曾克、周而复、柳青、庄启东、魏伯、雷加、高阳、舒群、罗烽、白朗、严辰、陆斐、鲁藜、李雷、韦明、张惊秋、师田手、董速、金肇野、崔璇、方紫、伊明、郑文、王琳、艾青、韦婆、张圢、杨朔、草明、欧阳山、萧军、刘白羽等。参见吴敏：《宝塔山下交响乐：20世纪40年代前后延安的文化组织与文学社团》，武汉出版社2011年版，第91页。

延安文艺整风开始以后，文抗在组织结构上遭受到了几乎毁灭性的冲击。1943年4月3日，《解放日报》第1版以边区政府主席林伯渠和副主席李鼎铭的名义，刊登了题为《各民众团体限期登记 不遵办者以违法论究》的启事：

边区各民众团体：

  查本府于民国三十一年三月公布边区民众团体组织纲要与民众团体登记办法以来，虽有一部分团体已经遵令声请登记；但至今犹未办理登记者，仍不在少数，此种玩忽政府法令、违背施政纲领之行为，殊属不合。为此，特重申前令，凡职业、文化、经济、科学、宗教及其他社会性质的团体，不论过去已否办理登记，须一律从新登记，兹规定，在延市范围内者，限命令公布后十日内，迳向民政厅声请登记。在各分区范围内者，限令到后一个月内，向当地政府声请，转呈民政厅登记。并规定登记内容如下：团体名称，性质，地址或通讯处，领导机关负责人及驻会工作人员之姓名、履历，如有逾期不遵令办理登记手续，仍然玩忽法令者，本府为维护政令当以违法论究。此令

主席 林伯渠
副主席 李鼎铭

紧接着，1943年5月1日，《解放日报》发布《作家相继下乡 文抗分会结束会址》的短讯，云：

  文抗分会住会会员，为响应中央文委的"文艺与实际结合，文艺与工农兵结合"的号召，近已纷纷下乡工作。故原有会址，已无维持必要，闻该会工作会议已决定自五月一日起，将原会址结束，并设通信处于边区文协，此后一切公私函件，都可寄交边区文协柯仲平同志负责收转。

至此，文抗实体基本上解散，驻会的文抗作家，除丁玲一人被分配到中央党校一部外，大都被调配到了中央党校三部。时任文抗党支部书记、整风学习委员会文抗分会委员的刘白羽回忆道："整风运动开展以后，先是中央研究院（前身是马列学院）批判《野百合花》的大字报铺天盖地，后来又是鲁迅逝世六周年纪

—221—

念大会上一场激烈的论战,思想战线上的大辩论,使得延安生活的气氛慢慢紧张了起来。最早是丁玲调到中央党校一部去了。接着,就把'文抗'的人陆续调走。……我们的窑洞一间一间空了出来,人走得一干二净,冷冷清清,最后只剩下我一个人了。"①最终,刘白羽申请去了中央党校三部学习。

二是延安文艺报刊的停刊与归并。对延安文艺报刊进行整改,是延安文艺整风的重要举措。其实,在延安整风前,中央已经开始了对报刊的整顿工作。1941年3月19日,中央政治局会议曾讨论出版发行工作,会议决定合并刊物后,暂时只出版《解放》《共产党人》《八路军军政杂志》《中国文化》四种刊物。随后中共中央于3月26日发出《关于调整刊物问题的决定》,指出:"由于目前技术条件的限制,与某些书籍小册子的急于出刊,决定《中国青年》、《中国妇女》、《中国工人》,自四月起暂时停刊,以四个月为期。"在停刊期内,关于这些方面的指导性的文章,分别登载其他有关刊物上。②这里强调的还是"技术条件的限制"。延安整风前,曾陆续创办过不少于二十一种文艺期刊,随着中央对于延安报刊的整改和清理,上述文艺刊物中的《文艺战线》、《大众文艺》、《中国文艺》、《歌曲半月刊》、《中国文化》、《大众习作》、《新诗歌》(绥德版、延安版)等几种文艺期刊陆续停办。非文艺性的刊物《中国青年》《中国妇女》《中国工人》停刊。1941年5月《新中华报》《今日新闻》合为新创刊的《解放日报》。到1942年2月,延安还存在约八种文艺刊物:以图画为主的《前线画报》,以文学为主的综合性刊物《部队文艺》,延安诗会会刊《诗刊》,文学刊物《谷雨》,延安文艺月会会刊《文艺月报》,鲁艺的文学刊物《草叶》,综合性音乐刊物《民族音乐》和《民间音乐研究》。整风开始后,这八种刊物全部

---

① 刘白羽:《心灵的历程》(上册),解放军文艺出版社2003年版,第382页。
② 中共中央文献研究室编:《毛泽东年谱(1893—1949)》(中卷),人民出版社、中央文献出版社1993年版,第284页。

停刊。①

《延安文艺丛书·文艺史料卷》对部分期刊的停办,略有说明,但语焉不详。《谷雨》是:"至一九四二年八月十五日出版了第六期之后,因为其他方面的活动非常紧张,编者们无暇再去顾及刊物的编辑,《谷雨》即终刊。"《草叶》是:"由于战争的残酷和形势的变化,草叶社的同志以及众多作者忙于更加紧迫的任务。以至《草叶》第六期以后,再也没能继续出下去。"《部队文艺》是:"由于军直文艺室和编辑工作人员把主要精力转向伟大的整风运动,而终刊了。"②《中国革命文艺的摇篮·延安鲁艺八年大事纪要》记载了《草叶》停刊的原因:"《草叶》社召集各系同志开座谈会,进行整风。后停刊。"③这里所谓的停刊缘由,不管是"其他方面的活动非常紧张""更加紧迫的任务",还是"把主要精力转向伟大的整风运动",其指向实际上就是整风运动。

延安文艺刊物全部停刊后,其文学阵地就只剩下改版后的《解放日报》副刊了。《解放日报》是中共中央的机关报,1941年5月16日创刊。整风前的《解放日报》设有八大专刊,其中丁玲主编的《文艺》栏最为显要。《解放日报》的《文艺》栏可谓是延安文艺报刊的"领头羊",在1940年前后的延安文艺新潮中起到了灵魂和核心的作用。1942年4月1日《解放日报》实行改版,"由不完全的党报变成完全的党报"。《解放日报》的八大专栏中,《中国工人》《青年之页》《中国妇女》三个专刊接受读者意见停刊;《卫生》《敌情》《军事》《科学园地》仍旧得到保留,不定期出刊;《文艺》副刊刊头撤销,改第4版为各种综合性专刊。同时丁玲辞去了《文艺》栏主编的职务,《解放日报》副总编辑艾思奇

---

① 1942年4月《前线画报》《部队文艺》停刊,1942年5月5日《诗刊》停刊,1942年8月15日《谷雨》停刊,1942年9月1日《文艺月报》停刊,1942年9月15日《草叶》停刊,1942年10月1日《民族音乐》停刊,《民间音乐研究》停刊时间未详。参见《延安文艺丛书·文艺史料卷》第三部分"延安时期文艺刊物状况及作品目录",湖南文艺出版社1987年版;王克明:《〈讲话〉前后的延安文艺》,载《中国现代文学研究丛刊》2013年第5期。
② 《延安文艺丛书·文艺史料卷》,湖南文艺出版社1987年版,第739、733、744页。
③ 中国延安鲁艺校友会主编:《中国革命文艺的摇篮》,内部资料,1998年,第198页。

任副刊主任,《文艺》版改为舒群主编。这样,整个延安文艺界,就只剩下一个发表文艺作品的通道——《解放日报》综合副刊了。

延安文艺刊物的停刊,直接导致了延安文坛文艺创作的萎缩。作家们大都忙于参加整风活动,也无心思进行文学写作了,就连《解放日报》副刊也出现了稿源荒。为此,毛泽东不得不亲自出面为《解放日报》副刊组稿。1942年9月20日,他亲自拟写了《〈解放日报〉第四版征稿办法》,请党内16位各个领域的专家——陈荒煤、江丰、张庚、柯仲平、范文澜、邓发、彭真、王震之、冯文彬、艾思奇、陈伯达、周扬、吕骥、蔡畅、董纯才、吴玉章等负责为《解放日报》征稿。[①]毛泽东不但给上述人士每人下达不同字数和内容的征稿任务,而且亲自出面在枣园住地宴请他们。这就是后来被誉为美谈的"枣园之宴"[②]。

从此延安文艺开始走上了正途。1944年3月22日,毛泽东在陕甘宁边区文化教育工作座谈会上讲话说:"有一个解放日报,就可以组织起整个边区的政治文化生活。""应该把报纸拿在自己手里,作为组织一切工作的一个武器,反映政治、军事、经济又指导政治、军事、经济的一个武器,组织群众和教育群众的一个武器。""报上登些什么呢?比如我们这里出了一个申长林(边区劳动英雄——引者注),就把他的事迹登上,有一个陈德发(边区劳动英雄——引者注)也可以写进去。"[③]在毛泽东看来,文艺的根本功用还在于它是"整个革命机器的一个组成部分;作为团结人民,教育人民,打击敌人,消灭敌人的有力武器,帮助人民同心同德地和敌人作斗争"[④],否则,即使像1940年前后的延安文艺新潮的文艺"繁荣",也是要不得的。

三是延安文艺工作者的"审干"与"抢救"。1943年春,在延安大多数单位基本结束了文风、党风、学风文件的学习后,中央决定延安的整风运动要逐步

---

① 毛泽东:《〈解放日报〉第四版征稿办法》,见《毛泽东新闻工作文选》,新华出版社1983年版,第101—103页。
② 舒群:《枣园之宴》,见《舒群文集》(3),春风文艺出版社1984年版,第34—47页。
③ 毛泽东:《报纸是指导工作教育群众的武器》,见《毛泽东新闻工作文选》,新华出版社1983年版,第112、113页。
④ 毛泽东:《在延安文艺座谈会上的讲话》,载《解放日报》1943年10月19日。

地结束以学习文件、检查思想为主要内容的第一阶段,转入以审查干部、清理队伍为主要内容的第二阶段。1943年4月3日,中共中央发布《关于继续开展整风运动的决定》(第二个"四三"决定),指出从1943年4月3日至1944年4月3日,继续开展整风运动:"整风的主要斗争目标,是纠正干部中的非无产阶级思想(封建阶级思想、资产阶级思想、小资产阶级思想)与肃清党内暗藏的反革命分子。"[1]前一种是无产阶级思想与非无产阶级思想的斗争,后一种是革命与反革命的斗争。整风运动既是纠正干部错误思想的最好方法,也是发现内奸与肃清内奸的最好方法。1943年4月15日的中央书记处会议,通过了关于继续清查特务、进行防奸教育问题的决定。4月22日,毛泽东在给何凯丰的信中说:高中级干部教育计划暂停为好,先做防奸教育,配合此次肃奸工作。4月24日中央书记处再次开会,决定高中级干部教育计划暂缓三个月发布,在5、6、7三个月内,专门进行防奸教育。总学委负责领导这一工作,其日常事务由康生负责。为了加强领导,在这次会议上决定成立中央反内奸斗争委员会,以刘少奇、康生、彭真、高岗为委员,刘少奇任主任。从此以后,延安的机关、学校正式转入"审干"阶段。

审干运动是整风运动的有机组成部分,是整风的延续。"审干在开始的时候还是比较审慎的,只是要求每个党员根据文件精神联系自己的思想行动,写反省笔记、思想自传和详细履历。而单位负责人则调阅干部的这些材料,结合本人的表现和侦查得来的材料,进行分析研究,从中发现可疑分子。但是运动全面铺开以后,迅速向着大多数人无法预料的方向发展。"[2]1943年6月,国民党调集大军准备进攻陕甘宁边区。7月9日,边区召开了一万人的紧急动员、制止内战、保卫边区的群众大会。紧张的形势使审干反奸运动更为紧张起来,中央对干部部队中特务的比例估计越来越高。1943年6月24日,中央在发出的《关于国民党的特务政策和我党反特斗争的指示》中指出:"延安各机关学校各级干部一万人中,

---

[1] 中共中央文献研究室编:《毛泽东年谱(1893—1949)》(中卷),人民出版社、中央文献出版社1993年版,第432—433页。
[2] 高新民、张树军:《延安整风实录》,浙江人民出版社2000年版,第371页。

在整风及全面清查干部思想历史的过程中,发现国民党特务与日本特务将近1000人。"指示还说:"华北、华中各根据地内党政军民各机关中,暗藏的日特国特分子,估计一定是很多的,慎重清理这些分子,关系于党的生命。"[①]7月11日,中央总学委发出通知,要求加紧对反革命分子的清查和突破。7月15日,康生在中直机关的干部大会上,做了《抢救失足者》的报告,把紧张的审干运动推向了顶点——转向了"抢救失足者运动"。

中央党校是"抢救"的重点单位,由彭真总负责,毛泽东则经常听取彭真汇报,可以说,是毛泽东具体指导彭真在中央党校的所有活动。在审干全面展开后,住在延安文抗的作家、文艺家被全部送往中央党校,其中丁玲被编入第一部,其余的被编入第三部。党校三部驻在兰家坪,部主任为郭述申,副主任为张如心和阎达开。1943年5月4日,中共中央决定将中央研究院并入党校第三部。这样,中央党校三部集中了当时延安几乎所有较有名气的知识分子。他们组成七个党支部,按照校部的部署,进行交代历史、检查思想的紧张斗争。1943年至1945年,在党校三部受审的党员知识分子有范文澜、于黑丁、马加、吴伯箫、周而复、白朗、罗烽、方纪、冯兰瑞、曾克、刘白羽、欧阳山、草明、叶蠖生、陈波儿、金紫光、陈明、刘雪苇等。

鲁艺的整风和审干工作是在周扬主持下进行的。整风之初,周扬依照中央总学委的部署,在1942年领导全院教职学员开展了反王实味的斗争。1943年3月16日,中共中央西北局常委会议决定,将鲁艺、新文字干部学校、民族学院、自然科学院合并入延安大学,校址设于桥儿沟鲁艺内,合并后的延大校长,仍由吴玉章担任,周扬任主持工作的副校长。这次会议同时决定,"将政治上没有问题与不合条件的,调出分配工作;适合于继续学习的,留下学习;政治上有问题的,留下整风"[②]。鲁艺等院校并入延安大学后,全校人数达到1600多人,为了避免

---

① 郭德宏、李玲玉等主编:《中共党史重大事件述评》,中共中央党校出版社1998年版,第57页。
② 《中共中央西北局常委会议关于延大、自然科学院等精简问题的决议》(会议记录),见《延安自然科学院史料》,中共党史资料出版社、北京工业学院出版社1986年版,第28—29页。

出现混乱情况，影响整风、审干的进行，西北局常委会议宣布，继续保留原各学校的单位形式，自然科学院的整风学习，由西北局直接领导；鲁艺等单位由周扬主持，受中宣部领导。鲁艺审查干部的方式是"领导上……选择平时自由主义比较严重的同志，各系开大会，由群众来讨论研究他们的思想。……觉得他们和一般自由主义不对头……和王实味反党反革命的思想是有着同样严重的危害性的。……于是反奸斗争（实际上是指有上述自由主义思想的人就被搞成了特务）就起来了"。当时鲁艺全院共有300多人，"鲁艺一共提出审查的二百四十二人，其中三十五人后送保安处、西公审查，鲁艺作了甄别结论的二百零四人，其余三人由临时班甄别，甄别结果不详"。在被审查的204人中，最后审查出特务、特嫌24人，有政治性问题者（叛徒、托派及托派外围、托派嫌疑、党派分子、党派嫌疑、自首、群众自首、被利用、被蒙蔽、做过反共宣传、被捕中有错误等）52人，有思想问题和错误的18人，重要保留者19人，无问题者84人，未甄别者7人。[①]在上述审查对象中，就包括如下的作家、艺术家：陈铁耕、杜矢甲、石泊夫、江丰、力群、公木、晋驼、侯唯动、东方、李董风、寄明、王大化、杜夏、吴铭、王无、张云芳、洪禹、高洛音、张潮、陈紫、林山、林白、天蓝等。其中，陈铁耕、江丰、力群是左联时期接受过鲁迅提携、栽培的木刻家，石泊夫、东方、杜矢甲是鲁艺最初选定的一批自由主义者，公木、晋驼与吴奚如、王实味有关，侯唯动则是因同情萧军而致，李董风、吴铭是四川"红旗党"，天蓝则是胡风栽培过的诗人，高洛音是石泊夫的夫人。值得注意的是，这些被重点"抢救"的作家、艺术家，没有一个是鲁艺审干主导者周扬的"自己人"。所以"抢救运动"后，"江丰批评周扬在'抢救运动'中有宗派主义，因为和周扬关

---

① 王子宜：《延大鲁艺审干总结》（一九四五年十月），陕西档案馆藏，全宗号16，案卷号51。实际上，延安审干时有多样的政治罪名，并非只有"特务"一项。高杰认为，审干时鲁艺全院共有300多人，"抢救运动"中被打成"特务"的有267人，90%以上的人受到审查冲击，后来被甄别的有208人，恐不确。参见高杰：《〈讲话〉公开发表过程的历史内情探析》，见《延安文艺座谈会纪实》，陕西人民出版社2013年版，第246页。

系密切的人都没被抢救"①。

在审干和"抢救运动"中，几乎所有在延安的知识分子都经受了严峻的考验和冲击。1944年3月29日，作为审干和"抢救运动"的具体负责人，时任中央社会部部长、中央总学委副主任的康生在西北局高干会议上报告："我们在党的组织内清出了托派国特王实味等内奸分子，在政权系统中，清出了王毓琪、吴南山、樊作材；在军队清出了吴奚如、许遇之等暗害分子。民众中清出杨宏超、邓应贤等特务分子及其组织。在学校系统中，清出了栾丁生等特务分子。工厂系统揭破了张志刚等特务分子。""在过去坦白阶段中，我们突破了特务，巩固了自己，在思想上消灭了被资产阶级同化的危险，在组织上保障了内部的纯洁，在反奸工作上创造了新的路线，得到了很大成绩，如果不进行这个工作，就会使党受到很大损失。"②康生的报告实际上就是对于延安这一年多来审干和"抢救运动"的总结，也是把上述内奸、特务分子作为反奸斗争的战果来举证的。

这里涉及的文人有两个：一个是延安中央研究院特别研究员、《野百合花》的作者王实味，另一个是在30年代与鲁迅亲密接触，时任八路军总政治部文艺科长的吴奚如。康生的反奸斗争的这一"战果"，也得到了毛泽东的认可。1942年12月，毛泽东在西北高干会上做报告，多次提到王实味和吴奚如，而且是两个人并举，他说：

> 我们党内包括一部分反革命奸细、托派反动分子，以党员为招牌进行他的活动，吴奚如就是这样一个人。他是文化人，参加高级学习组的人，皖南事变时，国民党把他抓住了，以后又把他放出来，叫他到这里来闹乱子。王实味最近也被发现了。怎么发现的呢？他是以共产党员的资格在这里讲话，他们五人就组织了五个人反党集团。这些人就是王实味、成全、王里、潘芳、宗铮。现在证明有两个反革命，一个叫吴奚

---

① 2004年3月3日画家力群给高杰的信中语。转引自高杰：《延安文艺座谈会纪实》，陕西人民出版社2013年版，第246页。
② 康生讲话中所列出的所谓"特务内奸分子"，经后来查实，除了吴南山是戴笠派进来的特务之外，其余大都是冤假错案。参见师哲口述，李海文著：《在历史巨人身边：师哲回忆录》，九州出版社2015年版，第184—185页。

如，一个叫王实味。在延安反革命，以共产党员的招牌在共产党的党报上发表他们的文章，其余是不是还有第三个吴奚如？第四个王实味？这是应该审查的。①

王实味案我们已经耳熟能详，而且本书还有专章论述。但吴奚如案却鲜为人知，以至于被长期埋没。下面根据现有的史料略加陈述。

吴奚如，湖北京山人。1925年赴广州入黄埔军校第四期，加入中国共产党。1926年8月毕业，分配叶挺独立团任连指导员，后任团政治处副主任。北伐军攻克武昌后，调湖北地方工作。1928年6月，任中共湖北省委常委、军委秘书、军委书记。同年底，调任河南省军委委员兼秘书，不久被捕。1932年获释。1933年至上海，参加左联，任左联大众化工作委员会主席。次年春，通过工人文艺小组领导美亚绸厂数千工人大罢工。1934年冬，调中共中央特科工作，负责与鲁迅联系。西安事变前夕，调张学良部主持宣传工作，创办抗日同志会机关报《文化周报》。1937年初到延安。抗日战争全面爆发后，同丁玲等组织八路军西北战地服务团赴山西前线宣传。次年调中共中央长江局，任周恩来政治秘书。1938年底任八路军桂林办事处处长。1940年任新四军第三支队及江北纵队政治部主任。皖南事变中率部突围，跋涉千余里返回延安。1941年，任八路军总政治部文艺科长。曾先后发表中、短篇小说30余篇，出版短篇小说集《小巫集》《叶伯》《卑贱者的灵魂》《阳明堡的战火》和中篇小说《忏悔》《汾河上》，回到延安后又相继发表《老革命碰到新问题》《第一阶段》等小说。

延安整风开始后，吴奚如到中共中央党校学习。在党校学习期间，吴奚如受到了组织的整肃和审查。对此，同一时期也在中央党校学习的王恩茂的学习笔记《我到延安以来》有比较详细和真实的记录：

（1942年）5月假期之后，开始学习"四三"决定、毛主席2月1日整顿"三风"的报告、季米特洛夫同志《论干部政策与干部教育问题》等三个文件。……9月假期结束，开始学习党风部分，首先要每个同志

---

① 转引自师哲口述，李海文著：《在历史巨人身边：师哲回忆录》，九州出版社2015年版，第189页。

写了个学风学习的总结。……写完总结之后，互相传阅，进行以组为单位的总结，发展批评与自我批评。在这样的总结会中，八支部讨论李国华的问题有了争论。争论由八支部扩大到全校，举行了大会。由争论李国华的教条主义，发展到讨论李国华的党性问题、个人英雄主义的问题。李国华的问题在未扩大到全校讨论的时候，首先以八支部为单位召集大会，其他各支部派代表参加。七支部派了吴奚如作代表。八支部大会争论没结果，召开全校大会，许多同志发表了对于李国华的意见，看到李国华的品质是很坏的，支部对于李国华的批评基本上是正确的，而吴奚如在全校大会上发表了对八支部大会的观感，没有一句话批评李国华，反而批评支部的领导以及批评了李国华的同志，说他们"老一套"，"以名词对名词"，"以教条反教条"，"三娘教子"，"思想紊乱，言之无物"等，因此引起了大会对于吴奚如的注意。大会之后，各支部开小组会。在七支部的小组会上，王鹤峰同志对于吴奚如的发言有所批评，同时联系到反王实味斗争之后杨家岭召集文艺座谈会吴奚如的发言，吴即说王不该联系王实味，认定王把他当敌看待，随即暴跳起来，宣告退席。小组会没有开完，就跑到解放社他老婆那里去了。以后派人、写信才把他找回来，继续举行全校大会，揭露吴奚如思想上的错误：在杨家岭座谈会上发言说不要无产阶级立场；讨论《七七宣言》时说我们党过去很愚蠢，现在才聪明了；讨论党性问题时，发表其人性论的意见；讨论中央对待四方面军干部态度问题时，愤慨地说四方面军干部比一方面军干部好，挑拨一、四方面军干部关系；诬蔑我们党的领导干部……对总政不满，对组织不满，为讨老婆受的处分不满，为发津贴不满，为没有找他谈话不满……，以致要自杀……等。而吴奚如的几次发言，都是忙于申辩，没有承认自己的错误。在其最后一次发言时，即写好了退党书，装在自己的衣袋里，散会后交给了邓校长。从此大会性质改变了，进行讨论吴奚如退党问题。①

　　由上述记录可以看出：第一，吴奚如是在李国华的问题讨论会上发表抵触并反对整风运动的言论的；第二，吴奚如的发言多处关涉到党中央的最高决策或党内矛盾。七七事变后，中共中央在武汉设长江局，吴奚如时任周恩来的秘书，随王明、博古、周恩来到武汉参与国共合作领导抗战的工作。当时毛泽东与长江局领导人之间有意见分歧，关键在对抗日民族统一战线的两个方面——统一战线与独立自主、联合与斗争二者之间的关系，看法和态度不大一样。长江局领导人重视前者，毛泽东则强调后者，并且把前者视为"右倾投降"。1942年5月16日，在延安文艺座谈会的第二次会议上，吴奚如又老调重弹，说现在是抗战时期，要执行统一战线政策，不要把"无产阶级""共产党员"的标记刻在脑门上，像鲁迅说的"唯我是无产阶级"，"左得可怕"。文艺运动也应该有利于抗日，有助于抗日民族统一战线，而不能违背这一原则，造成摩擦以致同室操戈，使得亲者痛，仇者快。吴奚如这些话本来就是有所指的，但却遭到一些人的反驳，特别是朱德，指责他忘记了自己的革命军人身份，丧失立场，忘记了皖南事变中的战友的鲜血和生命。至于吴奚如发言中对于《七七宣言》的评价，对于红一方面军打压红四方面军的不满，还有整风运动的批评，更是具有"爆炸性"。

　　1943年7月25日，康生找吴奚如谈话，让其承认1931年"叛党"的事实。1928年11月，吴奚如任河南省委常委兼秘书，12月中旬因省委秘书处内部交通员张某叛变，他在开封被国民党便衣侦缉队逮捕。敌人审讯："你到开封来和谁接头？上级领导是谁？"他虽受严刑拷打，但拒不回答敌人的问话。敌人最后无奈，将他判刑，关押在河南省反省院。1931年4月，同一监狱的吕调阳叛变，向敌人告知吴奚如是监狱中党的秘密支部书记，正领导难友准备越监，因而他又被严刑拷打，最后承认了自己是共产党员，被敌人加刑一年。1933年10月，他经原配熊氏

---

① 这里的李国华，后来改名李立，时任中共中央直属机关党委书记；王鹤峰系八路军一二九师决死一纵队政治部主任，后被推选为中国共产党第七次全国代表大会代表，1941年到延安因七大延期，入中央党校参加整风学习；邓校长即邓发，时任中共中央党校副校长；《七七宣言》，指《中国共产党为公布国共合作宣言》。王恩茂：《我到延安以来》，见《王恩茂日记——抗日战争》（下），中央文献出版社1995年版，第269—273页。

的表兄、国民党河南省高等法院民事审判庭推事周庆芳保释出狱。1934年春，他到上海经丽尼的介绍，参加了左联，并任左联大众化工作委员会主席，不久，又转入周恩来领导下的上海中央特科工作。对于这一段被捕的经历，吴奚如出狱后即将狱中的情况，原原本本向党组织做了汇报，党组织也早做了结论。因此，面对康生的逼问，他断然予以拒绝。1943年7月30日，吴奚如遭到逮捕并受到康生的酷刑伺候，但他没有屈服，觉得这是奇耻大辱，高呼"你们这些坏家伙，我要向党中央控告！"回到王家坪八路军总部后，他带着伤给党中央和毛泽东写信揭露康、汪大搞逼供信的罪行，但没有得到回答。一周以后找毛泽东面谈，毛泽东没有接见。他回来后大哭一场，百思不得其解，于是他愤怒了，提起笔来，"要求退党"！不久，他的"申请"被批准，从此退出了党组织。但可能是因为曾担任过周恩来的秘书的缘故，吴奚如没有受到类似王实味一样的整肃，他的问题最后被"挂"了起来，成了"待分配"的干部。在1943年9月到1945年底这段时间，他没有固定工作，有时到工厂办夜校，有时到瓦窑堡烧炭，有时到南泥湾种地，成了地地道道的"哪里有窟窿就往哪里塞"的"打杂干部"。抗战胜利后，吴奚如于1946年到了山东解放区，任山东省文协常委，次年调东北任牡丹江市及松江省总工会主席。

新中国成立后，吴奚如调任东北总工会生产部副部长、办公室副主任。1952年9月，调任黑龙江省鹤岗矿山工业学校校长。1954年1月，调任黑龙江省鸡西煤矿工业学校校长。1950年，吴奚如曾给毛主席写信，要求恢复党籍，并且从事专业创作，没有得到回音。1956年，他又致信刘少奇和周恩来，再次提出了这两点要求。在刘少奇、周恩来的帮助下，1956年3月，吴奚如始回到故乡湖北，任华中师范学院政治教育系副主任。1957年6月，调中国作家协会湖北分会，为专业作家，但党籍问题，仍然没有得到解决。1959年，吴奚如被打成右倾机会主义分子。"文革"中，又被打成"三反分子"，交街道群众组织管制。1979年，吴奚如才以作家身份出席中国文学艺术工作者第四次代表大会。1985年2月27日，吴奚如在武昌病逝，终年七十九岁。病逝后，中共湖北省委宣传部恢复他的党籍，党龄从1925年算起。①

  随着延安整风运动的深化，延安主流媒介对于鲁迅的宣传和阐发出现了微妙的变化，那就是对鲁迅及其作品以"我注六经"的方式，按照当下的主流思想进行重构和阐释。这里以《解放日报》1942年10月19日前后刊登的鲁迅先生逝世六周年有关文献为例加以说明。1942年10月18日，《解放日报》第4版副刊辟出《鲁迅先生逝世六周年祭》专栏，刊登了两篇论文，即萧三的《整风学习中读鲁迅》和张仃的《鲁迅先生作品中的绘画色彩》。10月19日，鲁迅逝世六周年纪念日，《解放日报》头版发表社论《纪念鲁迅先生》，第2版刊登出报道《延安各界纪念鲁迅先生逝世六周年　追悼前方殉国文化战士》，第4版副刊整版都是纪念鲁迅的文章——本报编辑部《鲁迅先生逝世六周年祭》，中央印刷厂文艺小组《我们的话——为了纪念鲁迅先生逝世六周年》，此外还转载了鲁迅的《论"费厄泼赖"应该缓行》《答托洛斯基派的信》。10月26日，《解放日报》第4版刊登了吴玉章在10月18日延安各界纪念会上的讲话《纪念鲁迅先生逝世六周年——在纪念会上的讲话》。11月2日，《解放日报》刊登何其芳的论文《两种不同的道路》。

  总括上述文献，有以下三个方面的特征：一是所转发的鲁迅遗言和鲁迅作品都有特殊的意蕴和现实指向。延安各界纪念鲁迅先生逝世六周年礼堂内外遍贴的那两句鲁迅遗言——"我解剖自己并不比解剖别人留情面""由于事实的教训，明白了唯有新兴的无产阶级才有将来"②，就是摘自鲁迅的两篇作品《论"费厄泼赖"应该缓行》和《答托洛茨基派的信》。前一篇彰显的是鲁迅对待真正的敌人所表现的毫不妥协、永远进击，"痛打落水狗"的战斗精神；后一篇的价值主要还在于这是鲁迅著述中第一次，也是唯一的一次提及了"毛

---

① 以上史实参见邓黔生：《吴奚如小传》，见《中国报告文学丛书》（第1辑第1分册），长江文艺出版社1981年版，第263—264页；关富山：《吴奚如传略》，见牡丹江市总工会工运研究室编：《牡丹江工人运动史料》（第2辑），内部资料，1987年，第59—66页；段国超：《吴奚如在延安》，载《延安文艺研究》1988年第1期。
② 《延安各界纪念鲁迅先生逝世六周年　追悼前方殉国文化战士》，载《解放日报》1942年10月19日。

泽东先生"，而且还对毛泽东和他的事业进行了热烈的礼赞："那切切实实，足踏在地上，为着现在中国人的生存而流血奋斗者，我得引为同志，是自以为光荣的。"二是按照整风运动的现实需要对鲁迅及其作品进行阐发，使其汇入毛泽东文艺思想的逻辑轨道。这里最典型的就是萧三的《整风学习中读鲁迅》一文，该文声称："假如鲁迅今天还在，他无疑地是我们整风运动中的一员健将。现在呢，在这方面，仍然如生前一样，他是我们的导师。"[①]然后就按照毛泽东所谓的"整顿三风，是无产阶级思想和小资产阶级思想作斗争"的理路，从立场问题、艺术与政治的关系问题、阶级论与人性论问题等方面对鲁迅及其作品进行现实的对应和思想的阐发，使得鲁迅的思考无一不与毛泽东的整风思想合辙。三是在思想上对鲁迅自身与自称是"鲁迅精神传人"的延安作家如萧军、王实味、吴奚如等进行剥离。

综上所述，通过整风学习，经过作家下乡，特别是在组织上对延安文艺组织、文艺报刊、延安文艺工作者进行整顿、规范和引导，毛泽东所预期的整顿人心、统一思想，把作家归并到"为工农兵服务"的正确道路上的目的基本上达成了。在此期间，延安作家和文艺家除了萧军之外，相继发表文章，表达自己努力践行毛泽东《讲话》的精神，积极转变思想，投入为政治服务、为"为工农兵服务"的潮流的强烈期许和愿望。[②]毛泽东《讲话》的精神已经深入人心，逐渐成为延安文艺生产和文艺生活的主导思想。至此，毛泽东才觉得发表《讲话》的时机成熟了。

---

① 萧三：《整风学习中读鲁迅》，载《解放日报》1942年10月18日。
② 其中的作家表态文章包括丁玲：《关于立场问题我见》，载《谷雨》1942年第1卷第5期；刘白羽：《与现实斗争生活结合》，载《解放日报》1942年5月31日；李又然：《精读习惯与集体精神》，载《解放日报》1942年7月16日；塞克：《在青年剧院学习总结会上的讲演》，载《解放日报》1942年6月30日；周扬：《艺术教育的改造问题——鲁艺学风总结报告之理论部分：对鲁艺教育的一个检讨与自我批评》，载《解放日报》1942年9月9日；舒群：《必须改造自己》，载《解放日报》1943年3月31日；何其芳：《改造自己，改造艺术》，载《解放日报》1943年4月3日；立波：《后悔与前瞻》，载《解放日报》1943年4月3日；萧三：《可喜的转变》，载《解放日报》1943年4月11日；陈学昭：《一个个人主义者怎样认识了共产党》，载《解放日报》1943年6月13日。

1943年10月19日，正值鲁迅逝世七周年之际，《讲话》全文两万多字在《解放日报》分三个版面一次性刊出。毛泽东为什么选择在鲁迅逝世纪念日发表《讲话》？这是一种偶合，还是一个着意的选择？现在似乎还没有确实的史料予以佐证，但有一个史实是肯定的——从此开始，延安大型的鲁迅纪念活动不再举行，代之而起的乃是以《讲话》为精神核心而兴起的延安工农兵文艺思潮。这表征着一个重大的历史事实或意涵：一个新的文学时代开始了！这个时代就是中国文学的"人民文学时代"。

第六章 丁玲：『莎菲女士在延安』

提起丁玲，人们总会想到她的成名作《莎菲女士的日记》中的那个主人公莎菲。莎菲，曾几何时，是一个与作者丁玲相始终的人物。1958年，在对丁玲等人进行"再批判"中，张光年以题为《莎菲女士在延安》的文章来批判丁玲，称他读了丁玲的小说《在医院中时》后的突出的感觉是："莎菲女士来到了延安。她换上了一身棉军服，改了一个名字叫做陆萍。据说她已经成为共产党员了，可是她那娇生惯养、自私自利、善于欺骗人、耍弄人的残酷天性一点也没有改变。她的肺病大概已经治好了，她的极端个人主义的毛病却发展到十分癫狂的地步。"最后，他才打开窗子说亮话，称："丁玲、莎菲、陆萍，其实是一个有着残酷天性的女人的三个不同的名字。"[①]

上面张光年的判断确实不错。是的，就精神气质而言，丁玲其实就是莎菲，莎菲就是丁玲。虽然丁玲几十年中特别是晚年复出后曾反复申明莎菲写的不是她自己，甚至她当年的朋友也站出来为她做证并明确指出莎菲在现实生活中实有模特[②]，因此从绝对意义上讲不能完全在两人之间画上等号，但只要了解丁玲20世纪20年代的生活和思想经历，了解丁玲的思想性格和气质，就不难发现丁玲与莎菲之间那十分明显的精神联系。就在丁玲申明莎菲写的不是她自己的同时，她就直言不讳地承认，《莎菲女士的日记》是她"稍稍懂事，刚接触社会，一阵碰壁之后，把淤积在心头的对旧社会的不满、反抗而发出

---

① 张光年：《莎菲女士在延安》，载《文艺报》1958年第2期。
② 徐霞村：《关于莎菲的原型问题》，载《新文学史料》1984年第4期。

—239—

的'绝叫'"①。谈到自己当时的思想状况,丁玲说:"我那时候的思想正是非常混乱的时候,有着极端的反叛情绪,盲目地倾向于社会革命,但因为小资产阶级的幻想,又疏远了革命的队伍,走入孤独的愤懑、挣扎和痛苦"②,"我感到寂寞、苦闷,我要倾诉,我要呐喊,我没有别的方法,我拿起了笔,抒写我对旧中国封建社会的愤懑与反抗"③。这就是她最早的小说《梦珂》和《莎菲女士的日记》。所以,莎菲的苦闷其实就是丁玲的苦闷,莎菲的绝叫其实也就是丁玲的绝叫。"丁玲正是通过莎菲,曲折而痛快淋漓地倾吐了她淤积胸中的梦醒了无路可以走的痛苦,表达了她对社会强烈不满和反抗的愤激情绪。莎菲是丁玲恰当的代言人乃至化身。……所以,从某种意义上可以说,《莎菲女士的日记》是丁玲自传体的作品,莎菲就是丁玲。"④

那么,莎菲女士的"真身"——丁玲,在延安的境遇又如何呢?

---

① 丁玲:《序〈丁玲自选集〉——写给香港的读者》,见张炯主编:《丁玲全集》(第9卷),河北人民出版社2001年版,第130—131页。
② 丁玲:《一个真实人的一生——记胡也频》,见张炯主编:《丁玲全集》(第9卷),河北人民出版社2001年版,第66页。
③ 丁玲:《我的生平和创作》,见张炯主编:《丁玲全集》(第8卷),河北人民出版社2001年版,第229页。
④ 张永泉:《莎菲形象系列与丁玲的人生悲剧》,见《个性主义的悲剧——解读丁玲》,中国社会科学出版社2005年版,第227页。

第一节

"昨天文小姐，今日武将军"

我们知道，丁玲是第一个投奔陕北革命根据地的著名文人。1936年11月，丁玲由西安抵达陕北保安。丁玲的到来，受到了党中央高层的热烈欢迎。中共中央宣传部专门为丁玲开了一个欢迎会，毛泽东、张闻天、周恩来、博古等领导人悉数出席。欢迎会上，丁玲建议成立文艺俱乐部，组织文艺爱好者创作作品，开展活动，得到了毛泽东、张闻天等领导人的赞同和支持。11月22日，中国文艺协会在保安成立，丁玲任文协主任。毛泽东出席了成立大会，并在讲话中指出："中国文艺协会的成立，这是近十年来苏维埃运动的创举"，"现在我们不但要武的，我们也要文的了，我们要文武双全"。会后，丁玲到毛泽东那里去，毛泽东问："丁玲！你打算作什么呀？"丁玲回答："当红军。"毛泽东说："好呀！还赶得上，可能还有最后的一仗，跟着杨尚昆他们领导的前方总政治部上前方去吧。"丁玲后来回忆说："我的心都飞了。'啊！上前线去，当红军，打最后一个仗……'"[①]于是，11月24日，丁玲就跟着红军部队北上，参加红军与胡宗南部的作战。1936年12月12日，西安事变爆发。应张学良、杨虎城请求，中共中央及中央军委决定红军主力南下支援友军，丁玲又随红军主力南下甘肃庆阳、陕西三原等地。

就在丁玲随红军主力北上、南下期间，她写有通讯、散记、速写等各七八篇，分别编为《北上》《南下》两个集子，由于战事倥偬，其中的文稿都佚失

[①] 丁玲：《序〈到前线去〉》，见张炯主编：《丁玲全集》（第9卷），河北人民出版社2001年版，第102页。

了，但后来保存下来的还有《广暴纪念在定边》《记左权同志话山城堡之战》《彭德怀速写》《到前线去》《南下军中之一页日记》等作品。这段战斗生活给丁玲留下了深刻的印象，到了晚年她还清楚记着其中的情景：

> 欢欢喜喜地跟在队伍里面，一天走六七十里。脚打泡了，学老红军的样子用根线沾点油穿过去。第二天照样走。有时候，管理员说我和另一个从白区来的小汪没有建制，就没有给我们号房子。管它呢，我们有时住在伙房，有时住在马号，通夜通夜听着马嚼草，或是半夜里弄火煮饭。我也从不介意。中午，管理员也常常忘了给我们发干粮，我看见大家都在吃东西，就躲开了。有人问我为什么不吃，我就说不饿，不想吃。①

在前线，除了和战士们在一起之外，丁玲还结识了彭德怀、贺龙、萧克、左权、陈赓、王震、杨得志、黄克诚等一批红军将领。王震说："听说来了个作家，好啊！我们这里都是武的，需要一个文的。"②12月末，毛泽东特为丁玲赋《临江仙》词一首：

> 壁上红旗飘落照，西风漫卷孤城。
>
> 保安人物一时新。洞中开宴会，招待出牢人。
>
> 纤笔一支谁与似？三千毛瑟精兵。
>
> 阵图开向陇山东。昨天文小姐，今日武将军。

这首词是用军队电报拍发给前方的丁玲的。1937年初，丁玲回到延安后，毛泽东在两张16开大小的浅黄色毛边纸上亲笔抄录了这首词。丁玲于1939年将该词寄至重庆胡风处，请其代为保管。1982年，胡风历经劫难后从四川回到北京，将这一珍贵文物归还丁玲。

1937年7月7日，抗日战争全面爆发。8月，中共中央军委委托中宣部以部分抗日军政大学二期学员为主，组成西战团，同时还确定"西北战地服务团是一个半

---

① 丁玲：《序〈到前线去〉》，见张炯主编：《丁玲全集》（第9卷），河北人民出版社2001年版，第102页。
② 王增如、李向东：《丁玲年谱长编》（上卷），天津人民出版社2006年版，第119页。

军事化、以宣传为主要任务的团体",丁玲任西战团主任,吴奚如任副主任。丁玲曾到毛泽东住处请示工作,毛泽东指示说:"宣传要大众化,新瓶新酒也好,旧瓶新酒也好,都应该短小精悍,适合战争环境,为老百姓所喜欢。要向群众、向友军宣传我党的抗日主张,宣传抗日救国十大纲领,扩大我们党和军队的政治影响。"为此,西战团出发前赶排了十几个独幕剧和两个三幕剧,还有宣传抗日的秧歌、大鼓、相声等曲艺节目,同时把秧歌改成《打倒日本升平舞》,搬上了舞台,曾在延安公演十一次。丁玲还参加了独幕话剧《王老爷》的演出,饰演一个八路军政工干部。"一次在南门外戏台上为群众演出后,朱光同志跳上台来兴奋地连声说道:'成功了!成功了!'毛主席看完演出,极有兴趣笑着对我说:'节目可以,就这样搞下去。'"①

9月22日,丁玲率西战团从延安出发,徒步开赴山西抗日前线。在将近一年的时间里,西战团跋山涉水,转战陕西、山西两省,光在山西就走了16个县市及60个村庄,行程数千里,演出百余场。1938年4月27日,重庆的《新华日报》刊登署名"江横"的《丁玲访问记》,通过丁玲之口介绍了西战团的一些情况:"到了山西所演的都是民众易于懂的旧瓶装新酒的东西,这次在西安公演两次,也完全是取着这样的形式。因为新颖的形式,可以使各阶层的人容易接受!我们除了公演,还经常到各学校,剧团,战时工作团,军队或伤兵医院,去教唱歌或帮助演剧。"丁玲和团员们一样,每人每月零用费是两元。1938年7月22日,西战团奉命由西安乘八路军驻西安办事处的汽车返回延安。

紧张激烈的战斗生活,改变的不仅是丁玲外在的容貌和装饰,还有她内在的心理和精神气质。《到前线去》一文中,丁玲是这样描写她的行军生活的:"每天还没有天亮的时候,口笛便在洞外横扫过去,又叫着吹了回来,麻木的不会转动的腿,又开始感到了疲倦。然而院子里各种声音都杂乱的响起了,我催着睡在炕那头的汪同志,但他又希望我先起身……脑筋越来越简单,一到了宿营地,就

---

① 这里的朱光,时任中宣部副部长凯丰的秘书。丁玲:《延安文艺座谈会的前前后后》,见张炯主编:《丁玲全集》(第10卷),河北人民出版社2001年版,第264页。

只想怎么快点洗脚吃饭,因为要睡得很呵!"①倒头便睡,睁眼就起,紧张而充实的战斗生活使丁玲的身体也变得日渐强健。我们从现存的丁玲这时期的照片见到的,都是她一身戎装的形象。这时候的丁玲,剪了头发,身着戎装,比以前胖了,也壮实了许多,显得英姿飒爽。她对前往延安采访的斯诺夫人说:"我欢喜此地简单的生活,我正在长康健长肥起来,虽然我来此之前是神经衰弱,睡不着觉的。"难怪斯诺夫人会对她产生这样的印象:"她绝不是中国认为'知识分子'的典型,而是西洋各国很普通的康强的知识女子那样一种康健型。她是一个使你想起乔治·桑和乔治·依列亚特那些别的伟大女作家的女子——一个女性而非女子气的女人。"②

同样,战士的生涯使丁玲忘却了过去的苦痛,感受到与风浪搏斗的快乐,体验到生命的价值和意义:"他们是在享受着他们最高的快乐,最大的胜利的快乐,而这快乐是站在两岸的人不能得到的,是不参加战斗,不在惊涛骇浪中搏斗,不在死的边沿上去取得生的胜利的人无从领略到的。只有在不断的战斗中,才会感到生活的意义,生命的存在,才会感到青春在生命内燃烧,才会感到光明和愉快呵!"③丁玲的这一感受,与在战斗的鲁迅所谓的"我所获得的,乃是我自己的灵魂是荒凉和粗糙",有异曲同工之处。昨日的"文小姐",仿佛真的成了"武将军"。

---

① 丁玲:《到前线去》,见张炯主编:《丁玲全集》(第5卷),河北人民出版社2001年版,第37—38页。
② 尼姆·威尔斯:《续西行漫记》(下册),安徽省中共党史学习研究会1980年版,第314、280—281页。
③ 丁玲:《战斗是享受》,见张炯主编:《丁玲全集》(第7卷),河北人民出版社2001年版,第54页。

第二节

积习难改的"名士气派"

随后的史实证明，对于丁玲来说，要从"文小姐"转变成为"武将军"，不但是极其艰难的人生选择，而且还是根本不可能的事情！

本来，丁玲是完全可以从"文小姐"转变为"武将军"的。1937年2月，丁玲从红军前线回到延安。中央书记处书记张闻天建议她找一所房子静心著述，但丁玲却向毛泽东要求当红军。毛泽东给红军后方政治部主任罗荣桓写信，委任丁玲为中央警卫团政治处副主任，并告诉她：你开始做工作就是要认识人，一个一个去认识他们，了解他们。丁玲便搬到警卫团宿舍，分管后勤和文化娱乐活动。但任职一个月后，丁玲就受不了了，请求调离中央警卫团，得到毛泽东批准，又回到了文协工作，专门从事文学创作和活动。

丁玲为什么不愿意干行政呢？究其原因，就在于她身上还有比较浓厚的"文人气"：她认为干行政这类事务性的工作太过琐碎，不如搞写作更顺手。她还留恋自己作为作家的声名，始终不能忘怀自己的写作。还是毛泽东看出了问题的关键，当时即一语中的地对丁玲提出了批评。据丁玲回忆：

> 一九三七年春天，有一次他到我的住处，遇见一群从国统区来延安抗大学习的青年。他对我笑道："丁玲，我看这些知识分子很喜欢同你接近，你这里有点像文化人的俱乐部。"我懂得他是在批评我，说我不能坚持深入工农兵，因为那时我刚离开中央警卫团政治处副主任的职位，正忙于苏区文协的工作。后来又有一次，毛主席说我有名士气派。我懂得这个批评更重了，但心里却感到舒服。认为他真正了解我，我是

有这个缺点。①

这里毛泽东批评丁玲的所谓"名士气派",其实就是她身上的好出风头的文人气。而这种文人气,正是从她的作品中的主人公——莎菲那里承传来的。莎菲孤傲自赏,拒绝平庸甚至世俗,总是有一种"想飞"的冲动与幻想,这不就是丁玲的名士气派或文人气吗?而恰恰也正是这一名士气派,使丁玲无法忍受做一个优秀的党务工作者,非要去选择当一个声名卓著的作家不可。

1938年7月,丁玲带领西战团从西安返回延安之后,先是被派到马列学院学习,文抗成立后,她又来到文抗,主持日常工作,成了文抗的驻会作家。从1938年7月丁玲率西战团由西安返回延安,一直到1943年春夏之交她离开文抗到中央党校一部参加整风学习和审干运动,中间除了1941年5月至1942年4月主编《解放日报·文艺》的多半年时间,丁玲的大多半时间都是在文抗度过的。而这段时间,正是延安文艺新潮由滥觞到蔚然形成大观的时期。丁玲几乎参与了这一文艺新潮的所有活动:编辑或主编了《文艺战线》《文艺月报》《谷雨》《解放日报·文艺》等刊物;参与了文艺月会、星期文艺学园等文学活动;在参与上述活动中又不失时机地倡导对延安的诸多流弊进行批评,为这一文艺新潮鼓与呼。毫无疑问,丁玲成了这场文艺新潮的领军人物或精神领袖。

除了上述的文学活动之外,丁玲更为主要的还是她的创作。这一时期,她的创作也达到了她来延安之后的巅峰状态。杂文《适合群众与取媚群众》《"开会"之于鲁迅》《什么样的问题在文艺小组中》《大度、宽容与〈文艺月报〉》《干部衣服》《战斗是享受》《我们需要杂文》《三八节有感》等,小说《一颗未出膛的枪弹》《东村事件》《压碎的心》《新的信念》《县长家庭》《入伍》《我在霞村的时候》《在医院中时》《夜》等,就是她这一时期的代表作品。其中,数杂文《适合群众与取媚群众》《"开会"之于鲁迅》《三八节有感》及小说《我在霞村的时候》《在医院中时》等最具争议性。杂文《适合群众与取媚

---

① 丁玲:《毛主席给我们的一封信》,见张炯主编:《丁玲全集》(第10卷),河北人民出版社2001年版,第284页。

群众》主要针对当时流行的"到大众中去""应群众化"的倾向,特别提醒作家们:适合群众,但不能取媚群众。她特别指出:"我们现在要群众化,不是把我们变成与老百姓一样,不是要我们跟着他们走,是要使群众在我们的影响和领导之下,组织起来,走向抗战的路,建国的路。"①

与总是"带刺"的杂文相比,丁玲这时期小说中的人物更是矫矫不群。《我在霞村的时候》写的是一个被日本鬼子掳去被迫做了军妓并得了性病的农村姑娘贞贞,利用自己的特殊身份为我军搜集情报。但后来她在逃出虎口回到霞村后,不但没有得到村民们的理解和同情,反而受到的是嫌厌和鄙视,"尤其是那一些妇女们,因为有了她才发生对自己的崇敬,才看出自己的圣洁来,因为自己没有被敌人强奸而骄傲了"。但贞贞并没有为此气馁、沮丧,而是更加自信、坚毅地活下来了,她说:"人大约总是这样,哪怕到了更坏的地方,还不是只得这样,硬着头皮挺着腰肢过下去,难道死了不成?"贞贞性格中的最大特点是心事大、爱幻想,向往外面的世界。最后,她在我党工作队的帮助下到了延安,实现了她要到大地方"看世界"的美好愿望。《在医院中时》写的是来自上海某产科学校毕业的学生陆萍,为了民族的解放事业来到延安某医院工作。到了医院之后,她即以主人翁的责任感投入工作。但在工作中她发现医院的管理情况并不令她满意:看护人员没有受过专业教育又毫无服务精神,常常不按操作规程办事,等等。为此,她就严格要求她们,"催促不成就只好代替";"为了不让病人产妇多受苦痛,便自己去替几个开刀了的,发炎的换药";有时甚至亲自"戴上口罩,用毛巾缠着头,拿一把大扫帚去扫院子"。她时刻把患者的疾苦放在心上,"常常为了他们的生活管理和医疗的改善与很多人发生冲突"。为了改善医院工作,她主动提出合理化建议,乃至和小生产观念及官僚主义严重的院长发生尖锐冲突,并受到无情的讽刺和打击。但她并没有消沉下去,在经过一番思想波折之后,终于在一位老同志的启示下,认识到革命的艰难和曲折,并认识到自己的弱点和不足,"用迎接春天的心情"离开医院,开始了新的生活。

---

① 丁玲:《适合群众与取媚群众》,见张炯主编:《丁玲全集》(第7卷),河北人民出版社2001年版,第22—23页。

如果我们仔细对照一下贞贞和陆萍的性格就可以发现，尽管她们的出身和遭际不同，但有一点却是共同的，那就是她们与《莎菲女士的日记》中的莎菲一样，有着悲剧性格和命运。在性格上，她们都坦率而真诚，倔强而执拗，甚至任性而乖戾，因此与世俗之间有着严重对立和不和谐：莎菲在经过一场痛苦的感情搏斗后，"更陷到极深的悲境里"，因而决定南下，"在无人认识的地方"，"悄悄的活下来，悄悄的死去"；陆萍为改变医院的落后面貌而忘我工作，却受到上自官僚主义的院长、下自落后群众的嘲讽、诽谤和打击；贞贞更是从肉体到灵魂都伤痕累累，日本鬼子的兽性蹂躏和自己同胞的精神虐杀几乎把她推向人生的绝路。因此，才有学者发现："莎菲在丁玲的创作中几乎已具有了原型的意义。在一定的意义上可以说，不论阿毛还是美琳，陆萍还是贞贞，黑妮还是杜晚香，她们都是不同时期、不同背景下的莎菲，她们血管中都流淌着莎菲的血液，她们的灵魂中都跳动着莎菲那躁动不安的精神因子。可以说，在中外文学史上，像丁玲这样始终同她的人物保持密不可分的血缘关系的作家还不多见。正是在这里，我们发现了丁玲与众不同的创作个性——那用自己的全部心血和整个灵魂去孕育和拥抱自己笔下的人物的至真至诚的创作个性，那把她自己与笔下的人物完全融为一体的强烈的主观抒发型、自我表现型的创作个性。"[①]

其实，丁玲小说中的人物又何尝不是她自己的生命体验和人生追求的外化呢？丁玲曾用"富于幻想""总是爱飞""总不满于现状"等来概括她笔下的悲剧英雄陆萍的性格特征，但实际上，这也是她性格特征的自我写照。当年深知丁玲的瞿秋白曾这样评价和鼓励她："你是一个需要展翅高飞的鸟儿"，"飞得越高越好，越远越好"。[②]而丁玲的早年经历也正好印证了这一精神特征："恰巧王剑虹从上海回来了。她向我宣传陈独秀、李达他们在上海要办一个平民女子学校，她邀我一起去。我又得着我母亲的赞助，抱着满腔幻想到上海去了。自然，

[①] 张永泉：《莎菲形象系列与丁玲的人生悲剧》，见《个性主义的悲剧——解读丁玲》，中国社会科学出版社2005年版，第229页。
[②] 丁玲：《我所认识的瞿秋白同志——回忆与随想》，见张炯主编：《丁玲全集》（第6卷），河北人民出版社2001年版，第42页。

我并没有一下便找着光明大道，我打过了几个圈子，碰了许多壁才走上正确的路的。但从这时我却飞到了一个较广阔，较自由的天地。我是放任过我自己，勇敢地翱翔过，飞向天，被撞下地来，又展翅飞去，风浪又把我卷回来。我尽力回旋，寻找真理……"[①]这一段生活，丁玲后来称之为"自由飞翔的生活"[②]。她还以"我是一个爱幻想的人"来概括自己的性格特征。[③]其实，爱幻想，不满于现状，是人类的一种天性。有了"幻想"，才会有"想飞"的冲动；"总是想飞"才会"不满于现状"；"不满于现状"，才会"不平则鸣"，容易与周围的环境发生冲突。这种清高孤傲，甚至有点愤世嫉俗的性格，本是包括鲁迅在内的古今中外优秀作家普遍具有的性格特征，但在延安这种特殊的文化语境下，这一性格特质却被冠为"小资产阶级"的品格而备受贬斥。毛泽东上述批评丁玲的"名士气派"大概指的也是这一性格特征。但丁玲对于毛泽东的提醒和警告，似乎并没有真正放在心上。积习难改的"名士气派"促使她写出了上面那些不平则鸣的作品，从而成了这场延安文艺新潮的领军人物，最后竟至于闯下大祸，弄得自己进退失据。

[①] 丁玲：《我怎样飞向了自由的天地》，见张炯主编：《丁玲全集》（第5卷），河北人民出版社2001年版，第265页。
[②] 丁玲：《我的中学生活的片断》，见《丁玲文集》（第5卷），湖南人民出版社1984年版，第328页。
[③] 丁玲：《一个真实人的一生——记胡也频》，见张炯主编：《丁玲全集》（第9卷），河北人民出版社2001年版，第68页。

第三节

在整风中"革面洗心"

我们知道，风起云涌的延安文艺新潮，在1942年春天借着整风运动的东风达到高潮之后，立即引起了中共高层领导的高度关注和警觉。他们在认识到这一思潮的危害性之后，决定调整整风运动大方向，对延安文艺界进行整风。在当时的延安文艺新潮中，最受关注并引起争议的是王实味的《野百合花》和丁玲的《三八节有感》。而这两篇杂文都与丁玲有关：《三八节有感》是她写的，这不必说，《野百合花》也是经她之手发表在她所主编的《解放日报·文艺》上的。这样，历史又一次把这场文艺思潮的领军人物丁玲推到了历史前台，使她成为延安的焦点人物而备受关注。在延安文艺界的这次整风中，王实味被确定成了"斗争的目标"，正在中央研究院遭受批判和组织处理。那么，丁玲的命运又如何呢？

关键时刻，还是毛泽东保护了丁玲。据丁玲后来回忆，就在1942年4月初的一次高级干部学习会上，丁玲的《三八节有感》和王实味的《野百合花》遭到了与会者的严厉指责和批判。最后，毛泽东做总结说："《'三八'节有感》虽然有批评，但还有建议。丁玲同王实味也不同，丁玲是同志，王实味是托派。""毛主席的话保了我，我心里一直感谢他老人家。"[1]在延安文艺座谈会召开之前，当时的中组部部长陈云专门把丁玲和刘白羽找去，要他们在会上站稳立场。[2]陈

---

[1] 丁玲：《延安文艺座谈会的前前后后》，见张炯主编：《丁玲全集》（第10卷），河北人民出版社2001年版，第280页。
[2] 刘白羽：《毛主席为何要召开延安文艺座谈会》，载《世纪》2003年第3期。

云找丁玲谈话，很可能是毛泽东的安排。毛泽东似乎是有意在保护丁玲，事先警告她不要在座谈会上乱放炮，使她免于王实味一样的命运。座谈会结束后，大家合影时，毛泽东四处张望，问丁玲在哪里。后来他看见丁玲隔着他三个人挨在朱德旁边，才放心坐下来，颇为风趣地说："照相坐近一点，不要明年再写《三八节有感》。"①毛泽东如此关爱并保护丁玲，除了他与丁玲之间有同乡之谊及长期的人际交往等外，更主要的还是丁玲在国统区的名气和声望比较大的缘故。

正是因为有了毛泽东保护，丁玲在整风学习中才"逃过一劫"。1942年春天，延安开始了整风运动，丁玲虽然因为写了《三八节有感》而受到批评，但仍然受到党的信任，中宣部仍然指定她担任文抗整风学习委员会主任。8月21日文抗举行学风总结大会，做总结的还是丁玲。

丁玲对毛泽东的特殊关爱和保护自然心领神会，这时她的思想立即"转变"。据陈明回忆，她在文艺界整风学习和文艺座谈会期间，写了两本心得笔记，一本叫《脱胎换骨》，一本叫《革面洗心》，表示自己彻底改造自我的决心。②她还发表了两篇文章，一篇是根据在文艺座谈会上的发言整理成的《关于立场问题我见》，一篇是在中央研究院批判王实味座谈会上的发言《文艺界对王实味应有的态度及反省》。在后一篇文章中，丁玲谈了两个"重要的问题"，一个是文艺与政治的关系问题："文艺应该服从于政治，文艺是政治的一个环节，我们的文艺事业是整个无产阶级事业的一个组成部分"；一个是立场问题："共产党员作家，马克思主义作家，只有无产阶级的立场，党的立场，中央的立场。"同时，她对主编《解放日报·文艺》时发表《野百合花》及写作《三八节有感》做了检讨。如果再对照一下丁玲此前发表的文章，你会感到她从态度到观念都发生了质的飞跃的变化。对此，丁玲进行了生动描述，说："在整顿三风中，我学习得不够好，但我已经开始有点恍然大悟，我把过去很多想不通

---

① 陈晋：《文人毛泽东》，上海人民出版社1997年版，第234页。
② 陈明：《丁玲在延安——她不是主张暴露黑暗派的代表人物》，载《新文学史料》1993年第2期。

的问题渐渐都想明白了，大有回头是岸的感觉。回溯着过去的所有的烦闷，所有的努力，所有的顾忌和过错，就像唐三藏站在到达天界的河边看自己的躯壳顺水流去的感觉，一种翻然而悟，憣然而渐的感觉。我知道，这最多也不过是一个正确认识的开端，我应该牢牢拿住这钥匙一步一步脚踏实地的走去。前边还有九九八十一难在等着呢。"①后来胡乔木在回忆录中对丁玲的检讨给予了高度评价，说："这段话表明了一位有成就、身上又有着小资产阶级弱点的作家，在毛主席的启迪下所发生的思想认识上的超越。"②

丁玲的"转变"不单表达在文章中，在行动上她也表现出了自己坚定的共产党员的立场。这一行动，就是她在1942年10月19日鲁迅逝世六周年纪念大会上与萧军面对面的斗争。丁玲与萧军同是鲁迅的弟子，萧军1940年6月到延安后两人一度过从甚密。③但他们的友谊大约只持续了四个月，1941年初开始出现了裂痕。以后两人的关系竟发展到彼此"不交言语"的程度，这一时间大约持续有两年之久。④延安文艺座谈会之后，丁玲思想发生了转变，但萧军依然是我行我素，坚持自己的观点。友谊的破裂，加之思想上的对立，致使两人之间的冲突，仿佛冷却的地火，到了鲁迅六周年的忌日，就彻底爆发了。10月19日下午，延安召开鲁迅逝世六周年纪念大会。会上，轮到萧军发言时，他忽然从大衣口袋里掏出他事先写就的《纪念鲁迅——检查自己》一文当众念起来，接着又陈述了自己为"抗议"中央研究院对王实味的粗暴批判而写的"备忘录"摘要。发言中，萧军突然说了一句令人惊愕的话："我这一支笔管两个党！"立即遭到会上五

---

① 丁玲：《文艺界对王实味应有的态度及反省》，载《解放日报》1942年6月16日。
② 胡乔木：《胡乔木回忆毛泽东》（增订本），人民出版社2003年版，第262页。
③ 参见陈漱渝：《丁玲与萧军——丁玲研究的一个生长点》，载《新文学史料》2011年第3期。
④ 据萧军日记1941年3月20日载，丁、萧之间发生严重冲突，关系由此破裂；1942年10月20日，萧军致胡风信，云："我与丁君已经一年多不交言语"；1944年3月11日，萧军从乡下回来，这一次舞会上，丁、萧见面，萧军请丁玲跳舞，"在我们一搭手她竟不能克制地笑了！我知道这是出乎她的意外，因为我们已经是整整两年不再交谈"。参见萧军：《萧军全集》（第18卷），华夏出版社2008年版，第396、765页；《萧军全集》（第19卷），华夏出版社2008年版，第339页。

位党员作家丁玲、周扬、刘白羽、柯仲平、李伯钊和两位非党作家艾青、陈学昭等人的当场批驳。萧军"舌战群儒",大会顿时一片混乱。萧军夫人王德芬回忆道:

> (这时)忽见大会主席吴玉章老先生站了起来,他见双方僵持不下,劝解说:"萧军同志是我们共产党的好朋友,我们一定有什么方式方法不对头的地方,才使得萧军同志发这么大火,我们应当以团结为重,自己先检讨检讨。"萧军一听气消了不少,站起来说:"吴老的话还让人心平气和,这样吧,我先检讨检讨吧,百分之九十九都是我的错行不行?那百分之一呢?你们也想一想是不是都对呢?"这时丁玲忽然站起来不顾吴老的调解和开导,不冷静地说:"这一点最重要,我们一点也没错,百分之百都是你的错,我们共产党的朋友遍天下,你这个朋友等于九牛一毛,有没有你萧军这个朋友没关系。"萧军一听气又来了,他说:"我百分之九十九的错都揽过来了,你们一点错都不承认,尽管你们的朋友遍天下。我这根毛啊也别附在你这牛身上。我到延安来没带别的,就是一颗脑袋,一角五分钱就解决了(一角五分钱可以买一颗子弹),怎么都行,从今天起,咱们就拉——蛋——倒!"萧军用右手重重地顿了三下,怒气冲冲走到幕后招呼我:"走!"下台而去,大会不欢而散,群众议论纷纷。①

针对王德芬的回忆,陈明在《新文学史料》1994年第4期发表《一点实情》一文质疑:第一,他认为"在会议的整个进程中,吴玉章同志始终都不在场",所以不可能有王德芬文章中引用吴老的那段话,也不会引起萧军的自我检讨。这里陈明说吴玉章不在会议现场,肯定是记忆有误。吴玉章主持了这次鲁迅逝世六周年纪念大会是明摆着的,而且他还在纪念会上讲了话,题为《纪念鲁迅先生逝世六周年》,这个讲话后来发表在1942年10月26日的《解放日报》上。第二,陈明认为王德芬回忆录中所说的这次大会的时间不对。他说:"这次会从下午开到

---

① 王德芬:《我和萧军风雨50年》,中国工人出版社2004年版,第117—118页。

傍晚,并不像王德芬的文中所说,'从晚上八点直到深夜两点约6个小时还没收场'。因为那时党校礼堂没有电灯。如果'挑灯夜战',需要借汽灯、点汽灯,没有事先的准备是办不到的。"这里陈明所说的还是比较符合历史实情的。第三,陈明还认为王德芬文中转述的丁玲驳斥萧军的话也有问题。他说:"丁玲批评了萧军的发言,她说了这样的话:共产党是千军万马,背后还有全国的老百姓;你萧军只是孤家寡人!鲁迅先生对共产党怎么样?他说过,那切切实实、脚踏实地、为中国人民的生存而流血的战斗者,我得引为同志,是自以为光荣的。鲁迅是俯首甘为孺子牛!你作为鲁迅的弟子,你一支笔要管两个党?"王德芬写这次争吵时,肯定是查过萧军日记的。现在对照萧军日记,王德芬所说基本符合当时的实情。①倒是陈明在回忆中所转述的丁玲话是大可怀疑的。他说丁玲在驳斥萧军时,引述了鲁迅《答托洛斯基派的信》中的话和毛泽东《讲话》中对"俯首甘为孺子牛"这一鲁迅诗句的阐释,这有可能是陈明的附会。因为毛泽东的《讲话》,到一年后的1943年10月19日才发表。丁玲这么快就领会了毛泽东《讲话》的"真义",是大可怀疑的。第四,陈明还在自己的文章中提供了一个重要的信息。他说:胡乔木参加了这次会,但没有发言,散会后,"他同柯仲平、丁玲和我四个人走在最后"。柯仲平说了一句:"我觉得今天丁玲的发言是不是有点'左'……"胡乔木打断他说:"丁玲的话一点也不'左',倒是你的话有点右。"作为毛泽东的秘书,胡乔木的话可以视为党组织对丁玲行为的充分肯定。

关于丁玲迅速转变的原因,众说纷纭。有的学者认为,丁玲受到来自共产党政权机构的批评和文学界的批评后,又很快地被保护起来,时势要求她迅速做出转变的反应。②也有的学者认为,延安整风之后,丁玲头脑中的个性主义发生了松动,产生了一定的量变,从此,个性主义在头脑中开始处于一种矛盾状态。这从她那篇名为批判王实味,实际上主要反省自己、批判自己的发言中可以很清楚

---

① 参见萧军:《萧军全集》(第18卷),华夏出版社2008年版,第760页。
② 吴敏:《延安文人研究》,香港文汇出版社2010年版,第246页。

地看出来。这篇发言中的很多话是言不由衷的。①这两种观点分别从客观和主观两个方面思考了丁玲文学价值观产生突转的动因所在,这对于探讨丁玲思想转变的原因无疑是两个必要的观察视角和方法。前一种观点阐释了丁玲思想突变的外在原因,这当然是一个前提性的存在;后一种观点强化的是丁玲思想突转的主观因素,其所说的丁玲的个性主义意识有所松动也是事实。但这两种阐释很容易让我们产生一种"误读":丁玲思想的突转是被迫的,她现在所说和心里的所想是不一样的。这也就意味着,她骨子里奉行的还是一个五四启蒙主义的文学价值观,她的表态性文字只不过是文字游戏而已。这显然是低估了丁玲,或者说是把丁玲看得太简单了。同鲁迅一样,丁玲与周扬等一大批以文学为手段从事革命活动的革命家不同,她首先是文学家,然后才是革命家。但她与鲁迅对文学与政治的关系的理解又有所不同:鲁迅把文学与政治看作一种"歧途",两者虽有关系,但在根本上是冲突的,所以鲁迅虽参与政治,但决不投身政治;丁玲却不一样,她把文学与政治看作统一的关系,也就是说,她把文学视为实现其政治理想的手段,因此她才投身左翼的政治活动,投奔解放区,用热烈的笔触描写延安那种"没有乞丐,也没卖笑的女郎;不见烟馆,找不到赌场。百事乐业,耕者有田"②的理想社会形态。也许正因为此,丁玲才会说出那句著名的"创作本身就是政治行动,作家是政治化了的人"③这样的名言。因此,当面临政治与文学发生严重的冲突时,作为一个革命作家,她首先考虑的是政治。丁玲下列的一段自叙表达的正是这样的心路历程:

> 我认为我比较早地成熟,有一定的思想,要找一条真正能推翻旧世界,人人平等的道路的思想,这也是环境养成的。因此,我碰壁比当时和我同年龄的人要多。由于我出身于破落户,它带来了清高,所以虽

---

① 张永泉:《个性主义的松动与式微》,见《个性主义的悲剧——解读丁玲》,中国社会科学出版社2005年版,第248页。
② 丁玲:《七月的延安》,见张炯主编:《丁玲全集》(第4卷),河北人民出版社2001年版,第324页。
③ 丁玲:《漫谈文艺与政治的关系》,见张炯主编:《丁玲全集》(第8卷),河北人民出版社2001年版,第122页。

说我一九二二年就认识了陈独秀、李达等参加党的第一次代表大会的人，一九二三年又碰到瞿秋白，但我始终保持自己的独立与自由，我不愿意自己在糊里糊涂中跟着跑，即使它是正确的。我始终追求和要找到一条自己认为是正确的道路，所以我在遇到一些共产党人以后，却在共产党的门外整整徘徊了十年。这十年是不平静的，有寂寞，有奋斗，也有伤痛。十年后，我给自己下了命令——我原来是想当大闹天宫的孙悟空，现在我需要紧箍咒把我固定下来，"放弃幻想"而让党的铁的纪律来约束自己。我对党发誓：我再也不作自由人了，我再也不是同路人的作家了，我要做共产主义机器中的一个螺丝钉，放到哪里，都是有用处的。①

丁玲的这段自叙，绝不是有的人所理解的是在为毛泽东"背书"，其中的真实成分还是存在的。但毫无疑问，虽然丁玲给自己戴上"紧箍咒"，但她并未完全丧失自己的创作自由和个性，还在坚守着自己属于文学的那片小天地。当然，她的这种坚守的代价我们已经从她的坎坷风雨的人生中看到了。但也不能因为丁玲后来对于文学底线的坚守，就由此抹杀她在延安时期的转变的主动性，而以"言不由衷"或"被迫"等词去为她开脱。笔者认为，丁玲思想的突转并不全是外在政治压力的结果，同样还有她自身思想的内在的呼应的因素。她的那些检讨，也未必全是"言不由衷"的、游戏性的文字。因为在她看来，文学与革命最理想的状态应该是相得或并存的，但在文学和革命出现根本性冲突的情况下，为了革命，她宁愿放弃文学。当然，这对丁玲来说是一个痛苦的选择。后来的丁玲，也试图极力弥合文学与革命（政治）之间的这种根本性的冲突，但结果却并不成功。到了晚年，连周扬都对自己"左"的历史做了反思，可丁玲的文学观念没有反思和精进却是显然的。这也为她延安时期思想的突转做了有力的注脚。因此，笔者认为，丁玲思想在延安文艺座谈会后的突转，既有外在的被迫的成分，但也不能否认是她自身主动选择的结果。

---

① 丁玲：《扎根在人民的土地上——在中国作协陕西分会座谈会上的讲话》，见张炯主编：《丁玲全集》（第8卷），河北人民出版社2001年版，第472—473页。

丁玲的思想转变之后，1942年7月9日的《解放日报》上刊登了丁玲写的报告文学《十八个》。这是为纪念全面抗战五周年，朱德总司令约她写的，也是文艺座谈会之后丁玲的第一篇作品。丁玲以为，这一次整风学习，她总算过关了。但她没有想到，更加严酷的考验还在后面呢！

第四节

在审干中"脱胎换骨"

1943年是丁玲在整个延安时期最难熬的一年。

这年的阴历正月初三,延安文化界召开了一个劳动英雄座谈会。模范农民吴满有、模范工人赵占魁、模范机关生产者黄立德,先后报告他们翻身的历史和生产的事迹。丁玲听了以后深受感动,在发言时说:"过去总有些感伤的性情,今天三位新的英雄,已经给予我们新的健康的题材了。"[①]3月初,中央文委和中央组织部联合召开党的文艺工作者座谈会,中共中央华中局书记刘少奇、中组部部长陈云、中宣部副部长凯丰等都讲了话,中心意思是贯彻毛主席在文艺座谈会上的讲话精神,号召党员文艺工作者带头到群众中去。过了两天,《解放日报》来采访丁玲。丁玲说:"文抗许多刚从前方回来的同志,本拟停留一时期从事创作,但自参加党的文艺工作者会议后,有些同志已感到以往之去前方,仍是处在'作客'的情况中,并没有真正与群众为伍,因此他们又要下乡了。"她还笑着告诉记者:"如果有作家连续写二十篇边区农村的通讯,我们要选他做文艺界的劳动英雄。"她最后表示,她正在积极准备下去。这一次,他们要下去写农村,写农民。[②]

但是仅过了一个多月,文抗就被解散,丁玲想要下去写农民的计划也泡汤了。1943年4月22日,党务广播播发了一份《关于延安对文化人的工作的经验介

[①]《延安文化界招待吴满有赵占魁黄立德,若干作家将到农村工厂中去》,载《解放日报》1943年2月7日。
[②]《延安作家纷纷下乡实行党的文艺政策》,载《解放日报》1943年3月15日。

绍》，提出："把文化人组织一个文协或文抗之类的团体，把他们住在一起，由他们自己去搞。长期的经验证明这种办法也是不好的，害了文化人，使他们长期脱离实际，后果也就写不出东西来，或者写出的东西也是不好的。真正帮助文化人应当是分散他们，使之参加各种实际工作。"①实际上，就是否定了文协或文抗之类的团体存在的必要性。对于这个精神，文抗只能执行，但又不好公开发表解散的声明，因为它毕竟是全国文抗的一个分支机构，几经考虑，做出了这样的决定：为响应中央文委"文艺与实际结合，文艺与工农兵结合"的号召，全体驻会会员下乡，结束文抗会址，以后文抗的一切公私函件，都寄交边区文协柯仲平收转。②这实际上就意味着，文抗被撤销了。4月27日，文抗的大部分作家开始搬家，分别被分配到了中央研究院、鲁艺、青年剧院和文协等单位。后来他们都被安排进了中央党校，参加整风学习。就这样，文抗这个文人相聚的小圈子，终于被打破了。

这一时期，延安整风运动已经开始进入所谓的审干阶段。1943年4月3日，中共中央发出《关于继续开展整风运动的决定》，指出：自1942年"四三"决定后，整风运动有了大的成绩。中央决定从1943年4月3日到1944年4月3日继续开展整风运动。《决定》认为："自抗日民族统一战线成立与我党大量发展党员以来，日寇与国民党大规模地施行其特务政策，我党各地党政军民学机关中，已被他们打入了大批的内奸分子，其方法非常巧妙，其数量至足惊人。"《决定》规定："整风的主要斗争目标，是纠正干部中的非无产阶级的思想（封建阶级思想、资产阶级思想、小资产阶级思想）与肃清党内暗藏的反革命分子。"9日至12日，在延安召开有两万多人参加的中央直属单位工作人员大会，动员反特斗争。《决定》的发布和反特斗争大会的召开表明，原来在延安少数机关、学校开展的审查干部工作，已转变成各个机关、学校、部队的群众性反特斗争。中共中央党史研究室编纂的《中国共产党历史大事记》评述说："这个决定对于国民党

---

① 西北五省区编纂领导小组、中央档案馆：《陕甘宁边区抗日民主根据地·文献卷》（下），中共党史资料出版社1990年版，第451页。
② 《作家相继下乡，文抗分会结束会址》，载《解放日报》1943年5月1日。

特务分子的渗入作了过于严重的估计，以至导致后来的反特斗争的扩大化。"①

到了7月，形势更加复杂紧张。原因是5月22日，作为各国共产党最高领导机关的共产国际突然宣布解散。共产国际解散的消息传来，蒋介石立即提出，应争取使共产党"将军权、政权统一于中央"。张治中据此与周恩来、林彪谈话，委婉劝说中共交出军队。与此同时，国民党宣传情报部门受命鼓动其主持下的各种社会团体群起致电毛泽东，要求中共解散组织，放弃政权和武装，统一到国民政府军令、政令之下。6月下旬，胡宗南也有乘机夺取"囊形地带"（指陕甘宁边区关中分区）的意图并将进攻时间定在7月28日。对此，蒋批示："切实准备，但须俟有命令方可开始进攻。"而根据中共中央的情报，胡宗南已赶赴洛川召开军事会议，密令各参战部队准备于7月9日发起作战，攻占囊形地带。由于中共中央及时得到情报，朱德于4日直接致电胡宗南发出警告，中共中央更是将此视为"第三次反共高潮"，开大会，发通电，公开抗议国民党准备袭击边区。② 7月13日，中央政治局做出"加紧进行清查特务奸细的普遍突击运动与反特务的宣传教育工作"的决定。7月15日，康生在中央直属机关做动员报告，报告的题目是《抢救失足者》。8月15日，中共中央做出《审查干部的决定》，劈头第一句话就是："特务之多，原不足怪。"文件指出："这一次我党在整风中审查干部，并准备进一步审查一切人员。"从7月9日到25日，半个月里，延安就"抢救"了1600多人，其中中央党校有190人。在这样严峻的形势之下，丁玲在南京被拘禁的那段历史又被作为疑问提了出来。

我们知道，丁玲来延安之前，曾有一段被国民党特务逮捕、拘禁的历史。1936年10月，她终于逃出虎口，投奔到了陕北解放区。丁玲到了延安之后，她在南京的那一段历史，就引起过时任中央党校校长康生的怀疑。他曾在一次会上说，丁玲没有资格到党校来，因为她在南京自首过。林默涵1957年8月6日在作协

---

① 中共中央党史研究室：《中国共产党历史大事记》（1919.5—1990.12），人民出版社1991年版，第131页。
② 杨奎松：《国民党的"联共"与"反共"》，社会科学文献出版社2008年版，第477—478页。

党组扩大会上发言说:"1938年康生同志就在党校讲过她,那次大家看错了人,以为丁玲到党校了,欢迎她唱歌,康生同志走到台上说:丁玲是没有资格到党校来的。"康生这话,丁玲当时并不知道。1940年,丁玲从原西战团团员、好友罗兰口中得知这一信息后,大为震惊,就向党中央进行了申诉。①1940年9月下旬,中共中央组织部决定审查她被国民党绑架并拘押三年的历史。据萧军日记记载,丁玲开始感到很痛苦,遂邀萧军陪她一起去找董必武。在路上,丁玲表现得很冲动,她认为为了党籍的事,组织部又来麻烦她,声明要脱离组织关系。萧军劝她冷静沉着一点,等去听了他们谈话再做决定,不要仅是发一阵感情脾气就拉倒,一定要有一种有力的手段对付一切。② 9月26日下午,丁玲又去组织部,萧军送她到河边,祝福她"心平气和,沉着应战"。晚上,张闻天为茅盾、董必武饯行,陈云作陪,丁玲也去了。回来之后,丁玲心情平和了一些,跟萧军谈起了去组织部的经过。据萧军日记转述,中组部当时批评丁玲说:第一,当冯达写自首书时,你不应该不劝他。第二,能够出来为什么不早出来?第三,为什么国民党既不审问,不杀,也不下狱?丁玲的答复是:第一,我明知无效,因为他已经知道自己政治的前途已灭绝了。第二,我出来如没有适当工作,我为什么要出来呢?第三,因为我是个特殊的人物啊!我虽然是个党员,但是个作家啊!③后来中央组织部部长陈云委托任弼时找丁玲谈话,审查她这一段的历史。1940年10月,中央组织部陈云部长、李富春副部长亲自签名写出组织结论,结论说:"自首"的传说不能成立,不能凭信。陈云把书面结论交给丁玲本人时,还特别告诉她,结论中的最后一句"应该认为丁玲同志仍然是一个对党对革命忠实的共产党员",是毛主席亲自加上去的。④

在中央党校参加审干期间,丁玲补充交代了一个问题,就是她在南京曾经写

---

① 王增如、李向东:《丁玲年谱长编》(上卷),天津人民出版社2006年版,第146页。
② 萧军:《萧军全集》(第18卷),华夏出版社2008年版,第317—318页。
③ 萧军:《萧军全集》(第18卷),华夏出版社2008年版,第319—322页。
④ 丁玲:《忆弼时同志》,见张炯主编:《丁玲全集》(第6卷),河北人民出版社2001年版,第329—330页;陈明:《丁玲在延安——她不是主张暴露黑暗派的代表人物》,载《新文学史料》1993年第2期。

过一个条子。她在补充交代材料中说:"我相信了一个奸细的话,以为能够求得即速出去为妙,以为只要不写脱离共产党字样算不得自首,以为这对国民党的一时欺骗不要紧。我听从了他,我写了一个条子……"这个条子的内容大意是:"因误会被捕,生活蒙受优待,未经过什么审刑,以后出去后,不活动,愿家居读书养母。"[1]1940年任弼时找她谈话时,她没有谈这个条子的事情,估计是害怕引起麻烦,引起怀疑。另外,她觉得自己一点也没有为国民党做事,也没有被国民党利用,那个条子不过是为了蒙骗敌人而写的,并没有实质性的内容。

但这张条子,却一下子加重了丁玲问题的严重度和复杂性。她不仅仅被怀疑自首,还被怀疑是国民党派进来的特务!前者,即所谓"污点";后者,即所谓"疑点"。小组长钟平等人多次找她谈话,施加压力。丁玲不被信任,不被理解,有口难辩,面对怀疑的目光,又无人可以诉说,因此内心十分苦闷。她在日记中写道:"夜不能寐",经常剧烈地头疼。开始,丁玲相信"党终会明了我的","在八月不能搞清楚,九月一定可以,九月不行,今年一定行",不能焦躁、激动、消极,而要"努力使自己冷静"。她还在日记中恳请毛主席、彭真副校长相信自己,说自己是"没有胆子向着我们党的领袖来胡扯,来开玩笑的"。[2]

到了10月,整风运动进入总结提高阶段,中央决定党的高级干部重新学习研究党的历史和路线是非问题,但是丁玲没有资格参加这一次学习。对此,陈明在《丁玲在延安》一文中说:"丁玲在审干后期,属于有问题暂时未弄清的人,不能和其他党校同学一起参加学习党的路线,她对此深以为憾。"[3]也就是说,丁玲在这次审查中并没有真正"过关"。离开了集体,不被党所信任,丁玲感到了前所未有的精神危机。初冬的某日,她在日记中这样写道:

伯夏(按:陈明的昵称)!我要告诉你,我又感冒了,从前天下午

---

[1] 王增如、李向东:《丁玲年谱长编》(上卷),天津人民出版社2006年版,第179—180页。
[2] 丁玲:《在中央党校一部的日记(1943年)》,载《新文学史料》2007年第4期。
[3] 陈明:《丁玲在延安——她不是主张暴露黑暗派的代表人物》,载《新文学史料》1993年第2期。

就发烧,到今天还不能动,一动头腰就震痛,每年冬天,我是这样的容易感冒呵!你知道的,当我一躺在床上的时候,离开了地面,失去了主宰自己身体的时候,我便会有一种飘浮的感觉一种迷惘的感觉,(这也就是我曾经告诉你,我是不欢喜置身于沧海而愿登群山之巅道理),本来睡眠对病体是一种最好的休息,而我每到这时在昏沉中却不由的要想起许多事来了。因为这样便把我弄得稚弱了,疲软了,我明白这个,所以当我有病的时候我总是不愿意睡,总是愿意找点书看,或者有人来谈天,而曾经常常遭受你斥责说我不爱惜自己,不听话的事是有过的。然而现在我却不能不蜷伏在被窝里,盖着所有一切能盖的东西,两边太阳穴里各有一个锤,有节奏的撞击着我的脑中央,每一个毛孔都感觉着冷和刺痛,我希望我能停止我的一切活动,我放心的睡着,希望睡熟去,我昏昏的好像是无知的睡着了,然而却看见了更多的东西,却亲历了更多的东西,我如何能使自己安静而舒服的睡着呢?[1]

丁玲1943年在审干中所写的这些日记,所描述的正是其精神蜕变的"苦难的历程"。[2]

1943年是丁玲写作最少的一年,是她整个延安时期唯一没有发表作品的一年。只是在1944年新年前,党校发动大家写秧歌剧时,她根据听来的故事写了一个剧本《万队长》,还有一篇《二十把板斧》,第二年6月才在《解放日报》上刊登出来。

1944年春天,在胡乔木帮忙安排下,丁玲离开党校,去了陕甘宁边区文协,专职写作。后来丁玲在给中组部的申诉材料中说:"1944年夏,我调边区文协写作,党校派人找我谈话作结论,由于自己感情冲动,失声痛哭,谈话未能进行,

---

[1] 丁玲:《在中央党校一部的日记(1943年)》,载《新文学史料》2007年第4期。
[2] 上述对于丁玲日记的引用和解读,参考并借用了李向东对于丁玲日记的阐发。参见李向东:《最难挨的一年——关于丁玲1943年的几则日记》,载《新文学史料》2007年第4期。

结论没有作。"①

从审干的"苦难的历程"中走出来的丁玲，完全像是换了一个人，真的如她所说的——"脱胎换骨"了。6月24日，延安文艺界在边区银行大楼举行中外记者座谈会。会议开始前，记者团成员、重庆《新民报》主笔赵超构问她："有什么新作品没有？很想拜读拜读！"丁玲说："为了学习，一年来很少写作。"末了，丁玲又反问赵超构："对边区的文艺，你有什么观感？"赵超构说："我感觉这里只有共产党的文艺，并没有你们个人的作品。"对此，丁玲解释说："为了大家服务，应当放弃个人的主观主义的写作。"②座谈会开始，丁玲发言说："有一位先生问我，在延安，发表一篇文章要经过一些什么手续？初听了这话，颇为奇怪。因为我们这里发表一篇文章，是不要经过任何手续的。但一想起重庆的作家们正在反对出版法，要求出版、集会的自由，就知道这位先生习惯了重庆不自由的环境，习惯的对我们也这样发问，是不足为怪的事情。"③第二天上午，是农历端午节，赵超构又到边区文协对丁玲进行了专访。在采访中，赵超构专挑尖锐的问题，如延安的文艺检查制度、延安的文艺自由、延安的知识分子改造等来问，丁玲在回答问题时表现得沉稳大度，重复的基本上都是在座谈会上发言的内容。话语既充满智慧，又密不透风，几乎让对方没有一点空子可钻。

丁玲回到文协后，还遵照毛泽东《讲话》的精神，深入工农兵，体验生活，与群众打成一片，写出了一系列通讯报道式的短文，如《三日杂记》《袁广发》《民间艺人李卜》《记砖窑骡马大会》《田保霖》《二十把板斧》等，这些作品大多都收在《陕北风光》这个集子中。1944年6月30日的《解放日报》上，刊登了丁玲写的《田保霖》，介绍一个民办合作社的模范主任。次日一早，毛泽东给她和欧阳山两人写信说，"一口气读完"他们的文章，"我替中国人民庆祝，替你们两位的新写作作风庆祝"，并邀请他们去枣园一叙。④此后，毛泽东还在多

---

① 1978年4月丁玲给中组部的申诉材料，转引自王增如、李向东：《丁玲年谱长编》（上卷），天津人民出版社2006年版，第180—181页。
② 赵超构：《延安一月》，南京新民报社1945年版，第99页。
③ 周立波：《延安文化界招待中外记者团的座谈会》，载《解放日报》1944年6月28日。
④ 中共中央文献研究室编：《毛泽东文艺论集》，中央文献出版社2002年版，第285页。

种场合，在高干会和其他会议上称赞《田保霖》，表扬丁玲"现在到工农兵中去了"。毛泽东的表扬和鼓励，为丁玲正了名，改变了她的困难处境，为丁玲今后的工作、写作，开了一个"通行证"。就这样，丁玲又"活"了过来。她通过思想"改造"，经历了"炼狱之苦"，终于"脱胎换骨"，竟至于"浴火重生"了。

1945年9月，抗日战争结束后，丁玲要动身去东北。行前，她去向时任中央书记处书记、中央政治局委员的任弼时告别，提出在党校审干时没有做结论，也没有甄别，这样不明不白地走了，到底该怎么办？任弼时说："你放心地走吧，到前方大胆工作吧！党相信你。不会有什么问题，我们都知道的。"①但是，就在丁玲离开延安之前不久，中央党校的一个复查小组，做了一个《丁玲历史问题初步结论》，说："丁玲于一九三三年五月被捕后，写了悔过书的字条，并在南京居留时间中与冯达同居，表现了政治上消极，失了气节，同国民党表示了屈服；其后在新的革命高潮影响下，于三六年又回到革命阵营中来的经过情形，有材料可以证明没有国民党派遣的嫌疑。但在这时期思想上的严重毛病是否受国民党逮捕后软化的影响，丁玲同志应自己深刻反省。整风后有进步。"结论的末尾，有程玉琳、周小鼎、钟平三个人的签字，但是没有组织的意见和盖章，又始终没有与丁玲本人见面，按照党的组织原则，这个"初步结论"，不能作为正式的组织结论。②

但谁又能想到，正是这个非正式的"组织结论"，到了1955年和1957年乃至"文革"中间，又作为丁玲的"历史问题"被重提并且错误定性，造成了丁玲几十年的政治冤狱！丁玲曾于1942年在中央研究院批判王实味的大会上发言，说"前面还有九九八十一难在等着呢"，这句话竟然一语成谶！1943年对于丁玲来说，苦难似乎是刚刚开始。

---

① 丁玲：《忆弼时同志》，见张炯主编：《丁玲全集》（第6卷），河北人民出版社2001年版，第330页。
② 转引自王增如、李向东：《丁玲年谱长编》（上卷），天津人民出版社2006年版，第190页。

第七章 萧军：『勇斗风车的独行侠』

作为鲁迅晚年最亲密的弟子，萧军是以一个党外人士的身份来到延安并在延安社会发挥其影响力的。晚年病卧在床时，萧军曾这样回忆他与毛泽东等中央领导人的交往："我之所以和彭真同志、毛主席相交，首先，他们不是按一般作家来看待我的，我也不是按一般的政治领袖来看待他们的；其次，我不是他们的下级，我尊重他们，但也并没有忘记我自己。我们是同志、朋友、知交，是半宾半友形式相处的。""我们的友情，是建立在'鲁迅关系'上的。"①萧军的话，传达出了他在延安生活的两个重要的特点：第一，他与毛泽东等中央领导人的交往，是建立在"鲁迅关系"上的。也就是说，毛泽东是看在"鲁迅"的面子上才与他有频繁交往的。毛泽东对萧军所表示的关心与争取，其意义不限于个人之间，而主要体现了一种姿态、一种政策。第二，毛泽东与萧军的关系，其实是一种"半宾半友"式关系。在延安，萧军所扮演的，颇类似传统中国社会所谓的"幕友"或"食客"的角色。这样，萧军就不像丁玲、王实味等党员作家，正因为他不是革命队伍中的一员，所以他在随之而来的整风和审干中，没有受到更大的冲击；同样，"鲁迅弟子"的名号，在整风和审干中就成了他的护身符。

---

① 邢富君：《"半宾半友式的交往"——毛泽东与萧军》，载《党史纵横》1992年第4期。

第一节
"侠肝义胆走天下"

萧军性格和精神气质中最大的一个特点就是他的侠气。这一特点伴随了他的一生,而在延安表现得更是淋漓尽致。

萧军身上的侠气是与他的出身和经历紧密联系在一起的。1907年5月23日,萧军生于奉天省(辽宁省)义县沈家台镇下碾盘沟村(现属锦县)。义县属辽西地区,本是中原汉民族文化与北方少数民族文化的交汇点和接合部。20世纪初期,辽西一隅已成了祖国边陲上近乎神秘、野蛮的所在。恶劣的自然条件,复杂的民族关系,使这里的山民性格刚烈、民风彪悍。在这里,落草为寇当土匪,也就是当"胡子""马鞑子"不是什么丢人的事情,相反,还能赢得人们羡慕的眼光。萧军的二叔十九岁就上山当了土匪,纠集十三条好汉在当地杀富济贫,使官兵闻风丧胆,时称"十三太保"。对此,萧军嘴上不说,但内心是敬服的。他认为当了"胡子",就可以"堂堂正正地去抢夺,大大方方地来吃喝,痛痛快快地打死自己所不喜欢的人……这是多么豪侠的生活啊!"[1]自小开始,萧军就常常在晚上和大家聚集在炕上,就着一盏小油灯,听奶奶、四叔或五姑说书、唱影和讲故事。五姑一边做着针线,一边讲《牛郎织女》的故事,或是唱整出的皮影戏《双错婚》《樊梨花三下寒江》等,她一个人扮演着剧中的生旦净末丑各个角色,连说带唱,外加用鼻子哼的胡琴"过门";有时是四叔唱鼓儿词《瓦岗寨》或《刘大人私访》;奶奶讲的是《杨家将》《薛家将》《呼家将》,讲这些故事的时

---

[1] 萧军:《我的童年》,黑龙江人民出版社1982年版,第78页。

候,也是绘声绘色、活灵活现。这些故事,一方面在萧军幼小稚嫩的心田隐隐播下了文艺的种子,另一方面培育了他从小喜欢打抱不平、抑强扶弱的性格。小时候的萧军,绝不欺负比他更小的孩子,更不欺负女孩子。比他大的孩子欺负他,或是欺负别的小孩时,他决不示弱,向来是勇敢地应战、反抗,有时打败了对方,有时也被对方打得头破血流、鼻青脸肿,但他决不告饶,也决不"告家"求援。因为无论是打了别人或被别人打了,让父亲知道了都得挨揍——不是说他爱打架、欺负人,给家里招灾惹祸,就是骂他无能、没出息、脓包货,从来对他没有过公正的、合理的判断!

萧军十岁那年,随父亲流落到长春。父亲开了一爿玻璃商店,萧军遂被送进一间小学读书。这一时期的萧军酷爱武术,常常在放学以后,一个人躲进一所无人居住的房子里去,夏练三伏,冬练三九,刻苦地打拳、踢腿。为了学武术,他甚至向江湖卖艺的山西人段金贵磕头拜师。萧军学武,是为了练就一身武艺,长大以后去当一名闯荡江湖的侠客,身背单刀一把,路见不平拔刀相助,杀贪官,劫污吏,打土豪,除恶霸,救弱小;他也想当一名刺客,因为他父亲最崇拜朝鲜爱国志士民族英雄安重根,常常以安重根为范例教育他,希望自己的儿子也能像安重根一样,成为一个有勇气有胆量救国救民的男子汉大丈夫!所以安重根就成了萧军学习的榜样,他崇拜安重根,崇拜他视死如归的伟大的爱国主义精神。后来,萧军上中学时被学校开除,到吉林城卫队团骑兵营当了见习上士。这时他改名为刘吟飞,又起了一个别号叫"辽西醉侠",还把别号刻在一个方形石印上,用朱砂印泥,打在自己的藏书上,写在字画上和书信上。①

如此独特的地域环境,独特的家庭熏陶,独特的时代背景,才能造就萧军身上如此独特的柔肠侠骨。这是一种热爱自由、冒险、侠义,追求无拘束、无媚俗的自由人格和骨子里同情弱者、急公好义、路见不平拔刀相助的硬汉的性格。而萧军以后的人生轨迹,则几乎都是被这种侠义的精神和行为贯注与谱写的。1924年,当萧军读到高三第一学年的时候,由于反抗一个体育教员叶老师的无理申

---

① 萧军后因"醉侠"与"醉虾"谐音,被人讥笑,遂弃用。以上引自王德芬:《萧军简历年表》,见梁山丁主编:《萧军纪念集》,春风文艺出版社1990年版,第701—702页。

斥，不肯低头赔礼道歉，被不公正的校长以"辱骂师长"的过错开除。1926年夏天，萧军与结拜兄弟方靖远，还有其长官胡延祯在吉林商埠地大街上一个西瓜摊前吃西瓜。这时离他不远处，有一个警察痛打一个洋车夫，打完了还要洋车夫跪在街旁示众。萧军看到非常激愤，就上前制止。警察看他穿着便衣，又年岁不大，于是满不在乎，毫不理睬。萧军忍无可忍，就将手中的西瓜皮打在警察的脸上。警察大怒，向他动武，他就用扫堂腿一脚把警察踢倒。路人看见了，有的哈哈大笑，有的喊"打得好"，那个被打的洋车夫也向他表示感谢。[①]1930年夏，萧军在东北陆军讲武堂结业实习时，因为自己的同学打抱不平而遭到步兵队长朱世勤的辱骂和殴打，遂顺手操起一把铁锹向朱劈去，多亏旁边一个学员抱住了萧军才没出人命。事后，学校进行一次军法会审，萧军被关押了一个星期禁闭后被开除。1932年，在哈尔滨以卖文为生的萧军（当时笔名为"三郎"）偶遇困居旅店、即将被卖的萧红，深为萧红不幸的命运和非凡的才华所感动，毅然把萧红救出苦海，并开始同居生活。1934年6月，他们逃离被日本人占领的哈尔滨，乘"大连丸"号到达青岛。在青岛，萧军创作了《八月的乡村》，萧红创作了《生死场》，同时他们开始试着给鲁迅写信，并得到了鲁迅的回复。接着，他们于1934年11月离开青岛到达上海，从此开始了他们在鲁迅麾下的战斗生涯。

在上海，二萧与鲁迅之间时相过从，逐渐熟悉起来，达到了非常亲密的程度。萧军身上的"侠气"，在文雅的上海人看来却不免有点"野气"。但鲁迅却偏偏喜欢萧军这种豪爽和直率，认为这种"野气"没有什么。对此，萧军回忆说："一个'东北佬'初到上海滩，'野里野气，憨头憨脑'……总该是被人看不入眼的。和叶紫认识了以后，他也曾带我到几个编辑部之类的地方去见见'世面'，他后来开玩笑地对我说：'人们说你浑身一股"大兵"的劲儿，又象"土匪"！……'……但是既然到了上海滩，而且又想要'挤'进所谓'文坛'，总得象个'斯文'分子的样子，才不致被目为'异类'被排斥在外，因此又只好写信给鲁迅先生请求指导。我满以为先生总会规定出几条'标准'或'戒律'，把

[①] 方未艾：《忆萧军：侠肝义胆走天下》，载《文史精华》2008年第3期。

我这个'粗野'的人好好改造一下，想不到在回信中竟写了如下一段话：'我最讨厌江南才子，扭扭捏捏，没有人气，不象人样，现在虽然大抵改穿洋服了，内容也并不两样。……'由于我的'关东土匪'的样子，被某些'江南才子'乍看起来是不会顺眼的。从这段信中，鲁迅先生虽然并没鼓励我发扬'匪气'，但也并没教导我应该学习'才子'，因此我也就马马虎虎按照我自己的生活方式、方法、习惯、态度……生活下来了，一转眼竟又生活了几十年。"①

鲁迅之所以不讨厌甚至还有点喜欢萧军身上的这种"匪气"或"野气"，主要是因为他从中看到了中国人身上最缺乏的一种精神品质——真诚。早在日本弘文学院学习的时候，他曾与好友许寿裳探讨过我们民族最缺乏的东西就是"诚和爱"，"换句话说：便是深中了诈伪无耻和猜疑相贼的毛病。口号只管很好听，标语和宣言只管很好看，书本上只管说得冠冕堂皇，天花乱坠，但按之实际，却完全不是这回事"②。他后来所指斥的中国传统的"瞒和骗"的文艺，也是中国虚伪的国民性的具体表现："中国人向来因为不敢正视人生，只好瞒和骗，由此也生出瞒和骗的文艺来，由这文艺，更令中国人更深地陷入瞒和骗的大泽中，甚而至于已经自己不觉得。世界日日改变，我们的作家取下假面，真诚地，深入地，大胆地看取人生并且写出他的血和肉来的时候早到了；早就应该有一片崭新的文场，早就应该有几个凶猛的闯将！"③基于此，鲁迅在看取人生和结交朋友中，更加侧重的是人性之"真"。他把人性之"真"当作自己结交朋友的基本底线。他结交的朋友，多是率真和忠厚之人；他所厌恶之人，也多是虚伪做作之流。1935年3月5日，鲁迅请客，约二萧、叶紫、黄源、曹聚仁等八人吃饭。席间，萧军不顾体面，放开肚皮一饱口福，他记得比叶紫和萧红两人吃的总量还多。饭后，作为南方人的黄源对萧军那种不拘小节、不修边幅、大大咧咧的作风和神态，颇有微词，认为他"古怪"，不像个"文人"，一身的"野气"。为

---

① 鲁迅给萧军、萧红的这封信写于1934年12月26日。参见萧军：《萧军全集》（第9卷），华夏出版社2008年版，第94—95页。
② 许寿裳：《我所认识的鲁迅》，人民文学出版社1978年版，第59—60页。
③ 鲁迅：《论睁了眼看》，见《鲁迅全集》（第1卷），人民文学出版社1981年版，第240—241页。

此，萧军感到"有一些淡淡的悲哀"，便写信问鲁迅，自己的"野气"应不应该改一改？鲁迅于3月13日的复信里说：

> 所谓"野气"，大约即是指和上海一般人的言动不同之点，黄大约看惯了上海的"作家"，所以觉得你有些特别。其实，中国的人们，不但南北，每省也有些不同的；你大约还看不出江苏和浙江人的不同来，但江浙人自己能看出，我还能看出浙西人和浙东人的不同。普遍大抵以和自己不同的人为古怪，这成见，必须跑过许多路，见过许多人，才能够消除。由我看来，大约北人爽直，而失之粗，南人文雅，而失之伪。粗自然比伪好。但习惯成自然，南边人总以象自己家乡那样的曲曲折折为合乎道理。你还没有见过所谓大家子弟，那真是要讨厌死人的。
>
> 这"野气"要不要故意改它呢？我看不要故意改。但如上海住得久了，受环境的影响，是略略会有些变化的，除非不和社会接触。但是，装假固然不好，处处坦白，也不成，这要看是什么时候。和朋友谈心，不必留心，但和敌人对面，却必须刻刻防备。我们和朋友在一起，可以脱掉衣服，但上阵要穿甲。您记得《三国志演义》上的许褚赤膊上阵么？中了好几箭。金圣叹批道：谁叫你赤膊？
>
> 所谓文坛，其实也如此（因为文人也是中国人，不见得就和商人之类两样），鬼魅多得很，不过这些人，你还没有遇见。如果遇见，是要提防，不能赤膊的。好在现在已经认识几个人了，以后关于不知道其底细的人，可以问问叶他们，比较的便当。①

鲁迅识人，以"真"为本色。在他看来，"大约北人爽直，而失之粗，南人文雅，而失之伪"。但相比之下，"粗自然比伪好"。因此当萧军问他自己身上的"野气"需不需要改时，鲁迅回答："不要故意改。但如在上海住得久了，受环境的影响，是略略会有些变化的……"尽管萧军的"野气"有时不免"失之于粗"，但相对那些"伪君子"来，鲁迅更喜欢这种粗野的"侠气"。

---

① 萧军：《萧军全集》（第9卷），华夏出版社2008年版，第118—119页。

萧军在上海十里洋场混了近三年，身上的"野气"似乎收敛了一些。但鲁迅死后，这股"野气"在萧军身上又一次发作，这就是在上海滩与张春桥、马吉峰之间的那场著名的"决斗"。

鲁迅安葬后，萧军为了寄托自己的哀思，每到周一，无论刮风下雨，总要到墓地去看一看，献上一束鲜花。有时买不到鲜花，他就在墓地附近采些野蒿野花来代替，从不间断。在鲁迅逝世一个月时，萧军携萧红去扫墓，并把刚刚出版的《中流》《作家》《译文》带去在墓前焚化了。这三本刊物都是鲁迅生前所支持的，而他所烧掉的这期刊物上都刊有鲁迅的照片和纪念文章。这件事不知怎么被时任上海《大晚报》副刊《火炬》编辑的张春桥和马蜂（马吉峰）等人知道了。此前，他们曾为萧军的小说《八月的乡村》与鲁迅打过一场笔墨官司，并由此与萧军结下了梁子。[①]所以，他们就在自己所办的小报上写了一篇讽刺萧军的文章，讥笑他是鲁迅的"孝子贤孙""鲁门家将"，说他烧刊物是一种迷信的幼稚行为，等等。萧军读后，非常气愤。他找到他们编辑部的所在地，问清了是马蜂写的文章后，提出要与他"决斗"，说："我也没工夫写文章来回答你们，——我们打架去罢。如果我打败了，你们此后可以随便侮辱我，我不再找你们；如果你们败了，如果你们再写这类文章，我就来揍你们！"当时张春桥也在场，他们很慷慨地接受了萧军的"挑战"，并约定了时间和地点。

到了约定的时间，晚上8点钟，他们来到了位于法租界拉都路南头一条河的南面，在一片收割了的菜地里，双方准备决战。马蜂的见证人是张春桥，萧军的见证人是萧红和聂绀弩。两次交手，马蜂都被萧军按倒在地，才几拳头就让马蜂失去了战斗力。萧军叫他站起来歇一歇，正要打第三个回合，法国巡捕来查夜，问他们在干什么。萧军说："我们在练习摔跤。"巡捕说："天黑了，走吧，别摔了。"临分手之际，萧军对马蜂和张春桥说："你们有小报可以天天写文章骂

[①] 萧军《八月的乡村》出版后，张春桥化名"狄克"在崔万秋主编的1936年3月15日《大晚报》副刊《火炬·星期文坛》发表《我们要执行自我批判》一文，批评"里面有些还不真实"。对此鲁迅在1936年5月出版的《夜莺》上发表《三月的租界》，予以回击。参见鲁迅：《鲁迅全集》（第6卷），人民文学出版社1981年版，第513—515页。

我，我就来揍你们！"马蜂尝到了苦头，再也不敢写文章攻击萧军了。[1]

  向来的学者在谈到这场"武斗"时，对萧军的行为都持的是赞赏的态度。这是因为萧军打的是张春桥的人，而张春桥这时已经成了千夫所指的"四人帮"。但细细想来，萧军的这种行为绝对是不文明的。鲁迅曾撰文说"辱骂和恐吓决不是战斗"，何况这是真正的"战斗"呢！有理就讲理，何必要动拳头呢？尽管萧军曾这样争辩说："对待朋友、同志应当老实、厚道；然而对付流氓就需要用流氓的办法、流氓的手段，丝毫不能心慈手软！这就叫做'以其人之道，还治其人之身'！"[2]这句话，以武力对武力还可以说得过去，但以武力的方式来解决言论的纷争，这是无论如何讲不通的。由此可见，萧军的"侠气"也是有限度的，一旦超越了文明的界限，就真的成了"匪气"甚至"流氓气"了。

---

[1] 萧军：《人与人间——萧军回忆录》，中国文联出版社2006年版，第264—265页。
[2] 王德芬：《萧军简历年表》，见梁山丁主编：《萧军纪念集》，春风文艺出版社1990年版，第748页。

第二节

"精神界的流浪汉"

全面抗战爆发后,萧军开始辗转于武汉、临汾、西安、兰州、成都和重庆之间,最后,他来到延安并最终定居于此直到抗日战争胜利。也就是说,他从1940年6月到达延安,至1945年11月离开延安前往张家口,前后在延安共待了将近五年半的时间。常言道:"江山易改,本性难易。"在延安,萧军的"侠气"不但没有收敛,反而在继续发扬,以至于和延安社会的主流价值产生了根本性的冲突。

萧军曾两次到延安。第一次是1938年3月。1938年1月27日,萧军携萧红离开汉口,于2月6日到达山西临汾民族革命大学担任文艺指导。后因临汾受日军进攻威胁,萧军发现"民大"校长阎锡山反共,即辞职决心去山西五台山参加游击队,直接对敌作战。3月11日,萧军拿到了第二战区司令官阎锡山具名的去延安的通行证,只身步行渡过黄河,于3月20日到达延安[①]。在延安,萧军暂住在陕甘宁边区政府招待所内。几天后,传来消息说因战事吃紧,去五台山的交通中断,报国杀敌无路,萧军很失望,只得在招待所住下等待时机。但也有意外的惊喜,这就是刚巧在招待所遇见了从西安来向党中央汇报工作的西北战地服务团负责人丁玲和聂绀弩。

[①] 据王德芬编的《萧军简历年表》,萧军到达延安的时间是3月18日。参见梁山丁主编:《萧军纪念集》,春风文艺出版社1990年版,第750页。但查萧军1938年3月24日在延安暂住期间给胡风的信,云"我于三月二十日到延安",故此处以萧军书信为准。参见晓风、萧耘辑注:《萧军胡风通信选》,载《新文学史料》2004年第2期。

这时，毛泽东从丁玲口中得知萧军这位鲁门弟子、知名作家来延的消息，非常高兴，特派秘书和培元登门探望，说这是毛主席派他来的，并传达了主席很想邀请他一见。这时的萧军对毛泽东的分量似乎并没有多少看重，便直率地说："我打算去五台山打游击。到延安是路过，住不了几天。毛主席公务很忙，我就不去打扰了！"和培元走后，丁玲劝说道："既然到了延安，难得的机会，毛主席热情相邀，还是应当去见见！"萧军听了这话也觉得有理，想着去拜见。不料萧军尚未动身，毛泽东已亲自登门来访了。毛泽东问寒问暖，并与萧军、丁玲、聂绀弩、何思敬等人共进午餐。席后萧军内心深处对毛泽东礼贤下士、谦恭友好的态度很是佩服，而对自己年轻气傲的态度感到有点惭愧。尤其是听说毛泽东在陕北公学召开的鲁迅逝世一周年纪念大会上有《论鲁迅》的讲话，对鲁迅做了最高的评价，他对毛泽东更加崇敬了。[①]这是萧军与毛泽东的第一次相见。

在延安暂住期间，萧军与延安主流意识形态的不和谐已初露端倪。据徐懋庸回忆：

> 大约在三月中旬之末，由于何思敬、肖军等人也到了延安，原来从延安带了一个战地服务团到山西去的丁玲等也回来了。有一天晚上，由毛主席以及康生、张闻天、张国焘出面，代表党中央和边区政府举行一次宴会，欢迎包括我在内的七、八个新到延安的文化人。这是我第一次见到毛主席，只觉得他态度平易近人，但比我一月间在洪洞县八路军总部见到的朱总司令潇洒得多。这一次他没有当众演说，欢迎词是由张国焘作的，他提到了我翻译的《斯大林传》，夸奖了几句。然后让我们被邀请的人发言，大家谦让，推来推去，要我先讲，我就讲了几句，主要是讲到延安以后的感觉，特别强调延安的人与人的关系与上海不同，批评与自我批评的制度使得是非容易分清，并能增强团结，不象上海那样，很多喊喊嚓嚓，是非难分，不易团结。也联系了上海两个口号之争的问题，说自己虽然觉得有错误，但是非的界限还是很糊涂的，所以要

---

① 王德芬：《萧军在延安》，载《新文学史料》1987年第4期。

在延安很好学习。接着是丁玲报告了战地服务团工作的经过。然后是肖军发言，主要意思是不同意延安的文艺为政治服务的方针，说是把文艺的水平降低了。最后康生作了长篇讲话，阐述党的文艺政策，中间针对肖军的发言，不指名地批评了一通，肖军竟听不下去，中途退席。①

这里徐懋庸所记的时间可能有误。萧军到达延安的时间是3月20日，丁玲回延安汇报工作的时间是在3月下旬，因此这次宴会的时间应该在3月下旬的某一天才是。但值得注意的是萧军"中途退席"的举动，这一方面表现了萧军身上的"野气"，另一方面预示着他在延安与其主流价值的冲突和不和谐状态。

尽管有小小的"不和谐"，但总的来讲，萧军第一次在延安的暂住还是比较愉快的。据王德芬回忆，萧军后来还应邀参加了4月1日在陕北公学举行的第二届开学典礼。在典礼上，萧军又一次见到了毛泽东。那一天，毛泽东参加了陕北公学开学典礼并讲话。他说共产党被人们信仰，是由于它的政治方向代表了全中国绝大多数人的意愿，它的工作作风继承了中华民族的光荣传统。他送给陕公同学两件礼物，第一件是坚定不移的政治方向，第二件是艰苦奋斗的工作作风。②会后，毛泽东、陈云、李富春、校长成仿吾等在操场上一起会餐，没有凳子，大家都站在桌子周围，用一个大碗盛着酒，你一口我一口地轮流喝着。那天刮着大风，尘土飞扬，他们却有说有笑地满不在乎。③这种"大风起兮云飞扬"的豪迈气概，一定在"关东醉侠"萧军的心灵深处留下了深刻的印象。他后来第二次能再来延安，一定与这次的崇高礼遇有关联。

萧军第二次到延安是两年之后的1940年6月。这一次的萧军，已经不是当年单枪匹马的流浪汉，而是挈妇将雏的丈夫和父亲了。在此之前，萧军于1938年4月初从延安回到西安后，见到了萧红，没想到萧红已经另有所爱并决意与萧军分手。二萧分手后，萧军于1938年4月下旬到达兰州。在兰州，萧军认识了还不满

---

① 徐懋庸：《回忆录》，见《徐懋庸选集》（第3卷），四川人民出版社1984年版，第313—314页。
② 中共中央文献研究室编：《毛泽东年谱（1893—1949）》（中卷），人民出版社、中央文献出版社1993年版，第60—61页。
③ 王德芬：《萧军在延安》，载《新文学史料》1987年第4期。

十九岁的苏州美术专科学校学生王德芬并产生恋情。这年6月，萧军携王德芬回到西安，并从西安沿川陕公路到了成都。在成都，萧军与王德芬有了他们爱情的结晶——女儿萧歌。1940年6月，萧军夫妇为了躲避特务的迫害，在重庆八路军办事处负责人董必武、林伯渠、邓颖超的帮助下，同老朋友舒群一起，经宝鸡到西安，又从西安乘八路军办事处的军用汽车到达延安。在延安，他们住进了陕甘宁边区政府招待所。萧军这次到延安，是奔着鲁迅艺术学院去的。他认为自己是鲁迅的学生，到以自己的导师鲁迅命名的学校任教是理所当然。当时鲁艺的负责人是周扬，经丁玲与周扬联系，周扬同意舒群到鲁艺任教，但坚决不愿让萧军去。原因是30年代在上海时期，周扬和鲁迅在对日斗争中有分歧、有争论。周扬提出来"国防文学"的口号，鲁迅提出了"民族革命战争的大众文学"口号。舒群是"国防文学"派，代表作是《没有祖国的孩子》；萧军是"民族革命战争的大众文学"派，代表作是《八月的乡村》。过了几天，周扬派人把舒群接走了，萧军只得由丁玲接到文协去了。萧军刚到延安，马上就嗅出了这里文坛浓烈的宗派主义气息，他怎么也想不到，30年代"两个口号"论争的影响会延续到40年代的延安。①

但刚到延安的不快情绪似乎并没有怎么更深地影响萧军。初到延安，萧军的情绪总的来说还是比较愉快的。他平时在文协的图书室里读书、写作，有时还干脆住在图书室里。在这里，他写出了《乌苏里江的西岸》的长诗，长篇小说《第三代》第三部也在酝酿之中。业余时间就到山下的延河边练声、唱歌，他的歌声颇引人瞩目。同时，他还参与了一系列的文学活动，成了延安文坛的活跃人物。刚到延安的萧军，对延安的文化空气颇感寂寞。1941年7月以前的文抗只是一个名义，合在边区文协的工作里。于是，萧军提议文抗组织文艺月会，出版《文艺月报》，得到了时任中宣部部长张闻天的同意。开始，丁玲向周扬建议，把《文艺月报》编辑部设在鲁艺，由陈荒煤、萧军、舒群编辑，周扬领导，但周扬没同意，所以《文艺月报》最后落脚文抗，由丁玲、舒群、萧军编辑。②1940年10月

---

① 王德芬：《萧军在延安》，载《新文学史料》1987年第4期。
② 陈明：《我说丁玲》，湖南文艺出版社2004年版，第250页。

19日，文协成立了文艺月会，萧军任干事。同时，文艺月会主办了"星期文艺学园"，组织了巡回"文艺讲座"，由作家们任讲师，与各地各单位的文艺小组建立密切联系。1941年1月15日，由萧军倡导的鲁迅研究会成立，萧军担任主任干事，主编《鲁迅研究丛刊》。1941年7月1日，文抗从边区文协中分化出来，成为独立单位，并由杨家沟迁往蓝家坪办公。1941年8月3日，文抗延安分会第五届会员大会在杨家岭大礼堂召开，会上萧军被选为文抗延安理事会理事。1941年11月15日，文抗的另一会刊《谷雨》创刊，由艾青、丁玲、舒群、萧军轮任编辑。可以说，萧军的到来，极大地活跃了延安文坛的气氛，甚至还可以说，发生在1942年前后的延安文艺新潮，萧军也有肇始之功。

正当萧军积极投入方兴未艾的延安文艺新潮之时，他很快就发现，自己已经陷入了一种与周围环境格格不入的"无物之阵"。也就是说，他根本无法真正融入延安社会。尽管在政治大方向上，萧军与共产党所奋斗的目标是一致的。晚年萧军曾这样总结自己一生的奋斗目标：一是求得祖国的独立；二是求得民族的解放；三是求得人们的翻身；四是求得一个没有人剥削人、人压迫人的社会制度的出现。[1]正是基于此，萧军在国共两党之间，毅然选择了共产党，这也是他从国统区投奔到延安来的根本缘由。但来到了延安他才发现，不管是在个人性格上，还是在基本的思想价值上，他与延安社会之间还存在着诸多的甚至是根本性的不和谐之处。

首先是在日常的人事关系上，身上秉有的"野气"和"胡子"性格使他很难与自己周围的文人相处。在延安，但凡与萧军有过交往的人对其性格都有深刻的印象：粗犷直率，豪侠仗义，敢爱敢恨，一言不合就拳脚相向，这在文抗那样的文人堆里就显得极为不和谐。"是朋友——伸出你的手，是敌人——就拔出你的剑"，这是萧军经常挂在嘴边的话，当然也是他的交友准则。据当时也住在文抗的吴伯箫回忆，在一次文化俱乐部的晚会上，"有人为一件生活小事向大家搞突然袭击，把匕首从皮靴筒里拔出来，猛然往桌子上一插，嘴里嘟嘟囔囔，说什么

---

[1] 梁山丁主编：《萧军纪念集》，春风文艺出版社1990年版，第844页。

'别怪我不客气!'大概有两三秒钟,空气紧张,全场默然"[1]。这个试图"动刀子"的人,就是萧军。[2]如此"野气"的行为方式,使萧军在延安不免与周围的环境产生冲突。

萧军在延安,穿着打扮和行为举止就与众人不同。他几乎每天早晨与张仃,一个男中音、一个男高音在延河边唱歌,他们高亢的歌声自是引人瞩目。他甚至还兴致勃勃地把自己打扮起来,亲自设计定做了一件俄国式的衬衣("鲁巴式克"),紫堇色的,绣上白色的花边,胸前还扎上花或树枝之类的图案,显得精神极了。[3]平时散步或拜访朋友时,他还特意拿上一根拐棍以壮行色。但这种打扮和举止,与延安的整个氛围显得极为不协调,甚至有点怪异。据刘雪苇回忆,一天,他从张闻天那里出来,见警卫连的战士和萧军吵架。近前一看,萧军正在甩大衣,要打架了。问起原因,萧军说,当他路过时,有战士在山上讽刺他,而且不止一次了,这回他要找那个战士"决斗"。萧军与警卫连的战士起冲突,主要还是他那身显得有点怪异的打扮引起了这些战士的不满所致。其实,正如刘雪苇所说:"萧军的这种气质,其实是劳动人民性质的,属那种'好汉'型。劳动者的素质使他没有特殊'身份'感,比如普遍存在的那种'我是作家,不屑与大老粗计较'之类的'高级知识分子优越性'的意识,在他身上丝毫没有;'好汉'的素质使他总是有点儿留恋于'血气之勇',不做温文尔雅的君子。"[4]刘雪苇的分析很有道理,在当时的延安,萧军不但不应该如此打扮和穿着,更不应该与警卫战士一般见识和发生冲突。但萧军不顾自己和对方身份的差异与其"决斗",这在一般人看来,确乎是有点"怪异"了。

在文抗,萧军还于1942年11月8日与同事程追(朱丹)发生了一场更大的冲突。起因是文抗指导员、广东籍的作家程追正在打骂"小鬼",也就是为文抗作

---

[1] 吴伯箫:《我所知道的老艾同志》,见艾思奇文稿整理小组编:《一个哲学家的道路》,云南人民出版社1985年版,第127—128页。
[2] 此事另有回忆文章说,萧军与艾思奇谈话时,曾掏过匕首。参见戴晴:《梁漱溟·王实味·储安平》,江苏文艺出版社1989年版,第70页。
[3] 高阳:《又五次巡回座谈会风景录》,载《文艺月报》1941年第6期。
[4] 雪苇:《记萧军》,载《新文学史料》1989年第2期。

家服务的小战士，萧军去制止，没想到也遭到程追的打骂。萧军气不过，当即揍了他几拳，又赶到山下揍了他两棍子，直至把对手打伤为止。萧军暴打程追之事发生后，遭到了文抗一部分作家的抗议。他们认为萧军身为知名作家和政府参议员，知法犯法，遂集体签名要求萧军辞去参议员的职务。程追将此案上告地方法院，最后地方法院判决萧军六个月徒刑，缓刑二年，此事才算了结。[①]萧军本是仗义才与程追发生冲突的，却遭到了文抗作家的集体抗议，这固然与整风运动开始后萧军的"孤立"状态有关，但也不可否认，他平日里与文抗同事关系的紧张也是一个重要的原因。

除了平日和周围环境之间的不协和之外，萧军更主要的还是在内心深处与延安主流的价值形态的冲突。萧军身上的"侠气"，在与鲁迅接触并受其熏染之后，主要表现为一种以个人英雄主义为本位的启蒙主义的精神价值。其中既有传统侠客或好汉的那种反抗强暴、热爱自由、抑强济弱、急公好义等优良品性，又有现代自由主义、个性主义、人道主义和无政府主义等思想因子。在上述诸思想因子中，最核心的还是从乃师鲁迅那里继承而来的独立自由的人格和思想。但萧军以个性主义为本位的文学价值观，却是与延安以集体主义和阶级斗争为本位的主流的文学价值形态存在着根本性的冲突。萧军与周扬、丁玲、罗烽等人之间的冲突，固然有性格因素的作用，但根本上还是思想价值的冲突。而他在发动延安文艺新潮之时与延安诸多文人之间的论争，以及在延安文艺座谈会上同大部分与会人员的争论和辩驳，更是这种价值冲突的最直接的表现。对此，萧军也是心知肚明的。

1944年3月，萧军从乡下回到中央党校三部，于1945年2月向时任中共中央组织部部长彭真提出了入党的请求。2月11日，他去找时任中央党校校长的彭真谈话。谈话中，彭真先说了自己的自传和思想，说自己是由个人英雄主义走向了共产党。接着，萧军向彭真谈到了自己的性格和思想："我是属于中国游侠思想一个体系，我们在'个人英雄主义'这一点以及爱'真实'，说真话……这一点

---

① 萧军：《萧军全集》（第18卷），华夏出版社2008年版，第777—815页。

是相通的，只是我们发展的形式不同，你是以集体主义走向了政治——近乎孔孟的路——我则是文学，也还是渡着'民间'生活……仍然近乎名士与游侠的生活……"萧军这里虽然比较的是彭真思想与自己思想的差异，实际上也概括的是自己与延安主流意识形态的价值冲突。最后，谈到了萧军的入党问题。彭真说："从各方面我们考查、研究……知道你——更是我自己看了你日记等完全相信——是我们的同志，关于入党事，原则上是毫无问题，只是我代你考虑的，只是'纪律'，因为它是个集体啊！"萧军回答："这使我很愉快，因为究竟共产党认清了萧军并不是他们的敌人，是朋友、同志……大家一致对中国人民大众负责……关于后一点，我考虑过了，还是不入为好。第一，我还不能很好把握控制自己的感情；第二，我不能一下放弃个人一些自由享受性；第三，我还没决定是以文学创作占第一还是其它占第一……"[①]就这样，萧军入党的事被搁浅下来。

萧军与延安社会之间存在着的诸多不和谐，多次促使他生发出离开延安的想法。1941年7月18日，来延安刚过一年的萧军决定离开，便去向毛泽东辞行。毛泽东热情地接待了他，还听了他对于延安一些现象的汇报和观感，最后恳切挽留他暂时不要离开延安。就这样，萧军最终还是留了下来，并由此开始进入与毛泽东频繁接触的"蜜月期"。

[①] 萧军：《萧军全集》（第19卷），华夏出版社2008年版，第606—607页。

第三节

卷入"王实味事件"

上述关于萧军到毛泽东处辞行的具体细节，萧军夫人王德芬在《萧军在延安》一文中是这样描述的：

一九四一年七月下旬萧军想离开延安回重庆去，特意到毛主席那里去辞行，毛主席很奇怪萧军为什么要离开延安？问他究竟发生了什么事？对延安或对某个人有什么意见？希望他能坦率地毫无顾虑地说出来，萧军见毛主席态度非常诚恳热情亲切，便直言不讳地谈了谈他所见到的延安一些不良现象以及某些同志的宗派主义、行帮作风，使他很不愉快，以致发生了一些矛盾和冲突，所以决定离开延安到重庆去，能够直接和反动派做斗争更痛快！毛主席听了以后，又是解释，又是宽慰，使萧军心情舒畅多了。萧军问毛主席：

"党有没有文艺政策呀？"

"哪有什么文艺政策，现在忙着打仗，种小米，还顾不上哪！"

"党应当制定一个文艺政策，使延安和各个抗日根据地的文艺工作者有所遵循有所依据，统一思想统一行动，加强团结，有利于革命文艺工作正确发展。"

"你这个建议很好，你别走了，帮我收集一下文艺界各方面的意见和情况好吗？"

经毛主席恳切挽留，萧军决定不走了……[①]

[①] 王德芬：《萧军在延安》，载《新文学史料》1987年第4期。

查萧军日记，萧军到毛泽东处辞行的准确时间是1941年7月20日。王德芬这一段回忆中对于萧军向毛泽东提议"党应当制定一个文艺政策"的阐发，却并不符合当时萧军的文艺观念。事实上，萧军曾不止一次向毛泽东和党中央提出过"制定一个文艺政策"的建议。一次是1941年8月12日，毛泽东写信邀请萧军和文抗作家罗烽、舒群、艾青等"于早饭后惠临一叙"，凯丰、陈云等陪同，并一同吃了午饭。在这次会见中，萧军提议："制定文艺政策，建立文艺，出版文艺刊物，以至民意的日报，造成舆论。成立革命史料采集会。"①另一次是萧军1942年5月2日在延安文艺座谈会第一次会议上的发言，他又一次建议："可能时应制定一种'文艺政策'，大致规定共产党目前文艺方向，以及和其他党派作家的明确关系"。②但萧军提出制定一个文艺政策的初衷或目的，却不是王德芬所谓的"统一思想统一行动"，恰恰相反，他更倾心还是希望共产党中央能有一个更宽容、更自由的文艺政策。在1942年5月23日最后一次的文艺座谈会上，萧军曾就鲁迅思想的"转变"或"发展"问题，与胡乔木发生激烈的争辩。胡乔木后来说，他与萧军的辩论，"归根结底，是党要不要领导文艺，能不能领导文艺的问题"③。如果说，萧军向毛泽东和党中央建议"党应当制定一个文艺政策"，以便"统一思想统一行动"，他又何必在延安文艺座谈会上与胡乔木为此问题而大动干戈呢？而更应该引起特别注意的，乃是毛泽东极力挽留萧军，主要还是想从他那里了解到一些"反面的意见"。因此，如果说萧军建议"党应当制定一个文艺政策"，那更多地还是从反面促成的。由此看来，王德芬上述关于萧军与毛泽东的这段对话，与实际的历史是有比较大的出入的。

萧军与毛泽东在这次会面之后，关系迅速升级，达到了十分亲密的程度。按照毛泽东秘书胡乔木的说法，"毛主席当时比较欣赏萧军"，他本人曾多次为他们之间的往来做转达。④从1941年8月至1942年5月，毛泽东经常邀请萧军"惠临

---

① 萧军：《延安日记 1940—1945》（上卷），牛津大学出版社2013年版，第263页。
② 萧军：《对于当前文艺诸问题底我见》，载《解放日报》1942年5月14日。
③ 胡乔木：《胡乔木回忆毛泽东》（增订本），人民出版社2003年版，第54页。
④ 胡乔木：《胡乔木回忆毛泽东》（增订本），人民出版社2003年版，第54页。

一叙",写给萧军的信多达十封。尤其是1941年8月2日给萧军的第一封信,毛泽东写得更是真诚动人。

萧军同志:

　　两次来示都阅悉,要的书已付上。我因过去同你少接触,缺乏了解,有些意见想同你说,又怕交浅言深,无益于你,反引起隔阂,故没有即说。延安有无数的坏现象,你对我说的,都值得注意,都应改正。但我劝你同时注意自己方面的某些毛病,不要绝对的看问题,要有耐心,要注意调理人我关系,要故意的强制的省察自己的弱点,方有出路,方能"安心立命"。否则天天不安心,痛苦甚大。你是极坦白豪爽的人,我觉得我同你谈得来,故提议如上。如得你同意,愿同你再谈一回。敬问

　　近好!

毛泽东

八月二日[①]

毛泽东极力挽留萧军,除了胡乔木所谓的"毛主席当时比较欣赏萧军"之外,更多的还是从策略考虑的。这是因为:一是萧军为鲁迅的弟子,又是名作家,在整风前夕离开延安,就会在国统区产生负面的政治影响;二是当时正值延安文艺整风和延安文艺座谈会的前夕,毛泽东急需萧军能提供一些"反面的意见",以便更全面地掌握延安文艺界的动向和资料。在毛泽东的真诚热切挽留之下,萧军最后还是留在了延安并参加了延安文艺座谈会。

在座谈会上,萧军表现得极为活跃,不断"放炮",积极地阐发自己带有强烈个性自由主义色彩的文学观念,但遭到了与会多数人员的强烈阻击和批驳[②]。延安文艺座谈会上,萧军所坚持的以个性主义为本位的文学价值观与延安主流的集体主义意识形态的冲突,也是他在延安长期郁积的矛盾的一次总的爆发。其结果,萧军自然是感觉极为沮丧和失意的,所以他离开延安的心情就更为急迫了。

---

① 王德芬:《萧军在延安》,载《新文学史料》1987年第4期。
② 详情见本书第五章第二节的有关论述。

据王德芬回忆，萧军在座谈会一开始，就"在大会小会上和几个同志在某些问题上有了激烈的争论"，"萧军非常清楚自己的缺点和弱点，向来不隐晦自己的观点，对别人不同的观点总爱直截了当地提出批评、反驳，不讲究方式方法，容易伤人结怨，尤其和某些同志由于过去相互之间存在着历史性的成见和隔阂，不容易冷静客观，很可能再发生误会、争执，为了避免再发生不愉快的事，在休会期间他又向毛主席提出要立刻出去旅行，不愿继续开会了"。①毛泽东收到萧军信后，觉得也不能再继续勉强他了，遂于1942年5月5日回信说："如果你觉得不能等了，你就出发罢。"②最后在夫人王德芬的劝告下，萧军还是留了下来，参加了5月23日最后毛泽东做"结论"的那次座谈会。没承想，口无遮拦的萧军在座谈会上又一次为鲁迅思想的"转变"或"发展"问题，与毛泽东的秘书胡乔木发生了更大的争辩和冲突③。到这时，萧军就觉得这次是非走不可了，因此座谈会刚一开完，萧军又要求毛泽东向三五九旅旅长王震要一张通行证去旅行。毛泽东复信说："来信已悉，王旅长现去鄜县，俟他回来，即与他谈。"④但随后发生的"王实味事件"，不但使萧军到延安各县旅行的愿望最后落空，而且还使他连延安也不可能离开了。

萧军之卷入"王实味事件"，既是他一贯坚持的五四启蒙主义文学思想的直接结果，也与他平日里喜欢打抱不平的侠义性格有关。自从王实味被作为思想斗争的"目标"而受到中央研究院革命群众的揭发批判之后，他不但不认错，而且还向党委提出了退党的要求。文抗诗人李又然很欣赏王实味的才华，1942年6月2日，他很着急地来找萧军说："萧军呀，你不是和毛主席很要好吗！你到毛主席那里去一趟，问问王实味到底怎么回事？听说王实味要脱党，那会影响不好呀，王实味是个好同志呀！"萧军经不住李又然的一再催促，当天就去找毛泽东了。他问毛泽东："王实味到底怎么回事？听说他要脱党，会不会造成不好的影

---

① 王德芬：《我和萧军风雨50年》，中国工人出版社2004年版，第110页。
② 王德芬：《萧军在延安》，载《新文学史料》1987年第4期。
③ 详情见本书第五章第二节的有关论述。
④ 王德芬：《萧军在延安》，载《新文学史料》1987年第4期。

响？"毛泽东说："王实味有托派嫌疑，正在调查，这件事你最好别管！"萧军一听，也就不再提这事了。萧军之所以要管王实味的"闲事"，其实是出于他对共产党的耿耿忠心。他在当天的日记中写道："我思考再三，觉得这时他脱党是于党于他全是不利的。从一个党员立场看他，他这是不对的事，从一个'人'的立场来看他，那是应该同情。党方面的处置不当，如果一时要保持党底尊严，任他脱党，这影响：A，敌方可利用这事宣传为王实味被开除党籍，证明共产党的民主等全是谎言。B，对于一般党员在心理上会留下这样一个阴影'啊！不要多言了罢，万事大吉'。C，对于王实味只是反革命路一条。这是一种各方面的损失。"[①]萧军对王实味的看法，与毛泽东的战略部署是大相径庭的。萧军是从一个人道主义的视角来看王实味的，他对毛泽东的看法也纯粹是理想主义的。其实，对王实味的处理方式，就是把他当作一个思想斗争的"目标"来进行思想批判和组织处理的。

但萧军对于"王实味事件"的严重性并没有充分的估计，而只是凭着他的一腔侠气冲动地卷了进去。关于这个事件的经过，据萧军夫人王德芬回忆：

> 六月初"文抗"接到通知要大家到中央研究院去参加批判王实味大会。秘书长黑丁问萧军："你去不去？"萧军不想去，黑丁说："中央研究院离这不远，你去听一听嘛！"萧军说："好吧！去听听吧！"萧军叫着我跟着大家一同从兰家坪"文抗"步行到了中央研究院，进了大礼堂，几百个人围了一圈，王实味坐在一个躺椅上，苍白细瘦病病歪歪的。大家向他提出质问，他刚一说话就被大家打断了，刚一回答就又被大家止住了，七嘴八舌乱乱哄哄，秩序很乱。萧军忍不住说："大家安静点好不好，他说什么一点也听不清，他的观点究竟是什么？你让他把话说完了再批判也不晚啊！你有理论还怕他说话吗？"其他的同志也赞成萧军的建议应当让王实味说话，于是王实味就说啦，他不是托派，他没有反党……可是仍然有人半道插杠子打断他的发言，大会不欢而

[①] 萧军：《萧军全集》（第18卷），华夏出版社2008年版，第641—642页。

散。萧军走在回家的路上气愤地对我说:"这他妈的开的什么会,简直像狗打架倒尿盆,哪像个最高学府!"不料被走在旁边的一位女同志听到了,回到"文抗"她就向党组织汇报了。有一天有人告诉萧军:"听说要斗争你啦!"萧军说:"好啊,来吧!"过了几天果然中央研究院派来了四个代表:有金灿然、王天铎、郭小川、郭靖,拿着一份八大团体一百零八人签名的"抗议书"来找萧军了,"抗议书"里大意是说:"你是鲁迅先生的学生,是《八月的乡村》的作者,我们很尊敬你,你既然是共产党的朋友,为什么同情托派王实味?为什么反对我们批判王实味?你为什么说怪话!你应当向大家承认错误赔礼道歉!"萧军一看就火了,对他们说:"对不起,今天恕不招待!你们有状上中央告去,有话上中央说去!"这四位代表和萧军之间并无个人恩怨,而且都是熟人,有一位说:"就算我们来串串门还不行吗?"萧军说:"如果在平时你们来串门我欢迎,今天你们是当特使来向我提抗议的,就恕不招待了!王实味是我叫他到延安来的吗?是我叫他入党的吗?是我用小米养活他的吗?是我叫他反党的吗?……"问得四位代表哑口无言只好告退。萧军说:"你们想完我还不想完呢!咱们到中央去解决!"

代表们走了以后,萧军越想越生气,立刻连夜写了一份"备忘录",把那天去中央研究院参加批判王实味大会所见所闻经过,连同本人的意见详尽地写成书面材料准备上呈中共中央毛主席。写完之后立即在当晚作家俱乐部舞会上向大家说:"明天上午到这儿来,我回答你们的问题。"因为"文抗"有很多同志在中央研究院私下召开的集会上也签了名向萧军提出抗议。第二天上午大约有一百多人来到了作家俱乐部,萧军把他写的"备忘录"当众念了一遍,当时全场鸦雀无声,只顾听他读稿,无一人发言,等他念完了走了,陈学昭才站出来说:"他把咱们骂完了就走了,不应当让他走!"大家议论纷纷,嚷嚷得很厉害,

可是谁也没敢拦住萧军，也没人敢去把他拉回来。①

对照一下近年来公布的萧军日记、书信及回忆录，王德芬这里所说的事实经过大致不差，但仍有如下几个细节需要补充或纠正：第一，王德芬回忆录中所说的这一事件发生的时间为"六月初"，查萧军日记，萧军所参加的批判王实味的大会具体时间为1942年6月4日。第二，萧军看不惯那样批判王实味，一是他不相信王实味是托派，二是他怀疑当时主持批判会的中宣部副部长李维汉"可能是背了党中央、毛主席又在搞什么'残酷斗争、无情打击'这套把戏"②。第三，据萧军日记，萧军接到抗议书的时间是1942年6月11日，而且在接到抗议书后，提出了两点意见，一是"将此事提到党中央去解决"，二是"要求传达我话的人将人证、物证举出"。③第四，据萧军日记，萧军于6月16日将"备忘录"写好后，当晚作家俱乐部举行舞会，他在舞会上只是宣布了明天要在延安文艺界举行的座谈会上宣读他的"备忘录"的消息，但并未当场宣读他的"备忘录"。而他宣读"备忘录"的具体时间，应是第二天召开的延安文艺界座谈会。④

关于这个座谈会，据《延安整风运动纪事》记载，1942年6月15日，"延安文艺界举行座谈会，到会有文艺作家四十余人。会议共进行三天多，会议第一天对托派分子王实味的思想进行了分析，揭露其政治阴谋，作家们并联系自己做了反省。第二天在这个问题上展开了争论和批评，引起了热烈的讨论。第三天讨论了个人英雄主义问题"⑤。这里所谓的"个人英雄主义问题"，指的就是萧军。另据萧军日记载，在座谈会召开前一天，即6月14日，胡乔木曾来拜访萧军，劝他参加第二天的座谈会，但被萧军拒绝。后来在舒群、周文、张仃等朋友的劝告下，萧军于会议召开后的第三天，即1942年6月17日，勉强参加了座谈会并宣读了他的"备忘录"，但受到与会作家的一致谴责，他中途退席。第四天，也就是6月18日，座谈会继续进行，萧军出席，在会上同与会的大部分作家发生争吵

---

① 王德芬：《我和萧军风雨50年》，中国工人出版社2004年版，第115—117页。
② 萧军：《萧军全集》（第17卷），华夏出版社2008年版，第314页。
③ 萧军：《萧军全集》（第18卷），华夏出版社2008年版，第653页。
④ 萧军：《萧军全集》（第18卷），华夏出版社2008年版，第657页。
⑤ 延安整风运动编写组：《延安整风运动纪事》，求实出版社1982年版，第201页。

和冲突。最后萧军被逐出会议，"张仃也因气愤于他们这样对我而退席"。①事后，萧军给胡风写信，称在这次冲突中自己"众叛亲离"，大有"独战垓下"之感。②

倔强的萧军是绝不会服输的。就在他被逐出座谈会的第二天，他又将"备忘录"修改了一遍，亲自到杨家岭送到毛泽东处，同时托毛泽东转给中共中央。萧军希望中央高层对这一事件能有一个终极性的"裁决"。但最后的结果并不如他所愿，他受到了中央高层的严厉批评。1942年10月12日，时任中组部部长的陈云有信来，约萧军去谈话。据萧军日记载，陈云的谈话主要强调了三点：第一，"他向我证明王实味是托派，不过还在党内养着他"；第二，"他问我关于中央研究院那些话是否说过（我拒绝答复）"；第三，"他说我不理解情况不应在会场发言，态度不好，不应用《备忘录》这字眼等……"③这一"仲裁"结果，本应是意料之中的。当初萧军曾就王实味的事情去找过毛泽东，毛泽东当时就劝告他不要管这事，但爱打抱不平的性格使他不由自主地卷入了这一事件。对于萧军，用他自己后来的话来说，这真是"咎由自取""孽由己造"。④

萧军受到陈云的严厉批评后，似乎并没有由此而有所收敛。就在与陈云谈话的第二天，也就是10月13日，他又给陈云去信，继续为自己的行为辩解："对于此次'不幸'事件，我底看法并不那样简单，它不是个人'面子'问题，而是党和群众关系问题，党与他的朋友关系问题……也是我对共产党底观点和态度重新决定底问题。"⑤于是在1942年10月18日举行的鲁迅逝世六周年纪念会上，萧军仍按计划发言，将"备忘录"在会上又复述了一遍，从而引起了参会人员丁玲、

---

① 萧军：《萧军全集》（第18卷），华夏出版社2008年版，第656—660页。
② 参见晓风、萧耘辑注：《萧军胡风通信选》，载《新文学史料》2004年第2期。
③ 萧军：《萧军全集》（第18卷），华夏出版社2008年版，第752页。
④ 更让萧军想不到的是，涉入"王实味事件"，竟成了他一生挥之不去的"紧箍咒"：在当时及后来，竟有某些别有居心的人，一定要勒派他是王实味的"同情者"，一口咬定，久久不放，让他为此受尽了无穷的精神折磨。参见萧军：《萧军全集》（第17卷），华夏出版社2008年版，第314页。
⑤ 萧军：《萧军全集》（第18卷），华夏出版社2008年版，第756页。

柯仲平、周扬、李伯钊、陈学昭、艾青等作家更大的不满，一场更大规模的争吵和冲突由此爆发①。这时的萧军，才真正陷入为"千夫所指"的"无物之阵"而难以自拔了。

---

① 关于这场冲突的详情，请参看本书第六章中的有关描述，此处从略。

第四节

从乡下"归来"

1943年4月3日，中共中央发布《关于继续开展整风运动的决定》，由此开始，整个整风运动开始持续进入全面的审干阶段。所谓的审干，是共产党对付国民党封锁陕甘宁边区并以特务进行渗透的应对措施。它不是一般意义上的经常性的对干部进行审查了解，而主要是一次大规模的群众性的清查内奸的斗争，也就是清查特务的斗争。在审干中，同时审查所有干部，有什么问题，也要做出适当处理。[①]这样，延安的知识分子自然也在审查之列。

为了贯彻新的"四三"决定的精神，中央决定以作家下乡体验生活的名义，解散文抗，只留个虚衔挂在边区文协，在文协设立了个通讯处。文抗原址改为中央组织部招待所。4月27日，文抗搬家。据萧军日记载，作家们被分到了以下各个机关：程追、方纪、刘白羽、韦明、王禹夫、王力夫、黑丁、曾克、郑汶、金肇野、草明、虞迅等到了中央研究院；鲁藜、王曼恬、厂民、李雷等到了鲁艺；张仃、陈布文、高阳、逯斐等去了青年剧院；杨朔、周而复到了文协。[②]而萧军呢，据王德芬回忆，由于"王实味事件"的牵连，他被扣上了"同情托派王实味"的帽子，哪也不能去，哪个单位也不敢要他，只好仍住在原处，成了中央组织部招待所的客人。中央组织部招待所本是为从外地回来的干部住到招待所参加整风审干运动的，招待所的负责人没有要求萧军参加整风小组，这样，萧军似乎

[①] 党校教育史研究组：《延安中央党校的审干工作》，中央文献出版社2003年版，第1页。
[②] 萧军：《萧军全集》（第19卷），华夏出版社2008年版，第90页。

成了"闲人",住在招待所里继续写他的长篇小说《第三代》。①

但是不久,一场严重的冲突在萧军和招待所主任之间发生了。对照王德芬的回忆录和萧军日记,萧军与招待所蔡书彬主任之间的冲突发生于1943年10月31日。②事情的原委是这样的:王德芬因为临近预产期,每天三餐从山上窑洞到山下平房食堂去吃饭,往返极感疲累困难。为了避免早产,萧军向招待所负责人蔡书彬提出,可否由他将王德芬的那一份饭菜带上山去?但蔡书彬却以"不能搞特殊化"为由拒绝了。萧军被激怒了,说:"你说任何人都不准特殊化,你和你的老婆,甚至于学委会的委员们,不是让小鬼给你们一天三顿送到山上窑洞里去吃的吗?这不是特殊化吗?"蔡书彬被戳到了痛处,大发雷霆说:"我是主任,你敢批评我?"萧军回敬道:"别说是你,毛主席说过,共产党有了错也可以批评!"就这样,两人你一言我一语吵了起来。蔡书彬理屈词穷,最后竟恼羞成怒地下了逐客令:"你嫌这不好可以走!""走就走!"萧军也不示弱。他决心离开招待所下乡种地当老百姓去,再也不吃这份供给粮,受这份窝囊气了。

11月3日午后,萧军带着王德芬及两岁多的小儿子萧鸣由招待所迁出,到边区政府申请到乡下种地事宜。因无介绍信,人家不肯给登记。萧军挈妇将雏,只好将行李等物件移到一菜地中准备过夜。这一天萧军在日记中写道:"天阴欲雨,风习习,鸣儿睡于行李上,芬眼中含泪惟甚坚定,我心情倒经了一次酸软、动摇与狼狈,因看了孩子们跟我受累,不忍也!"③招待所主任蔡书彬没想到萧军真的会走,但事已至此不可挽回,只好派人用两头小毛驴,一头托着行李,一头让王德芬骑着,把萧军全家送到了陕甘宁边区政府大门口。关于萧军在边区政府及后来下乡务农的情形,王德芬后来是这样回忆的:

> 我和萧鸣在门外冒雨等着,萧军去找边区林伯渠主席,偏偏林主席开会去了,由民政厅厅长刘景范接见了他,听了萧军的叙述,刘厅长一

---

① 王德芬:《我和萧军风雨50年》,中国工人出版社2004年版,第118页。
② 王德芬:《我和萧军风雨50年》,中国工人出版社2004年版,第119页;萧军:《萧军全集》(第19卷),华夏出版社2008年版,第247页。
③ 萧军:《萧军全集》(第19卷),华夏出版社2008年版,第251页。

再劝解开导,要萧军冷静不要冲动,有问题等林主席回来以后慢慢商量解决,刘厅长先把我们安排在边区政府招待所住下。林主席回来以后怎么留也留不住,萧军决心已定没有商量的余地,非下乡去当老百姓不可。正好也符合《在延安文艺座谈会上的讲话》的精神,去和工农兵相结合!林主席说服不了他,只好给他开了通行证。12月7日又换了两头毛驴派人把我们送到了延安专员公署,九日到达延安县川口区第六乡的念庄,在一个只有门没有窗户的破窑里住了一夜,第二天又转到了刘庄,在一位刘大娘的石窑里安了家,这是刘大娘存粮的窑,半地下室,没有门板,墙上没有抹灰,寒气袭人,没有土窑暖和,门旁就是炕,炕头接个灶,灶上安一个小铁锅,窑里有个石头马槽就用来当水缸了。萧军每天借用刘大娘的扁担水桶去山下小河沟里挑水,把马槽装得满满的。没有柴烧,每天到十五里外的荒山上去砍柴,把光秃秃的枯树干劈成一段段,用绳子捆好,学着老乡的样背回家来,一开始初学乍练不敢多背,以后就越背越多了。①

对照一下萧军当时的《村居日记》,王德芬上述回忆的具体经过大致不差。但王德芬的回忆,仍有两处细节与萧军所记不相符合:第一,萧军离开延安到乡下的具体时间不是1943年12月9日,而是1943年11月9日;第二,萧军到乡下后,先是住在川口区第六乡的碾庄(念庄),后来又移住到刘庄的。但萧军一家移往刘庄的时间不是到达碾庄后的第二天(11月10日),而是住在碾庄后将近一个月之后的12月4日。②

萧军此次到乡下定居,是抱着有一番作为的愿望的。当初他刚一到碾庄,就给延属分区民政厅专员曹力如写信说:

> 我们此次来乡,是预备较长期住下去,至少要住两年,因此有些东西就需要作较长的打算,我和县、区、乡全不熟,只好直接写信给您,如将来你指定某人和我接头,那时就不来麻烦你了。兹将我个人的需要

---

① 王德芬:《我和萧军风雨50年》,中国工人出版社2004年版,第120页。
② 萧军:《萧军全集》(第19卷),华夏出版社2008年版,第251、271页。

及预备做的工作写给你：

一、个人需要：

1.明年预备种地十亩，种菜二亩。

2.需要镢头、锄（及小锄）、镰刀各一把，绳子两条。小铁锅一口。

3.为了防备窑洞臭虫，需要石灰一百斤（泥抹子一把）。

4.写字桌子一条，方凳两个。

二、预备工作：

1.明年（一九四四）我全年不做写作工作，一面种地（参加变工），一面于本村做点文化启蒙工作（我常是随时随地喜欢做这类工作）。

2.趁今年冬天，夜间开办一个识字班，我计划明年一年消灭本村（有写、读能力者除外）所有文盲。

3.我女人能纺织，她愿意把本村妇女于明年一年中全教会，并助其参加纺织生产。

4.我愿意每一星期替他们作一次时事报告，或读解报纸及讲普通科学常识。①

但萧军这种一意孤行的"与工农相结合"的方式，明显不符合当时的形势发展。果然，在刘庄住下不久，萧军即接到延属分区专员曹力如的通知：从今往后停止供给救济粮，自己想办法解决吃粮问题。自从1940年萧军一家到延安后，一直享受的是供给制，生活虽然艰苦，但穿衣吃饭不成问题。他们把大女儿萧歌送到延安第一保育院就不用管了，后来又生了儿子萧鸣，还能享受政府每月发给孩子的大米白面和津贴零用钱。现在这样的供给制取消了，他必须自己解决吃饭和穿衣问题，但这似乎并没有难倒萧军。他认为自己身强力壮，不怕困难，有决心，有信心，自力更生，自食其力，不成问题。可是第二年开春才能开荒，秋后才能收成，种子农具还没着落，没钱买先不说，过渡时期的口粮就是个大问题，依靠老乡们救济总不是个办法。幸好萧军一家路过碾庄时，结识了隔壁窑里住着

---

① 萧军：《萧军全集》（第19卷），华夏出版社2008年版，第256页。

— 297 —

的一户人家。男人叫贺忠俭，四十多岁，大高个，又黑又瘦，他带着婆姨和一个六七岁的男孩贺生，从山西逃荒到了碾庄，给人放羊为生，家境贫寒。婆姨刚生了个女孩，没有衣裤，没有被褥，小小婴儿光着身子躺在炕上哭个不停，两只小脚蹬来蹬去，脚后跟被铺的席蹭出了血，眼睛被热炕烤得发了炎。王德芬看着孩子心疼，就把自己孩子的小衣服小袜子分给了贺忠俭的孩子，又找了两条旧被单给孩子做被褥，还给了一瓶眼药水给孩子点眼睛消炎以救急。萧军一家的帮助使贺忠俭夫妇深受感动，由此认定萧军是好人。后来萧军一家搬到刘庄以后，贺忠俭随后追到，非要和萧军"拜把子"不可。这年贺忠俭四十三岁，萧军三十七岁，他们分了长幼，磕了头结拜为兄弟。贺忠俭得知县里取消了萧军一家的救济粮以后对萧年说："老弟你别愁，你们几口子的口粮我包了，有我们吃的就有你们吃的。明年一开春咱俩就开荒种地，种子工具我都有，荒地有的是，想开多少开多少，保险饿不着。"从那以后贺忠俭放羊挣小米，收入一升分给萧军一家半升，收入两升分给他们一升，才使萧军一家渡过了难关。

在刘庄，萧军和王德芬又收获了一个新生命——女儿萧耘。本来，萧军是带着怀孕的王德芬到乡下务农的。到了1943年底，王德芬即将分娩，但刘庄村里没有医院，也没有助产士。为此，萧军特意翻山越岭到延安国际和平医院找到自己在文协的会友，也是医院的医生黄既（黄树则，新中国成立后曾任卫生部副部长），请教接生注意事项。当时正是审干阶段，不准见面，只能互相递条子交谈。黄既给萧军写了接生注意事项，又给了些红药水、紫药水、碘酒、纱布药棉等。萧军回来以后把接生的东西都消了毒，放在一个白布小口袋里封存备用。1944年1月3日（农历腊月初八），他们的第二个女儿降生了。萧军亲自接的生，为纪念这次下乡务农，给女儿取名"萧耘"。

女儿的降生，使萧军一家的生活雪上加霜。本来，在政府停止供应救济粮后，萧军一家主要是靠借贷为生的。女儿降生后，萧军是"里里外外一把手"，一方面要继续借贷，解决温饱问题，另一方面还要照顾妻女，忙于家务，顿时陷入了为生存而奔忙的窘境。万般无奈之下，萧军只得写信向当时的陕甘宁边区主席林伯渠"求救"。

林老：

自从我来到乡村以后，就我的"出身"来说，确实也算经过了一些"艰苦"的日子，一家四口住在一间阴暗如古井的，烧饭时出气如蒸笼的小石窑洞里，如：砍柴、担水、烧饭、接产、侍候产妇、照顾孩子、洗尿布、借米、推磨、跑机关交涉粮食、讨要菜蔬……。仅就砍柴，我的两手几乎一直流血破烂着（有一次从山上滑下来，手里的斧头几乎砍开我的脑袋，……）等已久日。但我对这些事虽然有时感情感到一点暴躁和怆恻，精神却是坚定、坦然的，甚至是愉快的，对任何人和事毫无怨尤，因为这全是我底"自愿"、"自找"。只有因了粮食问题使我感到一些不愉快，我对政府方面是无任何额外要求，只希望能按照一般正职人员待遇，借我一些粮食，分配一些土地就是了。可是如今政府方面竟连这一点也不肯了。最近由此地党方面支书米德银表示，他们是特意让我"吃不开"，"逼"回公家去，我觉得这方法并不好，因为我和党以及政府方面，无论如何争吵，究竟是一体的，一切事情全可以坦白说明，这方法万一弄出一些"笑话"来，于哪方面全不好，我是一刻也不愿忘了党和政府在群众中的影响的。

现在我还愿意和您商量：

一，如可能时公家可以借给我一点粮食，让我维持到秋天，那时我愿到边区政府或党方面去工作。

二，如果现在党或政府方面有需要我回去工作的必要，或为了任何原因愿意我回去，我是并不固执的，是可以回去的。

三，这种"逼"的办法可以不必用，因为即使我真的"吃不开"了，如果我闹意气，放下决心，我想我的办法还是很多，但我非必要时不乐意用，这会有伤党、政府，以及我自己在群众中的"尊严"的。

对于过去一些事，从客观上着想，我已经渐渐忘掉了它们，我也甚愿组织部方面也应该把问题从多方面，大方面想想，总之，无论任何事，总该以"攻心为上"，"力量"是只能服人一时的，何况一个人如果真决了心,一切力量也不会有多大用处。

我自己自知还有着许多"文人结习"甚至"逸民气",我很讨厌它们,也时时在克服它们,但这也不是一下子就能除根的。

……

记得十几年前一位友人写过两句诗:"只手千回空自许;一身百击欲如何?"这一句几乎说着我目前的心境——妻孥、革命、文学……我全要忠于他们,也全被他们所"击"!①

由此信可知,严酷的生存境况使得萧军这样的硬汉子也不得不动摇了。但萧军的信发出后,却并没有回音。林伯渠本是萧军的老朋友,当时正值紧张的审干期,大概他也觉得萧军是"有问题"的人,不好直接干预,才没有给他回信。情急之中,萧军又到县上直接去找县委书记王丕年,陈说了自己要放弃种地的计划、准备回公家去的愿望。最后,萧军还留下一封信,表达了自己坚决回去的决心。

1944年3月3日,萧军家突然来了三位客人:县委书记王丕年,毛泽东的秘书胡乔木,还有一个萧军熟识但不知名字的女人。据萧军夫人王德芬后来回忆:

（他们）走进了我们这半地下室的寒窑,没有椅子凳子,只好请他们坐在炕沿上,乔木环视了窑内之后问道:

"老萧,我是路过这里,顺便来看看你们,日子过得怎么样啊?"

"好极啦!我和老乡们交上了朋友,生活没问题,一开春就开荒种地,咱有的是力气。"

王丕年和乔木互相对了对眼神,王书记说:"老萧,这里的卫生条件太差,村里连个医生都没有,万一孩子生了病,也买不到药,我看,你还是回城里去吧!"②

其实,胡乔木是专门来请萧军回去的。估计是王丕年在接待了萧军之后,遂将此事报告给了党中央和毛泽东,是毛泽东派胡乔木专门来接萧军回去的。大概

---

① 萧军:《萧军全集》(第19卷),华夏出版社2008年版,第304—306页。
② 王德芬:《我和萧军风雨50年》,中国工人出版社2004年版,第124页。

是胡乔木顾虑到坦率说出自己此行的真意会助长萧军的傲气，才说出是"顺便来看看"之类的话。萧军呢，还是顾及面子，想硬撑到底，其实，他想回去，胡乔木和王丕年还不清楚吗？两者心照不宣。最终，萧军还是被"说服"，同意离开山村，回"公家"去。

1944年3月7日，延安县委书记王丕年派人赶着四头小毛驴接萧军一家四口回到了延安城里。到延安后，萧军被安排到了中共中央党校三部。当时延安中央党校共分六部，毛泽东是校长，彭真是副校长。延安文艺界的作家和艺术家大多集中在党校三部参加整风学习。

在中央党校三部，萧军并不像丁玲等其他文艺家那样，现实境遇和内心深处经历诸如"洗心革面"或"脱胎换骨"般的苦难，相反，倒还相对比较平静。这里有他给好友胡风的信为证："我从去年三月间由乡返延安，一直居于三部，日月甚快，不觉已逾十月。此十月中，并未写作什么，只是春天种种地，随人开开会，读点书，照顾照顾孩子及女人。"[①]之所以如此，一是因为延安整风学习的高潮已过。1943年秋，打退了国民党第三次"反共"高潮以后，中共中央决定，从10月10日开始，党的高级干部重新学习党的历史和党的路线问题。延安整风运动由普遍整风时期转入总结党的历史经验时期。[②]二是因为有毛泽东的特别照顾和庇护。毛泽东看重萧军的，还是他作为"鲁迅弟子"这个身份。在延安文艺整风中，毛泽东打的还是"鲁迅"这面大旗，这样作为"鲁迅弟子"萧军的命运，自然会引人瞩目。其实，上述延安文艺整风期间，萧军的"问题"似乎也不比王实味差多少。他之所以没有落得个王实味那样的命运，关键还是因为他是鲁迅的弟子。

在延安乡下务农的经历，使萧军身上的狂傲之气似乎收敛了不少。从乡下回来后，他开始积极向党靠拢并最终提出了入党的要求。为此，时为中共中央党校副校长的彭真于1945年2月11日特别约萧军去谈话。在谈话时，萧军还把自己在刘庄乡下写的那段为什么要参加共产党的日记给彭真看了。彭真理解萧军能够克服

---

① 晓风、萧耘辑注：《萧军胡风通信选》，载《新文学史料》2004年第2期。
② 延安整风运动编写组编：《延安整风运动纪事》，求实出版社1982年版，第425页。

自己的个人英雄主义和自由散漫习气，有了入党的要求是很不容易的，所以非常高兴，表示热烈欢迎。他们谈得很透彻、很知心，但最后谈到"服从关系"时又出现了分歧。彭真说："党的原则是少数服从多数，下级服从上级，地方服从中央，领导你的人工作能力不一定比你强，你能做到具体服从吗？""不能！我认为不对的我就反对！更不能服从、照办！谁要命令我、支使我，我立刻就会产生一种生理上的反感，这是我的弱点！难以克服的弱点！看来我还是留在党外吧！省得给党找麻烦！"连最起码的组织原则都不能遵守的萧军，自己又撤销了入党的要求。"等你什么时候彻底想通了再来找我！"彭真对萧军还是充满了期待。最后，萧军回答："等等再说吧，我还管不住我自己的感情，我在党外再跑几年吧！"①就这样，萧军入党之事被搁置了起来，以后再也没有成为"党的人"。

1945年3月10日，萧军在中央党校三部学习期满，被安排到鲁艺（时已并入延安大学）任教。当时鲁艺文学系的主任是舒群，萧军到文学系任教后开辟了有关鲁迅的课程，讲过"鲁迅生平"、《阿Q正传》以及其他有关鲁迅的题目。

1945年8月13日传来了特大喜讯：日本无条件投降了，抗战胜利结束了！为了收复失地，建立政权，鲁艺响应党中央的号召，前后派出三批文艺工作团：一批由陈荒煤带队，首批出发去山西太岳地区；一批由舒群带队，四十余人去东北；另一批由义青带队，五十余人去华北。1945年10月间，党中央决定延安大学迁往东北办学（包括鲁艺）。1945年11月5日，萧军随由周扬任领队的延安大学骡轿队伍由延安出发，赶赴东北解放区，从此结束了他在延安六年的峥嵘岁月。

---

① 王德芬：《萧军在延安》，载《新文学史料》1987年第4期。

第八章 王实味：『世人皆曰杀』的楚狂人

与丁玲和萧军不同，另一位鲁迅精神继承者王实味在延安是另一种命运。当初王实味主要有三大罪名："反革命托派奸细分子""暗藏的国民党探子、特务""反党五人集团成员"。但其中最重要的罪名是"反革命托派奸细分子"，其他两个罪名都是由此连带而来的。早在20世纪90年代，王实味案已经得到完全的平反。1991年2月7日由公安部做出的《关于对王实味同志托派问题的复查决定》，已认定："在复查中没有查出王实味同志参加托派组织的材料。因此，1946年定为'反革命托派奸细分子'的结论予以纠正，王在战争环境中被错误处决给予平反昭雪。"[①]既然王实味不是"托派"，那为什么会被戴上"反革命托派奸细分子"的帽子而遭受批斗、逮捕以至于最终被杀呢？

曾参与王实味案平反工作的宋金寿先生指出："王实味是随着运动深入发展，说得明白一点是为了运动深入的需要而被逐步升级成为'托派分子'的。"[②]但为什么历史选择了王实味呢？这就与他秉持的五四启蒙主义的价值立场和狷狂耿介的个人性格有关。历史偶然性和必然性的结合，造就了王实味最终的命运。探讨这一个人悲剧背后的思想和历史逻辑及细节，将是本章的基本目的。

---

① 宋金寿：《为王实味平反的前前后后》，见温济泽等：《王实味冤案平反纪实》，群众出版社1993年版，第134页。
② 宋金寿：《为王实味平反的前前后后》，见《中共党史资料》（第50辑），中共党史出版社1994年版，第144页。

第一节

楚汉狂人

王实味(1906—1947),原名王思祎,字叔翰,1906年阴历三月十二日出生于河南光州(1913年废州立县,改光州为潢川县)樊城铺一个普通的耕读人家。光州系豫南古城,春秋时代,这里属于黄国都城。黄国为春秋一小国,却并不臣服于邻近的大国楚国,反而与北方的齐国结盟。鲁桓公八年(前704),春秋大国楚国举行诸侯会盟,黄国协同随国拒绝参加。鲁僖公二年(前658),《春秋》记载:"秋九月,齐侯、宋公、江人、黄人盟于贯。"鲁僖公三年(前657),《春秋》记载:"秋,齐侯、宋公、江人、黄人会于阳谷。"《春秋左传》云:"会于阳谷,谋伐楚也。"由此,黄与楚遂成敌国。鲁僖公十一年(前649),《春秋》记载:"冬,楚人伐黄。"[①]第二年,黄国被楚灭,从此并入楚国。

王实味就成长于这样一个具有"楚狂"精神的土地上。在历史上,"我本楚狂人,凤歌笑孔丘"的接舆开其源流,到了屈原的"楚骚"形成了一种集"内美"与"修能"于一身,"劲质而多怼,峭急而多露"的"楚风"。[②]这种富于理想主义和反抗精神的"殉道"气质,已经流灌到了中国士大夫,尤其是出生于楚国故地的士大夫的精神血脉之中。至今我们仍然能从黄侃、闻一多、熊十力、胡风等文人身上看到这种"楚狂"精神遗传基因。

王实味五岁丧母,自幼发奋读书,随父亲习诵四书五经。父亲王言炳,靠教

[①] 杨伯峻编著:《春秋左传注》(一),中华书局1990年版,第337页。
[②] 袁宏道:《叙小修诗》,见《袁宏道集笺校》(上册),上海古籍出版社2008年版,第187—189页。

书种田为生，清光绪年间中举，因而周围城乡百姓都称之为王举人或王孝廉公。王姓是乡居当地的大户人家，拥有大量的田产，但独王言炳无一垄地、一亩田，随着生齿日繁，家境渐入困顿，当时街上流行这样一句话："听见呼噜噜噜噜，王举人家喝稀粥。"1914年，王实味进入潢川第二高等小学校插班读三年级，开始接受新教育。1919年小学毕业，次年春考入潢川七中。在中学，学习成绩优秀，国文、英文、数学成绩都名列前茅。1923年，考取设在开封的河南省留美预备学校（今河南大学前身）。该校以教英语为主，兼教他科。在留美预备学校，王实味很快就掌握了阅读和翻译英文的本领，这为他后来的翻译工作奠定了深厚的根基。

1925年秋季，王实味考入北京大学文科预科班。与王实味同一年考入北京大学的，还有后来成为著名批评家的胡风（当时名曰"张光人"）和著名托派成员的王凡西（当时名曰"王文元"），他们被分在一个班里。据梅志《胡风传》记载，胡风"在北大预科二年级，在一院庭院散步时，认识了几个同班同学。内有一个叫王四维的（即后来的王实味），常在散步时手里夹着一本英文书。后来知道他的英文很好，也很用功，只是有点落落寡合，总是愁苦着脸一人散步。他很腼腆怕羞，不善交朋友。在和光人的交谈中，他很坦率地向光人发泄了自己苦闷的心情。光人只和他交谈过一两次，没能成为朋友"[①]。其后，王实味在北大又结识了后来成为著名小说家的张天翼，以及河南同乡陈其昌并成为好友。陈其昌，又名陈清晨，就是在鲁迅晚年给鲁迅写信并引发鲁迅回复那封《答托洛斯基派的信》的著名托派人物"陈仲山"。陈其昌性格沉稳，待人热情，深得王实味信任。1926年1月，在陈其昌的介绍下，王实味加入了中国共产党，决意为实现公平正义的理想社会而奋斗。也是在北京大学求学期间，王实味开始走上文坛，起步了他的文学著述之路。王凡西后来回忆说："对于文学，特别对于西方文学，他和我有同样兴趣。我们都受到当时北京文艺空气的影响，都喜欢向各种报刊投点稿。在三·一八惨案前后，我们又都从布什米亚式小文人变成为革命的共产主义者。"[②]在北大，王实味创作了《休息》《杨五奶奶》《毁灭的精神》等中、短篇小说，并陆续发表于《晨报副

[①] 梅志：《胡风传》，北京十月文艺出版社1998年版，第135页。
[②] 王凡西：《谈王实味与"王实味问题"》，载《九十年代》月刊1985年7月号。

刊》《现代评论》等著名报刊①，开始在文坛崭露头角。

但好景不长，王实味在北大却遭遇了人生的一次重大挫折——他与同学李芬的"恋爱风波"导致了他的"退党"。据王凡西回忆：

> 当时的北大支部中有两个新入党的女同志：李芬与刘莹。她们来自湖南，都是可敬可爱的人。两个人中，李芬似乎更成熟些，工作能力也更强。因之，一般同学与特殊的党员同学，对李芬有普遍的好感，而王实味竟爱上了她。为了表达爱意，他给李芬写了信。可是受信人并无意思。……她没有理睬，没有回信；但是王实味却不肯罢休，再接再厉。一连给对方据说五六封信。这使得李芬非常不快或不安了，终于把这件事向组织公开。北大支部书记段某，也是湖南人，而且据许多人说，他对李芬也有意思。王实味苦苦的片面追求，既然要他来处理，他便小题大做起来。……这位书记要解决"王思祎事件"，却在北京烂漫胡同的湖南会馆召集了一次北京东城部委和北大支干会的联席会议，出席与列席者达十余人之多，会议几乎开了一个整天。……他强调王实味之所以入党，只为了更方便地追求李芬，根本不是来参加革命的。又说在此白色恐怖极端严重的时候，在此党的领导人遭遇大难，斗争万分紧张与异常困难之际，身为党员的王实味非但不化悲愤为力量，以行动答复镇压，却拼命追求女同志，干些无耻勾当，实在荒唐之至。他主张会议通过决定，给王实味以严厉的党纪处分，纵然不开除党籍，也该"留党察看"。其他到会的人都发了言。大家都批评王实味，其中尤以陈其昌的批评最为厉害。他完全以"大哥"身份来责备这位"小弟弟"，说他不该为此胡闹。但是谁都不支持段书记的"卑鄙动机论"，没有一个人主张把王实味开除或给以严重警告。……结果给了王实味一个正式批评，要他不再给李芬写信。
>
> 列席会议的王实味（记得李芬没有来）始终不曾说一句话，静听

---

① 短篇小说《杨五奶奶》刊于《晨报副刊》1926年2月27日；中篇小说《毁灭的精神》刊于《现代评论》1927年第148—152期；中篇小说《休息》作为徐志摩主编的《新文艺丛书》的第八种，1930年4月由中华书局出版单行本。

大家对他的批评。等到批评做出了结论,他表示接受"案子"便告结束,……当晚王实味跑到我的寓所来看我,情绪非常激动,说他没法不爱李芬,不过他会克制自己,不会再给她写信。同时非常愤怒,极端不满段书记的见解与作风。他认为段对恋爱的看法是封建的,处理这件事情的态度是官僚的。①

关于"恋爱风波"之后王实味的结局,王凡西在回忆中没有说明,但刘莹的回忆录却指出:王实味是与段纯激烈争吵之后,被段纯开除了党籍,从此与组织失去联系。②刘莹所记王实味与组织失去联系是事实,但她说王实味是与段纯激烈争吵之后被段纯开除了党籍可能不确实,因为:一是她和李芬都没有参加这场在湖南会馆召开的"支联会";二是直至1927年暑假王实味的名字仍然列于北大72名地下党员之中③;三是段纯作为支部书记也无权力凭个人好恶清除并开除王实味的党籍,也就是说,即使他要开除王实味党籍,也要经过组织程序。所以说,王凡西的回忆应该更切实。事实上,王实味在经历了"恋爱风波"之后,对自己作为一个职业革命者的热情锐减,加之1927年之际国共分裂,很多共产党员遭到杀害,共产党的组织大多遭到破坏,转入地下活动。王实味也在1927年与共产党组织失去联系,自动"脱党"。④

1927年夏天,由于经济原因,王实味从北京大学退学。这正如他于1925年12月2日深夜为自己的处女作、中篇小说《休息》杀青的序言中所说:"我已从一个柔懦的书生变成个勇敢的人生战士了!"这期间,他为了谋生,先后辗转于河南老家、山东泰安等地,最后经父亲的一位学生引荐,到达南京,在国民党党部任小职员。1929年2月,王实味在南京与北京大学的老同学刘莹邂逅。经过一段接触,他们于1930年初在上海结婚,住上海菜市路亭子间。此后,一直到1936年夏到故乡河南省会开封任省立女子中学英文教员,除了曾短期到辽宁庄河、山东

---

① 王凡西:《谈王实味与"王实味问题"》,载《九十年代》月刊1985年7月号。
② 刘莹:《沉痛的诉说 无限的思念》,见温济泽等:《王实味冤案平反纪实》,群众出版社1993年版,第139页。
③ 王效挺、黄文一主编:《战斗在北大的共产党人》,北京大学出版社1991年版,第50—51页。
④ 黄昌勇:《王实味传》,河南人民出版社2000年版,第36—37页。

济南任教以外，基本上定居于上海从事文学著译。

  王实味从北大退学后，本拟赴南京准备转学中央大学，后以卖文为生。最初，王实味还试图沿着在北京时期的创作路子走下去。1928年，创作《陈老四的故事》及《小长儿与罐头荔枝》两篇小说，先后发表于1929年1月出版的《创造月刊》第2卷第6期和1929年10月出版的《新月》第2卷第8期。1930年1月在上海与刘莹结婚后，王实味的文学活动主要由创作转为翻译。此间主要译作有德国作家霍布门（G. Hau Ptmann，今通译为"霍普特曼"）的《珊拿的邪教徒》（中华书局1930年版）、法国作家都德（Alphonse Daudet）的《萨芙》（商务印书馆1933年版）、英国作家高尔斯华绥（J. Galsworthy）的《福尔赛世家》三部曲中的第一部《资产家》（中华书局1936年版）、美国戏剧家奥尼尔（E. O'Neill）的长剧《奇异的插曲》（中华书局1936年版）、英国作家哈第（Thomas Hardy，今通译为"哈代"）的《还乡》（中华书局1937年版）等。短短几年时间，王实味就翻译了五部世界名著，近百万字。据说他还为中华书局"英汉对照文学"丛书译注了英国作家金斯莱的长篇小说《水孩子》的缩写本，为商务印书馆英汉对照读物译注了《菲菲小姐传》，还为上海南京书店编写了《英语写读指谬》（1933年11月）等。

  王实味的文学青年时期，多接触的还是新月派或现代评论派的文人。对自己的文学才能，他自视甚高。当时北大所出的《现代评论》，也是一种销数很大的非纯文艺的刊物，主编者为陈西滢（陈源，字通伯），投稿者也多半是北大的教授。在《现代评论》上常发表文字的，有沈从文、胡也频、徐志摩、袁昌英、陈衡哲、胡适、郁达夫、张资平、丁西林、杨振声等人。"《现代评论》本来是没有稿费的，但有一次一位名王诗薇（书翰，一名实味）的，寄一篇《毁灭》来，声明要稿费三十元，否则退还稿件。'现代评论社'中的陈西滢等竟为这件事踌躇起来，为这件事曾开了一次会，结果议决破例赠送稿费三十元，一时传为美谈。"[①]

  1932年至1933年之间，王实味与新月派宗师胡适之间还有书信往还。当时胡适正主持中华教育文化基金会编译委员会，拟邀请一批翻译者翻译西方文学名

---

① 王哲甫：《中国新文学运动史》，上海书店出版社1986年版，第69页。

著,而且稿酬丰厚。其简章第六条:"译稿与编稿,由委员会酌送稿费,约以每千字五元至十元为率。"①20世纪30年代初,若以单身人过平常生活,每月十元足矣。也就是说,王实味的译稿为编译委员会收购,则可得稿酬数百元,可以维持数年的译书生活。这对以译书著述谋生的王实味来说,无疑是极大的诱惑。王实味得知信息后,不揣冒昧,于1932年10月初致函胡适并附寄自己的译稿。不想迟迟没有得到胡适的回复,王实味又于1932年11月9日写信去查问。两个月后,王实味还是未得到胡适的复函,遂于1933年1月11日第三次致函胡适。当时的胡适,正忙于办理《独立评论》等事务。在接连催促之下,他才于1933年5月底回复王实味:

实味先生:

尊稿为审查者所搁置,延误甚久,十分抱歉。现已取回,送呈先生,千万乞原谅。

有几处有审查人校记,想先生不见怪。

匆匆,问安。

胡适上

廿二,五,卅②

---

① 《中华教育文化基金董事会设立编译委员会简章》,见《中华教育文化基金董事会第五次报告》,1930年12月刊行,第51页。

② 耿云志主编:《胡适遗稿及秘藏书信》(19),黄山书社1994年版,第11页。王实味致胡适函中所附的"拙译样稿",曾被倪墨炎先生误读为王实味给《新月》月刊编者之一胡适投寄的"创作稿",倪先生认为,"从1929年的第2卷起,《新月》已不能按时出版。到1933年6月1日出版第4卷第7期以后,《新月》就不再出版了。王实味的稿件经审查后拿回来时,第4卷第7期已在印刷,以后又不打算续编刊物,胡适只好把它退还"。倪墨炎的观点直接"误导"了王实味的夫人刘莹,以至于刘莹也认为胡适的回函是为了王实味给《新月》月刊的投稿之事。参见倪墨炎:《王实味到延安前的文学活动》,载《新文学史料》1989年第4期;刘莹:《沉痛的诉说 无限的思念》,见温济泽等:《王实味冤案平反纪实》,群众出版社1993年版,第135—163页。1979年中华书局初版的《胡适来往书信选》(中)只收载1932年11月9日王实味致胡适函和1933年5月22日胡适复王实味函,而王实味1933年1月11日第三次致胡适函尚未披露。台湾胡颂平生前亦未见此信,故其于1990年11月最后校订《胡适之先生年谱长编初稿》时亦未涉及。最早披露王实味第三次致胡适函的是黄山书社1994年出版的《胡适遗稿及秘藏书信》(24)。倪墨炎在写作上述文章时,尚未见到王实味1933年1月11日第三次致胡适函。他们对于王实味致胡适函中所附的"拙译样稿"的误读大概与此有关。

— 311 —

胡适的回信写得很客气，但结果是译稿未被采用。至于王实味随信寄给胡适的是哪一部译稿，则不得而知。但可以想象，此事对充满自负的王实味打击不小。

王实味还得到了徐志摩的特别关照。当时徐志摩已是北京大学的教授，新月派名诗人，但徐志摩有绅士风度，为人宽厚，不摆名人架子。他很欣赏青年王实味的文学才华，极力予以提携。徐志摩曾将王实味的中篇小说《休息》，以及第一部译作《珊拿的邪教徒》，编入自己主编的《新文艺丛书》，1930年由中华书局出版。这套丛书的前七种，是三种创作和四种翻译。三种创作是沈从文的《旅店及其他》、胡也频的《一幕悲剧的写实》、徐志摩的《轮盘》，王实味的小说《休息》是第八种，于此可见徐志摩对王实味的重视。但王实味对徐志摩的"知遇之恩"并不买账，据王凡西回忆：

> 正在这个时候，徐志摩在编一译文丛书。王实味与徐志摩原不相识，不知是谁介绍，又仿佛是他自荐的，总之，他跟徐志摩约好了会面的日子。到了日期，他准时来到了徐志摩的家，也记不得为甚么，徐志摩竟爽了约。第二天，王实味再去拜访，这回却早了一点，他不知道徐志摩起身晏。一进门，娘姨对他说："大少爷还不曾起身"，请他稍等一下。王实味无名火起三千丈，掉头就走。回得家来，结结实实写了一封信，将这位"大少爷"骂了个狗血喷头。徐志摩接读来信，自知理亏，当即摸到王实味的地方去，着实道了歉。最后总算讲好了，请王实味"帮忙"，翻译哈代的《土人还乡》。①

对于徐志摩的"怠慢"失礼，作为晚辈的王实味按理应该隐忍才是，可是他偏不买账，照样予以激烈的回应。

王实味就是这样一个性情峻急而口无遮拦的人。他的妻子刘莹曾这样说："实味对朋友其内心本来是象一团火，可是开起玩笑、说起俏皮话来，常常用词很尖刻，完全不顾别人的感受。"他和同学兼好友张天翼的友谊，就是因为王实

---

① 王凡西：《谈王实味与王实味问题》，载《九十年代》月刊1985年7月号。

味不慎的一句话而断绝的。张天翼1926年考入北京大学文科预科，是王实味低一年级的同学。刘莹回忆道："记得在1930年夏天张天翼由南京来看我们，实味非常高兴，尽管我们的日子过得很紧，实味仍罄其所有来招待他。晚上他们俩一起睡在地板上谈革命形势，谈文艺，谈过去经历的往事，天南地北一谈就是大半夜，非常投机。1932年我们家已搬到环龙路，张天翼又来过一次，实味仍是热情招待。那时我们的女儿已出世好几个月了，长得非常可爱。张天翼高兴的逗着孩子，可实味却开起玩笑来。张天翼当时还没有结婚，实味却一味的说着玩笑话，令他很不开心。记得其中一句是这样讲的：'你配有这样好的孩子吗？'"[1]也许王实味说这句话是有口无心，随口而出，但话语如此刻薄，让作为好友的张天翼也难以承受。从此，王实味的家里再也见不到张天翼的身影了。

王实味虽然脾气暴躁，说话难听，但他是个热肠子，心地善良。刘莹曾讲过这样一件轶事：在上海期间，王实味靠拼命译书维持一家人生活。有一次刚领回稿费交了房租，推开家门，一个男子正在行窃，了解到原本是鞋匠的窃贼因儿子重病无钱求医，才出此下策。王实味拉窃贼去他家核实情况后，将剩余的钱全部交给窃贼，而且还给他出主意，叫他继续修鞋赚钱，由孩子妈妈来照顾病人。回到家后，王实味向刘莹说明了情况。刘莹说："你把钱都给他们了，我们怎么办？"王实味的回答颇令人惊异，他说："如果这人已经把箱子拿走了呢？不是也要过日子吗？我们就当丢了几件箱子里的衣服吧！"后来孩子的病好了，鞋匠夫妇带了一些礼物来感谢他们，推来推去，王实味坚决拒收。[2]这个故事展现出的乃是王实味性格中柔软宽厚的一面。

也许性格就是命运。王实味在现实中展现出的是他生命的两个极端：峻急与宽厚，刚烈与温煦，仿佛火与冰一般，灌注于王实味的性情之中，构成他丰富的生命底色。他的性格与他往后的悲剧命运息息相关。

---

[1] 刘莹：《沉痛的诉说　无限的思念》，见温济泽等：《王实味冤案平反纪实》，群众出版社1993年版，第150页。
[2] 刘莹：《沉痛的诉说　无限的思念》，见温济泽等：《王实味冤案平反纪实》，群众出版社1993年版，第149—150页。

第二节

《野百合花》

1937年7月7日，卢沟桥事变爆发。王实味这时正在故乡河南省会开封任省立女子中学英文教员。本来，在开封一年多时间，是王实味一生中最为稳定的，也是较为惬意的生活。他先是通过地下党组织，重新加入了中国共产党，后来妻子刘莹也带着一双儿女来到他的身边，一家人重新得以团聚。但全面抗战改变了一切，王实味决定赴延安参加抗战。本来是他们夫妇一起奔赴延安的，但恰在此时，刘莹身怀有孕。两人遂商定，王实味先去延安，刘莹带儿女回娘家湖南长沙，待身体恢复后再到延安团聚。1937年10月，王实味在送走妻子儿女后，乘火车沿陇海路抵达西安，然后转赴延安。

到达延安之后，王实味被分配到了陕北公学。这是一所刚刚成立的以培养抗战干部的新型大学，简称"陕公"。王实味在陕公任第一期学员队第七队队长。经过几个月的培训之后，适逢延安马列学院于1938年5月5日成立，王实味又被分配到了延安马列学院编译室，专门从事马列主义经典著作的翻译工作。马列学院是中国共产党在延安创办的第一所专门学习和研究马列主义理论的学校，校址设在延安北郊的兰家坪，为延安的最高学府，时任中共中央总负责人的张闻天兼任院长。王实味被调到延安马列学院编译室专事马列经典的翻译，据说是张闻天点名调来的。1941年5月，马列学院改组为马列研究院，同年8月又改名为中央研究院。中央研究院直属中央宣传部，是培养党的理论干部的高级研究机关。院长仍由张闻天兼任，副院长范文澜，党委书记李言，秘书长徐健生。全院共设九个研究室，中国文艺研究室主任为欧阳山，王实味在文艺室任特别研究员。①

当时的马列学院编译室汇聚了一批翻译家,如王学文、何锡麟、柯柏年、王实味、陈伯达、袁文彬、何洛等。党中央对马列经典著作的翻译非常重视,这些翻译家的生活待遇较一般人要高些。

在编译室三年多的时间里,王实味的翻译工作非常刻苦,成果也极为丰厚。"现在我们能查到的大约有《政治经济学论丛》(共收马恩著作七篇)、《价值、价格与利润》、《德国的革命与反革命》以及20卷本《列宁选集》的第2、4卷和第11卷的上半部,还有大量的发表在《解放》杂志上的单篇译作。这些经典译作大都是几个人的合作翻译,由延安解放社及重庆生活书店等出版,粗略统计,王实味单独或合作翻译的马列原著大约200万字。"②到1950年三联书店再版《价值、价格与利润》一书时,只用了合署翻译者王学文的名字,稿费也都给了王学文。王学文把应属于王实味的二分之一的稿费交给了当时马列学院机关党委,三次共交了二百六十四万元(旧币)。③由此可见,王实味在翻译马列经典著作上的辛勤劳作,其对于马列主义在中国的传播是有贡献的。

但王实味来到延安之后遭受的第一次精神重创,大概就是他与薄平的短暂婚姻了。薄平原是王实味在河南省立女中的学生,在学校时就对王实味老师有好感,但更多的还是崇敬和惧怕。全面抗战爆发后,薄平受到王实味爱国热忱的激发,于1937年11月奔赴延安,与王实味邂逅于陕北公学。随后,王实味在马列学院,薄平到鲁艺上学,师生之间亲密往还。此前王实味曾与妻子刘莹商定,待刘莹身体康复后再来延安夫妻相聚。抵达延安之初,他们夫妻之间还有通信往还,但随后而来的武汉会战、长沙会战等战事之扰攘,致使王实味与刘莹夫妻之

---

① 中央研究院的研究人员分为特别研究员、研究员和研究生三级,王实味由于在文学和翻译方面已经有一定的成就,因而被任命为特别研究员。
② 黄昌勇:《王实味传》,河南人民出版社2000年版,第98页。
③ 王学文:《我的回忆》,见《马克思恩格斯著作在中国的传播》,人民出版社1983年版,第126页。

间的联络中断。①万念俱灰之际，王实味开始苦苦追求薄平而最终赢得了姑娘的芳心。1939年2月，王实味与薄平同居结婚。但好景不长，他们之间的年龄、性格、生活习惯等等的差异开始显露，隔阂和勃谿渐生。1940年10月，薄平因关节炎病情加重，离开延安到西安治病，从此一去不复返。②

　　家庭的失散与婚姻的失败，把王实味的精神推到了崩溃的边缘。从此，他变得郁郁寡欢，本已偏执外露的性格更加乖戾，说话似乎更加刻薄。首先是他与同事的不和。据与王实味在北大先后同学，此时又同在一个编译室的何锡麟讲，只有三个人，王实味没有吵过：一是持重厚道的老留日生王学文；二是一心自己做学问，别的事不大管也不大管得清的范文澜；再一个就是博学而谦和的张闻天了。此时的王实味，与当年跟中华书局打交道一样，就是不准人家动他的东西。负责审稿的柯柏年每改动一下他的译文，都被他找上门吵，吵到一脚踢翻窑洞里的砂缸。何锡麟说王实味与他吵是因为学经济的何指出他的一处翻译不应用"价钱"而应用"价格"。"此人性格十分不可爱，大部分人都讨厌他，"何锡麟说，"我们那时候吃中灶（连王若飞也吃中灶，只有中委吃小灶）。还有小鬼打饭，质量不错。王实味不拘小节，他不顾自己有肺结核，吃菜尽挑里边的瘦肉。"③

　　对于自己的领导陈伯达，王实味更是横竖看不上眼。马列学院编译室主任最初是张闻天兼任，后来陈伯达调来任主任。陈伯达对外语一知半解，说话也有些口吃，还喜欢装腔作势，所以王实味对他深恶痛绝。据薄平回忆，有一次，王实味看到自己的译稿被陈伯达做了些改动，就拍着桌子，大骂陈伯达无知。④每逢编译室开会，王实味一见到陈伯达就冷嘲热讽，让他下不了台，以至于陈伯达在后来批判王实味的大会上也不忘进行"揭发"："我从前在马列学院工作了一个

---

① 王实味与刘莹之间的通信联络是在1938年10月左右中断的。参见刘莹：《沉痛的诉说　无限的思念》，见温济泽等：《王实味冤案平反纪实》，群众出版社1993年版，第159页。
② 王实味与薄平的短暂婚姻，详情参见绯石（薄平）：《追怀王实味：从师生到夫妻》（上、下），载《新文学史料》2012年第3、4期。
③ 转引自戴晴：《王实味与〈野百合花〉》，见《梁漱溟·王实味·储安平》，江苏人民出版社1989年版，第69页。
④ 转引自黄昌勇：《王实味传》，河南人民出版社2000年版，第99页。

时候，和他同一个党的小组，只要他参加了小组会，这个会是一定没有法子开下去的。""从前在马列学院编译部，他就是大闹稿费的。又像大家所知道的，他拍桌子要吃小厨房，拍桌子要求干部服。"①陈伯达这里所揭露的王实味向组织闹待遇之事是属实的，据当时同在中央研究院的荣孟源回忆："一九四一年冬季发棉衣时，王实味没有领到干部服，就在中央研究院里从前山吵到后山，从山下闹到山上。最后范文澜同志把自己的棉衣给了他，才平息了这场风波。"②后来据说因范文澜个子大，王实味身材小，棉衣不合身，故王实味只要了帽子，未要棉衣。

即使对待比自己年轻一点的晚辈，王实味也是毫不客气，出语伤人。戏剧作家金紫光，时在中央研究院文艺研究室，经常出面组织文娱活动。"谈起王实味，金紫光心情复杂。他佩服他的学识才华，但他那种无时无事不呈露出的阴郁、激烈，不管别人怎样，自己一味忧心如焚，实在令人不快。有一次金紫光从王实味窑洞口过，正逢他躺在一把帆布躺椅上晒太阳。见到这又快活又爽朗的俱乐部主任，王实味跳起来，把小伙子当胸抓住，指着下面隐隐有乐声传来的礼堂，恨恨地说：'再跳，再跳我就找颗手榴弹来把你们全炸死！'"③青年作家殷白，原名张惊秋，也在中央研究院文艺研究室。当年只有二十来岁的殷白，终日忙忙碌碌，喜笑颜开，当时就被一些老同志称为"小干部"。那时当干部绝不意味当官，何况冠一"小"字，完全是出于年长同志们的亲切爱护。王实味却一本正经地对他说："张惊秋，我看见你就想起鲁迅说的笑嘻嘻的脸。"这极大地刺伤了殷白。他不愿反驳王实味，但又气不过便写了一首小诗，题目曰《笑》："我从只能哭的地方走来，现在要放声笑了！这笑声有人不喜欢，明天我还是要笑，笑得更好。"他把诗贴在炕头，以示不屑和抗议，与王实味打起了"肚皮

---

① 陈伯达：《关于王实味——在中央研究院座谈会上的发言》，载《解放日报》1942年6月15日。
② 荣孟源：《范文澜同志在延安》，见温济泽、李言、金紫光等编：《延安中央研究院回忆录》，中国社会科学出版社、湖南人民出版社1984年版，第183页。
③ 转引自戴晴：《王实味与〈野百合花〉》，见《梁漱溟·王实味·储安平》，江苏人民出版社1989年版，第72页。

官司"。①王实味就是这样的性格,几十年后,薄平还对人说:"王实味感情外露,喜怒哀乐溢于言表,他的血好像比别人的都热。"②糟糕的人际关系,使他在以后的政治运动中付出了惨重的代价。

虽然王实味奔赴延安之前是以文学的著译为志业的,但据现有的史料显示,他到达延安之初,似乎与延安文艺圈没有什么交往。这是因为他到延安后有了新的志业——马列经典著作的翻译工作,但更重要的缘由,还是与他孤傲偏执的性格有关。但这并不意味着王实味与延安文艺界彻底失去了联系,实际上,他还是一直热切关注着延安文坛的动向。1938年至1941年,延安、重庆及各解放区展开了一场关于"民族形式"问题的大讨论。当时在延安的理论家陈伯达、艾思奇都发表文章积极参与讨论。1940年10月,王实味则连续撰写两篇文章,批判陈伯达、艾思奇对"民族形式"问题的意见。这两篇文章后来合成《文艺民族形式问题上的旧错误与新偏向》一文,发表在1941年5月25日延安《中国文化》第2卷第6期。对于1940年至1942年在延安方兴未艾的文艺新潮,王实味似乎也在关注着它的动向,否则就不会有他主动写稿送给延安《解放日报》发表的《野百合花》③。《野百合花》一文,从1942年2月26日开始写作,完成于3月17日,分两次刊发于1942年3月13日、23日的《解放日报》副刊上。紧接着,他又在文抗会刊

---

① 殷白:《回忆琐记》,见温济泽、李言、金紫光等编:《延安中央研究院回忆录》,中国社会科学出版社、湖南人民出版社1984年版,第133—134页。
② 李青、曹地:《薄平与王实味》,载《金岛》1989年第6期。
③ 王实味的《野百合花》是丁玲任《解放日报·文艺》主编时编发的,但该文是作者投稿的,还是丁玲向王实味约稿的,丁玲没有说明。据王实味妻子刘莹1994年底接受《王实味传》作者黄昌勇采访时回忆:"1933年初,在上海。已与王实味结婚的刘莹一家三口因王实味患病,生活拮据,王实味为此时在上海教书的丁玲批改作业本,以赚取微薄酬劳养家活口,由于体力不支,改了几次终于作罢。"但黄昌勇于1999年8月18日访问丁玲丈夫陈明先生时,陈明否认了这一说法。据查丁玲在上海期间并没有教书的经历,更没有提到过此间她与王实味的交往。加之王实味到延安后基本上不与文艺界交往,在文坛也没有什么名声,由此基本上可以断定《野百合花》一文很可能是作者王实味寄给丁玲的。请参阅黄昌勇:《王实味遗孀刘莹及其子女们》,见中国人民政治协商会议河南省潢川县委员会文史资料委员会编:《光州文史资料·王实味专辑》,1995年,第155页;黄昌勇:《王实味传》,河南人民出版社2000年版,第78页;黎辛:《〈野百合花〉·延安整风·〈再批判〉》,载《新文学史料》1995年第4期。

《谷雨》第1卷第4期（1942年3月15日）上发表了杂文《政治家·艺术家》。

《野百合花》《政治家·艺术家》这两篇杂文的发表，立刻引起了延安社会各界的瞩目，特别是文中那些冲击性极强的尖刻性的语句，如"歌啭玉堂春，舞回金莲步的升平气象""什么阶级友爱呀，什么呀——屁""天下乌鸦一般黑""大头子是这样，小头子也这样""衣分三色，食分五等"等，直接触及的恰恰是延安社会最为敏感的神经，更是引发了一场更大、更深层的争议。在此之前，王实味在延安还是一个纯粹的学者和翻译家，籍籍无名，但《野百合花》发表后却名声大噪。据黎辛回忆：

> 《野百合花》发表以后，第一个向文艺栏提意见的是社长博古（秦邦宪）。见报的次日上午，博古来到编辑室，问陈企霞："王实味是哪里的？"企霞说："是中央研究院文艺研究室的特别研究员（注：是中灶伙食待遇的研究员）。"博古又问："他写的《野百合花》是怎么来的？"企霞说："是从丁玲那儿拿来的。丁玲现在住在文抗，是她先看过，认为可以用，交我带回来发表的。"博古说："这稿子还没有写完？"企霞说："听说他还要写下去。"博古说："以后不要发表了。"企霞说："为什么？"博古不答，转身出去了。[①]

博古时任中共中央政治局委员并兼任新华社社长、解放日报社社长，竟然都不知道王实味是何许人也，由此可知王实味在当时的延安确实名不见经传。但《野百合花》的发表，遂使得作者王实味迅速由边缘步入延安话语的"中心"。本来，已经于1940年倡导并风行了一年多的延安文艺新潮，王实味也算不上什么主导性的人物。因为在王实味这两篇杂文发表时，标志着这场延安文艺新潮的重头作品，如丁玲的小说《在医院中时》《我在霞村的时候》及杂文《干部衣服》《我们需要杂文》《三八节有感》、艾青的《了解作家，尊重作家》、萧军的《纪念鲁迅，要用真正的业绩！》、罗烽的《还是杂文的时代》等，都已经发表在先。但也许是《野百合花》《政治家·艺术家》这两篇杂文所揭示的问题更

[①] 黎辛：《〈野百合花〉·延安整风·〈再批判〉》，载《新文学史料》1995年第4期。

"触目惊心",语言表述更为"激烈""刺眼"的缘故,使得作者王实味一鸣惊人,成为与这场文艺新潮的领军人物丁玲齐名的"明星"人物。这正如《王实味传》的作者黄昌勇所云:"王实味没有赶上潮头,却意外地被颠上了浪峰,他的两篇杂文的汇入,使这一文学新潮奏响了最激越的乐章。"[1]

《野百合花》和《政治家·艺术家》这两篇杂文,只是给作者王实味带来了文名,但真正给他带来灭顶之灾的,还是当时在延安轰动一时的中央研究院"民主选举"事件。

所谓的中央研究院"民主选举"事件,发生在延安整风运动初期。1942年2月,毛泽东发表了《整顿党的作风》《反对党八股》等重要讲话,延安整风运动正式启动。按照毛泽东的既定部署,整风的对象,"主要与首先的对象是高中两级干部,特别是高级干部"[2],也就是说,整风运动的目的是要从思想上彻底清除以王明为代表的"国际派"的教条主义、宗派主义、党八股的错误,贯彻遵义会议以来党的正确路线,进而从组织上削弱"国际派"对于全党的主导权力。当时中共中央的负责人,同时还兼任中共中央宣传部部长、中央研究院院长的张闻天,是从莫斯科中山大学归来的留学生,属于"国际派"之列。整风运动之初,张闻天为了"避嫌",也为了让毛泽东放手领导整风运动,遂申请到陕甘宁边区、晋西北农村做调查,委托罗迈(李维汉)代管中央研究院的工作。在张闻天外出调查一年多的时间里,罗迈实际上主持中央研究院的工作。

作为中国共产党培养理论干部的高级研究机关,王实味所在的中央研究院作为中宣部的一个整风试点单位,很快开展了整风运动。1942年3月18日,中央研究院召开全院整风动员大会。时任中共中央宣传部副部长并兼任中国教育研究室和中国新闻研究室主任的罗迈在大会上提出了几点意见:"(一)讨论整顿三风和检查工作在中央研究院的重要意义;(二)讨论和检查分开进行;(三)检查要同时着重领导作风和个人思想两个方面(原来多数人认为只着重检查领导);

---

[1] 黄昌勇:《王实味传》,河南人民出版社2000年版,第145页。
[2] 中共中央文献研究室编:《毛泽东年谱(1893—1949)》(中卷),人民出版社、中央文献出版社1993年版,第391页。

（四）要有自我解剖的精神；（五）院长、秘书长及各室主任，应该是整风检查工作委员会（简称'检委会'）的当然委员（这是院务会议决定的），因为他们有这个责任，并正好考验他们；（六）关于出墙报和匿名问题，我赞成有墙报，但须有组织地进行，共产党员在党内不应匿名，否则会变成无政府状态。"①罗迈讲完上述意见后，因身体不适而提前离开会场。

罗迈走后，王实味站起来发言。他说："罗迈的三点意见，活现了他过去家长制领导的作风"。"整风检查委员会的成员，应全部民选，反对院党委委员和各研究室主任为当然成员，要彻底民主、绝对民主，选到谁就是谁。"②在王实味的发言之后，引起一场争论。争论的主要是两个问题：一是关于检委会的组成问题，也就是整风领导问题，王实味反对院务会关于院领导和各研究室主任为当然委员的决定，主张全部检委都由群众民主选举产生；二是关于墙报文章的署名问题，王实味主张墙报文章可以匿名。关于检委会的组成问题，两种意见相持不下，最后举手表决，结果：赞成王实味意见的84人；赞成院务会议和罗迈意见的只有28人。最后全部由群众选举产生了21名检委，领导干部除王思华、张如心等同志外，全部当选。尽管王实味提出了这个主张，但王实味本人并没有当选。这样，中央研究院整风检查动员大会上的"民主选举"，轰动了整个延安，影响了各个机关、学校。

紧接着，为配合整风检查，3月23日，以《矢与的》命名的墙报开始出现在中央研究院内，王实味在最初的三期墙报上连续发表了三篇文章③：第一篇是

---

① 李维汉：《回忆与研究》（下），中共党史资料出版社1986年版，第481页。以下关于中央研究院"民主选举"事件的叙述，主要材料来自李维汉的《回忆与研究》（下）之"中央研究院的整风运动"（第477—497页）以及宋金寿的《毛泽东与王实味的定案》（载《北京科技大学学报》1998年第3、4期和1999年第1、2期），不再一一标明。
② 石澜：《我与舒同四十年》，陕西人民出版社1997年版，第80页。
③ 据最初发现这三篇杂文的宋金寿解释："以上三篇杂文，是1980年10月李维汉带领我们去西安、延安搜集整理回忆录的资料时，从陕西省档案馆保留的范文澜在1942年6月11日批判王实味的文章里找到的。这三篇杂文作为附录收到了那个小册子里。我们想说的是：第三篇杂文在'几点说明'中的'二'后面用的删节号是那个小册子里原来就有的，据我们估计王实味的说明'二'的内容不利于对他的批判，故作删略，而不是王实味没有写出，而作的删节。"参见宋金寿：《毛泽东与王实味的定案》，载《北京科技大学学报》（人文社会科学版）1998年第3期。

《我对罗迈同志在整风检查动员大会上发言的批评》，认为罗迈的发言还保留着过去党内家长制作风的残余，压制了群众反三风不正的斗争热情和积极性。第二篇是《灵感两则》，称"我们底眼光不应只看到本院，更应该注意全延安以至全党"，"我们决不能让邪气更大的人得势"，要求"在这个斗争中首先检查自己的骨头，是不是对'大人物'有话不敢说？""必须有至大至刚的硬骨头！"第三篇名为《答李宇超、梅洛两同志》，是王实味与自己的论敌辩论的文章。李宇超、梅洛[①]是在辩论会上拥护罗迈意见，与王实味等观点相左的中央研究院工作人员。针对辩论对手的质疑，王实味在文章中针锋相对地表述三个问题：一是一个马克思主义者应该怎样看问题；二是几点说明；三是附带谈一谈我的骨头。最后，他声明："用谣言中伤人是最卑鄙龌龊的手段。王实味充分自信，他的骨头从未软过，而且不比任何人软！"

中央研究院发生的这场"民主选举"事件以及《矢与的》墙报上的"自由辩论"，无疑成了延安社会的大事件。这正如宋金寿所云："因为延安机关学校的各级领导，包括如检委会这样的临时性组织都是上级任命的，这次居然由群众作主，否定了院务会议，尤其是否决了罗迈强硬表态坚持的意见，而且居然由群众选举，并成功了，是新鲜事儿，在延安是开天辟地第一回，很快地传遍了延安的机关学校，产生了轰动的效应。王实味因此成了一部分人心目中的民主英雄。"[②]

[①] 李宇超（1916—1968），山东诸城人，时任中央研究院政治研究室研究员；梅洛（1916—2006），原名施莲、彩莲，又名石澜，梅洛是其笔名，浙江嵊县人，时任中央研究院教育研究室研究生。
[②] 宋金寿：《毛泽东与王实味的定案》，载《北京科技大学学报》（人文社会科学版）1998年第3期。

第三节

被整肃的命运

面对汹汹如潮的群众运动,作为中宣部副部长、中央研究院的负责人,同时与王明为代表的"国际派"有些瓜葛的罗迈内心深处的恐慌可想而知。[①]他马上就意识到:"王实味等,尤其是王实味,把《矢与的》这张墙报当作攻击党的领导干部,特别是攻击我的工具。""可以看出,王实味确实是在煽动人进行攻击了,他的矛头不仅限于院内,主要是我;也不仅限于我一个人,而且到了院外,影射向上了。"[②]当然,作为一个政治家,罗迈首先想到的就是王实味的行动是针对他个人的有预谋的政治斗争。实际上,充满着书生意气的王实味哪里会想得那么多呢?正如他自己所言:"我过去根本就不懂政治(?)"[③],更不懂什么所谓的"政治斗争","写文章的动机确实是狂热的关心党"[④]。从《野百合花》《政治家·艺术家》到《矢与的》墙报上的杂文,王实味不过是按照正统、

[①] 罗迈曾于1933年1月中共六届四中全会后赴苏联学习,1933年回国到江西苏区,任中央组织部干事,后任部长。1934年1月,在中共六届五中全会上被补选为中央候补委员。在反"罗明路线"中罗迈扮演了重要的角色。1941年9月13日下午,毛泽东在政治局临时会议上说,在苏维埃后期的"左"倾机会主义错误中,博古应负主要责任,李维汉次之,张闻天又次之。参见杨奎松:《毛泽东发动延安整风的台前幕后》,载《近代史研究》1998年第4期。
[②] 李维汉:《回忆与研究》(下),中共党史资料出版社1986年版,第484、483页。
[③] 温济泽:《第一个平反的"右派":温济泽自述》,中国青年出版社1999年版,第210页。
[④] 参见中央档案馆存《中央组织部王实味同志的错误及托派活动嫌疑问题的决定》,该档案写明系王实味在1942年10月26日写的。这是王实味不服中央研究院党委会的决定,按照他自己的意愿,自作主张代中央组织部起草的。参见温济泽:《再谈王实味冤案——冤案的始末及教训》,见温济泽等:《王实味冤案平反纪实》,群众出版社1993年版,第46页。

理想的、纯粹的共产主义政治和道德标准——"消灭阶级差别"的最终革命目标,来批评和要求共产党的领导人罢了。

以《矢与的》墙报及王实味的文章为代表的延安文艺新潮作品对于延安社会现状的干预乃至批评,也引起了延安主流社会,尤其是党的高级干部或军界的高级干部的激烈回应。1942年3月下旬,王震在副院长范文澜的陪同下,到中央研究院看了《矢与的》墙报,读了上面王实味的文章后说:"前方的同志为党为全国人民流血牺牲,你们在后方吃饱饭骂党。"①丁玲的《三八节有感》更是受到了贺龙的严厉批评。对此,丁玲回忆说:"第一次对我提出批评是在四月初的一次高级干部学习会上。……第二个发言的是贺龙同志。……他说:'我们在前方打仗,后方却有人在骂我们的总司令……'"②

其实,对于中央研究院的《矢与的》墙报,毛泽东不但没有制止,而且还秉烛夜巡,亲自去查看。毛泽东在七大回顾这件事时是这样说的:"一九四二年春季中央研究院整风时出了墙报,那墙报受到欢迎,桥儿沟、南门外很多人都到研究院去看墙报,引起我也去看了一次。"③毛泽东这次看墙报是主动去的,因此没有中央研究院的领导陪同。第二天,中央研究院的同志才知道毛泽东来看了《矢与的》墙报,一些支持王实味观点的人,还认为毛泽东看《矢与的》墙报是对他们的支持,欢呼雀跃。实际上,毛泽东从中央研究院回来,已经决定要对王实味采取"行动"了。他要通过从思想上批判王实味来进行文艺整风,从而主导整风运动的导向。

---

① 董郁奎:《新史学宗师——范文澜传》,杭州出版社2004年版,第141页。
② 丁玲:《延安文艺座谈会的前前后后》,载《新文学史料》1982年第2期。丁玲这里记忆有误,据查,这次会议就是1942年3月31日召开的延安《解放日报》改版座谈会。
③ 中共中央文献研究室编:《毛泽东在七大的报告和讲话集》,中央文献出版社1995年版,第143页。

1942年5月27日,中央研究院整风运动"纠偏"工作正式启动。[①]从5月27日至5月30日,罗迈亲自主持召开全院关于"党的民主与纪律"座谈会,对党的民主集中制原则、党的纪律问题上的意见分歧进行群众性的讨论与争论。会议连开三天,在座谈会上,范文澜做了自我批评。5月30日,罗迈做了《民主集中制座谈会上的几个争论问题》的总结性发言,他一锤定音地指出:"王实味的立场是与我们的党相对立的,是对党采取反对的立场的,这不单是思想上的错误,还是政治上的严重错误。"这天傍晚,"有一部分同志向座谈会主席团提出:民主集中制问题已经讨论得差不多了,希望在下次的座谈会上,把王实味思想的实质更清楚地研究一下。主席团采纳了这个建议"。[②]

在经过一天的休整后,批判揭发王实味的大会正式开始。会议从6月1日开始,到6月11日结束,持续开会十次,参加会议的人员最多时有一千余人,座谈会变成了群众大会,全延安七十多个机关、学校都有代表参加。揭批会议期间,6月2日,王实味向中央研究院党委提出退党要求;6月4日,王实味出席座谈会,接受与会人员的轮番批斗。

本来,王实味以及丁玲和《轻骑队》墙报等的文章,虽然不完全符合毛泽东发动整风的本意,但开始他并不要求"禁止",而是允许存在,甚至认为"只要领导得好,先纵后收,揭露问题,不会闹出大乱子"。虽然他将王实味作为"斗争目标",但主要还是对其进行思想批判。面对一些老干部,尤其是党的高级干部或军界的高级干部的激烈反应,毛泽东曾在5月28日的高级学习组会议上明确地告诉他们:"所有发生问题的作品,我们说都没有什么大问题……因为那些同志根本都是革命的,都是在外面或根据地来的,他们在外面城市也是作革命工作的,有许多,时间还很长,现在也是作革命工作的,某些时候或某次说话写文章

[①] 关于中央研究院"纠偏"工作启动的时间,李维汉认为是从5月17日。参见李维汉:《回忆与研究》(下),中共党史资料出版社1986年版,第489页。但温济泽的《斗争日记》却记载为"五月二十七日,礼拜三。全院关于'党的民主与纪律'的座谈会,于是日上午九时半开始"。参见温济泽:《第一个平反的"右派":温济泽自述》,中国青年出版社1999年版,第204页。应以温济泽所记时间为准。
[②] 温济泽:《第一个平反的"右派":温济泽自述》,中国青年出版社1999年版,第206页。

没有弄好。这是部分的性质,这样的问题可以解决,都不是什么严重问题。"在压力面前,毛泽东也不得不承认,"个别比较严重的就是王实味这个同志,他的思想是比较成系统的,似乎坏的东西比较更深一些",但也不过就是把王实味称作"落后分子"罢了,而且还称"同志"。毛泽东特别提醒政治局人员不要轻易地对"过分"批评者上纲上线,强调"落后"的不都是反革命,甚至提出"要争取落后分子"。①至此,毛泽东还认为,不能因为王实味的问题比较严重,就把他推到反革命一边去。因此,他委派自己的秘书胡乔木先后两次找王实味谈话,还写过两次信,信里有这样一段话:"《野百合花》的错误,首先,是批评的立场问题,其次是具体的意见,再次才是写作的技术。毛主席所希望你改正的,首先也就是这种错误的立场。那篇文章充满了对于领导的敌意,并挑起一般同志鸣鼓而攻之的情绪,这无论是政治家、艺术家,只要是党员,都是绝对不容许的。这样的批评愈能团结一部分同志,则对党愈是危险,愈有加以抵制之必要。"②但是,王实味都无动于衷,始终坚持错误立场,声言要走"自己所要走的路"。

王实味拒绝"挽救"的态度,使他的危险处境进一步加剧。随着揭批王实味运动的深入,王实味平日宣传和同情托派的言论被揭露出来,再加上他曾于1941年2月向中央组织部交代的以往与托派骨干成员接触并翻译过托派著作的事实,遂使他的"托派"嫌疑日益显露出来。在当时的延安,中国共产党受共产国际的影响,包括中共中央的领导人毛泽东在内,都把托派看成是"受外国侦探机关雇用而活动的工人阶级死敌和匪帮"。王实味与托派有联系,这就成了他的"致命伤"。

恰恰是在这关键时节,作为中央社会部部长,又是中央直属系统总学委的主要负责人和中央总学委的副主任(主任是毛泽东)的康生,直接插手了反王实味的斗争会,并亲自参加过几次大会。杨尚昆(中央直属系统总学委负责人之一)则参加了每一次大会。据中央研究院党委书记李言回忆:"四月间,中央社会部

---

① 杨奎松:《毛泽东发动延安整风的台前幕后》,载《近代史研究》1998年第4期。
② 丁晓平:《中共中央第一支笔——胡乔木在毛泽东邓小平身边的日子》,人民出版社2009年版,第68页。

（专管对敌斗争，部长康生）的汪金祥派人来中央研究院，叫我赶快把王实味在中央研究院的情况，如写《野百合花》、在《矢与的》上发表文章，和平时的表现等，写一份材料。中午都没有休息，写完就交来人给汪金祥了。过了几天汪金祥找我，说：中央领导同志看了你写的材料，王稼祥说，材料写得不错，没有八股味。同时，汪金祥指出：有错误，要经得起批评。实际上这是要我作挨批评的思想准备。接着叫我去参加社会部的干部大会。康生在会上狠狠批评了我一顿。原因是我在仓促中写的关于王实味表现的材料最后说明，王实味的这些言论是在外界没有诱逼的情况下'自然流露'的，结果写成了'热情的流露'。康生在会上说，什么'热情'？！是反革命的'热情'！无产阶级立场到哪里去了？！在这次会上，康生还说，王实味的《野百合花》4月就在香港的报纸上刊登了。王实味的文章在香港的报刊上登载，中央当然很注意。康生在这时实际上就已经认为王实味是敌我性质的了。""这次会议以后，我为了解王实味的历史情况，到中央组织部去看王实味的档案。这才看到了他自己向中央组织部交代的关于同托派关系的材料。"①这样，王实味便同托派挂上钩了。

康生是在苏联受过"契卡"训练的。王实味上述与托派牵连的材料一旦提供上来，一个巨大的"反革命"集团就被他构陷出来。对此，康生自己是这样说的：

> 在整风初期，保卫机关把王实味的反革命的活动思想识破了。对于王实味、吴樾进行了一个很精密的调查研究，晓得王实味是托派，成全、王里与王实味是朋友，陈是托派的中央书记，晓得吴樾是个叛徒，找出他的证据来，因此我们将这个反革命、叛徒、托派以及中央研究院的墙报、《野百合花》、《政治家·艺术家》在思想上联系起来了，使我们知道反革命要利用我们党内的偏向进行思想放毒，使我们了解了这

---

① 转引自宋金寿：《毛泽东与王实味的定案》（续二），载《北京科技大学学报》（社会科学版）1999年第1期。

个瓦解思想是反革命活动最毒辣的一个手段。①

这里的"陈",指的是陈独秀,曾任中国托派组织"中国共产党左派反对派"中央书记处书记。陈独秀晚年实际上与托派组织失去了联系,于1942年5月27日病逝于四川江津。吴樾,中央研究院新闻研究室研究员,也是《矢与的》墙报的活跃人物之一。成全、王里夫妇,是王实味1936年在济南任教时结识的朋友,后来也来到延安中央研究院工作。他们来到延安后,就去看望住在王实味隔壁窑洞的潘芳、宗铮夫妇,因为王里与宗铮是复旦大学的校友,随即也与老朋友王实味再度相逢。这样五个人就自然有了一些交往。由这些复杂的人际关系,康生充分发挥了他的"天才的想象力",开始布局鲁迅所云的"瓜蔓抄":由陈独秀而吴樾,而王实味,而成全、王里,而潘芳、宗铮。经过康生的"加工",王实味的三大罪状遂告"成立":一是"托派奸细分子";二是"暗藏在党内的反革命分子";三是"五人反党集团"成员。在这三大罪状中,"托派"是最为严重的。康生的观点在当时是"带有指令性"的。②康生做出定性之后,1942年6月11日,罗迈在反王实味斗争会结束时做总结报告,正式宣布:"王实味是什么人?根据同志们在座谈会上揭发了的许多事实,证明他是一个托洛斯基份子。支配着王实味的思想是托洛斯基份子的思想。"③

就在中央研究院和康生等人紧锣密鼓地给王实味"定案"之际,毛泽东也在密切关注着王实味案情的进展。毛泽东虽然没有亲自参加中央研究院揭批王实味的大会,但康生他们处理王实味的过程及最后结论是一定会向毛泽东汇报的。那么,毛泽东是什么时候知道王实味的"托派"嫌疑呢?据丁玲在《延安文艺座谈会的前前后后》中回忆,毛泽东是在4月初一次高级干部学习会上,就

---

① 康生1943年8月在西北公学训练班上的报告,转引自宋金寿:《毛泽东与王实味的定案》(续二),载《北京科技大学学报》(社会科学版)1999年第1期。
② 康生把王实味打入"五人反党集团"是在1942年7、8月间进行的,稍晚于王实味的"托派"案。李维汉:《中央研究院的研究工作和整风运动》(讨论稿),转引自宋金寿:《毛泽东与王实味的定案》(续二),载《北京科技大学学报》(社会科学版)1999年第1期。
③ 罗迈:《论中央研究院的思想论战——从动员大会到座谈会》,载《解放日报》1942年6月28日。

公开宣布了王实味的"托派"定案。她说：最后，毛主席做总结，毛主席说："《'三八'节有感》虽然有批评，但还有建议。丁玲同王实味也不同，丁玲是同志，王实味是托派。"①

查《毛泽东年谱》，1942年4月初并没有所谓的"高级干部学习会"，而且据丁玲在该文所叙述的史实和情境，这次会议应该是1942年3月31日毛泽东同博古召集并主持的《解放日报》改版座谈会。这次座谈会规模较大，延安各部门负责人和作家共七十多人参加。这次会议距离《野百合花》发表（3月23日）只有一周时间，毛泽东这么快就判定王实味是"托派"显然是不可能的。况且，判定一个人是否"托派"，对于他本人来讲，那可是一件天大的事情。作为政治家的毛泽东是不可能如此草率处理政事的。由此可见，丁玲一定是把时间记错了。

毛泽东应该是在1942年5月间得悉王实味有"托派"嫌疑的。上述李言的回忆是"四月间"康生才插手王实味案件的，康生的调查取证是应该有一段时间的。查萧军日记，萧军去找毛泽东为王实味"说情"是1942年6月2日，这说明毛泽东已在6月2日以前就知道王实味的"托派"问题了。②但毕竟"托派"嫌疑是属于"嫌疑"，还不能最后定案。到了6月19日，毛泽东已经知悉了康生对王实味的"托派"定性。这一天，毛泽东出席中共中央政治局会议，在讨论整风学习问题时发言说：现在的学习运动，已在中央研究院发现王实味托派。我们要发现坏人，拯救好人，要有眼光去发现坏人，即托派、日特、国特等三种坏人。要区别坏人及犯错误的同志，要做细密的观察、调查工作。会议同意毛泽东提出的在此次整风运动中，各机关、学校主要负责同志要善于把真正犯错误的同志与破坏革命的坏人加以区别的意见。③

对王实味的批判还在继续。1942年6月15日至18日，延安文艺界在文抗作家俱乐部举行座谈会，批判王实味的错误思想，共有四十多人参加，丁玲、周扬、塞

---

① 丁玲：《延安文艺座谈会的前前后后》，见张炯主编：《丁玲全集》（第10卷），河北人民出版社2001年版，第280页。
② 萧军：《萧军全集》（第18卷），华夏出版社2008年版，第641—643页。
③ 中共中央文献研究室编：《毛泽东年谱（1893—1949）》（中卷），人民出版社、中央文献出版社1993年版，第388页。

克三人组成大会主席团。会议一致表达了对王实味的愤恨,对他的《政治家·艺术家》的荒谬观点进行了批驳。许多作家做了严格的反省,决心彻底扫除小资产阶级的思想意识。会议认为王实味是文艺界的敌人,一致通过了谴责他的决议。最后,文抗理事会开会决定开除王实味会籍。6月22日,边区文协及所属文化团体在文协俱乐部召开讨论会,痛斥王实味的错误观点。同时还在文协整风墙报《学习》上出版《关于托派王实味》的专号。7月28、29日,《解放日报》连载周扬的长文《王实味的文艺观和我们的文艺观》,从文艺理论方面对王实味进行全面的、总结性的批判。[1]

但王实味还在为自己的冤情的申诉做着最后的努力。据萧军日记,王实味曾于1942年10月2日、10月22日、12月15日三次到萧军住处倾诉,因为萧军曾经在6月4日批斗王实味的大会上不满于与会者对他的粗暴围攻,曾为他仗义执言。[2] 10月2日早晨,"王实味从山下走上来,手里拿着纸一样的东西,……当我走到他的面前,他的眼睛红着,充满着泪水,头发蓬蓬,脸色苍白……那完全是个病患者。他一支手提着一条棍,腿在颤颤动着,正怯怯向山下退着……。当我从地上拾起那信,他却又走回来"。原来,这张纸上写的是王实味给毛泽东的信(他找萧军,是想让萧军把这封信转给毛泽东):

伟大的乔,转呈伟大的毛主席、转党中央:

我要请教你们伟大的伟大的伟大的,

人为什么定要用"脚底皮"思想呢?

为什么人在如"象"如"熊"更能解决问题时,却是蠢到非用,"狐狸似的小狡狯"不可呢??

为什么"为工农"的伟大的伟大的那样多,而工农却觉自己是"三等革命""不是人""没有出路"呢?

---

[1] 据黎辛回忆,在批判王实味的文章里,周扬、李维汉、范文澜及艾青的文章也是经过毛泽东审阅以后才发表的,见黎辛:《〈野百合花〉·延安整风·〈再批判〉》,载《新文学史料》1995年第4期。
[2] 萧军:《萧军全集》(第18卷),华夏出版社2008年版,第741—745、763—766、803—805页。

为什么"头等革命"是唯物论,而"三等革命"却必须是唯心论呢?

为什么说谎的是好干部,而老实人却反革命呢?

为什么那种一方面对着手枪,一方面对着监狱和死亡,学信告诉我,"干兄与国兄拼命要好,但对自己亲兄弟却以刀枪相向"的可爱,可怜傻到极顶的"心",伟大的人们却不懂得用"心"去征服,而定要把他们或逼上梁山或驱入灭亡呢?这是聪明还是愚蠢呢?

为什么鲁迅临终时要拉着许广平底手按在他心上呢?

亲爱的同志们,我无论如何不能疯狂,我知道有些心会为我疯狂而冷掉,那些心并没有因为反王实味斗争而受了太好的教育。救救我罢,把我送到一个安静地方去哟,我要安静安静呀!不一定到颐和园北戴河或莫干山呀,看看吴满有家里能有一席地没有?我必须离开中央研究院,必须!

反革命王实味顿首百拜千拜万拜。

一九四二年十月一日①

从措辞来看,这封近乎"天问"式的信,说明王实味从精神心理上已经崩溃,处于某种癫狂状态了。但他似乎并不屈服于自己即将覆灭的命运,还在做着最后的拼死一搏!萧军从地上拾起这张纸,把信转交给了毛泽东的秘书胡乔木。但这封信发出后,毫无声响。

1942年10月23日,中央研究院党委做出《关于开除王实味党籍的决定》,经凯丰、毛泽东签批,送中央组织部备案。王实味拒绝接受,遂于10月26日起草了一份《中央组织部对王实味同志的错误及托派活动嫌疑问题的决定》,试图为自己开脱和宽假,但已于事无补。

1943年4月3日,中共中央做出继续开展整风运动的决定,整风运动开始转入审干阶段,所谓的"抢救运动"开始。在此之前的4月1日,中央社会部正式逮捕王实味。随后,王实味被长期关押在中央社会部的监狱。1946年11月,胡宗南要进攻延安,王实味随机关人员撤退到瓦窑堡,不久再转移到山西兴县,继续关押在兴县晋

---

① 萧军:《萧军全集》(第18卷),华夏出版社2008年版,第743—744页。

绥公安总局看守所。1947年6月12日，国民党飞机轰炸黄河渡口，也轰炸了兴县，看守所被炸。公安总局准备疏散，同时写报告给中央社会部康生部长、李克农副部长，讲了王实味的"罪状"，还说他行军中表现不好，认为无法改造，而且战事情况紧急，建议予以处决。这时康生正在山西临县搞土改，报告首先送他圈阅，他表示同意，中央社会部也驻在临县，送到中央社会部，李克农也圈阅了。①

1947年7月1日，王实味在山西兴县被秘密处死，时年四十一岁。

---

① 关于王实味被处死的详情，请参阅王珺：《康生在中央社会部》，载《百年潮》2003年第5期；李维民：《档案中的王实味死因》，载《炎黄春秋》2013年第6期。其中王珺文云："1948年春，毛主席从陕北转移到河北省，路过临县时听说王实味被处决，很生气地说'还我个王实味来'。后来还几次批评过此事。李克农知道后，心情沉重，很快承担了责任，主动向中央做了诚恳的检讨称：此事'我应负主要责任，……不顾党的政策，擅自批准晋绥公安总局的请求将王秘密处死，充分表现了无组织、无纪律、自以为是的错误……'请求处分。毛主席9月1日批示'有所声明即够，不必议处'。并交书记处各同志传阅。康生对此事却佯做不知，从来没有表过态。"

第四节

王实味与鲁迅：时乖运蹇的人生际遇

王实味的悲剧，让我们感叹唏嘘。现在的问题是：为什么是王实味？也就是说，王实味为什么成为1942年延安文艺新潮的标志性人物？当时为什么要选择王实味作为思想斗争的目标？王实味被推到历史前台后，为什么迅速成为整风"肃反"的对象，最后落得个被杀的悲剧结局呢？……这些问题，多年来都是学界探讨的核心问题，涉及更为复杂的社会历史和个人的因缘。

已有学者从社会政治层面，尤其是从延安社会的"规训和惩戒"机制这一角度来探讨王实味的悲剧命运，但却明显忽略了一个重要的因素，那就是作为个体的王实味在其中所起到的决定作用。具体而言，就是王实味的精神世界以及他所秉持的文化价值观念与延安的社会制度和主流价值有着极大的反差。说到底，王实味是个书生，身上有着浓厚的理想主义精神气质。他加入共产党，投奔革命，乃是基于对于共产主义理想的确信，在人格上，他也以苦行僧式的共产主义道德自励和律人。这正如有的学者所指出的，他身上有种不可思议的"精神洁癖"。[①]他之所以认同托派的思想，与托派同学接近，主要还是因为托派思想中更为激进、更为理想的社会主义革命主张的吸引力。到延安后，理想与现实的落差，使他难以融入现实的环境。整风运动开始后，他响应党的号召，帮助共产党整风，积极参与中央研究院民主选举运动。他写出那几篇抨击时弊杂文，也是基于他"狂热的关心党"，使党的事业更加"布尔什维克化"的崇高动机。

[①] 郭继宁、郑丽丽：《致命的洁癖》，载《粤海风》2008年第5期。

不管是在王实味的个人生活中，还是在其精神世界里，总有一个挥之不去的人物或精神存在，那就是——鲁迅。王实味的悲剧马上会使人们联想到鲁迅，尤其是他在中央研究院的整风运动中所表现出的大无畏、不妥协的"硬骨头精神"，更是把王实味与鲁迅挂上了钩。而在《政治家·艺术家》一文中，王实味更是把鲁迅视为自己的精神导师加以礼赞。以往在讨论王实味与鲁迅关系的时候，尤其是延安整风期间，总是试图把王实味与鲁迅脱离，把王实味视为鲁迅的对立者或鲁迅精神的背离者加以批判。新时期以来，学界尤其是鲁迅研究界的学者们都感觉到了王实味与鲁迅内在的精神关联，但限于史料的短缺，多是知其然而不知其所以然。因此，以鲁迅为背景或参照，从文学层面来探讨王实味的内在精神世界及其个人悲剧，乃是本节的主要目的所在。

1925年至1927年在北京大学文科预科上学期间，王实味是有机会见到鲁迅的。因为鲁迅1920年8月至1926年8月，曾在北大整整任教六年，主讲的课程为"中国小说史"。王实味的同学胡风，因敬仰鲁迅，曾去"旁听了他的一堂中国小说史"①。另一位同学王凡西，虽然没有去旁听鲁迅的课程，但却热衷于给鲁迅主持的《语丝》杂志投稿。②当时的北京文化圈，《京报》副刊和《晨报》副刊对峙，两个较大的文学团体——胡适之、陈西滢主导的《现代评论》及"现代评论派"和周氏兄弟鼎力相助的《语丝》及"语丝派"也在互相较劲。王实味在北大，既没有听过鲁迅的课，也没有与《语丝》杂志及同人有什么交集，相反，倒是与"现代评论派"的文人有较多的往来。

当时的王实味应该清楚鲁迅与胡适、陈西滢等"现代评论派"文人之间的过节和争吵，但这并不意味着他对鲁迅抱有什么"偏见"或"不满"。其实，作为一个以文学写作为志业的年轻文人，王实味对鲁迅还是心存敬仰的。这就有了1928年他给鲁迅写信求助之举。1927年初，王实味从北大辍学后来到南京，试图转学中央大学未成，经熟人介绍在南京国民党党部任职。此间与北大低一年级的同学张天翼过从甚密。张天翼1927年从北大退学，1928年至1929年，常往返于

---

① 胡风：《鲁迅先生》，载《新文学史料》1993年第1期。
② 王凡西：《双山回忆录》，东方出版社2004年版，第16页。

沪、宁一带。为维持家庭生活，他当过家庭教师，替人抄写过账簿，做过采访记者、报纸编辑等，但较多的时间是失业。1930年上半年在南京做过机关的小职员，业余仍坚持文学写作。1928年11月，张天翼写了短篇小说《三天半的梦》，得到鲁迅的关怀和支持，在鲁迅、郁达夫主编的《奔流》（1929年第1卷第10号）上发表。可能是受到了张天翼成功经验的启发，王实味决定也给鲁迅寄信和作品。在《鲁迅日记》1928年10月19日有这样一段记载：

晴。上午得语堂信。得张永成信。得史济行、徐挽澜、王实味信，午后复。复陈翔冰、雷镜波信。寄矛尘信。寄淑卿《奔流》。寄紫佩、美蒙《语丝》。寄还王实味小说稿。晚得吴祖藩信。

王实味给鲁迅的信现在不存，所寄的小说稿也不得而知。鲁迅当天就"寄还王实味小说稿"，很可能是觉得该小说稿还不够发表的水平，也可能是不愿或不便推荐发表。①可以想象，鲁迅之"寄还"，对于自尊和敏感的王实味的打击是不小的。就这样，王实味试图与鲁迅结交的愿望，以失败而告终。这大概也影响了王实味结识鲁迅的积极性，以至于他们以后也没有晤面和交往。

与鲁迅结交未成，王实味似乎并不气馁，敬慕和追随鲁迅先生仍然是他孜孜以求的夙愿。1930年3月，以鲁迅为"盟主"的中国左翼作家联盟在上海成立。王实味此时已在上海以翻译和写作为生，他得知后，曾托自己在北大期间的入党介绍人陈其昌予以介绍，试图加入左联。据刘莹回忆："1932年春天，我们托陈其昌（陈清晨）介绍实味参加左联，陈说：'我不能办这件事了，我已不做党的工作。'什么是'不做党的工作'呢？我们感到陈的政治面貌有问题，决心切断与他的交往。"②实际情况是，陈其昌已于1929年参加了陈独秀、彭述之、郑超

---

① 鲁迅拒绝为王实味推荐小说稿，也有可能觉得王实味是"现代评论派"或"新月派"追随者。在1929年1月出版的《创造月刊》第2卷第6期上，发表了王实味的小说《陈老四的故事》。从发表时间上看，《陈老四的故事》很可能是王实味托鲁迅推荐的那篇小说。这篇小说结构松散，叙述技巧稚嫩，更有可能是鲁迅觉得不够发表水平而当日"寄还"。

② 刘莹：《沉痛的诉说　无限的思念》，见温济泽等：《王实味冤案平反纪实》，群众出版社1993年版，第152页。

麟等人所组织的托派小组织"无产者社",并与以陈独秀为首的六十一人曾签名向党中央提出过意见书,因此被开除党籍。

1931年夏天,王实味还在上海与后来成为左联核心人物和鲁迅弟子的北大同学胡风见过面。当时胡风还在日本留学,这次回国是为了到湖北教育厅争取一名官费留学名额。出境前在上海停留,两位老同学久别重逢。但王实味这次与胡风的会面,并不是为了加入左联。因为胡风是在1933年6月从日本回国后才成为左联成员之一并逐渐成为鲁迅的亲密弟子的。十年后,也就是1941年4月,在延安的王实味在《中苏文化》和《理论与现实》两个刊物上看到了胡风参与当时的"民族形式"论争的论文《论民族形式问题》,深以为知音之论,立即撰文回应并向老同学致意:"沪上一别,十载未通音问,故人大概不至以我底直率如昔为忤吧?"①

王实味与鲁迅之间这一未曾谋面的"交往"虽然历尽曲折和坎坷,但在他的心中,对于鲁迅的敬意始终未曾减却,而且还在思想和精神深处受到了鲁迅的深刻影响。这首先主要表现在思想和政治立场上,尤其是在与托派的关系问题上,鲁迅之于托派的态度,对于王实味思想的转变和人生的选择起到了关键的作用。

众所周知,王实味与后来成为中国托派成员的北大同学王凡西、陈其昌有过密切的交往,并受他们之托翻译过《列宁遗嘱》《托洛茨基自传》等托派著作。虽然他没有参加过托派组织,不是托派成员,但通过与王凡西、陈其昌等托派成员的接触,以及翻译托派著作,王实味了解到了更多的苏联"肃反"内幕,对于苏联和斯大林有着比诸多知识者更为深刻的认识,这必然会影响他的思想,使他的精神世界沾有了比较显著的托派思想底色。

王实味在上海居住期间最鲜为人知的行为之一,就是于1930年5月给左联机关刊物《新地》的编辑冯雪峰写信,为陈独秀为代表的"托陈取消派"辩护。

《新地》杂志的前身为《萌芽》月刊,1930年1月1日创刊于上海,署"萌芽月刊社"编,实际由鲁迅主编,冯雪峰、柔石、魏金枝助编,光华书局出版发

---

① 王实味:《文艺民族形式问题上的旧错误与新偏向》,载《中国文化》1941年第2卷第6期。

行。左联成立后，《萌芽》从第1卷第3期成为左联的机关刊物之一。

1930年5月1日出至第1卷第5期被国民党政府查禁，同年6月1日出第6期，改刊《新地》，仅出一期又被查禁。冯雪峰是左联的发起人和核心成员，当时正与鲁迅一起翻译马克思主义文艺著作，同时协助鲁迅编辑《萌芽》。1930年5月1日，在改刊为《新地》的第1卷第5期《国外文化事业研究》栏目上，冯雪峰翻译并发表了据日本《马克思主义研究》杂志所载重译的署名"鲁特勒夫·阿连斯"的《苏联农村社会主义建设上的技术底任务》一文。王实味读后，意有不平，遂致信冯雪峰，除指出译文中的错误之外，还表达了一通为苏联的"托洛茨基派"和中国的"取消派"辩护的不同的见解。王实味的原信不存，冯雪峰的回复信则发表在《新地》月刊第1卷第6期上。冯雪峰在回信中感谢了王实味对其译文的指正，同时认为他为苏联的"托洛茨基派"和中国的"取消派"辩护的意见有点"主观的偏向"，是"一面之辞"：

> 托洛茨基怎样，暂且不谈，而我们底前辈陈独秀先生等的"政治意见书"，我是看见过的，即在最浅薄而同时自信并无偏颇的我，也觉得这不是正确的中国革命的理论。至于行动上的表现，也是不可忽视的事。我想，真正的革命者，是大概不愿将同志摈到战线外去的，所以我认为你的话还是感情的一面之辞；但如果在理论上，在行动上，都已走到分离的路上去，而在客观的作用上又确是帮助了敌人，则攻击为"资产阶级的走狗"，也不能算是过分的事。这是应该促起每个集团的革命份子底猛省的。①

从冯雪峰回复王实味信中的内容和口气，再结合冯雪峰的译文文本，大致可以看出王实味在信中表达了对托派社会经济观念的同情和对当时中共"肃托"政策的不满。而冯雪峰的回复中对陈独秀为代表的托派"取消派"的评价，则是立场坚定，旗帜鲜明，为他1936年替鲁迅代笔撰写《答托洛斯基派的信》埋下了伏笔。从某种程度上说，《答托洛斯基派的信》实际上就是这封《答王实味先生》

---

① 冯雪峰：《答王实味先生》，见《冯雪峰全集》（第6卷），人民文学出版社2016年版，第402页。

的升级版。

　　1937年全面抗战爆发后，王实味到了延安，但其受托派影响的社会历史观念并未有多大改变。平日里在与人的谈话中，胸无城府的他还时不时把自己的托派观点有意无意地流露出来。他常向人说："斯大林人性不可爱"，"拉狄克是一个可爱的人"，"中国大革命的失败，共产国际应负责"，"苏联对于季诺维也夫叛国案的审判是可怀疑的"，"托派理论有些地方是正确的"，等等。[①]1942年3月初，王实味与刘雪苇就中国革命和文学诸问题发生争论，他所依据的还是托洛茨基派的理论，诸如，"中国大革命的失败，要由斯大林负责，不是陈独秀负责"，"'左联'提出'普罗文学'（普罗列塔利亚、无产阶级）的口号是错误的，无产阶级不可能有自己的文学"，等等，最后还表达了对托洛茨基的崇拜之情："不管怎么说，托洛茨基总是个天才，值得崇拜。"[②]即使到了1942年5月27日至6月11日的揭批大会上，王实味仍然坚持自己的观点。他开始不承认自己有托派思想，后来在众人的反复质问下，他承认："我说过：我对托派进行小组织活动，反对斯大林，是我很痛恨的。现在看到他们与联共团结在一起反对法西斯（？），我又很感动。"他承认与托派王凡西、陈其昌有过往来，而且觉得他们的"人性"是好的，对他们至今仍念念不忘。还说："我认为苏联清党时，有好些人是可以从敌人争取为同志的。斯大林的性情太粗暴了。"[③]

　　王实味虽然同情托派并在思想上受到了托派的深刻影响，但并不意味着他对托派全面信从和认同。事实上，至少在政治立场和组织关系上，他就不能认同托派的分裂主义态度和行为。据王凡西回忆，他与王实味在北大分离后又于1930年春天在上海再次相见时，就"急于想弄清楚党内分成二派的政治歧见"，也就是中国共产党中央与陈独秀为代表的"党内少数派"之间的分歧。因为"他和刘莹此时都失去了与党的联系，正想重新归队。不过在重新参加组织之前，他要弄清

---

① 温济泽：《第一个平反的"右派"：温济泽自述》，中国青年出版社1999年版，第207页。
② 雪苇：《我和王实味》，载《新文学史料》1993年第2期。
③ 温济泽：《第一个平反的"右派"：温济泽自述》，中国青年出版社1999年版，第210—211页。

楚党内二派的谁是谁非，以便决定向哪一派去申请加入"。于是王凡西费了很多时间，给他说明斯大林派与托洛茨基派对于中国革命的不同看法，讲了过去革命中的两条路线，讲了二派对当前局势的不同估计，特别讲了党中央盲动政策的错误，以及托派主张以革命民主政纲来重新团结革命力量，以此再度走向新革命的理由。但王实味并没在二派之间做左右袒。经过一段深思熟虑之后，他向王凡西表达了自己的看法：

> 政治上他是较多同意托派主张的。特别对于当时中国局势的估计：是直接革命的形势呢，还是革命业已失败，他认为反对派的看法比较正确。但他怀疑反对派另起炉灶，重建新党来领导革命是否可能。他希望大家始终留在党内，即使被开除也不要企图自立门户。他的这个想法，我相信是他后来设法回到党内，并前赴延安的主要原因。①

也就是说，王实味是明确反对以陈独秀为代表的托派另起炉灶，分裂中央的行为的。另外，中国托派所坚持的采取"国民会议"的革命斗争方式也是王实味绝对不能接受的。1935年8月1日，中共中央发布《为抗日救国告全体同胞书》，即著名的《八一宣言》，主张在大敌当前之际国共两党摒弃异见，共同御侮，建立反法西斯统一战线。王实味看到《八一宣言》，他"觉得这和托派国民会议的主张差不多"②，不能接受。这是因为王实味对国民党怀有深切的阶级仇恨，他服膺的是共产主义理论，认为阶级斗争、暴力革命是解决中国问题的唯一出路。③

但真正促使王实味抑制自己对于国民党的阶级仇恨，回到中共中央抗日民族统一战线的立场上来的是鲁迅的《答托洛斯基派的信》。鲁迅在信中，表明了自己坚决拥护中共建立抗日民族统一战线的严正立场，驳斥了托派反对联合战线的政治主张。王实味自述："看到了鲁迅答托派书，我才站到统一战线的立场上

---

① 王凡西：《谈王实味与"王实味问题"》，载《九十年代》月刊1985年7月号。
② 温济泽：《第一个平反的"右派"：温济泽自述》，中国青年出版社1999年版，第210页。
③ 参见孟昭瓒：《往事·故人——我和王实味》，见中国人民政治协商会议河南省潢川县委员会文史资料委员会编：《光州文史资料·王实味专辑》，1995年，第36页。

来。"[1]也就是说，鲁迅的信使王实味把民族的利益放到了阶级仇恨之上，这正如他后来在《野百合花》一文所云："为了民族底利益，我们并不愿再算阶级仇恨的旧账。我们是真正大公无私的。"[2]鲁迅的《答托洛斯基派的信》，引发并促成了王实味在政治上与托派的真正切割。他之最终选择重新入党，回到党内，并于1937年抗战全面爆发后冲破重重险阻投奔延安，就是这一思想转变的最为有力的证明。

---

[1] 温济泽：《第一个平反的"右派"：温济泽自述》，中国青年出版社1999年版，第210页。
[2] 实味：《野百合花》，载《解放日报》1942年3月13日。

第五节

王实味与鲁迅：五四启蒙主义文学价值观的坚守

王实味与鲁迅的精神或思想的关联，还在于他在文学观念上与鲁迅的深切呼应。具体而言就是，王实味所秉持和坚守的文学价值观受到了鲁迅启蒙主义文学思想的滋养和启发。

尽管与鲁迅的交往历尽曲折和坎坷，但王实味一直都把鲁迅作为自己文学事业的精神导师和追慕对象。鲁迅启蒙主义的文学观念，以及其搏击暗夜的战斗精神及伟大人格，都深深地影响着作为后学的王实味。鲁迅的启蒙主义文学观，引起了王实味的热烈回应。在《政治家·艺术家》一文中，王实味写道："鲁迅先生战斗了一生，但稍微深刻了解先生的人，一定能感觉到他在战斗中心里是颇为寂寞的。他战斗，是由于他认识了社会发展规律，相信未来一定比现在光明；他寂寞，是由于他看到自己战侣底灵魂中，同样有着不少的肮脏和黑暗。他不会不懂这个真理：改造旧中国的任务，只有由这旧中国底儿女——带着肮脏和黑暗的——来执行；但他那颗伟大的心，总不能不有些寂寞，因为，他是多么渴望看到他底战侣是更可爱一点，更可爱一点啊！"[①]在这里，王实味不仅表述了自己与鲁迅在精神上的渊源关系，也向人们显示了自己对五四启蒙主义文学的认同和继承的态度。

王实味对于五四启蒙主义文学价值观的认同，首先表现在他在全面抗战初期"民族形式"问题的讨论中，对于胡风自觉地坚持和维护鲁迅启蒙主义文学传统

---

① 实味：《政治家·艺术家》，载《谷雨》1942年第1卷第4期。

的深切呼应。

"民族形式"问题的提出，始于毛泽东1938年10月14日在中共六届六中全会的报告上所提出的"中国作风与中国气派"。[①]为响应毛泽东的号召，延安以及国统区进步文艺界、理论界展开了一场"民族形式"问题的大讨论。在讨论中，向林冰认为民间文艺形式是民族形式的中心源泉，把五四兴起的新文艺当作西方的移植形式，因而是次要的、从属的。在延安解放区的陈伯达、艾思奇、周扬等人也参与了讨论，他们虽然没有在理论上像向林冰那样走得更远、更极端，即把"民间文艺形式"与"五四新文艺"完全对立起来，进行非此即彼式的选择，但在讨论中对五四以来的新文学却缺少客观的认识和正确的评价，表现出一种冷漠乃至忽略的态度。[②]

对此，胡风发表论民族形式问题的长篇论文[③]，力矫其弊。胡风认为，五四新文艺从内容到形式都是正宗，民间文艺及形式只能起帮助的次要作用。他强调人民大众"习见常闻"和"喜见乐闻"的应该是"生活里存在的隐藏着甚至是原来常常被大众自己拒绝的、战斗的欲求。前者必须服从后者。进步的文艺所评价的、所要求的、所应高扬的，正是后者而不是前者"，要"为提高大众的认识能力而斗争"，"不能同意把民族形式还原为大众化或通俗化"。[④]显然，胡风坚

---

① 毛泽东：《中国共产党在民族战争中的地位》，见《毛泽东选集》（第2卷），人民出版社1991年版，第534页。
② 在这场"民族形式"问题讨论中，陈伯达发表有《关于文艺的民族形式问题杂记》（载延安《新中华报》1938年2月16日）、《论文化运动中的民族传统》（载《解放》1938年第46期）、《关于文艺民族形式的论争》（载《中国文化》1940年第2卷第2期）等，艾思奇发表有《旧形式运用的基本原则》（载《文艺战线》1939年第3期）、《旧形式，新问题》（载《文艺突击》1939年新1卷第2期）等，周扬发表有《对旧形式利用在文学上的一个看法》（载《中国文化》1940年创刊号）、《新文艺和旧形式》（载《大公报·战线》1940年3月28—30日）等，可以参看。
③ 胡风：《论民族形式问题底提出和争点——对于若干反现实主义倾向的批判提要并以纪念鲁迅先生逝世底四周年》，载《中苏文艺》（重庆）1940年第7卷第5期；《论民族形式问题底实践意义——对于若干反现实主义倾向的批判提要，并以纪念鲁迅先生底逝世四周年》，载《理论与现实》（重庆）1941年第2卷第3期。1941年学术出版社出版《论民族形式问题》。
④ 晓风：《九死未悔——胡风的一生》，见梅志、晓风编：《胡风：死人复活的时候》，中国青年出版社1999年版，第30页。

守和维护的还是以鲁迅为代表的五四启蒙主义的新文学传统。

在延安的王实味也在密切关注着这场"民族形式"问题的讨论。他读了胡风的文章，深以为知音之论。据王实味自述，他曾于1940年10月写过两篇关于文艺民族形式的文章，主要是批评陈伯达、艾思奇两人的意见，也附带对郭沫若、光未然、向林冰诸人的意见略事批判。但这两篇文章还没有来得及发表，王实味却读到了胡风的《论民族形式问题》这篇长文，阅读中他发现自己未来得及发表的两篇文章中"有不少地方意外地与他巧合"，于是"把两文合并删节，另加对胡先生新偏向的批评，成为此文"，即后来发表在延安《中国文化》杂志上的讨论文章《文艺民族形式问题上的旧错误与新偏向》。在该文里，王实味虽然对胡风在"民族形式""现实主义"等概念的理解以及傲慢的批评态度等方面有所纠正和批评，但还是赞赏和肯定其对五四以来新文学传统的辩护，认为胡风"确实对两三年来许多不正确的意见作了扼要的清算，并在基本上指出了正确的方向，著了相当的劳绩"，还进一步宣示：

> 只从字面上了解中国作风与中国气派，因而认为只有章回小说、旧剧、小调……才是"民族形式"，甚至认为五四以来的进步新文艺为非民族的——一切这类的意见，都应该受到批判。只断章取义抓住"老百姓喜闻乐见"，而把"新鲜活泼"（进步）丢在脑后，于是强调"旧形式"和"民间形式"为万应药，进一步武断的判定老百姓不能接受新文艺——一切这类的意见，也都应该受到批判。[①]

这里，王实味断然否定了向林冰、陈伯达等人主张的"章回小说、旧剧、小调"传统的旧形式和民间形式作为"民族形式的中心源泉"的可能性，并对那种以"老百姓不能接受新文艺"的理由来贬低五四以来新文艺的观点予以严正的批判。他所持守和维护的文化启蒙主义的价值立场可谓旗帜鲜明。

其实，胡风、王实味与向林冰、陈伯达等人争论的焦点，还是20世纪40年代初以来的中国未来新文艺的走向问题：是坚持鲁迅等人开创的五四启蒙主义文学

---

① 王实味：《文艺民族形式问题上的旧错误与新偏向》，载《中国文化》1941年第2卷第6期。

传统，还是响应新生的延安大众化传统，这是问题的核心所在。胡风、王实味等并不排拒文艺的大众化和利用旧形式来发展新文艺，他们主要不能接受的还是向林冰、陈伯达等对于五四新文学的冷漠乃至忽略的态度。在他们看来，向林冰所谓的"民间文艺形式是民族形式的中心源泉"，是断定五四兴起的各种革命新文艺只是移植形式，既然不是民族形式，和大众无缘，因此一概予以否定。对此，胡风一针见血地指出："它从内容上的民粹主义走向形式上的复古主义。依照他的理论，非使五四革命文学兴起的一切新文艺解除武装不止，而五四以来的革命新文艺，虽然它们本身具有缺点甚至相当严重的不良倾向，但它们是我们能够有的最重要的武器。"[①]王实味的论文从九个方面批评了陈伯达关于民族形式的意见，还评论了艾思奇《旧形式运用的基本原则》中的失误。他认为："伯达同志对'旧的民族形式'的偏爱，使他完全忘记了科学方法"；"思奇同志对'民族形式'等问题的意见……在基本上是与伯达同志一致的，不同的是，他似乎在错误的道路上更加向前迈进了"。在文章的最后一部分，王实味以"简单的结论"为题，亮出来自己的底牌，或者说自己的"民族形式"观：

（一）我们底文艺的民族形式，便是世界进步文艺依据我们民族特点的具体运用。这民族形式只能从民族现实生活的正确反映中表现出来。没有抽象的"民族形式"。（二）新文艺不仅是进步的，而且是民族的。新文艺运动为新民主主义革命运动之一部分，在这个意义上说，更可以说它是大众的。（三）"旧形式"不是民众自己底东西，更不是现实主义的东西：它们一般是落后的。（四）新文艺之没有大众化，最基本的原因是我们底革命没有成功，绝不是因为它是"非民族的"。但新文艺上许多公式教条与洋八股，也必须加紧克服。（五）旧文艺的格式体裁还可以运用，有时甚至需要运用。但这运用既不是纯功利主义地迎合老百姓，也绝不能

---

① 胡风：《〈胡风评论集〉后记》，见《胡风全集》（第3卷），湖北人民出版社1999年版，第609页。

说只有通过它们才能"创造民族形式"。主要的还是要发展新文艺。①

王实味在这里所标举的关于"民族形式"的核心观点,在理论上与鲁迅、胡风的认识或见解基本上是契合的。第一点"我们底文艺的民族形式,便是世界进步文艺依据我们民族特点的具体运用",接受的是胡风《论民族形式问题》中所认定的"五四文学革命运动",是"世界进步文学传统底一个新拓的支流"的观点。②第二点所界定的新文艺的三大特质,即"进步的""民族的""大众的",是建立在"新民主主义革命"的基础上的。其中"进步的"强化的是"新民主主义革命"所包含的反封建的内容。王实味的旨归在于强化在抗战的"民族主义"的背景下的"反封建"目标,这也是胡风在抗战时期所反复申明的观点:在"民族解放"历史目标之下,更不能忘了"社会进步"的战斗诉求。③第三点对于"旧形式"的负面评价,其中五四启蒙主义的立场不言自喻。第四点关于"新文艺之没有大众化,最基本的原因是我们底革命没有成功"的观点,显然来自鲁迅在30年代"文艺大众化"讨论中的见解:"多作或一程度的大众化的文艺,也固然是现今的急务。若是大规模的设施,就必须政治之力的帮助,一条腿是走不成路的"④。第五点王实味特别指出,要运用旧文艺,发展新文艺,就不能"纯功利主义地迎合老百姓",其中贯彻的仍然是五四启蒙主义文学以作家为主体的"化大众"的文学观念。显然,这与毛泽东所倡导的延安文艺"为工农兵服务"的"大众化"的主流价值观念是背道而驰的。

王实味所秉持的五四启蒙主义的文学观念,还表现在他所提出的"灵魂改造"的思想命题上。在《政治家·艺术家》一文中,王实味正式提出了"灵魂改造"的文学主张,这显然是鲁迅"改造国民性"主题另一种表述方式。在王实味

---

① 王实味:《文艺民族形式问题上的旧错误与新偏向》,载《中国文化》1941年第2卷第6期。
② 引自《胡风评论集》(中),人民文学出版社1984年版,第234页。
③ 胡风:《关于鲁迅精神的二三基点——纪念鲁迅先生一周年》,载《希望》1946年第2卷第4期。
④ 鲁迅:《文艺的大众化》,见《鲁迅全集》(第7卷),人民文学出版社1981年版,第350页。

看来，"旧中国是一个包脓裹血的，充满着肮脏与黑暗的社会，在这个社会里生长的中国人，必然要沾染上它们，连我们自己——创造新中国的革命战士，也不能例外"。"艺术家改造灵魂的工作，因而也就更重要、更艰苦、更迫切。大胆地但适当地揭破一切肮脏和黑暗，清洗它们，这与歌颂光明同样重要，甚至更重要。捅破清洗工作不止是消极的，因为黑暗消灭，光明自然增长。有人以为革命艺术家只应'枪口向外'，如揭露自己的弱点，给予敌人以攻击的间隙——这是短视的见解。我们底阵营今天已经壮大得不怕揭露自己的弱点，但它还不够坚强巩固，正确地使用自我批评，正是使它坚强巩固的必要手段。"这一提法，与鲁迅所自述的自己身上所天然存有的"旧阵营"的"毒气"和"鬼气"①如出一辙。但王实味的用心，更主要的还是在革命阵营内部革命战士的"灵魂改造"上。他说：

> 革命阵营存在于旧中国，革命战士也是从旧中国产生出来，这已经使我们底灵魂不能免地要带着肮脏和黑暗。当前的革命性质，又决定我们除掉与农民及城市小资产阶级作同盟军以外，更必须携带其他更落后的阶级阶层一路走，并在一定程度内向它们让步，这就使我们要沾染上更多的肮脏和黑暗。……
>
> ……………
>
> 最后，谨以真挚的赤忱和热望，敬向艺术家同志们发出一个微弱的呼声：更好地肩负起改造灵魂的伟大任务罢，首先针对着我们自己和我们底阵营进行工作；特别在中国，人底灵魂改造对社会制度改造有更大的反作用，它不仅决定革命成功底迟速，也关系革命事业底成败。②

这里，王实味把"人底灵魂改造"问题与"革命成功底迟速""革命事业底成败"联系起来。他已经把鲁迅的"国民性改造"思路引入并进深到了中国"革命事业"的视域之中，这显然是对鲁迅"改造国民性"思想的进一步深化和发展。

---

① 参见鲁迅：《写在〈坟〉后面》，见《鲁迅全集》（第1卷），人民文学出版社1981年版，第282—287页；鲁迅：《240924 致李秉中》，见《鲁迅全集》（第11卷），人民文学出版社1981年版，第431页。
② 实味：《政治家·艺术家》，载《谷雨》1942年第1卷第4期。

正是抱定着"灵魂改造"这一思想信念，王实味才积极地投入延安整风运动，写下了《野百合花》这一类战斗性的杂文。周文曾写有《从鲁迅的杂文谈到实味》一文，认为："实味的《野百合花》的形式，是完全模仿鲁迅先生的《无花的蔷薇》的。"①李建军认为此乃"似是而非的皮相之论"，"事实上，王实味的《野百合花》与鲁迅《无花的蔷薇》在形式上并不相侔：鲁迅的文体更短小，更简约，更像诗，而王实味的语言则更朴实，更散漫，更像散文。王实味对鲁迅的'模仿'，不在形式，而在思想和气质。他写的是精神意义上的'鲁迅杂文'"。②应该说，李建军的分析是具体切实的。但他对于王实味所谓的"精神意义上的'鲁迅杂文'"似乎并没有进一步的阐发。笔者以为，所谓的"精神意义上的'鲁迅杂文'"，是指王实味的《野百合花》等杂文在笔法上虽没有鲁迅杂文所特有的婉转和从容，但其对于社会及人性尖刻而入木三分的揭示，对于"旧中国的肮脏污秽"灵魂的批判，确实是得鲁迅杂文之神髓的。

王实味积极投身于延安整风运动之中，写下《野百合花》这类抨击时弊的战斗性杂文，究其根本，则与他坚持的政治家与艺术家等量齐观的文学观念有关。在《政治家·艺术家》一文中，王实味认为：

> 我们底革命事业有两方面：改造社会制度和改造人——人底灵魂。政治家，是革命的战略策略家，是革命力量的团结、组织、推动和领导者，他底任务偏重于改造社会制度。艺术家，是"灵魂底工程师"，他底任务偏重于改造人底灵魂（心、精神、思想、意识——在这里是一个东西）。
>
> 人灵魂中的肮脏黑暗，乃是社会制度底不合理所产生，在社会制度没有根本改造以前，人底灵魂底根本改造是不可能的。社会制度底改造过程，也就是人底灵魂底改造过程，前者为后者扩展领域，后者使前者加速完成。政治家底工作与艺术家底工作是相辅相依的。
>
> 政治家主要是革命底物质力量底指挥者，艺术家主要是革命底精神力量底激发者。前者往往是冷静的沉着的人物，善于进行实际斗争去消

---

① 周文：《从鲁迅的杂文谈到实味》，载《解放日报》1942年6月16日。
② 李建军：《王实味与鲁迅的文学因缘》，载《小说评论》2012年第4期。

除肮脏和黑暗，实现纯洁和光明；后者却往往更热情更敏感，善于捅破肮脏和黑暗，指示纯洁和光明，从精神上充实革命的战斗力。

政治家了解在革命过程中，自己阵营里也是人无完璧，事难尽美；他从大处着眼，要把握的是：历史车轮前进着，光明占优势。艺术家由于更热情更敏感，总是渴望着人更可爱，事更可喜；他从小处落墨，务求尽可能消除黑暗，藉使历史车轮以最大的速度前进。

由于是社会制度底实际改造者，政治家对事更看重；由于是灵魂底工程师，艺术家对人更求全。①

在这里，王实味对文艺家与政治家各自的志业进行了具体的分工：一个着重于社会制度的改造，一个着重于人类灵魂的改造。当然，这里还需要特别指出的是，上述王实味所论述的文艺家与政治家、文艺与政治的关系问题，主要还限定在"革命事业"的范畴之内。也就是说，这里所谓的文艺家与政治家的二分法，与其说是王实味对于文艺与政治关系问题的一般性阐发，倒不如说是他对于延安革命事业或文化制度的革命畅想。王实味在延安整风运动期间写出的战斗性杂文，正是他试图通过文艺创作"从小处落墨，务求尽可能消除黑暗，藉使历史车轮以最大的速度前进"的积极的革命的尝试。

但也应该看到，王实味上述关于政治家与艺术家等量齐观的文学观念却在理论上存在着两个根本性的漏洞：一是他把文艺与政治看成了平行的并立的关系，而不是谁上谁下，谁前谁后，谁第一谁第二、谁决定谁的关系；二是他把文艺与政治的关系视为统一的、和谐的，没有看到二者之间实际存在的悖论和冲突。这两个理论上的漏洞，一是与毛泽东《讲话》中关于文艺与政治的关系的论断有着根本性的冲突，二是与鲁迅"文艺与政治的歧途"的命题有着原则性的区别。毛泽东在《讲话》中提出了"文艺从属于政治"的命题，主张"政治标准第一，艺术标准第二"，这实际上也阐明了艺术家从属于政治家的原则，而且他还特别强调文艺家深入工农兵生活，改造思想的必要性。王实味的心目中的艺术家，正是

---

① 实味：《政治家·艺术家》，载《谷雨》1942年第1卷第4期。

毛泽东在《讲话》中号召要放下身段改造自己的对象。王实味上述关于政治家与艺术家等量齐观的文学观念，与毛泽东所提出的"文艺从属于政治"的主张完全相悖。这一点，毛泽东几年后在中共第七次全国代表大会上的讲话中就揭示了要害："首先一件事，就是整理统一思想才能前进。否则意见分歧，象王实味称王称霸，就不能前进。四一年王实味在延安挂帅，他出墙报，引得南门外各地的人都去看'野百合花'，他是总司令，我们打了败仗。我们承认打了败仗，于是便好好整风。"①

王实味关于政治家与艺术家等量齐观的文学观，与鲁迅"文艺与政治的歧途"的命题也有着原则性的区别。1927年12月21日，鲁迅在上海暨南大学做了《文艺与政治的歧途》的演讲。与王实味视文艺家与政治家为"统一"的关系不同，鲁迅认为："我每每觉到文艺和政治时时在冲突之中；文艺和革命原不是相反的，两者之间，倒有不安于现状的同一。惟政治是要维持现状，自然和不安于现状的文艺处在不同的方向。"②这里，鲁迅指出了政治家与文艺家各自不同的历史角色：政治家着重现实功利，其所施展的文治武功都在于控制或维持现实的秩序，其对文艺家的诉求自然倾向于"帮忙"或"帮闲"；与此相反，独立与自由乃是文艺家的本性，这往往会促使他们对现实的现状和秩序提出自己的质疑和批判——正是通过发挥这种质疑性和批判性的功能，文艺带来了推动社会进步和生活完善的巨大力量。正因为如此，就出现了鲁迅所谓的"文艺与政治的歧途"："政治想维系现状使它统一，文艺催促社会进化使它渐渐分离；文艺虽使

---

① 竹内实编：《毛泽东集补卷》（7），苍苍社1985年版，第287页。毛泽东《在中国共产党第七次全国代表大会上的口头政治报告》中，涉及王实味的讲话文本与本引文不同。口头政治报告中为："我们做了一项工作，就是开展整风运动。这是使党推向前进的运动，如果没有整风，党就不能前进了。那时分歧达到这样的程度：有一个王实味在延安写了一篇文章叫做《野百合花》，很多人愿意看。"参见中共中央文献研究室编：《毛泽东在七大的报告和讲话集》，中央文献出版社1995年版，第142—143页。
② 《文艺与政治的歧途》，最初发表于1928年1月29日、30日上海《新闻报·学海》第182、183期，署周鲁迅讲，刘率真记；后收入《集外集》，见《鲁迅全集》（第7卷），人民文学出版社1981年版，第113—120页。

— 349 —

社会分裂，但是社会这样才进步起来。"①从不同的"歧途"而来的政治家和文艺家，自然会有交集和遇合，于是冲突就来了，鲁迅说：

> 文艺既然是政治家的眼中钉，那就不免被挤出去。外国许多文学家，在本国站不住脚，相率亡命到别个国度去；这个方法，就是"逃"。要是逃不掉，那就被杀掉，割掉他的头；割掉头那是最好的方法，既不会开口，又不会想了。俄国许多文学家，受到这个结果，还有许多充军到冰雪的西伯利亚去。

> 文艺家在社会上正是这样；他说得早一点，大家都讨厌他。政治家认定文学家是社会扰乱的煽动者，心想杀掉他，社会就可平安。殊不知杀了文学家，社会还是要革命；俄国的文学家被杀掉的充军的不在少数，革命的火焰不是到处燃着吗？文学家生前大概不能得到社会的同情，潦倒地过了一生，直到死后四五十年，才为社会所认识，大家大闹起来。政治家因此更厌恶文学家，以为文学家早就种下大祸根；政治家想不准大家思想，而那野蛮时代早已过去了。在座诸位的见解，我虽然不知道；据我推测，一定和政治家是不相同；政治家既永远怪文艺家破坏他们的统一，偏见如此，所以我从来不肯和政治家去说。②

上述鲁迅洞烛幽微的论析，简直就是王实味后来命运惊人的预言！

鲁迅提出"文艺与政治的歧途"这一命题，是有其具体的历史语境的。1927年，正是中国国民革命经历了腥风血雨的一年：国民政府北伐成功，北洋政府分崩离析，从此南北走向统一；国民党随即开始"清党"，大肆拘捕并屠杀共产党人，国共分裂，由此开始了十年内战和争斗。鲁迅由此也看清了某些冠冕堂皇的"革命家"的嘴脸：一旦他们由"革命家"转化为"政治家"，就会很轻易地由

---

① 鲁迅：《文艺与政治的歧途》，见《鲁迅全集》（第7卷），人民文学出版社1981年版，第114页。
② 鲁迅：《文艺与政治的歧途》，见《鲁迅全集》（第7卷），人民文学出版社1981年版，第114、116—117页。

社会秩序的破坏者转变为社会秩序的维持者。昔日被这些"政治家"视为"同道"的"文艺家",也会很轻易成为他们反对的对象。

  王实味正是怀着对于"革命事业"的憧憬,才写出了《政治家·艺术家》,提出了"政治家"与"艺术家"共同改造旧世界的美好愿景。他没有想到,或者说他不如鲁迅有着对社会历史的深刻洞悉,"即共了产,文学家还是站不住脚",也还是不受欢迎。最后的结果,也像鲁迅所说的苏俄文学家叶遂宁和梭波里一样,虽然"他们都讴歌过革命",但最后还是"碰死在自己所讴歌希望的现实碑上"。[①]王实味的结局,为鲁迅的论析做了最好的注脚。

[①] 鲁迅:《文艺与政治的歧途》,见《鲁迅全集》(第7卷),人民文学出版社1981年版,第119页。

第九章 新的鲁迅阐释话语的建构

伴随着延安知识界思想的"改造"和统一，也就是延安文艺界新秩序的形成，对于鲁迅及其作品的阐释话语也在重新建构之中。从陕北苏区时期，"鲁迅"开始进入延安及各根据地，其在陕北或延安革命者的心中如泰山北斗，天下共仰之。但对鲁迅与处于民族危亡之际的中国的价值和意义，尤其是其与中国共产党的关系和作用等问题，当时的中共中央领导人如张闻天、毛泽东等虽高度重视，但意见并不一致。全面抗战爆发后，抗日民族统一战线形成，大量的知识界人士涌入延安。鲁迅及其作品在延安及各根据地得到了广泛的传播，大家对于鲁迅及其作品的解读和阐发就更加见仁见智。1941年前后的延安文艺新潮围绕着鲁迅而出现的意见的歧异和争议，更是把这种鲁迅阐释话语的危机推到了历史的前台。延安整风之后，尤其是毛泽东《讲话》发表之后，一套新的鲁迅阐释话语开始逐步形成。

延安时代新的鲁迅阐释话语的建构，主要是通过以下三个领域或命题而展开的：鲁迅思想的阐发与新文化"旗手"的形塑；《阿Q正传》中"阿Q"历史角色的转换；"鲁迅杂文时代"或"鲁迅风杂文"的讨论。

第一节

从"同路人"到"旗手"：鲁迅形象的再造

鲁迅思想的发展及其历史角色，尤其是其在左翼文化乃至中国革命中的作用和影响力，是以中国共产党为核心的左翼文化界首先要面对的意识形态问题。作为"党内最早认识和高度评价鲁迅在中国思想文化界的杰出作用的领导人"[①]，瞿秋白早在1933年即在其《〈鲁迅杂感选集〉序言》一文中，对于鲁迅思想的转变和发展进行了杰出的阐发，并认定了其作为革命"同路人"的历史角色。

一、同行的"莱漠斯"与"横站"的事实

关于鲁迅是无产阶级革命"同路人"这一观点，已有非常多的论述。将鲁迅视为"同路人"的观点，第一次系统地出现在瞿秋白的《〈鲁迅杂感选集〉序言》中。这篇序言中，瞿秋白用一则神话形象地说明了鲁迅与无产阶级革命之间的关系——莱漠斯与罗谟鲁斯。由此认定："鲁迅是莱漠斯，是野兽的奶汁所喂养大的，是封建宗法社会的逆子，是绅士阶级的贰臣，而同时也是一些浪漫谛克的革命家的诤友！他从他自己的道路回到了狼的怀抱。"[②]瞿秋白出于多年革命斗争的经验，从阶级论出发，对鲁迅做出了"左翼式"的论断，认为："鲁迅从进化论进到阶级论，从绅士阶级的逆子贰臣进到无产阶级和劳动群众的真正的友

[①] 杨尚昆：《在瞿秋白同志就义五十周年纪念会上的讲话》，载《人民日报》1985年6月19日。
[②] 何凝（瞿秋白）：《〈鲁迅杂感选集〉序言》，见《瞿秋白文集·文学编》（第3卷），人民文学出版社1989年版，第97页。

人,以至于战士,他是经历了辛亥革命以前直到现在的四分之一世纪的战斗,从痛苦的经验和深刻的观察之中,带着宝贵的革命传统到新的阵营里来的。"①但出于感性的经验世界,以及刚刚读完鲁迅作品后的鲜明印象,他在论及鲁迅与当前无产阶级文艺运动,尤其是与政党组织的关系时,使用了"友人""诤友"这样的词语。瞿秋白作为第一位运用马克思主义文艺理论全面阐释鲁迅的重要理论家,这篇文章对后来的鲁迅研究意义深远。之后一系列的鲁迅阐释,包括毛泽东的《论鲁迅》等,都深受此文影响。然而,一个不容置疑的事实是,瞿秋白将鲁迅视为革命的"同路人",是无产阶级的"友人"和"诤友",而非后来所塑造的"旗手"和"偶像"。

对于瞿秋白的分析,鲁迅应当是大致认可的,冯雪峰在回忆录中提到:

> 对于《鲁迅杂感选集序言》这篇论文,我觉得鲁迅先生确实发生了非常深刻的感激情绪的;据我了解,这不但因为秋白同志对于杂文给以正确的看法,对鲁迅先生的杂文的战斗作用和社会价值给以应有的历史性的估计(这样的看法和评价在中国那时还是第一次),而且也因为秋白同志也分析和批评到了他前期思想上的缺点。他谈到过这种分析和批评,说道:"分析是对的。以前就没有人这样地批评过。"说话时的态度是愉快而严肃的。因此,秋白同志编选的《鲁迅杂感选集》和他写的这篇序言,这在当时是对于鲁迅先生战斗的一种极大的支持和鼓舞,同时也是提倡和宣传了杂文这种战斗武器。②

鲁迅在读完这篇序言之后,赠与瞿秋白"人生得一知己足矣,斯世当以同怀视之"③,引瞿秋白为知己。瞿秋白的这篇文章之所以重要,是因为一方面它开启了以左翼文艺批评模式解读鲁迅的先河,另一方面,或许是更重要的一点,它是从鲁迅的杂文当中提炼出鲁迅思想的正反面,从而认定鲁迅是"友人"和"战士"。

---

① 何凝:《〈鲁迅杂感选集〉序言》,见《瞿秋白文集·文学编》(第3卷),人民文学出版社1989年版,第115页。
② 冯雪峰:《一九二八至一九三六年的鲁迅·冯雪峰回忆鲁迅全编》,上海文化出版社2009年版,第138页。
③ 许京生:《瞿秋白与鲁迅》,华文出版社2012年版,第193页。

1928年"革命文学"论争激烈时期,冯雪峰在《革命与智识阶级》这篇文章中就提出了类似的观点,较早地将鲁迅视为无产阶级革命的"同路人":

> 在"五四""五卅"期间,智识阶级中,以个人论,做工做得最好的是鲁迅,但他没有在创作中暗示出"国民性"与"人间黑暗"是和经济制度有关的,在批评上,对于无产阶级只是一个在旁边的说话者。所以,鲁迅是理性主义者,不是社会主义者。到了现在,鲁迅做的工作是继续与封建势力斗争,也仍立在向来的立场上,同时他常常反顾人道主义。①

1928年的鲁迅,在冯雪峰看来只是革命欢迎的"友方的势力"。更不论创造社和太阳社为主体的一般革命青年,他们虽然出于统战的需要停止了对鲁迅的攻击,但即使在左联成立前后,鲁迅实际上成为"盟主",他们也始终认为鲁迅并不是他们阵营的一员。夏衍在《"左联"成立前后》中的说法证实了这一点,成立左联,本来就是要"组成一个以鲁迅为首的、包括党员和非党同路人在内的统一战线的文艺团体",而在左联筹备小组成员中,鲁迅显然就是属于非党的同路人。同时,在实际工作中,他们虽然"在组织上服从了党的意见,与鲁迅实行了联合,并以他为'左联'领导人,但在思想上显然与鲁迅还是有差距的"。②夏衍在这里明确提到了"同路人"一词。

事实上,鲁迅与左联的关系远比苏联"同路人"要复杂,不少学者将鲁迅置于左翼文化框架中去阐释他后期的思想。鲁迅加入左联使得他本身就成为左翼文艺运动的一部分,因此无法仅仅将鲁迅比作苏联"同路人"之于无产阶级革命文学那样单纯的关系。鲁迅与左翼文艺运动、左联和中共政党之间的关系似乎要比"同路人"更加微妙。应该看到一个事实,鲁迅在加入当时思想还比较松散、多元的中国左翼作家联盟(1930年3月2日)前后,也加入了秘密成立的中国自由运

---

① 画室(冯雪峰):《革命与智识阶级》,载《无轨列车》1928年第2期;《冯雪峰全集》(第5卷),人民文学出版社2016年版,第13页。
② 夏衍:《"左联"成立前后》,见中国社会科学院文学研究所《左联回忆录》编辑组编:《左联回忆录》(上),中国社会科学出版社1982年版,第37页。

动大同盟（1930年2月15日），"并作为主要发起人之一，在《中国自由运动大同盟宣言》上签名"①。1933年1月11日，又加入宋庆龄、蔡元培等发起的中国民权保障同盟。虽然该组织在半年后就停止了活动，但鲁迅加入"三大盟"的行为本身就具有一定的政治实践意义。仍然从瞿秋白的《〈鲁迅杂感选集〉序言》入手，鲁迅认可瞿秋白对他的杂文的分析，主要基于两个方面：一是对战斗作用和社会价值的历史性估计，二是对他前期思想缺点的指出。前一方面是鲁迅杂文所具有的社会历史意义，而后一方面恰是对鲁迅前期作品，主要是小说（包括《野草》和《朝花夕拾》）的批评。由此可见，鲁迅在"革命文学"论争后发生的转向，他之所以接触苏俄马克思主义文艺理论，翻译苏俄文学，固然为创造社、太阳社的攻击所迫，但真正让鲁迅从思想文化启蒙转向后期更为复杂的思想的，应该从更早的1925年前后去寻找思想内部的痕迹。就鲁迅与左联和无产阶级文学阵营的关系而言，他对"革命"与"大众"始终是怀疑的、批判的，虽然在实践层面愿意成为政治和革命的"友人"，却在思想层面仍然是一个孤独的"文学者"，并且深深感到文学之于政治的无力。所以他既是左联阵营中的一员，又不时与这个阵营产生龃龉。对于创造社"不革命便是反革命"，唯我独革的极左倾面貌，鲁迅始终是反感和怀疑的；对于周扬等人"作家阀"的倾向和"摆出奴隶总管的架子"，他毫不留情地表达愤慨。认识鲁迅在无产阶级革命阵营中的这一"横站"事实，而不是单单比附为苏联"同路人"，才能揭示他被塑造的客观原因和历史依据。

1936年左联内部"两个口号"论争的爆发，进一步体现了鲁迅在左翼文艺运动中"横站"的姿态。由此可见，鲁迅在30年代虽然发生了思想变化，但正如张宁所说的，是"转"而未"变"②。或者按竹内好的说法，"不变多于变"，鲁

---

① 鲁迅博物馆、鲁迅研究室编：《鲁迅年谱》（第3卷），人民文学出版社1984年版，第188页。
② 张宁：《"转"而未"变"——关于鲁迅"向左转"的深层分析》，载《文史哲》2007年第2期。

迅思想中最核心的部分，即"无"和"回心之轴"的东西并没有改变。①他之所以从"横站"的"同路人"被一步步送上神坛，成为"旗手"，个中原因还要从他被塑造的策略以及他思想内部的矛盾去探究。

二、"旗手"的塑造与鲁迅形象的双重性

1936年鲁迅逝世后，对鲁迅形象的塑造逐渐由"同路人"向"旗手"转变。鲁迅去世当即发出三份唁电，分别是《为追悼鲁迅先生告全国同胞和全世界人士书》《追悼鲁迅先生——致许广平女士的唁电》《为追悼与纪念鲁迅先生致中国国民党中央委员会与南京国民党政府电》。这三份出自中共中央负责人张闻天之手的文件，无论在文字表述还是文艺思想上，都与毛泽东几年后对鲁迅的权威定论有一定的差异。文字表述上，鲁迅在这里是"站在"前进的、革命的一边，而非"代表全民族的大多数"的"革命英雄"；他是"共产主义苏维埃运动之亲爱的战友"，并非"党外的布尔什维克"和"共产主义者"。如果与其他民主人士发出的吊唁②对照，即可发现，这些论述与民主人士对鲁迅的认识是相似的，苏维埃中央政府对鲁迅的高度评价，与社会各界对鲁迅"民族魂"的定位和对他文坛地位的肯定基本上是一致的，并没有对鲁迅在政治上的意义做过度阐释。

从文艺思想上来看，这三份文件虽然以中央政府的名义发出，实际上很大程度上体现了以张闻天为代表的中国共产党领导人物对待知识分子联合、争取的态度，"充分肯定了小资产阶级知识分子在民主主义革命的文化运动中的先进性与革命性"，反对对知识分子的"猜疑"和"轻视"。③这与张闻天早年的文艺思想一致，"沿着重视文艺的功利性，注重文艺的启蒙作用、认识作用、批判作用，注重文艺与社会、文艺与政治的密切联系这个线索不断向前发展的"。④张

---

① 竹内好：《近代的超克》，李冬木、赵京华、孙歌译，生活·读书·新知三联书店2005年版，第58、109页。
② 如宋庆龄、茅盾、蔡元培为纪念鲁迅致国际友人信，参见张梦阳：《中国鲁迅学通史》（上卷），广东教育出版社2001年版，第238—239页。
③ 程中原：《张闻天与新文学运动》，江苏文艺出版社1987年版，第295页。
④ 程中原：《张闻天与新文学运动》，江苏文艺出版社1987年版，第133页。

闻天以此为基点高度赞扬了鲁迅对于无产阶级革命的意义，实际上也是对知识分子"启蒙者"身份的默认。

瞿秋白的《〈鲁迅杂感选集〉序言》发表之后，左翼内部对鲁迅的阐释就延续了瞿秋白的论调，将鲁迅置于马克思主义文艺批评框架中给予阐释。如艾思奇在《民族的思想上的战士——鲁迅先生》一文中进一步发展了瞿秋白的论述，认为鲁迅是"从个人主义到集团主义，从人道主义到社会主义，从进化论到历史的唯物论"，"一个最勇敢的民族主义者"。[①]在周扬的心目中，鲁迅还是"一个伟大的民主主义的现实主义者"，"一九二七的大革命的结果却给他带来了更大的打击。他'被血吓得目瞪口呆'，经验了'从来没有经验过'的'恐怖'。但就在他感受这种恐怖的同时，他的思想开始改变，一种向积极方向的改变"。这个"改变"就是"开始取得了无产阶级的阶级的学说"，为"中国人民的民族解放和社会解放"而战斗："他没有成为共产党员，但他参加了共产党所领导的左翼作家联盟，抛弃了由于最初革命文学者对他的过火的态度所引起的成见，帮助改正了革命文学初期所必不可免的理论上和政策上的错误，介绍了马克思主义的文艺理论和国际的革命作品，斥驳了反对革命文学的论客，培植了青年的新的作家——以他过去的威望和这些功绩，他成了中国的革命的文学运动的旗帜，成了中国革命的文学之开辟者、导师和领袖。"[②]

作为鲁迅晚年的弟子，胡风对鲁迅的理解却别具特色。胡风一生的遭际可谓是对"鲁迅精神"的最好实践，因此胡风1937年对鲁迅的认识能够在很大程度上贴近鲁迅。在《关于鲁迅精神的二三基点》这篇文章中，虽然胡风认同瞿秋白式的论述，"鲁迅一生所走的路是由进化论发展到阶级论"，但紧接着又指出："进化论也罢，阶级论也罢，这都不是鲁迅本人所创造的'思想体系'。""他从来没有打过进化论者或者阶级论者的大旗，只是把这些智慧吸收到他的神经纤

---

① 艾思奇：《民族的思想上的战士——鲁迅先生》，见中国社会科学院文学研究所鲁迅研究室编：《1913—1983鲁迅研究学术论著资料汇编》（第2卷），中国文联出版公司1986年版，第781页。
② 周扬：《一个伟大的民主主义现实主义者的路——纪念鲁迅逝世二周年》，见《周扬文集》（第1卷），人民文学出版社1984年版，第280—292页。

维里面，一步也不肯放松地和旧势力作你一枪我一刀的白刃血战。"这里，胡风执意模糊了鲁迅思想的"转变"痕迹，更加强化"鲁迅一生是为了祖国底解放、祖国人民底自由平等而战斗了过来的"的思想特质。在胡风看来，鲁迅作为"思想家、战士、艺术家"的一生，"无时无刻不在'解放'这个目标旁边同时放着叫做'进步'的目标。在他，没有为进步的努力，解放是不能够达到的。在神圣的民族战争期的今天，鲁迅的信念是明白地证实了：他所攻击的黑暗和愚昧是怎样地浪费了民族力量，怎样地阻碍着抗战怒潮的更广大的发展"。①胡风重申的乃是鲁迅的启蒙立场，他认为鲁迅之所以不断攻击黑暗和愚昧，就是因为鲁迅始终把"解放"和"进步"放在一起。如果只是强调"解放"，黑暗和愚昧就会卷土重来，进而阻挡全民族的抗战步伐。②

仅仅在胡风写作此文的两天之后，即1937年10月19日，毛泽东在延安陕北公学鲁迅逝世周年纪念大会上发表的讲话，则以全然不同的话语方式对鲁迅在"革命史中所占的地位"进行了总结，从而完成了鲁迅从"同路人"到"旗手"的形象转变，但同时在塑造中将鲁迅本身的复杂性和丰富性剪除了。作为"战士"（"革命家"）的鲁迅被突出了，作为"思想家"和"文学家"的鲁迅却被弱化、变形乃至重塑。毛泽东对鲁迅的经典阐述遂成为此后很长时间内的定论。因

---

① 胡风《关于鲁迅精神的二三基点》原文末曾注明写作日期："一九三七年十月十七日夜，汉口。"1946年10月，该文发表于胡风主编的《希望》第2集第4期，上海中国文化投资公司出版；后收入1946年10月希望社《民族战争与文艺性格》集子，题为《关于鲁迅精神的二三基点》；最后收入1950年10月泥土社《剑·文艺·人民》集子，题为《关于鲁迅精神的二三基点——纪念鲁迅先生逝世一周年》，内容略有改动。参见《胡风全集》（第2卷），湖北人民出版社1999年版，第500—502页。
② "民族解放"和"社会进步"是一个有机体，"中国底民族战争不能够只是用武器把'鬼子'赶走了事，而是需要一面抵抗强敌，一面改造自己"。[胡风：《论持久战中的文化运动》，见《胡风评论集》（中），人民文学出版社1984年版，第51页]胡风发出这样的声音，是因为他发现当时的国民政府正在"一致对外"的旗帜下加紧对人民的专制统治；同时，很多腐朽落后的势力趁着混乱时局出来兴风作浪，并以"国粹"的名义蒙蔽人们的视线。因此，胡风在这一时期不断地提醒人们，在反帝的同时不要忘了反封建，反帝和反封建只有齐头并进我们的国家才有希望。遗憾的是，在当时整个"救亡压倒启蒙"（李泽厚语）的大环境下，胡风对民众奴性伦理的批判和对反封建的坚持成了舒衡哲《中国启蒙运动》里的"去中国化"现象，而胡风也在某种意义上成了当时部分人眼中的"汉奸"。

此，在冯雪峰1946年的回忆录里，鲁迅是一个"用自己所有的血去灌溉的共产主义者"①。

毛泽东对鲁迅进行重新定位的论述很大程度上延续了共产党一贯的文化策略，即对鲁迅形象的塑造更多着眼于其政治意义，也就是"革命家"的意义。文化意义上的鲁迅形象并没有因此固化，反而促使作为"思想家"和"文学家"的鲁迅在延安产生了巨大的影响，并产生了批判现实主义的文艺思潮。1941年前后，一部分鲁迅的私淑弟子继承了他作为思想家、文学家的一面，秉承启蒙现实主义的五四传统，对延安存在的问题进行了批判和暴露。因此，鲁迅形象在40年代初实际上是双重的。一方面，作为政治象征的"旗手"，它突出并改造了鲁迅思想中的反抗性，将鲁迅塑造为一个为革命摇旗呐喊的文化英雄。另一方面，萧军、丁玲等人对鲁迅精神的继承，对于启蒙的坚守，形成了文化意义上的鲁迅形象。这一鲁迅的意义体现在以批判现实主义为特征的文艺思潮中，"还是杂文时代，还是鲁迅笔法"，体现了鲁迅思想中最重要的特征——批判精神，是知识分子对启蒙者这一身份的坚守。

基于政治鲁迅形象和文化鲁迅形象表现出来的冲突，1942年5月2日召开了第一次延安文艺座谈会。经过此后两次的继续讨论，最终形成了毛泽东的《讲话》一文。《讲话》通过对鲁迅的重新阐释，将"鲁迅的方向"确立为"工农兵方向"，消解了两个鲁迅形象之间的冲突。

这样，通过1937年的《论鲁迅》、1938年在鲁迅艺术学院的讲话、1939年给周扬的信、1940年的《新民主主义论》和1942年的《讲话》等文章，尤其是通过延安整风对《讲话》精神的贯彻和执行，毛泽东完成了对鲁迅形象的重塑和转换：通过立场问题的提出，消解了鲁迅精神中的批判性，从而弥合了两个鲁迅形象表现出来的裂痕。

---

① 冯雪峰：《一九二八至一九三六年的鲁迅·冯雪峰回忆鲁迅全编》，上海文化出版社2009年版，第13页。

三、鲁迅形象的"阶级"转换和重塑

毛泽东对于鲁迅思想的阐发及形象的重塑,在延安的鲁迅研究中无疑起到了权威性的示范作用。从此,鲁迅思想的阶段性、阶级性的转变,成了阐发鲁迅人生道路及思想发展的基本路径。在这一转变中,立场问题也自然转换成了政治性或党性。

1938年,周扬发表《一个伟大的民主主义现实主义者的路——纪念鲁迅逝世二周年》,延安《解放》周刊1938年第3卷第56期特别转载,同时加编者按,云:"这篇文章是作者为纪念鲁迅先生逝世二周年而作,虽然这篇文章未能在上期《解放》上登载,但是,为着研究我伟大中华民族的这位近代伟大文豪的思想、文学等等,并继承他的伟大的遗产,发扬他的斗争精神起见,特发表出来。"周扬的论文论述了鲁迅作为真正的"民族作家"的特色,更强化了他不屈不挠的民主主义的精神,"彻底的民主主义,严峻的现实主义,加上对于人民的深挚的爱,使他走向了无产阶级"。而这一转变的标志就是"一九二七的大革命的结果"。

何其芳的《鲁迅的方向》一文更是把毛泽东所谓的"鲁迅的方向"阐发为"彻底的反帝反封建的精神,以无产阶级思想来改变自己的精神,终身为中国人民的解放而战斗的精神,这就是鲁迅精神的根本所在"。何其芳认为鲁迅并不是一贯正确的,他"勇敢地背叛了自己的阶级,并成为无产阶级的革命家、思想家,许多从旧中国生长起来的知识界的战士,总是要经过两次背叛。首先是背叛封建阶级及其思想,然后是背叛资产阶级、小资产阶级及其思想"[①]。何其芳的另一篇论文《两种不同的道路——略谈鲁迅和周作人的思想发展上的分歧点》,提出来这样一个问题:"有这样的两兄弟:一同出生于破落的旧中国,一同经历了辛亥革命,五四运动,而所走的道路却越来越分歧,结果一个投入了无产阶级

---

① 何其芳:《鲁迅的方向》,载《新华日报》1946年10月19日副刊;1950年收入《关于现实主义》一书时题目改为《论鲁迅的方向》,上海海燕书店1950年初版,1956年上海新文艺出版社再版。

的营垒里,成为革命文化的旗帜,一个一直住在个人的书斋里,以至成为现代文化界的李陵。这就是鲁迅和周作人。这难道是偶然的事情吗?是不是在两人的思想发展上,我们可以找到一个一贯的根本的区别来呢?"最后,作者得出结论:

> 这就是鲁迅和周作人的不同的道路。从这,不是明显地可以看出贯穿在他们早期思想中的两种不同的因素,一个是为集体的战斗精神和一个是从个人出发的趣味主义吗?一个是以为集体为主,故是勇猛的战士,故是清醒的现实主义者,故能从失望中看出希望,故在艺术上是革命的功利主义者,故被有些人认为偏激,故即使谈小事物(如《看镜有感》)也有大见解,而其结果由寻路到得路,从民族主义民主主义走到了共产主义。一个是以从个人出发为主,故是掩藏在高雅之极的外衣里的闲谈家,故小处聪明而大处糊涂,故从积极而怀疑而悲观,故在艺术上实质是一个为艺术派,故自认为是中庸主义者或有绅士气,故喜欢谈小事物,其中又多半只见趣味,而其结果从寻路到迷路,从民族主义民主主义走到了日本法西斯的手掌里,成为民族的罪人。这两种道路的形成虽还有其他具体的条件,而主要的轨迹不是已经可以从上面那样一个概略的叙述就可以描画出来吗?①

在这里,鲁迅由"集体的战斗精神"而"清醒的现实主义"而"共产主义",周作人由"从个人出发的趣味主义"而"中庸主义者或有绅士气"而"民族的罪人"——这在逻辑上似乎没有必然的联系,但何其芳却将"个人主义"与"集体主义"这一对范畴看作是一个质的问题,进一步将其政治化。

如果说,上述对于鲁迅思想及发展道路的阐发还是在学理范畴之内进行的话,那么经过整风洗礼之后的延安思想界,已经完全按照当时的政治形势和整风政策进行政治对应和比附了。30年代曾经在鲁迅麾下战斗过的鲁迅弟子之一周文曾著文《鲁迅先生的党性》,进一步将政治化的鲁迅窄化为"党性",以鲁迅《答托洛斯基派的信》中对托派的痛斥标明鲁迅与党保持高度一致的"党

---

① 何其芳:《两种不同的道路——略谈鲁迅和周作人的思想发展上的分歧点》,载《解放日报》1942年11月2日。

性"。①1942年10月19日，时值鲁迅逝世六周年纪念日，延安《解放日报》特别发表社论《纪念鲁迅先生》。

社论还特别指明，"作为革命家的鲁迅先生底这一方面，尤其是我们应该学习的。一切愿意继鲁迅先生精神和事业的人，应该首先毋违鲁迅先生在这方面的精神。只有与先进的阶级一起，只有自愿的遵守它的'命令'，只有与一切小资产阶级的恶劣残余及反革命的托派活动作坚决的斗争，才配得上作为'鲁门弟子'，才配得上作一个先进的文学家、作家"②。这显然是对延安文艺新潮中秉持鲁迅五四启蒙主义思想的萧军、丁玲等鲁门弟子的警告。而在《解放日报》社论发表的前一天，同样被称为鲁门弟子的萧三在《解放日报》发表《整风学习中读鲁迅》一文，不但对鲁迅的"党性"做了更为全面、深入的阐发，而且还把鲁迅的言行思想贯穿到延安整风的各个领域："如果我们的整风学习运动，是党在思想上的革命，是改正干部及党员思想、转变工作作风的运动，那么，鲁迅正是思想革命底先驱，是伟大的文学家和伟大的思想家，是不待盖棺而已论定了的思想界底权威。""假如鲁迅今天还在，他无疑地是我们整风运动中的一员健将。现在呢，在这方面，仍然如生前一样，他是我们的导师。"③由此，鲁迅的"党性"更加坚固起来。

1948年9月，香港《大众文艺丛刊》第4辑《论批评》专辑出版，第一篇即刊发胡绳的《鲁迅思想发展的道路》。作者承继了瞿秋白《〈鲁迅杂感选集〉序言》中的权威论述，全篇自始至终强调鲁迅"从小资产阶级的思想立场，向无产阶级的立场"的"转变"。而这一"转变"的前提则是鲁迅自身"严肃的自我改造的过程"："就这意义说，小资产阶级知识分子和无产阶级之间确是并没有隔开一座万里长城。但就另一方面说，从前者的立场转向后者（除非是虚伪的'做戏式'的'转变'）毕竟是一个艰难的过程，一个严肃的自我改造的过程。鲁迅正是在真实意义上完成这样的过程的一个最光辉的模范。用瞿秋白的说法，就

---

① 周文：《鲁迅先生的党性》，载《解放日报》1942年6月22日。
② 《纪念鲁迅先生》，载《解放日报》1942年10月19日。
③ 萧三：《整风学习中读鲁迅》，载《解放日报》1942年10月18日。

是：'从自己的道路回到了狼的怀抱'。"从这样的鲁迅观出发,鲁迅的五四启蒙话语——他的"改造国民性"的主题,他的个性主义、怀疑主义,等等,都被看作是鲁迅的精神"负累",只是"客观上在当时还有相当的革命意义",今天胡风们重申这些话语,"其客观的趋向却只能是小资产阶级对于人民大众的自觉的集体的进取和改革的抵制"。这里胡绳所要描绘的是一个与前期鲁迅对立的后期新鲁迅:他"终于使自己和中国无产阶级政治相结合","上升到无产阶级的集体主义思想",并"以(与暴露黑暗)同样程度的执拗守卫真实的光明",等等,而这正是鲁迅能成为中国现代新文化"旗手"的关键所在——"如果不从鲁迅思想发展的全部过程上来看,就不可能懂得,为什么'鲁迅的方向就是中华民族新文化的方向'"。"这里,用'革命话语''改造'鲁迅的意图是十分清楚的。其目的是要用这个改造过的鲁迅来充当'革命话语'的护法神。"[1]这与前述对五四传统的自觉承传,看似矛盾,却有内在的一致:都是为"革命话语"争取思想文化(文学)领域领导权与正统地位的自觉努力。[2]胡绳的论文是对鲁迅思想发展道路的全面的、总结性的论述,其在当时及以后进步思想界的权威性自不待言。

---

[1] 胡绳:《鲁迅思想发展的道路》,载《大众文艺丛刊》1948年第4辑。
[2] 钱理群:《1948:天地玄黄》,山东教育出版社1998年版,第40页。

第二节

阿Q的"复活"与"新生"

《阿Q正传》从其诞生之日起,至今已经一百多年了。在这百年之中,阿Q这一文学形象,仿佛"斯芬克斯之谜"(Riddle of Sphinx),成了学界争讼不已的话题。在阿Q形象的争辩上,最具焦点意义的就是鲁迅在《阿Q正传》中的"大团圆"处理——"阿Q之死"。这不仅是小说主人公阿Q的最终人生结局,而且还牵涉到了作者鲁迅对于"阿Q似的革命党"的态度问题,更重要的是,"阿Q之死"还与20世纪中国思想史上更为宏大的主题——"启蒙与革命"挂上了钩。在阿Q形象的演化史上,阿Q先是"死去",后又"活来",从而形成了一段有理有趣的阿Q形象的演化史。1928年,在"革命文学"论争中,钱杏邨发表了振聋发聩的《死去了的阿Q时代》,这是大家耳熟能详的。其实,就在创造社、太阳社的"革命文学"批评家围攻鲁迅之际,以鲁迅、周作人等人为首的"语丝派"作家也以《北新》《语丝》等刊物为平台,发表了大量文章与"革命文学"批评家辩论,为鲁迅声援,从而形成了一个足以与创造社抗衡的"语丝派"阵营。李何林1929年编辑出版的《中国文艺论战》一书,收录了1928年围绕革命文学论争,"代表中国几个文艺集团的刊物"上发表的论争文章四十余篇。他在序言中指出:"在这个时期各方所发表的论战的文字,统计不下百余篇;其中《小说月报》和《新月》的文字只在表明自己的文艺态度或稍露其对于创造社的'革命文学'的不满而已。至于以鲁迅为中心的'语丝派'则和创造社一般人立于针锋相对的地位!——也就是它们两方作成了这一次论战的两个敌对阵营的主力。"①可见鲁迅并不是孤军奋战,而是拥有一批响应者。②这些文章都触及了"阿Q参加革命"后的问题,大多认为"阿Q时代没有死",不但没有死去,而且还在复活,还在革命队伍中肆虐:"《阿Q正传》岂只不死而已也,而且,癞皮阿Q也从棺材里伸出手来返魂了……"③而这则构成了"文学与革命"的新的问题。

延安时期关于"阿Q"形象的阐发具有举足轻重的意义。但是由于各种缘由,学界没有能对这一时期的《阿Q正传》的研究进行比较深入的探讨,为此本节特做如下专门的陈述。

一、"阿Q并没有绝种"

1937年7月,卢沟桥事变后,抗日战争全面爆发。国共两党重新联合,共同御侮,历史翻开了新的一页。令钱杏邨们没有想到的是,"死去了的阿Q时代"喊出来不到十年,阿Q及其时代不但没有死去,而且以新的面目回来了。也就是说,全面抗战爆发后,敌我双方的实力悬殊对国民政府构成了巨大的威胁,对国民素质和民族精神也是一次严峻的考验。战争的动员和抗日的宣传,使国民的凝聚力及民族精神的提升成为最为切近的历史诉求。这样,作为"国民劣根性"的典范,阿Q遂堂而皇之地走上了历史的舞台,成为人们关注的对象。阿Q并没有死去,也未断子绝孙,民族抗战反而催生了更多"新阿Q"。对此,当时还在西安黄埔七分校的鲁力有着栩栩如生的描写:

---

① 李何林编:《中国文艺论战》,陕西人民出版社1984年版,第10页。
② 参与这场讨论主要文章如冰禅:《革命文学问题——对于革命文学的一点商榷》,载《北新》1928年第2卷第12期;青见:《阿Q时代没有死》,载《语丝》1928年第4卷第24期;修善:《为一四四事答青见老兄》,载《语丝》1928年第4卷第28期;昌派:《写给死了的"阿Q"》,载《语丝》1928年第4卷第34期;锦轩:《阿Q后事如何》,载《前锋周刊》1930年第5期;朱彦:《阿Q与鲁迅》,载《新宇宙》1928年创刊号;燕生:《越过了阿Q的时代以后》,载《长夜》1928年第3期。
③ 锦轩:《阿Q后事如何》,载《前锋周刊》1930年第5期。参见中国社会科学院文学研究所鲁迅研究室编:《1913—1983鲁迅研究学术论著资料汇编》(第1卷),中国文联出版公司1985年版,第600—601页。

阿Q的子孙现在可也学起来时髦来！他已不再像他祖宗样拖着辫儿，挂着鼻涕到处惹人讨厌了。"抗战建国"论这一套尽唱着高调，他也学会了"批判"，他喜欢高谈阔论地批判别的人和事，更高兴在背地里说闲话，吹牛皮，而在现在，他也穿上着一身军装，威武地像煞有介事，瞧！看样儿谁能不说他是一个捍土卫国的勇士呢？可是他却始终不愿意参加到实际的工作中去，他更不高兴让自己上前线去跟鬼子拼一下，他以为做工作，真打仗，那是应该有别的人去做。"天下之大，人群中难道就少我一个吗？"阿Q时常慷慨由之的叹息着。

…………

阿Q的子孙仍然像他的祖宗一样，是不肯藏拙和好动的一群，他常会老着脸皮，不管人们对他的观感，仍然优哉游哉时隐时现的继续着他的生活，使人们总感觉到阿Q并没有绝种，他的子孙到现在还尽多的在生产小阿Q！！

在我们的世界里，阿Q会不会绝种呢？！[①]

在如此的背景之下，抗战期间，随着各地纪念鲁迅活动的持续高涨，《阿Q正传》备受关注，不但被改编为绘画、戏剧、弹词等多种文艺形式[②]，而且更促成了阿Q在文学批评领域走红，形成了一个"阿Q在抗战中"这一独特文化

[①] 鲁力：《阿Q并没有绝种》，载《王曲》1941年第5卷第10期。
[②] 1937年至1945年，以《阿Q正传》为题材的美术作品共计七种，详情见沈伟棠：《"阿Q遗像"——抗战期间〈阿Q正传〉的"转译热"与丰子恺的创获》，载《鲁迅研究月刊》2015年第11期。《阿Q正传》的曲艺改编本为《阿Q正传弹词》，由杨六郎创作，杜若绘图，发表于《麒麟》第1卷第2期与第3期。参见童李君：《论〈麒麟〉杂志中的〈阿Q正传弹词〉》，载《鲁迅研究月刊》2018年第2期。抗战时期，《阿Q正传》被改编为戏剧的作品共计三部，分别是：1937年5月朱振新的三幕剧本，由北平剧团演出；1937年，田汉改编的五幕剧，刊登于《戏剧时代》第1、2期，并由戏剧时代出版社出版了单行本；许幸之改编的六幕剧，刊登于《光明》第2卷第10期至第12期。参见邵伯周：《阿Q正传研究纵横谈》，上海文艺出版社1989年版，第79—80页。

现象①。冯雪峰、许钦文、周立波、张天翼、艾芜、端木蕻良、欧阳凡海、王冶秋、邵荃麟等著名作家和评论家都相继写下专论阿Q的文章。路沙编辑的《鲁迅名著评论集：阿Q》和《论阿Q正传》这两部论文集，就是上述《阿Q正传》研究论文的结晶。②在《论阿Q正传》的序言中，编者路沙叙及了他编选这部论文集的初衷，他说：

> 阿Q没有死，不，也许是阿Q的儿子，但总之有阿Q这样的一个影子，常幌幌在心头，忽上忽下，忽左忽右。
>
> 有一次，不知道做梦呢还是什么，偶然遇见阿Q。现在阿Q自然和过去的不同，不是很明显吗？好像他不怕人家说："亮起来了！亮起来了！"的"用一支竹筷盘在头顶上的辫子盘"不是没有了？剃得光光，几个癞疮疤更显得亮晶晶。
>
> 的确和过去不同了，所以人家叫他"新的阿Q"，也有人叫他"新时代的阿Q"。的确，阿Q也混在抗战的阵营中，挂起抗战的牌子来。③

这里，编者显然是把阿Q作为"国民性"的负面典型提请读者引以为戒的。路沙最后说，"因为它还需要。象你需要一面镜子一样"，而这正是他编选《论阿Q正传》这部论文集的缘由。当时，中日两国的战事正处于你死我活的胶着状态，中华民族到了生死存亡的时刻。在血与火的残酷现实之前，"新阿Q"俨然已成众矢之的和人们齐声讨伐的对象，尤其是三年来的全面抗战，中国农民在思

---

① 金浪：《阿Q在抗战中——抗战时期左翼文学批评中的"典型"问题》，载《文艺理论与批评》2017年第6期。该文对于《阿Q正传》在国统区的传播及阐释话语转换有专门且详尽的论述。

② 第一部是路沙编《鲁迅名著评论集：阿Q》，重庆新生图书文具公司1940年版。该书收录论文共六篇：艾芜《论阿Q》、张天翼《论〈阿Q正传〉》、立波《谈阿Q》、冶秋《〈阿Q正传〉——读书随笔》、许钦文《漫话阿Q》、雨村《新旧阿Q》。正文前还有一篇编者路沙的序，该书是抗战时期《阿Q正传》主要研究成果的结集，也是鲁迅研究史上的第一个《阿Q正传》论文集。第二部也是路沙编《论阿Q正传》，草原书店1941年版。该编收录篇目与《鲁迅名著评论集：阿Q》基本相同，只是又增补了荃麟的《也谈阿Q》一文，并将鲁迅原著《阿Q正传》和《阿Q正传的成因》作为附录。

③ 路沙：《论阿Q正传·序》，草原书店1941年版。

想上起了很大的变化，阿Q那种精神是不能在抗战烟火中留存的。对此，雨村的分析就特别剀切，他说："'精神'，在新阿Q型的人物中，是抬得很高的地位的，他们有时简直是陶醉在'精神'的王国中，尤其是在自己受到挫折，或明明是自己的不中用，自己历史的命运表现衰亡的时候，就更将自己寄托在精神的麻醉中！的确，又是的确，阿Q精神在中国民族的灵魂中是会灭亡的，但今日却还未完全灭亡，不，还起着相当阻止社会前进的作用。"①对阿Q的精神价值在抗战中的作用进行了全面的否决。所以画家蒋兆和不无激愤地说："我们现今的国家社会，不能再容有阿Q这样的人物。"②对于这种自毁长城的阿Q，刘建庵则在《阿Q的造像》中旗帜鲜明地喊出"枪毙阿Q"："为了抗战，为了胜利，我们需要时时刻刻枪毙阿Q。"③文艺界热衷于谈论阿Q，其中激励民气和再铸民族魂的现实动机是不言自喻的。

延安鲁迅研究会所做的一项重要工作，就是由萧军编辑了两本鲁迅研究的论文集——《鲁迅研究丛刊》（第1辑）和"鲁迅研究特刊"第1辑《阿Q论》集。在《阿Q论》集序言里，萧军曾这样说道："自从二十年前阿Q在《新晨报》上一登场，那就开始引起不小和不少的风波。这风波是一直继续到现在的，也许还要继续下去。只要这造成阿Q的条件一天不干净，阿Q恐怕也就要捣乱一天，大家就不容易得到真的安宁。"文章特别提醒，现在我们倒要思考乃是如下的问题：

阿Q的时代究竟过去了吗？

阿Q底可憎恶和可爱，以至于应该"嗤之以鼻"或同情，以至于应该"嚓"了他的理由在哪里呢？

阿Q的子孙怎么了？④

---

① 雨村：《新旧阿Q——为鲁迅先生四周祭而作》，载《全民抗战》1940年第141期。
② 蒋兆和：《阿桂与阿Q》，载《中国文艺》1940年第2卷第2期。
③ 转引自沈伟棠：《"阿Q遗像"——抗战期间〈阿Q正传〉的"转译热"与丰子恺的创获》，载《鲁迅研究月刊》2015年第11期。
④ 萧军：《两本书底"前记"（一）——鲁迅研究特刊第一辑：〈阿Q论〉集》，载《解放日报》1941年10月13日。

在萧军看来，"值得我们指摘的不是他们——那些可悲的典型——的战斗的精神和他们底人吧？却应该是那观点和战斗的方法"。也就是说，重要的不是对阿Q这类"可悲的典型"的讥笑、鄙视、唾弃和嗤之以鼻，而是对"死去了的阿Q时代"这一问题以及这一问题的判定者自身的反思和批判。萧军这一"历史的诘问"，与国统区知识界所提出的"新阿Q"或"新时代的阿Q"问题是声息相通的。

二、阿Q"积极的革命内涵"被发掘出来

与国统区对阿Q的批判和否定倾向不同的是，延安解放区关注更多的还是阿Q身上的正面价值和未来无可限量的发展及利用空间。具体而言，就是强化和阐发阿Q形象中的"反抗性""革命性"，弱化和忽略其"国民劣根性"，以新、旧两个时代的区分彰显出阿Q之于中国革命的价值和意义。

在延安，对鲁迅及其《阿Q正传》有独立而深入思考的是周扬。我们知道，周立波1935年曾撰有《替阿Q辩护》一文，对阿Q"爽直和反抗的气质"进行了正面的解读，对此周扬是熟悉的，甚至可能是认同的。鉴于"益阳二周"之间特殊的亲属及战友情谊和交游关系①，完全可以认定，可能是周立波的观点触发了周扬，促使他对阿Q这一形象尤其是阿Q的革命问题进行了深入的思考。这一思考的结果，就是他为纪念鲁迅逝世二周年而写出的《一个伟大的民主主义现实主义者的路——纪念鲁迅逝世二周年》这一论文。在这篇论文里，周扬认为，鲁迅的两部创作，"《呐喊》和《彷徨》，就是反对'人吃人'的公诉状，为被吃者感受痛苦，对吃人的人提出火焰似的抗议——这就是几乎他的全部创作的基调"。为此，鲁迅小说塑造了三种类型的人物：一是阿Q所代表的农民形象；二是赵太爷、七大人之类的"吃人的人"，"他们是在农村中根深蒂固的封建势

---

① 周扬、周立波在族籍上系叔侄关系，都出生于湖南益阳县，但两个人在少年时代并无交集。周立波到上海走上革命文学的道路，还是由周扬引导的。全面抗战爆发后，他们又同行到了延安。参见周扬：《关于周立波同志的一些情况》，见李华盛、胡光凡编：《周立波研究资料》，湖南人民出版社1983年版，第97—101页。

力，民主改革的障碍"；三是以魏连殳为代表的知识分子人物，但是对于他们，"作者倾注了更多的热情，但也并没有因为偏爱而误信他们的力量"，"要彻底扫荡农村中的封建势力，必须要有千百万有组织的农民，和站在他们前头的无产阶级"。这时，周扬笔锋一转，论述道：

> 然而当时农民群众还只有自发的不自觉的反抗斗争，城市的工人阶级还没有成为巨大的自觉的力量。虽然鲁迅创作的几年正是中国工人阶级由"自在的阶级"的斗争转到"自为的阶级"的斗争的时候，但因为鲁迅在生活上一向和农民有密切的联系，和这个新的力量较为疏远，那时他还只能用"不胜辽远"似的眼光，眺望这个新的阶级。由于这个时代的限制和他个人生活的特殊性的结果，现实主义者的鲁迅没有能够创造出积极的形象，正是很自然的事情。①

这里，周扬不但探讨了未来中国革命的动力问题，而且还从"文学与革命"的视角提出了中国革命对于文学的历史诉求。在周扬看来，中国革命要扫除以赵太爷、七大人所代表的根深蒂固的封建势力，必须"要有千百万有组织的农民，和站在他们前头的无产阶级"，因为鲁迅对于无产阶级这个新的力量较为疏远，虽然他在生活上一向和农民有密切的联系，但"由于这个时代的限制和他个人生活的特殊性的结果，现实主义者的鲁迅没有能够创造出积极的形象"。也就是说，虽然周立波发掘出了阿Q身上所具有的"农民的原始的反抗性"，但其反抗仍然处于"自在"的阶段，还没有转到"自为的阶级"的斗争，所以"现实主义者的鲁迅没有能够创造出积极的形象"，阿Q在周扬心目中还不是中国革命的理想人物。相比于周立波，周扬的眼光更为宏阔，他是站在中国革命事业的高度来阐发鲁迅及其《阿Q正传》的。

周扬上述对于鲁迅《阿Q正传》在艺术上看似"缺陷"的"指责"，也影响了当时的中共领袖毛泽东。我们知道，毛泽东对于鲁迅一向推崇，这可以从他1937年10月19日在陕北公学为纪念鲁迅逝世一周年而发表的演讲里见出——他称

---

① 周扬：《一个伟大的民主主义现实主义者的路——纪念鲁迅逝世二周年》，见《周扬文集》（第1卷），人民文学出版社1984年版，第284—285页。

鲁迅为"伟大的文学家""民族解放的急先锋""党外的布尔什维克""现代中国的圣人",这可以说是最高的无以复加的"礼赞"了。但到了1939年11月7日,毛泽东致信周扬,令人吃惊地对鲁迅提出了"批评"。

"我同你谈过,鲁迅表现农民着重其黑暗面,封建主义的一面,忽略其英勇斗争、反抗地主,即民主主义的一面,这是因为他未曾经验过农民斗争之故"。也就是说,鲁迅通过阿Q这个人物,仅仅揭示其身上的"国民的劣根性"或"精神奴役的创伤"是不够的,还应该挖掘其中积极的革命内涵。即,像阿Q这样的农民一定是中国革命所倚重的对象,是革命动力和主力,不但不该被批判,而且还要在革命斗争中积极健康地成长起来,成为未来新中国的主人。显然,毛泽东是从政治家或革命家的立场去要求鲁迅的。但问题在于,鲁迅首先是小说家,他在作品中岂止是"忽略"了阿Q之流的农民"英勇斗争、反抗地主"的一面,而且还对"阿Q式"的革命做了整体性的否定!他在《阿Q正传》中,不但没有让阿Q在革命队伍中健康成长起来,而且还在最后把他给"枪毙"了。在他看来,中国革命不应该是"阿Q式"的以暴易暴的革命,这样的历史循环该结束了。鲁迅如此描写和处理阿Q,既显示出了他作为一个"清醒的现实主义者"所具有的杰出的才能,更突显了他作为一个伟大的思想家的惊人的预见力。作为革命家的毛泽东和作为文学家的鲁迅在农民问题的认识上是大不相同的。

毛泽东对于鲁迅这一"先天缺失"的确认,可以说同周扬指责"现实主义者的鲁迅没有能够创造出积极的形象"这一观点如出一辙。二者之间的差异仅仅在于,周扬认为虽然鲁迅"在生活上一向和农民有密切的联系",但"由于这个时代的限制和他个人生活的特殊性的结果,现实主义者的鲁迅没有能够创造出积极的形象",毛泽东则表述得更为直截了当:"鲁迅表现农民着重其黑暗面,封建主义的一面,忽略其英勇斗争、反抗地主,即民主主义的一面,这是因为他未曾经验过农民斗争之故"。长期以来,当论及毛泽东与周扬这一段"文学之交"时,大多数学者都毫不犹豫地认为周扬的这段话是受了毛泽东的指教之后才写出来的。①殊不知，这篇文章乃是周扬在1938年10月左右为纪念鲁迅逝世二周年而撰写的，早于毛泽东致周扬这封信一年以上（这封信写于1939年11月7日）。更为重要的还在于，这封信透露出一个重要的信息，那就是毛泽东为正在构思的《新民主主义的政治与新民主主义的文化》（即后来的《新民主主义论》），曾不止一次地与周扬交换意见。虽然我们很难确证到底是周扬的观点影响了毛泽东，还是毛泽东点拨并指导了周扬，但有一点是可以肯定的，那就是周扬和毛泽东在发掘阿Q"革命的积极性"方面取得了惊人的一致。直到四十年后的1979年，周扬还兴致勃勃谈到了他与毛泽东这段"知音之赏"，他说："鲁迅要改造国民的劣根性，所以着重写了群众的消极方面。阿Q是成功的艺术典型。但光看到阿Q、闰土的落后面，而不看到农民的积极方面，怎么会有辛亥革命、太平天国运动？钱杏邨的《死去了的阿Q时代》，如果能象杜勃罗留波夫评价奥勃洛莫夫那样去评价阿Q就好了，说埋葬阿Q，讲阿Q的时代已经过去，是对的。鲁迅不在革命的漩涡中，才写这些。他后来想写反映红军斗争的小说，由于缺乏生活体验，未能实现。"②

1940年1月9日，毛泽东在陕甘宁边区文化协会第一次代表大会上，做了题为《新民主主义的政治与新民主主义的文化》的讲演。1940年2月15日，延安出版的《中国文化》创刊号刊登了该演讲稿。同年2月20日在延安出版的《解放》第98、99期合刊登载时，题目改为《新民主主义论》。1942年5月2日和23日，毛泽东在延安文艺座谈会上发表"引言"和"结论"，是为《讲话》，则标志着毛泽东文艺思想的成熟和形成。毛泽东在《讲话》里虽然没有提及鲁迅的小说《阿Q正传》，但在他5月23日演讲"结论"的前两天，即5月21日的中共中央政治局会议上，却特别提到了鲁迅的小说《阿Q正传》。这次政治局会议，专门讨论的是延安文艺座谈会上的"结论"问题。毛泽东说："延安文艺界中小资产阶级自由主义浓厚。现在很多作品描写的是小资产阶级，对小资产阶级同情。鲁迅的《阿

---

① 黎之：《关于首次发表毛泽东致周扬的信》，载《新文学史料》2003年第4期。
② 蔡清富整理：《周扬关于现代文学的一次谈话》，载《新文学史料》1990年第1期。

Q正传》是同情工农的,与延安文艺界不同。"①这进一步申明了1939年11月7日他致周扬信中的观点。周扬在后来写的很多纪念鲁迅的文章中再也没有提到或发挥毛泽东这些谈话的观点,这很可能是出于避嫌的心理而"为尊者讳"。因此,笔者倾向于如是的结论:不是周扬接受毛泽东的教导而写出了《一个伟大的民主主义现实主义者的路——纪念鲁迅逝世二周年》这篇鲁迅研究论文,而是周扬受到了周立波《替阿Q辩护》一文的启发后才提出了"现实主义者的鲁迅没有能够创造出积极的形象"这一观点的。

三、"新阿Q的诞生"

毛泽东致周扬的这封信,因为牵涉到对鲁迅的"批评","恐引起误解,特别是关于对农民的看法,会给认为毛泽东有民粹主义思想的人以口实"②,所以在当时及后来一直没有公布,直到2002年,才由中央文献出版社新版的《毛泽东文艺论集》首次发表。但周扬作为收信人,自然是洞悉这封信的深刻内涵的。1941年2月25日,由毛泽东题写刊名,周扬主编的《中国文艺》在延安出版。该刊物的目录上,赫然列出了三篇理论文章,即周扬的《抗战以来创作的成果和倾向(上)》③、立波的《谈阿Q》、丁玲的《什么样的问题在文艺小组中》,而且把理论放在首位,可见对理论问题的重视。

周扬的长篇论文,对全面抗战以来四五年的小说创作做了概观式的总结:抗战以来的创作是丰富的,但比起丰富、广阔的生活来又显得贫乏;新创作的特征是新的人物(军人、农民、工人)和新的主题(作家对这些人物的同情、感激),但"比之军队和军人,农村和农民对于作家是更熟悉,农民游击队员几乎

---

① 中共中央文献研究室编:《毛泽东年谱(1893—1949)》(中卷),人民出版社、中央文献出版社1993年版,第381页。
② 黎之:《关于首次发表毛泽东致周扬的信》,载《新文学史料》2003年第4期。
③ 周扬的这篇评论文章只发表了上半部分,因为《中国文艺》只出版了一期创刊号后停刊,下半部分也没有刊出,所以可视为一篇周扬的佚文。后来,该文一直不被人提起,也没有被收入周扬出版的各种文集。究其原因,很可能该文与1939年11月毛泽东致周扬的信有着某种隐秘的关联。

成了抗战文学中最常见的主人公。这不但说明了中国是一个农民的国家,民主革命在今天说抗日战争,基本上都是农民的斗争。而且说明了,随着大城市的失陷,农村几乎是当下的唯一进步地方,开辟了抗日民主根据地,进行了游击战争,由此创造了农民新英雄"。由此,周扬还特别肯定了姚雪垠的《差半车麦秸》中所塑造的农民游击队员这一主人公,作者好像有心似的,他把这满身带着农民的落后性的人安放在一支工人组织的游击队里,使他在一种友爱精神中逐渐成长起来,终于开始慢慢地改变"旧习惯",学会了"新规矩":"虽然他在火线上负伤,是正当他漫不经心口里哼着'有寡人,出京来'的时刻,使人容易想起阿Q在被绑缚刑场时哼唱'手执钢鞭将你打'的光景。但比之阿Q,我们面前的这个农民形象,是大大进步了。"①周扬这里对于"新人物"及"农民英雄"的呼唤,是颇为符合毛泽东上述鲁迅观的精神旨归的。

值得注意的还有周立波的《谈阿Q》。在这篇文章里,作者认为阿Q"是半封建半殖民地中国的丑陋和苦难所构成的一种奇特的精神现象的拟人化",但他只能属于"旧中国"。因为"《阿Q正传》出世仅仅二十年头,'好中国'已经哺育无数新男女,他们有着斗争的美丽的现在。他们差不多不能理解我们的老Q了。我们历史的奔驰,比诗人的幻想奔驰,还要快一些"。但鲁迅"因为究竟出身于士大夫家庭,又没有在革命实践中多多地和农民接触,他所看到的农民的气质只是一些消极的因素。他没有看到作为中国革命最主要的动力之一的农民的光芒四射的崇高的、英雄的气质和性格"。这就是说,历史已经发生急剧的变化,旧的阿Q时代日渐消亡,在这新的历史条件下,"阿Q的子孙"终究会取代旧中国的"老Q"。周立波转了一圈,竟又回到了钱杏邨当年"死去了的阿Q时代"的历史逻辑和基点。由此可见,这两篇文章显然是《中国文艺》主编周扬特意安排上去的,可视为"益阳二周"对毛泽东书信中的文学观的直接回应和进一步阐发。

在毛泽东提出对鲁迅《阿Q正传》新的阐发之后,延安的文学界对阿Q形象

---

① 周扬:《抗战以来创作的成果和倾向》(上),载《中国文艺》1941年第1期。

的理解发生了悄然的但却是根本性的转变：阿Q的"国民劣根性"被弱化，但其身上原始的"反抗性"和"革命性"却被强化；其负面价值固然存在，但更重要的是其对中国未来革命的正面价值。一个"新的阿Q"或者"新时代的阿Q"正在悄然崛起。在陈涌的笔下，阿Q的"偷窃"行为也显得有点"可爱"，其"革命"更是大义凛然："阿Q是一个被剥削的农村的无产者，在冷漠无情的封建社会里，他是没有任何地位的……这样的经济地位决定阿Q有可能产生革命的思想。因此，当阿Q穷困到连生活也无以为继的时候，他也很自然的发生了偷窃一类'非分'的行动，乃至自然发生渺茫的对于革命的希望，并且从比较中朦胧的认识到革命既为赵太爷一类的封建势力所害怕，因而也许对穷苦人有利。"①林默涵更是把赵树理写的《福贵》视为阿Q的连续性形象，以刚在土改中开始改造的二流子冒充为"一代新人"，他说："读了赵树理的'福贵'，很自然地连想起了'阿Q'。把这两篇小说连起来读，恰好可以看到三十多年来中国农村的变化，和中国农民由蒙昧到觉悟的历程。……假如说，阿Q是福贵的前身，我想是很恰当的。然而，时代是不停滞的，我们从阿Q和福贵身上，正可以看到三十多年来中国社会发生了怎样巨大的变化。几千年来笼罩中国的封建铁幕是够顽强了，从阿Q到福贵，经过了多少流血与不流血的斗争，这封建统治的铁幕才终于被打得支离破碎，它现在正在作着垂死的挣扎。""从阿Q到福贵，分明显示了中国社会的两个时代，表现了中国农民的两种类型。这两个时代是相连续的，阿Q正是福贵的前身，但是，经过了三十多年的残酷斗争，中国到底不同了，觉悟的中国人民已经创造了新的现实，从而也产生了新的人物，表现这新的现实和新的人物，应该是今天的作家的任务。"②

1943年7月15日，华北书店晋冀豫总店出版了徐懋庸注释的《阿Q正传》，这是鲁迅研究史上第一部《阿Q正传》的注释本。在该注释本的声明中，徐懋庸也曾坦白："鲁迅的思想体系，与马列主义是完全一致的（早年的个别论点除

---

① 陈涌：《〈阿Q正传〉是怎样的作品——中国现代文学名著讲话之一》，载《中国青年》1949年第6期。
② 林默涵：《从阿Q到福贵》，见《浪花》，作家出版社1957年版，第147—151页。

外）；因此，在我的注释中，有时就直接引用马列主义的原理，但我希望这不至于弄成教条主义的乱套。还有，据我所见，鲁迅在作品中所描写的许多社会现象，现在也还是存在的；因此，我的注释中，有时常常联系到目前的现实，甚至想借鲁迅以整风，但我希望这不至于变成风马牛的胡扯。然而，希望是希望，错误是难免除的，这只好依赖读者的帮助了。"①确实，徐懋庸的注释本存在着比较严重的脱离《阿Q正传》这部小说的具体语境以现实的比附来对应小说的描写的"硬伤"，但对于阿Q及其"革命"却进行了高度的评价："据马列主义的研究，封建社会的一般农民，由于与最落后的经济形式——小生产相联系，所以有保守性、狭隘性和其他种种缺点。但又因他们是参加劳动的，受剥削的，所以又有革命的可能性。尤其是阿Q这样的人，他是农村中的无产阶级，虽然农村生活使得他觉悟性、组织性都较差，但他的革命可能性是无限的。"②徐懋庸自觉地运用了阶级分析法来为阿Q定阶级成分，对其革命的可能性充满着"期待"。而小说中阿Q的最后惨死，在徐懋庸看来，满身缺点的阿Q"在未庄式的社会里，他毕竟要算是最富于反抗性的人物"，他"死得很冤枉，但其实也很光荣——他是作为一个封建社会的叛逆者而牺牲的"，甚至弹起了当年钱杏邨的老调："一九二七年大革命时代的农民，尤其是苏维埃运动时代的农民和抗战以后华北华中抗日根据地的农民，就大不相同了，这是因为有了无产阶级政党——共产党的领导的缘故。阿Q假如生在今日，完全是有成为一个真正先进的革命战士之可能的。"③阿Q终于由一个"国民劣根性"的标本转化成了具有无限革命潜力的未来革命战士。

综上所述，延安文学界对鲁迅及其《阿Q正传》的批评和阐发，承继的乃是自"革命文学"论争以来的阶级分析方法，对阿Q作为农民阶级的代表的"革

---

① 徐懋庸：《释鲁迅小说〈阿Q正传〉》，见《徐懋庸选集》（第3卷），四川人民出版社1984年版，第78页。
② 徐懋庸：《释鲁迅小说〈阿Q正传〉》，见《徐懋庸选集》（第3卷），四川人民出版社1984年版，第94页。
③ 徐懋庸：《释鲁迅小说〈阿Q正传〉》，见《徐懋庸选集》（第3卷），四川人民出版社1984年版，第100—101、95页。

命"及其历史命运进行了专门的探讨。在这里，阿Q的革命的实用价值超出了其艺术的真实价值。"新阿Q"在延安解放区的诞生，就文学批评话语而言，真正实现了由五四时代的启蒙主义"国民性"话语向阶级论"革命性"话语范式的转换。

第三节

"鲁迅杂文时代"的终结

在中国现代文学史上,周氏兄弟的散文——鲁迅的"杂感文",周作人的"小品文",仿佛双峰并峙,二水分流,占据着散文经典的位置。鲁迅晚年,几乎倾全力从事杂文的写作,以至于杂文在其一生的创作中占据了几乎百分之八十的文字。在鲁迅的倡导和影响之下,许多仰慕并追随鲁迅文章的学人,纷纷投入"杂文"这一新的文体的写作,蔚然而形成了一个"鲁迅风"的杂文流派。可以说,在20世纪30年代,鲁迅几乎成了"杂文"的同义词,"鲁迅杂文"或"鲁迅风"仿佛是一个时代的标识,当然也是中国现代文学以及现代中国文化的一道亮丽风景线。

1936年鲁迅去世后,特别是在1937年全面抗战爆发后,"鲁迅风"杂文在后来的鲁迅继承者的不懈努力下不绝如缕、绵延生长,从而在以下三个区域——上海"孤岛"、桂林"国统区"和延安"解放区"形成了杂文创作的中心。上海"孤岛"时期(1937年11月—1941年12月),退居到英、法租界的作家巴人、唐弢、柯灵、周木斋等,以《文汇报·世纪风》《鲁迅风》等为主要阵地,掀起了一个"鲁迅风"杂文创作的热潮。1940年8月20日,以刊登杂感散文为主的《野草》月刊在抗战大后方的桂林创刊。此后,以《野草》为中心,包括夏衍、聂绀弩、宋云彬、孟超、秦似等人在内的旅桂作家创作了大量针砭时弊的杂感,桂林因此成为战时国统区杂文运动的中心。这两个地区几乎集中了抗战时期最主要的杂文作家,他们共同促成了现代杂文史上第三次浪潮的到来,创造了第三个十年杂文运动的最高成就。但在西北边陲的陕甘宁边区首府延安,却出现了一拨以鲁迅杂文为最高圭臬的作者，他们不但写出了诸多篇惊世骇俗的"鲁迅风"杂文，而且还呼唤"还是杂文时代，还是鲁迅笔法"，从而引发了一场有关"鲁迅风"杂文的大讨论。由于信息不畅的缘由，这场关于"鲁迅风"杂文的争辩在当时的文艺界似乎没有引发太大的波澜，但在1949年新中国成立以后，其影响却覆盖了整个中国的文艺界，远远超过了上海"孤岛"和桂林"《野草》派"杂文群。因此，探讨这场发生在延安解放区的"鲁迅风"杂文思潮及其历史命运，具有非凡的文学史、思想史乃至革命史的意义。

一、延安"鲁迅风"杂文的兴起

延安"鲁迅风"杂文思潮的兴起，与鲁迅被确立为中国现代新文化的"旗手"有着密切的关联。1940年1月9日，毛泽东在陕甘宁边区文化协会第一次代表大会上，做了题为《新民主主义的政治与新民主主义的文化》的报告，将鲁迅推上中国现代新文化"导师"和"旗手"的地位。毛泽东对鲁迅的定位，具有"法典"的意义。会议期间，中共领导人张闻天做《抗战以来中华民族的新文化运动与今后的任务》的报告，建议"发行各种为中小学一级知识分子所能看与爱看的刊物与书籍。鲁迅的著作是青年知识分子最好的读物"，"组织新文化运动大师鲁迅先生的研究会或研究院等"。[①]大会最后通过决议，组织鲁迅研究委员会，并成立鲁迅研究会筹备委员会，以推动鲁迅研究工作的开展。[②]经过近一年的积极筹备，鲁迅研究会于1941年1月15日在延安成立。随着鲁迅及其作品在延安及各解放区的大力宣传和广泛传播，鲁迅的"旗手"地位更加突显，"文化导师"形象更加深入人心。以鲁迅杂文为模仿和追慕对象的"鲁迅风"杂文写作风潮也在延安文坛蔚然兴起。

首先揭起这一帷幕的是丁玲。1940年10月19日和11月17日，文抗延安分会的文艺月会在杨家岭文化协会举行两次了座谈会，会议分别由丁玲和萧军主持，讨

---

① 张闻天选集编辑组编：《张闻天文集》（第3卷），中共党史出版社1994年版，第62、56页。
② 《陕甘宁边区文化协会第一次代表大会总决议》，载《新中华报》1940年1月20日。

论文艺月会的组织、性质和任务，文艺月会会刊《文艺月报》的编辑方针以及纪念鲁迅先生逝世四周年事宜。1941年1月1日，《文艺月报》创刊，第1期登载了丁玲在上述两次座谈会上的发言基础上整理出的《大度、宽容与〈文艺月报〉》。丁玲认为，对于坏人、坏事、坏倾向的宽容，其实是"伪君子们的大度"，不啻为"姑息养奸"，因此"我以为《文艺月报》要以一个崭新的面目出现，把握斗争的原则性，展开深刻的、泼辣的自我批评，毫不宽容地指斥应该克服、而还没有克服，或者借辞延迟克服的现象"。"无论如何，不要使《文艺月报》成为一个没有明确的主张、温吞水的、拖拖沓沓的可有可无的、没有生气的东西就好。"①丁玲的《大度、宽容与〈文艺月报〉》，可谓是延安"鲁迅风"杂文的先声。

就在以丁玲为首的文抗作家群试图以"鲁迅风"杂文变革延安文风之际，位于延安文化沟口中央青委的一帮年轻知识者已经率先行动起来，办起了后来轰动延安的《轻骑队》墙报。

关于《轻骑队》墙报的创办过程，据童大林（从《轻骑队》的编者到第三任主编）回忆：

> 说实在的，要光是像我们这样一些初中学生就闹腾不起这个事儿来。因为我们都比较老实、听话，领导让怎么就怎么。这些大后方的大学生一来，中央青委机关立即成了当时延安青年中文化层次最高、最活跃的一个单位。这些人原先都是各省抗日青年团体的头头，能说、能写，又会组织活动。过了一段时间，他们对延安好些事情看不惯，每天晚饭后，青年们聚在窑洞前聊天，谈的尽是这类话题。于是有人提议：办个墙报，将这些意见写上去。大家赞成，事情就是这么定的。②

而《轻骑队》的另一个作者和当事人于光远则有如此的回忆：

> 在我的记忆中，先于我酝酿这件事的有萧平、陈企霞、王若望三个

---

① 丁玲：《大度、宽容与〈文艺月报〉》，见张炯主编：《丁玲全集》（第7卷），河北人民出版社2001年版，第49—50页。
② 转引自宋金寿：《延安整风前后的〈轻骑队〉墙报》，载《新文学史料》2000年第3期。

人。萧平恐怕是发起《轻骑队》的第一个人，如果我没有弄错的话。当时中央青委有一个小组在研究"青年运动史"，其中有研究苏联青年运动的。萧平似乎参加了苏联青年运动史的研究工作。他说苏联共青团里有一个专门揭露党和苏维埃机关中官僚主义的组织，它的名称是"轻骑队"。萧平他们并没有发起建立那样的一个组织，而是要办一张墙报，做与苏联共青团中那个组织同样性质的工作：无情地、尖锐地、辛辣地揭发和批评延安工作和生活中的不良现象。于是，这张墙报也就用了《轻骑队》这个名称。①

《轻骑队》墙报一创刊，立即轰动了延安。每到周末文化沟便热闹非凡，鲁迅艺术学院的学员，附近许多单位大大小小的干部们，都到文化沟来看《轻骑队》墙报。《轻骑队》墙报也惊动了中共中央的高层。中央青委的委员冯文彬、李昌和胡乔木等也给《轻骑队》写了文章，宣传部长张闻天写的文章也出现在这个手抄的墙报上。毛泽东一开始也很喜欢《轻骑队》的文风，据于光远回忆，毛泽东在《反对党八股》中，曾有表扬《轻骑队》的话："在我从绥德、米脂调查回来之后，原青委机关的一位同事，也是《轻骑队》的'元老'之一（我记不起他是谁），手里拿着一份复写的毛泽东的《反对党八股》的演讲记录找到了我，很兴奋地给我看这份记录。说《轻骑队》得到了毛主席的表扬。我把这份记录看了看，其中的确有这样几句：'文化沟口有一张墙报《轻骑队》。有些文章我看了，觉得写得很好，这些文章没有党八股，它们了解实际情况。'我抄了这几句下来，当然早就丢失了。我不敢说现在我写下来的这几句一字不差，但是基本的意思和措辞，我是记得很清楚的。我们当时的高兴劲儿就不用说了。可是等到后来，发表出来的经过整理的演讲稿中，这一句话没有了。"②

《轻骑队》墙报开风气之先，这自然会引起丁玲等文抗作家的注目。值得注

---

① 于光远：《我的编年故事·1939—1945（抗战胜利前在延安）》，大象出版社2005年版，第83页。
② 于光远：《我的编年故事·1939—1945（抗战胜利前在延安）》，大象出版社2005年版，第139页。

意的是，就在《轻骑队》墙报开办之际，丁玲于1941年4月底接到调令到位于延安清凉山的解放日报社工作。1941年9月16日，《解放日报》改为对开四版。从这一天起，第4版开辟了半个版面的《文艺》专栏，独立的副刊正式诞生，丁玲被任命为《文艺》栏主编。①丁玲甫一上任，时任解放日报社长的博古，曾多次告诫丁玲："《解放日报》是党报，文艺栏决不能搞成报屁股，甜点心，也不搞《轻骑队》。"这就是说，博古并不主张《解放日报》登载类似《轻骑队》这样的短小精悍、对延安生活有所批评与针砭的文章。"因为博古同志曾一再强调我们不搞《轻骑队》，所以文艺栏在开始一段就只登小说、诗、翻译作品，报告文学都登得很少。即使有个别论文、小说、诗歌，引起读者一些意见，我们一般都不答复，也不发展争论。所以初期的文艺栏还是风平浪静的。"②但如此编辑《文艺》栏的结果，却是"文艺栏太死板，太持重，太缺乏时代感了，看它好像是在看旧杂志"。对此，丁玲内心深处是不满意的。后来她在《解放日报·文艺》副刊第101期《编者的话》中有如下的总结和反省：

> ……文艺栏，及改版后初期的《文艺》都使人感到不活泼、文章较长的缺点……于是在极力求其合乎读者的需要上，我们设法改正，并且愿意使《文艺》减少些"持重"的态度，而稍具泼辣之风，在去年十月中就号召大家写杂文，征求对社会、对文艺本身加以批判的短作。更尽量登载有关戏剧、美术、音乐方面的作品。把小说所占成份减少很多……③

这里所谓的"去年十月中就号召大家写杂文"，指的就是围绕着鲁迅逝世五周年纪念，丁玲等人开始大张旗鼓倡导写作"鲁迅风"杂文的一系列活动和言论。1941年10月19日，鲁迅逝世五周年祭日，延安、重庆及各解放区举行了隆重的纪念活动。延安市的纪念大会在中央大礼堂召开，各界代表千余人参加。大会主席萧军做报告，随后是丁玲、萧三讲话。值得注意的是丁玲的讲话，她说："今后希望拿笔杆子的同志要大胆的互相批评，展开自由论争。学习继续鲁

---

① 参见王敬主编：《延安〈解放日报〉史》，新华出版社1998年版，第315页。
② 丁玲：《延安文艺座谈会的前前后后》，载《新文学史料》1982年第2期。
③ 丁玲：《编者的话》，载《解放日报》1942年3月12日。

迅先生所使用过的武器'杂文',来团结整齐大家的步骤,促进延安社会的进步。"①10月23日,延安《解放日报》发表丁玲的《我们需要杂文》,云:"今天我以为最好学习他的坚定的永远的面向着真理,为真理而敢说,不怕一切。我们这时代还需要杂文,我们不要放弃这一武器。举起它,杂文是不会死的。"丁玲的这篇文章,可以视为延安"鲁迅风"杂文风潮的"宣言"。

作为延安最具影响力的文化传媒,《解放日报·文艺》无疑是延安文艺的"领头羊"和"风向标",因此,丁玲的《我们需要杂文》在《文艺》栏发表后,一场"鲁迅风"的杂文写作思潮遂在1942年前后的延安文坛风行开来。

1942年,中共领袖毛泽东在延安发动了一场宏大的整风运动。1942年2月,毛泽东发表了《整顿党的作风》《反对党八股》等重要讲话,号召全党用"惩前毖后,治病救人"的方法开展反对主观主义以整顿学风、反对宗派主义以整顿党风、反对党八股以整顿文风的运动。为了实现这一目标,发动群众,实行"自下而上"的批评与自我批评,是一开始整风运动的主要运作方式。因此,丁玲就乘着这股"东风",开始尝试在《解放日报·文艺》突破原来博古式的保守的办报路线,发表了一批不那么规训,甚至带刺儿的文学作品。对此,丁玲这样描述道:

> 报上逐渐出现了一些受读者欢迎的非作家写的一些杂文,如田家英、林默涵、羊耳等。开始他们的短文是针对着国民党统治区重庆的。于是这样的话又传来了:"你们的子弹打得太远,不知别人读到没有!石沉大海,不起作用……"这样才有几篇文章捎带一点批评延安生活中的一些现象,但也没有更多反响,好象轻微的刺激是可以忍受的,而且谁也不曾象今天那样去对号入座。所以仍是平安无事。②

丁玲的这段回忆,详细地交代了"鲁迅风"杂文在延安形成一股风潮的历史和逻辑进程:最初,在主编丁玲的积极倡导之下,《解放日报》也开始发表一些有点棱角的"鲁迅风"杂文,如田家英的《奴才见解》《从侯方域说起》、默涵

---

① 《延安各界举行大会纪念鲁迅逝世五周年》,载《解放日报》1941年10月21日。
② 丁玲:《延安文艺座谈会的前前后后》,载《新文学史料》1982年第2期。

（林默涵）的《奴才哲学》《"知识分子"的悲哀》《可怕的居心》《"笑嘻嘻"的"人"们有福了》、羊耳（许立群）的《梁实秋的投名状》《鸡犬升天》等，但这些杂文批判的锋芒主要针对的还是"敌方"（国统区），而真正的"鲁迅风"杂文则应该是"对于有害的事物，立刻给以反响或抗争，是感应的神经，是攻守的手足"[①]。于是，一批批评延安生活中的一些现象的杂文作品开始陆续在《解放日报·文艺》上露面。这些作品中比较著名的代表作包括艾青的《了解作家，尊重作家》、罗烽的《还是杂文的时代》、丁玲的《三八节有感》、王实味的《野百合花》、萧军的《论同志的"爱"与"耐"》等。在小说体裁方面，《解放日报》也登载一些披露社会问题和黑暗面的"问题小说"，如严文井的《一个钉子》、鸿迅（朱寨）的《厂长追猪去了》、马加的《间隔》、雷加的《躺在睡椅里的人》、刘白羽的《陆康的歌声》等。这些带刺儿的作品发表后，立即在延安文坛引起争议并产生了轰动的效应。与此同时，同属于文抗的《文艺月报》《谷雨》等，与《文艺》栏相呼应，不但发表了同样具有突破性和争议性的作品，如丁玲的《干部衣服》、方纪的《意识以外》、刘白羽的《胡铃》、丁玲的《在医院中时》、雷加的《沙湄》、王实味的《政治家·艺术家》、萧军的《杂文还废不得说》等，而且还积极展开文学批评，发动了几场规模不大不小的文学论争，如陈企霞和何其芳关于诗的论争，萧军和刘雪苇关于文艺批评的论争，关于周扬《文学与生活漫谈》一文引起的论争，关于《解放日报·文艺》作品的评论，等等。[②]一时间，延安文坛风生水起，思潮涌动，呈现出一派"百花齐放，百家争鸣"的繁盛景象。

作为这场"鲁迅风"杂文思潮的倡导者和领军人物，丁玲率先垂范。从1940年开始，丁玲的写作发生了比较大的变化：她明显地减少了对解放区新生活歌颂的创作，而对当时生活中的复杂与矛盾开始了开掘与思考。《我在霞村的时候》《在医院中时》《夜》等小说，就是因为直面延安新社会、新问题，从而引起了

---

① 鲁迅：《且介亭杂文·序言》，见《鲁迅全集》（第6卷），人民文学出版社1981年版，第3页。
② 参见雷加：《四十年代初延安文艺活动（三）》，载《新文学史料》1981年第4期。

后来的争议。在杂文的写作上她也当仁不让,每一出手,便不同凡响。在同年的一篇杂感中针对当时创作中"注意找主题,找典型",但却"脱离现实"的现象,丁玲一针见血地指出:"粉饰和欺骗只能令人反感。"①1940年8月,丁玲又写出《"开会"之于鲁迅》一文。这是一篇回忆性的散文,文章一开首便对当时所谓的"鲁迅的知己者"进行了不客气的嘲讽:

> 人在感觉到不能说出自己的感情的时候,是愿意(**沉默着的,在看到别人都在抢着说话以满足他的欲望,必然也是**)沉默着的。我对于鲁迅先生的忆念便是如此。
>
> 很多人都抒写了他们对鲁迅先生的赞仰和爱,我是高兴(**看**)的,从这之中我的感情常为一种说不清楚的愉悦而(**激动**)悸动,我体会到那个活在我心中的人,他是如何深入到别人的感情中。(但有时也会想到鲁迅先生悼韦素园文章中所说的"……人一死后,便谬称知己,名利双收……",我就不能不想到当鲁迅先生活着的时候,诽谤他唯恐不足,今天却有大吹着先生如何伟大的那种人的心情了。自然这只证明着先生的威力,也许到今天也还有人在暗中,在背地下给他一些小小的攻击,然而在堂堂的大众之前,他却不得不收捡起他那些暧昧的感情。)②

这段文字,当年在左联同鲁迅的关系很不好而其时是延安鲁迅艺术学院负责

---

① 丁玲:《真》,载《大众文艺》1940年第1期。
② 丁玲:《"开会"之于鲁迅》,载《大众文艺》1940年第1卷第5期。《"开会"之于鲁迅》在新中国成立后的多种主要版次〔如:人民文学出版社1956年版的多人合集《忆鲁迅》,湖南人民出版社1979年版的多人合集《我心中的鲁迅》,湖南人民出版社1983年、1984年、1991年、1995年版的《丁玲文集》(1—10卷),河北人民出版社2001年版的《丁玲全集》(1—12卷)等〕中,均被删改和简化,"由这些删节中,我们可以看出后来丁把文章中比较犀利的批评部分都去掉了"。(参见潘磊:《略论延安的鲁迅纪念活动》,载《鲁迅研究月刊》2005年第2期)尤其令人遗憾的是,河北人民出版社2001年版的《丁玲全集》将《"开会"之于鲁迅》编在第5卷,不但所据的底本仍不是1940年丁玲发表的原文,而是1956年的那个删节本,而且题目"开会"二字也被删去了引号,成了《开会之于鲁迅》。本次引文中括号内的黑体字,均为新中国成立后各版本所删除的文字。

— 389 —

人的周扬看了当然不会舒服。由此可见丁玲杂文文风之辛辣。《干部衣服》写于1941年春,触及的乃是延安等级制实行之后的社会"新风尚",而引起更大争议的《三八节有感》,为延安的女同胞说出了她们心中的"委屈"——她们不单要承受一般革命者所要承担的工作和责任,还要承受一个女性所要承担的家庭和社会责任。

以鲁迅"衣钵传人"自居的萧军,当然是这场"鲁迅风"杂文思潮中最为活跃的人物。1941年10月,丁玲在延安首倡"鲁迅风"杂文,萧军则以《纪念鲁迅:要用真正的业绩!》来热烈呼应。文中以鲁迅"用无我的爱,自己牺牲于后起的新人"的人道主义思想,来反省当时延安保育院的低劣的育儿质量:自己把孩子送进保育院去,六个月后,她竟然在那里生过了各样的病。"在未去保育院以前,凡是我们的熟人,没有不为这孩子底'强壮'而惊奇的,那时的绰号是'小胖子'。如今她是这样回来了:头发脱落了,眼睛半瞎着,耳朵、手指、脚指……生着各式小疮,脸上裂着各式各色的纹……一句话,如果她不是'我们的'孩子,我会连一眼也不想望她……低能,痴呆,无次序的大小便;哭,滚在地上撒泼。……我今天竟第一次打了她两个耳光!此后也许还要打。"他由此而感慨:"每个革命者尽了所应尽的革命义务,不是就应该有革命的权利么?甚至有的为了自己一时方便竟把腐化社会里所有的奴化的毒素也来浸蚀这些孩子们新生的生命了!"[1]随后,萧军在《解放日报·文艺》接连发表了《也算试笔》《论"终身大事"》《续论"终身大事"》《论同志之"爱"与"耐"》《文坛上的"布尔巴"精神》等多篇杂文[2],彰显鲁迅"幼者本位"的人道主义思想。

王实味是延安中央研究院的特约研究员,其文名远不如丁玲、萧军,也没有与鲁迅本人直接交往,但《解放日报·文艺》自从1942年3月13日和23日以连载的形式刊登了其《野百合花》杂感之后,名声大噪。同一时期,他还在文抗刊物

---

[1] 萧军:《纪念鲁迅:要用真正的业绩!》,载《解放日报》1941年10月21日。
[2] 《也算试笔》,载《解放日报》1942年1月1日;《论"终身大事"》,载《解放日报》1942年3月25日;《续论"终身大事"》,载《解放日报》1942年5月11日;《论同志之"爱"与"耐"》,载《解放日报》1942年4月8日;《文坛上的"布尔巴"精神》,载《解放日报》1942年6月13日。

《谷雨》第1卷第4期上发表了《政治家·艺术家》一文。王实味的《野百合花》一文，则比较激烈地批评了"延安的黑暗方面"：特殊化，等级制度，对同志漠不关心，缺乏阶级友爱，等等。他认为，"延安可能而且必须更好一点"，应该把"我们阵营里的黑暗""削减至最小限度"，而不应该在"必然性"的借口下，宽容黑暗的存在。在《政治家·艺术家》中，王实味指出，政治家的任务偏重于改造社会制度，艺术家偏重于改造人的灵魂，并说"革命阵营存在于旧中国，革命战士也是从旧中国产生出来"，我们的灵魂不可避免地"要带着肮脏和黑暗"，所以，艺术家改造灵魂的工作"也就更重要、更艰苦、更迫切"，"大胆地但适当地揭破一切肮脏和黑暗，清洗它们，这与歌颂光明同样重要，甚至更重要"。相对于以往的杂感，王实味显得更直接、更激愤、更具有强烈的清教徒色彩。虽然还没有证据证明王实味的《野百合花》是完全模仿了鲁迅的《无花的蔷薇》，其《政治家·艺术家》受到了鲁迅《文艺与政治的歧途》影响，但二者之间思想和精神的传承却是显而易见的。

当时比较活跃的作家，除了上述三位，还有诗人艾青和作家罗烽。据艾青晚年回忆："在文艺座谈会以前，有个同志写了一篇《间隔》，受到了批评。有一个老干部说：'我们打天下，找个老婆你们也有意见？'当时丁玲同志编《解放日报》，要我写文章，我就写了《了解作家，尊重作家》，为受批评的说几句话。"[①]这篇文章高度评价了作家的工作，指出"希望作家能把癣疥写成花朵，把脓包写成蓓蕾的人，是最没有出息的人"。文章还呼吁"给艺术创作以自由独立的精神"。在文章的最后，艾青引用了李白的两句话"生不用封万户侯，但愿一识韩荆州"，强烈地表达了希望得到政治家赏识和尊重的愿望。

罗烽也是"鲁迅风"杂文的坚决捍卫者。"鲁迅风"杂文在延安流传开来后，同样也存在着另外一种"不同的声响"。罗烽在"文革"中曾谈到他写《还是杂文的时代》这篇杂文的背景时说："因为当时延安有那么几个'权威'人物，在私下叫嚷什么鲁迅杂文的文体形式在延安可以废除了。依我当时的理解，

---

① 艾青：《漫忆延安诗歌运动》，见艾克恩编：《延安文艺回忆录》，中国社会科学出版社1992年版，第143页。

他们非要拔掉这根'刺'的来由有二：一是××们在上海就领受了鲁迅杂文的厉害，二是如让杂文得势，也将会触痛他们的疮疤。"①为此，罗烽在《解放日报·文艺》发表《还是杂文的时代》，挺身而出，以维护鲁迅杂文在新时代的合法性。罗烽认为，即使在光明的边区，"经年阴湿的角落还是容易找到，而且从那里发现些垃圾之类的宝物，也并不是什么难事"，"想到此，常常忆起鲁迅先生。划破黑暗，指示一路去的短剑已经埋在地下了，锈了，现在能启用这种武器的，实在不多。然而如今还是杂文的时代"。②

罗烽的《还是杂文的时代》，激起了萧军为鲁迅杂文发声的内心冲动。1942年6月15日，在《谷雨》第1卷第5期上，萧军发表《杂文还废不得说》，直接将罗烽"还是杂文的时代"这一命题上升到了理论的高度：

"我们现在还需要杂文吗？""杂文时代过去了吗？"这是常常有人提出来的一些疑问。我的回答，对于前者是肯定的；后者是否定的。我们不独需要杂文，而且很迫切。那可羞耻的"时代"不独没过去，而且还在猖狂。

鲁迅杂文是旧时代的产物。在风雨如磐的旧中国，鲁迅的一支笔，所向披靡，穷形尽相，画出了国民的魂灵。那么，在延安这样的"美丽新世界"里，是否还是"鲁迅杂文时代"呢？罗烽的"还是杂文的时代"的命题，得到了萧军的赞同。但接下来的问题是：既然"还是杂文的时代"，那么，鲁迅所常用的笔法——那种"论时事不留情面，贬固弊常取类型"，"对于有害的事物，立刻给以反响或抗争"的冷嘲热骂、迂回隐曲的表达方式在当今的新世界里，是否还有"合法性"呢？对此，萧军的回答则是直截了当："但，剑是有两面刃口的：一面是斩击敌人，一面却应该是为割离自己的疮瘤而使用罢。""鲁迅先生的杂文中，有些地方不得已的'咬文嚼字'，'拐弯抹角'，'引经据典'，'声东击西'，'文白混用'，或故意'含糊其辞'……这是不能取法的，这也只是在先生的年代那环境的产物，连先生自己也认为诟病的。我们如今只是在'需要'

---

① 玉良：《罗烽、白朗蒙冤散记》，载《新文学史料》1995年第2期。
② 罗烽：《还是杂文的时代》，载《解放日报》1942年3月12日。

的时候才能够用一用它。我们所主要该学的,却是那及时磨练武器的精神,精通武艺的精神,临敌无前的精神。……最主要的还是那具有如来佛式的'心'和'手'——保护美的,消灭丑的;保护自己以及自己底战友,消灭敌人。"①萧军《杂文还废不得说》的发表,标志着"还是杂文时代""还是鲁迅笔法"已经成为延安文坛不可回避的理论性命题。

这里特别值得一提的乃是画家张仃。1942年,张仃撰写了两篇与鲁迅相关的重要文章,一篇是《漫画与杂文》,另一篇是《鲁迅先生作品中的绘画色彩》。《漫画与杂文》是通过对漫画与杂文这两种文艺形式之共通性的讨论来强调讽刺的价值。文章说:"近十几年来,在中国滋长的漫画和杂文,非但在社会基础上本是同根生,外貌上相同,精神相像,表现方法也渐趋一致了。"这里所谓外貌的相同、精神的相像、表现方法的一致是什么?就是讽刺。张仃说:"讽刺是漫画与杂文的灵魂。"以讽刺为价值尺度,张仃引用瞿秋白的观点高度评价鲁迅的杂文,进而用同样的尺度衡量漫画,说:"漫画,没有出现像鲁迅在杂文上这样成功的作家,但多数漫画作家——就连某些'标榜左翼'的漫画家所不肯携手的'老'漫画家在内——都或多或少具有正义感的,向着'批判人生','针贬社会'的一方面努力。"在文章最后一节,张仃引用鲁迅的散文诗《这样的战士》中的段落,声称"我们要这样的战士"。②"这样的战士"就是具有讽刺精神、敢于批判社会、与黑暗势力做斗争的人。此文的写作表明,身处延安的张仃继承了鲁迅的批判精神并努力将这种精神发扬光大。为此,董炳月有专门的评价:"在一九四二年的革命圣地延安,《漫画与杂文》表达的观念具有特殊的思想价值。这种观念本质上是强调文艺家的主体性与文艺作品独立的社会批判功能,其内部潜藏着朴素的民主思想和多元意识。"③

---

① 萧军:《杂文还废不得说》,载《谷雨》1942年第1卷第5期。
② 张仃:《漫画与杂文》,载《解放日报》1942年5月23日、25日。
③ 董炳月:《画家的鲁迅 作家的张仃》,载《读书》2006年第1期。

二、延安"墙报"的推动

如果说,以丁玲为首的文抗系作家所倡导和发动的延安"鲁迅风"杂文思潮,最开始还只是在延安政治文化界上层或精英阶层传播的话,那么,到了1942年上半年,随着整风运动的展开,这一杂文思潮遂演变为群众性的社会文化思潮。这还要得益于当时延安另外一种重要媒介——墙报的介入和推动。

墙报是延安时期除报刊、影像和"小广播"(口头"流言")之外非常重要的资讯传播方式。据有关研究,延安时期的墙报总量超过六百块,现在有名称和创办者的墙报就有三十余种。[①]整风运动开始后,毛泽东号召发动群众,开展批评和自我批评。墙报——这一特殊的媒介,仿佛雨后春笋般在延安兴起。如中央青委的《轻骑队》、中央研究院的《矢与的》、延安自然科学院的《整风》《向日葵》《心里话》、民族学院的《脱报》、鹰社的《蒺藜》、西北局的《西北风》、三边分区的《驼铃》、关中分区的《新马兰》等墙报上也发表了一批杂文,普遍要求针对延安现实生活中的缺点予以批判,形成了一种颇为壮观的社会思潮。其中,"中央青委在文化沟口的《轻骑队》,鲁迅艺术学院的《讽刺画展》,中央研究院的《矢与的》,成为轰动全延安的三种墙报"[②]。下面,重点介绍一下"讽刺画展"和《矢与的》墙报。

"讽刺画展",指的是1942年2月15日至17日,在延安军人俱乐部举办的张谔、蔡若虹、华君武三人的漫画展览。张谔时任《解放日报》美术版的编辑,蔡若虹、华君武是鲁艺的美术教员。

"讽刺画展"先是举办了三天,参观者络绎不绝,因此,美协决定画展又于2月19日至20日、21日至22日在文抗作家俱乐部、新市场商会俱乐部继续举办,真

---

① 参见郭栋:《再造传播模式:延安时期墙报的兴起与治理》,载《兰州大学学报》(社会科学版)2020年第4期。
② 佟冬:《漫忆中央研究院的整风运动》,见温济泽、李言、金紫光等编:《延安中央研究院回忆录》,中国社会科学出版社、湖南人民出版社1984年版,第138页。

可谓盛况空前。①为此,《解放日报》连续多日对这次画展进行了追踪式报道,而且还于1942年2月15日《文艺》栏第78期开设《讽刺画展》专版,针对画展中所出现的理论问题进行专门讨论②。

"讽刺画展"虽是延安美术界的事,但却与文学界尤其是当时的"鲁迅风"杂文思潮息息相关。因为这牵涉到了"鲁迅风"杂文写作的一个关键问题——作者描写或讽刺的立场问题,也就是站在什么的立场上来讽刺的问题。三位画家曾在《解放日报》上发表"作者自白",表明举办画展的目的和意义:新社会还存在部分的丑恶与黑暗,"我们——漫画工作者——的任务,就必须是:指出它们,埋葬它们"。③因此,他们以"善意"和"热爱"来进行"揭露"和"批判"的初衷,得到了延安主流艺术家与批评家的理解认同:"我们晓得,有一种人,怀着敌意来嘲笑我们不健全的事件,而另一种,乃正是今天在这里的漫画家所努力的,对延安生活的各样不够处加之以友爱的指摘,其艺术品的效果或目的,是在使我们的外伤痊愈,使我们生活中的巨细病痛能得以迅速克服的。这工作有新的价值。"④漫画作者们的真实用心,是试图用讽刺的手法反映革命内部的缺点错误。这在解放区毕竟属于新生事物,它关系到读者与观众的接受期待及如何接受的问题,还有被批评被讽刺对象如何接受的问题,尤其在延安这种半军事化的生活环境中,艺术上的问题不仅是艺术内的问题,它还涉及艺术的政治效果,以及与主导意识形态的关系等敏感问题。因此,对于讽刺画的作者们来说,他们的行为需要勇气,得到了延安美术批评家的高度评价。

但与延安美术批评家的深度理解和赞同相比,当时已是中共领袖的毛泽东对"讽刺画展"的态度却意味深长。据《解放日报》报道:"讽刺画展第三日,参

---

① 《讽刺画展将分区展览》,载《解放日报》1942年2月18日。《解放日报》1942年2月19日通告:美协主办"讽刺画展"自2月19日下午至20日止假文抗作家俱乐部展出。自21日下午至22日止假新市场商会俱乐部展出。
② 《解放日报》1942年2月15日《讽刺画展》专版共刊登四篇讨论文章:华君武、张谔、蔡若虹《讽刺画展的"作者自白"》,黄钢《讽刺画展给了我们些什么》,江丰《关于"讽刺画展"》,力群《我们需要讽刺画》。
③ 华君武、张谔、蔡若虹:《讽刺画展的"作者自白"》,载《解放日报》1942年2月15日。
④ 黄钢:《讽刺画展给了我们些什么》,载《解放日报》1942年2月15日。

— 395 —

观群众，仍极拥挤，中共中央领袖毛泽东同志、八路军总政治部主任王稼祥同志，均莅会参观。并对作者华君武同志等予以赞扬，勖以努力等语。同时电话通知康生同志等前来参观，印象均甚良好。"①但这只是场面上的应酬，实际的情形却是另外一回事。据当天值班的华君武回忆：

> 我这时正在值班，就由我陪着毛主席看。主席看得很仔细，也问了一些问题，多半是画面或主题思想表现不明确，当时我作了一些解说，因为年代久远，已记不清毛主席问了哪些话。看完后我送毛主席出门。按当时延安的习惯请毛主席批评，毛主席说了"漫画要发展的"。当时我还不理解这句话的涵义又未敢再问。
>
> 大约时隔半年之后，约在夏秋之间，当时在延安《解放日报》负责副刊编辑的东北作家舒群通知我们（蔡若虹、张谔、华君武），毛主席约我们去见见面。那天下午我们如约，由舒群陪着到了枣园毛主席住处。我们和毛主席见面和谈话，就在园子里的一棵大树下，那里放着一张方桌，几把椅子，后来吃饭也在那里。因为时隔已有五十多年，很多细节已经忘掉，我们是下午去的，吃了饭天色已近黄昏，估计大约谈了两个半小时左右。
>
> 我迄今记得最清楚的是毛主席关于漫画的一段谈话。大概毛主席看到我在《解放日报》上画了一幅批评植树不养树的漫画，延河边上矗立着一根无枝叶的细树杆。毛主席说不好好植树应当批评，但是延河那一段植树不好应该注明，如果王家坪（当时八路军总部所在地）植树不好就应该注明王家坪，延河很长，否则就变成整条延河两岸植树都不好了。由此毛主席讲了个别和一般，局部和全局的关系问题。这段谈话在我以后几十年的漫画创作中克服片面性起了决定性的作用。毛主席当时还说，可不可以同时画两幅漫画，一幅是表扬正确的，另一幅是批评错

---

① 《毛主席参观画展》，载《解放日报》1942年2月21日。

误的。我因这种表现方法比较呆板，所以很少采用。①

华君武并且请教一个题材是否可以画：一次桥儿沟发大水，山洪把农民的西瓜冲到了河里；鲁艺的有些人捞到了西瓜不是送还给农民，而是自己享用了。毛泽东说这样的画在鲁艺内部可以画并且可以展出，但要往边区性的报上发表就要慎重了，因为从整个边区看，干部和群众关系是好的；如果要往全国性的报上发表就要更慎重，因为影响更大。毛泽东接着表达了他对这一问题的真实看法："对人民的缺点不要老是讽刺，对人民要鼓励。对人民的缺点不要冷嘲，不要冷眼旁观，要热讽。鲁迅的杂文集叫《热风》，态度就很好。"②毛泽东与华君武等三人的这番对话值得仔细研究。毛泽东作为一个革命家始终要牢牢地把文艺纳入政治的需要，而对文艺的自足性和文艺自身的目的性是不太强调的，这是他对文艺的基本态度。

虽然毛泽东对"讽刺画展"总体上是不赞成的，但或许因为画展是延安文艺现实批判的初期尝试，同时大概因为这些讽刺画真的如默涵所说，"多半偏于表面，而没有击中要害"③，所以，他对"讽刺画展"基本上还保持着能够容忍的态度。在其参观画展后，报纸上甚至还报道说毛泽东对华君武等"予以赞扬，勖以努力"④。

但真正引起毛泽东高度重视的是，发生于延安中央研究院的"三一八民主选举事件"及《矢与的》墙报。

延安中央研究院原为马列学院，1941年7月改组为马列研究院，9月8日改名为中央研究院。中央研究院是当时延安的最高学府，集中了大部分留过洋的懂得一门或几门外国语的专家、学者和知名人士。⑤1942年2月8日，毛泽东做《反对党

---

① 华君武：《1942年毛主席和我们的谈话》，见"毛泽东与我"征文活动组委主编：《我与毛泽东的交往》，山西人民出版社1993年版，第274—276页。
② 中共中央文献研究室编：《毛泽东年谱（1893—1949）》（中卷），人民出版社、中央文献出版社1993年版，第363—364页。
③ 默涵：《讽刺要击中要害》，载《解放日报》1942年2月25日。
④ 《毛主席参观画展》，载《解放日报》1942年2月21日。
⑤ 宋金寿：《延安的最高学府——从马列学院到中央研究院》，见《中共党史资料》（第57辑），中共党史出版社1996年版，第123—131页。

八股》演说，中央研究院的全体研究人员都去听了。

在毛泽东演说的推动下，中央研究院研究人员的思想十分活跃，要求院领导迅速开展整顿三风、检查工作。1942年3月16日，中央研究院召开了一次院务会议，罗迈、范文澜和各研究室主任、党委的负责人参加了会议。会议决定在全院进行工作大检查，要求全院同志根据毛泽东整顿三风的报告和中央《关于增强党性的决定》《关于调查研究的决定》《关于在职干部教育的决定》的精神，进行整风检查工作。会议决定成立整风检查工作委员会（以下简称"检委会"），领导整风检查工作。为了发扬民主，除了院领导和各研究室主任参加检委会以外，再从研究人员中民主选举一部分同志参加检委会。同时，会议提议出墙报以配合整风检查工作。

3月18日，召开全院大会，动员整风检查工作。会上，范文澜做了动员报告，阐明了整风检查工作的意义和方法，并宣布了院务会议的有关决定。范文澜报告后，时为中央研究院特约研究员的王实味发言，提出了两点意见：一是主张院检委会成员都应该由民主选举产生，各研究室主任，即使是院长，也要由群众选举产生才行。二是墙报上的文章可以匿名，目的是保障投稿人的民主权利。王实味的提议，引起了大会的激烈争辩，有的发言者甚至出言不逊，气氛紧张，最后只好举手表决，结果：赞成王实味意见的84人；赞成院务会议和罗迈意见的，只有28人。随即，范文澜宣布：检委会的成员全部由民主选举产生。当即进行了民主选举。选举结果，罗迈、范文澜等21人当选为检委会委员。如果按照院务委员会的决定，只有政治研究室主任张如心和经济研究室主任王思华未能当选，其他研究室主任，如艾思奇、欧阳山、柯柏年、师哲等及党委的主要成员都当选了。尽管王实味提出了这个主张，但王实味本人并没有当选。对于这件事，主张检委会民主选举的人员十分高兴，认为这是"民主"的胜利。"三一八民主选举事件"当时就轰动了延安，成了延安社会的大事件。

除了"三一八民主选举事件"，中央研究院的《矢与的》墙报也蜚声延安各机关单位。《矢与的》墙报是延安中央研究院监委会为了配合整风检查工作而决定出版的，1942年3月23日，《矢与的》墙报创刊号正式亮相。

王实味在《矢与的》墙报上，总共发表了三篇文章。前两篇是在《矢与的》的创刊号上，王实味一人就发表了两篇署名文章。第一篇题为《我对罗迈同志在整风检工动员大会上发言的批评》，说："罗迈同志发言底内容和态度，还保留着过去党内家长制作风的残余，压制了群众反三风不正的斗争热情和积极性。"第二篇题为《零感两则》，说："我们底眼光不应只看到本院，更应该注意到全延安以至全党"，"我们决不能让邪气更大的人得势"。要求"在这个斗争中我们还需要首先检查自己的骨头。向自己发问：同志，你的骨头有毛病没有？你是不是对'大人物'（尤其是你的'上司'）有话不敢说？反之，你是不是对'小人物'很善于深文罗织？要了解，软骨病本身就是一种邪气，我们必须有至大至纲〔刚〕的硬骨头！"①王实味的文章发表后，当时中央研究院的李宇超、梅洛（石澜）在《矢与的》第2期上发表署名文章，指责王实味观点的"尖刻和过头"。3月28日，王实味在《矢与的》第3期发表回应文章《答李宇超、梅洛两同志》，这应该是王实味在《矢与的》墙报上发表的第三篇文章。在文章里，王实味斩钉截铁地回应李宇超、梅洛两同志说："用谣言中伤人是最卑鄙龌龊的手段。王实味充分自信，他的骨头从未软过，而且不比任何人软！"王实味的批判矛头，显然是罗迈，即文章中的"大人物""上司"等。

　　《矢与的》墙报除了王实味的杂文以外，吴樾的杂文也很受人注目。吴樾的文章说，中央研究院过去没有民主，所以现在要求开放民主。据说王震看了《矢与的》上吴樾的大字报后说：吴樾我知道，有变节行为。从此，吴樾就在《矢与的》墙报上销声匿迹。

　　在《矢与的》墙报上除了杂文以外，还有漫画。有两张漫画最引人注目：一张画的是一个人拖着一条长长的"尾巴"，后面有四五个人抬着那条"尾巴"，保护着那条"尾巴"，不让人去割。另一张画着一个戴眼镜的人，坐在椅子上，后面翘着一根又高又大又粗的"尾巴"，上面写着："我的'尾巴'是批准了

---

① 王实味：《零感两则》，载《矢与的》1942年创刊号，转引自刘增杰、赵明、王文金等编：《抗日战争时期延安及各抗日民主根据地文学运动资料》（上），山西人民出版社1983年版，第353—354页。

的。"明眼人一看就知道：前一张是讽刺罗迈的，后一张是讽刺张如心的。《矢与的》墙报除了冲击罗迈和张如心以外，也冲击了一些其他人，如柯柏年被指责为"教条主义大师"，原因是他翻译了很多的马列著作。①这样，"中央研究院的整风墙报《矢与的》更以'民主'获胜的面目，轰动了整个延安，有几期甚至不是贴在墙上，而是贴在布上拿到延安南门外（闹市区）悬挂起来，前往参观者川流不息"②。

中央研究院"三一八民主选举事件"以及王实味等在《解放日报》及《矢与的》墙报上发表的杂文，引起了毛泽东的密切关注甚至震怒。据胡乔木回忆，《野百合花》在《解放日报》上连载，"毛主席看后，曾猛拍办公桌上的报纸，厉声问道：'这是王实味挂帅，还是马克思挂帅？'他当即打电话，要求报社作出深刻检查"③。

作为政治家的毛泽东，眼光却比王实味们的文人理想更切实、更远大。在毛泽东看来，王实味等的杂文是企图用"小资产阶级的世界观来改造党"④，这是不能容忍的。1942年3月31日，毛泽东在杨家岭中共中央办公厅召集延安各部门负责人和作家共七十多人开座谈会，讨论《解放日报》改版问题。对于近来延安文坛出现的一些杂文的思想倾向，他提出尖锐的批评："近来颇有些人要求绝对平均，但这是一种幻想，不能实现的……小资产阶级的空想社会主义思想，我们应该拒绝。"他还说："批评应该是严正的、尖锐的，但又应该是诚恳的、坦白的、与人为善的。只有这种批评态度，才对团结有利。冷嘲暗箭，则是一种销蚀剂，是对团结不利的。"⑤虽然没有提王实味的名字，但与会的人一听就明白，

---

① 以上关于《矢与的》墙报内容的介绍，参见宋金寿：《毛泽东与王实味的定案》，载《北京科技大学学报》（人文社会科学版）1998年第3期。
② 李维汉：《中央研究院的研究工作和整风运动》，见温济泽、李言、金紫光等编：《延安中央研究院回忆录》，中国社会科学出版社、湖南人民出版社1984年版，第17页。
③ 胡乔木：《胡乔木回忆毛泽东》（增订本），人民出版社2003年版，第443页。
④ 于光远：《我的编年故事·1939—1945（抗战胜利前在延安）》，大象出版社2005年版，第143页。
⑤ 《在本报改版座谈会上 毛泽东同志号召 整顿三风要利用报纸 批评绝对平均观念和冷嘲暗箭办法》，载《解放日报》1942年4月2日。

毛泽东话语所指的，就是王实味刚刚在《解放日报·文艺》连载发表的《野百合花》，还包括丁玲的杂文《三八节有感》等。

果不其然，以《矢与的》墙报为代表的延安"鲁迅风"杂文对于延安社会现状的干预乃至批评，也引起了延安主流社会，尤其是党的高级干部或军界的高级干部的激烈回应。据丁玲回忆：

> 因为这篇文章（指《三八节有感》），第一次对我提出批评是在四月初的一次高级干部学习会上。这时延安各机关已经开始了整风学习。这次会毛主席自己主持，讲了几句开场白。第一个发言的是曹轶欧。她很有条理的批评了《三八节有感》和《野百合花》。我还是没有感觉，只奇怪：你曹轶欧不搞文化工作，为什么批评我咧？第二个发言的是贺龙同志。我一向是喜欢他尊重他的，我完全信任他对象我这样的人是充满了善意，不会难为的。因此当他说："我们在前方打仗，后方却有人在骂我们的总司令……"……第三个又接着发言了，话题只有一个，还是《三八节有感》、《野百合花》。①

这里丁玲的记忆可能有误。这次会议，并不是"四月初的一次高级干部学习会"，而是1942年3月31日中共中央召开的《解放日报》改版座谈会，与毛泽东的上述"讲话"同属一次会议。②这次会议的两个细节值得特别注意：一是会议第一个发言者曹轶欧，系康生的夫人。这时的康生，任中共中央政治局委员、社会部部长、主管整风和审干工作的中央学习委员会副主任。曹轶欧在会上率先发言，且矛头直指《三八节有感》和《野百合花》，显然是大有来头。二是中共最高领袖毛泽东的态度。《胡乔木回忆毛泽东》一书中，胡乔木讲了一段这样的话，意味深长："有一次毛主席召集《解放日报》的人开会，谈改版问题，批评《解放日报》对党中央的主张、活动反映太少。在这个会上，贺

---

① 丁玲：《延安文艺座谈会的前前后后》，载《新文学史料》1982年第2期。
② 丁玲最后一位秘书王增如与丈夫李向东曾批阅相关史料，认为"高级干部学习会"无据可查，应是丁玲时隔多年以后的追忆有误，并推断这次会议为《解放日报》改版座谈会。参见李向东、王增如：《丁玲传》（上册），中国大百科全书出版社2015年版，第278—290页。

龙、王震同志都批评了《三八节有感》，批评得很尖锐。贺龙说：丁玲，你是我的老乡呵，你怎么写出这样的文章？跳舞有什么妨碍？值得这样挖苦？话说得比较重。当时我感到问题提得太重了，便跟毛主席说：'关于文艺上的问题，是不是另外找机会讨论？'第二天，毛主席批评我：'你昨天讲的话很不对，贺龙、王震他们都是政治家，他们一眼就看出问题，你就看不出来。'"[1]贺龙、王震这些政治家在会上发难，是因为他们一眼就看出了这些文艺作品对于延安这一高度政治化的社会所具有的"销蚀"作用：《三八节有感》表面上是为延安的妇女"鸣不平"，实际上触及的是男女婚姻背后的特权现象；《野百合花》所描绘的"歌啭玉堂春，舞回金莲步"，实际上批评的是延安供给制社会掩盖下的等级制。文艺触及了政治敏感的"神经"。胡乔木这时期初涉政坛，还不太成熟，所以遭到了毛泽东的严厉批评。

也正是在3月31日这次《解放日报》改版座谈会上，毛泽东指出了王实味和丁玲的不同："丁玲是同志，王实味是托派。"对待丁玲，毛泽东在政治上予以"保护"；对王实味，思想上予以彻底批判。据丁玲后来回忆：

这次会上一共有八个人发言，只有一个人，可能是徐老谈的别的事。最后，毛主席作总结，毛主席说："《三八节有感》同《野百合花》不一样。《三八节有感》虽然有批评，但还有建议。丁玲同王实味也不同，丁玲是同志，王实味是托派。"毛主席的话保了我，我心里一直感谢他老人家。[2]

根据当日的萧军日记、萧三日记及《解放日报》的报道，这里所谓的"八个人发言"，分别是：萧军（作家）、李鼎铭（边区政府副主席）、柳湜（边区教育厅厅长）、贺连城（边区教育厅副厅长）、柯仲平（边区地方艺术学校校长）、徐特立（延安自然科学院院长）、谢觉哉（边区参议会副参议长）、朱

---

[1] 胡乔木：《胡乔木回忆毛泽东》（增订本），人民出版社2003年版，第55—56页。
[2] 丁玲：《延安文艺座谈会的前前后后》，载《新文学史料》1982年第2期。

德（第十八集团军总司令）。①另外，这里特别令人生疑的是，毛泽东保护丁玲的理由是比较牵强的。也就是说，丁玲的《三八节有感》虽然有批评，但还有建议，难道王实味的《野百合花》就没有建议吗？毛泽东显然是为了保护丁玲。1942年4月初的一个晚上，毛泽东用马灯和火把照明，到中央研究院去看了《矢与的》墙报。毛泽东看后说：思想斗争有目标了，这也是有的放矢嘛！②他要通过从思想上批判王实味来进行文艺整风。

1942年4月2日，中央政治局召开会议讨论关于在延安讨论中央决定及毛泽东整顿三风报告的方法。会上牵涉到了《轻骑队》以及王实味、丁玲两人的文章，由此产生了激烈的争论。③毛泽东发言指出：讨论整顿三风报告与检查工作，开展自我批评，要有计划有领导地进行，不应放任。思想斗争的火力，不是只对着老干部，而应对着新老干部双方的毛病，使新老干部相互批评之后，更进一步地相互了解与团结。态度一定要好，态度不好，就会引起不满。不要暗箭，不要冷嘲，热骂还好，冷嘲就不好，因为它会搞得疑神疑鬼。这种空气不要在共产党里面增长，它不利于大家，它使党不团结，使党分裂。不要暗箭，应该是采取积极的态度上下夹攻。我们的目的，是惩前毖后，治病救人。在机关、学校里面要开展民主，但还须有领导，使这个运动发展到正确的方向去。对于我们各部门的工作，这一次要来一个彻底的检查。会议决定：在《解放日报》上设《批评与建议》栏，用严正态度开展正确的批评，纠正无的放矢与无原则的攻击毁谤的态度，等等。这次会议后，根据毛泽东的上述讲话精神，会议通过了《关于在延安讨论中央决定及毛泽东同志整顿三风报告的决定》，即"四三"决定。

---

① 参见萧军：《延安日记 1940—1945》（上卷），牛津大学出版社2013年版，第432—435页；《萧三日记》（1942年3月31日），转引自高陶：《萧三佚事逸品》，文化艺术出版社2010年版，第175页；《在本报改版座谈会上 毛泽东同志号召 整顿三风要利用报纸 批评绝对平均观念和冷嘲暗箭办法》，载《解放日报》1942年4月2日。
② 中共中央文献研究室编：《毛泽东年谱（1893—1949）》（中卷），人民出版社、中央文献出版社1993年版，第373—374页。
③ 转引自杨奎松：《毛泽东发动延安整风的台前幕后》，载《近代史研究》1998年第4期。

中共中央"四三"决定发布后，标志着延安整风运动开始进入实质性的"整顿三风"阶段。而"学风"学习阶段，则主要是学习"四三"决定所规定的党的文件，进行无产阶级和非无产阶级思想的斗争。"四三"决定规定："在阅读与讨论中，每人都要深思熟虑，反省自己的工作及思想，反省自己的全部历史。……明哲保身，有话不说的态度是不对的，避开自己专攻别人的态度也是不对的。"在检查工作时，"不仅只检查领导方面的，而且要检查下面的与各个侧面的。不只是揭发与纠正缺点及错误方面，而且要发扬与巩固成绩和正确方面"；讨论及检查的方式，"应以上面领导和发扬民主同时并重，不可偏废"；讨论与批评的态度，"应该是严正的，彻底的，尖锐的，但又应该是诚恳坦白的、实事求是的，与人为善的态度，而一切冷嘲暗箭、诬蔑谩骂、捕风捉影、夸夸其谈，都是不正确的"；研究、讨论与检查的目标是"改造工作，团结干部，团结全党。一切与此目的相违反的言论及行动，都是不正确的"。同时，决定指出："在讨论与检查期间内可以出墙报，并设墙报委员会领导之。"[①]"四三"决定，是延安整风的一个基本准则，无疑地偏袒了各级领导，约束了群众。这正如宋金寿所言："'四三'决定实质上是一个'纠偏'的决定，因而被中央研究院的一些同志称为'紧箍咒'。这样'四三'决定解救了整风发动以来一直处于被动地位的各级领导，使他们获得了对运动的领导权，同时也可以名正言顺地去纠正群众中的'偏向'，进而掌握了主动权"[②]。

三、"鲁迅杂文时代"的终结

中共中央"四三"决定发布后，从中央到地方，从各单位到参加整风的每一个人，都必须遵照此决定并贯彻执行。而此后由毛泽东主持的延安文艺界的整风，则是在"四三"决定的规定范围内，针对甚嚣尘上的以"鲁迅风"杂文为代

---

① 中央档案馆编：《中共中央文件选集》（第13册），中共中央党校出版社1991年版，第364—366页。
② 宋金寿：《毛泽东与王实味的定案》，载《北京科技大学学报》（社会科学版）1998年第4期。

表的延安文艺新思潮,采取三大举措,对延安文艺界的乱象进行"调整""整顿"和"提高"。

一是"整顿"并"叫停"与"鲁迅风"杂文思潮有关联的延安文艺媒介,其中包括《解放日报·文艺》、文抗系的《文艺月报》《谷雨》等,以及以《轻骑队》《矢与的》为代表的墙报类媒介等。

在延安文艺整风中最早开始整顿的是《解放日报·文艺》。1942年4月1日《解放日报》实行改版,"由不完全的党报变成完全的党报"。1942年3月11日《文艺》出满百期时,丁玲辞去了主编的职务,调到文抗工作。《解放日报》副总编辑艾思奇任副刊主任,《文艺》版改为舒群主编。二十九岁的舒群,面对包罗万象的综合副刊,觉得难以胜任,他说:"一个编者也应该有多方面的才能,始能胜任。可是在我们,又多半是作家兼任编者,那就难上加难"。"一个作家未必是一个编者。(但我这并不是对于丁玲同志的'下台',或是我的'上台',在这前后之间,有所骄傲,有所安慰和有所解脱)。"①针对这一问题,毛泽东耐心地做舒群的思想工作,说:"要找这么完全的人,这么有能力的人,你给我介绍一位。难道没有这么一个人,综合性的副刊就不办了吗?全能的人,现在没有,将来也不能有。你编文艺副刊,文艺副刊是个点,也是个面。因为你是搞文学的,所以文学是你的点,文艺是你的面。你也要由点到面嘛。你编综合性副刊,文艺是你的点,社会科学就是面了。都是先点后面,从点到面嘛!先文学的点后文艺的面;先文艺的点,后社会科学的面。面反过来又会促进点,使点深化。只要在工作实践中学习、提高,由点到面,你就一定能胜任这项工作。"②舒群接受这一职务后,又编了11期的《文艺》。1942年3月30日,《解放日报·文艺》终刊。这样,从1941年9月16日创刊,到1942年3月30日终刊,《文艺》栏共出刊111期。

《解放日报·文艺》终刊后,文抗系编辑的《谷雨》和《文艺月报》,也分别于1942年8月15日和1942年9月1日停刊。《谷雨》系延安文抗的机关刊物,1941

---

① 舒群:《为编者写的》,载《解放日报》1942年3月13日。
② 艾克恩编纂:《延安文艺运动纪盛》,文化艺术出版社1987年版,第327页。

— 405 —

年11月15日创刊于延安。《谷雨》基本上是双月刊，隔月15日出版，先后共出6期。当时由舒群、丁玲、艾青、萧军、何其芳等人组成编委会，轮流主持刊物的编辑工作。关于《文艺月报》停刊的事宜，萧军日记有详细记载。1942年8月24日的萧军日记云："上午发月报第十七期稿。"①9月1日，最后一期《文艺月报》出版发行。但萧军似乎并不知情上级要停刊《文艺月报》的信息，仍然在张罗着编辑第18期《文艺月报》——"纪念鲁迅先生特辑"②。但到了10月24日，萧军突然接到一封来自中央出版局出版科科长尹达的公函，云：

敬启者：顷接中央出版局来函如次：

"《文艺月报》编辑，萧军同志：

《文艺月报》奉文委的命令，决定停刊；兹将第十九期原稿全部退回请查收是盼！

敬礼

尹达（戳记）十月二十四日"③

这就是通知萧军，《文艺月报》从此不再出版了！萧军阅信后大怒，当天早晨即给中共中央文委写了一封措辞激烈的抗议信：

文委命令《月报》停刊谅属事实。兹有数事奉询：

1. 《月报》停刊前并未得到贵委任何通知或解释理由。

2. 《月报》自发刊迄今快将两载，自谓尚无违反民族与革命利益及抵触边区法令等事。

根据上项理由，即获得如次结果：

①蔑视编者的职权。

②限制人民言论自由。

③于"五一施政纲领"及边区法令精神不合。

---

① 萧军：《延安日记 1940—1945》（上卷），牛津大学出版社2013年版，第566页。
② 1942年9月30日萧军日记云："夜间把月报中纪念鲁迅先生特辑又编好。"参见萧军：《延安日记 1940—1945》（上卷），牛津大学出版社2013年版，第596页。
③ 萧军：《延安日记 1940—1945》（上卷），牛津大学出版社2013年版，第631页。

如于十一月十五日以前无具体回答时，本人为尊重边区"言论自由"权限计，为文艺，为革命计，决定自费出刊墙报一种，张于街头。

此致

中共中央文委

萧军

一九四二.十.三十①

萧军在写给中共中央文委抗议信之余，同时抄了一份底稿给毛泽东，云：

泽东同志：

兹抄录给文委函一件，奉上。或可于整风与检查工作时有些用处。

此祝　好

萧军

一九四二.十.三十②

但萧军的抗议信仿佛一箭之入大海，在中共中央文委和毛泽东那里没有得到任何回复，此事也就不了了之。文抗系的《谷雨》和《文艺月报》从此在延安文坛销声匿迹。

中央青委《轻骑队》墙报的命运更是一波三折。1942年4月，正值《轻骑队》创刊将近一周年之际，编者们发函向首长和有关单位的领导征求意见。名为"征求意见"，实际上编者们心里明白，表示赞扬肯定会比意见多。果然不出所料，赞扬、勉励、支持的回函纷至沓来。当时已在《解放日报》当编辑的李锐，让他的"老部下"，已成为《轻骑队》第三任主编的童大林，就此写一篇稿给《解放日报》。《解放日报》1942年4月10日第2版登出了这样的消息：

"轻骑队"系去年四月初出版，至今已达一年，上月底曾向延安各界负责同志征询意见，现据该刊代表人童大林谈：先后收到朱德司令、柳湜、南汉宸、萧军、艾青、方仲如、欧阳山、草明、陈伯达、王实味、萧三等同志的意见，多系加以鼓励。故纪念特刊将扩大篇幅，并定

---

① 萧军：《延安日记　1940—1945》（上卷），牛津大学出版社2013年版，第631页。
② 萧军：《延安日记　1940—1945》（上卷），牛津大学出版社2013年版，第630页。

于四月十二日出版。此外拟于近日（日期未定）召开读者座谈会，广泛征求意见，并对延安今天自我批评工作加以讨论，届时将敦请有关方面的负责同志出席指导。①

但《轻骑队》的这一举措，引起了不同的反应甚至异议。1942年4月6日，《解放日报》刊登了一封署名"克勉"的读者来信——《"轻骑队"及其它》。信中对于在《解放日报》刊登丁玲《三八节有感》之类的杂文，尤其是盛赞《轻骑队》的信件提出了完全不同的意见："'轻骑队'的言论可以说是不大负责任的。我们要问一下：在边区这样民主和言论自由的地方，如果是善意的和实事求是的批评，为什么不能公开地写出被批评者（机关或人员）的名呢？为什么不采取直率的热骂，而采取暗箭式的冷嘲呢？"最后，这封信还对《解放日报》提出了批评："'轻骑队'编者们的主观愿望也许是为了尽一些'言责'；可是我感觉这个刊物的作风是有毛病的。这种毛病也会侵入贵报副刊内某些杂文，而且竟有人主张将'轻骑队'的作风移植到报上来，而且确亦有些传染上了（如丁玲实味的杂文）。贵报既然负倡导文风之责，应当深自检点，不要沾染这种坏作风，并且想一些具体办法，怎样在我们革命队伍里进行自我批评的问题上起一些真正的模范作用。"②克勉的上述批评虽然是以信函形式表述，但其态度却是语重心长的。

到了1942年4月13日，《解放日报》第2版突然刊登出一篇题为《轻骑队将改变编辑方针》的报道，云：

"轻骑队"编委会最近曾检讨年来工作，认为编辑方针错误，并决定加以彻底改变。本报昨接得该墙报编委会来信，特发表于后：

本月十日解放日报发表《轻骑队出刊一年》消息，系童大林同志发出，未经编委会全体知悉。日前本刊编委会曾详细检讨一年来工作得失，认为过去编辑方针有错误，已决定加以彻底转变；至接到朱总司令

---

① 《"轻骑队"出刊一年：征询各界意见，扩大篇幅纪念》，载《解放日报》1942年4月10日。
② 克勉：《"轻骑队"及其它》，载《解放日报》1942年4月6日。

及各界同志的意见，多系严正批评指责，而该消息只说鼓励亦与事实不符，特此声明更正。

轻骑队编委会
四月十二日

显然，《轻骑队》编委会受到了上级的批评和压力，对一年来的办刊方针进行了整体的否定和检讨。

1942年4月23日，《解放日报》第4版发表检查《我们的自我批评》：

"轻骑队"这个小小壁报在延安出现，到现在已经满一年了。它的工作是革命队伍里自我批评的一种形式的尝试。它的动机曾屡次说明过：我们之所以要以这微弱的力量指摘，揭露，批评和建议，无非就是为了赶走在工作，学习，生活中不健康的成分。在创刊的时候，我们的旗帜上即写着：严肃，谨慎，诚恳。我们的信条即提出不油腔滑调，不冷嘲热讽，不作人身攻击，不带大帽子，负责任和自由讨论。但是在今天，根据党中央整顿三风的号召，虚心的检讨了这一年来的工作以后，我们坦白承认，我们并没有抓紧这些原则，而且越到后来，跟这些原则背道而驰的倾向就越加浓厚。改正这种倾向，彻底加以转变，已经是不能再延迟了。

接着，该检查详细列出了具体的改进方法，同时指出："为了补救这些过失，我们决心把第二年的'轻骑队'来一个彻底的改造，我们相信，走向正确方向的'轻骑队'，对于延安各方面的工作将会产生积极的作用，真正成为延安社会生活的舆论机关之一。"看来，编者们还想继续干下去。但是，1942年11月，中央宣传部代部长，又是中央青委书记的凯丰代表上级组织，找中央青委的蒋南翔、延安市青联的正、副主席章泽、童大林，以及李锐、许立群等人进行了两次谈话，批评他们是小资产阶级的"清谈"，在革命如此紧张、困难的时候，尽讲些饮食男女。因为《轻骑队》是他们在工作之余编辑的，各人又都有自己的一份正式工作，而且其中不少人早已离开了中央青委，现在又挨了批评，既然出力又

— 409 —

不讨好，也就从此黯然退场。①

二是在延安中央研究院开展了一场揭批王实味"反党"罪行的系列运动，并对其进行了彻底清算。

1942年4月7日，凯丰主持召开了一次座谈会，由中央研究院的负责干部（研究室主任以上）和积极分子（各研究室秘书和党小组长）二三十人参加。座谈会结束时，凯丰强调"必须明确地说，要纠正中央研究院在整风运动中的偏向"。

"四七"座谈会以后，中央研究院整风的主要内容就是"纠偏"。纠正偏向的方法：一是学习文件，首先是"四三"决定。二是集中讨论民主集中制的问题。"四三"决定以后延安的机关、学校等单位的整风，一般都是按照整顿学风、整顿党风、整顿文风的顺序进行的。为了及早地纠正整风中出现的偏向，中央研究院的整风，首先从整顿党风入手，具体进程是这样的：第一步，学习"四三"决定，了解整风运动的方针、立场和方式方法，对照中央研究院整风初期出现的问题；第二步，学习毛泽东的《改造我们的学习》，端正学习态度；第三步，学习列宁斯大林毛泽东《论党的纪律与党的民主》（言论摘录），了解党的组织原则和纪律；第四步，学习毛泽东的《反对自由主义》、陈云的《怎样作一个共产党员》和刘少奇的《论共产党员的修养》（节录），人人对照自己，清算自己的非无产阶级思想；第五步，从5月17日至5月30日召开全院的"民主与纪律"座谈会，对党的民主集中制原则、党的纪律问题上的意见分歧进行群众性的讨论与争论。②在这个座谈会上，罗迈做了总结性发言，指出："王实味的立场是与我们底党相对立的，是对党采取反对的立场的，这不单是思想上的错误，还是政治上的严重的错误。"有一部分同志向座谈会主席团提出："希望在下次的座谈会上，把王实味思想的实质更清楚地研究一下。"③

1942年6月1日，批判揭发王实味的大会正式召开。会议的正式名称为"党的

---

① 参见宋金寿：《延安整风前后的〈轻骑队〉墙报》，载《新文学史料》2000年第3期。
② 参见宋金寿：《毛泽东与王实味的定案》，载《北京科技大学学报》（人文社会科学版）1998年第4期。
③ 温济泽：《斗争日记（中央研究院座谈会的日记）》，载《解放日报》1942年6月28日。

民主与纪律座谈会",名为"座谈会",实际上是对王实味的"斗争会"。会议从6月1日开始,持续开会十次,到6月11日结束。6月2日,王实味向中央研究院党委提出了退党要求。6月4日,王实味出席座谈会,接受与会人员的轮番批斗。从此,王实味实际上开始失去了自由。①

与此同时,延安的媒体尤其是《解放日报》也开始了对于王实味及延安"鲁迅风"杂文风潮的集中讨论和批判。最早在《解放日报》上对延安"鲁迅风"杂文风潮提出批评的是署名"克勉"的一封群众来信——《"轻骑队"及其它》,信中重点批评的是《轻骑队》的作风,同时还对《解放日报》发表类似丁玲《三八节有感》的杂文表达了强烈的不满。②接着第二天,也就是4月7日,齐肃在《解放日报》上发表《读〈野百合花〉有感》。里图的《"大胆"与"硬骨头"》也发表于4月17日的《解放日报》上。这是最早的一批批驳延安"鲁迅风"杂文风潮的文章。其中以齐肃的文章最为尖锐,文中并不同意王实味的所谓"清教徒"及"平均主义"思想,并对王实味文中丧失革命立场的"冷嘲"文风提出了尖锐的批评:"实味同志似乎陶醉于自己字句的俏皮,嘲骂的尖利;而且为自己虚设了一个可能陷于疯狂的幻境,装出一付英雄的嘴脸,曰:我是不怕的。可是在卖弄文字之余,却实在已经有点忘记了自己是站在什么立场上说话了。"③齐肃的文章公开表达了与王实味对立的观点。

据温济泽《斗争日记》记载,王实味读了《读〈野百合花〉有感》后,遂即就撰写了《关于〈野百合花〉》一文予以辩驳。后来他将自己这篇辩驳文章,提交到6月1日的"党的民主与纪律座谈会"上。会上,艾思奇宣读王实味的文章,"在这篇文章里,他不仅继续污蔑党,而且以青年领导者自居,以现代的鲁迅自居,号召青年们与他握手。在听到后面这些肉麻的词句时,会场中引起一阵一

---

① 中央研究院"党的民主与纪律座谈会"的具体情景,参见温济泽:《斗争日记(中央研究院座谈会的日记)》,载《解放日报》1942年6月28日、29日;宋金寿:《毛泽东与王实味的定案》(续二),载《北京科技大学学报》(社会科学版)1999年第1期。
② 克勉:《"轻骑队"及其它》,载《解放日报》1942年4月6日。
③ 齐肃:《读〈野百合花〉有感》,载《解放日报》1942年4月7日。

阵的带着鄙视意味的哄笑"①。这里值得注意的是，从6月1日开始，中央研究院对待王实味的态度已经发生了根本性的变化。对此，温济泽也有透露："在以前讨论《野百合花》和《政治家·艺术家》时，有人说：'王实味的立场是错误的，但动机是纯洁的'。有人说：'动机是不纯洁的'。这个争论未决的问题，今天解决了，今天已经没有一个人再说他底动机是纯洁的了。王实味思想的错误与我们的偏向的根本区别，在今天已经明确地被暴露出来，暴露出他底一切挑拨性的言行，都是恶意地有计划地进行的。绝不能与我们底自发性的偏向同日而语。"②也就是说，王实味的问题已经由思想问题转化成为政治问题，用后来的政治术语表述就是由"人民内部矛盾"转化成为"敌我矛盾"了。③正因为如此，才有了上述王实味在座谈会场遭遇群众哄笑的狼狈场面。

其实，王实味以"现代鲁迅"自居，以"硬骨头"来表明自己"抗上"的斗争精神，都是真诚的内心表达，也是弘扬鲁迅精神的自觉行为，但在延安这一特殊的政治语境下，却成了人们的笑料。这也就意味着，他是不配与"革命导师鲁迅"相提并论的。于是，延安文艺界对王实味及其杂文的检讨和批判遂进入第二个更为深入的层面，那就是撇清或根除王实味与鲁迅在思想和艺术上的关联。

杨维哲的论文《从〈政治家·艺术家〉说到文艺——与王实味同志商榷》主要是针对王实味的《政治家·艺术家》而发，认为："政治是决定一切的，而艺术须服从于政治，同时作为一定的环境和时代的艺术家，不管他的意志和条件怎样，必须是服务于他自己的时代和阶级，超越一定的时代和阶级的艺术家是根本不存在的。所以无疑地，艺术家是须要政治家来领导的，而实味同志却正高呼着'艺术家要改造政治家的灵魂'，（大意）——而他虽然在说着政治家与政客有

---

① 温济泽：《斗争日记（中央研究院座谈会的日记）》，载《解放日报》1942年6月28日。
② 温济泽：《斗争日记（中央研究院座谈会的日记）》，载《解放日报》1942年6月28日。
③ 王实味由思想问题转化为政治问题，也就是"托派反革命"，主要是时任中央社会部部长和整风学习委员会副主任康生起了关键作用，"王实味遭劫难关键是康生的一席话"，连时任中央研究院党委书记李言都不知内情。参见宋金寿：《毛泽东与王实味的定案》（续二），载《北京科技大学学报》（社会科学版）1999年第1期。

着区分，而他自己却正是混合了他们。无疑地，延安是不允许政客存在的，而我们的政治家，还不致为自己的地位、名誉和利益而使用'革命的艺术'。"因此，杨维哲认为："杂文时代还没过去，而'鲁迅的杂文时代'却早该结束了。在今天，是须要读一读对革命有利的杂文。"①

杨维哲的论文发表后，陈道于5月22日深夜写出了回应的论文《"艺术家"的"野百合花"》。陈道的论文基本认同杨维哲对于王实味在《政治家·艺术家》中的"并列论"乃至"凌驾论"的批评，但却不同意杨维哲"'鲁迅的杂文时代'却早该结束了"的观点，他对鲁迅的作品进行了自己的"改造"性阐释："其实，在鲁迅先生的杂文里，我们看到先生对光明的礼赞，对革命的热爱，对牺牲者的怀念，对被压迫大众的同情；他从没有咒骂革命或歪曲夸大革命阵营的弱点；先生不仅把握紧唯物辩证的观点方法，而且有布尔什维克的立场，只要日寇与汉奸未被扑灭，反共倒退还蠢蠢思动，一直到中国人的思想意识彻底改造之前，鲁迅先生的杂文要存在的。"正因为如此，陈道认为，王实味的文章貌似鲁迅杂文，实则失其神："但是，由于作者立场的偏颇，他就不可能接受鲁迅先生的精神；因此表面的揣摩惟肖，对革命的损害也愈烈，为了保卫鲁迅先生，我们必须使损害革命利益的杂文绝迹。"②这在理论上就斩断或撇清了王实味与鲁迅的精神和艺术的关联，虽然"虚化"并"高扬"了鲁迅，但是达到了批判王实味的目的。

紧接着，鲁迅在上海期间的另一个"鲁门弟子"周文，接连写出来两篇论文《从鲁迅的杂文谈到实味》（写于1942年6月12日）和《鲁迅先生的党性》（写于1942年6月19日）。周文认为，"实味的《野百合花》的形式，是完全模仿鲁迅先生的《无花的蔷薇》的"，但缺乏的却是鲁迅在《答托洛斯基派的信》中所表现出来的无产阶级的"立场"和"党性"，"象实味那样，假借鲁迅先生的旗号，拿出貌似鲁迅先生的杂文，来号召艺术家们'首先针对着我们自己和我们底阵营

---

① 杨维哲：《从〈政治家·艺术家〉说到文艺——与王实味同志商榷》，载《解放日报》1942年5月19日。
② 陈道：《"艺术家"的"野百合花"》，载《解放日报》1942年6月9日。

进行工作',这种所为,我们每一个人,都有起来撕破他的假面的责任"。①鲁迅晚年的《答托洛斯基派的信》,"实在是一面清澈的明镜。把王实味的'理论'拿去一照,就很清楚的、爪牙毕露的照出王实味是一个怎样的东西"②。周文的思路和结论与陈道几乎如出一辙。

延安文艺界由揭批王实味所引发出的对于杂文这一文体的反省和检讨,第三个层面乃是从文学和杂文的本体视角立论,颠覆"鲁迅风"的杂文观,从而为延安时期的"新杂文"奠定了理论根基。"鲁迅杂文时代"是延安"鲁迅风"杂文风潮的灵魂,"鲁迅笔法"是其圭臬,前者重在"揭露黑暗",后者偏于"抨击时弊"。揭发与批判,冷嘲与热讽,乃是其关键词。但到了文艺整风阶段,"鲁迅风"的杂文观开始受到质疑和反思。其中的代表作是艾思奇的《谈讽刺》和金灿然的《论杂文》。

艾思奇在论述讽刺时曾强调指出:"讽刺服从于阶级的、民族的斗争任务。讽刺的内容和形式,决定于阶级立场和斗争对象。"又说,讽刺必须以事实作为基础,它是真理的反映,因此它"会因对象的不同而有差异,对敌人的讽刺和对自己的讽刺,不是,也不应是一样的":对敌人,讽刺是一种战斗的武器,它是具有"打击性质"的;对自己,讽刺是一种自我教育和自我批评的方法,它是必须充满"善意"的。③这不但赋予讽刺以阶级性,还对讽刺的运用制定了规则。这样,鲁迅式杂文倘要继续存在,那么它必然取决于其所表征的意识形态的合法性,而这样的杂文已经不是鲁迅那种任性而谈,无所顾忌,亦即忠实于自身体验、观察与思考的杂文了,而是一种曾被论者意欲命名为"新杂文"的那种东西。

金灿然的《论杂文》,正是由此出发全面阐发"新杂文"这一文体特质的,被当时的文艺界评为"最能说服人"的好文章。④金灿然的论文分三个问题展开

---

① 周文:《从鲁迅的杂文谈到实味》,载《解放日报》1942年6月16日。
② 周文:《鲁迅先生的党性》,载《解放日报》1942年6月22日。
③ 艾思奇:《谈讽刺》,载《解放日报》1942年5月24日。
④ 参见孙国林编撰:《延安文艺大事编年》,陕西师范大学出版总社2016年版,第485页。

论述：其一，杂文是干什么的；其二，杂文的时代问题；其三，杂文与讽刺。他认为，立场是杂文的灵魂，有正确的立场，才能分别敌友、光明和黑暗。杂文对于黑暗的暴露，不是为暴露而暴露，而是贯穿着对光明的礼赞。杂文作家要接触新生活，与工农兵前进的步调一致，走出"文化人"的小圈子，才有无限的生命力。现在有人误用了杂文这一武器，于是出现了"杂文的时代过去了""鲁迅的杂文时代过去了"的声音。这是不对的，杂文有着广阔的发展前途。"在无产阶级及人类未彻底解放前，杂文的时代是不会过去的"，说"鲁迅杂文时代没有过去"，并不否认当今的现实与鲁迅时代的区别，但锋芒指向敌人，这是不变的。最后，金灿然从杂文这一文体的本体论视角，对杂文中的讽刺进行了深入的辨析。他说，杂文不能包括全部讽刺文学，讽刺文学也不能包括全部杂文。杂文往往与讽刺在一起，却不一定需要讽刺。杂文与讽刺有同有异，杂文可以冷嘲，可以热骂，也可以幽默。杂文的作用不是单纯地揭露缺点，所以讽刺就不一定是杂文的灵魂。讽刺不要流于轻薄，需要深刻了解生活，有正确的立场。漫画往往伴有讽刺，但漫画不等于讽刺。[①]金灿然文章的字里行间，透露出来的大都是对于延安"新杂文"的文体期待。但其思路与艾思奇一样，辩驳对象无疑都是延安的"鲁迅风"杂文。

三是召开文艺座谈会，检讨并透析了当下的延安文艺新潮中所出现的理论问题，并对"鲁迅杂文时代"及"鲁迅笔法"在新时代的运用做出了"一锤子定音"的结论。

毛泽东所主持的延安文艺整风运动的另一个重大举措，就是召开文艺座谈会，针对延安文艺界所出现的文艺争执及纷乱现象进行总结、清理和定案。1942年4月10日，中共中央书记处召开工作会议。会议同意毛泽东的提议，准备以毛泽东、秦邦宪、何凯丰的名义召集延安文艺座谈会，拟就作家立场、文艺政策、文体与作风、文艺对象及文艺题材等问题交换意见。[②]从此，延安文艺座谈会开

[①] 金灿然：《论杂文》，载《解放日报》1942年7月25日。
[②] 中共中央文献研究室编：《毛泽东年谱（1893—1949）》（中卷），人民出版社、中央文献出版社1993年版，第374页。

始正式提上了工作日程。为了召开这次座谈会，毛泽东进行了大量的前期准备。大约从1942年4月初开始，他就有意识地与文艺界的作家艺术家往来，约请他们到杨家岭驻地谈话，与他们谈对文艺的看法，同时还请他们代为收集文艺界各方面包括反面的意见和材料。在不到一个月的时间内，被毛泽东约请的文艺工作者就有二十多人次。根据一些当事者的回忆，毛泽东约去谈话的文艺家有丁玲、艾青、萧军、舒群、刘白羽、欧阳山、草明、何其芳、严文井、周立波、曹葆华、姚时晓等多人。①与此同时，中央组织部部长陈云、宣传部代部长凯丰等也分别找作家谈话。

在经过了广泛深入的调研和准备之后，1942年4月27日，毛泽东与凯丰联名向延安文艺界百余人发出参加座谈会的请柬。5月2日，延安文艺座谈会在杨家岭中央办公厅召开，在延安的中央政治局委员、各文艺部门负责人及延安文艺工作者一百多人参加了会议②。座谈会举行了三次：第一次是5月2日下午1时到晚上10时半，毛泽东做了"开场白"的讲话，是为《讲话》的"前言"部分，然后是会议讨论。第二次是在5月16日，大会进行了激烈的争论，毛泽东、朱德等中央领导参会听取了大会的发言。第三次会议是5月23日上午10时开始，大会继续讨论，下午至晚上毛泽东做了总结性的发言，是为《讲话》的"结语"。毛泽东讲演的"前言"与"结语"合璧，后来经文字整理后，首次发表于1943年10月19日的《解放日报》，这就是后来成为权威性、经典性文献的《讲话》。

作为延安整风的重要组成部分，毛泽东《讲话》提出并解决了中国革命文艺发展史上遇到的一系列带有根本性的理论和实践问题，例如文艺为什么人的问题、文艺与政治的关系问题、普及与提高的问题、歌颂与暴露的问题等，提出了

---

① 毛泽东约请延安文艺工作者谈话的具体情景，请参照本书第五章第一节的论述。
② 延安文艺座谈会的参加者除专门邀请的文学艺术家之外，实际上开会时并无严格的限制。据多种不同的记载，三次会议参加者有所不同，从七八十人到一百五十人不等。实际参会者大约有140人，除了摄影时错失机会的，也有参加前两次会议，而未参加第三次会议的。参加合影的共106人。参见高杰：《延安文艺座谈会参加人员考订》，见《延安文艺座谈会纪实》，陕西人民出版社2013年版，第219—231页；高慧琳编著：《延安文艺座谈会参加者》，人民文学出版社2012年版。

文艺为工农兵服务的根本方针，强调文艺工作者与工农兵相结合，到火热的斗争中去，熟悉工农兵的生活，转变自身的世界观和价值观这一"党的文艺"的根本原则。但其基本的出发点，还是因1942年前后的延安文艺新潮，特别是"鲁迅风"杂文风潮而起。

在《讲话》中"结语"的第四部分，毛泽东专辟一章，来透析和评判当前延安文艺界的"乱象"，就当时流行文坛的八种"糊涂观念"进行了讨论。这八种"糊涂观念"：一是"人性论"。二是"文艺的基本出发点是爱，是人类之爱"。三是"从来的文艺作品都是写光明与黑暗并重，一半对一半"。四是"从来文艺的任务就在于暴露"。五是"还是杂文时代，还要鲁迅笔法"。六是"我是不歌功颂德的；歌颂光明者其作品未必伟大，刻画黑暗者其作品未必渺小"。七是"不是立场问题；立场是对的，心是好的，意思是懂的，只是表现不好，结果反而起了坏作用"。八是"提倡学习马克思主义就是重复辩证唯物论的创作方法的错误，就要妨害创作情绪"。其中，第五个"糊涂观念"就是"还是杂文时代，还是鲁迅笔法"这一命题。对此，毛泽东有如下的分析和评判：

> 把杂文和鲁迅笔法仅仅当作讽刺来说，这个意见也只有对于人民的敌人才是对的。鲁迅处在黑暗势力统治下面，没有言论自由，故以冷嘲热讽的杂文形式作战，鲁迅是完全正确的。我们也需要尖锐地嘲笑法西斯主义，和中国的反动派，但在给革命文艺家以充分民主自由，仅仅不给反革命特务分子以民主自由的陕甘宁边区及各敌后的抗日根据地，杂文形式就不应该和鲁迅一样，可以大声疾呼，不要隐晦曲折，使人民大众不易看懂。……对于人民的缺点是需要批评的，我们在前面已经说过了，但必须是真正站在人民的立场上，用保护人民、教育人民的满腔热情来说话。如果用对付敌人时所需要的刻毒手法来对付同志，就是把自己站在敌人的立场上去了。我们是否废除讽刺？有几种讽刺：有对付敌人的，有对付朋友的，有对付自己队伍的，三种态度各不相同。我们并

不一般废除讽刺,但必需废除讽刺的乱用。①

　　这是毛泽东对流行于延安的"鲁迅风"杂文思潮专门的透析和批评。值得注意的是,毛泽东在这里所列举的八种"糊涂观念",其实都有内在的关联,都与"还是杂文时代,还是鲁迅笔法"这一命题有着或直接或间接的思想和逻辑的关联。其中,除了第一种观念和第八种观念与本命题离得较远之外,其余的六大观念都与本命题直接夹缠在一起。但即使是第一种"人性论"观念,毛泽东所排拒的其中所内含的"普遍人性",不也与鲁迅杂文所标榜的"社会批评"和"文明批评"有着内在的精神性的呼应吗?第八种观念,毛泽东后来也有精彩的言论:"鲁迅不是共产党员,他是了解马克思主义世界观的。……特别是他后期的杂文,很有力量。他的杂文有力量,就在于有了马克思主义世界观。"②由此看来,在毛泽东心目中,当时风行的所谓"鲁迅风"杂文思潮,是在整体上与延安主流意识形态以及文学价值观不协调或者对立的。早在延安文艺座谈会之前,当杨维哲写下与王实味《野百合花》商榷的文章时,他曾困惑地指出:"遗憾的是:直到现在,中央还没有制定党的文艺政策,因此对于文艺的方向,有些人是在模糊中走上了歧路,有些人是不辨方向的乱冲,结果是丈二的金刚摸不着头脑。"③现在终于由中共最高领袖毛泽东出面,为今后的文艺创作,尤其是杂文写作立"规矩"了。

　　就毛泽东在《讲话》中所陈述的对于"还是杂文时代,还要鲁迅笔法"的评判而言,其中包含着至少以下三个层面的观念:第一,鲁迅式杂文适合于旧时代、敌对方,在新的时代和新的社会,"还是杂文时代,还要鲁迅笔法"则是"糊涂观念"和错误认识。执着于鲁迅的战法,视新的时代为"还是杂文时代",在新的社会继续写鲁迅式的杂文,则是不合时宜的。这实际上是否定了"鲁迅杂文时代"的合法性和"鲁迅笔法"在新社会的价值和意义。第二,"鲁

---

① 毛泽东:《在延安文艺座谈会上的讲话》,载《解放日报》1943年10月19日。
② 毛泽东:《同文艺界代表的谈话》,见中共中央文献研究室编:《毛泽东文艺论集》,中央文献出版社2002年版,第171—172页。
③ 杨维哲:《从〈政治家·艺术家〉说到文艺——与王实味同志商榷》,载《解放日报》1942年5月19日。

迅笔法"另一个文体特质就是"曲笔"的运用。所谓"曲笔",就是为文不直说,而是"弯弯曲曲"地委婉表述自己的心意,给予读者以暗示性的启发或影响。但毛泽东认为,在新时代和新社会,鲁迅式的"曲笔"就不合适了。隐晦曲折的表述方式,不应该是新时代杂文的正则。第三,暴露和讽刺是无所谓阶级性的,鲁迅杂文写作坚持的主要是社会批评和文明批评的原则,但在毛泽东这里,讽刺却被赋予了阶级性的内涵,并进行了分类。如何运用暴露和讽刺,关键还是立场问题:"如果不是对于人民的敌人,而是对于人民自己,那末,'杂文时代'的鲁迅,也不曾嘲笑和攻击过革命人民和革命政党,杂文的笔法也和对于敌人的完全两样。"也就是说,鲁迅杂文永远是伟大的,但"鲁迅笔法"在新的时代则未必合适。要写革命文,得先做革命人,做革命人就得融入革命集体,与工农大众相结合。毛泽东运用辩证的分析方法,不但巧妙地解决了鲁迅杂文在新时代遭遇的理论难题,而且更重要的乃是为革命文艺制定了文艺政策,为文艺创作指明了前行的方向。

毛泽东在《讲话》中对于延安文艺新潮所倡导的"还是杂文时代,还要鲁迅笔法"的权威评判,对当时正处于整风高潮的延安文艺界产生了重大的影响。当时的延安文艺界,正在通过公开集中地批判王实味来检讨、反省"鲁迅风"杂文为代表的文艺新潮的错误观念,而毛泽东《讲话》仿佛一针强心剂,给批判王实味的理论检讨注入了活力,也定下了基调。1942年5月28日,毛泽东在中央学习组会议上做报告,专门谈到了延安文艺界问题。他说:"最近一个时期,某些文章,某些文学作品——当然只是一部分,发生了一些问题。有些同志对一些事情不满意,提出一些意见,……现在所有发生的这些问题,所有发生问题的作品,我们说都没有什么大问题。……个别比较严重的就是王实味这个同志,他的思想是比较成系统的,似乎坏的东西比较更深一些。其他作品都与此不同,只是部分的问题,不是什么了不起的问题"[①]。"召开了三次座谈会,目的是解决文学家、艺术家、文艺工作者和我们党的结合问题,和工人农民结合的问题,和军队

---

① 《毛泽东文集》(第2卷),人民出版社1993年版,第426—427页。

结合的问题。要结合，就必须克服资产阶级、小资产阶级思想的影响，转变到无产阶级思想，这样才能够在思想上与无产阶级、与工农大众相结合，如果这个问题不解决，总是要格格不入的。"①毛泽东的这次报告，可以说是对于前一阵文艺整风运动的总结，同时阐明了当前深入彻底批判王实味及其文艺思想的必要性。由此开始，延安文艺界批判王实味的运动进入高潮。

延安文艺座谈会之后，中央研究院所谓的"党的民主与纪律座谈会"也就是批判王实味的"斗争会"于6月11日结束。会议的闭幕式上，丁玲代表文艺界、罗迈代表中央研究院分别做了《文艺界对王实味应有的态度及反省》和《论中央研究院的思想论战》的总结性发言。丁玲在发言中对自己编辑发表王实味的《野百合花》和在《解放日报》上倡导"鲁迅风"杂文表示悔恨和检讨："《野百合花》是发表在党报的文艺栏，而那时文艺栏的主编却是我，我并非一个青年或新党员。马马虎虎的发表了这样反党的文章在党报的副刊上，是我最大的耻辱和罪恶。我永远不忘记这错误，我要时时记住做为自己的警惕。但这错误决不只是由于我一时的粗心，而是与那时的编办方针有关的。"②罗迈则在大会上正式宣布："王实味是什么人？根据同志们在座谈会上揭发了的许多事实，证明他是一个托洛斯基分子。"③罗迈的发言表明，"大家对他的认识逐步加深，由他的反党立场，到他的反党动机，由他的反动思想，到他的政治上、组织上的反党行为。从思想问题上升到了政治问题和组织问题"④。这实际上就是说，中央研究院应该是已经接到了上级（康生）的指示，根据王实味1929年曾参与托派活动，以及直到1936年还与托派分子通信的事实，认定"他是一个托洛斯基分子"。罗迈宣布对于王实味的政治判决后，会议顿时"群情愤激，要求开除其党籍"。最

---

① 中共中央文献研究室编：《毛泽东年谱（1893—1949）》（中卷），人民出版社、中央文献出版社1993年版，第384—385页。
② 丁玲：《文艺界对王实味应有的态度及反省——六月十一日在中央研究院与王实味思想作斗争的座谈会上的发言》，载《解放日报》1942年6月16日。
③ 罗迈：《论中央研究院的思想论战——从动员大会到座谈会》，载《解放日报》1942年6月28日。
④ 李维汉：《中央研究院的研究工作和整风运动》，见温济泽、李言、金紫光等编：《延安中央研究院回忆录》，中国社会科学出版社，湖南人民出版社1981年版，第26页。

后，主持会议的范文澜发言，他回顾了组织上曾经试图挽救王实味的经过并声明："我们正是这样，用尽了苦心去挽救王实味，希望把他从茅坑里救出来，可是他却想把我们拉到茅坑里去。（笑声）刚才罗迈同志说，我们可以声明：王实味还有最后的机会从反革命的茅坑里爬出来。我同意这个声明，并愿意尽最后的努力去挽救他。"①紧接着，6月15日至18日，延安文艺界在抗敌协会延安分会作家俱乐部举行座谈会，痛斥托派王实味反动思想，并由文抗理事会决议开除托派王实味之会籍。②

王实味被定性为"托派反革命"后，延安的批王斗争进入高潮阶段。许多知名的作家、文艺家和理论家同仇敌忾、口诛笔伐，纷纷投入揭批王实味的斗争。罗迈、范文澜、艾思奇、张如心、陈伯达、丁玲、艾青、周文、刘雪苇等批判王实味的理论文章，相继在《解放日报》上被推出。在这批大批判文章中，最引人注目，也是分量最重的，乃是1942年7月28日、29日连载于《解放日报》的周扬的《王实味的文艺观与我们的文艺观》。笔者之所以如是说，不单是周扬的这篇论文是上述诸篇批王论文中最后发表并带有总结性的，还因为"综观所有批判王实味的文字，绝大部分都有一个共同特点，即从确定他反党反革命的政治立场和态度出发，来对号入座地指认他在那些言行上是反党反革命的；而唯有周扬的批判文章既从理论上将王实味与托洛茨基巧妙地联系起来作出了极具现实意义的对应分析，同时也从理论上将王实味的思想本质与其他文艺家的思想倾向区别开来作出了极具策略性的分析。正是由于这一联系和这一区别，使得周扬的理论分析既对与王实味有某种思想情绪联系的文艺家们形成一种警示和威慑，也搭建起了有一定政治偏向的文艺话语与毛泽东文艺思想之间趋向互相通约的桥梁"③。周扬晚年曾在这篇论文的"作者附记"里特别做了说明："我写这篇文章，着重从文

---

① 范文澜：《在中央研究院六月十一日座谈会上的发言》，载《解放日报》1942年6月29日。
② 参见《延安文艺界举行座谈会，痛斥托派王实味反动思想，建议文抗开除其会籍》，载《解放日报》1942年6月19日；《延安文艺界座谈会通过关于托派王实味事件的决议》，载《解放日报》1942年6月20日。
③ 高浦棠：《周扬与〈讲话〉权威性的确立》，载《文学评论》2006年第1期。

艺理论方面分析批判王实味的错误观点。"①

据《周扬文集》的编者郝怀明透露："毛泽东对周扬的这篇文章十分重视，亲自动手作了修改。1982年7月21日，周扬曾对参与编辑他的文集的同志这样说，批判王实味的文章是毛主席改的，为改这篇文章，政治局会议都停下来了，文章中很厉害的话是他加的，我也觉得好。"因此，"周扬对王实味的批判，不能单纯地看做是他个人的行为"②，甚至可以说，周扬的《王实味的文艺观与我们的文艺观》，是依据毛泽东《讲话》的核心思想而展开对王实味文艺观的批判的，其贯彻毛泽东文艺思想的意图也是十分明显的。论文一开首即指出："反王实味的思想斗争，对于我们文艺工作者，有特殊的重要的意义。王实味本算不了什么文艺家，但他发表了对文艺的意见，非常有害的意见，不容我们漠视。他的《政治家，艺术家》正可与《野百合花》争妍媲美。他的文艺观点有它托洛斯基主义的渊源，又和当前文艺上的一些问题极有联系；对他的观点加以揭发、驳斥，是十分必要的事情。"③而王实味，作为"一个化装了的托派，他的文学见解正和他的老祖宗托洛斯基一模一样"，这主要表现在以下三个方面：第一，文艺与政治的关系问题；第二，文艺是反映阶级斗争，还是表现所谓人性的问题；第三，今天的文艺作品应写光明，抑应写黑暗的问题。接着，周扬的批判遂围绕着上述三个问题而展开。

在文艺与政治的关系上，周扬批驳了王实味在《政治家·艺术家》中所主张的政治家与艺术家的"分立论"（"改造社会制度和改造人——人底灵魂"④），认为"他把艺术与政治分开而且对立起来。他不但丝毫没有艺术服从政治的观念，而且给了政治应受艺术指导的相反的暗示"⑤。与此相反，马克思

---

① 周扬：《王实味的文艺观与我们的文艺观》，见《周扬文集》（第1卷），人民文学出版社1984年版，第405页。
② 郝怀明：《如烟如火话周扬》，中国文联出版社2008年版，第85—86页。
③ 周扬：《王实味的文艺观与我们的文艺观》，载《解放日报》1942年7月28日、29日。
④ 实味：《政治家·艺术家》，载《谷雨》1942年第1卷第4期。
⑤ 周扬：《王实味的文艺观与我们的文艺观》，见《周扬文集》（第1卷），人民文学出版社1984年版，第385页。

主义却认为文学服从于政治，"文学应该成为党的文学"，"文学事业应该成为总的无产阶级事业的一部分"，这就是文学上列宁主义的最高原则。接着，周扬在论文中对"文艺服从于政治"的论断进行了他的理论阐发：第一，"艺术服从政治，就是要求艺术表现无产阶级的政治方向和利害，要求艺术表现党性。在组织关系上说，就是要求革命艺术家服从革命的组织"。这实质上就是服从政治倾向、政治思想，具体而言，就是"服从人"。[①]第二，文艺和文艺家是有其"特殊性"的。"文艺是以自己的特殊姿态去服从政治的。它有它特殊的一套：特殊的手段，特殊的方法，特殊的过程。这就是：形象的手段，一定观察和描写生活的方法，组织经验的一定过程。""然而文艺的特殊性并不能作为文艺可以离开政治任务，艺术家可以和政治乃至政治家疏远的一种遁辞，正相反，这要求艺术家更大的努力，更多地负起责任，要求艺术家参加实际工作，参加斗争，一方面用艺术创造服务于当前的斗争，一方面更深入更细心地研究实际。"第三，"文艺为政治服务"，尤其需要文艺走向人民。新的现实条件，即在抗日根据地，文艺与人民取得了前所未有的接触、融合的机会，这就为我们在乡村这一文化落后区域建设"文化中心"创造了有利的条件。周扬说："我现在深深地感觉，不把自己的创作活动与群众的实际斗争密切联系起来，使之服从这个斗争的需要，是不可能有艺术与政治之真正的结合的。"[②]为此，周扬对文艺如何服务于解放区的现实政治展开了自己的文化建设畅想：

---

① 周扬：《王实味的文艺观与我们的文艺观》，见《周扬文集》（第1卷），人民文学出版社1984年版，第384、386页。1980年9月，周扬在中央党校的一次报告中在谈到文艺与政治的关系问题时说："我在延安的时候写了一篇评王实味的文章，文章中说文艺服从政治主要是服从政治倾向、政治思想。主席专门同我谈这篇文章。当时他说，文艺服从政治，只是服从政治思想，不服从人啊？服从政治，也要服从人。我当时觉得主席讲得对。你说服从政治，政治总有一个具体的东西嘛。政治思想、政治倾向那是抽象的。所以他说服从政治也是服从人。后来我的文章里加上了这个意思。这个事情对我的印象很深。"[《周扬文集》（第5卷），人民文学出版社1994年版，第348页] 由此，郝怀明认为，"显然，这体现的正是毛主席的意见"，很可能是毛泽东修改的结果。参见郝怀明：《如烟如火话周扬》，中国文联出版社2008年版，第85—86页。

② 周扬：《王实味的文艺观与我们的文艺观》，见《周扬文集》（第1卷），人民文学出版社1984年版，第388—389页。

我们的艺术教育，文艺运动如果没有和新民主主义政权，和人民的军队，和工农大众密切而且直接地联系，艺术服务政治，就是一句空话。艺术的提高也是不可能的，没有基础的。就说全国罢，也好象将来的全国还是内战十年中的上海，或抗战五年的重庆，而不是崭新的民主共和国，民主政权在全中国的实现。我们没有懂得我们在文化上，从抗战第一天起，就已进入一个新的历史的时代；没有懂得在抗日根据地文化运动应当有新的一套：新的方针，新的任务，新的内容，新的形态，而这新的一套将有一天普及于全国；没有懂得毛泽东同志早在《论持久战》一书中所已指示了我们的："敌人已将我们过去的文化中心变成文化落后区域，而我们则要将过去文化落后区域变为文化中心。"这里说的将过去文化落后区域变为文化中心，并不是将过去大城市中的一套文化原封不动地搬到乡村来，而正是要把过去比较地只适于大城市，拘限于小资产阶级圈子的文化变为能适合于广大乡村与广大战争，以工农兵为主要对象的文化。①

这里引用的毛泽东在《论持久战》中的观点"我们则要将过去文化落后区域变为文化中心"，与毛泽东在1939年11月给周扬信中"农村是政治和文化中心"的论断有异曲同工之处。②由此表明，周扬阐明并贯彻的"文艺服务于政治"的理念，乃是毛泽东更为宏大的文化策略和设想。

在关于文艺上的"人性论"方面，周扬对王实味的批判在理论上似乎没有多大的创意，他所依据的均为毛泽东《讲话》中对人性论的论断。首先，周扬认定王实味的文艺观乃是"超阶级人性论"，他追求的是抽象的"高尚""纯洁"的思想感情，认为中国的大众是"肮脏黑暗"的，这种悲观论调是看不起自己的民族，对民众不抱信任的。其次，周扬搬来鲁迅"革命的爱在大众"的概念，标明

---

① 周扬：《王实味的文艺观与我们的文艺观》，见《周扬文集》（第1卷），人民文学出版社1984年版，第390—391页。
② 请参见本书第二章第二节"毛泽东与鲁迅：'文艺与政治的歧途'"与本章第二节"阿Q的'复活'与'新生'"中的有关论述。

对人民大众的爱是一种阶级的爱，而不是人性论的爱。最后，周扬的论文还是落实到毛泽东"与工农大众相结合"的思想上来，认为王实味的根本问题是与工农大众的隔膜和对立，所以对于人民群众"只是一种理性上的抽象的认识，还没有变为日常生活的感情、习惯，还没有变为真正的大众的爱"①。

有了"文艺服从于政治"和"人性的阶级性"作为前提，在周扬看来，关于写光明还是写黑暗的问题便有了答案。因为"这个问题的中心并不在应写何种题材，以及两者之中何者应多写，而在作者对现实所取的根本态度：他对于现实，对于革命，是从积极方面去描写的呢，还是从消极方面"。接着，周扬在批判王实味之际，也顺便对延安文艺新潮中的"问题作品"，如丁玲的《在医院中时》、鸿讯的《厂长追猪去了》、严文井的《一个钉子》等小说进行了批评，指出："新的时代，新的生活要求着新的歌唱，然而日常工作日常生活的艰苦，革命现实的散文方面，在我们的心灵上投射了暗淡的影子。我们许多人心里原来窝藏着的小资产阶级的本性，在遇到困难时，就渐渐凸露了出来。"这个问题被王实味抓住了，他第一个用明确的方式解答了它，公开叫嚷："艺术家改造灵魂的工作，因而就更重要、更艰苦、更迫切。大胆地但适当地揭破一切肮脏和黑暗，清洗它们，这与歌颂光明同样重要，甚至更重要。"②而周扬则认为，王实味不明白，写光明比写黑暗重要："我所谓写光明，就是主张写现实的积极的方面，成长的方面，有将来的方面。与剥削者的帮闲们对于他们的主人所做的所谓歌功颂德的文艺没有丝毫相同之点。不错，我们也是主张歌功颂德的，但这是歌群众之功，颂群众之德"，"有民众的地方就有光明，民众愈起来，文明愈扩展，民众愈有权，光明愈巩固"。③这就规定了文艺走向人民，写人民的光明的正确的方向。

在论文的"结论"部分，周扬总结道："我们和王实味在文艺问题上的一

---

① 周扬：《王实味的文艺观与我们的文艺观》，见《周扬文集》（第1卷），人民文学出版社1984年版，第396页。
② 实味：《政治家·艺术家》，载《谷雨》1942年第1卷第4期。
③ 周扬：《王实味的文艺观与我们的文艺观》，见《周扬文集》（第1卷），人民文学出版社1984年版，第401、402—403页。

切分歧，都可以归结为一个问题，即艺术应不应当为大众。这就是问题的中心。"①批判王实味对大众的贵族式的轻蔑，批判他把艺术与人民分离因而造成文艺工作者与人民的疏离，正是周扬论文的核心所在。他所围绕的上述三个命题展开的对王实味的批判，其主要目的还在于倡扬和光大毛泽东《讲话》的基本精神，"有所批判必有所主张。批判文艺脱离于政治而自由，是以文艺走向人民为理论依据的；批判超阶级的人性论，而提出对民众要有阶级的爱；批判写黑暗，而主张写出民众的光明。周扬批判王实味的文艺观，同时高扬起文艺为人民的文艺观"②。周扬深谙毛泽东《讲话》的基本理路和深在意涵，深中毛泽东宏大文化战略的其中"三昧"。周扬通过对王实味为代表的延安文艺新潮文学观念的透视和剖析，"疏通了毛泽东既推崇鲁迅、又遮蔽鲁迅主要思想功绩的话语悖论，也疏通了毛泽东所推崇的鲁迅和其他文艺家所推崇的鲁迅之间的话语意涵隔膜"，顺理成章地将这种话语意向引导到了毛泽东《讲话》所设定的话语逻辑轨道上，从而为毛泽东成功逆转以鲁迅为根基的延安文艺新潮，建构其"工农兵文艺"或"人民文学"理论大厦做出了积极的贡献。③

周扬的《王实味的文艺观与我们的文艺观》发表之际，延安整风运动已转入审干和"抢救运动"阶段。随之，批王斗争基本结束，"鲁迅风"杂文所带来的文艺新潮遂风流散尽。

---

① 周扬：《王实味的文艺观与我们的文艺观》，见《周扬文集》（第1卷），人民文学出版社1984年版，第404页。
② 孙书文：《延安文艺整风对中国现代革命知识分子的塑造——以周扬为个案》，载《海南城市学院学报》2009年第1期。
③ 参见高浦棠：《周扬与〈讲话〉权威性的确立》，载《文学评论》2006年第1期。

第十章 《文化报》事件：批判萧军

在延安，萧军一直自封、同时被延安文艺界视为鲁迅"衣钵"的继承者，一直以宣传和弘扬鲁迅的文学与思想为己任。"鲁迅弟子"的桂冠在延安让他的声誉日隆，更给他带来了特殊的政治上的庇护。正如萧军晚年所说的，他之于毛泽东，是一种"半宾半友"式的——类似于传统中国社会"客卿"的关系，他们的交往，是建立在"鲁迅"的基础上的。①萧军刚到延安时，毛泽东待他热情有加，不但通过萧军更加深入地认识了鲁迅，还广泛地结交了诸多延安文艺界的朋友，了解了延安文坛的风云变化。但经过了延安文艺整风，尤其是萧军卷入"王实味事件"和"下乡务农"之后，尽管毛泽东已经不待见，甚至明显疏远了他，但因为鲁迅的关系，还算对他有所礼遇，他也因此没有遭遇到像王实味那样被批判的命运。

1945年抗战胜利后，萧军凯旋东北，在时任东北局书记彭真的特别关照之下，他创办了《文化报》和鲁迅文化出版社，还设立了附属的墨水厂、铅笔厂、面粉厂、农场等经营机构，俨然成了一个"文化实业家"。但秉承着鲁迅启蒙主义理念的萧军，严重地错估了形势，竟以为此时是自己实现文学理想的大好时机，却不幸受到了暴风雨般的批判和处理。

---

① 邢富君：《"半宾半友式的交往"——毛泽东与萧军》，载《党史纵横》1992年第4期。

第一节

凯旋东北与恋爱风波

抗战胜利后，1945年10月间，党中央决定延安大学迁往东北办学（包括鲁艺）。1945年11月5日，萧军一家随由周扬、沙可夫率领的鲁艺文艺大队从延安出发赶赴东北解放区。年底，鲁艺文艺大队到达张家口。但因战事影响，前去东北的交通受阻，萧军一家遂在张家口停留了近半年时间。在此期间，1946年2月17日，萧军参与创建并组织了东北同乡会，同时还与晋察冀日报社社长邓拓，华北联大的何干之、欧阳凡海、成仿吾等人一起筹办鲁迅学会，在华北联大文学系为学生讲授鲁迅的文艺思想，参与当地文协筹办工作，开过几场鲁迅相关的讲座和座谈会。[1]

1946年8月7日，《东北日报》刊载《适应新形势需要，东北大学扩大规模》的报道，云：为适应新形势的需要，东北大学扩大规模，增加了教育学院和经济学院，共六个学院招收新生。学生达千余人。由萧军、吕骥、姜君辰等名作家、名教授三十余人任教。前延安大学校长张如心任本校第一副校长。鲁迅文艺学院院长萧军，副院长吕骥，社会科学院院长姜君辰兼，副院长胡炎、李先民。教育学院院长张如松，副院长吴伯箫、智建中。医学院院长白希清兼。自然科学院院长阎沛霖，副院长吴锦。经济学院由民主政府及财政经济机关另派人主持。

紧接着，时任中共中央东北局副书记的彭真从东北解放区派人到张家口接萧军去哈尔滨，以便协助开展工作。1946年8月中旬，萧军全家乘一辆无篷卡车，自带行李、干粮、清水等，路经内蒙古大草原，在张北夜宿喇嘛寺（贝子庙）。

---

[1] 王德芬：《我和萧军风雨50年》，中国工人出版社2004年版，第41页。

云泽同志（乌兰夫）宰羊五只招待了大家，过鲁北、林东、林西、天山、突泉、开鲁、通辽、白城子、昂昂溪等地。同行的还有五卡车张家口卫戍司令部运输队的八路军战士，以防路遇土匪和野兽的袭击。①

1946年9月13日，萧军一行抵达嫩江省（今黑龙江省）省会齐齐哈尔市。时任嫩江省省长的于毅夫是萧军的老友，会同文化教育界的车向忱、关梦觉等热情招待。9月14日下午在市政府礼堂召开了欢迎萧军大会。从15日至19日，请萧军为中小学及师范学院的教师、青年文艺爱好者做了几次演讲。讲词整理成文《杂谈摘录二则》发表于1946年9月22日《新嫩江报》副刊《学习也生活》第2期。

1946年9月21日清晨4点钟，萧军一家到达哈尔滨车站，前往东北大学办事处报到。②随后他与老友舒群、罗烽、白朗、金人等见面，同时与舒群一起拜见了中共中央东北局的领导人凯丰、彭真、林彪等。27日上午10时，中苏友好协会和民主青年联盟在商工公礼堂联合主办了盛大热烈的哈尔滨市各界欢迎萧军大会，到会人数六十余人，陈振球任主席。在会上，萧军又一次见到了老朋友金人、罗烽、白朗、李又然、章煌、高阳等。这一次荣归故地，距离1934年夏季他和萧红一道离开哈尔滨奔赴关内，已经整整十二年了。这期间故人如萧红、金剑啸、黄之明等人早已故去，自己也历经青岛、上海、武汉、临汾、西安、兰州、成都、重庆、延安、张家口、齐齐哈尔等，辗转各地，一路跋涉，饱经风霜。"虽然经过了十二年，但是一切仍如昨。这十二年中我却尝遍了人间的辛酸味"。"惊定还拭泪，生还偶然遂"，老友相会的惊喜触发了萧军浓烈的诗情：

　　金风急故垒，游子赋还乡
　　景物依稀是，亲朋半死亡
　　白云红叶暮，秋水远山苍

---

① 王德芬：《萧军简历年表》，见梁山丁主编：《萧军纪念集》，春风文艺出版社1990年版，第777页。
② 王德芬《萧军简历年表》云："9月20日从齐齐哈尔出发，23日到达哈尔滨"，见梁山丁主编：《萧军纪念集》，春风文艺出版社1990年版，第778页。据萧军日记记载，萧军一行是于9月21日早4点抵达哈尔滨车站的。现以萧军日记记载为准。参见萧军：《东北日记　1946—1950》，牛津大学出版社2014年版，第102页。

十二年如昨，杯酒热衷肠①

其中，既有不胜的今昔之感，又有"丹心酬父老"的炽热衷肠。

10月间，在东北行政委员会负责人彭真的委托、支持下，萧军在哈尔滨到各学校、机关、单位做了六十多场演讲。每次听众有几百至一两千人，每天讲一场或两场、三场，每场讲三四个钟头，解答了群众提出的许多问题。主要是：其一，苏联究竟是社会主义国家还是帝国主义国家？是友人还是敌人？根据苏联红军在东北军纪败坏的行为提出了质疑。其二，中国共产党和国民党有什么本质上的不同？其三，中国共产党对知识分子的政策如何？其四，中国共产党团结的对象包括哪些人？其五，中国现阶段的革命性质是什么？……大大小小两千多个问题。萧军每次演讲回来都向彭真及时汇报，共同研究、商量、分析……他是怎样回答的，回答得对不对，应当怎样回答，等等。后来萧军把群众提出的各类问题概括、归纳、总结成书面材料四大集，交给了彭真作为党和政府进行解放区各项工作的参考。②而此时中共在东北的群众根基尚未建立，因此便需要借用萧军的名望。而萧军作为鲁迅的门生、《八月的乡村》的作者、东北籍的著名作家，他的这些演讲和活动显然具有极大的名人效应。这对于宣传党的政策、提高群众觉悟、肃清日本帝国主义奴化教育的反动影响产生了正面的积极影响。

萧军在哈尔滨做了六十多场巡回演讲后，就于1946年11月初到佳木斯就任东北大学鲁迅艺术文学院院长的职务。但萧军在这个院长的岗位上只干了四个月，第二年3月就辞职重返哈尔滨。晚年萧军回忆说：

> 到了佳木斯又和家人们团聚了。她们是比我先来的，这里按照供给制的制度，也确是把我做"院长"来待遇了。有了四间小房子，一个厨工，一个朝鲜族的朴大嫂和她的女儿贤玉算为保姆，每餐饭有四个菜，一个汤，出门有马车，据说还为我准备了一位挂枪的警卫员。但我把这警卫员辞谢了，因为我不习惯在身后有人跟着。

---

① 萧军：《东北日记 1946—1950》，牛津大学出版社2014年版，第105页。
② 王德芬：《萧军简历年表》，见梁山丁主编：《萧军纪念集》，春风文艺出版社1990年版，第778—779页。

最不习惯的竟有人喊起"院长"来了。这一称呼对我竟是陌生得很，似乎和我毫无关系。而我向来是只能听人叫"萧军同志"或"老萧"我以为才是在叫我。于是最后我就放下了决心，必须要把"院长"这个官衔从我的头上摘下去，——决定辞职回哈尔滨干我应该和要干的事情去吧。[①]

萧军"回哈尔滨干我应该和要干的事情"，其实就是自己的老本行——文学和文化工作。从30年代登上文坛开始，萧军就为自己作品发表和出版困难、没有主动权和自由而困扰，早就有办出版社或独立编辑和出版一报刊的想法。加之，作为鲁迅的学生，他一直致力于整理、出版、宣传鲁迅的著作，所以迫切地想要成立个人的出版社以便刊发自己和鲁迅的作品。

其实，早在1946年9月26日，也就在到达哈尔滨的当天，萧军就通过老朋友，时任东北局宣传部文委副主任、东北大学副校长舒群的安排，到东北局与彭真、林彪、凯丰等领导人见面，并向他们谈起自己准备在哈尔滨创办鲁迅文化出版社等计划，以及对东北大学鲁艺文学院办学的建议，赢取了他们的支持。[②]不久，东北局在《东北日报》上报道萧军的演讲活动[③]，并且对萧军的文化活动给予物质支持。为支持萧军成立出版社、印刷鲁迅著作和出版刊物，彭真曾给过萧军三两半金子。[④]10月19日，在哈尔滨举行的鲁迅逝世十周年纪念大会上，萧军宣布鲁迅学会成立，鲁迅文化出版社成立。[⑤]1947年3月，萧军辞去东北大学鲁迅艺术文学院院长的职务，从佳木斯回到哈尔滨后，全身心投入鲁迅学会、鲁迅文化出版社的工作。这时，东北局宣传部的凯丰、任荪给了萧军一吨报纸，并为他写介绍信向东北银行借款30万元钱，哈尔滨市政府方面为萧军联系印刷机器、租房

---

① 萧军：《哈尔滨之歌三部曲》，见《萧军近作》，四川人民出版社1981年版，第238页。
② 萧军：《东北日记 1946—1950》，牛津大学出版社2014年版，第102页。
③ 《萧军日前举行报告会解答省一中同学问题》，载《东北日报》1946年10月1日。
④ 萧军：《人与人间——萧军回忆录》，中国文联出版社2006年版，第469页。
⑤ 萧军：《东北日记 1946—1950》，牛津大学出版社2014年版，第118页。

等具体事宜。①1947年4月,鲁迅文化出版社在哈尔滨尚志大街5号原福特汽车公司旧址开始运营,萧军任社长,徐定夫任经理。②1947年5月4日,萧军又创办了《文化报》,挂靠在鲁迅文化出版社名下。《文化报》为八开小报,周刊。同时,萧军在鲁迅文化出版社的牌匾以外还挂了两面牌子:一块是鲁迅学会,一块是鲁迅社会大学筹备处。由此可见萧军要借"鲁迅"这一招牌,开拓一番文化事业的勃勃雄心。

可是,正当萧军踌躇满志地要实现夙愿,展开一番宏大的事业之际,一场突如其来的"恋爱风波"却让他再一次跌入人生的谷底。

萧军到达东北之后,还参与了东北文协的筹办工作。1946年10月19日,时值鲁迅逝世十周年,哈尔滨文化界召开纪念大会,罗烽主持大会,萧军、高崇民、金人在会上讲了话。"要之,都是说,我们纪念鲁迅,必须向鲁迅学习,学习他为人民服务的精神,和对付凶恶势力的魂魄,我们要照着鲁迅先生踏出来的道路,朝着他的方向前进!这方向就是毛主席所指出的'中国新文化的方向'。"③《东北日报》出了纪念特刊,萧军发表了纪念文章《为纪念而战斗,为战斗而纪念!》。同一日,东北文协成立筹备会,选出筹备委员十七人:萧军、华君武、罗烽、白朗、舒群、陈隄、王一丁、李则蓝、草明、罗明哲、金人、何士德、茌苏、李江、陈振球、唐景阳、铸夫。常委九人:罗烽(总务部长)、萧军(研究部长)、草明(出版部长)、舒群、华君武、金人、白朗、王一丁、陈隄。总分会之机构,现分三部:总务部,总揽全会会务,负责组织、会

---

① 萧军:《东北日记 1946—1950》,牛津大学出版社2014年版,第106、108、117、119、126、201页。
② 王德芬《萧军简历年表》云:"(1947年)4月,在东北局宣传部的支援资助下,给了萧军三两半金子(折合东北流通券40万元),在尚志大街5号原福特汽车公司旧址,创办了'鲁迅文化出版社',任社长,兼任'东北文协'研究部部长。"参见梁山丁主编:《萧军纪念集》,春风文艺出版社1990年版,第780页。其实,鲁迅文化出版社早在1946年10月19日,即在哈尔滨举行的鲁迅逝世十周年纪念大会上,萧军就宣布成立了。但随后也就是11月,他即赴佳木斯就任东北大学鲁迅艺术文学院院长去了。1947年4月,应该是鲁迅文化出版社开始运营的时间。参见冉思尧:《萧军与延安文艺思潮》,陕西师范大学2023年博士学位论文,第192页。
③ 冯明:《记鲁迅十年祭和东北文协的诞生》,载《东北文艺》1946年创刊号。

员登记、经费收支等事宜；出版部，出版文艺书籍、编辑会刊等；研究部，研究有关文艺上的诸问题，并对爱好文艺的青年进行指导等。①

东北文协是在中共中央东北局直接领导下负责开展全东北文艺工作的。"根据形势任务的要求，确定两项大的工作，即改造旧艺人，创刊《东北文艺》月刊，当时，东北还没有全部解放，加之人力有限，我们的工作只能限于哈尔滨的旧艺人，选定改造的对象为京剧演员秦友梅、徐菊华、徐菊敏、尹月樵……"②作为东北文协的研究部长，萧军主要负责并参与文协旧剧改造的工作，其主要任务是在哈尔滨几家剧院组织旧艺人开座谈会，通过谈话、接触去改造和教育他们。1946年11月6日，在文协召开的一次座谈会上，萧军结识了京剧演员秦友梅。

秦友梅（1921—1992），原籍山东蓬莱，出身梨园世家，父母均是京剧演员。十六岁在哈尔滨学唱京戏，曾得到王艳芳、李妙兰、新砚芬、赵绮霞等人的指导。后正式拜师于莲仙、王文沉、王芸芳，得到他们的亲传实授。1937年在沈阳纳凉园首次登台演出了《武家坡》，1938年在哈尔滨自己组班领衔主演，长期流动演出于东北各大城市。③秦友梅曾是哈尔滨道里大众剧场的台柱子，在东北名气很大："道里的老观众一定还会记得，从中央大街向水道街一拐，就可以看到挂在大街上的一块很大的横牌，上面醒目地写着三个大字'秦友梅'，横牌的下方写有徐菊华、尹奎良、王美君、徐菊敏、秦锁贵等演员的名字，这就是大众剧场主要演员的阵容。"哈尔滨解放后，东北文协发动改造旧剧运动，道里大众剧场刚好打出《天国女儿》剧目广告，这是该剧场主动编排的一场新京剧。"这个戏描写的是太平天国的一段故事，看过演出使我感到戏的主题思想比较模糊，人物性格也不够准确。原因是他们还没有获得进步的指导思想和正确的艺术创作方法。但在推翻日寇所扶植的'满洲国'统治之后，在共产党所领导下的哈尔滨，他们想跟上时代步伐，编演新的京剧剧目，这种戏曲改革的精神，是非常可

---

① 《萧军等人发起成立全国文协东北分会》，载《东北日报》1946年10月18日；杨志和：《东北文艺大事纪要》，载《东北现代文学史料》1984年第9辑。
② 陈隄：《哈尔滨文学追想录》，见阿鸽编：《未名集》，哈尔滨文学院，第292—293页。
③ 沈阳市戏曲音乐集成编委会编：《沈阳市戏曲音乐集成》，中国工人出版社1999年版，第394页。

贵的。"①这样，大众剧场立刻受到东北文协的关注，开始进行旧剧改造工作。11月6日的这场座谈会，应该就是在这个背景下召开的。座谈会上，作为哈尔滨大众剧院的头牌名角，二十五岁、青春靓丽的秦友梅自然引起了萧军、罗烽等文协领导的特别关注。当天的萧军日记这样记道：

> 晚间"文协"和一些旧剧人开座谈会。开得很热烈，有趣，我们酒全喝得很多。回来烽和我还兴奋地谈了很久，因为那秦友梅对我的态度竟引起了自己很长久感情不安，她是那样临行长久注视着我们，对我似乎是特别感兴趣，并嘱咐我去看她。当然这是一些可笑的冲动，我应该很好消除这渣滓，万不能放纵一点罗曼的感情，这会引起大恶果。②

这应该是萧军与秦友梅的第一次见面。初次相见，竟引起了他"很长久感情不安"。尽管理智告诉他"这是一些可笑的冲动"，但这种"罗曼的感情"，还是深埋在心底，这就为后来的感情发展留下了伏笔。隔了一天，也就是11月8日上午，萧军和陈布文（张汀夫人）又去秦友梅、徐菊华处，"和他们谈了些如何组织平剧研究会的方法。晚间又和华君武、罗烽同去秦处，我把此后工作关系介绍给他们，而后大家在秦家喝酒，谈得很畅快。秦她们很憎恶旧社会那种对她们传统看法。她们要提高自己社会地位，获得艺术新生命，甚至表示愿意和我们一同撤离哈尔滨。徐菊华也把他多年写的剧本大体读给我们听了几段，这是一个有热血，聪明青年，只是修养不足。我们要负责改造、教育他们"③。

1947年3月21日，已经辞去东北大学鲁迅艺术文学院院长职务的萧军回到哈尔滨，正式接手东北文协的旧剧改造工作。这期间，萧军与秦友梅的接触愈发频繁，二人交往愈发密切，于是社会上开始出现关于二人恋爱的传闻。好友舒群听闻后，一次见面时就以开玩笑的方式"讽刺"萧军道："对于秦不要发生感情！"萧军听后也马上有所警觉，在当天的日记里特别提醒自己："虽是玩笑，

---

① 张东川：《哈尔滨时期的戏曲工作》，见《张东川剧本评论选集》，辽宁人民出版社1995年版，第171、172页。
② 萧军：《东北日记 1946—1950》，牛津大学出版社2014年版，第125页。
③ 萧军：《东北日记 1946—1950》，牛津大学出版社2014年版，第126页。

但我是应该警惕的啊！"①4月7日，秦友梅见到萧军，向他吐露出内心的矛盾和苦恼："家庭中八九口人全仗她一人扶养，她憧憬着光明，一时又难脱旧的力量。"秦友梅的信任，自然激发了萧军早已有之的"英雄救美之心"："过去她爱哭，不愿说话。她是个出淤泥而不染的人，我必须站在一个真诚的人的革命者、作家的立场上，帮助她强健起来。但是应该时时警惕不做了自己感情的奴隶。一个懂得了人生滋味的人，是容易改造的。"②这样，萧军了解到了秦友梅深陷旧家庭束缚的苦恼，遂发愿要帮助她脱离苦海。事实上，他也是这样做的。查1947年4月间的萧军日记，萧军与秦友梅几乎天天见面，不是开会座谈、谈论剧本删改等问题，就是晚上观赏秦友梅的演出，私人的聚会和接触也明显增多。显然，尽管萧军一再克制，但还是忍不住爱上了秦友梅，甚至还把秦介绍给了妻子王德芬，以至于她们两人也成了好友。

萧军与秦友梅的异常关系大家自然都看在眼里，记在心里。一时，风言风语当然也传到了萧军的主管部门——东北文协乃至东北局宣传部。经过商议，由舒群出面干预此事。舒群时任东北大学副校长，同时还兼任中共中央东北局文委副主任，具体主管文协工作。1947年5月14日，萧军日记记载："当晚舒群来和我谈，她家中从她日记中已全部知道了我们关系经过，他们要秦和我断绝关系，而且很严重……"③可见，秦友梅对于萧军的热情也是铭感于心。她甚至秘派了她二叔带来一封信，"她说跪在父亲膝前哭着发下誓，一辈子也不能离开我，她怕我受'革命的裁判'……她要为我牺牲……她终日以泪洗面"④。鉴于目前的严重局面，舒群要求萧军与秦友梅断绝关系，以免后患。对此，深陷感情旋涡的萧军当然不服气。在他看来，自己同时爱着两个女人，是自己生命中不可或缺的，所以，当他的妻子王德芬知道此事后，质问并怀疑他的爱情是否真诚，是否有偏差，萧军是这样回答的："'你们是不同啊，你是'文学'，是我终生生命所托

---

① 萧军：《东北日记 1946—1950》，牛津大学出版社2014年版，第206页。
② 萧军：《东北日记 1946—1950》，牛津大学出版社2014年版，第207页。
③ 萧军：《东北日记 1946—1950》，牛津大学出版社2014年版，第218页。
④ 萧军：《东北日记 1946—1950》，牛津大学出版社2014年版，第218页。

的事业,我不能离开你;她是音乐啊,我爱音乐,但却不能去做音乐家。如果两者全有,在我是幸福了……'我底爱,我底感情确是如此。我明知有多少人在指摘我,骂我,嫉恨我……但这对我有什么关系呢?我一定要为自己的幸福而战斗。"①萧军在男女关系上情感丰沛而放纵,他一直信奉的是"爱便爱,不爱便丢开"的爱情哲学。当年在哈尔滨流浪期间,他与萧红同居后,就曾暗恋和追求过名媛Marlie和陈涓。到了上海又旧情复炽,对已为人母的陈涓更是展开热烈追求,后来还与黄源夫人许粤华相恋,这极大地伤害了萧红,迫使她辞国出走日本,最终竟与萧军彻底分手而与端木蕻良同居。②

上述与秦友梅的这段恋情,对萧军来说可谓故态复萌,是他作为"中国现代作家的浪漫一代"(李欧梵语)的爱情哲学的进一步演化。但也应该看到,萧军与秦友梅之间的这段恋情的复杂,不能简单地归结于婚外情或者完全按照萧军自己的叙述将其美化成至高无上的"爱情"。萧军本人酷爱旧戏,在延安时就曾创作剧本《武王伐纣》,对于名角秦友梅,萧军赏识她的唱功和表演能力,同情她的身世遭遇,在日益密切的接触中,两人逐渐产生相惜相爱的感情。但不能忽视的是,萧军与秦友梅自始至终处于不对等的权力关系和工作关系中,尤其当时东北正在进行声势浩大的土地改革运动,中共党组织在城市中对东北沦陷时期的职员、旧艺人等进行严格的身份审查,萧军是掌握剧院、演员前途的一方,而秦友梅则属于被改造的、落后的一方,在这种不对等关系中,萧军认为自己是在"挽救""帮助"秦友梅脱离旧家庭和旧式剧院对演员的人身束缚,秦友梅则抱着一种崇拜、依附的情感与萧军交往。萧军从"人性之爱""感性"的角度出发,试图以温和、渐进的方法完成东北文协让他负责的改造工作,正如新华楼聚餐时他向罗烽等人的解释,他抱着同情、感化、拯救的心态试图帮助秦友梅脱离水火,却不曾想把自己也搭了进去。③

---

① 萧军:《东北日记 1946—1950》,牛津大学出版社2014年版,第219页。
② 参见周彦敏:《萧红的情人们》,金城出版社2014年版,第116—136页。
③ 参见何蓓蓓:《革命体制下萧军式"个人主义"的命运——"萧军思想批判"始末(1946—1949年)》,华东师范大学2020年硕士学位论文,第24—25页。

萧军的"顽抗"态度显然激怒了东北文协乃至东北局宣传部的领导人。5月18日，他便接到文协的通知：撤销他东北文协研究部部长的职务，乃至会员资格，并责令他在6点之前搬离文协。这个类似于撤职的处分彻底激怒了萧军："这真使我愤怒了，我预备和他们决战，他们使我寒心。"① 接着，萧军找到舒群质问，舒群答应他第二天去见东北局宣传部部长凯丰。5月18日，萧军由舒群陪同，"上午去见凯丰，将一切情形谈了，我承认自己这次确是犯了感情错误，同时我也问清了他们对我的基本态度"，随后还把自己日记中关于秦友梅的部分以及秦友梅的日记和信拿给舒群看，希望能得到他们的理解。②

1947年6月4日，东北文协召开扩大会议，讨论并决定人民剧院及秦友梅的去留问题。因为萧军此前已经被文协开除了会籍，所以，他对于秦友梅的处置结果也无从得知。③ 会议结束后，作为萧军老友，同时还是中共东北局文委副主任的舒群与时任哈尔滨市委秘书长兼宣传部部长的唐景阳（又名唐达秋）先后于6月14日、15日、16日连续三天来找萧军谈话，协调解决这场"恋爱事件"：第一，立即结束与秦友梅的恋爱关系。第二，建议萧军离开哈尔滨一段时期。第三，萧军离开哈尔滨后，秦友梅与其封建家庭的脱离问题由文协来负责解决。第四，希望萧军找个时间与文协主要成员座谈一下，以消除各自的"误会"。④

就在舒群、唐景阳与任荪找萧军谈话后的第二天下午，也就是1947年6月17日，舒群、罗烽、白朗、金人及任荪、唐景阳请萧军夫妇在哈尔滨新华楼聚餐，借此消除彼此间曾经的误会。席中他们每个人都向萧军解释对他的"心"，同时进行了自我批评。他们劝萧军尽快下乡，"尽快割掉自己的瘤子"。接着，萧军慷慨陈词：

> 首先我愿意承认在感情上自己犯了错误，我不该在职位上和秦发生感情关系，这是"渎职罪"！我原先是把自己做为桥梁把她渡过来，谁

---

① 萧军：《东北日记　1946—1950》，牛津大学出版社2014年版，第219页。
② 萧军：《东北日记　1946—1950》，牛津大学出版社2014年版，第219页。
③ 萧军：《东北日记　1946—1950》，牛津大学出版社2014年版，第225页。
④ 萧军：《东北日记　1946—1950》，牛津大学出版社2014年版，第227—231页。第三次参与谈话的还有时任东北局宣传部长秘书的任荪。

知我这桥梁不结实，中途把她落进水里去了！别的方面我不愿说我弱于那位同志，只有在男女爱情这一点上，我是弱者！就如希腊神话中一个浸过野马血的人，刀枪不入，可是在一片树叶留下的空痕中他被射死了！至于同志们对此事处理方法和态度上，我不想说什么，我那时只感到你们是执行权力者，我则是被权力执行者，因此我不愿和诸位讲什么友情……比如赶我六点钟搬家事，我那时只有等待你们强制执行……

萧军承认自己犯了"渎职罪"，但同时表达了对于文协同行的不满。说着说着，萧军一时情绪失控，竟痛哭起来。后来，萧军说，这是他自鲁迅先生去世后的"第二次痛哭"！至于为什么痛哭，萧军向他们解释说："第一，我痛心十四五年的朋友和同志，几乎竟变成了敌人的对峙的样子；第二，他们只顾了执行'原则'竟忘了我这具体的人！"[1]等到酒席散去，恢复冷静后，萧军理智上虽然知道舒群、罗烽等人是"善心地"对他，他也应顾及革命的尊严和影响去下乡参加土改进行自我改造；但在情感上却不能接受对他如此"残忍"的处置，甚至赌气彻底与文协隔断联系，摆脱经济依附关系。

与东北文协决裂后，萧军与秦友梅的关系也随之戛然而止。1947年6月15日，萧军收到一封秦友梅的分手信，云："萧军同志：过去叫它过去吧，我决不妨害你底工作。既爱就不能害。从此分道扬标（镳）。各奔前程。请你不要怕。千万不要为了这一时之情，把过去的成绩完全沫（抹）杀了。别忘掉你底任务！……"萧军收到信后，知道秦友梅的分手信一定是在文协组织的压力下写出的，因此既觉得有所解脱，又感到愤怒和沮丧，当即回信云："友梅女士：我读过你底信，我尊重你底意见和决定，我不想做任何解释，也许你有一天会理解，也许永远不会理解。至此我无话可说。……"信写毕，又觉得没有必要回复，最后这封信没有发出。[2]

受秦友梅事件的影响，由鲁迅文化出版社发行的《文化报》自5月4日创刊以来，出了七期后便不得不于6月15日宣告停刊，出版社也只能暂时交给经理人徐

---

[1] 萧军：《东北日记 1946—1950》，牛津大学出版社2014年版，第231—232页。
[2] 萧军：《东北日记 1946—1950》，牛津大学出版社2014年版，第228—230页。

定夫一人打理。6月26日,舒群与唐景阳再次与萧军谈话,告诉他东北局"为了挽救他的思想",要他必须离开哈尔滨,而且这是强制的。[①]于是,萧军怀着愤懑、消极的心情,最终于7月1日在哈尔滨搭车前去齐齐哈尔,在东北局西满分局郭述申处报到,准备去富拉尔基县参加土改。两个月以来满城热议的"恋爱风波",终因主人公的离场落下了帷幕。

---

① 萧军:《东北日记 1946—1950》,牛津大学出版社2014年版,第234页。

第二节

两报论战与批判萧军

这里所谓的"两报论战",指的是萧军主编的《文化报》与戏剧家宋之的主编的《生活报》围绕着当时的社会、政治和文化诸问题而发生的激烈论争。这场论战从1948年5月开始,一直延续到11月间,最后以《文化报》停刊,主编萧军受到组织处分而告终。到了1949年,东北局宣传部主持文艺工作的副部长刘芝明认为萧军对自己的错误不思悔改,继续负隅顽抗,又在整个东北解放区发动了一场声势宏大的"批判萧军"的运动。

我们已经知道,萧军于1947年因与京剧演员秦友梅之间的恋爱事件,被开除出东北文协后到富拉尔基从事土改工作。在此期间,萧军又经历了一次人生的至暗、至痛的时刻:1947年9月17日,他最挚爱的小女儿小红因肺病去世。在萧军看来,一年中他失去两个"爱",这真是命运对他的严重惩罚。这年10月,萧军全家由富拉尔基迁回哈尔滨。时任东北局宣传部部长的凯丰,还是一如既往地支持和关照萧军,让他继续担任鲁迅文化出版社社长和《文化报》主编。随后,萧军把主要的精力都用在了出版社的经营和《文化报》的事务上。他聘请了精明强干的青年经理徐定夫作为助手,在佳木斯和吉林两地成立了分社,在哈尔滨道外成立了分销处,还建立了一蓝墨水工厂(金鸡牌),一面粉加工厂,一铅笔厂,一文具商店,在顾乡屯建立了鲁迅农场(灯笼果园)。另外,萧军还创办了鲁迅社会大学,自己亲自给学员上课。重起炉灶的萧军在文学事业上锐意进取,大有东山再起之势。1948年4月,鲁迅文化出版社再版了萧写的《八月的乡村》和萧红的《生死场》,《文化报》4月20日第30期开始连载萧军写的《鲁迅先生书信注释》53封。

1948年1月1日，停刊了半年之久的《文化报》又重新复刊，与读者见面。萧军自撰《复刊词》和《新年献辞》，同时还发表了多篇自己的作品，如《〈第三代〉新版前记》（评介）、《我的生涯（四）第三章：家族》（自传）、《一间楼主随笔》、《偶成》（旧体诗，署名"念奴鸠"）等。在《复刊词》中，萧军表明了《文化报》的办刊宗旨和编辑方针："本报任务，只在为读者们报导一些文化消息。此外介绍一些文化常识、短文、小诗、书评、剧报以及杂碎之类；本报编辑还是抱了'摆小摊'与'卖零食'的精神和气魄，只要某些残钉碎铁，一粥一饭于读者生活和学习上稍有用处，在我们就心满意足，此外无求。"①后来在给凯丰的信中，萧军更是把自己的办刊理念具体化为以下几个方面："一.在内容上，我是企图对一些旧思想、意识、观念……习惯等，作一番批判，而后把一些新东西引进来。二.在形式上，我是企图利用过去'市民形式'采取一定的趣味化，多面化，常识化，贴近他们底嗜好、习惯和生活。三.在方法和步骤上，我是采用渐进的，温和的，改良的……四.在读者对象上，我是选择了：一般知识分子，市民，学生，店员……这一'死角'，消灭它。"②而在署名"秀才"所撰的《新年献辞》中，萧军畅想了新的一年里所要倡扬的几大政治主题：一曰支援前线也，二曰民主政府也，三曰拥护中国共产党也，四曰打倒蒋介石赶走帝国主义也。文章又特别标明更为深层的文化宏愿乃是"开展新文化运动，建立新人生观"，"开展新文化者何？一曰别其腐旧，承其精英，弃其粕糟，纠其谬误，肃其毒害；二曰建设'民族的、民主的、科学的、大众的'之文化也。欲建文化，首在启蒙，故言文化而恶言启蒙运动者，此犹靳珠宝而言哀矜贫瘘；囤粟粮而语博爱饥人，非为迂执即为伪诈之流，是又非新文化之真路与夫真精神之所在也，应在检讨之例"。接着，文章列举了当下东北社会所存在的"主义"，也即思想文化痼疾，竟达125种之多，并且指明这些"主义"都应在扫除之列。③这说明，萧军坚持的还是鲁迅的文化启蒙主义的理念和路径：以文学介入社会，进行社会

---

① 本社：《复刊词》，见《萧军全集》（第12卷），华夏出版社2008年版，第112页。
② 萧军：《萧军全集》（第16卷），华夏出版社2008年版，第217页。
③ 秀才：《新年献辞》，见《萧军全集》（第12卷），华夏出版社2008年版，第111页。

与文明的批评,"揭出病苦,引起疗救的注意"。而《文化报》复刊号所刊登的萧军的两篇《一间楼主随笔》:一篇论"沉默",呼吁凡事不能保持"沉默";一篇论"级",抨击的乃是当时社会"级别"崇拜的流弊。下乡参加土改归来后的萧军还是没有任何变化,他仍然坚守着自己的理念,似乎要将其标榜的"新五四运动"和"新启蒙主义"在东北进行到底。

《文化报》复刊号甫一出版,即引起了东北局宣传部领导的注意和警惕。1月4日,时任东北局宣传部部长的凯丰即亲笔致信萧军,对其中一些文章"不严肃""发牢骚"的内容和态度提出批评。第二天,萧军即回复凯丰,表示接受批评意见,进行自我批评和检讨:"我想我还是能听取善意批评的人,同时也不容易误解人,或者责怪人……只是对于一些总企图用'成见'或者某种'力量'硬要我低头的人,我却很难让步,那时就容易引起一种'拼了'的感情,这也就如你过去所批评于我'有时理性不能很好地控制感情'的话。"[1]1月15日下午,哈尔滨市委秘书长、宣传部部长唐景阳找萧军谈话,谈到了社会上对于《文化报》复刊号的议论,同时对《新年献词》提出了批评,萧军对此进行了必要的解释和辩解。[2]

但萧军对于东北局宣传部领导凯丰和唐景阳的提醒与批评似乎并没有放在心上,在他看来,他们是政治家,看问题显然与新闻、文学的业务还是有差异的。[3]但他不知道这时候的新闻、文学已经成了党的意识形态的重要组成部分。他还照常以自己的理念办报,《文化报》常常触及重大的理论问题并自由讨论,进行鲁迅式的社会和文明批评。抗战胜利后的哈尔滨,除了东北局主办的《东北日报》,几乎没有文化生活类的报纸,而《东北日报》属于党和政府的机关报,主要刊载政治性的报道和文章。当时的哈尔滨,刚从日本和国民党政府的统治下解放出来,"有些青年、学生、知识分子对于祖国的观念,民族的观念,还是很

---

[1] 萧军:《东北日记 1946—1950》,牛津大学出版社2014年版,第374页;萧军:《致凯丰》,见《萧军全集》(第16卷),华夏出版社2008年版,第217—218页。
[2] 萧军:《东北日记 1946—1950》,牛津大学出版社2014年版,第377—379页。
[3] 萧军:《东北日记 1946—1950》,牛津大学出版社2014年版,第374页。

模糊的，对于国民党还存有着'正统'观念，对于中国共产党、毛主席、八路军、新四军……革命的，抗战的，伟大的功勋和意义是模糊的，甚至一无所知以至抱有着一种默默不信任的、冷淡、被敌人歪曲宣传所造成的'成见'以至'敌视'的心理状态。""而一些政治性的宣传文字对于他们感到陌生，无关，以至漠不关心的状态。所谓文化生活呈现一种沉寂和死气的状态。"[1]《文化报》复刊之后，萧军将自己的全部精力都投入办报，他不仅编稿，还亲自撰稿，甚至连给读者回信也由他包办。由于《文化报》的民办公助性质，经营上属于自负盈亏，要想生存下去，必须要迎合读者的趣味，满足读者的需求。为此，《文化报》采取了如下的编辑方针和形式：

编辑方针：采取毛主席的"与人为善"、"治病救人"的基本思想和精神。

编辑形式：采取多样统一，凡属一般小资产阶级趣味，情调的东西，尽管采用。采取"杂货摊儿"，"卖零食"的办法。

编辑门类：短评、杂文、农村、工厂、街市速写报导，书刊介绍、评论，科学小品，文艺随笔，读书心得，政治、革命术语常识，革命人物介绍，烈士事迹，文艺理发馆、问答专栏，文艺消息，五日国内外大事辑……等等。[2]

因此，《文化报》复刊之后，颇为一般读者，特别是青年、学生、知识分子等所欢迎。它最高销量每期可到万余份，这在当时基本上仅限于哈尔滨一个几十万人口的城市来说，已属不易。

《文化报》的影响日渐扩大，还惊动了东北局的高层领导。《舒群年谱》记载：

东北文坛上发生了"文化报事件"。在哈尔滨，萧军创办了《文化

---

[1] 萧军：《关于几项问题的自我认识和几项问题的补充交代》，见《我的文革检查——萧军自讼录》，牛津大学出版社2016年版，第168页。
[2] 萧军：《关于几项问题的自我认识和几项问题的补充交代》，见《我的文革检查——萧军自讼录》，牛津大学出版社2016年版，第168页。

报》，发表了一些有轰动效应的文章。东北局宣传部有人认为《文化报》有反党反苏反人民言论，要其停止印行。作为东宣部文委副书记舒群和中共哈尔滨市委秘书长唐景阳等，表示了不同意见。舒群、罗烽、唐景阳到东北局组织部请示林枫，林打电话给高岗，高岗说不宜过急，可先进行思想斗争。凯丰指示不宜过早在党报《东北日报》上发表文章，可先利用《东北文艺》为思想斗争的阵地。舒群、罗烽、唐景阳请求另办小型期刊，凯丰没批准，后又有严文井、宋之的、金人、草明、罗烽、白朗等请示办刊，始得批准。出了五日刊《生活报》，组成编委会，与《文化报》展开论争。①

这里的林枫，时任中共中央东北局委员、组织部部长；凯丰，时任中共中央东北局委员、宣传部部长；高岗，时任中共中央东北局常委、副书记。这份史料至少透露出以下三个重要信息：第一，阻遏《文化报》的发展势头，甚至批判其错误倾向是东北局集体决策的结果。第二，在压制并批评萧军及其《文化报》的自由办报理念和自由评议社会政治的倾向中，萧军的老朋友如舒群、罗烽、白朗等及其文学同行如严文井、宋之的、金人、草明等，起到了更为主动的作用。第三，交代了后来成为《文化报》的"死对头"——《生活报》的创刊过程。《生活报》的创刊乃至后来与萧军及其《文化报》的论战，并不是后来诸多文学史论著所认为的——"批判萧军"的"主将"是后来的东北局宣传部副部长刘芝明所主导的。②刘芝明是1948年7月才由辽东省委宣传部副部长调任东北局宣传部秘书长，1949年初升任东北局宣传部副部长的。③

1948年5月1日，由中共中央东北局宣传部主办的《生活报》在哈尔滨创刊并

---

① 史建国、王科编著：《舒群年谱》，作家出版社2013年版，第68页。《舒群年谱》所叙的"文化报事件"应发生于1948年，但该书却错置于1947年5月。
② 王德芬编的《萧军简历表》记载："由东北局宣传部副部长刘芝明出面，委托宋之的创办了《生活报》。"参见梁山丁主编：《萧军纪念集》，春风文艺出版社1990年版，第782页。
③ 参见《刘芝明年表》，见陈业主编：《江潮集：刘芝明百年诞辰纪念》，辽宁人民出版社2007年版，第459—460页。

与读者见面。《生活报》由著名的戏剧家宋之的担任主编,编委会由宋之的、金人、华君武、沙英、王坪组成。该报四开四版,与《文化报》一样,也是五日刊,以知识分子为读者对象。在《创刊的话》中,该报声明:"民主与反民主,侵略与反侵略的斗争,在今天,是较之历史上的任何时期都更尖锐了……记录这英勇的战斗,以及帮助在战斗中的人民如何去认识这战斗的环境,是我们的最主要的目标。"值得注意的是,《生活报》甫一亮相,就摆出了与《文化报》对垒的架势:第一,《文化报》是1947年5月4日创刊的,这一天正是五四运动的纪念日,而《生活报》则选在"五一"劳动节创刊,暗示出了与《文化报》完全不同的办报理念。第二,《生活报》创刊时,专门召开了一个新闻发布会,招待文化界人士,但偏偏就没有邀请办报纸的同行萧军参加,其对立倾向或敌意不言自明。第三,更为甚者,乃是《生活报》创刊号上发表了一篇署名"邓森"的短文《今古王通》,云:

> 史书上记载着隋末的一位妄人,名叫王通。他封自己作孔子,把一时的将相如贺若弼、李密、房玄龄、魏征、李勣等人,攀作其门弟子,著了一本他自己和他的门弟子们问答的书,叫做"文中子"。这个人,后世虽称他为病狂之人,这本书,后世虽称之为妖诬之书,但在当时,这一种举动,却不失为一种很好的沽名钓誉的方法,少不了有一些群众要被迷惑的。这种藉他人名望以帮衬自己,以吓唬读者的事,可见是古已有之了。不晓得今之王通,是不是古之王通的徒弟。

以古之王通,讥讽"今之王通"。因为此时的《文化报》正在连载《鲁迅先生书简注释》及萧军的自传《我底生涯》,所以,萧军看到这篇文章后,随即查阅了《古今人名大辞典》,发现"王通"的注释之下,并没有什么劣迹,更没有"沽名钓誉",做过迷惑群众的演讲以至于办什么小报等行为,文章的影射之意是明显的。萧军对这种不坦诚不友好的行为很反感,于是连夜写了一篇《风风雨雨话王通》,发表在《文化报》第35期上,意在为王通申辩和正名。萧军后来回忆说:"《生活报》发表《今古王通》是经过策划、有目的的,不是无的放矢。《生活报》对我的文章没有反应,目的不是想要与我争论'古王通',而是

— 447 —

用'古王通'做陪衬，抓《文化报》的'今王通'，这才是政治要害。他们想挑起论战，再加以围攻。"①于是，《文化报》与《生活报》的两报论战正式拉开序幕。

如果说"今古王通"之辩还只是这场大论战的预演的话，那么《文化报》与《生活报》的真正对垒和论辩却是在1948年"八一五"抗战胜利纪念日之后。1948年8月15日，是抗战胜利第三个纪念日。《文化报》第53期特别发表社论《三周年"八·一五"和第六次劳动"全代大会"》以示纪念。同一期报纸上，还刊登了一篇署名"塞上"的小品散文《来而不往非礼也》及萧军写于延安和张家口的一组旧体诗《抚今追昔录》。令萧军没有想到的是，这三篇作品却遭到了《生活报》的猛烈抨击。

1948年8月21日，《生活报》发表社论《斥"文化报"的谬论》，首先指名道姓地批评萧军在《三周年"八·一五"和第六次劳动"全代大会"》这篇社论中的"险恶居心"。萧军的原文是这样表述的：

> 如果说，第一个"八·一五"是标志了中国人民战败了四十年来侵略我们最凶恶的外来的敌人之一——日本帝国主义者；那么今年的"八·一五"就是标志着中国人民在共产党领导下，就要战胜我们内在的最凶残的"人民公敌"——蒋介石和他底匪帮——决定性的契机。同时也将是各色帝国主义——首先是美帝国主义——最后从中国土地上撤回他们底血爪的时日；同时也就是几千年困扼着我们以及我们祖先的封建势力末日到来的一天。②

这里，最扎眼的还是"各色帝国主义"一词，竟引起了《生活报》社论的激烈反弹："各色帝国主义，究竟何所指呢？只是国民党的政客，才欺骗的谎言帝国主义者'赤'、'白'二色，而诬蔑苏联是'赤色帝国主义'。……我们想，萧军先生可能是为了行文的方便，忽略了东北乃是苏联红军解放的这一事实；但决不会在字里行间暗示苏联是'赤色帝国主义'，愤怒的要苏联紧随美帝国主义

---

① 李炳侯：《我所知道的萧军和〈文化报〉》，载《党史纵横》2015年第11期。
② 萧军：《萧军全集》（第12卷），华夏出版社2008年版，第220页。

之后，从'中国土地上撤回他们的血爪'。""字里行间暗示苏联是'赤色帝国主义'"，这实在是一个吓人的断语！实际上，"各色帝国主义"是萧军在当时的习惯用语，意指"各类帝国主义"，是"帝国主义"同义词。写于1946年的《再来一个"五四"运动！》中就有这样的表述："我们——伟大的人民——几乎是赤手空拳一次又一次地击败了那些企图永世千年奴役、剥削我们的各色帝国主义者们，一次又一次地粉碎了那些为各色帝国主义者做奴才、做走狗、做帮凶、做刽子手的各色集团和势力。"① 写于1947年的《新"五四"在东北》，也用了"各色帝国主义"一词："经过了'五四'这一分水岭，就由广大的农民阶层和新兴的工人阶级以及革命的知识分子，构成了这革命的主流，以中国共产党为首引向了今天。我们不独是明确地，而且要彻底地掘翻那古老的封建坟坑，而且要彻底斩断任何企图要扼死这伟大民族的魔手——各色帝国主义者们。"② 毋庸讳言，保有着强烈的民族自尊心的萧军，对于苏联军队出兵东北后出现的各种败坏军纪的行为，是有不满情绪的，对于苏军解放东北及苏联政府还是持肯定和友好态度的，否则也不会有同一期《文化报》上与东北文学界同人于"八一五"纪念日致苏联作家的贺信③。萧军是在到达东北以后才对苏军败坏军纪的诸种劣行有所了解和认识的，但他在张家口暂住时的1946年，也就是到达东北前就开始使用"各色帝国主义"这一名词，因此，《生活报》社论说他以"各色帝国主义""暗示苏联是'赤色帝国主义'"显然是既不符合逻辑，也不符合史实的。但是也应该看到，萧军于1948年8月15日这一重大的历史纪念日使用"各色帝国主义"来代指各国列强的"帝国主义"，却让《生活报》的论敌找到了用词上的"破绽"，应该说这是重大的修辞上的失误。

接着，《斥"文化报"的谬论》又把批评矛头对准了《文化报》这一期上刊登的《来而不往非礼也》一文。该文的原题为《顽皮的孩子》，萧军觉得这篇小

---

① 萧军：《再来一个"五四"运动！》，见《萧军全集》（第12卷），华夏出版社2008年版，第24页。
② 萧军：《新"五四"在东北》，见《萧军全集》（第12卷），华夏出版社2008年版，第66页。
③ 丁玲、草明、白朗等：《"八一五"致苏联作家信》，载《文化报》1948年第53期。

品文写得有趣生动，遂改为《来而不往非礼也》予以发表。文章写的是在哈尔滨的几个白俄贵族在自己的花园里喝茶，有三个中国小孩好奇地隔着篱笆观看。这时俄国老太婆大叫着要他们滚蛋，俄国小姑娘还扬手表示要打他们。一个孩子气不过就拾起一块小石头扔了过去，正巧砸破了玻璃杯，开水溅在了几个俄国人身上，烫得老太婆叫骂不止，而孩子们却嬉笑着跑开了。对此，《生活报》社论评论道："几乎用不着解释，没有比这更恶毒的挑拨中苏民族仇恨的了，没有比这更露骨的倡导要对苏联采取报复行为的了。作者阴险的把俄国人描画成'侵略者'，'剥夺者'，把中国的小孩子描写成'被侵略者'，'被损害者'，而且公然提出'来而不往非礼也'的号召，以期读者都能师法。若说这文章不是社论里那含糊其辞的'各色帝国主义'的注脚，谁能相信呢！《文化报》已经完全堕落到偏狭的民族主义里去了。"其实，《来而不往非礼也》文中提到的俄国老太婆，绝非斯大林领导的苏联公民形象，而是指逃亡到中国境内的白俄，但经过《生活报》社论的点染、引申和深文周纳，萧军及其《文化报》"反苏"的罪名几乎就要呼之欲出了。

受到《生活报》社论《斥"文化报"的谬论》批评的，还有同一期《文化报》刊发的萧军的《抚今追昔录》。《抚今追昔录》除了小序之外，包括五篇作品，即《闻胜有感并叙》《惊讯》《萁豆悲》《小招——为抗日殉难八路军、新四军烈士作》和《悼关向应同志并叙》组诗。为此，萧军还专门撰写了简短的序言，云：

> 从"八·一五"胜利纪念日以后转眼已是三年。这三年中，日本强盗虽然从中国解放区土地上被赶跑，而丧尽天良的蒋介石匪类却要中国人做美国强盗的奴隶以及他底奴隶。为了不愿做奴隶，中国人民在共产党领导下又断断续续进行了三年自卫与解放的战争！我知道中国人民底血，还要大量地流下去，我也知道不流血是不会换得真正自由与平等，但是"抚今追昔"，终难免有所怆然！"萁豆相煎"实不能无所悸恸！值兹三周年纪念，无新思，也无新文，录过去在延安写下的旧诗数章以志记。
>
> 作者　一九四八·八月九日

这则小序，表露的其实是萧军作为一个革命文学家面对战争的内心纠葛和真实情怀。萧军明白，这场战争是奴隶们争自由的翻身之战："这三年中，日本强盗虽然从中国解放区土地上被赶跑，而丧尽天良的蒋介石匪类却要中国人做美国强盗的奴隶以及他底奴隶。为了不愿做奴隶，中国人民在共产党领导下又断断续续进行了三年自卫与解放的战争！"但一想到战争的残酷与血腥，"我知道中国人民底血，还要大量地流下去，我也知道不流血是不会换得真正自由与平等"，作为一个饱含人道情怀的文学家，萧军"抚今追昔"，"终难免有所怆然！'萁豆相煎'实不能无所悸恸！"但到了《生活报》这篇社论的笔下，却是萧军"不辨是非的把人民的解放战争比做'萁豆相煎'"。抗战胜利后国共两党的内战，是正义与邪恶之战，是人民获得自由幸福和解放之战，但萧军却有意地模糊敌我，将其比附为"萁豆相煎"的兄弟之争，这自然也就抹去了这场战争的正义性。因此，《生活报》认为，说到底还是萧军的"立场"出了问题。抗战胜利了，本应该"闻胜而欢跃"才是，但《抚今追昔录》的小序上却说："我知道中国人民底血，还要大量地流下去，我也知道不流血是不会换得真正自由与平等，但是'抚今追昔'，终难免有所怆然！'萁豆相煎'实不能无所悸动！"对此，《生活报》评论道："这种装模作样的腔调，不仅是思想糊涂，观点有害，而且分明是站在反人民的立场上的。"在社论的最后，《生活报》正颜厉色地向萧军及其《文化报》发出了警告："我们愿在这儿恳切的正告《文化报》的编者和以上所引文章的作者，如果他们还真想对人民解放事业尽一点心力的话，希望他们能够有在人民面前公开承认错误的勇气，有在《文化报》上公开的严厉的批判自己错误立场和观点的勇气。"其语气之峻急，态度之激烈，溢于言表。

时间已进入1948年秋，决定东北全境解放的辽沈战役即将打响。面对《生活报》上升到政治高度的凌厉批判，萧军顿时感到了问题的严重性，他认为这是对他的政治陷害。性格刚烈的萧军决定不再沉默，要奋力挺身一搏。紧接着，他在《文化报》上接连发表《文艺上的批评与自我批评》等社评，并以萧军个人署名，用"古潭里的声音"为总题，连续发表《驳〈生活报〉的胡说》等论辩文章。①而《生活报》一方则自认为真理在握，依然按照既定的方针和调子，以发排炮的战术，连续发表了《分歧在哪里？》《"剥开皮来看"》《论萧军的求"真"》《本社重要声明》《论萧军的"九点九"》《论"言论自由"》《有过勿惮改》等七篇社论和一系列署名文章，有组织有计划地对萧军的思想、言行和创作进行了全面、系统的批判，造成一种强大的政治攻势。纵观整个论争过程，双方围绕着如下四个命题进行了激烈的、毫不留情的辩论：一是萧军及其《文化报》的"反苏"问题；二是萧军及其《文化报》的"反共"问题；三是萧军及其《文化报》的"反人民"问题；四是萧军及其《文化报》的"反土改和人民战争"问题。从此，两报之间你来我往，剑拔弩张，而且随着双方各自拥趸的加入，这场争论竟更加热烈，更加深入，一时轰动了整个东北解放区，读者以能读到这火星四溅的嘴仗文章为乐。论战一直持续到1948年10月，最后才在东北局宣传部的"调解"之下，暂时止息。

东北局宣传部负责调解《文化报》与《生活报》两报争执的，仍然是萧军的老朋友舒群。其实，早在两报之间的争执刚刚启动之际，舒群就有意调解并消弭这场冲突。舒群知道，东北局宣传部对于萧军的改造是势在必行的，于是他就提出了"收编"萧军的办法，一是让萧军重新加入文协，二是劝萧军"入党"，以此来加深他与党组织的感情，缓和他与组织之间的紧张关系。萧军也感到，从"恋爱风波"被东北文协开除后，自己也成了"家族以外的人"，这种远离组织的孤苦无依的状态，也不利于与社会各界尤其是自己的"顶头上司"——东北局宣传部的工作往来，于是就接受了舒群的建议，决定申请加入中国共产党。其实，在延安时期，萧军就曾两次在口头上提出了要加入中国共产党的愿望，后来却因为觉得自己自由散漫的性格与共产党员还有不小的距离，这样入党之事遂搁置了下来。②1948年7月15日，萧军生平第一次向东北局宣传部部长凯丰递交了入

---

① 萧军总题为"古潭里的声音"的反驳文章共分四篇，分别载《文化报》1948年9月1日（第56期）、5日（第57期）、10日（第58期）、15日（第59期）。
② 萧军：《延安日记 1940—1945》（下卷），牛津大学出版社2013年版，第384页；王德芬：《萧军在延安》，载《新文学史料》1987年第4期；方朔：《萧军入党的前前后后》，载《炎黄春秋》2007年第6期。

党申请书，凯丰非常高兴，还答应准备与舒群一起做萧军的入党介绍人。自此，萧军的入党之事开始启动。

但天有不测风云。在萧军申请入党之时，《文化报》与《生活报》的"两报之争"还处于暂时的休战期。到了1948年7月，时任辽东省委宣传部副部长的刘芝明调任东北局宣传部秘书长，主管文艺工作。刘芝明到任后，两报之争迅速升级，发展为全面的论战。萧军披甲上阵，拒绝休战的战斗姿态，也使得他与东北局宣传部的关系极为紧张。这样，萧军入党之事就被搁置起来。1948年9月19日晚间，萧军在激愤之中写了一篇"告别书"，但没有发出。10月7日，东北局宣传部召开《文化报》与《生活报》的调解会议，参会的人有刘芝明、舒群、丁玲、吕骥、宋之的。会上，萧军的不驯服态度遭到了大家严厉批评，一怒之下，他宣读了那封"向共产党告别的告别信"。[①]这样，萧军的入党之事遂彻底告吹。

萧军入党之事的搁浅，也意味着他与东北局宣传部的关系彻底搞僵了。这样东北局宣传部遂由后台走上前台，直接干预两报论战了。1949年5月，先由东北文艺协会做出《关于萧军及其〈文化报〉所犯错误的结论》，接着是中共中央东北局发布《关于萧军问题的决定》，给萧军做出了"用言论来诽谤人民政府，诬蔑土地改革，反对人民解放战争，挑拨中苏友谊"的组织结论，最后做出如下决定：

一、在党内外展开对于萧军反动思想和其他类似的反动思想的批判，以便在党内驱逐小资产阶级的、资产阶级的和地主阶级的思想影响；在党外帮助青年知识分子纠正同类错误观点。

二、加强对于文艺工作的领导，加强党的文艺工作者的马克思列宁主义的修养，在文艺界提倡严正的相互批评和自我批评，反对无原则的"团结"和无原则的"争论"，为提高文艺作品的思想性和艺术性而奋斗。

三、停止对萧军文学活动的物质方面的帮助。

萧军的鲁迅文化出版社及《文化报》本身属于民办公助性质，东北局决定"停止对萧军文学活动的物质方面的帮助"，也就意味着其彻底的"失血"和

---

① 萧军：《东北日记 1946—1950》，牛津大学出版社2014年版，第512页。

"断供"：银行不再贷款，纸厂不再供应纸张，各机关单位不准订阅《文化报》，不准售票处和报贩子代卖《文化报》，订户可以随时退订《文化报》，吉林、佳木斯两市的分社停业。1948年11月20日，《文化报》停刊。12月初，鲁迅文化出版社及其附属的墨水厂、铅笔厂、面粉厂、农场等单位全数交给了东北局宣传部所属的中苏友好协会。萧军无奈只能回归东北文协，于1948年12月17日随东北局文化部迁往沈阳。1949年3月，经东北局宣传部刘芝明副部长批准，萧军被遣送至辽宁抚顺煤矿总工会资料室工作。

从1949年6月，已升任为中共中央东北局宣传部副部长的刘芝明，又策动了一场规模更为宏大的"对于萧军反动思想和其他类似的反动思想的批判"的运动。这场"批判萧军"的运动历时长达三个月，遍及全东北地区党内外，各机关、学校、单位，"其指向已不是萧军一人，成了建国后无间断的全民性的大批判运动的先声"[①]。

[①] 钱理群：《批判萧军——1948年8月》，载《文艺争鸣》1997年第1期。

第三节

为什么是萧军？为什么是《文化报》？

前面叙述了萧军回到故乡东北所遭受的被批判的境遇，随之而来的问题自然是：为什么是萧军？为什么是《文化报》？也就是说，萧军及其《文化报》为什么会受到批判呢？

东北解放区"批判萧军"的运动，随着时间的推移，已成为历史的尘烟。1950年冬天，朝鲜战争爆发后，萧军要求回到北京工作，却遭到东北局宣传部副部长兼文联主席刘芝明的拒绝，两人大吵一场后，萧军不带组织关系就离开沈阳到了北京。临别之际，萧军对刘芝明说："咱俩的账没完，不过今天不跟你算了。二十年后咱俩再算。你的报纸白纸黑字，油墨印的，擦不掉抹不去，我的也一样，二十年后再看！"[①]直到三十年后的1980年，当年对于萧军及其《文化报》的批判才获得彻底平反。北京市委组织部、宣传部发布的平反文件是如此表述的：

> 1948年东北局《关于萧军问题的决定》，认为萧军"诽谤人民政府，诬蔑土地改革，反对人民解放战争，挑拨中苏友谊"，这种结语缺乏事实根据，应予改正。1958年2月《文艺报》"再批判"的《编者按语》中，说萧军在延安与某些人"勾结在一起，从事反党活动"，这种提法，与当时的实际情况不符。文化大革命中将萧军同志作为"老牌反党分子"关押、批斗是错误的，应该平反。1967年阶级异己分子姚文元

[①] 张毓茂：《我所知道的萧军先生》，载《新文学史料》1989年第2期；萧军：《我的最后一次检查》，见《萧军全集》（第17卷），华夏出版社2008年版，第353—354页。

在《评反革命两面派周扬》的黑文中，定萧军是"反党分子"，这种诬陷不实之词应予推倒。其后，某些出版物中沿用萧军是"反党分子"的错误提法，不足为据。现应为他恢复名誉，使萧军同志重返文坛，发挥所长。①

这样，萧军的历史问题被彻底翻转，其"反苏、反共、反人民"三顶帽子被摘掉，最后，对于萧军的政治定性是："萧军同志拥护中国共产党，拥护社会主义，是一位有民族气节的革命作家，为人民做过不少有益的工作。"②除了上述官方的平反结论之外，学术界对于1948年"批判萧军"运动的探讨和研究则更是深入翔实，出现了诸多比较权威和理性的研究成果。③

但毋庸讳言，学术界对于"批判萧军"运动的研究，主要做的还是政治层面上的平反工作，因为1948年东北解放区所掀起的"批判萧军"运动，基本上还是一场政治大批判运动，所以对于萧军及《文化报》的政治纠偏或平反的研究，还是非常必要的。但也应该看到，1948年的"批判萧军"运动，同1942年至1943年的"批判王实味"事件一样，都是由文学争议上升到政治批判的文学公案和政治事件，其生产方式和运作模式都具有相似性。延安整风期间，萧军因为"鲁门弟子"的身份得到毛泽东的特别关照，而到了东北，"鲁门弟子"的灵光不再显现。因此，比之于政治层面上的平反研究，以文学史或思想史的视角来观察和探讨这场发生在东北解放区的"批判萧军"运动似乎更有价值和意义。

---

① 中共北京市委组织部、宣传部：《关于萧军同志问题的复查结论》（1980年4月21日）。此结论经中共中央组织部、宣传部1980年2月20日批复同意。转引自萧耘、王建中：《写给父亲爱的记忆——萧军最后的岁月》，中国书店2010年版，第289—290页。
② 中共北京市委组织部、宣传部：《关于萧军同志问题的复查结论》（1980年4月21日），转引自萧耘、王建中：《写给父亲爱的记忆——萧军最后的岁月》，中国书店2010年版，第289页。
③ 严家炎：《从历史实际出发，还事物本来面目——中国现代文学史研究笔谈之一》，载《中国现代文学研究丛刊》1980年第4期；铁峰：《对萧军及其〈文化报〉批判的再认识》，载《中国现代文学研究丛刊》1984年第4期；张毓茂：《萧军是怎样从文坛消失的？——重评〈生活报〉和〈文化报〉的论争》，载《辽宁师范大学学报》（社会科学版）1988年第4期；张毓茂：《萧军与"文化报事件"——为萧军先生逝世十周年而作》，载《新文学史料》2007年第3期。

— 456 —

为什么在1948年的东北解放区，要对萧军采取如此严厉的批判和彻底的打压呢？让我们先来看看作为当事人的萧军自己的叙述和阐发。

查阅萧军的日记、回忆录、政治检讨等史料，萧军对这一问题的认识基本上还局限在个人的人事纠葛中，他始终都认为东北局宣传部对他的批判和打压均出于他们的"帮派"意识和"朋党"式的排拒。

这里的"帮派"，首先指的还是"政治帮派"。萧军认为，自己是毛泽东、彭真等所特别关照和保护的著名人士，而当时主政中共中央东北局的领导人林彪、高岗、凯丰、刘芝明等却看不惯他，认为他是个"绊脚石"，故力主要搬掉他。他说："如果彭真仍在哈尔滨主持东北局工作，是不可能出现这种情况的，至少，问题远不会如此'严重'"[①]，"当年如果彭真还在东北，不至于对他批判至此"[②]。言外之意就是，要是彭真主持东北局，就不会有所谓的"批判萧军"运动，至少不会如此严重。1948年对萧军如此严酷的批判和政治上的打压，主要是林彪、高岗、凯丰、刘芝明等搞的。萧军夫人王德芬编撰的《萧军简历年表》就是这样叙述的：

> 由于萧军主编《文化报》，与群众的联系日益密切，到他的办公室来求教的群众络绎不绝，投稿的人也逐渐增多起来，报纸的销售量也越来越多，使一般青年人的思想意识，从亡国奴的"协和语"（中国话和日本话混合的一种语言）圈子里逐步蜕化出来，对中国共产党和民主政府有了进一步正确的认识和理解了。但却引起了东北局林彪和高岗等人的误解和恐惧（彭真这时已去北平），认为萧军是在和党、人民政府分庭抗礼闹独立性，拉拢群众树立个人威信。由东北局宣传部副部长刘芝明出面，委任宋之的创办了《生活报》，召开了文艺界座谈会（没有通知萧军参加），组织稿件，依仗权力和地位的绝对优势，以不友好的、非与人为善、治病救人的态度，利用《生活报》向《文化报》及萧军展开了攻击和批判，企图使萧军低头认罪。这种非同志式的态度和断章取

---
① 姚远：《彭真与萧军的世纪友谊》，载《党史纵览》2007年第5期。
② 萧燕：《父亲萧军：永远的精神流浪汉》，载《文史参考》2011年第11期。

义、歪曲诬蔑的手段，对于从小一贯不屈服于任何暴力压迫和强权势力的萧军，不但毫无良效，反而引起了他强烈的反感和蔑视，以至忍无可忍，从9月份开始予以反批评，展开了两报之间的大辩论。①

这里的叙述有两点未必符合历史的实际：一是《文化报》"引起了东北局林彪和高岗等人的误解和恐惧"。林彪、高岗时任中共中央东北局的书记和副书记，主掌整个东北的军政要务。1948年，国共两党正处于决战的前夜。作为东北局的一、二把手，他们有那么多的军政大事要办理，对于《文化报》这样一个文化、娱乐、休闲类小报，过问一下倒有可能，至于"误解和恐惧"，实属夸张。二是"由东北局宣传部副部长刘芝明出面，委任宋之的创办了《生活报》"。查《刘芝明年表》，"1948年7月，调东北局宣传部任秘书长"，"1949年年初，李卓然接任东北局宣传部部长，刘芝明任副部长"，②而《生活报》是1948年5月1日创办的。也就是说，刘芝明到任东北局之前，《生活报》已经创办两个月了，怎么可能出面"委托"宋之的创办《生活报》呢？况且刚到任的刘芝明只是秘书长，还没有升任为宣传部副部长呢！

其实，萧军与刘芝明之间还算是老朋友，他们两人在延安就相识。1945年1月，刘芝明曾负责延安平剧研究院，在主创大型京剧《三打祝家庄》时还曾征求过戏剧专家萧军的意见，萧军为此还写了一封长信给刘芝明，表达自己对剧作的意见。③《生活报》创刊时，刘芝明还未到任，其主导者应该是时任东北局宣传部部长的凯丰。我们知道，《生活报》一创刊，就在创刊号发表了《今古王通》一文，挑战《文化报》。萧军遂在第35期和第36期《文化报》上分别发表《风风雨雨话王通——夏夜抄之一》和《今古王通（补遗）》以示回应。接着《生活报》第5期发表《本报声明》、《"萧军""王通"及其他》、《谁是"孙皓"

---

① 王德芬：《萧军简历年表》，见梁山丁主编：《萧军纪念集》，春风文艺出版社1990年版，第782—783页。
② 《刘芝明年表》，见陈业主编：《江潮集：刘芝明百年诞辰纪念》，辽宁人民出版社2007年版，第459—460页。
③ 萧军：《致刘芝明》，见《萧军全集》（第16卷），华夏出版社2008年版，第256—258页。

和"阿斗"？》（骆巫烈），第7期发表署名"一党员"的《不能不说的话——愿就教于萧军先生》和署名"沈伟民"的《应该言行如一》。第39期《文化报》发表社评《目前文化界统一战线谈》和《编辑室语》，声明："关于'王通事件'诸问题，我们觉得没有什么继续讨论的必要了……可讨论，不过我们希望是从'就问题论问题'这精神出发为好"，明显有息战的态度。也就是说，一开始两报之间论争文章并不很多，也不太激烈，基本上还保持着比较克制的态度。但1948年8月15日《文化报》出刊"八一五纪念专版"之后，两报论战骤然升级为"热战"。[①]而这一时段，正是刘芝明调任东北局宣传部任秘书长并主持日常工作之际。因此，可以认定，《生活报》与《文化报》论战的升级，还有1949年波及整个东北甚至全国的"批判萧军"运动，是与刘芝明主导并积极推动分不开的。刘芝明在"批判萧军"运动中确实积极卖力，尤其是他后来阻止萧军调动北京，卡住萧军的组织关系不放，致使萧军到北京后吃尽了苦头，但这都是在其工作职责范围内而施行的手段，表面看来并无个人之间的恩怨，更没有党同伐异的帮派之嫌隙。还有，即使是作为东北局宣传部部长的凯丰，他之于萧军基本上还是工作关系，对萧军及其《文化报》一直还是比较关照和支持的。《文化报》和出版社每遇到困境，萧军总是求助于凯丰，凯丰也总是予以解决。因此，要说林彪、高岗、凯丰、刘芝明等东北局的领导人因为个人成见而故意打压萧军，是说不过去的。

还要特别论说一下萧军与彭真的交情[②]。萧军与彭真，1942年相识于毛泽东家中。1943年，萧军从延安乡下归来，被安排在中央党校三部学习，而主持中央党校日常工作的正是副校长彭真。当时，萧军向党组织提出了入党的申请，这样遂与彭真有了工作上的交往。抗战胜利后，彭真被任命为中共中央东北中央局书记，主持东北局工作。萧军也被聘请担任东北大学鲁迅艺术文学院院长，但因

---

① 参见何蓓蓓《革命体制下萧军式"个人主义"的命运——"萧军思想批判"始末（1946—1949年）》（华东师范大学2020年硕士学位论文）中的有关论述及附录《两报论争文章整理》。
② 王德芬：《彭真与萧军》，见《缅怀彭真》，中央文献出版社1998年版，第404—417页。以下史实依据，均出自《彭真与萧军》一文。

为战事交通受阻,还是彭真派专人专车专程到张家口接萧军一家赴哈尔滨。1946年6月,中共中央东北局领导重新分工,林彪任东北局书记,彭真、罗荣桓、高岗、陈云任副书记。1947年3月,萧军辞去鲁迅艺术文学院院长一职后回到哈尔滨,就创办《文化报》的想法向彭真求援。彭真立即予以支持,指示东北局宣传部部长凯丰资助萧军三两半黄金,开办了鲁迅文化出版社,5月4日,萧军又创刊《文化报》并自任主编。可以说,萧军创办鲁迅文化出版社和《文化报》,是与彭真的特别支持和照顾分不开的。

这里应该特别指出的是,彭真对萧军的特别关照,应该与中共高层领导人毛泽东、周恩来等有密切的关联。抗战胜利后,萧军被确定为赴东北文艺工作团成员,拟赴东北工作。出发前,1945年8月24日,中央举行了一次饯别礼,周恩来、林伯渠、彭真等领导人参加。周恩来还做了一场专题报告,指示了工作方针——"吃苦,向群众学习,深入下层",还特别指出"将来东北改收国民党、军队、苏联,我们底民众,但文化、政治工作为首要"。会上周恩来还特别问到萧军:"愿不愿回东北去办报纸?"萧军爽快地回答:"可以!"这似乎极大地激励了萧军,随后他在日记中记:"回东北我也可以办一报纸,出刊物,开展思想斗争,组织学术团体,传播新政治,鲁迅精神,建立新英雄主义精神,如果我不怕麻烦,事情是很多的。回来路上和江丰一起,我们全很兴奋。"[①]而萧军与毛泽东在延安的交谊更为彭真所熟知。抗战胜利后,彭真被委以重任,担任中共东北中央局书记,先行到达沈阳,主持东北局工作。萧军是东北人,更愿意回东北工作,他向毛泽东和彭真提出了要求,他们都表示同意,欢迎他回东北。1945年11月15日,萧军一家从延安桥儿沟出发,踏上了归乡的行程。而就在临行的六天前,也就是11月9日上午,毛泽东派人接萧军到枣园前去谈话,而这一次见面与上一次已经时隔三年之久了。会谈中,毛泽东对萧军说:"听彭真同志说你有过入党的要求,到了东北以后可以再向东北局提出来,我们欢迎你!希望你一定协助彭真同志把东北的文化工作做好!"萧军向毛泽东及陪同会见的刘少奇坦

[①] 萧军:《延安日记 1940—1945》(下卷),牛津大学出版社2013年版,第753—754页。

白了回到东北后的工作设想:"我是预备回东北去剥国民党的皮,掘他们的根的……"毛泽东和刘少奇同意萧军的意见,也同意他回到东北后选印鲁迅先生全集。会面后,毛泽东还邀请萧军一同到朱德家去共进午餐,又一同送萧军下山到大路旁才挥手告别。①

由上所述,彭真对于萧军的特别关照和保护,显然是受到了毛泽东、周恩来、刘少奇、朱德等中共高层领导人特别嘱托或影响(当然,也不排除彭真个人对萧军的好感和欣赏)。但也应该看到,毛泽东、彭真等看中萧军的,主要还是萧军身上的"鲁迅"光环,是他作为鲁迅"衣钵传人"的人格力量。萧军晚年病卧在床回忆与毛泽东等中央领导人的交往时说:"我们的友情,是建立在'鲁迅关系'上的。"②延安时期,鲁迅已经被毛泽东树为中国现代新文化的"旗手",成了与马恩列斯并列的"革命导师"。③萧军在延安,也是以"鲁门弟子"自居,以鲁迅的"衣钵传人"雄踞于延安文坛的。毛泽东一度对萧军颇为器重并与之频繁交往,甚至其所表示的关心与争取,并不是个人之间的纯友情交往,多半是因为鲁迅的因素,体现的是一种政策和姿态。正是因为有了鲁迅这个"护身符",再加之他的"非党员"身份,萧军在延安文艺整风中,才没有像丁玲那样受到公开批评又一再检讨,更没有像王实味那样受到群众的"大批判"和严酷的组织处理。而彭真在东北,延续的仍然还是毛泽东、周恩来等中共高层领导人在延安之于萧军"半宾半友"式的礼遇姿态。但1948年5月,彭真调离东北局,任中共华北中央局常委,以中央政治局委员身份指导华北解放区工作。萧军自然也就失掉了这一"靠山"。这时期的中共中央东北局,主要由书记林彪、副书记高岗负责军政要务,宣传部部长凯丰和后来的副部长兼秘书长刘芝明主管意

---

① 王德芬:《彭真与萧军》,见《缅怀彭真》,中央文献出版社1998年版,第407页;萧军:《延安日记 1940—1945》(下卷),牛津大学出版社2013年版,第769页。
② 萧燕:《父亲萧军:永远的精神流浪汉》,载《文史参考》2011年第11期;邢富君:《"半宾半友式的交往"——毛泽东与萧军》,载《党史纵横》1992年第4期。
③ 《毛泽东选集》(第2卷),人民出版社1991年版,第698页。1944年,周扬又根据《在延安文艺座谈会上的讲话》精神编辑了《马克思主义与文艺》一书,选辑了马克思、恩格斯、普列汉诺夫、列宁、斯大林、高尔基、鲁迅和毛泽东的有关论述。此书的编者序言经毛泽东审阅,受到称赞。

识形态和宣传工作。萧军与林彪、高岗基本上没有交往，与凯丰、刘芝明虽有交往，但并没有什么交情，只是一般性的工作关系。自然，他们也不会像彭真那样，以"同志、朋友、知交"来礼遇萧军了。

其次，在萧军看来，文学内部圈子里还存在着另外一个"帮派"，那就是"国防文学"派对于对他的排拒和打压。其实萧军、萧红本没有参加左联，也没有参与当年的"两个口号"论争，但因为与鲁迅的师生之缘，自然被视为"鲁迅派"。抗战爆发后，这一历史的恩怨也被带到了延安。1940年6月，萧军携全家第二次投奔延安，同行的还有东北作家舒群。据萧军夫人王德芬回忆：

> 一到延安先住在陕甘宁边区政府交际处招待所，等候分配到哪个单位去合适？过了几天延安鲁迅艺术文学院院长周扬派人把舒群接走了。我和萧军却被"文协"主任丁玲接到"文协"去了。后来才知道：萧军是鲁迅的学生，理应去"鲁艺"文学系任教为宜，经丁玲和周扬联系，周扬坚决不愿让萧军到"鲁艺"去。原因是30年代在上海时期，周扬和鲁迅在对日斗争上有分歧有争论。周扬提出了"国防文学"的口号，鲁迅提出了"民族革命战争的大众文学"口号，舒群是"国防文学"派，代表作是《没有祖国的孩子》，萧军是"民族革命战争的大众文学"派，代表作是抗日小说《八月的乡村》。没有想到两个口号论争的影响会延续到四十年代的延安。[①]

没有参与当年左联内部纷争的萧军，这才体味到了左翼文坛"帮派"的滋味。从此以后，他就以"鲁迅弟子"自命，举起了鲁迅的大旗，与周扬的"鲁艺派"分庭抗礼，延安文坛的"文抗派"与"鲁艺派"的对峙、论争和冲突也由此肇始。[②]

抗战胜利后，周扬、丁玲等到了华北，萧军、舒群、周立波等到了东北，延安时期所谓的"文抗派"和"鲁艺派"也就自然风流云散。但"两报论战"爆发

[①] 王德芬：《我和萧军风雨50年》，中国工人出版社2004年版，第131—132页。
[②] 参见本书第四章第二节"延安文艺新潮的发生"；赵浩生：《周扬笑谈历史功过》，载《新文学史料》1979年第2期。

后，其论敌《生活报》的主编恰恰就是当年"国防戏剧"的代表作家宋之的，还有当年的朋友丁玲、舒群、罗烽、白朗等都成了"批判萧军"的主力，这自然让萧军联想到左联时期的"鲁迅派"与"周扬派"、延安时期的"文抗派"与"鲁艺派"的历史恩怨，认为这是周扬"国防文学"派对他的打压和排拒：

> 《生活报》是当时东北局宣传部支持出版的。具体负责人是宋之的（三十年代在上海时期属于周扬、田汉等所领导的"国防文学派"的戏剧家），曾以编写"武则天"做皇帝在上海演出而著名。我那时是属于鲁迅先生所领导的"民族革命战争的大众文学"派这一面。在历史上我们的"派性"就是分明的。①

> 宋之的，也是属于在上海"三十年代"时期文艺界的知名人物之一。当一九三六年间上海文艺界发生了"国防文学"和"民族革命战争的大众文学"的两个口号，两个体系的论争时期：前者是以周扬为一方，宋之的就是在周扬指挥下属于"国防戏剧"方面的"干将"之一。同时国防文学派的刊物之一《光明》半月刊就是由他和沈起予来编辑的。后者以鲁迅先生为首，我个人是属于鲁迅先生所领导的这一方的。这就是若干年前在历史渊源上我和宋之的就是站在了两个不同的方向，不同的营垒，不同的领导，不同的立场，不同观点、主张……方面种种不同的存在。②

这两段交代，分别写于"文革"中的1969年和1974年。这时，经过毛泽东亲自批改而发布的"文革"的纲领性文件《林彪同志委托江青同志召开的部队文艺工作座谈会纪要》已经将周扬提出的"国防文学"定性成了"资产阶级口号"，而鲁迅提出的"民族革命战争的大众文学"则是"无产阶级口号"。③基于此，

---

① 萧军：《关于几项问题的自我认识和几项问题的补充交代》，见《我的文革检查——萧军自讼录》，牛津大学出版社2016年版，第169页。
② 萧军：《我的最后一次检查》，见《萧军全集》（第17卷），华夏出版社2008年版，第348页。
③ 《林彪同志委托江青同志召开的部队文艺工作座谈会纪要》，载《红旗》1967年第9期。

萧军的检查虽然有着攀附正确路线之嫌，但基本事实大致还是不错的。到了晚年，萧军在回忆录中每每提到这场大批判运动，还是以"鲁迅派"自居来阐发他受批判的缘由的。①其实，1948年的东北文艺界，早就没有所谓的"国防文学"派，就是昔日的"国防戏剧家"宋之的在主编《生活报》期间，也才是刚刚入了党，已经成为忠诚可靠的共产主义文艺战士，哪里还有什么宗派倾轧的意识和观念呢？

实际上，在"两报论战"刚刚开始之际，"山雨欲来风满楼"，萧军对于这场论争的来头是有预感的。1948年3月19日萧军日记云："目前我和共产党人之间矛盾，主要是文化思想上领导权问题。他们是不甘心属于我，但又无力和我竞争，于是就采取了一些不正当的方法，如说我底坏话，破坏《文化报》，甚至可能还要采取行政上的力量等。"②4月25日萧军日记曰："听芬说陈隄来，他很担心《生活报》要和我唱对台戏！警惕我要加油，我是并不担心这些的，因为我明白他们……不过对于《生活报》，我也准备着随时应战。……我知道他们企图消灭我底影响，拿《文化报》做假想敌，但最终必对我在群众中更有利！"③萧军的直感，虽然有些自傲和夸大，但倒是触及了论战的实质。我们知道，萧军因为与秦友梅的"恋爱风波"被开除出东北文协之后，实际上已经脱离了组织关系，用他自己的话就是"家族以外的人"④。因此他从佳木斯土改归来到哈尔滨，立即着手于《文化报》的复刊工作，更是将自己的全部精力都投入办报工作。萧军办报继承的乃是鲁迅"社会文明批评"的杂文传统，"任意而谈，无所顾忌，要催促新的产生，对于有害于新的旧物，则竭力加以排击"⑤。因此，《文化报》复刊后，竟成了哈尔滨文化界公共批评的重要平台，不但为一般读者，特别是青

---

① 萧军：《哈尔滨之歌三部曲》，见《萧军近作》，四川人民出版社1981年版，第243—244页。
② 萧军：《东北日记　1946—1950》，牛津大学出版社2014年版，第409页。
③ 萧军：《东北日记　1946—1950》，牛津大学出版社2014年版，第437页。
④ 萧军：《东北日记　1946—1950》，牛津大学出版社2014年版，第395页。
⑤ 鲁迅：《我和〈语丝〉的始终》，见《鲁迅全集》（第4卷），人民文学出版社1981年版，第167页。

年、学生、知识分子等所欢迎,以至于最高销量每期可到万余份,但同时引起了东北局官方的特别关注、警惕和批评,"认为萧军是在和党、人民政府分庭抗礼闹独立性,拉拢群众树立个人威信"①。因此,作为《文化报》对立面的《生活报》的创刊也就成了必然和必有之举,"两报论战"也自然发生。

  作为革命政党的中国共产党,一直视文艺及其报刊媒介为重要的意识形态,认为其属于政治上层建筑最为核心的部分,十分重视对其的管理。但"真正自觉而全面地实施集中化的文化与文艺管理是从1942年初的整风开始的,原来一些自发的惯例自此变成了一整套明文规定且行之有效的制度。可以说1942年是中共和文化、文艺的关系关键性转折的一年,在这一年中延续及后来半个多世纪的文化管理思想及其体制在毛泽东的主持下基本成形并迅速成熟"②。1941年至1942年,毛泽东依靠坚强的组织机构中央高级学习组——中央总学委全面占领舆论阵地,最终将其置于党的领导之下,中共中央机关报《解放日报》的改版就是毛泽东这一战略行动的重要组成部分。1941年5月15日,中共中央宣布,将《新中华报》和新华社内部刊物《今日新闻》合并,于次日正式创办大型中共中央机关报《解放日报》。毛泽东亲自撰写通知,告知全党今后"一切党的政策,将经过《解放日报》与新华社向全国宣达"③。但当时的《解放日报》仍由留苏派的博古(社长)、杨松(总编辑)掌控,"未能成为党中央传播党的路线、贯彻党的政策与宣传组织群众的锐利武器","没有能够完成真正的战斗的党的机关报的责任"。④为此,毛泽东决定进行《解放日报》的改版工作。

  1942年3月16日,中共中央宣传部下发改造党报的通知,提出要将报纸办成"名符其实的""真正的"党报:"要使各地的党报成为真正的党报,就必须加

---

① 王德芬:《萧军简历年表》,见梁山丁主编:《萧军纪念集》,春风文艺出版社1990年版,第782页。
② 李书磊:《1942:走向民间》,山东教育出版社1998年版,第181页。
③ 《关于出版〈解放日报〉和改进新华社工作的通知》,见《毛泽东新闻工作文选》,新华出版社1983年版,第54页。该文件在中央档案馆编的《中共中央文件选集》中题名为《中央关于出版〈解放日报〉等问题的通知》,参见《中共中央文件选集》(第13册),中共中央党校出版社1991年版,第110页。
④ 《致读者》,载《解放日报》1942年4月1日。

强编辑部的工作,各地高级党的领导机关,必须亲自注意报纸的编辑工作,要使党报编辑部与党的领导机关的政治生活联成一气……"通知还明确提出党报的任务:"就是要宣传党的政策,贯彻党的政策,反映党的工作,反映群众生活,要这样做,才是名符其实的党报。"[①]1942年3月,毛泽东任中共新设的宣传委员会的书记,《解放日报》改由这个委员会管理。毛泽东对《解放日报》做了重要改版,把这份具有一定新闻性质的报纸,改成了围绕党的中心工作办报的党报,改成了党的喉舌。

就在《解放日报》改版的同时,中共中央还加强了对于延安诸如广播、出版和文艺报刊等传媒的规范及管理,使其按照党的意志迅速统一起来。1942年3月18日,中共中央书记处办公厅发布党务广播条例,严密了广播的播送、收听与广播文件的使用规范。[②]1942年4月15日,中共中央书记处直接以自己的名义下发《关于统一延安出版工作的通知》:"延安出版工作,目前缺少一个统一计划统一管理的机关,因此在工作上发生许多不合中央宣传政策及偏废、重复、无系统、无效能的现象。兹决定中央出版局负统一指导、计划、组织全延安各系统一般编辑出版发行之责,中央宣传部负统一审查全延安一般出版发行书报之责(中央书记处及西北局常委会直接出版的书报除外)。"[③]出版是思想、文艺工作的重心之一,抓住了出版发行也就抓住了文化管理的关键环节。延安的出版在此之前虽都属公营,却分散于各个机构,此次统管就杜绝了一切随意出书的可能。1942年10月28日,中共中央书记处发出关于报纸通讯社工作的指示,再次强调党组织对于新闻机构的指导职责:"西北中央局已经发表了一个关于报纸工作的决定,各地亦应仿此办理,改正过去不讨论新闻政策及社论方针的习惯,抓紧对通讯社及报纸的领导,务使通讯社及报纸的宣传完全符合于党的政策,务使我们的宣传增强

---

① 《中共中央宣传部为改造党报的通知》,见《中共中央文件选集》(第13册),中共中央党校出版社1991年版,第358页。
② 《中央书记处办公厅关于党务广播条例的通知》,见《中共中央文件选集》(第13册),中共中央党校出版社1991年版,第360—361页。
③ 《中央书记处关于统一延安出版工作的通知》,见《中共中央文件选集》(第13册),中共中央党校出版社1991年版,第370页。

党性，拿《解放日报》所发表的关于如何使报纸增强党性的许多文件去教育我们的宣传人员，克服宣传人员中闹独立性的错误倾向。"①而这里所说的宣传是包含文艺在内的。按中共中央宣传部的理解："宣传鼓动是思想意识方面的活动，举凡一切理论、主张、教育、文化、文艺等等均属于宣传鼓动活动的范围"②。

1942年2月整风开始时，延安还存在约八种文艺刊物。随着延安文艺整风的深入开展，延安的文艺刊物陆续停办，延安的文艺作品，除单独印行的书册外，都集中到改版后的《解放日报》综合副刊发表。原来由丁玲主编的《解放日报·文艺》副刊于1942年4月1日报纸改版时停办，改为综合副刊，刊登文学艺术、社会科学、自然科学的内容。一个《解放日报》的综合副刊，取代了所有文艺期刊。③为此，毛泽东特别总结道："应该把报纸拿在自己手里，作为组织一切工作的一个武器……组织群众和教育群众的一个武器。"这样，"有一个解放日报，就可以组织起整个边区的政治文化生活"。④至此，由毛泽东所主导的延安文艺的统一化及文化思想的体制化基本完备和形成。

虽然《文化报》在创办起始和日常运营中得到过东北局宣传部的直接资助或银行贷款上的担保，在采访和编辑方面也得到了东北局宣传部的节制、监督和指导，但基本上沿袭的还是国统区私人或民间办报的模式，在报纸的采访、编辑、发行等环节具有较大的自主性和独立性，带有比较鲜明的自由主义办报的色彩。萧军自30年代选择做职业作家开始，在发表作品时经常受到报刊编辑或出版商的刁难，所以他在回归东北之前曾屡次发愿要自主办报刊和出书，力争自由地主导发表作品的权力。到达东北后，在彭真的关照下，他创办了鲁迅文化出版社和《文化报》，获得了独立写作和办报的权力和资源。但这一时期的东北解放区，

---

① 《中央书记处关于报纸通讯社工作的指示》，见《中共中央文件选集》（第13册），中共中央党校出版社1991年版，第453—454页。
② 《中央宣传部关于党的宣传鼓动工作提纲》，见《中共中央文件选集》（第13册），中共中央党校出版社1991年版，第126页。
③ 王克明：《延安文艺：从繁荣到沉寂》，载《炎黄春秋》2013年第3期。
④ 《报纸是指导工作教育群众的武器》，见《毛泽东新闻工作文选》，新华出版社1983年版，第112页。

不管是严峻的政治军事形势,还是统一的意识形态管控和文化秩序,都不允许有任何自由主义式的办报方式和文学、文化生态。这样,萧军在《文化报》所施行的办刊和运营模式必然会受到其主管部门——东北局宣传部的强力阻遏。

更让东北局宣传部难以容忍的乃是萧军《文化报》所发表的那些触及敏感话题,甚至违反党纪规范的文章。《文化报》虽然是文化、文艺、生活、休闲类的文化或生活报,不是像《东北日报》那样的党报,但其主编萧军却因为"鲁迅弟子"的特殊因缘,格外关注政治和时事,对于当时发生的政治、社会、文化事件进行鲁迅杂文式的社会批评和文明批评。且不说前述的《文化报》"八一五纪念专版"所发表的引起《生活报》猛烈攻击的那三篇有"反苏、反共、反人民"嫌疑的争议文章,就"两报论战"所打的笔墨官司来看,《生活报》与萧军争执的焦点,主要还在于各自对于以下三大事件的看法和价值评判上:一是苏联红军在东北的军纪问题,二是解放区的土改问题,三是解放战争问题。①在基本政治态度上,萧军无疑是站在中国共产党及人民政府这一边,对苏联出兵东北、东北解放区的土地改革及人民解放战争持基本肯定和拥护的立场。但作为文学家的萧军,同样看到了问题的另一面:苏联军队败坏军纪的行为和大国沙文主义,土改的扩大化现象,国共内战的骨肉相残……这本是集民族主义者、人民本位主义者和人道主义者于一身的文学家萧军本然的情感流露和心灵感应,但在《生活报》的编者看来,这却是对党纪的莫大亵渎和冒犯。"两报论战"的发生,实质上是鲁迅所谓的"文艺与政治的歧途"的历史结果。

1949年3月5日至13日举行的七届二中全会上,毛泽东明确表达了准备向苏联"一边倒"的态度。4月3日,中共中央与各民主党派共同发表了反对以美国为首的北大西洋公约组织的声明,公开表态站在苏联阵营的一边。6月30日,毛泽东更亲自发表了《论人民民主专政》一文,正式宣布:"一边倒,是孙中山的四十年经验和共产党的二十八年经验教给我们的,深知欲达到胜利和巩固胜利,必须一边倒。积四十年和二十八年的经验,中国人不是倒向帝国主义一边,就是倒向

---

① 具体详见萧军:《关于几项问题的自我认识和几项问题的补充交代》,见《我的文革检查——萧军自讼录》,牛津大学出版社2016年版,第163—187页。

社会主义一边，绝无例外。骑墙是不行的，第三条道路是没有的。""走俄国人的路——这就是结论。"①对于向苏联的"一边倒"，还有抗战胜利后的国共内战，以及随之而进行的解放区的土地改革，都是中国共产党在东北解放区正在大张旗鼓进行着的历史事变和大政方针，属于刚性政治纪律和立场。萧军主编的《文化报》，尽管是充满善意的，但闪烁其词、明里暗里表达了异样的声音。

1948年是国共内战进行战略决战的一年。也就在这一年里，辽沈、平津、淮海三大战役打响，战争的形势发生了翻天覆地的变化，中国共产党最终胜出。1947年10月10日，中共中央公布《土地法大纲》，规定"废除封建性及半封建性的土地制度"，实行"耕者有其田"。从1947年12月至1948年2月，东北解放区在已收复的绝大多数地区初步完成了土改任务。与大规模土改并行的是，配合全国规模的战略大反攻，开展了秋季攻势和冬季攻势，辽沈大决战也在积极筹备之中。

1948年3月，东北局宣传部召开党的文艺工作者会议，检讨了两年来党的文艺工作，历时一月。参加此次会议的，有地方及部队文艺工作者，包括文学、戏剧、音乐、美术、电影等各部门，共一百五十余人。会议以批评和自我批评精神检讨了两年来的文艺作品中所表现的思想问题及文艺工作的组织问题。文学、戏剧、电影、美术及音乐各组讨论，分别由刘白羽、张庚、袁牧之、朱丹及向隅诸同志做了总结发言。东北局书记林彪、宣传部部长凯丰及东北人民解放军政治部宣传部部长萧向荣莅会并发表了讲话。会议强调了加强作家与作品的思想性、政策性教育的重要性，也检讨了过去的领导缺乏统一集中，于是成立了文委领导机关。这一领导机关即新一届的东北局文艺工作委员会，指定吕骥、舒群、刘白羽、张庚、罗烽、何世德、严文井、袁牧之、朱丹、王曼硕、华君武、白华、向隅、田方、沙蒙、吴印咸等十六人为委员。②随之而来的"东北文艺界展开对萧军的反动思想的斗争"，正是东北局宣传部加强党的统一领导、整饬文艺秩序的重要举措。为此，作为"批判萧军"运动的主要领导者和当事人是这样总结的：

---

① 《毛泽东选集》（第4卷），人民出版社1991年版，第1472—1473、1471页。
② 《东北局宣传部召开党的文艺工作会议》，载《东北日报》1948年5月9日。

"同萧军的反动思想的斗争,正是配合全东北解放战争的胜利而进行的。萧军的反动思想正是反映着东北的垂死的封建主义、官僚资本主义的最后挣扎,其思想本质正是一些上层小资产阶级的反动分子和封建官僚资产阶级结合起来企图打入革命的思想战线中,保持一个地位并散布于人民有害的毒汁,但这个是被揭穿了,是被打垮了。从此思想战线上、文艺战线上,在思想上就比较的提高了警惕,加强了思想上的统一性。"[1]

"弄文罹文网,抗世违世情。积毁可销骨,空留纸上声。"鲁迅当年为自己的小说集《呐喊》的题诗,几乎成了其弟子萧军后来命运的惊人预言。

---

[1] 刘芝明:《东北三年来文艺工作初步总结》,见《中华全国文学艺术工作者代表大会纪念文集》,新华书店1950年版,第329页。

第十一章 《论主观》风波：清算胡风

1943年10月20日，也就是毛泽东《讲话》在《解放日报》上正式发表的第二天，中共中央总学委即发布关于学习《讲话》的通知，要求"各地党收到这一文章后，必须当作整风必读的文件，找出适当的时间，在干部和党员中进行深刻的学习和研究，规定为今后干部学校与在职干部必修的一课，并尽量印成小册子发送到广大的学生群众和文化界知识界的党外人士中去"①。

1944年4月，作家刘白羽、何其芳奉命专程从延安到重庆"做文艺方面的调查工作"，同时向国统区文艺界宣传毛泽东《讲话》的基本精神。但刘、何的重庆之行似乎并没有达成预定的目的，其主要原因是以鲁迅在国统区的大弟子胡风为代表的文艺界人士并不认可他们的观点，相反还伙同重庆南方局的陈家康、乔冠华、胡绳等人，鼓动自己的学生舒芜写出《论主观》一文，从而在国统区掀起了"《论主观》风波"。为此，刘白羽、何其芳曾给延安中共中央宣传部写过一个书面汇报，建议重庆进步文艺界进行整风。

1948年3月，由中共香港文委直接领导的《大众文艺丛刊》第1辑《文艺的新方向》在香港创刊，首篇文章为"本刊同人、荃麟执笔"的《对于当前文艺运动的意见》，对胡风文艺思想提出批评。

至1949年3月，《大众文艺丛刊》前后共六期，发表了一系列文章，集中并系统地展开了对于胡风文艺思想的批判。而

---

① 《中央总学委通知》，载《解放日报》1943年10月22日。

这些作者，大多都是胡风昔日的朋友——邵荃麟、乔冠华、胡绳等。

几乎就在南方对胡风文艺思想进行集中批判的时候，在遥远的北国，对鲁迅的另一弟子——萧军的清算也开始了。

第一节

何其芳、刘白羽的重庆之行

　　毛泽东《讲话》在延安《解放日报》发表后，其在国统区的宣传和执行的情况却并不顺利。《新华日报》是共产党在国统区经营的唯一合法的日报。因为处于国民党的监视之下，也受新闻条例的检查，延安文艺座谈会之后，重庆的《新华日报》才于1942年6月12日，转载了延安《解放日报》5月14日刊登的萧军在延安文艺座谈会上的发言《对于当前文艺诸问题底我见》。萧军此文的开章头一句话，就是"五月二日由毛泽东、凯丰两同志主持举行过一次文艺座谈会"，间接地报告出了延安文艺座谈会的信息。这是国统区报刊对于延安文艺座谈会的首次披露。1943年3月24日，《新华日报》又以《中共中央召开文艺工作者会议》为题，正式公布了《讲话》"结论"的基本精神：

　　　　三月十三日《解放日报》以首页大部分篇幅刊载中共中央文委及中共中央组织部召开的党的文艺工作者会议消息。……毛泽东同志去年五月二十三日在文艺座谈会上之结语摘要，更在注目地位刊出。毛泽东同志指示，文艺应为工农兵服务，是此次会议的指针，也是文艺运动的总方向。

　　这是国统区报刊第一次正式报道延安文艺座谈会。1943年10月19日，毛泽东《讲话》正式公诸延安《解放日报》，在重庆的《新华日报》并没有立即回应，而是迟至11月11日国民党提倡的"民族文化建设运动周"的第一天，刊登了以《文化建设的先决问题》为题的社论。社论重复了"为哪些人"和"为了人民大众"这样的词语，不是为少数人的，也不是"锦上添花"，而只是"雪中送炭"，以此作为结语。这些词语都是毛泽东《讲话》中的名句，可视为对于《讲话》的曲折回应。

直至1944年的元旦，《新华日报》副刊才以《毛泽东同志对文艺问题的意见》这一醒目的大标题将其发表。编辑们熟知国民党当局的检查特征，为了这一天做了周密的准备工作。他们把原文分成三个部分：文艺上的为群众和如何为群众的问题，文艺的普及和提高，文艺和政治。这三部分与别的偏激的文章组合在一起（偏激的文章如果不能通过检查，成为空白，其他文章就容易通过），或在文章的结尾处补上其他的文章，伪装成一篇独立的文章，使用了各种技巧手段，把容易通过的文章放在同一天发表。①同时，在该版面的右下角，编辑特意做了如下说明："毛泽东同志在延安文艺座谈会上曾发表过两次讲话，有系统地说明了目前文艺和文艺运动上的根本问题。原文不可能全部发表，只好提要介绍一下。在这里三篇文章中，关于普及与提高问题的一篇，全部是毛泽东同志的原文，另外两篇中加着引号的部分也都是他的原文。原文全部共两万余字，此地所节录出来的自然只能传达出其中若干基本的论点。"②

由上所述可见，由于重庆国统区特殊复杂的政治文化背景，《讲话》在国统区的传播相对于解放区就显得有些迟到、模糊和政治性不强，造成的实际效果是大后方进步文艺界与延安文艺精神实质性的隔膜。因为在《讲话》于1944年元旦正式在《新华日报》公布之前，也就是从1942年6月开始，南方局全体人员已经按照学风、党风、文风的顺序，分三个阶段进行了整风，至1943年10月下旬才告一段落。③也就是说，南方局的政治整风几乎是与延安大本营同步，但文艺整风显然有点滞后了。正是基于以上考量，1944年4月，党中央决定派何其芳、刘白羽专程赴重庆。"如果说《新华日报》刊载《讲话》的'节录'，主要仍停留于对解放区文艺政策的一般性报道，没有将之上升到党的文艺政策的高度，那么，

---

① 关于《新华日报》副刊这次采取"化整为零"发表《讲话》的情况，参见郑之东：《回忆〈新华副刊〉》，见《新华日报的回忆》，四川人民出版社1979年版，第211—228页；韩辛茹：《新华日报史 1938—1947》，重庆出版社1990年版，第372页。
② 由新华日报社将文艺讲话全文以《文艺问题》这一书名出版，是在1945年以后的事了。
③ 李蓉：《周恩来和中共南方局整风》，载《党史研究资料》2004年第5期。

何其芳、刘白羽受中央委派，到重庆宣达'讲话'精神，则表明延安革命文学开始对国统区进步文艺直接干预。"①出发前的5月1日，中共中央南方局书记周恩来专门找刘白羽谈话，说："中共中央决定他们到重庆向大后方进步文化界人士传达毛泽东《在延安文艺座谈会上的讲话》。对他们抵渝后如何活动，作了周到安排，并叮嘱他们先找郭沫若交换意见，请郭主持。"②

1944年4月29日，林伯渠率中共代表团赴重庆谈判，何其芳、刘白羽等同行。何、刘与傅钟同在文教组，何其芳任代表团文教组宣传部副部长，分管重庆《新华日报》副刊，负责文艺动态调查工作。刘白羽则留下来编辑《新华日报》副刊，并从事文艺界的统战工作。

1944年5月，何其芳、刘白羽抵达重庆，住红岩八路军办事处。5月26日，他们首先在南方局文委书记冯乃超的陪同下到重庆赖家桥，拜见了时任国民政府军事委员会政治部第三厅厅长的郭沫若。据刘白羽回忆，会见中，"由何其芳讲延安文艺座谈会的前前后后的情况，以及《讲话》的主要内容。……我介绍了延安整风的情况，谈了立场、思想、感情的变化"③。第二天，也就是5月27日，由郭沫若主持召开了一次重庆文化界人士座谈会。阳翰笙同日日记云："文化界的友人们今日欢迎何、刘两兄于郭老家。何、刘对大家畅谈西北文运至久，大家也都听得很兴奋。"④

1944年5月底，何其芳、刘白羽二人还拜访了时任文协研究部主任的胡风。刘白羽回忆说："在一处农家院落里，拜访了胡风，我们于一九三八年在武汉分手，算来已经七年之久了，他和何其芳是初次见面，但我们促膝而谈，谈得十分融洽，他脸上不时漾出亲切的笑容。"⑤对此，胡风也有清晰的回忆："晚，到

---

① 郭建玲：《论1945年前后国统区进步文艺界的内部整合》，载《中国现代文学研究丛刊》2007年第3期。
② 中共中央文献研究室编：《周恩来年谱（1898—1949）》，中央文献出版社1998年版，第586—587页。
③ 刘白羽：《心灵的历程》（中册），解放军文艺出版社2003年版，第434页。
④ 《阳翰笙日记选》，四川文艺出版社1985年版，第270页。
⑤ 刘白羽：《心灵的历程》（中册），解放军文艺出版社2003年版，第437页。

50号去看望徐冰,正好听刚从延安来此的何其芳、刘白羽谈根据地情况,直到深夜。当晚就留宿在徐府。"①这里的"50号"就是重庆曾家岩50号的周公馆,也是南方局书记周恩来租住的中共中央南方局的另一个办公地点。徐冰时任南方局文化组组长,也住在曾家岩50号。显然,两人的回忆似乎有些差异:刘白羽的回忆是他们专程"拜访"胡风的,地点是在"一处农家院落";但胡风的回忆似是说他是"到50号去看徐冰"的,"碰巧"遇到了何、刘二人,而且地点是在曾家岩50号的"周公馆",显然不是"农家院落"。难道这不是他们第一次的会面?待考。

更重要的还在于,何其芳、刘白羽与胡风的接触却不是刘白羽回忆得那样"融洽"。胡风的回忆录继续写道:"他俩来重庆,当是帮助徐冰领导文艺的。在我的地位上(文协研究部主任),有责任创造些条件以帮助他们进行思想工作。"于是,胡风用文协研究部的名义召开了一个欢迎会。胡风回忆道:

> 1944或1945年,何其芳从延安来到了重庆,宣传《讲话》,在报上主持批评,于是发生了一些琐碎情况,不能详述。
>
> 他的主要理论有这几点:
>
> 1.文艺为工农兵服务——他叫做"文艺为工农兵新方向"。
>
> 2.政治性和艺术性——文艺应该以政治性为第一。
>
> 3.到工农兵中去,写工农兵。
>
> 4.作家的小资产阶级思想应该改造——当时他只提小资产阶级思想。因为,到延安的作家都是左翼的和追求革命的,没有反动的或站在资产阶级立场上的,所以毛主席注重地提到小资产阶级作家的思想改造问题。②

他们报告的内容是延安整风、作家的阶级性和思想改造。这是根

---

① 胡风:《胡风回忆录》,人民文学出版社1997年版,第328页。
② 胡风:《从实际出发——再检查〈在延安文艺座谈会上的讲话〉的态度问题》,见《胡风全集》(第6卷),湖北人民出版社1999年版,第688页。

本原则问题，但他们的报告却引起了反感。梅林在会后发牢骚说："好快！他们已经改造好了，现在来改造我们了！"我也觉得他们没有注意"环境与任务的区别"，但又没机会再开会了。这是我的工作没做好。①

一九四四年，何其芳、刘白羽同志到了重庆。我用文协名义约了一批比较进步的作家为他们开了一个小会，请他们作报告。何其芳同志报告了延安的思想改造运动，用的是他自己的例子"现身说法"的。由于何其芳同志的自信的态度和简单的理解，会后印象很不好。何其芳同志过去的情况还留在大家印象里，但他的口气却使人只感到他是证明他自己已经改造成了真正的无产阶级。会后就有人说：好快，他已经改造好了，就跑来改造我们！连冯雪峰同志后来都气愤地说："他妈的！我们革命的时候他在哪里？"②

胡风以上三段关于同一场欢迎会回忆的主要内容相似，但互有补充，其中对于何、刘二人的厌弃之情却溢于言表。其实，以胡风为代表的国统区的文艺家，无疑是尊重延安来的代表的，他们组织并积极参加报告会也是内心必然。但他们不能接受的是，何其芳以"现身说法"的方式讲述延安思想改造运动。在胡风们心目中，何其芳以前是一个远离现实政治的唯美主义作家，思想上是落后的，不革命的，现在却以"过来人"的身份和神情来启示他们这些尚未觉悟的国统区"进步"作家，这本身就构成了某种羞辱。由此，何其芳在胡风们眼中是不能服众的，也就产生了讥讽嘲笑的言论。对话的双方谁也没有想到，这场欢迎会竟以"不欢而散"而告终。

胡风对何其芳"现身说法"更是心有怨言的，把何其芳和刘白羽称为"黄马褂"和"钦差大臣"。当何其芳宣讲"作家要熟悉工农兵和写工农兵"时，胡风说：

由何其芳到国统区来宣布这一条，也好像不大适合。他从《画梦

---

① 胡风：《胡风回忆录》，人民文学出版社1997年版，第328页。
② 胡风：《胡风三十万言书》，湖北人民出版社2003年版，第256—257页。

录》的北平到了革命根据地延安，而且马上成了党员。应该是得到了熟悉他心目中的工农兵的最好的机会了。但据我所知，除了写过一两首依然是少男少女式的抒情诗以外，好像什么也没有写，更不用说工农兵了。用挥拳头喊口号"帮助"小资产阶级作者以至"国特""旧特"作者改造过思想以后，又远征到国统区来指示小资产阶级作家应该到他心目中的工农兵中间去熟悉工农兵生活，写工农兵了。①

这是多年后胡风在狱中写的最后一篇思想汇报《从实际出发——再检查对〈延安文艺座谈会上的讲话〉态度问题》中的话，明确地表现出对何其芳的不屑态度，同时还提到了对整风运动的一些不满情况。胡风在欢迎会上听完何其芳的发言后，说当时只觉得何其芳太单纯了而已，但无话可说。用胡风自己的话说，思想改造是一个庄严的非接受不可的课题，不能以嘲笑的方式使其庸俗化，就写了《置身在为民主的斗争里面》一文。这是"为了从民主斗争看文艺实践，为了说明作家在实践过程中不能不是一个自我改造过程，想至少把由于何其芳同志所引起的使人嘲笑思想改造的心理抵消一点。那里面所说的'从人民学习的课题或思想改造的课题从作家得到的回答就不会是善男信女式的忏悔'"②。"善男信女式的忏悔"本身也是一种嘲讽，讽刺对象就是何其芳。

上述胡风们对于何其芳、刘白羽南下重庆宣教活动的抵触，明眼人一看就明白，他们敲打的虽是何、刘，但矛头所指却是毛泽东的《讲话》。其实，对于《讲话》，胡风是有自己独到的理解的。据阳翰笙回忆，他是在1943年3月24日《新华日报》正式报道延安文艺座谈会之前，就从董必武或徐冰那里拿到了毛泽东《讲话》的小册子，嘉乐纸印的，三十二开本。"得到正式文件，郭老、乃超和我商量，决定先党内后党外，逐步扩大学习的范围。首先在文工会的同志和朋友中学习，然后再是文协、中苏文协、复旦，以及戏剧电影界的同志和朋友，大

---

① 胡风：《从实际出发——再检查〈在延安文艺座谈会上的讲话〉的态度问题》，见《胡风全集》（第6卷），湖北人民出版社1999年版，第706—707页。
② 胡风：《胡风三十万言书》，湖北人民出版社2003年版，第257页。

家在暗中掀起一个自我学习运动。"①胡风接触并了解《讲话》的基本内容和精神应该是在这一时期，对此，胡风回忆道：

> 在乡下，我参加了文工会召开的业务会议，共三天。似乎也正是在这时候，乃超在乡下召开了一次小型的座谈会，是为了学习毛主席《在延安文艺座谈会上的讲话》的。那时，这著作已传到了重庆，我们很多人都看到了。乃超约了十来个人，除他和我外，记得有蔡仪，其他人就不清楚了。好像是，一开头就涉及到了培养工农兵作家的问题。要我说话，我就提出了毛主席指示的"根据地文艺工作者和国民党统治区文艺工作者的环境和任务的区别"：我们在国民党统治下面的任务应该是怎样和国民党的反动政策和反动文艺以至反动社会实际进行斗争，还不是，也不可能是培养工农兵作家。蔡仪不同意我的意见，他举出的例子是：文工会有一个勤务兵就被提升为少尉副官（他的家庭出身是破落小地主，念过几年书，就让他当了文书）。他的意思是，在国民党统治下培养工农兵作家是做得到的。问题讨论不下去了，大家只好随便谈了谈，不了了之。以后没有再为此开过会。②

这里，作为文艺理论家的胡风，对于《讲话》的理解显然要比党内的诸多同行要理性得多。党内的诸多理论家对于《讲话》的理解是如何执行的问题，胡风的理解则是能否执行的问题，这牵涉到的乃是《讲话》的普适性问题。在胡风看来，《讲话》精神的推行或推广必须建立在国统区这一特殊背景之上，如果不能与国统区具体的政治文化背景结合，这无异于缘木求鱼。据胡乔木回忆，《讲话》正式发表后不久，毛泽东曾征求过还在国统区的郭沫若和茅盾的意见，郭的回复是："凡事有经有权"。"有经有权"，即有经常的道理和权宜之计。对此，毛泽东很欣赏这个说法，认为是得到了一个知音。毛泽东之所以欣赏这个说法，大概是因为他也确实认为他的讲话有些是经常的道理、普遍的规律，有些则

---

① 阳翰笙：《〈讲话〉在重庆传播以后》，载《人民日报》1982年5月26日。
② 胡风：《胡风回忆录》，人民文学出版社1997年版，第309页。

是适应一定环境和条件的权宜之计。①胡风上述的理论根据，其实与郭沫若"有经有权"的说法是一致的。但在党内的诸多文艺同行，尤其是何其芳、刘白羽看来，胡风以解放区和国统区情况不同，文艺为工农兵服务的方式也就不同为由刻意保持与《讲话》的距离，就是"不拥护，甚至看不起《讲话》"。②

有资料显示，何其芳、刘白羽二人似乎并没有放弃对胡风的"说服"工作。《胡风回忆录》记载：

> 刘白羽、何其芳等来到文工会，我被约去闲谈。隔一天，又到文工会听刘等讲边区文化情况。第二天，郭沫若、阳翰笙等邀请刘等参加，开了个文艺座谈会，由我主持。会后聚餐。
>
> 7月15日上午，文工会召开契诃夫逝世四十周年纪念会，我做了讲演。下午，刘白羽、何其芳、以群来看我，我尽可能地谈了一些文艺工作的一般情况。③

对照同一时期的阳翰笙日记，胡风的上述回忆就更为清晰了。当时，文工会分居于市内天官府和乡下的赖家桥两处。郭沫若住在市内，阳翰笙、胡风等住在乡下。据阳翰笙日记，7月11日，"何、刘两兄来乡，至欣慰"，可知这一天他们两人访问了乡下的文工会。7月12日，"与成湘兄请何、刘两兄晚餐。陪客仅郭老、乃超、泽民，谈至夜十时许客人始去"。7月13日，"晨，会中同人开一座谈会迎何、刘两兄。由刘、何先后报告他们那儿（按：指延安和陕甘宁边区）文化活动状况后，大家提了许多问题来问他们。彼此都谈得很热烈"。7月14日，"晨，到胡风家，谈当前文艺理论的诸问题，直到午后四时始散"。7月15日，"晨，会中举行契诃夫逝世四十周年纪念会，（原定二号，现改成今天）由胡风、杨晦和我作报告"。④值得注意的是，《胡风回忆录》将刘、何专程找胡风谈话的时间记成了"7月15日下午"，但阳翰笙日记写的却是"7月14日

---

① 胡乔木：《胡乔木回忆毛泽东》（增订本），人民出版社2003年版，第267页。
② 胡风：《从实际出发——再检查对〈在延安文艺座谈会上的讲话〉的态度问题》，见《胡风全集》（第6卷），湖北人民出版社1999年版，第689页。
③ 胡风：《胡风回忆录》，人民文学出版社1997年版，第329页。
④ 《阳翰笙日记选》，四川文艺出版社1985年版，第283—284页。

下午",可能是胡风记忆有误。日期上虽有差异,两者所记载的基本事实却是一致的。由此可以确定的是,何、刘二人滞留于文工会数日间的目的,就是说服胡风。

但何、刘说服并争取胡风的多日的努力却没有任何效果。这可以于1944年7月12日胡风致路翎及舒芜的信中见出端倪:

> 因两位穿马褂的作家来此,得陪着豪绅们,一道鞠躬。管兄(舒芜)来,要连自由谈笑一通的机会都没有了。①

> 因两位马褂在此,豪绅们如迎钦差,我也只好奉陪鞠躬。还有,他们说是要和我细谈,其实已谈过了两次,但还是要细谈。好像要谈出我底"私房话",但又不指明,我又怎样猜得着。这一回,我预备谈时请他们出题,我做答案。这是他们特选的机会。所以,你如这时来,我们就得不到偶语的时间,等于空跑。②

这里,"两位穿马褂的作家""两位马褂""钦差",指的是何其芳、刘白羽,"豪绅们"就是重庆文艺界领导人郭沫若、阳翰笙等。这时候的胡风,正在奔忙于《希望》杂志登记、出版以及编辑、印刷等工作,但还是抽出时间,陪同何、刘,接受他们的"指导",甚至"说服",心中的不满情绪从他给两位挚友的信中自然就流露出来了。至于说到"被说服"或"接受"他们二人的观点,那就更谈不上了。

7月22日,何其芳又一次约见胡风谈话。何其芳认为,国统区虽有其特殊性,但根本问题仍然是要解决为什么人服务以及如何为法,而不是所谓主观问

---

① 胡风在1944年7月12日寄给路翎的信,见晓风编:《胡风路翎文学书简》,安徽文艺出版社1994年版,第93页。
② 胡风在1944年7月12日寄给舒芜的信,见胡风:《胡风致舒芜书信全编》,中华书局2014年版,第26页。本段话,1955年批判胡风时曾作为《关于胡风反革命集团的材料》的首篇被摘引,但标明时间为"一九四四年七月二十二日",现查对原件后应改为"一九四四年七月十二日"。参见《关于胡风反革命集团的材料》,人民出版社1955年版,第8页。

题。胡风则依然坚持自己对现实主义的主张。这次会谈，依然未达成共识。[①]到此为止，何其芳、刘白羽对于胡风的"说服"工作以失败而告终。

  1945年1月，何其芳、刘白羽重庆之行的宣教工作告一段落，刘白羽继续留在《新华日报》工作，何其芳则回到延安。临行之前，为了何其芳回去汇报方便，他们二人将此次重庆之行进行了一番研讨和总结，写了一份汇报提纲。他们认为国统区进步文艺界信奉胡风"主观战斗精神"文艺思想的不少，建议重庆进步文艺界进行整风。

[①] 转引自王雪伟：《何其芳的延安之路——一个理想主义者的心灵轨迹》，河南人民出版社2008年版，第184页。

第二节

一场中途夭折的新启蒙运动

何其芳、刘白羽南下重庆，除了宣讲毛泽东《讲话》的精神，调研国统区文艺界的现状并协助南方局开展文艺整风之外，还有一个重要任务，就是调查以乔冠华、陈家康为代表的南方局"才子集团"内部的争论问题。

所谓的"才子集团"，就是在国统区重庆，1942年前后中共中央南方局曾聚集了一批有学识、有才华的青年学者，他们包括乔冠华、陈家康、夏衍、胡绳等。乔冠华于1942年底参加《新华日报》编委会，负责国际新闻和评论工作，开设《国际述评》专栏，并担任《群众周刊》主编。陈家康，时任周恩来的秘书，1940年至1942年任南方局外事组副组长，南方统战委员会委员。夏衍，1942年9月赴重庆，任南方局办事处文化组副组长，负责文化界统战工作，1944年8月代章汉夫任《新华日报》总编辑。胡绳，1942在重庆任南方局文委委员，新华日报社编委。他们是南方局书记周恩来的左膀右臂，深得周恩来的信任。他们才华横溢，时常聚集在一起，高谈阔论，被称为"四大才子"或"才子集团"。[①]周恩来听到议论后，曾严肃地予以纠正：同志之间对于某种学术问题，因为有共同的兴趣而接近得频一点，谈论得多一些，这是正常的，不能当作问题，更不可以说

[①] 据胡风回忆，1952年"在上海和我谈话中，周扬同志斥责我是'抽象地看党'，严厉地斥责我是个人英雄主义，说我把党员作家批评'尽'了，但又指责我与重庆的'才子集团'（指乔冠华等同志）的亲密关系"。（参见胡风：《胡风三十万言书》，湖北人民出版社2003年版，第64页）"用'才子集团'称呼他们，不过我是解放后1952年讨论我的问题时才从周扬口中听到的。"［参见胡风：《关于乔冠华（乔木）》，见《胡风全集》（第6卷），湖北人民出版社1999年版，第502页］

−485−

是搞小集团之类，这不利于同志间的团结。①

1943年3月，乔冠华由广东韶关辗转至重庆，这时胡风亦由桂林转抵重庆。因为工作关系和共同的爱好，比胡风年少十一岁的乔冠华，开始与胡风过从甚密，互为引援，并很快引为知己。乔、胡二人由此成了忘年之交。胡风坦言："这使我很高兴，引为知己。他（指乔冠华）到重庆后，和陈家康思想感情相投，常在一起。我有时间就去看望他们，一起谈天。"②

1944年元旦，毛泽东《讲话》被介绍到国统区。5月，何其芳、刘白羽受中共派遣来到重庆大后方，宣传延安整风和《讲话》精神，重庆文艺界的整风运动自此开始。进步文艺界以读书小组为组织形式进行学习，每组若干作家，由党的文艺领导召集，批评和自我批评相结合，气氛和风细雨。为了响应整风，反对教条主义，胡风遂协同重庆"才子集团"的乔冠华、陈家康、胡绳、杨刚等人，试图以"生活态度论"为突破口，发动一场新的思想启蒙运动。胡风回忆："当时，毛主席关于整风的三篇文章也在国统区传开，我感到反教条主义的那些尖锐的分析教导一定能够割开新文艺里那种脱离生活甚至违背生活实际的毒瘤，打开出路。我们兴奋地谈到整风情况，因而对他说：'现在出现了用教条主义反教条主义的情况。'他说：'可不是吗！'也表示了完全同感。"③

胡风的想法得到了乔冠华、陈家康等人的热烈响应。早在1943年3月，陈家康即以"嘉梨"为笔名，在《新华日报》副刊发表了题为《人民不是一本书》一文，提出了著名的"生活的三度"说："改造环境，扩大生活范围"，谓之"生活的广度"；"生活在人民当中，观察他们，研究他们，通过这些观察和研究，累积起来丰富的生活经验"，谓之"生活的深度"；"我们不但要用头脑去理解他们（人民），懂得他们的生老病死，悲欢离合，而且要用全副心肠去贴切他们，感觉他们的喜怒，他们的哀乐，他们的爱，他们的恶，他们的怨，一言以蔽

---

① 茆贵鸣：《乔冠华传：从清华才子到外交部长》，江苏文艺出版社2007年版，第313—349页。
② 胡风：《胡风自传》，江苏文艺出版社1996年版，第207—208页。
③ 胡风：《关于乔冠华(乔木)》，见《胡风全集》（第6卷），湖北人民出版社1999年版，第501—502页。

之，真正关心他们的命运",谓之"生活的密度",即"人与人之间的真实的距离"。接着,陈家康用了三个通俗的词语对"生活的三度"进行了通俗的概括:"世面"指生活的广度,"世故"指生活的深度,"人情"指生活的密度。其真意就在于"真切体贴旁人","近人情",用全副心肠去"贴近"人民。① 五四以来,知识分子与工农大众的关系问题,或者说是作家与生活的关系问题,始终是文学界探讨的焦点。陈家康的"生活的三度"说,得到了茅盾的积极回应。1943年9月《中原》第1卷第2期上,茅盾以同题的形式发表《论所谓"生活的三度"》一文,开首即高度评价"生活的三度"说的理论价值:

> 几年来,我们常说"要有生活","生活要有斗争","深入人民大众的生活","和人民大众生活在一起","向生活学习"……等等,这些话句句都是正确的,然而好比一个个的金钱,还没有一根锦绳将它们串起来,现在这根绳子有了,已经串起来了——这就是关于生活的广、深、密的"生活三度说"。此一说的第一个优点是把那些格言式的关于生活的指示组织成功了体系;第二个优点是从"密"字的强调上把理论往前更发展了一步;第三个优点是因为它成功一个整然的体系给人们以研究讨论的便利。

最后,茅盾对"生活的三度"做了进一步的发挥,他更强化的是"生活的密度"中的"思想觉悟",认为"所谓事事认真,所谓对生活一切都兴趣盎然,还不过是一种生活态度,光有了这一种生活态度也还不够,必须思想不糊涂。归根一句话,撇开了思想觉悟问题而谈生活的广、深、密,也就不会有是处"。②

从1943年3月到9月间,乔冠华则提出了"生活态度"论,对陈家康进行声援。1943年6月,乔冠华在郭沫若主编的《中原》月刊创刊号发表《论生活态度与现实主义》。1944年3月,他又在《中原》第1卷第3期发表《方生未死之间》。

---

① 嘉梨(陈家康):《人民不是一本书》,载《新华日报》副刊1943年3月17日。该文后来收入于潮等《方生未死之间》(东南出版社1944年版),题目被改为《生活的三度》。
② 茅盾:《论所谓"生活的三度"》,见《茅盾全集》(第22卷),黄山书社2014年版,第492页。

在这两篇文章里，乔冠华对陈家康的"生活的三度"说进行了进一步的总结和发挥，并提炼成一种关于"生活态度"的理论。他说：

> 我们不但要扩大我们生活的广度，加深我们生活的深度，而且要加紧我们生活的密度，我们不但要精通世故，而且要切近人情，我们不但要和我们人民生活在一起，而且要爬到他们的心里用心去"疼"他们，只有这样我们才能道出人们的衷曲；他们的喜，他们的怒，他们的哀，他们的乐，他们的爱，他们的恶，他们的怨；只有这样我们才能够创造出真正的新文化。①

但乔冠华更强调的还是知识分子的"自我改造"："我们不仅要了解旁人，而且要改造我们自己。"②在国统区这个特殊的环境下，知识分子是无法用直接的革命实践来解决环境的改变和自身的改造问题的。如果脱离直接的革命实践，那么知识分子如何寻找生活的意义呢？由此，乔冠华提出了他的"到处都有生活"说："生活本身就是目的，到处都有生活，不管是前线还是后方，当前问题的重心不在于生活在前线或后方，而是在生活态度。"③他认为我们要建立的乃是一种新的生活态度："今天我们不但要科学和民主，而且要建立一种新的生活态度，一种发自衷心的承认旁人，把人当人，关心旁人的生活态度。只有这样我们才能创造出科学的民主的大众的文化。"④

陈家康的"生活的三度"说，还有乔冠华的"生活态度"论，正如何其芳所说："强调什么'生活态度'，在理论性质上，是和胡风提倡的什么'主观战斗精神'大同小异。"⑤因此，对于陈家康、乔冠华的文章，胡风大有知音之感。接着，胡风连续写成《关于创作发展的二三感想》《现实主义在今天》《文艺工

---

① 于潮：《论生活态度与现实主义》，载《中原》1943年创刊号。原文注明写作时间是1943年3月4日。
② 于潮：《方生未死之间》，载《中原》1944年第1卷第3期。
③ 于潮：《方生未死之间》，载《中原》1944年第1卷第3期。
④ 于潮：《论生活态度与现实主义》，载《中原》1943年创刊号。
⑤ 何其芳：《毛泽东思想的阳光照耀着我们》（一名《毛泽东之歌》），征求意见本（内部发行），1977年，第109—110页。

作底发展及其努力方向》等文①，与陈、乔相呼应，体现了他的重要理论主张，即强调作家要发扬"主观战斗精神"。胡风在《文艺工作底发展及其努力方向》中强调"主观与客观真理结合或融合的'现实主义'的观点"，遭到黄药眠的反对。黄药眠发表《读了〈文艺工作底发展及其努力方向〉以后》，认为胡风"过份强调作家在精神上的衰落，因而也就过份地强调了目前文艺作品上的病态"，又说此文"不是从现实的生活里得出来的结论，而是观念地预先想好来，加在现实运动上的概念"②，这是对胡风的"主观战斗精神"严厉的批评。

"才子集团"的另一个大才子夏衍，虽然早年在"两个口号"论争中与胡风曾有"过节"，但在这一时期似乎也成了"同道"。对此，夏衍回忆道："《新华日报》小整风和'放下包袱和开动机器'激励了我，除了用余伯约、姜添的笔名在《新华日报》和《群众》写文章外，我又换了'司马牛'这个笔名，开始给'新华副刊'写'补白'、'漫谈'这一类四五百字的短文，由于这类文章是供副刊作'补白'用的，后来就变成了几十个字一段的'三言两语'。"③夏衍这一时期所作的时评或杂文，基本理念以西方民主自由宪政为主，其中最为著名的就是《祝福！人类抬头的日子！》一文。此文以"伯约"为笔名，刊登在1943年7月14日的《新华日报》副刊上，是为庆祝法国国庆而作。作者赞赏法国大革命的激情一起笔便跃然纸上："一百三十四年之前，在今天，激怒了的巴黎市民赤手空拳，攻破了象征着中世纪专制政治的巴斯底尔监狱……人民做了支配自己命运的主人，高耸在大铜柱上面的金色自由神像代替了黑暗阴森的堡垒，'自由、平等、博爱'，人发见了自己是有权受人尊重的人，于是，人类历史上的一个新的时代开始了。"由此，《新华日报》还掀起了宣扬西方民主自由的热潮，1943

---

① 《关于创作发展的二三感想》，载《创作月刊》1943年第2卷第1期；《现实主义在今天》，载《时事新报》1944年1月1日；《文艺工作底发展及其努力方向》，载《群众》1944年第9卷第8、9期。这三篇文章后收入《胡风全集》（第3卷），湖北人民出版社1999年版，第6—19、38—43、174—184页。
② 黄药眠：《读了〈文艺工作底发展及其努力方向〉以后——对文协五理事的参考论之质疑》，见《黄药眠文艺论文选集》，北京师范大学出版社1985年版，第14、2页。
③ 夏衍：《懒寻旧梦录》，生活·读书·新知三联书店1985年版，第515页。

年7、8、9三个月刊登的文章比较多。①

在胡风及重庆"才子集团"陈家康、乔冠华、胡绳、夏衍等的带动下,一场旨在响应延安整风运动,批判教条主义,继续深化五四新文化运动"人的发现"这一主题的新启蒙思潮似乎已在国统区重庆蔚然成风。从1943年3月至9月间,除重庆"才子集团"之外的诸多学者和文学家,如胡绳(笔名"项黎""沈友谷")、杨刚(笔名"李念群")、冯雪峰、蔡仪、邵荃麟、黄药眠、舒芜、路翎等,也参与了进来。他们以《新华日报》《中原》《群众》等报刊为阵地,发表多篇文章,表达自己对现实社会人生状态与文艺问题的看法。后来,参与这次讨论的主要文章被编为一本论文集《方生未死之间》,收录的文章依次为:《论生活态度与现实主义》(于潮)、《感性生活与理性生活》(项黎)、《论所谓"生活的三度"》(茅盾)、《方生未死之间》(于潮)、《论艺术态度和生活态度》(项黎)。②编辑此书者,系时任东南出版社经理李达仁。李达仁,原名李品珍,笔名"史任远""任远",湖南宁乡人,1943年10月来到战时福建省会永安,被聘任为《建设导报》主笔兼东南出版社首任经理。该书出版后,深受读者欢迎,影响很大。尤其是书中的一些警句,在当时的大学生中传诵一时,引起轰动。该书向时代发出了强烈的呼声:"我们是处正在方生和未死之间;旧传统的遗毒还没有死去,新文化还没有普遍地生根;我们的任务很简单,叫未死的快死,叫方生的快生。我们不能跳过文化发展的必然阶段,但是我们要缩短诞生的苦痛。"并向人民发出战斗的号召:"大江流日夜,中国人民的血日夜在流,中国的土地是再也不能沉默了!"该书阐明了"旧的腐朽的社会制度必然要灭亡,新的向上的一定要成长",激起了千万人民的猛省,唤起了热血青年的抗日救国

---

① 韩辛茹:《新华日报史(1938—1947)》,重庆出版社1990年版,第324—325页。
② 于潮等:《方生未死之间》,东南出版社1944年版。此书东南出版社1945年6月曾增订再版,1946年1月三版,再版时封面不变,内容有所增订,比初版多了一篇史任远的序,正文多了一篇嘉黎的《生活的三度》。《方生未死之间》1947年4月由南京小雅出版社重新出版发行,内容略有改变,封面却完全不同,由著名艺术家、封面装帧家钱君匋先生设计,书名美术字和画面融为一体,极为巧妙精美,当可称为封面设计精品。

热情。

《方生未死之间》增订再版时，李达仁署名"史任远"为该书作序，试图从中国新文化运动史的角度来评判该书所选文章的历史文化价值："这里的六篇文章是我国新文化运动发展的新阶段上最佳的收获。从其中，我们可以获知自'五四'以后的二十六年来的新文化运动之所以不能深入的原因和今后新文化运动应循的途径；可以获知主客观的关系和生活究竟的意义之所在；可以获知新文化运动至此推进到了一个怎样的阶段。"[①]可以说，该书序言作者的感觉是敏锐的。乔冠华晚年曾对自己重庆时期的写作初衷有过回顾："《方生未死之间》这篇文章是发表在《中原》杂志上的。我在这篇文章里涉及的问题很广，系统回答的一个中心问题是：大后方的进步作家的出路究竟在哪里？"[②]而胡绳晚年对于《方生未死之间》的分析和总结，则更为精辟：

> 在抗日战争进入第七个年头时，在重庆等大后方的知识分子中，有些人面对日益艰苦的政治环境和生活环境，产生一种麻木、疲倦、消沉和观望的情绪。胡绳他们认为这是一个精神危机，于是大声疾呼地提出改变生活态度的口号。而改变生活态度的指导原则是他们提出的"生活的三度"说：一是生活的广度，即"改变生活环境，扩大生活范围"，二是生活的深度，即"加深生活经验"，三是生活的密度，即"用全副心肠去贴近他们（人民）"。总之是"要人在生活上更多实现真正人性的人（人道主义）"，"逐步完成真正人性的人"。"只有人性的充分发扬，人间生活才会至真至善至美"，而"人性的体现方式是爱与创造的生活。爱人类，爱万物，爱生活；创造生活中的新事物。"从这些观点可以看出，在反对日本侵略、争取民族解放的战争年代，离开阶级、离开革命，抽象地谈什么改变生活

[①] 史任远：《序》，见于潮、茅盾等：《方生未死之间》，小雅出版社1947年版，序第3页。
[②] 乔冠华：《口述自传》，见萧关鸿、曹维劲主编：《那随风飘去的岁月》，学林出版社1997年版，第178页。

态度，人性的充分发扬，自然要被认为与马克思主义的基本原理和党的政治主张相违背。而就在这一年的10月，毛泽东的《在延安文艺座谈会上的讲话》全文正式发表，上述观点更是与讲话的精神背道而驰了。①

作为历史的见证人，胡绳晚年的回顾既分析了重庆"才子集团"提出"生活的三度"说的历史文化背景，更一针见血地剖析了这一学说在思想深处的内在矛盾，尤其是其与毛泽东《讲话》基本精神的思想龃龉。

重庆"才子集团"的文章，本来是为了响应延安整风、反对教条主义而作，但他们对"人性""个性"乃至人的"主观"能动性和创造性的强调，对"人类之爱"以及"真切体贴旁人""近人情"等等的阐释，显然与毛泽东《讲话》中有关论述有所疏离，甚至有些"离经叛道"了。因此，这些文章发表后，立即就在《新华日报》乃至南方局内部引起了争议甚至强烈的反对。据胡风回忆：

> 乔冠华在郭沫若主编的《中原》上发表的《方生未死之间》，胡绳的一篇（题目都忘记了），似乎还有杨刚的一篇什么。陈家康在《群众》上发表的《唯物论与唯"唯物的思想"论》。都自以为是响应整风，反对教条主义的，但在党内引起了大问题，认为他们是用唯心主义反对教条主义。最积极的似乎还是潘梓年、华西园，但董老（好像总理回延安去了）也支持他们，可能是有党中央的指示，因而，党内有关的人如徐冰等也就当然支持他们反对乔冠华等了。②

这里，潘梓年时任新华日报社社长，华西园即华岗，《新华日报》第一任总编辑，徐冰系中共中央南方局文化组组长，董老指的是董必武，时任中共中央南方局副书记兼统战部部长。1943年6月28日，南方局书记周恩来返回延安参加党的七大筹备工作和整风学习，南方局的工作由董必武主持。上述人物，均为南方局

---

① 郑惠：《程门立雪忆胡绳》，中央民族大学出版社2003年版，第148—149页。
② 胡风：《关于乔冠华（乔木）》，见《胡风全集》（第6卷），湖北人民出版社1999年版，第502—503页。

和《新华日报》的高层人物，他们均为以"才子集团"为核心的这一启蒙思潮的反对者。我们知道，南方局的党内整风早在1942年6月开始，就已经按照学风、党风、文风的顺序分三个阶段展开。从1943年5月中旬开始至10月下旬，南方局进行了整顿文风的学习。按照周恩来提出的计划，南方局还组织了若干场专题报告。①南方局和《新华日报》内部对于"才子集团"的批判和指责应该是在这一时期南方局的党内整风时发生的。

据董必武1943年12月26日致电在延安的南方局书记周恩来和中宣部云：他曾经于1943年10月8日、10月15日和11月26日连续召开过三次座谈会，对南方局和《新华日报》的错误进行了严厉的批评和检讨。首先，董必武点名批评了章汉夫、陈家康和乔冠华。章汉夫是总编辑，他的主要错误是追悼国民政府主席林森期间在《新华日报》上过分吹捧林森。夏衍、乔冠华、陈家康在《新华日报》副刊写的国际时评，主要的错误是，"没有站稳无产阶级的立场，尤其是对罗斯福的'新政'作了不正确的看法，宣传乃至欣赏了资本主义国家的所谓'自由、民主'"②。另外，董必武还具体列举了这些"有问题之文章"：《中原》杂志创刊号上署名"于潮"的《论生活态度与现实主义》，署名"项黎"的《感性生活与理性生活》，《新华日报》7月14日署名"李向群"的《人的发现》和8月24日署名"康怀"的《怎样研究时事问题》，《群众》杂志第12期署名"沈友谷"的《论中国民族新文化的建立》、第16期署名"陈家康"的《唯物论与唯物思想》。③董必武指出："他们在这一连贯问题上，观点都相同或相近，已成系

---

① 李蓉：《周恩来和中共南方局整风》，载《党史研究资料》2004年第5期。
② 夏衍：《懒寻旧梦录》，生活·读书·新知三联书店1985年版，第505页。
③ "于潮"系乔冠华的笔名，原文档写作"于怀"，恐误。"项黎""沈友谷"是胡绳的笔名，"康怀"是乔冠华的笔名。陈家康《唯物论与唯物思想》一文，原题目应为《唯物论与唯"唯物的思想"论》。"李向群"乃著名女记者、作家杨刚的笔名，其《人的发现》一文，原标题为《人的发现——读〈中原〉创刊号意见》，原文经查证刊登于《新华日报》1943年7月14日第4版，但《董必武关于检查〈新华日报〉、〈群众〉、〈中原〉刊物错误的问题致周恩来和中宣部电》原文档却写为"7月22日"，不知是原文档的错误，还是刊印的舛误，待查证。参见中国社会科学院新闻研究所编：《中国共产党新闻工作文件汇编》（上卷 1921—1949），新华出版社1980年版，第139页。

统，很危险，并警告他们，要他们反省"。章、陈、乔三人的相同点"是偏重感情，提倡感性生活，注意感觉，强调心的作用，认为五四运动之失败，由于没提倡人道主义，主张把人当人"。作为中共中央南方局领导人，董必武当时是这样评价这些文章的作者的："大后方知识分子思想得太多，感觉得太少"，"是观念论与小资产阶级的个人主义"。①

1943年11月22日，中共中央宣传部致电董必武，批评《新华日报》"违背了党的方针"，指出大后方思想斗争的中心任务"不是党的自我批评，而是反对大资产阶级反动派"，电文中提到"现在《新华》、《群众》未认真研究宣传毛泽东同志思想，而发表许多自作聪明错误百出的东西，如××论民族形式、×××论生命力、×××论深刻等，是应该纠正的"。②这三篇文章的作者，除了刊登在《新华日报》1943年8月2日署名为"姚雪垠"的《论深刻》之外，文件却没有明确指出，不好确证。但这封电报，却是延安大本营第一次对大后方整风运动的严厉批评。

董必武接到中宣部电后，于12月26日回复周恩来和中宣部，就《新华日报》《群众》《中原》的错误做了检查。他认为发生错误的原因是："一，政治警觉性不高。二，整风运动未能深入，未深刻研究毛主席文件和思想。三，编辑上的组织不周密，阅稿与检查皆有漏洞……"并表示："为响应中宣部号召，决进行检查报纸，从七月份起，检查对象分为言论，新闻，资料，四版，广告，青年，妇女，团结与群众八组，报馆各科室，两岩第一组，各学习组，亦各规定范围，进行检讨，报馆已召集全体大会通知广泛动员，拟于明年报纸六周年纪念时总

---

① 《董必武关于检查〈新华日报〉、〈群众〉、〈中原〉刊物错误的问题致周恩来和中宣部电》，见中国社会科学院新闻研究所编：《中国共产党新闻工作文件汇编》（上卷 1921—1949），新华出版社1980年版，第139页。
② 《中宣部关于〈新华日报〉、〈群众〉杂志的工作问题致董必武电》，见中国社会科学院新闻研究所编：《中国共产党新闻工作文件汇编》（上卷 1921—1949），新华出版社1980年版，第137—138页。

结。"①由此，南方局文艺界的整风正式开始。在整风中，以乔冠华、陈家康为首的重庆"才子集团"受到内部批评，被迫检讨。但陈家康对自己的观点似乎还有所坚持，于是在1944年3月初被调离重庆，回到延安大本营参加整风。②

应该能够看出，作为中共中央南方局书记的周恩来在南方局文艺整风中所起到的主导作用。1943年6月28日，南方局书记周恩来返回延安参加整风学习，实际上面临着被指为"经验主义"错误的政治风险。11月底至12月初，周恩来多次做整风发言，"在这次整风运动中，周恩来也曾受到不公正的和过火的指责与批评。他在检查中，曾说了一些过分谴责自己的话"③。重庆"才子集团"成员均为周恩来身边且为周恩来所欣赏的干将，他们与延安主流意识形态尤其是与毛泽东《讲话》显然分离的思想倾向，势必会影响到他们的主管领导周恩来。上述南方局所展开的文艺整风以及对于重庆"才子集团"的内部批评，应该是在周恩来主导下进行的。但另一方面，保护他们，也是应有之理和自己的职责所在。1943年11月10日，周恩来偕同时任美国驻华大使帕特里克·杰伊·赫尔利（Patrick Jay Hurley）同机飞到重庆，准备同国民党谈判。1944年11月18日，百忙之中的周恩来在《新华日报》报馆向全体工作人员做《国内外形势和解放区情况的报告》。

---

① 《董必武关于检查〈新华日报〉、〈群众〉、〈中原〉刊物错误的问题致周恩来和中宣部电》，见中国社会科学院新闻研究所编：《中国共产党新闻工作文件汇编》（上卷 1921—1949），新华出版社1980年版，第140页。
② 关于陈家康回延安参加整风之事，1944年3月16日胡风致信舒芜云："陈君已回老家了，行前没有见面机会……"（参见胡风：《胡风致舒芜书信全编》，中华书局2014年版，第9—12页）3月19日，舒芜回复胡风云："陈君的回去，是奉到十二金牌了吧？……"（参见舒芜：《舒芜致胡风书信全编》，东方出版中心2010年版，第16—18页）关于陈家康拒绝检讨之事，胡风《关于乔冠华（乔木）》说道："后来，陈家康有一次对我提了一句：关于这个问题，只有他还有所坚持。当时感到他是认真地具体对待问题的。"又1943年12月16日《董必武关于检查〈新华日报〉、〈群众〉、〈中原〉刊物错误的问题致周恩来和中宣部电》："他们在这一连贯问题上，观点都相同或相近，已成系统，很危险，并警告他们，要他们反省，除×××有一点表示外，×、×并无表示。"这里的"×××"似指陈家康，参见中国社会科学院新闻研究所编：《中国共产党新闻工作文件汇编》（上卷 1921—1949），新华出版社1980年版，第139页。
③ 中共中央文献研究室编：《周恩来年谱（1898—1949）》，中央文献出版社1998年版，第581页。

几天之后，周恩来又在曾家岩召开了一次小会，找徐冰、乔冠华、陈家康、夏衍了解前一段时期的统战、外事、文艺方面的情况，并传达了文艺座谈会的精神及文艺整风之后解放区文艺工作的动向。

1945年初，南方局向中共中央发电询问文化人整风学习的范围问题。1月18日，周恩来、董必武代表中共中央向当时在重庆主持南方局工作的王若飞致电，阐述关于大后方文化人整风问题的意见：

（一）如文化人整风只限于文委及《新华日报》社两部门的同志，则可行；如欲扩大到党外文化人，似非其时。因目前民主运动正在开展，正好引导文化界进步分子联合中间分子，向国民党当局作要求学术、言论、出版自由的斗争，向顽固分子作思想斗争，揭露国民党文化统制政策的罪恶，并引导其与青年接近，关心劳动人民生活，以便实际上参加和推动群众性的民主运动。这也就是很好的整风。否则，抽象地争论世界观、人生观，甚至引起不必要的对历史问题的争论，必致松懈对国民党内顽固派的斗争，招致内部的纠纷，这是很要慎重的。至于延安文教大会，只能以其群众观点、实事求是、统一战线、民族化、大众化诸方面的影响，教育大后方的文化人，而不是以它的决议和内容来衡量他们的工作。

（二）即便对文委及《新华日报》社同志的整风，历史的反省固需要，但检讨的中心仍应多从目前实际出发，顾及大后方环境，联系到目前工作，以便引导同志们更加团结，更加积极地进行对国民党的斗争，而防止同志们相互埋怨、相互猜疑的情绪的增长。[1]

这封电报是周恩来听取了刚从重庆回到延安的何其芳的口头汇报后撰写的。1945年1月，在重庆进行调研和宣教《讲话》工作的何其芳回到延安，向中央宣传部递交了书面调研报告，建议在国统区进步文艺界尽快开展文艺整风。何其芳、刘白羽在重庆大半年，遇到了以胡风等为代表的国统区文艺界的阻

---

[1] 《关于大后方文化人整风问题的意见》，见《周恩来选集》（上卷），人民出版社1980年版，第188—189页。

遏，工作进展并不顺利，其不快甚至恼怒之情可想而知。但周恩来和董必武多年都在国统区工作，更了解重庆乃至国统区文艺界的实际情况，因此，他们所提出的文艺整风策略与方法则显得更为理性和审慎，更加符合国统区文艺界的实际或现状。更为重要的是，这封电报乃是周恩来和董必武代表中共中央向南方局发出的指示，这当然就意味着何其芳提出的"大后方尽快整风"的建议被中宣部暂时搁置了，以至于他在公开场合介绍大后方文化界的情况时，竟然也言不由衷地肯定其积极的一面。1945年3月18日，延安文艺界百余人集会，座谈大后方文化活动，周恩来、周扬、艾思奇、萧三、李伯钊、李卓然、何其芳等出席会议并讲话。在座谈会上，"周恩来同志报告了大后方民主运动及文化运动情况，号召努力工作，多写作品，并将自己下乡工作与工农结合的经验转告大后方文化界，作为他们'文化下乡'的参考。刚由大后方返延的何其芳同志详述了大后方文化界情况。毛主席《在延安文艺座谈会上的讲话》，边区文教会的方针，给大后方文化界很大鼓舞，有些进步文化人士并以实际行动来响应和实践这个新文艺运动的方针。全体与会者对于大后方文化工作者艰苦工作的精神，感到无限兴奋并寄予很大的同情"[1]。显然，这是何其芳说了大后方文艺更多好话的缘故。

由上所述，正是由于南方局领导人周恩来和董必武等的干预和主导，国统区文艺界的整风一直被控制在党内进行而没有扩展到整个左翼文艺圈，就是党内的整风也是在理性有序的气氛中展开的。夏衍在《章汉夫文集》代序中，曾提到1944年《新华日报》"小整风"的结果，说："汉夫作为党报总编辑，就得为我和乔冠华、陈家康等人在副刊上发表的那些有错误的杂文负责，好在当时主持整风的董老坚持了治病救人的原则，所以我们几个人作了检讨，就没有受到处分。"[2]他在《懒寻旧梦录》中又说："这次小整风批评是坦率的、尖锐的，但并没有什么'残酷的斗争'。我们这些人在'大后方'工作久了，夸夸其谈，自以为是，几乎已经成了习惯，所以在国内外斗争严峻的时刻，这次整风对我来说

---

[1] 艾克恩编纂：《延安文艺运动纪盛》，文化艺术出版社1987年版，第586页。
[2] 夏衍：《〈章汉夫文集〉代序》，载《人民日报》1987年12月3日。

是完全必要的。我们这几个人都作了自我批评,但并不觉得因此而背上了包袱,所以我们还是继续不断地写文章。"①

一场以批判教条主义为触媒,以五四新文化运动"人的发现"为旨归,进一步深化了抗战以来民族形式问题的新启蒙运动,由此而中途夭折。

---

① 夏衍:《懒寻旧梦录》,生活·读书·新知三联书店1985年版,第505页。

第三节

《论主观》风波

　　作为上述思想启蒙思潮另一个重要的策动者，胡风不但写了多篇文章呼应乔冠华、陈家康等，积极参与这场思想启蒙，而且还有更大的宏愿，即发动一场"广义的启蒙运动"，以弘扬鲁迅为代表的五四启蒙主义的"人学"传统。而恰恰就在这一时期，胡风经路翎介绍，认识了初登文坛的青年理论家舒芜。

　　据查，1943年初，高中肄业的舒芜经叔父方孝博介绍，到国立中央政治学校担当黄淬伯教授的助教，随后舒芜介绍路翎来中央政治学校图书馆任助理员。3月27日，胡风携全家从桂林抵达重庆。5月，路翎带舒芜去中华文协所在地重庆市张家花园看望胡风，这是胡风与舒芜的第一次见面。胡风与舒芜，上午见面，"闲谈到一道午饭后分手"，晚上，舒芜又同阿垅、路翎来胡风处，"杂谈深究"。①可见他们之间似乎有说不完的话，大有"相见恨晚"的感觉。第一次见面，舒芜带去论文《论体系》面呈胡风，随后又寄去三篇现代哲学稿（《论存在》《论因果》和《文法哲学引论》）请教胡风。9月11日，胡风致信舒芜，云：

---

① 胡风日记中记："5月9日，路翎及其友人方管来，闲谈到一道午饭后分手。……夜，圣木（即阿垅）、路翎、方管来，杂谈深究。看方管之《论体系》。"在此前的胡风日记中则未有对舒芜的记载，由此推断，5月9日应是胡风与舒芜的第一次见面。而舒芜则回忆是第二天又见了胡风："次日，我们到胡风暂住之所重庆张家花园中华全国文艺界抗敌协会会址去看了胡风，路翎与他谈得多。我没有说什么"，似误。参见胡风：《胡风致舒芜书信全编》，中华书局2014年版，第4页，1943年9月11日胡风致路翎信注释①；舒芜：《〈回归"五四"〉后序》，载《新文学史料》1997年第2期。

— 499 —

今天，思想工作是广义的启蒙运动。那或者是科学思想发展的评介，或者是即于现实问题（包括现在成为问题的思想问题、历史问题等）的斗争。这是一个工作底两面，过去都没有好好做过。你的这四篇（连上一次的一篇），我觉得是介乎这二者之间的工作。说是前者，则史的叙述之明确性不够，作为学的组织性不够，说是后者，则既未紧抓着活的问题，又过于省略了解说。以文法篇说，既未出发自目前文法论争中的问题，而关于词性，又大半当作读者当然同意了的看法而略之。①

胡风在信中还特别建议舒芜，要他多关注"现实问题"，并暗示可以撰文与郭沫若争鸣墨学，这是胡风写给舒芜的第一封信。舒芜接信后，又到位于重庆乡下的赖家桥看望胡风，当天谈到夜里1时，第二天又和他闲谈了一整天。10月26日，胡风致信舒芜，建议他"用这写法，把各个重要的范畴都写一写，合成一整篇，倒也很有必要。虽非现实问题本身，但可以给看现实问题时一个镜子"。②不久，胡风又介绍舒芜认识了自己的"同道"乔冠华、陈家康等人，"舒芜从南泉来。我曾向家康和乔木谈起过，有一个青年写了关于墨子的文章，与郭沫若的论点不同。他们很感兴趣，尤其是家康，正在研究墨子，就要我领他去见面谈谈。这次我就领舒芜一道去访家康和乔木，除了讨论墨子外，又谈到学术界的一些情况"③。在胡风的引介下，舒芜开始融入重庆的左翼思想界，成为这一思想启蒙思潮的新生力量。

1943年11月22日，中宣部《关于〈新华日报〉、〈群众〉杂志的工作问题致董必武电》发至重庆。该电文指出"在大后方思想斗争的中心任务不是党的自我批评，而是反对大资产阶级反动派批评"，并批评"《新华》、《群众》未认真研究宣传毛泽东同志思想，而发表许多自作聪明错误百出的东西"。随即，中共中央南方局内部开始整风。12月16日，《董必武关于检查〈新华日报〉、〈群众〉、〈中原〉刊物错误的问题致周恩来和中宣部电》发往延安，该电文点名批

---

① 胡风：《胡风致舒芜书信全编》，中华书局2014年版，第1页。
② 胡风：《胡风致舒芜书信全编》，中华书局2014年版，第3页。
③ 胡风：《胡风回忆录》，人民文学出版社1997年版，第319页。

评了陈家康、乔冠华、胡绳等近期撰写的"有问题之文"。陈家康等人在整风运动中做了检查，接着又被调回延安参加整风运动。据舒芜回忆，陈家康临走之前，曾给他留了一封告别信，最后一句是"百感千思，惟吾兄知之，亦惟吾兄谅之也"，表现得特别伤情。同时，陈家康还自撰自书一副对联赠给舒芜：

> 胼胝穷年，蝼蚁稊稗矢溺；
> 荆榛满眼，孔孟黄老申韩。①

上联典故出自《庄子·知北游》。《庄子》有道在蝼蚁，在稊稗，在矢溺之说，此借用于墨家，其深意是以墨家精神相勉，要不辞胼手胝足，穷年累月，在蝼蚁稊稗矢溺中探索真理。下联是慨叹当时思想界，全被儒家（孔孟）、道家（黄老）、法家（申韩）充塞，唯独没有墨家的地位。舒芜读罢，百感交集："我大体知道，总是陈家康他们反对马克思主义的教条化，针对知识分子（特别是国民党统治区进步知识分子）普遍的思想问题，进行自由探索，而不为自家的领导人所容。"②于是，遂发愿要为陈家康写点什么，以声援陈家康。

关于《论主观》写作，晚年的舒芜是这样回忆的：

> 那是1943年冬，路翎已经住在我家，我们朝夕谈论共同关心激动的文化文艺问题。有一天，我们又在"左道楼"上凭栏纵谈，路翎忽然神情郑重地问我："你说，中国现在需要什么？"我答不出，回问他。他明确肯定地说："需要个性解放。"③

路翎的话，引起了舒芜的彻底顿悟：

> 他这一句话，顿时把我点醒了，过去我许许多多模糊不清的感受，一下概括清楚了。可不，眼下的中国，急切需要个性解放！不管对国民党的法西斯统治来讲，还是对马克思主义的教条主义来讲，都需要"个性解放"这个武器从根本上解决问题！胡风第一封给我写的信中谈到过，现在要做新的广义上的启蒙运动，我对此很有兴趣，决定停止纯学

---

① 舒芜：《〈回归"五四"〉后序》，载《新文学史料》1997年第2期。
② 舒芜：《〈回归"五四"〉后序》，载《新文学史料》1997年第2期。
③ 舒芜：《〈回归"五四"〉后序》，载《新文学史料》1997年第2期。

术的研究，参加启蒙工作。可是，启什么蒙，用什么来启蒙，我还没有想得十分明确。路翎这一句话也点醒了我，原来要启的就是个性解放之蒙，也就是要用个性解放来启蒙，陈家康他们提出来的问题，也只有用个性解放才能解决。为了声援他们，我决心抓住这个"个性解放"来做点文章。于是，我开始写《论主观》。①

1944年2月28日，《论主观》二次稿撰讫。次日，舒芜掩饰不住内心的激动给胡风写信，云："关于陈君的问题而写的《论主观》，已完成，两万多字。恐怕无处可送，只好大家看看的了。最近即寄或带你。"②这一时期，胡风正在为创刊《希望》杂志而奔忙。1944年5月25日，胡风收到了《希望》"已准送审出版"的公函。胡风几经踌躇，终于将《论主观》一文编入《希望》创刊号。1945年1月1日，《希望》第1卷第1期正式出版，舒芜的长达两万五千余字的《论主观》赫然在列。胡风发表了被视为呼应《论主观》的短论《置身在为民主的斗争里面》，该文被视为该刊的"发刊词"，同时，还在编后记中热情洋溢地写道：

　　《论主观》是再提出了一个问题，一个使中华民族求新生的斗争会受到影响的问题。这问题所涉甚广，当然也就非常吃力。作者是尽了他底能力的，希望读者也不要轻易放过，要无情地参加讨论。附录里面所记下的意见，太简单了，几乎像是电报码子，但如果能有多少的启示，使读者从这些以及正文引出讨论的端绪，我想，受赐的当不只作者一人而已罢。③

---

① 舒芜口述，许福芦撰写：《舒芜口述自传》，中国社会科学出版社2002年版，第131—132页。
② 舒芜回忆："我们(指舒芜和陈家康)都对郭沫若崇儒贬墨的文章非常不满……最后得出结论，要反驳郭沫若，由我来写一篇与郭沫若论墨学的文章。"(舒芜口述，许福芦撰写：《舒芜口述自传》，中国社会科学出版社2002年版，第130页)胡风在回忆录中，也有相关回忆："除了讨论墨子外，又谈到学术界的一些情况。舒芜不像我们那些青年朋友，他很能谈，能迎合对方，博得对方的好感。"（胡风：《胡风回忆录》，人民文学出版社1997年版，第319页）排除胡风回忆时加入的主观情绪，可以想见当时舒芜与陈家康的会面应该是很融洽的。
③ 胡风：《希望·编后记》，载《希望》1945年第1卷第1期。

这里所说的"附录",指的是《论主观》完成后,舒芜请路翎和胡风两个朋友分别写了读后感,同时与《论主观》刊发于《希望》创刊号。但更引人注目的还是这里的两句话。一句话是《论主观》提出了"一个使中华民族求新生的斗争会受到影响的问题",就连作者读后都感觉有点"懵":"提到这样重大的程度,使我有些吃惊;虽然我自己在文中也说:'这个研究,不是书斋里的清谈,而是我们当前生死存亡的关键'。但是得到胡风以主编者的身份加以肯定申述,又不一样。"① 第二句话是说"作者是尽了他底能力的,希望读者也不要轻易放过,要无情地参加讨论"。舒芜当时并未在意,还以为这与自己在文末赘上"附录"的尾巴是同一用意,无非是故作姿态以堵住争鸣者的嘴。这就为后来舒芜与胡风之间产生龃龉、反目以至于"背叛"埋下了伏线。② 但有一点却是比较明确的,那就是舒芜的《论主观》在胡风的心目中具有不可估量的价值和意义,《论主观》从写作到出版,胡风都为之付出了超出常规的心血和努力。1944年10月9日,胡风在编辑完《希望》创刊号后,当天即给舒芜发信,以赞赏的语气说:"你底占了七分之二!"③ 胡风所说的"七分之二",并非指文章数目,而是指字数、版面。单就文章数来说,《希望》第1期共发文章28篇,舒芜一人便贡献14篇,整整二分之一,而且,舒芜以每篇一名的方式,包揽了这一期全部杂文创作。④ 这几乎成了舒芜《论主观》的"专刊"。

---

① 舒芜:《〈回归"五四"〉后序》,载《新文学史料》1997年第2期。
② 具体参见吴永平:《舒芜撰〈论主观〉始末考》,载《粤海风》2006年第3期。
③ 胡风:《胡风致舒芜书信全编》,中华书局2014年版,第34页。
④ 舒芜在《希望》1945年第1卷第1期上发表论文:《论主观》(署名"舒芜")、《哲学与哲学家——关于文化上"接受遗产"工作的一个建议》(署名"许无");书评:《两层雾罩下的黑格尔》(署名"舒芜");杂文:《能为中国用》(署名"林慕沃")、《夷狄之进于中国者》(署名"葛挽")、《耶稣闻道记》(署名"姚箕隐")、《宰相是怎样"代表"平民的》(署名"但公说")、《我佩服"曾文正公"》(署名"宗珪父")、《"迷途之羔羊"返矣!》(署名"姚箕隐")、《"国家育才之至意"》(署名"竺夷之")、《"真"与"雅"》(署名"白君勺")、《不暇自笑的丑角》(署名"赵元申")、《"嗜痂"与"制痂"》(署名"孙堪")、《"无捧而无不捧"》(署名"徐舞")。参见《希望》1945年第1卷第1期;晓风:《胡风和〈七月〉、〈希望〉撰稿者》(四),载《新文学史料》1994年第4期。

果不其然,《论主观》发表后,立即在重庆国统区文艺界产生了重大的影响,更引起了南方局乃至中共中央高层的关注。

1945年1月25日,南方局文委召开针对《论主观》问题的内部会议,会议由冯乃超主持,茅盾、叶以群、冯雪峰、侯外庐、蔡仪等人参加。会议后半段胡风才到场。茅盾和叶以群对《论主观》进行了严厉批评,茅盾甚至指责作者是"卖野人头"①。几天后,冯乃超又请侯外庐来文工会做了一次批评谈话。胡风十分不满,立刻函告舒芜:"你现在,一要预备杂文,二要对这问题作更进一步的研究。准备迎战。"②

2月5日,刚从延安返回重庆的周恩来主持座谈会,讨论《论主观》及"客观主义"问题。这次会议层次更高,出席会议的有徐冰、乔冠华、陈家康、胡绳、茅盾、以群、冯乃超、冯雪峰等人。现有的文献没有披露会议的具体细节,但可以想象发言者批评的调门会更高。胡风也应邀参加了会议,但会场的气氛似乎让胡风意识到了问题的严重性甚至给周恩来带来了麻烦,于是改口说发表《论主观》是为了"引起批判"③。胡风回忆说:"在会上,只是开始时提了提《论主观》,我说明了自己只对其中个别论点有同感。周副主席马上把问题移到了'客观主义',问我它指的是什么。显然,'客观主义'才是闯祸的直接原因。"④这次会议表明,批判的对象已经不仅仅是《论主观》及其作者舒芜,而是其背后的胡风。

2月6日,也就是座谈会的第二天,周恩来又与胡风进行了一次单独的谈话,胡风日记中记:"夜与胡君(按:即周恩来)等谈文艺问题"⑤。胡风晚年回忆

---

① "卖野人头",上海话,谓虚张声势以吓人、骗人或糊弄人。详情请参见1945年1月28日胡风致舒芜信,见胡风:《胡风致舒芜书信全编》,中华书局2014年版,第54—56页;胡风:《胡风回忆录》,人民文学出版社1997年版,第336页。
② 1945年1月28日胡风致舒芜信,见胡风:《胡风致舒芜书信全编》,中华书局2014年版,第55页。
③ 这一说法显然不符合事实。吴永平《胡风如何"呼应"舒芜的〈论主观〉》(载《盐城师范学院学报》2007年第4期)一文对此有详尽讨论。
④ 胡风:《胡风回忆录》,人民文学出版社1997年版,第336页。
⑤ 胡风:《胡风致舒芜书信全编》,1945年2月9日胡风致舒芜信注释①,中华书局2014年版,第57页。

说:"谈话的具体内容记不得了,凭记忆中的感觉,可以归为(不是用直接语句提到的)两点:一是,理论问题只有毛主席的教导才是正确的;二是,要改变对党的态度。但我当时对这两点不但没有理解,反而以为昨晚的会和现在的谈话等于对我的工作做了肯定。"①对此,钱理群分析说:"不难看出,周恩来所说的这两点,正是他自己刚刚参加延安高级干部的整风运动,所获得的两个最重要的结论,也是当时及以后中国政治大局中最关键的两个要害问题。同时,这是对胡风的提醒和严峻警告。"②周恩来的谈话如此直截了当,等于说是告诉了胡风要认清大势,及时改正和止步。

周恩来如此推心置腹邀约胡风谈话,主要基于以下两个缘由:一是周恩来长期以来一直信任并保护着胡风,对其在国统区的文艺业绩有着高度的评价。胡风后来在《三十万言书》里曾专门回忆了周恩来对他的信任、关心和爱护。在重庆的一次会议上,胡风把他主编的《七月》比作一个游击小组,周恩来则说"它是一个游击兵团",显然有很高的评价和期待。因此,前面我们已经述及,当胡风伙同周恩来身边的"才子集团"试图发动一场思想启蒙运动,党内有些人如何其芳等提出也要在党外推动文艺整风时,周恩来以整风"欲扩大到党外文化人,似非其时"为由,及时制止了这一"左"倾想法,这实际上是保护了胡风。二是这一时期胡风正在筹办《希望》杂志,需要很大一笔保证金,也是周恩来批准,用党的经费给予资助。③但现在出版的《希望》创刊号上,竟"自作聪明"地发表了与毛泽东《讲话》精神和中央政策不符的舒芜的《论主观》,这就使得作为其幕后支持和保护者的周恩来处于极为尴尬的境地。所以,周恩来与胡风的谈话,既是信任和保护,但更是制止和警诫。

但胡风似乎对周恩来的话显得很"隔膜",他还沉浸在自己"主观战斗精神"的历史情怀之中,为现在或未来的中国历史和思想打开一种多元共生的局

---

① 胡风:《胡风回忆录》,人民文学出版社1997年版,第336—337页。
② 钱理群:《〈论主观〉:一个历史误会产生的原罪》,载《现代中国文化与文学》2014年第1—2期。
③ 胡风:《关于〈七月〉和〈希望〉的答问》,见《胡风全集》(第7卷),湖北人民出版社1999年版,第218页。

面。2月9日，也就是与周恩来见面后的第三天，他就致信舒芜，竟然称"那天晚上，打了一个小仗"①，言外之意就是说一场思想上的战斗才刚刚开始。因此，从这一时期胡风与舒芜的通信中可以见出，胡风不断地，甚至是急切地催着舒芜写作进一步阐发《论主观》或答复质疑者的文章，显得丝毫没有退缩之意。于是，1945年6月，舒芜又撰写《论主观》的续篇《论中庸》，该文针砭的观点基本采自胡风给他的那份南方局整风总结材料②。胡风审阅后，认为该文颇有分量，评价为"等于抛手榴弹"。同月，经胡风推荐，舒芜的哲学论文《文法哲学引论》又登载在侯外庐主编的《中苏文化》第15卷第3、4期合刊。接着，舒芜又写出了《思想建设与思想斗争的途径》《个人、历史与人民》《关于思想与思想的人》《论"实事求是"》《鲁迅的中国与鲁迅的道路》等文章，都是对前面《论主观》《论中庸》思想的具体发挥。1946年6月10日，写了篇杂文《我的聪明》，发表在《希望》第2卷第3期上，该文是对黄药眠《论约瑟夫的外套》的回复。③1946年2月，胡风从重庆回到上海。临行前一天，曾到中共代表团看望周恩来。胡风回忆，谈话间，周恩来又提到了思想问题，"说延安反对主观主义时，我却在重庆反对客观主义……。愚不可及的我依然没有理会，没有重视，只觉得我的观点是针对文艺创作来谈的，与哲学和政治无关。而我这种看人看事的思想方法，恰恰是主观主义的表现，它害得我可不浅"④。

1945年8月底，国共两党开始重庆谈判。8月28日，时任毛泽东秘书的胡乔木陪同毛泽东到重庆。在此期间，他曾两次约胡风谈话，与胡风探讨了舒芜的《论主观》和《论中庸》，并表示希望与舒芜见面。这时的胡乔木，已经是中共理论

---

① 胡风：《胡风致舒芜书信全编》，中华书局2014年版，第57页。
② 1943年底，董必武在南方局整风总结会上批评陈家康等人认为"大后方知识分子思想得太多，感觉得太少"有误。《论中庸》开篇第一段即云："中庸主义的特征，就是'折中'。'命固不可不革，然亦不可太革'，是最极端的例子。其他如'感情固然重要，理智的作用也不可抹煞'之类，都是的。"直接针对上述批评，其他例证恕不列举。
③ 舒芜还有一篇答复《论主观》批评的长文章和一本小册子《人的哲学》，后来没有发表和出版。参见舒芜口述，许福芦撰写：《舒芜口述自传》，中国社会科学出版社2002年版，第148页。
④ 胡风：《胡风回忆录》，人民文学出版社1997年版，第353页。

的权威。10月11日，胡乔木随毛泽东及中共代表团乘机回延安，当天同机又返回重庆，再次要求胡风带信给舒芜，希望能与《论主观》的作者直接交换意见。胡乔木亲自出马，意义非同小可，这表明《论主观》已经惊动了中共高层，成了中共意识形态的大事。当时舒芜还在重庆附近的白沙镇国立女子师范学院任教，在胡风多次来信催促之下，舒芜来到重庆，与胡乔木会面。

胡乔木与舒芜在重庆讨论《论主观》问题，一共进行两次。第一次是11月8日下午，地点是胡风位于张家花园的家里。两人见面后也没什么客套，就谈起了《论主观》，谈着谈着两人辩论起来。胡风和梅志在一旁听着。最后，他们一起在胡风家吃了点面条，胡乔木让舒芜明天去他那里接着谈。第二天，也就是11月9日上午，舒芜让胡风陪他一起到了曾家岩的周公馆，在场的还有南方局文委领导人冯乃超和邵荃麟。谈话的主角仍然是胡乔木和舒芜。两人争辩的过程和内容，舒芜晚年还记忆犹新：

> 胡乔木跟我继续辩论，我不服他，一上午时间，我始终坚持自己的观点。他还是那句话，说我是主观唯心论。最后，他概括起来说（这是他的原话，他讲话差不多跟文章一样）："毛泽东同志对于中国革命的伟大贡献之一，就是把小资产阶级革命性同无产阶级革命性区别开来，而你这个《论主观》、《论中庸》问题的关键，恰恰是把这两种革命性混淆起来"。他还有一句概括的话，说："毛泽东同志说过：唯物论就是客观，辩证法就是全面。而你的《论主观》恰好是反对客观；你的《论中庸》恰好又是反对全面。"他这么提纲挈领地一概括、一判断，不得了了，我这两篇文章和毛泽东思想完全针锋相对了；我自认为真正的马克思主义，跟他所讲的马克思主义完全背道而驰了！我当然决不承认。辩论越来越僵，就快吃午饭的时候了，他终于沉不住气，先是坐而论道，陡然激动起来，一下子站起身拍着桌子大声吼叫："你这简直是荒谬！"[1]

胡乔木的"棒喝"，几乎可以说是中共意识形态高层对舒芜《论主观》的

---

[1] 舒芜口述，许福芦撰写：《舒芜口述自传》，中国社会科学出版社2002年版，第150页。

"定性"和"结论",当然也是说给胡风听的。同周恩来约谈胡风一样,胡乔木也亮出了"毛泽东"及"毛泽东思想"这一底牌。但在舒芜、胡风看来,他们的探讨也是马克思主义的路径,为什么"殊途"就不可以"同归"呢?他们的眼光似乎还局囿于学术或理论的视域,更难于领会延安正在施行的意识形态话语和政治文化策略。①双方之间严重的"隔膜",其结果只能是不欢而散。

据舒芜回忆,正当他与胡乔木的争辩陷入僵局之际,通讯员过来通知吃午饭。原定下午继续谈,结果胡乔木被通知去参加周恩来主持的一个记者招待会。这次的会面在双方都没有预料的情况下终止了。当天晚上,胡乔木托乔冠华带来一张便条给舒芜。便条上先为上午的态度表示歉意,之后又说"伯达同志最近也要来,他也很关心这个问题,等他来了,我们再一块谈",遂希望舒芜在重庆多留几天。然而舒芜还有教学任务在身,当天下午已买了返程船票,阴差阳错之下,便与胡乔木和陈伯达的会面失之交臂。②

"重庆之辩"后,舒芜即卷入其所任教的国立女子师范学院的"迁校"(留川或迁内地)风潮。1946年4月,在教育部的高压政策下,国立女子师范学院"迁校"运动失败。学院成立院务整理委员会,学生重新登记,教师重发聘书。舒芜仍然被聘为副教授。为了表示对教育部和院务整理委员会处理方式的强烈不满,他与台静农拒聘。胡风也正在为回迁内地而奔忙于日常事务之中。至此,因《论主观》而生发的胡风等人与来自延安的主流意识形态之间的冲突和争辩遂暂时告一段落。

---

① 舒芜离渝前给胡风去信,对中共如此"调兵遣将,如临大敌"深为不解。胡风复信称:"我们虽从来没有希望得到批准之心,但无奈他们总要来审定,因而从此多事了。"参见胡风:《胡风致舒芜书信全编》,中华书局2014年版,第92页。
② 舒芜口述,许福芦撰写:《舒芜口述自传》,中国社会科学出版社2002年版,第156页。

第四节

《大众文艺丛刊》："香港批判"

如果说胡风与中共主流意识形态围绕舒芜的《论主观》所引起的争执，"只是在党领导的进步文艺界内部对胡风等人的观点提出了不同的意见，没有在社会上公开"[1]的话，那么，到了1948年，由中共中央华南局文化工作委员会所主导的《大众文艺丛刊》对胡风文艺思想的批评，则是第一次正式的公开的文艺批判。

1946年9、10月间，国共谈判破裂，内战全面爆发。中共在国统区内一批从事文化宣传工作的人员在周恩来的安排下，分头从南京、上海等地转移到香港，准备继续做宣传文化工作。据周而复回忆，包括新华日报社和《群众》的人员分成三部分："绝大部分回解放区工作；一小部分人派往香港开展工作；只留下极少数的必要的人员坚持上海和南京办事处工作，一直留到不能继续留的时候。派往香港工作的有夏衍、冯乃超、章汉夫、许涤新、乔冠华等，我也是其中的一名。"[2]据统计，从抗战胜利后至1948年，共有三百余位文化人由重庆、广州、上海、南京等地转移到香港。他们以左翼作家为主，除了原来在广东和香港工作的司马文森、周钢鸣、林林、黄新波、杜埃、秦似、秦牧、华嘉、黄宁婴和李门等人以外，先后至港的有郭沫若、茅盾、洪深、张天翼、柯灵、章泯、聂绀弩、白杨、蒋牧良、楼适夷、王任叔、于伶、叶以群、沈志远、千家驹等。还有一些左翼作家虽没有长期居住，但路过香港，如胡风、端木蕻良、叶圣陶等。另有一

---

[1] 林默涵述，黄华英整理：《胡风事件的前前后后》，载《新文学史料》1989年第3期。
[2] 周而复：《往事回首录之一：空余旧迹郁苍苍》，中国工人出版社2004年版，第231页。

部分属于岭南作家,如黄谷柳、侣伦、陈残云等。①这样,"香港当时形成以郭沫若,茅盾为首的临时文化中心,重庆的、上海的和广东的文化界著名人士几乎都来了,'群贤毕至,少长咸集',极一时之盛。进步的报纸刊物不断复刊、创刊、出版;报刊除《华商报》复刊外,有方方直接领导的《正报》,章汉夫领导的《群众》,乔冠华、龚澎负责的《今日中国》半月刊(英文版),以茅盾等为编委的《小说》月刊,司马文森主编的《文艺生活》,秦似负责编辑的《野草》(在桂林创办,在香港复刊),周而复主编的《北方文丛》等;还有大公报、文汇报等;同时有新民主出版社,新中国出版社和有利印务公司等,印刷、出版、发行进步的革命的书籍。可以说,这是全国文艺界著名人士第二次在香港大集会(第一次是抗日战争时期太平洋战争爆发以前),其阵容、声势和影响远远超过第一次"②。

在上述左翼文化人所经办的报刊中,有一份似乎不太显眼,甚至不太正规的刊物——《大众文艺丛刊》,于1948年3月1日正式创刊并出版发行。在香港琳琅满目的报刊中,这份刊物却显得有些特别,而且是"大有来头":

其一,该刊具有显明的政治或政党的倾向。该刊第1辑《文艺的新方向》,标明的著作者是"荃麟、乃超等"。这里的著作者,实际上就是该刊的主持者:"荃麟"即邵荃麟,时任中共中央华南局香港工作委员会(简称"工委")副书记兼文化工作委员会委员;"乃超"即冯乃超,时为中共香港工委委员、文委书记。该刊的作者主要分为三部分:一是来自国统区的左翼作家和批评家,如郭沫若、茅盾、夏衍、邵荃麟、葛琴、冯乃超、乔木(乔冠华)、胡绳、萧恺(潘汉年)、绀弩、吕荧、黎紫(倪子明)、适夷、于伶、邹荻帆、王若望等;二是来自共产党控制区的延安及各解放区的著名作家和文学评论家,如丁玲、赵树理、周立波、马烽、田间、穆文(林默涵)等;三是来自法国和苏联的左翼作家和文学批评家,如A. 科尔瑙(法)、L. 加萨诺瓦(法)、A. 法捷耶夫(苏)、V. 马

---

① 参见高鹏程:《〈大众文艺丛刊〉对〈在延安文艺座谈会上的讲话〉精神的传播与实践研究》,吉林大学2021年博士学位论文,第17—18页。
② 周而复:《往事回首录》,载《新文学史料》1992年第2期。

耶阔夫斯基（苏）、A. 塔拉辛可夫（苏）等。他们大都是国际和国内左翼文坛有名头的人物，而且其中的主要作者大都是中共党员，这一时期正在中共党内意识形态部门担当着重要的文艺引领者的历史角色。对此，时任香港工委报委书记兼《华商报》社论委员，同时在负责筹办《群众》周刊香港版工作的林默涵有具体的说明："领导文艺工作的，是党的文委，由冯乃超负责。在文委领导下，出版了《大众文艺丛刊》，由邵荃麟主编。这是人民解放战争正在激烈进行而面临全国解放的前夕。香港文委的同志们认为需要对过去的文艺工作作一个检讨，同时提出对今后工作的展望。经过交换意见，遂由荃麟执笔，写了《对当前文艺运动的意见》一文，发表在《大众文艺丛刊》第一辑上。"①林默涵的回忆则提供了一个更为重要的信息，这就是"《大众文艺丛刊》的办刊方针、指导思想、重要文章与重要选题，都不是个人（或几个人）的意见，而是代表了'集体'即至少是中共主管文艺的一级党组织的意志"②。

其二，该刊似乎不是以创作为主，而是以文艺理论和文艺批评为主要指向。《大众文艺丛刊》创刊后，在香港《文艺生活》海外版第1期登载有广告宣传，云："本刊是种思想性的，批判的文艺刊物，特别着重于文艺运动的方向和具体问题的讨论，对于文艺上各种倾向和作品的批判，在创作方面多刊载人民生活与战斗中产生的作品。"这说明，该刊的主打作品是文学批评和文学理论的文章。当然，该刊也登载一些主要来自延安和各解放区的作家所写的文学作品，但这些文学作品在该刊中并不占有显眼的位置，似乎是作为刊物的附属品而出现的。

其三，该刊似乎不是一份正规的杂志，而是以"以书代刊"的形式出版发行。"该刊由中共华南局文委领导，开始两个月出一辑，自第四辑起为避免国民党政府的邮件检查，改为书籍形式，三个月出一辑。至一九四九年三月停刊，前后共出版六辑。"③以下表格乃是《大众文艺丛刊》的概貌，请参考。

---

① 林默涵述，黄华英整理：《胡风事件的前前后后》，载《新文学史料》1989年第3期。
② 钱理群：《1948：天地玄黄》，山东教育出版社1998年版，第25—26页。
③ 《红藏：进步期刊总汇（1915—1949）·大众文艺丛刊·前言》，湘潭大学出版社2014年版，简介。

香港《大众文艺丛刊》各辑概貌[①]

辑数	辑名	出版日期	著作者	出版者	经售者	发表文章类型		
						创作	论文	译文
第1辑	《文艺的新方向》	1948年3月1日	荃麟、乃超等	大众文艺丛刊社	香港生活书店	8	8	2
第2辑	《人民与文艺》	1948年5月1日	乔木等	大众文艺丛刊社	香港生活书店	10	6	0
第3辑	《论文艺统一战线》	1948年7月	萧恺等	大众文艺丛刊社	香港生活书店	8	7	0
第4辑	《论批评》（又名《鲁迅的道路》，胡绳等著）	1948年9月	荃麟等	大众文艺丛刊社	香港生活书店	10	5	0
第5辑	《论主观问题》（又名《怎样写诗》，马耶阔夫斯基等著）	1948年12月	荃麟等	大众文艺丛刊社	生活·读书·新知香港联合发行所	6	3	3
第6辑	《新形势与文艺》（又名《论电影》，于伶等著）	1949年3月	史笃、荃麟等	大众文艺丛刊社	生活·读书·新知香港联合发行所	6（《论电影》3篇）	5	1
合计	88（85）					48（45）	34	6

[①] 表中各辑的统计原则和具体方法如下：第一，《大众文艺丛刊》第1—3辑曾标明辑数，第4—6辑不标辑数，目的是回避国民党的邮件查封，而且，后三辑存在两种印刷版本，另一种版本另有辑名，分别为《鲁迅的道路》《怎样写诗》《论电影》。此外，关于著作者的署名，封面和目录页有时存在不尽一致的情况，此处以目录页所署为准。其中，"乔木"即乔冠华，"萧恺"是潘汉年的笔名，"史笃"是蒋天佐的笔名。第二，在发表文章的类型及数量的统计方面，只统计"创作""论文"和"译文"三种类型。其他的诸如"补白""文讯""致读者""编后记"及附属的"插图""照片"等，不在本表格统计之列。第三，表中的"译文"单列，不算在"论文"中。"论文"部分，第3辑中的《关于〈对于当前文艺运动的意见〉的讨论》（包括两篇较短的论文和多封读者来信）算作1篇，第6辑中柳晨的《哈尔滨文化界批评萧军的思想》本属"通讯"，因文中多有批评分析文字，也算作1篇论文。表中"创作"部分，第1—4辑刊载的"实在的故事"都是由多篇的短篇故事组成，也算作1篇作品。

其四，还应该特别引起注意的是这六辑《大众文艺丛刊》与毛泽东及其《讲话》的特别关联。有论者甚至认为："《丛刊》是20世纪中国文学史上，在非解放区的第一份全面和集中阐释《讲话》的文艺刊物。"①《大众文艺丛刊》第1辑标明的题目是《文艺的新方向》，实际上暗示着该刊的创刊主旨和目的。所谓的"文艺的新方向"，这在被视为六辑批评论文的"总纲"的头条文章《对于当前文艺运动的意见》中即有明确说明：

> 一条光芒万丈的历史道路，展开在我们的面前。一个明确而辉煌的箭标，在指引着这条道路。
>
> 这就是去年十二月二十五日那个历史性的文件，它是当前中国一切运动的总指标，多年以来，人民前仆后继的奋斗所换来的胜利，以人民用自己力量建立起来的国家，今天已经不是历史的远景，而是即在眼前的现实了。我们对于这个胜利，已经奠立了钢铁般的信心，今天中国人民的责任，即是以加倍努力去争取这个彻底胜利，把半殖民地半封建的统治彻底摧毁，建立起人民的新中国来。
>
> 文艺运动的发展，只有依据于这总的方向。今天文艺运动的基本任务，即是：一、在这个总指标之下，如何去担负起思想意识一翼的战斗？二、如何去满足广大群众实际战斗需要与文化生活的要求？②

这里所说的"那个历史性的文件"，就是毛泽东在中共中央1947年12月25日至28日在陕北米脂县杨家沟召集的会议上的报告《目前形势和我们的任务》。在这个报告中，毛泽东指出："中国人民的革命战争，现在已经达到了一个转折点。这即是中国人民解放军已经打退了美国走狗蒋介石的数百万反动军队的进攻，并使自己转入了进攻。……现在，战争主要地已经不是在解放区内进行，而是在国民党统治区内进行了，人民解放军的主力已经打到国民党统治区域里去

---

① 侯桂新：《〈大众文艺丛刊〉与中国现代文学的转折》，载《中国现代文学研究丛刊》2009年第3期。
② 本刊同人、荃麟执笔：《对于当前文艺运动的意见》，载《大众文艺丛刊》1948年第1辑，第12页。

了。中国人民解放军已经在中国这一块土地上扭转了美国帝国主义及其走狗蒋介石匪帮的反革命车轮,使之走向覆灭的道路,推进了自己的革命车轮,使之走向胜利的道路。这是一个历史的转折点。这是蒋介石的二十年反革命统治由发展到消灭的转折点。这是一百多年以来帝国主义在中国的统治由发展到消灭的转折点。这是一个伟大的事变。"①这就是说,国共内战的博弈中,中国共产党已经开始了战略的反攻,全国即将解放,历史的乾坤开始翻转了。在这一个伟大的"历史的转折点",毛泽东在陕西米脂杨家沟的这个报告,"是整个打倒蒋介石反动统治集团,建立新民主主义中国的时期内,在政治、军事、经济各方面带纲领性的文件"②。1948年1月6日,周恩来代表中共中央致电上海、香港地下党负责人:"港、沪两地收全毛泽东的《目前形势和我们的任务》后,要力争在报刊上全文发表,并印成中英文本向国内外散发,进行广泛宣传,并收集各方面的反映。"③作为中共中央华南局香港工委的负责人,同时是《大众文艺丛刊》主持者的邵荃麟、冯乃超,应该知悉了毛泽东《目前形势和我们的任务》的讲话精神。这正如他们所言:"本刊创刊时候,正在毛泽东'目前形势与我们的任务'发表以后,当时我们感到历史已发展到了转折点,一个新的形势快将到来了,为了迎接这即将到来的新形势,觉得有必要特别强调文艺上为工农兵基本方向和无产阶级思想领导的问题。"④因此可以说,《大众文艺丛刊》第1辑开篇发表的《对于当前文艺运动的意见》,是作为党的文艺工作者的刊物的主持者对毛泽东《目前形势和我们的任务》的热烈回应。同时,作为这六辑批评论文的"总纲",其所表达的宣传毛泽东《讲话》精神并建立文艺新秩序的"愿景"更是不言而喻的。

既然《大众文艺丛刊》把宣传毛泽东《讲话》精神和建立文艺新秩序作为办刊的基本宗旨和方向,这就决定了该刊两个基本的倾向:一是正面阐发毛泽东

---

① 《毛泽东选集》(第4卷),人民出版社1991年版,第1243—1244页。
② 《毛泽东选集》(第4卷),人民出版社1991年版,第1243页。
③ 中共中央文献研究室编:《周恩来年谱(1898—1949)》,中央文献出版社1998年版,第777页。
④ 《编后》,载《大众文艺丛刊》1949年第6辑,第33页。

《讲话》精神的文学理论和文学批评；二是对于违背《讲话》精神的文学理论和文学作品的揭露与批判。"正面阐发"意味着推广和弘扬，"反面批判"则是清除路障、澄清迷雾，其本意是在为毛泽东的文艺思想的通行铺设黄金大道。①

《大众文艺丛刊》正面阐发《讲话》精神的文章主要包括：冯乃超《战斗诗歌的方向》，茅盾《再谈方言文学》，黎紫（倪子明）《评柯蓝的〈红旗呼啦啦飘〉》，夏衍《"五四"二十九周年》，穆文《略论文艺大众化》，冯乃超《评〈我的两家房东〉》，吕荧《坚持"脚踏实地"的战斗》，静闻（钟敬文）《方言文学的创作》，冯乃超《从〈白毛女〉的演出看中国新歌剧的方向》，胡绳《鲁迅思想发展的道路》，荃麟《论马恩的文艺批评》，同人（邵荃麟执笔）《敬悼朱自清先生》，周钢鸣《评〈虾球传〉第一二部》，周而复《评〈万家灯火〉》，默涵《论文艺的人民性和大众化》，史笃《文艺运动的现状及趋势》，荃麟《新形势下文艺运动上的几个问题》，于伶《新中国电影运动的前途与方针》等。上述文章以正面肯定为基本倾向，文艺理论的论析重在以《讲话》的核心观念阐释当前的文学思潮和文学现象，文学批评突显的乃是与《讲话》精神一致的作家和作品的价值，主要目的还在于试图把当下的文学纳入并归并到毛泽东《讲话》所指引的工农兵文学的轨道上来。

《大众文艺丛刊》的重点还是"文学批判"，即检讨文学现象，批评文学作品，清理文学队伍，为毛泽东所倡导的"工农兵文学"扫除障碍。1948年3月1日，《大众文艺丛刊》第1辑甫一出版，就在《致读者》中特别宣示了本刊的编辑方针：

---

① 《大众文艺丛刊》所登载的文章，主要包括以下四种类型：一是富有生活和战斗气息的文学作品，即"战斗生活的报告，速写，实在的故事，诗歌，小说——一切来自人民生活，来自群众斗争的作品"；二是旨在借鉴和富有启示意义的6篇外国文论，即该刊第1辑所登载的A.科尔璃的《论西欧文学的没落倾向》、L.加萨诺瓦的《共产主义、思想与艺术》，第5辑所登载的A.法捷耶夫的《展开对反动文化的斗争》、藏原惟人的《现代主义及其克服》、V.马耶阔夫斯基的《怎样写诗》，第6辑所登载的A.塔拉辛可夫的《论社会主义的现实主义》；三是正面阐发毛泽东《讲话》精神的理论文章；四是对于违背《讲话》精神的文学理论及文学作品的揭露和批判。本节的重点主要在第三种和第四种类型，故对于前两类的文章不再展开论述。

— 515 —

这不是一个同人的刊物而是一个群众的刊物，我们热烈地希望读者和各地作家，特别是在实际工作战斗着的朋友，能够寄给我们以稿件，使这个丛刊能广泛地反映读者的意见，和各方面的生活与斗争。

我们所需要的，是战斗生活的报告，速写，实在的故事，诗歌，小说——一切来自人民生活，来自群众斗争的作品，和对于文艺思想上的意见与作品的批评。以后我们还想增加通讯一栏，以期广泛反映读者的意见。

在这里，"群众的刊物"与"同人的刊物"的根本区别，就在于本刊物所发出的声音不是一个文学派别的主张，而是一个人民性的政党的思想旨归。《大众文艺丛刊》第1辑头篇以"本刊同人"署名，由邵荃麟执笔撰写的《对于当前文艺运动的意见》一文，可谓是"本刊同人"的"集体意志"和"纲领性文件"。该文一开首便直截标明："这十年来我们的文艺运动是处在一种右倾状态中。"[1]这里所谓的"右倾"，用第3辑发表的《论右倾及其它》一文的解释，"即是在执行我们的抗日民族统一战线的文艺政策中间，我们没有能够很坚定把握到它的正确的立场和思想内容，以致引起文艺落后于现实"[2]。也就是说，"历史已经进入到一个新的阶段，而我们的文艺还远远停留在后面"，抗战初期呈现的是"轰轰烈烈，空空洞洞"，抗战后期是"和和气气，客客气气"。之所以产生这样的现象，"是由于长期抗日文艺统一战线运动中，我们忽略了对于两条路线斗争的坚持，在克服'关门主义'的倾向时，却也不自觉地削弱了我们自己的阶级立场，甚至这种观念在许多人的头脑中久已模糊了。因此，我们的文艺运动中就缺乏一个以工农阶级意识为领导的强旺思想主流，缺乏这种思想的组织力量，使我们不能形成一支像曾经走在鲁迅先生大旗下那样强壮的队伍"[3]。结果所至，是作家们渐渐流于"散兵线"的、"打散仔仗"，再进一步便慢慢离开

---

[1] 本刊同人、荃麟执笔：《对于当前文艺运动的意见》，载《大众文艺丛刊》1948年第1辑，第5页。
[2] 陈闲：《论右倾及其它》，载《大众文艺丛刊》1948年第3辑，第28—29页。
[3] 本刊同人、荃麟执笔：《对于当前文艺运动的意见》，载《大众文艺丛刊》1948年第1辑，第8、7、5页。

群众,走回"亭子间"里,从面对现实掉转头去面向主观的空想。演变下来,"今天文艺思想上的混乱状态,主要即是由于个人主义意识和思想代替了群众的意识和集体主义的思想"。因此作者肯定地指出:"从今天整个文艺思想运动来说,要澄清一切混乱的状态,不能不首先从思想问题出发。"①《大众文艺丛刊》就是按照上述的理路,"左""右"开弓,展开自己的文学批判的。

这里首先是对于"反动的文艺思想"——主要是自由主义代表作家的批判。对此,《对于当前文艺运动的意见》一文中,例举了如下三大类型:

> 首先是美帝国主义对中国的直接文化侵略。这中间,有麻醉广大市民的美国黄色的电影,有鲁斯系杂志所介绍过来的黄色艺术,特别是最近美国所宣布的文化援华计划,是种深谋远虑的阴谋。这一切必须为我们所揭露和打击。其次,也是更主要的,是地主大资产阶级的帮凶和帮闲文艺。这中间有朱光潜、梁实秋、沈从文之流的"为艺术而艺术论",有徐仲年的"唯生主义文艺论"和"文艺再革命论",有顾一樵的"文艺的复兴论",以及易君左、萧乾、张道藩之流一切莫名其妙的怪论。这些人,或则公然摆出四大家族奴才总管的面目,或者扭扭捏捏化装为"自由主义者"的姿态,但同样掩遮不了他们鼻子上的白粉。……

> 再次,是那种黄色的买办文艺。这中间,有色情的,恶劣趣味的,鸳鸯蝴蝶的,宣传西欧资产阶级没落思想的。它是帝国主义官僚买办的帮闲文艺,然而却具有麻痹城市小市民意识的恶毒作用。它们一方面作为半殖民地的意识形态而存在,一方面又是反动统治的恶劣宣传者。在色情与无聊文字中间夹杂一些反共反苏的宣传,国民党的机关报刊中就充满这一类的黄色文艺。

接着,该文归结道:"这些反动文艺思想,它们共同的目的,即是企图掩遮今天统治阶级崩溃的命运,麻醉人民的反抗意识,宣传反共反苏,反人民翻身,

---

① 本刊同人、荃麟执笔:《对于当前文艺运动的意见》,载《大众文艺丛刊》1948年第1辑,第6、9页。

毫无疑义是应该列为我们直接打击的敌人。"①同一辑刊发的郭沫若的《斥反动文艺》，对此做了更为凝练的概括："今天是人民的革命势力与反人民的反革命势力作短兵相接的时候，衡定是非善恶的标准非常鲜明。凡是有利于人民解放的革命战争的，便是善，便是是，便是正动；反之，便是恶，便是非，便是对革命的反动。我们今天来衡论文艺也就是立在这个标准上的，所谓反动文艺，就是不利于人民解放战争的那种作品，倾向，和提倡。"这一类的"反动文艺"，从性质上讲有两大类型，"一种是封建性的，另一种是买办性的"，而且在这个"反动文艺"的"大网篮"里面，"倒真真是五花八门，红黄蓝白黑，色色俱全的"，"桃红色的沈从文，蓝色的朱光潜，黄色的方块报，最后还有我将要说出的黑色的萧乾"。②随后，《大众文艺丛刊》又发表了评论这三位作家的专题论文：乃超的《略评沈从文的〈熊公馆〉》（载第1辑），荃麟的《朱光潜的怯懦与凶残》（载第2辑），绀弩的《有奶便是娘与干妈妈主义》（载第2辑）。显然，其批判指向主要还是当时积极议政且提出"新第三条路线"的自由主义作家们。

接下来就是消除左翼文艺内部的"杂音"，主要是对以胡风、路翎等为代表的"主观论"和姚雪垠、臧克家等"进步作家"的批判，属于文艺统一战线内的批评对象。在《大众文艺丛刊》的批评家们看来，"反动的文艺思想影响，在中国可谓极微弱的，早已为群众所唾弃，但是在反动统治直接支持之下，它们仍然不断的出现，或化装而露面"，而当下"文艺思想上的混乱状态，主要即是由于个人主义意识和思想代替了群众的意识和集体主义的思想"，这一"个人主义的文艺思想"，"一方面表现在对所谓内在生命力与人格力量的追求。……另一方面表现于那种浅薄的人道主义和旁观者底微温的怜悯与感叹态度"③。前者的代表是胡风、路翎等所谓追求"主观精神"的倾向，后者的典型则是以姚雪

---

① 本刊同人、荃麟执笔：《对于当前文艺运动的意见》，载《大众文艺丛刊》1948年第1辑，第16—17页。
② 郭沫若：《斥反动文艺》，载《大众文艺丛刊》1948年第1辑，第19、21页。
③ 本刊同人、荃麟执笔：《对于当前文艺运动的意见》，载《大众文艺丛刊》1948年第1辑，第16、6页。

垠、臧克家为代表的"小资产阶级作家"的作品①。对于胡风、路翎主张的"主观论",《对于当前文艺运动的意见》一文特别指出:"对抗着那些自然主义的倾向,便出现了所谓追求主观精神的倾向。……他们把问题颠倒过来,把个人主观精神力量看成一种先验的,独立的存在,一种和历史,和社会并立的,超越阶级的东西,因此,就把它看成一种创造和征服一切的力量。这首先就和历史唯物论的原则相背离了。从这样的基础出发,便自然而然地流向于强调自我,拒绝集体,否定思维的意义,宣布思想体系的灭亡,抹煞文艺的党派性与阶级性,反对艺术的直接政治效果;在创作上,就自然地走向个人主观感受境界或个人内在精神世界底追求了。……实质上,也就是向唯心主义发展的一种倾向了。"②突显"主观精神",壮大作家的"人格力量",这不但与毛泽东《讲话》中要求作家"与工农兵相结合"并积极"改造思想"的精神不相符,而且对于《讲话》的贯彻和执行也是一种妨碍。可以认为,《大众文艺丛刊》文学批评的真正指向,乃是左翼文学内部的以胡风、路翎等为代表的"主观论"。

据彭燕郊回忆,《大众文艺丛刊》开展对胡风的批判后,他曾问过邵荃麟"为什么一定要这样做",邵荃麟回答说:"胡风是以马克思主义者的面目出现的,但我们认为他不是马克思主义者,有些人甚至有一种误会,以为他的理论就是党的理论,这是必须讲清楚的。"同时,邵荃麟的夫人葛琴则说:"他们闹得太不像话了,到处乱骂人,甚至骂何其芳同志(那时在香港朋友间已经用'同志'这个称呼了)是'何其臭'。"③而何其芳的话,则更直截了当:"对于这种理论倾向(指胡风的'主观论')的坚持就实质上成为一种对于毛泽东的文艺方向的抗拒了。"④因此,正如当时的批判者之一的林默涵后来所说:"在光明

---

① 《大众文艺丛刊》刊登的批评"小资产阶级作家"的评论文章包括如下两篇:默涵的《评臧克家的〈泥土的歌〉》(载第1辑),胡绳的《评姚雪垠的几本小说》(载第2辑)。
② 本刊同人、荃麟执笔:《对于当前文艺运动的意见》,载《大众文艺丛刊》1948年第1辑,第10—11页。
③ 彭燕郊:《荃麟——共产主义圣徒》,载《新文学史料》1997年第2期。
④ 何其芳:《〈关于现实主义〉的序》,见《胡风文艺思想批判论文汇集》(二集),作家出版社1955年版,第27页。

与黑暗进行殊死搏斗、在新中国艰难诞生的前夜，迫切需要各种思想武器来帮助催生的时候，在进步文艺阵营内，把这些问题提出来谈清楚一下，以便统一步调，加强战斗力，不能不说是一件具有重要意义的事情。"①

《大众文艺丛刊》第1辑即刊登出两篇批判"主观论"的重磅作品：一篇是前面提到的《对于当前文艺运动的意见》，一篇是胡绳的《评路翎的短篇小说》。《对于当前文艺运动的意见》不点名地批判了胡风的文艺观点，并把其"主观论"提到了吓人的"唯心主义"高度，同时暗示出了其与毛泽东《讲话》精神的对立。《评路翎的短篇小说》则断定路翎"这位被称为最不沾染'客观主义倾向'的作家，确实是有着太强的知识分子的主观"，"作者所追求着的'人民的原始的强力，个性底积极解放'"，"实际上却是想超脱现实生活，逃避现实底斗争"。②《大众文艺丛刊》第2辑则推出了乔木的《文艺创作与主观》一文。而这个"乔木"，就是胡风在重庆时交往甚密并提出"到处有生活"的"道友"于潮，即乔冠华。在《文艺创作与主观》一文中，乔木批评了自己的"到处有生活"的观点，并指名道姓批评了胡风。他将胡风文艺观定性为"主观唯心主义"，他认为不应该强调作家的主观意志，而应强调作家与人民相结合的客观事实。至于胡风的"精神奴役的创伤"说，他驳斥说："把人民善良、美德、坚强和康健的主体置之不顾，而却去强调那些他们自己不能负责的缺点——这可能在实际上产生什么效果呢？事实上是拒绝乃至反对和人民结合。"③

这时候胡风尚在上海，对上述香港《大众文艺丛刊》发动的对"主观论"的系列批判毫不知晓，完全蒙在鼓里。后来在作家书屋，姚蓬子告诉胡风一个消息，说是在跟中国文化服务公司的老板刘伯闵同乘汽车的时候，听到了香港要"清算"胡风的消息。胡风当时根本不相信，心想：抗战以来我一直跟共产党走，编刊物虽然得罪了一些人，但怎么能在这个时候对我进行批判？他即刻去找冯雪峰，冯雪峰也不相信，并认为很可能是刘伯闵造谣中伤，破坏他和党的关

---

① 林默涵述，黄华英整理：《胡风事件的前前后后》，载《新文学史料》1989年第3期。
② 胡绳：《评路翎的短篇小说》，载《大众文艺丛刊》1948年第1辑，第67、69页。
③ 乔木：《文艺创作与主观》，载《大众文艺丛刊》1948年第2辑，第13页。

系。但不久,正当梅志在医院里生第三个孩子晓山的时候,乔冠华托人从香港带来香烟、苹果和一本《大众文艺丛刊》①。后来,《大众文艺丛刊》第2辑《人民与文艺》也寄来了。胡风这才明白,这一切都是事实,他和冯雪峰全都估计错了。

其实,香港《大众文艺丛刊》所发动的对包括胡风"主观论"在内的系列文学批判,是中共中央华南局香港工委为执行毛泽东《目前形势和我们的任务》的指示,在文艺或文化上为毛泽东《讲话》精神的贯彻扫清障碍的政治行为。但作为党外人士和一介文人的胡风并不完全知晓,理解得也不透彻。因此,可以想象,胡风在得知香港方面对自己展开批判的实情后的震惊、失落、委屈、困惑,甚至恼怒和不平之心绪。《胡风回忆录》是这样描述胡风看到《大众文艺丛刊》第1辑后的感受的:"《对于当前文艺活动的意见》是对我而来的,但很多地方误解了甚至歪曲了我的原意。更使我难以接受的是胡绳对路翎小说的批评。我感到这样的歪曲,一开始就给路翎定了调子,自然成了一无是处的小资产阶级作者。"第2辑《人民与文艺》寄来后,胡风看到了其中乔木直接批评胡风"主观论"的文章《文艺创作与主观》,"使我不解的是,许多他自己(于潮)曾同意我的观点,现在却一起批判,但又不和自己联系起来。他能不负责任地忘了过去,我可要向读者负责,不能今是昨非地乱说一通,我必须慎重严肃地想想"。②胡风的朋友们也为之不平和担忧。冯雪峰看了第2辑后就曾气愤地说:"这和当年创造社太阳社搞鲁迅一样!""难道又要重演'创造社'的旧伎?我们在内地的人怎么做事?"冯亦代和乔冠华关系很深,一向信服他,看了文章之后对胡风说:"这是老乔最坏的一篇文章。"连这时负责上海党的文艺工作的批评家蒋天佐也表示了不满,认为他们是在脱离国内斗争实际的情况下凭宗派感情

---

① 关于港方送给胡风杂志之事,《胡风回忆录》云:"不久,我收到冯乃超从香港寄来的信,提到他们出的《大众文艺丛刊》,还很客气地希望我看后提意见。第二天,刊物寄到了,是香港生活书店赠阅的。"(胡风:《胡风回忆录》,人民文学出版社1997年版,第411页)但胡风的《关于乔冠华(乔木)》又云:"梅志记得,乔冠华发表了批评文后,还带来了金山苹果和纸烟送我,当然是一打一拉之意。我没有这个记忆。我只记得周而复带来两筒高级纸烟给我。他们去香港后,是周而复和我通信。"(胡风:《文稿三篇》,载《新文学史料》1995年第2期)这里从梅志的记忆。
② 胡风:《胡风回忆录》,人民文学出版社1997年版,第411—413页。

任意行事。①而绿原的反应是："香港那场批判尽管大有来历，却不能不使我疑虑重重，以致愤慨起来，至少是想不通，在新时代即将来临之际，党为了建立广泛的统一战线，正在社会各界开展团结工作，这几位党员作家却这样一笔抹煞地对待胡风、路翎，到底又预兆了什么呢？"②具体而言，胡风内心之窝火，乃是缘于这场论争的如下几个症结：

第一，正如林默涵所言，"这是对胡风文艺思想的第二次批评，也是第一次在社会上公开批评"③。对胡风文艺思想的第一次批评，如前所述，就是重庆时期围绕着舒芜《论主观》而展开的。1944年底，《希望》第1期上发表了舒芜的《论主观》和胡风的《置身在为民主的斗争里面》，提出"反对客观主义"和与"机械-教条主义"做斗争的口号。为此南方局文委在重庆举行了几次文艺座谈会，对胡风的"论主观问题"进行了广泛的讨论，在世界观、思想方法范畴内对胡风进行批评。1945年1月25日，南方局文委针对《论主观》问题召开内部会议，会议由冯乃超主持，茅盾、冯雪峰、邵荃麟、侯外庐、叶以群、蔡仪和胡风本人参加了会议。茅盾、叶以群发言，由批评舒芜《论主观》引申到胡风的文艺主张。2月5日，作为中共南方局书记的周恩来亲自主持座谈会，讨论《论主观》及"客观主义"问题。但无论如何，重庆时期对胡风文艺思想的批评，基本上还是控制在左翼文艺界内部或党内进行的。虽然也有黄药眠《论约瑟夫的外套》④等商榷文章发表，但基本上还是学术理论界的探讨，左翼文艺界的这一内部分歧和纠葛并未公开化。但这一次的"香港批判"，性质发生了根本的变化。对胡风文艺思想的批判，不仅是公开的、系列的，而且还上升到了政治意识形态和未来新中国文艺发展方向的高度，把矛头直接对准了"主观论"的始作俑者——胡风。

第二，这番批判的发动者，几乎都是胡风以前的朋友，甚至是"同道"。

---

① 胡风：《文稿三篇》，载《新文学史料》1995年第2期。
② 绿原：《胡风和我》，见晓风主编：《我与胡风》（下），宁夏人民出版社2003年版，第568页。
③ 林默涵述，黄华英整理：《胡风事件的前前后后》，载《新文学史料》1989年第3期。
④ 原载《艺林》1945年冬，又载《文艺生活》（光复版）1946年第3号。

1937年，全面抗战爆发后，胡风辗转于武汉、重庆、香港、桂林等地，先后与后来《大众文艺丛刊》的几位批评家如冯乃超、邵荃麟、乔冠华、潘汉年、胡绳等有较多的来往，尤其是与邵荃麟和乔冠华交往更为密切，而且情谊深笃。胡风早在桂林滞留期间，就与先期到达桂林的邵荃麟建立了深厚的友谊。1941年1月至1944年6月，邵荃麟在桂林文化供应社担任编辑达三年之久。胡风于1943年3月初携全家从香港脱险到桂林，创办南天出版社，编辑出版《七月诗丛》和《七月文丛》。此时，桂林党的文化工作由邵荃麟、李亚群领导，于是胡风与邵荃麟来往甚密。胡风回忆说：

> 我常去邵荃麟家，他当时是地下党负责文艺方面的领导人之一。在上海左联同事时就认识（那时他就和葛琴在一起了），在武汉他又给我来信并给《七月》投稿。我用了他的稿，我们两人的关系一直很好。在桂林又见到了，大家都感到高兴，我常去看他，有时就留下吃饭，谈公事谈私事态度都极友好……我和他在文艺问题的看法上从来没有对立的意见，我认为他是理解我尊重我的。①

这里所说的"我和他在文艺问题的看法上从来没有对立的意见"，指的是他们都反对当时文坛流行的主观主义（公式主义）和客观主义（自然主义）倾向，对于解决这些文学流弊的方法也有着诸多一致的地方，文学思想比较接近。②

胡风与乔冠华的关系更是非同寻常。据胡风《关于乔冠华（乔木）》介绍，他与乔冠华1941年相识于香港避难期间。1943年，胡风从桂林回到重庆。一天，他在《新华日报》门市部附近的街上碰见乔冠华。两人再次相见都非常高兴，一道到小茶馆闲聊叙谈。提到胡风在桂林期间写的文章，乔冠华甚是赞赏，并说："我看得出来，你是舍了，不顾一切！"③随后，乔、胡二人时相过从，互为引援，并很快引为知己。胡风坦言："这使我很高兴，引为知己。他（指乔冠华）

---

① 胡风：《胡风回忆录》，人民文学出版社1997年版，第284—285页。
② 参见刘卫国：《邵荃麟与胡风》，载《粤海风》2010年第4期；小鹰：《我的父亲邵荃麟与胡风》，载《粤海风》2012年第2期；晓风：《也来谈谈邵荃麟与胡风》，载《新文学史料》2014年第4期。
③ 胡风：《文稿三篇》，载《新文学史料》1995年第2期。

到重庆后，和陈家康思想感情相投，常在一起。我有时间就去看望他们，一起谈天。"①乔冠华曾以"于潮"为笔名，发表了《论生活态度与现实主义》和《方生未死之间》两篇论文，可谓其中的重磅之作。后来，重庆"才子集团"受到中共南方局的批评，乔冠华即刻"转变"。而出乎胡风意料的乃是，那篇署名"乔木"的《文艺创作与主观》一文，"原来乔冠华在重庆是党内资产阶级唯心主义的重点批判对象，现在竟立地成佛，变成一贯的马克思主义唯物主义者，站出来批判胡风的'唯心主义'了"。于是，"乔木"竟然批判起了"于潮"，"他用胡风的名字洗了手"②，回到了马克思主义的正统阵营，"华丽转身"了。

　　第三，这次对于胡风的清算，已没有同一营垒战斗的理解和同情，而是原则性的对立和冲突。这就是说，香港《大众文艺丛刊》这次批判胡风，是想在他进解放区之前把上次关于"主观论"的争论做一次根本性的解决，"毕其功于一役"，彻底压服胡风。1948年12月14日，胡风接受党的指示从上海抵达香港，准备从香港转移到解放区。在港滞留期间，据胡风晚年回忆："潘汉年来了一次。他说，他是不赞成那样发表文章的，要他们等我和冯雪峰来谈了以后再说，但他们一定要那样干。"③胡风听了没说什么，目前正当黎明前的黑暗时期，本来理应团结一切能团结的人士，为推翻旧中国建立新中国而出力，怎么能在此时掀起无谓的论争呢？不过，为了党的威信，他是不好说什么的。④潘汉年的这番谈话实际上是在暗示：当初《大众文艺丛刊》决定是否批判胡风之时，党内是有着不同意见和处理方式的。最后，还是"他们"占了上风，成了批判胡风的主流。这里的"他们"，应该指的是当时中共中央华南局香港文委的夏衍、冯乃超、邵荃

---

① 胡风：《胡风自传》，江苏文艺出版社1996年版，第207—208页。
② 这里的"乔木"和"于潮"，都是乔冠华的笔名。胡风：《文稿三篇》，载《新文学史料》1995年第2期。
③ 胡风：《文稿三篇》，载《新文学史料》1995年第2期。
④ 胡风：《文稿三篇》，载《新文学史料》1995年第2期。

麟、乔冠华、林默涵等人。作为中共在港的实际最高负责人①，潘汉年之所以没有阻止当时党内主流的意见，其根本的原因还在于，对胡风"主观论"的批判，关涉的主要还是对毛泽东文艺思想的态度以及未来中国文艺发展的方向的原则性问题。这正如邵荃麟所说："我们应该从原则上以说理的态度来澄清思想的混乱，从统一战线的立场上来进行思想斗争，以期达到文艺思想上的加强团结，这是我们应有的态度。"②但邵荃麟这里所谓的"团结"，是有前提的，那就是胡风在思想上的彻底驯服。

以胡风耿直的性格，对于《大众文艺丛刊》的公开批判，当然是要反击的。但这一次，他却委实有些踌躇：一是对方全是自己的友人；二是他已经意识到，对方的发言并不只是他们个人的意见，而是代表组织的。恰好这一时期，胡风的好友贾植芳也来到了上海，见到了上海方面的批判文章。贾植芳非常警惕，劝告胡风应冷静对待，不要感情用事，这时候与香港方面论战是不明智的。因为在他看来："解放军在战场上节节胜利，党的文化界本应该配合战争加强与国民党的斗争，现在忽然办了一个好像专门是冲着胡风来的刊物，批判的火力也非常集中，这不会是几个文人的偶然行动。"③但贾植芳的忠告，胡风似乎并没有听进去，好斗的性格及其对艺术真理的追求，促使他决定对香港友人的批判进行

---

① 潘汉年是1946年9月受周恩来指派，与夏衍一起到香港从事统战和情报工作的。到香港开展工作不久，中央决定建立上海分局和华南分局的领导机构，由上海分局兼管华南分局的工作，潘汉年被指定为上海分局的委员。他作为上海分局驻港的工作人员，和上海分局负责人刘晓（以驻上海为主）保持密切联系。作为上海分局在港人员，潘汉年参加华南分局的会议并参加华南分局领导下的以夏衍为首的文委的工作。当时华南分局的负责人为方方、林平、夏衍、许涤新、章汉夫等。随着解放战争形势的迅猛发展，1948年冬以后，原有的负责干部林平、方方已调回东江根据地，章汉夫已调去天津，潘汉年实际上是中共在港的最高负责人，许多事是非他不能处理解决的。参见夏衍：《纪念潘汉年同志》，载《人民日报》1982年11月23日；尹骐：《潘汉年传》，中国人民公安大学出版社1991年版，第271—289页。
② 荃麟：《论主观问题》，载《大众文艺丛刊》1948年第5辑，第12—13页。另据黄秋耘回忆："邵荃麟在香港的时候就说过，对胡风，我们要跟他作斗争，但这是内部矛盾，不是敌我矛盾。这是当时请示过中央定的调子。邵荃麟那时不是一直在编《大众文艺丛刊》吗？他发表文章，都是按这种调子来评论胡风的。"参见黄伟经：《文学路上六十年——老作家黄秋耘访谈录》（上），载《新文学史料》1998年第1期。
③ 贾植芳：《在这个复杂的世界里——生活回忆录》，载《新文学史料》1992年第1期。

反击。1948年4月初，胡风致信舒芜，附寄《大众文艺丛刊》第1辑所载邵荃麟文（《对于当前文艺运动的意见》），嘱其撰写反击文章。同月，路翎署名"余林"写成《论文艺创作底几个基本问题》，胡风审阅后提出修改意见，并寄送北平《泥土》第6期（1948年7月20日）发表。同时，"七月派"的"同道"刊物《蚂蚁小集》《泥土》与胡风、路翎相呼应，相继发表了《对目前文艺现象的一些看法》（胡笳）、《向生活凝视》（舒芜）、《空谈及其他》（孔翔）、《对于大众化的理解》（冰菱）、《论唯心论的方向》（上）（方然）、《略论普及与提高》（怀潮）、《论艺术与政治》（怀潮）、《论小资产阶级——论艺术与政治之三》（怀潮）等论文[1]，引用马克思、恩格斯文艺理论和毛泽东文艺观点，针对《大众文艺丛刊》在主观精神和文艺大众化方面发表的文章展开尖锐反驳。1948年6月，胡风开始撰写反批评的文章《论现实主义的路》。这篇约六万六千字的长文，于1948年9月完成，最初拟交中华文协机关刊物《中国作家》发表，但遭叶以群等拒绝。胡风买回纸型，后交梅志以希望社的名义印成了一本小册子，直到1951年5月才由泥土社正式出版。

胡风及其朋友对于《大众文艺丛刊》文艺批判的回应和反击，在香港方面看来，这明确是"不接受批评"的。因此，也就是在胡风于1948年中秋节完成《论现实主义的路》的初稿的同时，1948年9月出版的《大众文艺丛刊》第4辑，就及时刊出《编后记》：

> 本刊以前各辑文字，多半是就当前文艺上的问题向读者提出意见，以期引起全国文艺工作者的研究和讨论，作为推进文艺运动的条件之一。几月以来，我们得到各方读者许多指教和宝贵意见，殊深感激。可是正在本辑付刊的时候，我们忽然接到两本叫《泥土》和《歌唱》的杂

---

[1] 胡笳（巴人）《对目前文艺现象的一些看法》、舒芜《向生活凝视》、孔翔（朱谷怀）《空谈及其他》，均载《泥土》1948年第6期；怀潮（阿垅）：《论小资产阶级——论艺术与政治之三》，载《泥土》1948年第7期；冰菱（路翎）：《对于大众化的理解》，载《蚂蚁小集之二：预言》（1948年5月）；方然《论唯心论的方向》（上）、怀潮《略论普及与提高》，均载《蚂蚁小集之三：歌唱》（1948年8月）；怀潮：《论艺术与政治》，载《蚂蚁小集之四：中国的肺脏》（1948年11月）。

志，因为本刊一二辑中曾经批评到他们那种主观论的理论，他们便以一种暴跳如雷的辱骂和诬蔑的姿态来答复本刊，这是颇为意外的。他们自命为"马列主义者"，可是无论在理论观点和态度上，都远离乃至背叛了马列主义和毛泽东文艺思想的原则，而成为一种宗派的喧闹。这种无原则的宗派主义正是今天文艺统一战线上一个问题，但是对于这种吉诃德式无原则的攻击，我们将仍然从原则上去批判，从马列主义和毛泽东的观点上予以阐明，在下一辑中，我们将发表对这一问题的文章，敬希读者注意。①

由此看来，胡风及其朋友不但"不接受批评"，而且竟以"一种暴跳如雷的辱骂和诬蔑的姿态来答复本刊"，这使香港批评方"颇为意外"。他们认为，这种"吉诃德式无原则的攻击"，已经发展成了"无原则的宗派主义"，必须"从原则上去批判，从马列主义和毛泽东的观点上予以阐明"。由此，《大众文艺丛刊》特别发出了预告："在下一辑中，我们将发表对这一问题的文章，敬希读者注意。"

果不其然，1948年12月12日出版的《大众文艺丛刊》第5辑上，署名"荃麟"的《论主观问题》如期而至。文章一开首，就在"前言"中回顾了"我们"——党的主流意识形态人格符号，与胡风们在理论思想上冲突和争论的历史，明确指出："一九四五年《希望》第一期上发表了胡风先生的《置身于民主斗争之中》和舒芜先生的《论主观》两篇论文，把他们对于主观问题的见解作了较有系统的说明，实际上也就等于《希望》社对文艺运动提出的宣言。"现在，胡风及其理论的信奉者竟然置《大众文艺丛刊》的批评于不顾，而将论战愈演愈烈："从主观论者所得到的答复，却是《泥土》六期和《歌唱》上一些无原则的诬蔑和谩骂，甚至把'海外好汉''地理因素'以至'革命的血为谁而流'这些话都编

---

① 这里所谓的声援胡风的《泥土》和《歌唱》杂志，其中的《歌唱》杂志，指的是1948年8月在南京出版的《蚂蚁小集之三：歌唱》。该杂志由欧阳庄、化铁等编辑，本辑刊登了与《大众文艺丛刊》论争的文章——方然的《论唯心论的方向》（上）和怀潮的《略论普及与提高》等。

派为我们的罪名,这实在是无聊近于愚蠢。"由此可见,胡风及其支持者,已经"显出一种宗派主义的倾向了"。①"宗派主义"显然不仅仅是文学意义上的"流派",而是政治性质的"帮派"了。邵荃麟以"宗派主义"来认定胡风,这说明这场论争已经关系到党的意识形态乃至政治斗争的层面上了。

邵荃麟的《论主观问题》,是从哲学上根本清算胡风的文艺观,带有明确的"批判总结"意味。正如作者邵荃麟所说,"讨论的中心,是在对于主观问题如何理解,以及如何才能发扬文艺上的创造力量",其目的就是要揭破并澄清胡风们"以马列主义与毛泽东文艺思想者自命"对于当下文艺诸问题上的"误解",从而说明香港批判方对于主观问题的见解。②用胡风的话来表述就是:"大约1947年起,在香港的几位友人提出了对我的批评。批评是针对着我的几个具体论点:作家的'主观战斗精神';人民大众身上负有统治阶级加给他们的'精神奴役的创伤';小资产阶级知识分子的作家在反动环境下也还有可能用真诚的态度深入生活,和人民结合,锻炼自己,担负起有某种积极性的工作任务,随着人民斗争的前进推动历史前进,……等等。实际上是针对着我(以及和我有关的作家们)一向所追求的,文艺上的现实主义道路而发的。"③这就是说,邵荃麟所代表的香港批判方是从下面三个主要的文艺命题出发,来判定胡风们在理论上的"谬误"的:"主观战斗精神""精神奴役的创伤"以及"小资产阶级知识分子的改造"。

首先,关于"主观战斗精神"问题。"主观战斗精神"这一概念,是胡风在1940年春文协第六次年会的报告《文艺工作底发展及其努力方向》中正式提出的。这篇报告,对于抗战以来文学发展过程做了一番探讨,指出了其中存在的问题,着重阐述了在现实主义文学创作中如何处理好主观与客观关系的看法。胡风认为,自武汉撤退以后的抗战文学创作,由于"主观战斗精神底衰落同时也就是

---

① 荃麟:《论主观问题》,载《大众文艺丛刊》1948年第5辑,第12—13页。
② 荃麟:《论主观问题》,载《大众文艺丛刊》1948年第5辑,第12—13页。
③ 晓风编校:《〈胡风评论集后记〉初稿与出版稿的对照》,见陈思和主编:《史料与阐释》(总第4期),复旦大学出版社2016年版,第246—247页。

对于客观现实的把捉力、拥抱力、突击力的衰落",因而出现了"各种反现实主义的倾向了",诸如"对于生活的追随的态度""对于生活的作假的态度""对于生活的卖笑的态度""复古倾向",等等。①后来在更多的文献中,胡风还是以"主观精神""战斗精神""自我扩展精神""主观力""搏斗"等名词来表述同样的意涵。②"主观战斗精神"一词是胡风"主观论"的核心概念,严家炎认为:"在历来的现实主义文学理论家中,还没有哪一个人像胡风这样把作家主观作用强调到如此突出的程度。胡风与七月派作家的这一重要思想,终于促成了中国小说史上一种新形态的现实主义文学——'体验的现实主义'的诞生。"③这里严家炎以"体验现实主义"来概括胡风的"主观战斗精神"是非常贴切胡风理论的精髓的。这就是说,胡风特别强调作家在创作过程中,包括观察体验及反映生活的全过程中,充分发挥自己的主观方面的能动作用。胡风认为:"文艺创造,是从对于血肉的现实人生的搏斗开始的。……从对于血肉的现实人生的搏斗开始,就正是为了思想斗争底要求,而且是为了在最真实的意义上执行这个要求;对于作家,思想立场不能停止在逻辑概念上面,非得化合为实践的生活意志不可。如果说,真理是活的现实内容底反映,如果说,把握真理要通过能动的主观作用,那么,只有从对于血肉的现实人生的搏斗开始,在文艺创作里面才有可能得到创造力底充沛和思想力底坚强。"在创作主体和客体之间,胡风更侧重于创作主体的作用,要求作者契入、渗透到现实之中,从而获取更真实的人生体验。这样,在创作过程中,作者的强烈爱憎、主观的战斗信念和欲求就显得尤其重要,用胡风后来的概括就是:"我说的'主观战斗精神'是指的作者在创作过

---

① 胡风:《文艺工作底发展及其努力方向》,载《群众》第9卷第8、9期。该文转载于《抗战文艺》1944年第9卷第3、4期合刊,后收入《逆流的日子》(希望社1947年版)。
② 温儒敏认为:"胡风的论著中并没有出现过'主观战斗精神'一词,他常用的说法是作家的'主观精神','主观力',向现实艰苦的'搏战',等等。"其实,胡风1940年在《文艺工作底发展及其努力方向》一文中已经提出了"主观战斗精神"这一概念,故温儒敏的这一说法并不准确。参见温儒敏:《胡风"主观战斗精神说"平议》,载《北京大学学报》(哲学社会科学版)1992年第5期。
③ 严家炎:《教训:学术领域应该"费厄泼赖"》,载《文学评论》1988年第5期。

程中对人物的爱爱仇仇的态度"。①

上述胡风的"主观战斗精神"说，却遭到了以邵荃麟为代表的香港批判方的严厉批驳。总括起来，他们对于胡风、舒芜等"主观论"的批判是按照如下思想路径进行的：

第一，"主观论"张扬主观战斗精神是小资产阶级的理论倾向，它不但有一套同毛泽东文艺思想"相背离"的文艺主张，而且还有同马克思主义哲学"相抵牾"的唯心的哲学基础。这一哲学基础集中表现在舒芜的《论主观》中，正是其中的唯心论哲学为"主观论"提供了理论依据。邵荃麟的《论主观问题》正是从哲学上剖析舒芜的《论主观》"曲解了马克思主义"，揭示其所持观点与马克思主义哲学的原则区别的。邵荃麟认为，在社会历史观上用生存斗争代替阶级斗争，是《论主观》的一个"中心错误"。他说唯物史观告诉人们，社会发展史首先便是生产发展史、生产方式的发展史。"研究社会历史规律的关键，并不是要到人们底头脑中，到社会底观点和思想中去探求，而是要到社会在一定历史时期所采取的生产方式中，即是到社会底经济中去探求。"邵荃麟认为，《论主观》因无视社会生产力与生产关系的矛盾运动，把人类从原始社会到共产主义社会的过程划分为主客观相合致、主客观矛盾展开、主观作用征服客观这三个阶段，这同马克思主义的唯物史观存在着根本的分野。②

第二，"主观精神"和"人格力量"那些说法，是一种超阶级的东西，违背历史唯物论。邵荃麟在代表"本刊同人"而执笔的《对于当前文艺运动的意见》一文中，指出胡风所倡导的"向客观突入的主观精神"，以及"强调文艺的生命力与作家个人的人格力量"，"强调了创作上内在精神的追求"，等等，"实际上，却仍然是个人主义意识的一种强烈的表现"。因为它不是把问题从阶级的基础上，从社会经济原因上，而却是从个人的基础上出发；不是首先从文艺与社会关系上，而只是从文艺与作家个人关系上去认识问题；不了解一个革命者的主观战斗力量是从实际革命斗争锻炼中出来的，他的革命

---

① 《胡风评论集》（下），人民文学出版社1985年版，第18—19、406页。
② 荃麟：《论主观问题》，载《大众文艺丛刊》1948年第5辑，第13—22页。

人格是从他和阶级力量的结合中间建立起来的,他们忘记了高尔基所说的,"人民是精力的不竭源泉,是唯一能够把一切可能变为必然的"。"从这样的基础出发,便自然而然地流向于强调自我,拒绝集体,否定思维的意义,宣布思想体系的灭亡,抹煞文艺的党派性与阶级性,反对艺术的直接政治效果;在创作上,就自然地走向个人主观感受境界或个人内在精神世界底追求了。"① 因此,要深入了解"主观精神",还应该从阶级关系上去认识它:"所谓作家主观问题,基本上既然是个作家的思想问题,因此就不能不从思想基础的阶级关系上去认识。……任何阶级的人,都可以有强或弱的主观精神,反动阶级的人,主观精神愈强,反动作用也愈大;小资产者的主观精神,如果作为其自己阶级意识的集中表现,则一定也会妨碍他向人民大众的接近和改造。"②

其次,关于"精神奴役的创伤"说。香港批判方指责胡风及其朋友们的另一个理论主张,是"精神奴役的创伤"这一概念。"精神奴役的创伤",是胡风在《置身在为民主的斗争里面》中首先提出的。在这篇广泛引起争议的理论经典中,胡风在提出"主观战斗精神"之后,又进一步阐发道:

> 作家应该去深入或结合的人民,并不是抽象的概念,而是活生生的感性的存在。那么,他们底生活欲求或生活斗争,虽然体现着历史的要求,但却是取着千变万化的形态和复杂曲折的路径;他们底精神要求虽然伸向着解放,但随时随地都潜伏着或扩展着几千年的精神奴役的创伤。作家深入他们,要不被这种感性存在的海洋所淹没,就得有和他们底生活内容搏斗的批判的力量。③

这里,胡风是从创作论的视角引发出"精神奴役的创伤"这一理论命题的。乍一看来,"主观战斗精神"与"精神奴役的创伤"似乎风马牛不相及,但在胡

---

① 本刊同人、荃麟执笔:《对于当前文艺运动的意见》,载《大众文艺丛刊》1948年第1辑,第10—12页。
② 荃麟:《论主观问题》,载《大众文艺丛刊》1948年第5辑,第30页。
③ 胡风:《置身在为民主的斗争里面》,载《希望》1945年第1卷第1期。

风看来,它们却是一体之两面,也就是说,它们是在逻辑上相互勾连和贯通文学创作理论命题的。这里,"主观战斗精神"指向的是创作中的作者主体,"精神奴役的创伤"则是创作中的客体对象。在胡风看来,"文艺创造,是从对于血肉的现实人生搏斗开始的。血肉的现实人生,当然就是所谓感性的对象",而"作家应该去深入或结合的人民,并不是抽象的概念,而是活生生的感性的存在"。文艺的本身,在他理解,也是"活的感性表现"。①这就是说,要实现"主观战斗精神"不光是主体内部的情绪或意识的高扬,这种情绪或意识的高扬是为了向客体对象的"突入",是为了进入客体的内部。客体、现实的主要内涵并不是别的,而是活生生的人。于是,"主观战斗精神"与"精神奴役的创伤"之间也就表现为特定的现实条件下人们之间的感情、意识及意志等各方面的交流。这种交流过程中,一方面是主体人格的确立,另一方面是对麻木意识、奴性人格的批判。这样,作为启蒙主体的知识者和作为启蒙对象的大众的对峙自然就被彰显出来了。

胡风对于"精神奴役的创伤"的阐发,自然也得到了路翎的呼应和激赏。他说:"我们所认识的人民里面的旧习惯、旧情绪、旧道德、旧人生观,不是别的,正就是:'几千年的精神奴役底创伤'。"接着,路翎进一步发挥道:"这创伤并不就纯粹在人民身上,它也在我们底作家、知识分子的身上。"对于一个战斗的作家来说,"人民底创伤也是他底创伤"。因此,"他们底行动就是向旧中国斗争,即向人民身上的精神奴役的创伤,也就是旧中国的妖魔鬼怪斗争,也就是向作家底承受着这同样的创伤的自我进行斗争"。而我们的理论家,"是把'向人民学习'、'和人民结合'、'批判人民身上的奴役创伤'、'自我斗争'等等互相孤立和对立了起来,从而贯彻他们底机械观点的"。②

胡风、路翎主张文艺家对大众保持足够的警惕,要发掘大众身上"几千年的精神奴役的创伤",自然是香港批判方不能接受的。在《大众文艺丛刊》第2辑上,乔冠华发表《文艺创作与主观》一文,从作家怎样才能和人民结合的高度去

---

① 胡风:《置身在为民主的斗争里面》,载《希望》1945年第1卷第1期。
② 余林:《论文艺创作底几个基本问题》,载《泥土》1948年第6期。

驳斥"精神奴役的创伤"。他说:"不承认广大的工农劳动群众身上有缺点,是不符合事实的;但在本质上,广大的劳动人民是善良的,优美的,坚强的,健康的。健康的是他们的主体;他们的缺点,不论是精神上和生活上的,只是缺点,说来这好像是老生常谈,但看不见,想不通或者不承认这一点,往往是一个作家拒绝和人民结合最深的根源。这是一。其次,即使说缺点吧,他们的缺点主要的也是剥削者和压迫者长期统治他们的结果。把人民善良、美德、坚强和健康的主体置之不顾,而却去强调那些他们自己不能负责的缺点——这可能在实际上产生什么效果呢?事实上是拒绝乃至反对和人民结合。"[1]乔冠华这最后的"断喝",不啻为"点穴之笔"。这也自然将论争引向了下一个更为"敏感"的话题。

最后,关于"小资产阶级知识分子的改造"问题。"小资产阶级改造"的问题,落实到文艺上来,就是毛泽东《讲话》所提出的"文艺为工农兵服务"和"文艺工作者要同工农兵相结合"这一命题。在《讲话》中,毛泽东认为,文艺要"为工农兵服务",实现文艺的大众化,其前提就是"文艺工作者要同工农兵相结合",是"小资产阶级作家的自我改造"。这是因为我们的作家还没有站在无产阶级的立场上,"他们的灵魂深处还是一个小资产阶级知识分子的王国"[2]。我们的文艺家要进行思想的改造,实现灵魂的蜕变,重要的是解决作家的立场、态度和思想感情问题,这样才能从一个阶级移向别一阶级。毛泽东"文艺工作者要同工农兵相结合"这一论断,既是一个文艺问题,也是一个政治思想问题,包含着其要改造知识分子,使之成为革命助推器的宏大的思想文化策略。延安整风运动以来,关于小资产阶级必须进行思想改造的问题已经在革命文艺阵营成了一个普遍的共识。我们可以看到,毛泽东的《讲话》是"香港批判"及其引起的争论中相关问题讨论的共同的理论资源和基础。就论战双方而言,"小资产阶级必须进行思想改造"这一论断并无争议,基本认同毛泽东《讲话》的这一精神内核,但在"谁是小资产阶级知识分子""如何评价小资产阶级知识分子"

---

[1] 乔木:《文艺创作与主观》,载《大众文艺丛刊》1948年第2辑,第12—13页。
[2] 中共中央文献研究室编:《毛泽东文艺论集》,中央文献出版社2002年版,第59页。

"如何改造小资产阶级知识分子"等诸多具体问题上，却存在着明显的歧异。①

那么，到底"谁是小资产阶级知识分子"呢？毛泽东《讲话》曾将人民大众划分为四大阶层："什么是人民大众呢？最广大的人民，占全人口百分之九十以上的人民，是工人、农民、兵士和城市小资产阶级。"②但胡风却在《论现实主义的路》中进行了自己独特的阐发：第一，小资产阶级当然指的是"知识分子"，但"连农民和手工业者在内"也不能例外。"知识分子的绝对大多数是小资产阶级出身的，犹如在人民这个概念里面，除掉产业工人和雇农以外，那绝对大多数，连农民和手工业者在内，无论'小'到怎样可怜也都是小资产阶级。"第二，知识分子"革命性"有其物质的根源，但其在思想斗争中所起到的"思想主力和人民之间的桥梁"作用，即思想启蒙作用，更是不可低估。"就这样的具体内容看，说知识分子也是人民，是并不为错的。"第三，对"小资产阶级知识分子的改造"是必要的，但"要从实际情况认识知识分子的革命性，更要从实际情况认识知识分子的游离性，即所谓知识分子的二重人格"。"如果不能克服这游离性，就不能真正使感情（同时也是思想）发生变化，由一个阶级变到另一个阶级，但要克服它，就得在实践过程里面深入人民的内容，使他的二重人格在'长期的甚至是痛苦的磨练'当中进行改造。"③这就是说，"主观战斗精神"就成了知识分子改造思想，追求与人民结合的道路的产物。

与胡风相呼应，路翎的《论文艺创作底几个基本问题》一文特别强化了知识分子"个性解放"精神之于思想改造的价值和作用。在路翎看来，知识分子的改造问题具体是跟个性解放的问题联系在一起的。他认为，当时中国的知识分子、作家大部分都出身于小资产阶级，革命的政治家也大半出身于小资产阶级，但他们经过了脱离本阶级的沉重的斗争，实现了向另一阶级的转变，这种从一种生活

---

① 关于香港批判方与胡风等人在"小资产阶级改造"问题上的意见分歧，黄晓武的论文《关于"小资产阶级改造"的论争——"主观论"与"香港批判"研究》（载《中国现代文学研究丛刊》2008年第3期）有详细的论证。
② 中共中央文献研究室编：《毛泽东文艺论集》，中央文献出版社2002年版，第58页。
③ 胡风：《论现实主义的路》，见《胡风全集》（第3卷），湖北人民出版社1999年版，第525—528页。

向另一种生活的血肉的转变就是自我斗争，就是个性解放。个性解放是战斗的知识分子实现自我改造的出发点，而那些游离于人民的知识分子，他们就没有能够进行个性解放的斗争。"要求个性解放的立场，就是战斗实践的立场，这战斗，反封建，是一切方面的，其中包括着对旧的道德观点，旧的人生情操，自私的哲学，投机取巧的态度，逃避现实的心理，以及各样的妖魔鬼怪的斗争，它要求着成为新的性格，成为真正的人，成为真正的这个时代的战斗者；要求着而且进行着真正的和人民结合。所以，个性解放，也就是自我改造；群众性的个性解放，也就是群众底觉醒和改造。"①路翎认为，批评者之所以反对个性解放这一概念，是因为他们没有具体地分析这一概念中包含的特殊意义，而是简单地把它等同于资产阶级的个人主义，看成是"超阶级的人性论与人格论"，这种观点抹杀了战斗的知识分子的革命实践，也取消了五四以来反帝反封建的任务。由此，路翎提出他的"人民的原始强力"说，并认为这是从"个性解放"这一概念而来的，这种自发性的反抗的力量和欲望是个性解放的最初的形态，它的反抗、斗争以及无法找到出路的苦痛，是推进它向阶级觉醒和革命转变的基础。

对于胡风、路翎等之于"小资产阶级知识分子的改造"这一命题的解说，邵荃麟的《论主观问题》进行了强力的驳斥。首先，他认为胡风、路翎等人所说的知识分子的自我改造和自我斗争，跟毛泽东在《讲话》中所提倡的知识分子的改造在性质上是完全不同的。邵荃麟认为："胡风先生所谓自我斗争，是作家和人民一种对等地迎合和抵抗的斗争，'作家的主观，一定要生动地表现出或迎合或选择或抵抗的作用，而对象也要主动地用它的真实性来促成、修改，甚至推翻作家或迎合或选择或抵抗的作用。'因此，他一方面要求作家深入人民，同时又警告作家不要被人民的海洋所淹没，而在我们，这个思想改造，正是一种意识上的阶级斗争，有如毛泽东所说的'长期的无条件地全身心地到工农中去'，小资产阶级意识必须向无产阶级'无条件的投降'，它不是对等的斗争，而是从一个阶级走向另一个阶级的过程。"②其次，邵荃麟认为："主观论者，却正是这样把

---

① 余林：《论文艺创作底几个基本问题》，载《泥土》1948年第6期。
② 荃麟：《论主观问题》，载《大众文艺丛刊》1948年第5辑，第32—33页。

作家的群众斗争实践的意义，降贬为单是作家做人的问题了。"这不但夸大了知识分子的进步性，而且客观上限制了知识分子的思想改造。"而在他们看来，问题不在与群众结合，也不在斗争实践，讲来讲去，依旧是抽象的'主观精神''人格力量'，有了这个，则'生活无处不在，战斗也会无处不在'，连吵架求爱都是阶级斗争；没有这个，即是在工农兵群众中工作，也是白费力气，毫无用处。试问这和马列主义，和毛泽东文艺思想有什么相干之处？这不仅是不肯动一动屁股的小资产阶级的自夸，而且也是自欺！这套理论，恰恰是替革命战线上的退却者找到一个很好的辩解：我反正已经和群众结合在一起了，我反正已经在日常生活中战斗了，那又何必千辛万苦再到工农群众中去磨炼呢？所以，尽管在文字上，他们是如何强调实践，而在这样理论下，实践的要求恰恰是在主观精神的要求中被融解了"。①

为了更正确、更透彻地理解"小资产阶级知识分子的改造"问题，《大众文艺丛刊》还专门编发了一系列关于思想改造正、反典型的评论，为当下的知识分子改造提供正确的导引和示范。这里正面的典型如鲁迅、朱自清、罗曼·罗兰等，反面的典型有路翎、萧军、安德烈·纪德等。②在香港批判者的笔下，萧军是一个有着流氓气息的"个人英雄主义者"（周立波语），安德烈·纪德则成了"沉湎于官能快乐的极端个人主义者"（缪灵珠语），路翎所写的均是"一无是处的小资产阶级作品"（胡绳语）。而邵荃麟在评述著名作家罗曼·罗兰时，更是特别强调了罗曼·罗兰"左转"道路的启示意义：唯有通过与人民群众相结合，与社会实际斗争相结合，才能实现对个人主义的扬弃。而这也被认为是《搏斗》的主旨所在："它明白地向我们指出两点：实践的行动，同劳动群众的结合。脱离群众，个人是无力的；没有行动，真理是虚伪的。没有抽象的生命力，

---

① 荃麟：《论主观问题》，载《大众文艺丛刊》1948年第5辑，第35页。
② 《大众文艺丛刊》刊发的此类论文包括：胡绳的《评路翎的短篇小说》（载第1辑），灵珠的《谈纪德》（载第3辑），同人（荃麟执笔）的《敬悼朱自清先生》、胡绳的《鲁迅思想发展的道路》、力夫的《罗曼罗兰的〈搏斗〉——从个人主义到集体主义的道路》（载第4辑），周立波的《萧军思想的分析》、柳晨的《哈尔滨文化界批评萧军的思想》（载第6辑）。

只有社会的真实斗争力量。克立斯朵夫所苦恼的问题,安耐蒂,马克,亚茜雅答覆了"①。"一身重病,宁可饿死,不领美国救济粮"(毛泽东语)的朱自清去世后,《大众文艺丛刊》对其一生的总结则是:有社会责任感,为大众服务,向群众学习这三大特点,不但构成了朱先生一生灿烂辉煌的人格,也着实是为今天中国知识分子指出一条应走的道路。②而作为"五四新文化运动旗手"的鲁迅,则是香港批判方不容回避的对象。为此,《大众文艺丛刊》专门发表了胡绳的《鲁迅思想发展的道路》,以鲁迅为例,论证了思想改造的必要性和艰巨性。在该文中,胡绳阐述了鲁迅思想发展的复杂过程,指出在发表《文化偏至论》时,鲁迅还是个进化论者和个性主义者,后来经过了痛苦的历程,抛弃了这些属于资产阶级思想范畴的东西而达到了马克思主义。鲁迅之所以伟大,就是因为他在长期的斗争中,不断严格地解剖自己,表现出严肃的自我批判精神,逐步完成了由进化论到阶级论、由民主主义到马克思主义的思想质变。因此,鲁迅的道路、鲁迅的精神才是作家们应学习的楷模。③"这里,用'革命话语''改造'鲁迅的意图是十分清楚的。其目的是要用这个改造过的鲁迅来充当'革命话语'的护法神。"④

从上述对于"香港论战"的评述中,笔者总有种隐隐的感觉,那就是在胡风的背后,总是隐伏着一个巨大的身影——鲁迅。胡风所受到的鲁迅影响是有目共睹的。他曾说:"30年代,我曾幸运的工作在[鲁迅]先生身旁,亲聆过先生的教诲,感受过先生的坚深博大的胸怀。"⑤1936年鲁迅去世后,胡风被视为鲁迅亲炙弟子,自觉地担负起了鲁迅精神的传人和传承鲁迅思想传统的责任。而"主观论"思想,则是胡风充分借重鲁迅五四时期"为人生"和"改良这人生"这一文学资源,加之自己的文学体验和创造性解读而在抗战期间逐渐形成的。谈到

---

① 力夫:《罗曼罗兰的〈搏斗〉——从个人主义到集体主义的道路》,载《大众文艺丛刊》1948年第4辑,第77页。
② 同人:《敬悼朱自清先生》,载《大众文艺丛刊》1948年第4辑,第47页。
③ 胡绳:《鲁迅思想发展的道路》,载《大众文艺丛刊》1948年第4辑,第3页。
④ 钱理群:《1948:天地玄黄》,山东教育出版社1998年版,第40页。
⑤ 胡风:《向朋友,读者们致意》,载《文汇月刊》1981年第1期,第15页。

"我怎么做起小说来"的,鲁迅认为:

> 说到"为什么"做小说罢,我仍抱着十多年前的"启蒙主义",以为必须是"人生",而且要改良这人生。……所以我的取材,多采自病态社会的不幸的人们中,意思是在揭出病苦,引起疗救的注意。①

1943年12月,胡风撰《现实主义在今天》一文,对鲁迅的这段自述进行了自己的解读,搭建起了"主观战斗精神"的理论根基。他说:"'为人生',一方面须得有'为'人生的真诚的心愿,另一方面须得有对于被'为'的人生的深入的认识,所'采'者,所'揭发'者,须得是人生的真实,那'采'者'揭发'者本人就要有痛痒相关地感受得到'病态社会'底'病态'和'不幸的人们'底'不幸'的胸怀。这种主观精神和客观真理的结合或融合,就产生了新文艺底战斗的生命,我们把那叫做现实主义。"②这里,胡风要求作家的主观精神融入客观对象,创作主体与客观对象进行有机化合,从而将主观精神和客观对象的彼此融合化为作家自我生命的一部分,也即他所强调的"主观战斗精神"。

1937年全面抗战爆发后,历史发生了巨变。"救亡"代替了"启蒙","革命"乃至"抗战"成为历史的首选。在这种情形下,时代的重心就逐渐从"批判的武器"转向"武器的批判"。面对此种情形,鲁迅发出了"一首诗吓不走孙传芳,一炮就把孙传芳轰走了"③的感慨。革命形势的高涨,使历史主体由"知识者"本位转换为"人民"(实际上是"农民")为本位,大众化问题再度成为焦点。也就是说,当以农民为主体的"人民"成为历史的主力的情况下,到底是"大众化"还是"化大众"?文学是否要通过降低作家的创作水准、欣赏趣味以迎合大众、取悦大众,乃至向大众献媚?对此,在20世纪30年代关于文学"大众化"的论争中,鲁迅保持着高度的清醒。他认为:"由历史所指示,凡有改革,

---

① 鲁迅:《我怎么做起小说来》,见《鲁迅全集》(第4卷),人民文学出版社1981年版,第512页。
② 胡风:《现实主义在今天——应〈时事新报〉一九四四元旦增刊征文作》,载《时事新报》1944年1月1日。
③ 鲁迅:《革命时代的文学——四月八日在黄埔军官学校讲》,见《鲁迅全集》(第3卷),人民文学出版社1981年版,第423页。

最初，总是觉悟的智识者的任务。但这些智识者，却必须有研究，能思索，有决断，而且有毅力。他也用权，却不是骗人，他利导，却并非迎合。他不看轻自己，以为是大家的戏子，也不看轻别人，当作自己的喽罗。他只是大众中的一个人，我想，这才可以做大众的事业。"[1]在这里，知识者"只是大众中的一个人"，但还保持着独立的人格，其与大众还处于对立的关系之中。而胡风正是在鲁迅的认知基础上，提出他的"精神奴役的创伤"这一理论命题的。这就意味着，胡风拒绝的乃是文艺创作中那种一味迎合农民及农民意识，并对"自然生长的民间形式或农民底欣赏力纳表投降"的观点。他提醒人们，农民终究是小私有者，封建主义必然是和人民联系在一起的，农民的觉醒必须接受民主主义的领导，才能走上民族解放和自我解放的道路。李欧梵曾以"铁屋中的呐喊"来隐喻鲁迅的五四时期启蒙主义文学观念：这里，觉醒的知识者是启蒙主体或启蒙者，沉睡的大众是启蒙的客体或对象，先觉者唤醒沉睡者，从而达成启蒙的历史目的。因此，鲁迅的启蒙主义文学不是要"大众化"而是要"化大众"，它是以作家为主体的，是掌握了现代文明的具有现代理性的知识分子对于蒙昧的大众的"启蒙"，其重在以文明修复或改造人性的缺陷，使人类从蒙昧中"觉醒"。这里，胡风秉承的显然是鲁迅启蒙现实主义的传统。

鲁迅思想的"底气"，似乎更增强了胡风论战的信心。在胡风看来，他所主张的"主观论"，不仅是对鲁迅启蒙现实主义文学传统的继承，而且还是对毛泽东《讲话》精神的发扬。1978年，胡风谈到思想改造问题时，还是认为他反对的乃是何其芳等人把思想改造庸俗化的倾向，而不是毛泽东所提倡的思想改造本身："在我开始文学工作起，以为作家是要不断地在生活里克服非劳动人民的感情，逐渐使自己的感情能够体现劳动人民的生活和品德。我在文字里也一直是这样对待作家和作品的。所以，我以为对毛主席提的作者的思想改造，是能够理解的。但我以为，这个改造过程是要最后在创作实践中经过主客观相克相生的艰苦

---

[1] 鲁迅：《门外文谈》，见《鲁迅全集》（第6卷），人民文学出版社1981年版，第102页。

斗争才能够实现。"①具体到上述香港论战,在关涉到如何理解毛泽东《讲话》精神这一关键问题上,胡风并不愿意像邵荃麟、冯乃超、乔冠华等等那样按照党的政治意识形态精神去背书,而是有自己独特的理解和阐释的。他认为,这是对所谓的"鲁迅传统"的丰富和发展,也是对毛泽东《讲话》精神的认同和拥戴。胡风认知的"误区"正在于,他没有认识到毛泽东与鲁迅的根本性的差异,竟将毛泽东和鲁迅视为一体之两面,认为坚持"鲁迅传统"就是认同和拥戴毛泽东,所以他才有"底气"和自信与香港的朋友们,以及后来的周扬、何其芳、林默涵等抗衡。

但他似乎忘记了1945年2月6日夜里周恩来对他的谆谆教导,更听不进好友贾植芳的衷心劝诫,决心捍卫自己的文学观,批驳香港朋友的诬蔑,从而写出了那篇煌煌巨文《论现实主义的路》。这正如绿原所言:"胡风这时甚至直到1955年,同样没有意识到这场批判在政治上的所以然,难免通过经验主义的眼光看问题,拘执于学术上的是与非,以致铸成'大错'。"②香港论战,关涉的不仅仅是文艺理论的问题,更为根本的还是未来"中国文艺新方向"的政治意识形态。后来周扬曾对胡风说过这样的话:"你说的话就是九十九处都说对了,但如果在致命的地方说错了一处,那就全部推翻,全部都错了。"③这样,胡风的辩驳,就成了"不接受批评",甚至是"对抗组织",这就为其1955年的被彻底"整肃"埋下了伏笔。

1948年12月14日,全国解放前夕,胡风接到上海地下党的指示从上海抵达香港,准备从香港转移到东北解放区。胡风抵达香港后,香港党组织至少曾有两次试图"说服"胡风:一次是邵荃麟委托楼适夷去劝说。据时任香港《小说月刊》主编的楼适夷回忆,邵荃麟曾约见并告诉楼:"全国快解放了,今后文艺界在党领导下,团结一致,同心协力十分重要,可胡风还搞自己一套,跟大家格格不

---

① 胡风:《从实际出发——再检查对〈延安文艺座谈会上的讲话〉的态度问题》,见《胡风全集》(第6卷),湖北人民出版社1999年版,第740—741页。
② 绿原:《胡风和我》,见晓风主编:《我与胡风》(下),宁夏人民出版社2003年版,第568页。
③ 胡风:《胡风三十万言书》,湖北人民出版社2003年版,第151页。

入，这回掀起对他文艺思想论争，目的就是要团结他和我们共同斗争。你同胡风熟悉，你应该同他谈谈！"自然，这是个重要使命，楼适夷表示坚决执行，保证完成。他把胡风请到九龙郊外自己的寓所里，滔滔不绝地直劝到半夜。但很可惜，他却唱了一台独角戏。楼适夷说："大部分是我谈的多，他说的少。我谈得很恳切，很激动，他看着我一股真诚的样子，只是微微的笑，很少答腔。看来我的话其实没有触到点子上，当然说服不了他，使命算是失败了。"①一次是1949年1月，就在胡风准备启程前往东北之前，时任中共南方局派驻香港的特派员潘汉年亲自出面找胡风谈话。据胡风回忆："潘汉年终于出面来谈话，可能和乔冠华商量过，希望我进解放区之前关于我们的论争取得一个解决，例如我们分别写个什么表态文章，都承认自己有错误，要用党的文艺路线来改正错误之类吧。但我当时完全没有朝这方面想，以为文艺理论问题没有可能也没有必要急于求得什么解决。"②这样，香港批判方试图在理论上"压服"胡风，在组织上"说服"的愿望，终于彻底落空。

1948年9月17日夜3时，胡风完成了《论现实主义的路》，最后又在扉页上写下了两段题记：

谁知道哪一方面有较平坦的山坡，可以不用双翼而攀登上去么？

我跑到一个沼泽里面，芦苇和污泥绊住我，我跌倒了，我看见我的血在地上流成了一个湖。

——但丁：《净界》

---

① 楼适夷：《记胡风》，见《落叶集》，花城出版社1992年版，第73—74页。
② 胡风：《文稿三篇》，载《新文学史料》1995年第2期。

结局或开始 第一次文代会：『人民鲁迅』的诞生

20世纪40年代末，随着中国社会政治发生的急剧的重大变革，中国文学也进入一个空前的"转折"时代。国共决战的博弈，中国共产党一方已逐渐胜出，江山即将鼎革。在以延安为核心的各解放区经过文艺整风，初步实现文学一体化的局面之后，在国统区的文学界，中共主流意识形态为实现四五十年代文学的"转折"，做了一系列的"基础性工作"：1944年派出何其芳、刘白羽到重庆宣讲毛泽东《讲话》精神，1944年前后对于党内重庆"才子集团"所试图发动的"新启蒙运动"的批判，1945年前后围绕舒芜"主观论"的讨论。尤其是1948年香港左翼文学界以《大众文艺丛刊》为中心所开展的"总批判"，不仅充分展示了延安文艺的示范作用，更重要的是按照阶级分析的方法，对40年代国统区的文艺状况、作家和文学派别进行了阶级类型划分和文学批判。到了1949年，这一文学"转折"的迹象已日益突显出来："'转折'在这里，指的主要是40年代文学格局中各种倾向、流派、力量的关系的重组。以延安文学作为主要构成的左翼文学，进入50年代，成为惟一的文学事实；20年代后期开始，左翼文学为选择最理想的文学形态、推进文学'一体化'的目标所做的努力，进入一个新的阶段；毛泽东的文艺思想，成为'纲领性'的指导思想；文学写作的题材、主题、风格等，形成了应予遵循的体系性'规范'；而作家的存在方式，写作方式，作品的出版、阅读和批评等文学活动方式也都出现了重大变化。"[1]而确立这一文学"转折"的标志性事件，就是"第一次文代会"。

第一次文代会，全称为"中华全国文学艺术工作者代表大会"，1949年7月2日在北平正式召开。平津代表第一团（团长李伯钊）、平津代表第二团（团长曹靖华）、华北代表团（团长萧三）、西北代表团（团长柯仲平）、华东代表团

---

[1] 洪子诚：《中国当代文学史》，北京大学出版社1999年版，第3页。

（团长陆万美）、东北代表团（团长刘芝明）、华中代表团（团长于黑丁）、部队代表团（团长张致祥）、南方代表第一团（团长欧阳予倩）、南方代表第二团（团长冯雪峰）等十个代表团共753名（应到人数为824名）代表出席了会议①。会议前一天，中共中央向大会发来了经过毛泽东亲自修改的贺电，要求文艺工作者"进一步团结起来，进一步联系人民群众，广泛地发展为人民服务的文艺工作，使人民的文艺运动大大发展起来"②。开幕式上，郭沫若致开幕词，朱德代表中共中央致祝词，各民主党派、各级人民政府、解放军、人民团体等的代表都先后向大会致辞，祝大会的胜利和成功。随后，郭沫若做了《为建设新中国的人民文艺而奋斗》的总报告（以下简称"总报告"），茅盾和周扬先后做了题为《在反动派压迫下斗争和发展的革命文艺》（以下简称"国统区文艺报告"）和《新的人民的文艺》（以下简称"解放区文艺报告"）的报告，分别总结了此前的国共统治区文艺创作和文艺运动的基本情况。7月6日下午，周恩来向大会做了长篇政治报告。19时20分，就在周恩来行将结束报告的时候，毛泽东突然亲临会场，出现在主席台上。全体代表起立欢迎，热烈地、长久地鼓掌，并高呼"毛主席万岁！"会场安静下来后，毛泽东说："同志们，今天我来欢迎你们。你们开的这样的大会是很好的大会，是革命需要的大会，是全国人民所希望的大会，因为你们都是人民所需要的人，你们是人民的文学家、人民的艺术家，或者是人民的文学艺术工作者的组织者。你们对于革命有好处，对于人民有好处。因为

---

① 第一次文代会开幕前，大会筹委会主任曾宣布"筹备委员会已决定邀请的代表共有753人；计老解放区代表445人（已抵平者347人），新解放区与待解放区代表308人（已抵平者213人）"。参见1949年6月28日《人民日报》上《文代大会开幕前夕 郭沫若先生发表谈话说明大会的主要目的与任务》有关报道。徐盈采访第一届全国文代会手记记录："团结问题。753代表，团结［的］大会。有90余位不能来。代表6万部队工作者及1万工作者。老国统区的不到3百位，占2/5，我们觉得少一点，希望来参观。党员与外面比例，党员有444人，这个比例太大了。新政治协会144人，只有43人，毛主席说，要'心中有数'。"参见徐盈：《采访第一届全国文代会手记》（一），载《档案与史学》2000年第1期。
② 《中国共产党中央委员会贺电》，见《中华全国文学艺术工作者代表大会纪念文集》，新华书店1950年版，第155页。

人民需要你们，我们就有理由欢迎你们，再讲一声，我们欢迎你们。"毛泽东讲话毕，全体代表又报以长时间的热烈鼓掌和欢呼。最后，大会总主席郭沫若兴奋地代表大家说："我们诚恳的全部接受周副主席给我们的指示，努力改造自己，向人民学习，学习我们所不熟悉的东西，老老实实，恭恭敬敬的学习，热诚地做毛主席的学生。"说完后，他领导大家高呼口号。大会持续至晚8时许始散。①

第一次文代会从1949年7月2日开幕到7月19日结束，历时18天。第一次文代会产生了新的全国性的文艺界的组织——中华全国文学艺术界联合会，选举郭沫若为主席，茅盾、周扬为副主席。会后，紧接着又成立了全国文联下属的各个协会，如中华全国文学工作者协会（选举茅盾任主席，丁玲、柯仲平任副主席），中华全国戏剧工作者协会（选举田汉任主席，张庚、于伶任副主席），中华全国电影艺术工作者协会（选举阳翰笙任主席，袁牧之任副主席），等等。大会最后做出决议：把毛泽东提出的文艺为人民服务并首先为工农兵服务的方向，作为发展新中国的人民文艺的基本方针，号召中国文学艺术工作者以最大努力来贯彻执行。②自此，中国现代新文学，开启了新的历史篇章。

一、"解放区文艺"成为主导方向

第一次文代会召开之际，新中国尚未宣告成立，战争的硝烟还没有散去，中共中央就率先召开这次盛会，显示了即将登上历史舞台的新政权对文艺工作的高度重视。1949年3月5日至13日，党中央在西柏坡召开了七届二中全会。会上，毛泽东宣布：在辽沈、淮海、平津三大战役以后，国民党军队的主力已被消灭，在取得全国胜利的局面下，党的工作重心必须由乡村移到城市，城市工作必须以生

---

① 《全国文代大会第五日，毛主席莅会指导，周副主席出席大会作详细指示》，载《人民日报》1949年7月7日。
② 《大会的决议》，见《中华全国文学艺术工作者代表大会纪念文集》，新华书店1950年版，第146页。

产建设为中心。城市中其他的工作，都是围绕着生产建设这一个中心工作并为这个中心工作服务的。①这样，召开政治协商会议，成立中央人民政府，成为中共中央进城以后的首要工作任务。为了准备政治协商会议，党中央决定先行在自然科学、社会科学、文学、教育、新闻等五大文化领域召开代表大会并组建全国性的行业组织。这五大文化领域被郭沫若称为"五大野战军"，他说："辉煌的军事胜利，所消灭的主要是有形的敌人，而两千多年来的封建思想，百余年来的买办思想，二三十年来的法西斯思想，这些无形的敌人，还须得文化战线来彻底地加以消灭。这些无形敌人不彻底消灭，新民主主义的新中国的建设是要受着阻挠的，甚至连辉煌的革命的军事胜利都是不容易确保的。因此，我们在军事战线上的伟大胜利之后，还必须继之以文化战线上的伟大胜利，拿笔的军队，必须向拿枪的军队看齐！"②郭沫若的这一表述，深得毛泽东"文武之道"革命战略的"三昧"。早在1936年红军刚落脚陕北时，毛泽东就在中国文艺协会成立大会上提出，"现在我们不但要武的，我们也要文的了"。到了1940年，毛泽东在《新民主主义论》中又有了军事"围剿"和文化"围剿"的提法。③1942年5月2日，在《讲话》的"引言"中，又提出了"我们有两支军队，一支是朱总司令的，一支是鲁总司令的"。后来正式发表时，被改成了"手里拿枪的军队"和"文化的军队"。④

第一次文代会是中华人民共和国成立之前最早酝酿、筹备召开的文化会议。中共七届二中全会结束后十天，也就是3月23日，毛泽东率中共中央机关、人民解放军总部乘车离开西柏坡前往北平，准备"进京赶考"。⑤就在毛泽东到达北

---

① 中共中央文献研究室编：《毛泽东年谱（1893—1949）》（下卷），人民出版社、中央文献出版社1993年版，第463—464页。
② 郭沫若：《向军事战线看齐！》，载《人民日报》1949年7月2日。
③ 中共中央文献研究室编：《毛泽东文艺论集》，中央文献出版社2012年版，第3、36页。
④ 参见艾克恩编纂：《延安文艺运动纪盛》，文化艺术出版社1987年版，第350页；中共中央文献研究室编：《毛泽东文艺论集》，中央文献出版社2012年版，第48页。
⑤ 中共中央文献研究室编：《毛泽东年谱（1893—1949）》（下卷），人民出版社、中央文献出版社1993年版，第469页。

平的那一天，即1949年3月25日，《人民日报》发表了《中共七届二中全会完满结束》的新闻稿。一个细节是，当日《人民日报》最底端还刊发了一则消息《重建全国文艺组织，将召开全国文艺界代表大会，推选郭沫若等为筹备委员》："为适应全国革命形势与革命任务的需要，团结解放区与国民党统治区一切进步文艺力量，建立新的全国性的文艺组织，中华全国文艺协会在平的总会理监事及华北文协理事，特于二十二日在北京饭店举行联席会议，决定召开中华全国文学艺术工作者代表大会，当场推选筹委会，并于二十四日举行第一次筹委会议。"就在这次联席会上，郭沫若提议：发起召开全国文学艺术工作者大会以成立新的全国性的文学艺术界的组织。全体到会文艺工作者都表示赞成。接着，就由原全国文协在平理监事和华北文协理事联席会产生了一个筹备委员会，负责进行召开全国文代大会的一切准备工作。郭沫若任筹备委员会主任，茅盾、周扬任副主任，沙可夫任秘书长。①

第一次文代会，使中国现代新文学在组织上真正实现了规范和统一。中国新文学自诞生以来，便流派纷呈，群芳杂陈。而所谓的文学社团就是作家为了实现特定的文学或政治的目的而组建的集体或若干集体的组合。根据范泉先生的分类，中国现代新文学的文学社团组织大致可分为三类："一是以大致相同的文学主张为基础而组建的社团，如文学研究会、创造社等；二是以大致相同的政治信念为前提而组建的社团，如中国左翼作家联盟、中华全国文艺界抗敌协会、中国著作者协会等，那些为实现帝国主义或汪伪统治集团的政治主张而组建的社团，如奉天放送话剧团、蒙疆文艺恳话会、华北文艺协会等，属于这一类；三是一些社团的联合体，如上海剧团联合会、中国左翼文化总同盟等。"②其中，左联

---

① 《大会筹备经过》，见《中华全国文学艺术工作者代表大会纪念文集》，新华书店1950年版，第125页。第一次文代会筹委会成立后，其他文化领域的筹委会也相继成立。1949年6月19日，中华全国自然科学工作者第一次代表大会筹备委员会成立大会召开；7月13日，中华全国新闻工作者协会筹委会在北平成立；7月14日，中华全国社会科学工作者代表会议筹备会召开；7月23日，中华全国第一次教育工作者代表会议筹备会召开。
② 范泉主编：《中国现代文学社团流派辞典》，上海书店1993年版，前言第5页。

还是中共所主导的文艺性的外围组织，抗战时期成立的文协虽然实现了全国的统一，但国共两党、左翼、右翼和自由派基本上还是各自为政，互不隶属。只有到了第一次文代会，不仅建立了统一的组织——文联及各文艺类别的协会或组织，而且在文艺的思想性、组织性和方向性诸方面都实现了高度的严密的"一体化"进程。这正如周恩来在第一次文代会的政治报告中所说的："这次文艺界代表大会的团结是这样一种情形的团结：是从老解放区来的与从新解放区来的两部分文艺军队的会师，也是新文艺部队的代表与赞成改造的旧文艺的代表的会师，又是在农村中的，在城市中的，在部队中的这三部文艺军队的会师。这些情形都说明了这次团结的局面的宽广，也说明了这次团结是在新民主主义旗帜之下、在毛主席新文艺方向之下的胜利的大团结，大会师。"①这里的"老解放区"其实就是抗战时期的"解放区"，"新解放区"指的是过去的"国统区"。②从此，第一次文代会实现了国统区和解放区文艺界的"两军会师"，遂成为文学史或革命史的权威表述。

为了把这次文代会召开成一个团结的大会，会议筹委会的总体目标就是将不同风格流派、党内与党外、新文艺界与旧文艺界的文艺工作者团结在一起，济济一堂，共襄盛事。据夏衍回忆，1949年5月13日夜，周恩来即召见文代会筹委会副主任周扬、秘书长沙可夫等人谈话，云："这次文代会是会师大会，团结大会，团结的面要宽，越宽越好，要团结一切可以团结的人，不单解放区文艺工作者和大后方文艺工作者要团结，对于过去不问政治的人要团结，甚至反对过我们的人

---

① 周恩来：《在中华全国文学艺术工作者代表大会上的政治报告》，见《中华全国文学艺术工作者代表大会纪念文集》，新华书店1950年版，第33页。
② 抗日战争时期，中国在政治地理划分上出现了三个地区：一是被日本侵略者占领的地区，称"沦陷区"。二是在中国共产党领导下的敌后根据地，当时称"抗日民主根据地"，亦称"边区""特区"等；进入解放战争时期，无论是原先的抗日民主根据地，还是新扩展的地区，统称"解放区"。三是在国民党政府控制下的地区，亦称"大后方"。到了解放战争时期，这部分地区被称为"国统区"。但在新文学史研究中，为了方便，往往不分抗战时期和解放战争时期，把中共领导地区的文艺统称"解放区文艺"，把国民党控制地区的文艺统称"国统区文艺"，这已经是约定俗成的了。就文学史研究而言，这样的划分是可行的，长期使用中亦未发生过混乱。故本处亦从俗。

也要团结，只要他们现在不反共、不反苏，都要团结他们，不要歧视他们，更不该敌视他们，假如简又文、王平陵还不走，也要争取他们，团结的总方针是，凡是愿意留下来的、爱国的、愿意为新中国工作的人，都要团结，都要争取，这是一个'闻道有先后'的问题。"①根据这一指示的精神，会议筹备组专门设置了代表资格审查委员会，由冯乃超负责，并将《大会代表资格与产生办法》文件公布于《文艺报》和《人民日报》。6月28日，第一次筹委会主任郭沫若通过《人民日报》等媒介发布消息，通报了各地区参会人数。

从场面上看来，第一次文代会确实是一次空前的团结的大会。中国文艺界终于实现了真正意义上的国统区和解放区的"两军会师"。但会议在实际运作中，却出现了明确的"孰轻孰重"的偏向，那就是解放区文学被突显出来。这首先表现在会议对于出席代表的筛选、审核和淘汰机制上，作家的政治身份、政治立场及政治表现等成了会议代表资格的基本条件。目前学界对于第一次文代会出席代表的统计和分析，有比较科学和成熟的成果②，大致可见出如下特征：第一，从地域来看，解放区的代表多，其中最早解放的东北代表人数最多，国统区的代表不到300位，占2/5，连周恩来都觉得"少一点"③；平津代表团人数多，上海、广东的代表少。地理上的失衡与文学方向的选择有关，它表现了文学观念向重视政治意识、社会政治生活经验的倾斜，向农民生活的倾斜。④第二，从政治属性来看，在824名代表中，中共党员有444人，占总数的58.96%，这一比例甚至超过了新政协会议中中共党员的比例⑤。部队代表团的力量非常突出，但作家比例

---

① 夏衍：《懒寻旧梦录》（增补本），生活·读书·新知三联书店2000年版，第394页。
② 参见胡慧翼：《第一次文代会研究》，北京大学2005年博士学位论文；郭建玲：《1945—1949年中国现代文学格局转型研究》，华东师范大学2007年博士学位论文；斯炎伟：《全国第一次文代会与"十七年"文学体制的生成》，浙江大学2007年博士学位论文；邹冬梅：《第一次文代会考论》，西南大学2007年硕士学位论文。
③ 徐盈：《采访第一届全国文代会手记》（一），载《档案与史学》2000年第1期。
④ 洪子诚：《中国当代文学史》，北京大学出版社1999年版，第31页。
⑤ 1949年新政协会议共662位代表，共产党员约占44%，工农和无党派、民主党派人士约占56%。参见秦立海：《1949年新政协筹备纪事》，载《文史精华》2005年第8期。

很小。第三，文艺干部构成了文代会代表的相当一部分。大会认为，"这些组织家，往往是文艺工作的思想与政策的掌握者，领导者"，他们与"编辑家和作家一样重要"，应受到"同样的尊重和奖励"。①这些并无文艺作品但已身处新政权文艺体制之中的干部的普遍存在表明，新政权对文艺工作者的认可不再仅仅是作品，而更是其身份或履历。第四，对于右翼和自由派作家的遴选，第一次文代会主要看重的还是作家本人的政治立场和态度及其改造的可行性。曾被香港《大众文艺丛刊》点名批判过的胡风、路翎、萧乾、臧克家等都参加了文代会，但萧军、沈从文、朱光潜、姚雪垠等却被排除在外②；"京派"文人俞平伯、杨振声、卞之琳、李长之、毕树棠等都获得了代表资格，但周作人、废名、陈衡哲等却无缘代表资格；"海派"的张爱玲、施蛰存等人虽无缘全国文代会，但后来却受邀参加了上海市第一次文代会；"鸳鸯蝴蝶派"除了被认为有走向人民倾向的张恨水之外，几乎无代表参会。

　　解放区文学的优势和示范作用，在第一次文代会上还通过会议的议程及文艺汇演等环节表现出来。大会在周恩来的"政治报告"、郭沫若的"总报告"和茅盾的"国统区文艺报告"、周扬的"解放区文艺报告"、傅钟（解放军代表）的"部队文艺工作报告"等主题报告之后，还安排了十五个专题发言。在十五个专题发言中，只有阳翰笙、李凌、叶浅予、戴爱莲四个报告涉及国统区，其余十一

---

① 郭沫若：《大会结束报告》，见《中华全国文学艺术工作者代表大会纪念文集》，新华书店1950年版，第121—122页。
② 胡风、路翎、臧克家虽受到香港《大众文艺丛刊》的点名批判，但在政治上仍然属于"进步作家"。萧乾虽被郭沫若在《斥反动文艺》中斥为"黑色萧乾"，仍被邀请为第一次文代会的正式代表，但却因故留港，未能北上与会。萧乾之所以被邀请参会，是因为1948年他作为主要负责人之一参加《大公报》香港复刊工作，显然足以成为文代会所要"团结一切可以团结的人"，郭沫若的点名批评至少在此事上影响极为有限。参见管勇：《萧乾参加第一次文代会了吗？》，载《读书》2019年第7期。

个发言都是介绍解放区文艺发展经验的。[1]另外,有研究者发现,第一次文代会并非只是以会议报告的方式宣告新文艺的诞生。在周扬《新的人民的文艺》对新的文艺方向的确认之外,这次文代会组织的很多活动,都是对"新的人民的文艺"的实践和预演,譬如美术作品的展览、招待代表的演出等,无不昭示着新文艺未来的方向。这些会议活动都有特定的程序和选择的标准,其中蕴含着中华人民共和国对文艺发展的未来设计。此次文代会招待代表的演出并不是单纯为了娱乐,从剧团的邀请到剧目的排定,都着意于通过示范性的文艺活动,介绍、推广革命文艺经验,宣告新的人民文艺的未来走向。整个演出期间,除了组织十场电影放映外,6月30日到7月28日先后演出了四十余个剧目,这些剧目主要有《买卖公平》《上战场》《赵喜来庆功》《红旗歌》《女英雄刘胡兰》《南下列车》《王秀鸾》《夫妻识字》《王大娘赶集》《兄妹开荒》《霸王别姬》等。[2]据统计,"参加演出的团队……十之七八是曾在老解放区工作过多年的。演出节目,无论在内容上和形式上表现了何等的多样性,十之八九是一九四二年发表了毛主席所提的为工农兵服务的文艺方针以后的作品"[3]。从剧团选择到演出节目确定,其示范作用无疑就是以毛泽东文艺思想为主导的延安工农兵文艺将是未来新中国文艺发展的方向。

---

[1] 第一次文代会的专题发言如下:丁玲《从群众中来,到群众中去》、张庚《解放区的戏剧》、袁牧之《关于解放区电影工作》、吕骥《解放区的音乐》、江丰《解放区的美术工作》、艾青《解放区的艺术教育》、阳翰笙《国统区进步的戏剧电影运动》、李凌《国统区的新音乐运动》、叶浅予《国统区的进步美术运动》、戴爱莲《舞蹈工作发言》、柯仲平《把我们的文艺工作提高一步》、周文《晋绥文艺工作概况简述》、刘芝明《东北三年来文艺工作初步总结》、沙可夫《华北农村戏剧运动和民间艺术改造工作》、张凌青《山东文艺工作概况》等。以上十五个专题发言,参见《中华全国文学艺术工作者代表大会纪念文集》,新华书店1950年版,第175—375页。
[2] 参见王秀涛:《"新的人民的文艺"的示范——第一次文代会招待演出考论》,载《文艺研究》2018年第7期。
[3] 刘念渠:《在这次大演出中学习》,载《文艺报》1949年第9期。

二、第一次文代会中的"鲁迅"

就在以毛泽东文艺思想为主导的延安工农兵文艺被第一次文代会推崇为未来新中国文艺发展的方向之际,那个曾经在延安被毛泽东封为"鲁总司令"和"旗手",并代表着"中华民族新文化的方向"的鲁迅,又是怎样的处境呢?通过对第一次文代会有关文献的阅读,笔者发现:鲁迅在这次会议上被"虚化""符号化"了。请看下面《人民日报》对于会场气氛的报道:

> 会场里,每个人的脸都是笑着的,都呈现着无限的愉快与兴奋,到处充满胜利团结的气氛。毛主席、朱总司令的巨大画像英彩焕发地注视着会场里所有的人。主席台上高挂着六面红旗装饰着的有毛主席和鲁迅侧面像的大会会徽,四十余幅赠送给大会的锦旗道出了对文学艺术工作者的希望:"全国文学艺术工作者团结在毛泽东旗帜下,全心全意为工农兵服务""与工农兵结合,为工农兵服务""为人民写作"……这是毛主席的方向,过去、现在和将来,这个方向已经和即将在我们伟大的祖国中,发出胜利的光辉,丰硕的成果,主席台的两侧壁上嵌着两块白色的浮雕,一面塑着四个解放军战士前进的战斗雄姿,另一面塑着工、农、兵结合在一起的图形。这标志着文艺工作的方向。在会场的后方布置着一个精雕的毛主席石膏塑像——中国胜利的象征。①

这里,会徽主图案是毛泽东和鲁迅的侧面重叠头像,毛前鲁后,上方飘扬"1949"旗帜,下方围绕十五个字"中华全国文学艺术工作者代表大会"。会徽选用毛泽东与鲁迅"双旗手"的头像,明确地表达了号召文艺工作者在毛泽东文艺思想指导下、在鲁迅的旗帜下,开创文艺事业的新局面,同时表明了中国共产党对鲁迅的极力推崇,凸显了鲁迅在中国文艺界的崇高地位。但同时可以明显看出,工农兵文艺已经走上了历史的前台。②

---

① 柏生:《全国文艺工作者胜利大会师》,载《人民日报》1949年7月3日。
② 参见胡慧翼:《第一次文代会研究》,北京大学2005年博士学位论文,第61页。

鲁迅在第一次文代会上被"虚化",还可以从大会的"主题讲话"中见出更为深隐的历史和思想逻辑。第一次文代会于1949年7月2日开幕后,郭沫若、茅盾、周扬在随后的三天分别做了具有历史决定意义的总结报告:7月3日,郭沫若做"总报告"《为建设新中国的人民的文艺而奋斗》;7月4日,茅盾做"国统区文艺报告"《在反动派压迫下斗争和发展的革命文艺》;7月5日,周扬做"解放区文艺报告"《新的人民的文艺》。这三大报告虽属于阶段性和区域性的总结报告,但均为文代会决策层经过集体讨论后形成的决议,体现的是中共主流意识形态对于中国现代新文学传统的权威总结以及建设"新的人民的文艺"的强烈诉求。鉴于第一次文代会召开之际,正值中国共产党筹备新政协会议和协商建国的历史转折时刻,江山鼎革,易代修史,既可以总结历史经验,也可以展望未来新中国的文学前景。因此,可以视上述三大报告为一种新的文学史叙事,每个报告既是独立的,有其独立的任务和功能,彼此之间又相互补充呼应,具有"对话"与"合作"的关系,在思想逻辑上有内在的统一性。

在第一次文代会的提案中,已有代表提议:"对于中国文学,尤其是'五四'到现在的新文艺运动史,也应该组织专家们从新的观点来研究。"[①]郭沫若的"总报告",可谓是这一新的文学史叙事的努力尝试。郭沫若一开始就指出,"五四以来的新文艺新在哪里?毛泽东的《新民主主义论》发表以后,才得到了最科学的说明"。这表明郭沫若"总报告"立论的根基乃是毛泽东的《新民主主义论》。1940年1月,毛泽东发表《新民主主义论》,对中国社会性质和中国革命历史进行了全新的阐发,同时把五四以来的中国现代新文化完全纳入中国革命的历史,从而形成了这一时期中国共产党的革命文化话语。郭沫若"总报告"开首就表明本报告要解决的两大问题:一是文艺运动的性质问题,二是文艺界的统一战线问题。关于"五四以来新文艺的性质"问题,郭沫若有如下的表述:

---

① 茅盾:《一致的要求和期望》,载《文艺报》1949年第1期。

— 555 —

在那部名著（指毛泽东的《新民主主义论》）里面，毛泽东主席指出现阶段中国革命的性质是新民主主义的革命。他用最简单的话概括了新民主主义革命的特点，就是"无产阶级领导的人民大众反帝反封建的革命"。中国革命的这种性质就决定了中国的新文化和新文艺的性质。这就是说，五四运动以后的新文化已经不是过时的旧民主主义的文化，而是无产阶级领导的人民大众反帝反封建的新民主主义的文化；五四运动以后的新文艺已经不是过时的旧民主主义的文艺，而是无产阶级领导的人民大众反帝反封建的新民主主义的文艺。这就是五四以来的新文艺的新的地方。这就是五四以来的新文艺和以前的文艺在性质上的区别。①

这里郭沫若是完全按照毛泽东《新民主主义论》中的话语来概括和阐发中国现代新文化和新文艺的性质的。在毛泽东之前，以往的文学史叙事，都把五四文学革命解释为资产阶级的文化运动，而认为五四以后中国的无产阶级才登上历史舞台，因而接着有无产阶级文学运动的诞生。而毛泽东的《新民主主义论》则把中国革命分为"旧民主主义革命"和"新民主主义革命"，而这是以"五四"为界限的。相应的，中国革命的这种性质也决定了中国的新文化和新文艺的性质，这就有了"旧民主主义文化"和"新民主主义文化"之分。毛泽东的《新民主主义论》，成功地把中国现代新文化完全纳入中国革命的历史，将五四新文化运动视为无产阶级领导下的反帝反封建的新文化运动，从而形成了其"革命"与"文化"互为联动的革命文学话语，相对于以往的文学史叙事，无疑是创造性的整合。由此出发，毛泽东隆重地推出了鲁迅，让鲁迅来担当这一个"文化新军"的"旗手"。

郭沫若的"总报告"，就是按照毛泽东《新民主主义论》的思路，从整体上把五四新文艺纳入无产阶级文学的话语实践体系来认知的。但与毛泽东《新民主

---

① 郭沫若：《为建设新中国的人民文艺而奋斗》，见《中华全国文学艺术工作者代表大会纪念文集》，新华书店1950年版，第35—36页。

主义论》稍有差异的是，"总报告"却特别地"省略"了鲁迅。这一"省略"，绝不是行文上"节省"，而是现象学意义上的"悬置"。不但如此，郭沫若的"总报告"，当然还包括随后茅盾的"国统区文艺报告"、周扬的"解放区文艺报告"，均按照毛泽东在《新民主主义论》中确立的"无产阶级领导的人民大众反帝反封建的新民主主义的文艺"这一既定方向，对中国现代新文学的历史进行了重新的划定和阐发。而为了证明这一"方向"，正如有关学者所指出的，他们"到文学史中寻找依据，然后再用已经叙述成'事实'的历史依据反过来证明'方向'的绝对正确。"[①]。郭沫若的"总报告"是如此为五四以来的新文学进行历史界定和分期的：五四运动到第一次大革命期间的五四新文艺（1919—1927），第一次大革命失败到抗日战争全面爆发的左翼文艺运动（1927—1937），抗日战争全面爆发到延安文艺座谈会召开的抗战文艺（1937—1942），抗日战争后期到人民解放战争时期的"解放区文艺"（1942—1949）。在上述历史分期之后，郭沫若、茅盾和周扬的"三大报告"进一步对其文学的历史及文学作品进行了深入阐发。在他们的阐释和叙述中，中国现代新文化"旗手"鲁迅，作为一种"符号"而存在。例如关于五四新文学，郭沫若是如此定性的："这个文艺运动在初期就是由具有初步共产主义思想的知识分子，小资产阶级知识分子和资产阶级知识分子所联合组成的统一战线。"而五四新文学"破坏了封建主义的和半封建主义的旧文艺的统治，建立了以反帝反封建为内容的新文艺。从具有共产主义思想的作家和后来逐渐走向共产主义的革命的小资产阶级作家，产生了一些这个时期的代表作品"[②]。这样，像胡适、周作人等资产阶级文化代表人物在五四思想启蒙运动中的先驱地位就被彻底"消解"，而像李大钊这样具有初步共产主义思想的知识分子就被"突显"出来，占据了主流和中心的位置。鲁

---

① 郭建玲：《1945—1949年中国现代文学格局转型研究》，华东师范大学2007年博士学位论文，第151页。
② 郭沫若：《为建设新中国的人民文艺而奋斗》，见《中华全国文学艺术工作者代表大会纪念文集》，新华书店1950年版，第37页。

迅当然位列具有初步共产主义思想的知识分子之中。对于30年代左翼文艺运动，郭沫若的评价是："这个运动以鲁迅为旗手，在反帝反封建反国民党反动派上作了许多英勇的斗争，影响了广大的小资产阶级知识分子和青年学生走向革命，并且锻炼出来了大批的革命文艺干部。总起来说，对中国革命有伟大的贡献。在这个运动中，有一部分文艺工作者，在统一战线问题上曾经采取狭隘的关门主义的错误观点。"[①]郭沫若这里对鲁迅的历史定位，显然来自毛泽东的《新民主主义论》，但他强调的只是"以鲁迅为旗手"的左翼文艺运动对于"小资产阶级知识分子和青年学生"的影响力，相对于毛泽东在《新民主主义论》对于鲁迅"三家五最"的"空前的民族英雄"的礼赞，是大大降低了。而关键的是，郭沫若只是针对左翼文学运动没有尽可能地团结中间阶层的作家，以及扩大文艺统一战线所暴露出来的"关门主义"的错误，进行了轻描淡写的"补充"说明，而缺乏对这一"左"倾偏向的应有的警觉和对它的深层思想根源的反省。他只是对"关门主义"提出了批评，好像有意回避了左翼文艺阵营内部历史渊源更深的"宗派主义"的错误问题，如1936年前后的"两个口号"的论争——而鲁迅恰恰是被左联领导层排拒而批评的对象。

鲁迅在第一次文代会上被"虚化"，在周扬的"解放区文艺报告"里更能见出历史的端倪。报告一开始，就以不容置疑的口气宣示：

> "五四"以来，以鲁迅为首的一切进步的革命的文艺工作者，为文艺与现实结合，与广大群众结合，曾作了不少苦心的探索和努力。在解放区，由于得到毛泽东同志正确的直接的指导，由于人民军队与人民政权的扶植，以及新民主主义政治、经济、文化各方面改革的配合，革命文艺已开始真正与广大工农兵群众相结合。先驱者们的理想开始实现了。自然现在还仅仅是开始，但却是一个伟大的开始。

> 毛主席的"文艺座谈会讲话"规定了新中国的文艺的方向，解放区

---

① 郭沫若：《为建设新中国的人民文艺而奋斗》，见《中华全国文学艺术工作者代表大会纪念文集》，新华书店1950年版，第37页。

文艺工作者自觉地坚决地实践了这个方向，并以自己的全部经验证明了这个方向的完全正确，深信除此之外再没有第二个方向了，如果有，那就是错误的方向。①

这里，周扬所说的"先驱者们的理想"，就是五四新文学留下来的历史遗产——文艺普及工农群众，文艺实现真正意义的"大众化"和"民族化"。但在报告人周扬看来，这一历史遗留的问题已经得到了真正意义上的解决："革命文艺已开始真正与广大工农兵群众相结合"，这就是说，"'文艺座谈会'以后，在解放区，文艺的面貌、文艺工作者的面貌，有了根本的改变。这是真正新的人民的文艺"②。这一"新的人民的文艺"，其灵魂就是毛泽东的《讲话》，而解放区的文学历史的"全部经验"已经证明了："这个方向的完全正确，深信除此之外再没有第二个方向了，如果有，那就是错误的方向。"周扬的"解放区文艺报告"所流露出的"自信"溢于言表。

接着，周扬从解放区文学的三个方面论证了这一"人民的文艺"之"新"的所在：第一，新的主题，新的人物，新的语言、形式；第二，工农兵群众的文艺活动；第三，旧剧的改革。值得注意的是，周扬在论述解放区文学所展示出来的新的主题，新的人物，新的语言、形式中，分别从"国民性改造"和"民族形式"两个领域，特别提到了鲁迅。关于"国民性改造"问题，周扬说："中国新文化运动的最伟大的启蒙主义者鲁迅曾经痛切地鞭挞了我们民族的所谓'国民性'，这种'国民性'正是帝国主义、封建主义在中国长期统治在人民身上所造成的一种落后精神状态。他批判地描写了中国人民性格的这个消极的、阴暗的、悲惨的方面，期望一种新的国民性的诞生。现在中国人民经过了三十年的斗争，已经开始挣脱了帝国主义、封建主义所加在我们身上的精神枷锁，发展了中国民

---

① 周扬：《新的人民的文艺》，见《中华全国文学艺术工作者代表大会纪念文集》，新华书店1950年版，第69—70页。
② 周扬：《新的人民的文艺》，见《中华全国文学艺术工作者代表大会纪念文集》，新华书店1950年版，第69页。

族固有的勤劳勇敢及其他一切的优良品性，新的国民性正在形成之中。我们的作品就反映着与推进着新的国民性的成长的过程。对人民的缺点，我们是有批评的，但我们是抱着如毛主席所指示的'保护人民，教育人民'的热情态度去批评的。我们不应当夸大人民的缺点，比起他们在战争与生产中的伟大贡献来，他们的缺点甚至是不算什么的，我们应当更多地在人民身上看到新的光明。这是我们所处的这个新的群众的时代不同于过去一切时代的特点，也是新的人民的文艺不同于过去一切文艺的特点。"[1]我们知道，"国民性改造"是鲁迅"弃医从文"的初衷，也是他从事小说写作的动力。鲁迅回忆道："我们在日本留学时候，有一种茫漠的希望：以为文艺是可以转移性情，改变社会的。"[2]"国民性"问题是青年鲁迅探索的中心问题。1902年，鲁迅在日本求学期间，受严复、梁启超思想和"国民性"思潮的影响，又读到美国传教士明恩溥（Arthur H.Smith）的《中国人之气质》，而开始探求国民性问题。在弘文学院期间，鲁迅常与同乡好友许寿裳讨论人性与国民性问题。许寿裳回忆："我们又常常谈着三个相联问题：（一）怎样才是理想的人性？（二）中国民族中最缺乏的是什么？（三）它的病根何在？……对于（二）的探索，当时我们觉得我们民族最缺乏的东西是诚与爱，……而两次奴于异族，认为是最大最深的病根。做奴隶的人还有什么地方可以说诚说爱呢？……唯一的救济方法是革命。"[3]鲁迅和许寿裳认为，中国人最缺乏"诚与爱"，而其最大最深的病根是"奴隶性"。改造国民性的根本目标，就是克服国人的奴隶性，实现个性的解放，而改造的方法是文艺启蒙。鲁迅认为，中国民众的精神受小说、戏曲影响甚深，因而文艺可以潜移默化地引导国民

---

[1] 周扬：《新的人民的文艺》，见《中华全国文学艺术工作者代表大会纪念文集》，新华书店1950年版，第75—76页。
[2] 鲁迅：《〈域外小说集〉序》，见《鲁迅全集》（第10卷），人民文学出版社1981年版，第161页。本篇最初印入1921年上海群益书社合订出版的《域外小说集》新版本，署"周作人记"。后来，周作人在《关于鲁迅之二》中对此有所说明："过了十一个年头，上海群益书社愿意重印，加了一篇新序，用我出名，也是豫才写的。"
[3] 许寿裳：《回忆鲁迅》，见《我所认识的鲁迅》，人民文学出版社1978年版，第59—60页。

精神。但是周扬的"解放区文艺报告"却认为，到了今天，也就是在共产党领导的解放区，"中国人民经过了三十年的斗争，已经开始挣脱了帝国主义、封建主义所加在我们身上的精神枷锁，发展了中国民族固有的勤劳勇敢及其他一切的优良品性，新的国民性正在形成之中"[①]。也就是说，"新的国民性"正在形成之中，鲁迅的所谓"国民性改造"，自然也就不存在了。

周扬的"解放区文艺报告"所论述的解放区文学第二个"新的创造"，就是其"新的语言、形式"。他说："'五四'以来，进步的革命的文艺工作者不止一次地提出过与讨论过'大众化''民族形式'等等的问题，但始终没有得到实际的彻底的解决。直到'文艺座谈会'以后，由于文艺工作者努力与工农群众相结合，努力学习工农群众的语言，学习他们的萌芽状态的文艺，'大众化'、'民族形式'的问题就自然而然地得到了解决，至少找到了解决的正确途径。"[②]周扬认为，解放区文艺作品的重要特色之一是它的语言做到了相当大众化的程度，同时找到了适合中国国情的"民族形式"。周扬举例说，这方面的成功典范，小说方面有《李有才板话》，诗歌方面有《王贵与李香香》，戏剧方面有《白毛女》《血泪仇》。此外，绘画方面，解放区的木刻、年画、连环画等都带有浓厚的中国作风与中国气派，如大家熟知的古元、彦涵、力群等人的木刻，华君武、蔡若虹的漫画。音乐方面，也产生了许多在群众中广泛流行的民歌风的歌曲。周扬认为："解放区文艺的另一个重要特点之一，就是和自己民族的、特别是民间的文艺传统保持了密切的血肉关系。……我们对待旧形式，已不再是简单的'旧瓶装新酒'，而是'推陈出新'，这是完全符合一个民族的文艺发展的正常规律的。鲁迅曾经说过：'旧形式是采取，必有所删除，既有删除，必有所增益，这结果是新形式的出现，也就是变革'。鲁迅的这个预言在解放区是已经

---

① 周扬：《新的人民的文艺》，见《中华全国文学艺术工作者代表大会纪念文集》，新华书店1950年版，第75页。
② 周扬：《新的人民的文艺》，见《中华全国文学艺术工作者代表大会纪念文集》，新华书店1950年版，第76页。

初步实现了。现在没有人会说《李有才板话》、《王贵与李香香》是旧形式,秧歌是旧形式,相反地,它们正是我们所追求所探索的新形式。"①这里,周扬通过对五四新文学运动历史的回顾和比照,来突显1942年延安文艺座谈会以来解放区文艺在语言和形式两个方面的历史性突破。这也就意味着,五四新文艺的局限就是其从语言到形式的"欧化"倾向,"欧化"即"食洋而不化",不能与广大的工农大众相结合。现在,在毛泽东文艺思想指导下的解放区文艺找到了适合中国国情的新的语言和形式,其超越"五四"的历史指向也就不言而喻了。

三、"鲁门弟子"的边缘化

如果说,郭沫若在文代会上的"总报告"所论定和描述的鲁迅,还是现实中或历史中的鲁迅的话,那么,1936年鲁迅去世,这以后的文学史上的鲁迅,就是虚拟的鲁迅,属于"鲁迅传统"的范畴了。这就是说,郭沫若"总报告"中所论列的四段新文学史中的后两段历史,即抗日战争全面爆发到延安文艺座谈会召开的"抗战文艺"(1937—1942)与抗日战争后期和人民解放战争时期的"解放区文艺"(1942—1949)中,鲁迅已经不是历史中的"鲁迅",而是一个"虚拟"的历史存在了。这样,作为鲁迅的弟子或衣钵传承者,也是"鲁迅精神"或"鲁迅传统"的坚守者,萧军、胡风等的历史角色就被凸显了出来。那么,第一次文代会上,萧军、胡风等鲁迅弟子所受到的待遇和历史评价如何呢?

事实上,我们见到的是,萧军、胡风等鲁迅弟子并没有受到欢迎和礼遇,而是被边缘化了。先说萧军。早在第一次文代会之前,萧军即遭到东北局党委的思想批判,于1949年3月到辽宁抚顺,在抚顺煤矿总工会资料室工作。这次文代会,萧军自然不在被邀请之列。查萧军日记,萧军应该是在7月2日文代会召开之前

---

① 周扬:《新的人民的文艺》,见《中华全国文学艺术工作者代表大会纪念文集》,新华书店1950年版,第76—77页。

就知悉了自己未被邀请的消息,其激愤之情是可以想见的。①7月2日,文代会开幕。7月3日,丁玲主持大会,郭沫若做"总报告"。从徐盈的《采访第一届全国文代会手记》可以见出,郭沫若似乎是没有照稿子念文件,而是讲得非常生动有趣。其中,就特别提到了萧军。郭沫若首先报告了萧军为什么成了"反面典型",是因为"有了好环境你不努力,如萧军即一例";其次指出,萧军最大的错误就是"反苏":"民主人士对苏联的认识不够,如萧军","我们把解放区为圣徒,为毛主席的学生,而萧军即指苏联为帝国主义"。②郭沫若的上述报告,道出了萧军没能参加文代会的真正缘由。7月10日,周扬主持大会,东北代表团团长、时任中共东北局党委宣传部副部长刘芝明做《东北三年来文艺工作初步总结》的专题发言。刘芝明在发言中,是把东北局刚刚结束的"萧军思想批判"当作一场对敌斗争来看待的。他说:"文艺上的生命与军事、政治〔一样〕,都是没有阵地夺取阵地,随后占领了全部的阵地。结果,完蛋是他们,成功的是我们。……东北与萧军反动思想斗争,萧是个人主义,不是为了人民,〔以〕假革命来发展自己,靠共产党作生易〔意〕。到了18年的战争,他要像薛平贵一样,筹粮登基。"③问题之严重,措辞之严厉,仿佛一场严酷的战斗。从此以后,萧军离开了文学界,直至"文革"结束以后才重出文坛。

与萧军不同,同中共主流文艺观不相协和的胡风,在文代会期间还是中共的座上宾。胡风在国统区文坛,一直属于左翼,在政治上始终是与国民党政权对立的,所以长期得到在国统区领导中共工作的周恩来的关照,并在周恩来的指导下从事文学活动。尽管他在文学观念上与中共主流意识形态有差别,但始终被中共视为"自己人"或"进步人士",得到了特殊的照拂和礼遇。1948年12月9日,胡风按照共产党的指示和安排,离开上海到香港,然后奔赴东北解放区。1949年

---

① 详见1948年7月1日、2日日记内容。萧军:《东北日记 1946—1950》,牛津大学出版社2014年版,第712—714页。
② 徐盈:《采访第一届全国文代会手记》(一),载《档案与史学》2000年第1期。
③ 徐盈:《采访第一届全国文代会手记》(二),载《档案与史学》2000年第2期。

3月26日，他随中央统战部进入即将成为首都的北平城。这时，第一次文代会的筹备工作正在紧锣密鼓进行之中。就在他进北平城的前一天，即1949年3月25日，《人民日报》发布重建全国文艺组织的消息。作为"旧文协"（中华全国文艺协会）常务理事和研究部副主任，胡风被推选为筹备文代会的42名委员之一，但是没有被选入7名筹委会常委。作为"旧文协"负责人之一，本来胡风对即将成立的"新文协"是寄予厚望的。因为胡风到北平之前，曾于3月21日专程到河北平山县李家庄（当时中央统战部设立在这里）拜访周恩来，"周总理嘱我到北平后和周扬丁玲同志研究一下组织新文协的问题"。但到了北平后，胡风才知悉自己不在核心决策圈，没有人找他商量处理"旧文协"和组织"新文协"的问题。胡风倍感震惊和失落，后来他在《三十万言书》中这样写道："我是十年来在旧文协里面以左翼作家身份负责实际工作责任的人，又是刚刚从上海来，但却不但不告诉我这个决定的意义，而且也不向我了解一下情况，甚至连运用我是旧文协负责人之一的名义去结束旧文协的便利都不要。这使我不能不注意这做法可能是说明了文艺上负责同志们对我没有信任。"①

胡风抵达北平十天后，筹委会便为胡风安排了四项工作：一是出任即将出版的文协机关刊物《文艺报》的编辑，编辑委员会委员共三人，胡风、茅盾、厂民（严辰）；二是参与起草国统区文艺运动的报告，负责人是茅盾；三是担任小说组委员，召集人是叶圣陶；四是担任诗歌组委员兼召集人，另一召集人是艾青。但是对前两项工作，胡风却拒绝接受。4月15日，胡风到中国旅行社参加文协筹委会、文件起草委员会会议。会上，茅盾宣布，即将出版的文协机关刊物《文艺报》的编辑为胡风、茅盾和厂民，胡风的名字放在茅盾的前面，但遭到了胡风的当场拒绝。胡风之所以拒绝担任《文艺报》编辑，是因为事先没有人找他商量过此事。现在突然宣布就任，他着实有惶惑之感。没有想到，几天后，周恩来见到胡风，很高兴地问他，看来你要忙起来了。胡风开始不知所云，后来方知是

---

① 胡风：《关于解放以来的文艺实践情况的报告》，见《胡风全集》（第6卷），湖北人民出版社1999年版，第107页。

《文艺报》的事。这时，胡风才明白，要他负责编辑《文艺报》，很可能是周恩来的意思。后来，茅盾等多次上门奉劝和恳请，但胡风仍不为所动。①同时，胡风拒绝参与茅盾主持的文代会"国统区文艺报告"起草工作。4月30日，筹委会决定，目前筹备工作的重心放在起草委员会上，国统区的文艺报告由茅盾负责组织，胡风是起草委员会成员之一。②接着，起草委员会举行首次会议。会上，茅盾说：可惜邵荃麟、林默涵等同志还在香港，不然这个报告的起草当会更顺利一些。但说者无意，听者有心。在座的胡风立即感觉到：这不是冲着我来的吗？香港《大众文艺丛刊》对自己的批判刚刚尘埃落定，他们到北平来自然还会提"主观"问题，自己何必在此碍手碍脚呢？会后，胡风就向报告起草委员会秘书康濯提出，再也不参加小组了。后来，康濯从冯乃超处弄清楚了胡风辞职的真实心理后，"曾委婉地向茅公转述胡风的意见和顾虑，茅公说他不是那个意思，而主要是说邵、林对国统区桂林和重庆时代的文艺情况还熟悉，并说只要胡风来参加起草小组会，他可解释说明。然而胡风的态度始终不变"③。因此，由茅盾主持的"国统区文艺报告"，在收入《中华全国文学艺术工作者代表大会纪念文集》一书时，特加了如下"附言"："本报告起草小组由筹委会常委会聘请，前后共计十四人……又巴人先生因事忙，胡风先生坚辞，皆未参加，故本报告实际参加起草者前后实共七人……"④

对于筹委会安排给胡风的另外两项工作，即小说组和诗歌组文艺作品的评奖工作，胡风比较完整地参加了。但胡风认为，在对国统区文艺状况的基本认识尚未统一之前，这样做是草率的："我曾向周扬同志进言过，当时顶好不要评奖，

---

① 参见胡风1949年4月17日至30日的日记。《胡风全集》（第10卷），湖北人民出版社1999年版，第54—60页。
② 许悦：《文代筹委会近况》（之一），载《文艺报》1949年5月12日。
③ 胡风日记5月19日记："为了躲避下午的文件起草委员会，到《解放报》去"。参见《胡风全集》（第10卷），湖北人民出版社1999年版，第67页。又见康濯：《文艺报和胡风冤案》，见《康濯文集·文论》，湖南文艺出版社1998年版，第442页。
④ 茅盾：《在反动派压迫下斗争和发展的革命文艺》，见《中华全国文学艺术工作者代表大会纪念文集》，新华书店1950年版，第66—67页。

万一要评奖就专奖解放区的。我当时觉得，万一评奖得不妥，不但在文艺实践上要产生负的影响，甚至在政治上也要受到损失的。"①他"进言"的理由不够充分。全面抗战八年，文艺成就斐然可观，如不表彰，如何向国人交代；而且，任何评奖都不可能万无一失，如果强调"万一"，还要上升到"政治上"，那就有因噎废食之嫌了。然而，在胡风的坚持下，小说组和诗歌组的评奖工作均无疾而终。②

由于胡风拒绝参与"国统区文艺报告"的起草工作，报告遂由胡绳、黄药眠和钟敬文等参与起草。而胡绳、黄药眠等本来就是胡风"主观论"的批判者，这样"国统区文艺报告"就完全按照他们的认识来写了。7月4日，大会安排由茅盾做"国统区文艺报告"。根据徐盈的《采访第一届全国文代会手记》记载，茅盾的"国统区文艺报告"，其实就是一篇"检讨论文"。报告认为："因为大部是小资产阶级，我们的生活与工农大众不能结合，在边沿上，而不能全身投入其中。……由于小资者阶级出身的作家没有很好的研究毛主席思想。"③这就是说，"国统区的文艺界中，一般说来，对'文艺讲话'的深入研究是不够的，尤其缺乏根据'文艺讲话'中的精神进行具体的反省与检讨"④。在国统区的文艺思想理论领域，在以下三个文艺问题上，尤其是值得"检讨和反省"：第一，关于文艺大众化的问题；第二，关于文艺的政治性与艺术性的问题；第三，关于文艺中的"主观"问题。第三个问题，就牵涉到胡风的"主观"理论。请看茅盾"国统区文艺报告"对其的评述和批判：

> 问题的实质是：文艺作家当然不能采取"纯客观"的态度对待生活，但文艺创作上之所以形成种种偏向究竟是因为我们的作家们态度太

---

① 胡风：《关于解放以来的文艺实践情况的报告》，见《胡风全集》（第6卷），湖北人民出版社1999年版，第110页。
② 参见吴永平：《胡风与第一次文代会》，载《南方周末》2004年7月1日。
③ 徐盈：《采访第一届全国文代会手记》（一），载《档案与史学》2000年第1期。
④ 茅盾：《在反动派压迫下斗争和发展的革命文艺》，见《中华全国文学艺术工作者代表大会纪念文集》，新华书店1950年版，第57—58页。

客观了呢，还是作家太多地站在小资产阶级的主观立场上面？如果事实上正是小资产阶级的观点思想与情调成为障碍我们作家去和人民大众的思想情绪打成一片的根本因素，那么问题的解决就不应该是向作家要求"更多"的主观。这不是主观的强或弱的问题，更不是什么主观热情的衰退或奋发的问题，什么人格力量的伟大或渺小的问题，而是作家的立场问题，是作家怎样彻底放弃小资产阶级的主观立场，而在思想与生活上真正与人民大众相结合的问题。

在国民党反动派统治下能否向作家提出立场问题来呢？无疑问，是可以而且必要的。在那样的环境下，进步的作家在理论与实践相联系的精神下，学习关于中国社会与中国革命问题的理论而确定自己的创作方向是可能的，并且在一定程度内与人民大众的现实斗争相结合，向人民学习，使人民的生活与斗争成为自己的创作的泉源，也是可能的。然而有人以为革命理论的学习是足以使作家"说谎"，以为发扬作家的"主观"才会有艺术的真实表现。他们以为既然是革命的作家，天然就有革命的立场，如果本来没有革命的立场，怎样努力去学习和改造都是空的。他们以为，作家过着怎样的生活就可以怎样的"斗争"，这样的说法在国民党统治下作家的自由完全被剥夺时，本来不是完全没有理由，但他们因此就抹煞了作家去和人民大众的现实斗争相结合的必要。他们一方面强调了封建统治所造成的人民身上的缺点，以为和人民身上的缺点斗争是作家的基本任务，另一方面又无条件地崇拜个人主义的自发性的斗争，以为这种斗争就是健康的原始生命力的表现，他们不把集体主义的自觉的斗争，而把这所谓原始的生命力，看做是历史的原动力。他们想依靠抽象的生命力与个人的自发性的突击来反抗现实，所以这在实际上正是游离于群众生活以外的小资产阶级的幻想。

因此，关于文艺上的"主观"问题的讨论，继续展开下去，就不得不归结到毛泽东的"文艺讲话"中所提出的关于作家的立场观点态度等问题。

>如果作家不能在思想与生活上真正摆脱小资产阶级的立场而走向工农兵的立场、人民大众的立场，那么文艺大众化的问题不能彻底解决，文艺上的政治性与艺术性的问题也不能彻底解决，作家主观的强与弱，健康与不健康的问题也一定解决不了。①

就这样，文艺上的"主观"问题被上升到了毛泽东的《讲话》中所提出的关于作家的立场观点态度的高度。对于茅盾"国统区文艺报告"中关于胡风"主观论"的评价，当时胡风的反应是："我是冷静地看明白了：这个听说是以胡绳同志等为中心所改写的报告，骨子里几乎主要是以所谓胡风文艺思想为对象，而且是把问题的本来内容简单化了甚至歪曲了以后再加以论述的。整个十年来国统区文艺的主要障碍，原来是所谓胡风文艺思想。无论对我或对整个文艺工作说，都是一个太严重了的问题。联系到会议开始前以来的情况，我觉得同志们是把我当作了文艺工作上的罪人，即使不是唯一的但也一定是最主要的罪人看待的。"②胡风当然是不能接受的，梅志所著《胡风传》有如下记述："当他看到打印好的杨晦等起草的国统区文艺报告草案时，真有点生气了。……第二天，见到沙可夫（时任文代会的秘书长——引者注），他表明了自己的态度，拒绝参加会议。后来，到茅盾作这报告时，国统区的代表一片哗然，十分不满。"③

尽管胡风在第一次文代会上与主办方存在着龃龉，甚至给大家留下了一个"不合作"，起码是工作消极的印象，但他还是中共统一战线"团结"的对象。1949年7月19日，大会结束，选出了新文联的领导班子。郭沫若为主席，茅盾、周扬为副主席，常委21名。胡风是87名委员之一，但没有进入常委。23日，中华全

---

① 茅盾：《在反动派压迫下斗争和发展的革命文艺》，见《中华全国文学艺术工作者代表大会纪念文集》，新华书店1950年版，第63—64页。
② 胡风：《关于解放以来的文艺实践情况的报告》，见《胡风全集》（第6卷），湖北人民出版社1999年版，第111页。
③ 梅志：《胡风传》，北京十月文艺出版社1998年版，第561—562页。

国文学工作者协会成立,茅盾为主席,丁玲、柯仲平为副主席,胡风是21名常委之一。同时,胡风被推举为文艺界的政协代表,准备参加即将召开的新一届政协大会。由此也可以见出,文代大会不但没有使胡风进入新中国文艺的核心圈,反而加剧了他与这一核心圈的不睦。胡风在政治上虽然还是"统战"和"团结"的对象,但事实上,他和他的朋友已经被边缘化了。

四、鲁迅的再塑造——"人民鲁迅"

第一次文代会最大的亮点,就是确立了新中国在毛泽东文艺思想指导之下建设"新的人民的文艺"的发展方向。正如郭沫若在《大会结束报告》中所指出的:"经过这次大会,我们互相交换了许多重要的经验,观摩了许多重要的作品,使我们更充分地认识了毛泽东的为人民服务的文艺方针,以及由于实践这一方针而获得的重大的成就。我们从各方面,尤其从解放区,证明了与人民结合的群众路线是唯一正确的文艺方针。"[1]这就是说,为人民服务,走与人民相结合的群众路线,是建设"新的人民的文艺"的必要途径。毛泽东《讲话》的最大贡献,就是在理论上解决了自五四新文学以来长期困扰文艺界的"大众化"问题。在毛泽东看来,文艺的大众化的关键,首先是文艺家或知识分子的大众化,然后才是语言或形式的大众化:"许多同志爱说'大众化',但是什么叫做大众化呢?就是我们的文艺工作者的思想感情和工农兵大众的思想感情打成一片。而要打成一片,就应当认真学习群众的语言。如果连群众的语言都有许多不懂,还讲什么文艺创造呢?"[2]其实,这里所谓的与工农兵大众打成一片,就是要求革命文艺工作者向无产阶级立场的转变和思想改造,其实质就是要求知识分子从五四传统的资产阶级思想话语根本转变到无产阶级思想话语上来。基于此,毛泽东才在《讲话》中发出了如下的号召:"中国的革命的文学家艺术家,有出息的文学

---

[1] 郭沫若:《大会结束报告》,见《中华全国文学艺术工作者代表大会纪念文集》,新华书店1950年版,第117页。
[2] 中共中央文献研究室编:《毛泽东文艺论集》,中央文献出版社2002年版,第52页。

家艺术家,必须到群众中去,必须长期地无条件地全心全意地到工农兵群众中去,到火热的斗争中去,到唯一的最广大最丰富的源泉中去,观察、体验、研究、分析一切人,一切阶级,一切群众,一切生动的生活形式和斗争形式,一切文学和艺术的原始材料,然后才有可能进入创作过程。否则你的劳动就没有对象,你就只能做鲁迅在他的遗嘱里所谆谆嘱咐他的儿子万不可做的那种空头文学家,或空头艺术家。"①因此,自延安文艺座谈会之后,正如周扬所说:"在解放区,文艺的面貌,文艺工作者的面貌,有了根本的改变。"这就是中国新文学由"化大众"向"大众化"的重大转型。由此,中国文学开始进入"人民文学"的时代。

既然中国新文学开启了"人民文学"的时代,那么作为中国现代新文化的"旗手"的鲁迅,也面临着历史角色的转换。其实,自1942年延安文艺座谈会之后,鲁迅的形象及鲁迅作品的阐释话语已经发生了根本性的转变,但鲁迅的"华丽转变",还是在第一次文代会确立了"新的人民的文艺"发展方向之后。也就是说,第一次文代会以后,"人民鲁迅"的形象得以定格。五四时期作为一个"启蒙主义者"的鲁迅,被塑造为"人民鲁迅"。那个在"铁屋子"里"呐喊"、在"荒原"中"彷徨"、在"亭子间"写作的鲁迅,现在要走出"铁屋子"和"亭子间",走下"荒原",到"人民大众"中去了。这是继延安之后,鲁迅形象的再一次被重新塑造的历史时期。而鲁迅形象的"再塑造"的开端,则是在开国大典之后不久的鲁迅十三周年祭日的纪念活动。

1949年10月19日,是鲁迅逝世十三周年纪念日。这时,第一次文代会闭幕不久,中华人民共和国中央人民政府刚刚成立,这是一个"继往开来""万象更新"的黄金时期。自1943年毛泽东《讲话》在《解放日报》公开发表后,在延安已经沉寂多年的隆重的鲁迅逝世纪念活动,重新在北京接续起来。10月19日上午9时,由全国的文联、总工会、青联、学联、妇联和北京市的工会、中小学教职

---

① 中共中央文献研究室编:《毛泽东文艺论集》,中央文献出版社2002年版,第63—64页。

员联合会、院校教职员联合会等十二个团体发起筹备的纪念鲁迅逝世十三周年纪念大会,在北京国民大戏院举行。到会文艺工作者、工人、青年、妇女等一千多人。大会推选郭沫若、聂荣臻、吴玉章、马叙伦、陈伯达、茅盾、周扬、丁玲、冯雪峰、许广平、罗常培等四十八人为主席团,由郭沫若任执行主席。全体肃立向鲁迅先生像默哀致敬后,主席郭沫若致辞。接着,讲话的有吴玉章、陈伯达、许广平,院校教职联代表魏建功,学联代表谢邦定。会中,朗诵了《阿Q正传》的一段和《立论》《淡淡的血痕》两文。大会一致通过决议,请人民政府在北京和上海的适当地点建立鲁迅铜像,整理鲁迅故居,建立鲁迅纪念馆。[①]清华大学、北京大学、北京师范大学、《文艺报》和人民文学出版社、全国美协和国立艺专,同日也分别举行纪念会。鲁迅故居当天开放,北京图书馆也举办鲁迅先生展览会。北京各报都出版了鲁迅纪念专刊,撰写诗文者有郭沫若、茅盾、胡风、李何林等。《人民日报》并在头版社论位置刊登了苏联名作家法捷耶夫返国前在上海所写的《论鲁迅》一文。另外,上海、天津及鞍山等地举行了大型集会以纪念鲁迅。[②]上海各界代表两千人集会以纪念鲁迅,中共中央华东局、中共上海市委、上海市人民政府、上海市文协、上海市总工会筹委会,偕苏联文化艺术科学工作者代表团拜谒了鲁迅墓并献花。[③]

在上述鲁迅逝世十三周年各类纪念活动中,最引人注目且颇具代表性的乃是两个人的讲话:一是纪念大会主持者、新任文联主席郭沫若,另一个是鲁迅夫人许广平。就其地位和与鲁迅的关系而言,他们对鲁迅的评价可谓是见微知著、举重若轻。根据会议报道:"全体肃立向鲁迅先生默哀致敬后,主席郭沫若致词。他首先把在国民党反动统治的压迫下纪念鲁迅要受到禁止的情况和今天纪念鲁迅

---

① 竹均、金凤:《学习先生伟大精神 首都庄严纪念鲁迅 郭沫若吴玉章陈伯达等讲话 大会建议政府建立鲁迅铜像》,载《人民日报》1949年10月20日。
② 参见《人民日报》1949年10月19日、20日、21日,《天津日报》1949年10月20日有关报道。
③ 《上海各界代表 二千人集会纪念鲁迅 各界暨苏联文化代表团谒鲁迅墓》,载《人民日报》1949年10月21日。

自由的热烈的盛会作一对比，表示无限兴奋。他号召大家学习鲁迅的'横眉冷对千夫指，俯首甘为孺子牛'的精神。他说：我们要在中国共产党和英明的领袖毛主席的领导下，学习鲁迅的精神，把革命战争进行到底，把中华人民共和国迅速建设好。"①郭沫若的讲话传达出两个主旨：一是学习鲁迅的"横眉冷对千夫指，俯首甘为孺子牛"的精神，二是"我们要在中国共产党和英明的领袖毛主席的领导下，学习鲁迅的精神"。

　　作为鲁迅的夫人，许广平在这次纪念鲁迅逝世十三周年大会上的讲话也是举足轻重的。对此，《人民日报》报道云："鲁迅夫人许广平说：鲁迅毕生的生活告诉我们，文艺工作者离不开革命，离不开共产党的领导。我们纪念鲁迅，就要象鲁迅一样地忠诚于共产党的领导，毛主席的领导。"②另外，许广平专门写了《在欣慰下纪念》一文，可谓是上述纪念鲁迅逝世十三周年大会讲话的扩充版。在该文里，许广平回顾了鲁迅从早期"介绍北欧被压迫民族的作品，及其他革命诗人的呼声"，经过五四时期的"呐喊"和"彷徨"，最后接触并寻找到马克思主义真理、"全心全意接受中国共产党的领导"的心路历程，进一步证明了："有了正确的领导之后，鲁迅的一切工作，不再是他自己个人的独自表现，而是在全中国人民，都共同一致的大合奏里了。这大合奏的指挥者是谁呢？无疑地就是今天我们全中国人民拥护的英明领袖毛主席。"③正如有关学者所指出的，把鲁迅列为"毛泽东指挥的革命大合奏的一员，也符合从个性主义到集体主义的思路"④，由此可以见出许广平的"良苦用心"。

　　郭沫若和许广平在中华人民共和国刚刚诞生之际"改造"鲁迅的引领和示范

---

① 竹均、金凤：《学习先生伟大精神　首都庄严纪念鲁迅　郭沫若吴玉章陈伯达等讲话　大会建议政府建立鲁迅铜像》，载《人民日报》1949年10月20日。
② 竹均、金凤：《学习先生伟大精神　首都庄严纪念鲁迅　郭沫若吴玉章陈伯达等讲话　大会建议政府建立鲁迅铜像》，载《人民日报》1949年10月20日。
③ 许广平：《在欣慰下纪念》，载《人民日报》1949年10月19日。
④ 董奇峰：《"改造"的鲁迅和鲁迅的"改造"——以鲁迅逝世十三周年为考察对象》，见周勋初、杨义主编：《文学评论丛刊》第9卷第2期，南京大学出版社2007年版，第156页。

作用，效果是非常显明的。由此，新中国成立之初的文坛，兴起了一股"改写鲁迅"的热潮。郭沫若在1949年10月17日，也就是鲁迅逝世十三周年纪念日的前两天，创作诗歌《鲁迅先生笑了》。胡风于1949年10月14日凌晨3时、10月16日凌晨3时，写了两篇"在人民祖国的第一年纪念鲁迅先生"的文章，题目为《鲁迅还在活着》《不死的青春》。茅盾写了《学习鲁迅与自我改造》，诗人臧克家、徐放更是热情洋溢地创作了诗歌《有的人——纪念鲁迅有感》和《十三年祭——为鲁迅老人逝世十三周年而作》。[1]就连鲁迅生平历史最具权威的知情人——冯雪峰和许广平，也运用"社会主义风格的创作方法"，创作了"鲁迅回忆录"——《党给鲁迅以力量——片断回忆》和《鲁迅回忆录》。[2]

郭沫若的《鲁迅先生笑了》，一开首就勾画出了一个"笑靥迎人"的鲁迅：

鲁迅先生，人们说你离开我们十三年了，

但，我却在四处都看见了你，你是那么健康，

你的脸色已经再不象平常的那样苦涩，

而是和暖如春地豁朗而有内涵地在笑。

而这一个"笑逐颜开"的鲁迅，本身就与历史上那个"忍看朋辈成新鬼，怒向刀丛觅小诗"的金刚怒目的鲁迅构成了两幅对比鲜明的图像。接着，郭沫若引入了旷世纪的伟人毛主席，原来他就是"鲁迅先生笑了"的根源。这与其说是叙

---

[1] 郭沫若：《鲁迅先生笑了》，载《人民日报》1949年10月20日；胡风：《鲁迅还在活着——在人民祖国的第一年纪念鲁迅先生（一）》，见《胡风全集》（第4卷），湖北人民出版社1999年版，第181—184页；胡风：《不死的青春——在人民祖国的第一年纪念鲁迅先生（二）》，见《胡风全集》（第4卷），湖北人民出版社1999年版，第185—193页；臧克家：《有的人——纪念鲁迅有感》，见《臧克家诗选》，作家出版社1954年版，第190页；徐放：《十三年祭——为鲁迅老人逝世十三周年而作》，载《人民日报》1949年10月19日。

[2] 冯雪峰：《党给鲁迅以力量——片断回忆》，见河南省文联编辑出版部编辑：《党给鲁迅以力量》，河南省文联筹委会1951年版，第1—11页。许广平在《鲁迅回忆录》"前言"中自叙道："从这回的写作来说，使我深深学到社会主义风格的创作方法（就是个人执笔，集体讨论，修改的创作方法）。"参见许广平：《鲁迅回忆录》，作家出版社1961年版，前言第2页。

写鲁迅，倒不如说是在突显毛主席的丰功伟绩。诗的结尾，郭沫若更是把鲁迅化身为人民的代表，来赞颂毛主席的圣明和伟大：

鲁迅先生，你是永远不会离开我们的，

我差不多随时随地都看见了你，看见你在笑。

我相信这决不是我一个人的幻想，

而是千千万万人民大众的实感。

我仿佛听见你在说："我们应该笑了，

在毛主席的领导之下，应该用全生命来，

保障着我们的笑，笑到大同世界的出现。"

与诗人郭沫若毫无保留的热烈礼赞相比，理论家胡风的鲁迅祭日纪念文章就显得格外深沉而理性。与郭沫若一样，胡风在文中也不惜笔墨地以"鲁迅的笑"来赞颂这新生的祖国及其缔造者毛泽东："今天，炬火升起了，太阳出来了，那用毛泽东思想的名字照耀着中国，照耀着人类，连他（指鲁迅——引者注）都在内。然而，他并没有'消失'，他在大笑，他在歌唱。……他在微笑，微笑在他那明净如水的目光里面，微笑在他那倔强不屈的牙刷胡子下面。……他确信劳动的人民和年青的生命们在毛泽东思想的指引下面一定会克服身外身内的困难，胜利地创造出祖国的青春，人民的青春，人类的青春。"[1]但胡风又冷静地指出，新中国"它是过去的'将来'，是从深厚的历史负担——封建主义和殖民地意识的毒蛇怨鬼似的搏斗中间斗争出来的；但这个'将来'还刚刚开始，还得和深厚的历史负担——封建主义和殖民地意识的似无实有、似弱实强的斗争当中争取发展，争取完成"。基于此，胡风认为，即使到了今天，我们还需要鲁迅："封建主义和殖民地意识的死敌"——鲁迅，仍是"我们的严师、诤友、血肉的同志，

---

[1] 胡风：《不死的青春——在人民祖国的第一年纪念鲁迅先生（二）》，见《胡风全集》（第4卷），湖北人民出版社1999年版，第193页。

不能不和他一道战斗，一道呼吸"。①在胡风心目中，"鲁迅是一面旗，一面坚持战斗的旗，一面指向解放的旗，一面迎接人民革命的旗"。②"鲁迅的方向"意义不会随着新中国的诞生而削弱，相反是越发重要了。胡风坚持的还是他与香港《大众文艺丛刊》对手们论战时的观念——指导未来新中国文艺的应该是鲁迅和毛泽东两面旗帜或旗手。③但是，胡风似乎忘记了周扬在第一次文代会上所指出的："毛主席的'文艺座谈会讲话'规定了新中国的文艺的方向，解放区文艺工作者自觉地坚决地实践了这个方向，并以自己的全部经验证明了这个方向的完全正确，深信除此之外再没有第二个方向了，如果有，那就是错误的方向。"④

1949年纪念鲁迅逝世十三周年的活动中，还诞生了一首脍炙人口的诗歌，这就是著名诗人臧克家的《有的人——纪念鲁迅有感》。臧克家自述："《有的人》这首短诗，是我一九四九年到北京之后，为了纪念鲁迅逝世十三周年写的。那一天，我去瞻仰了鲁迅故居，看到了他文章里谈到的枣树，他的'老虎尾巴'也亲眼目睹了。对着这遗迹，想念鲁迅的一生，心里感慨很深。"⑤回来后，臧克家就写下了《有的人——纪念鲁迅有感》这首诗：

有的人活着

他已经死了；

---

① 胡风：《鲁迅还在活着——在人民祖国的第一年纪念鲁迅先生（一）》，见《胡风全集》（第4卷），湖北人民出版社1999年版，第184页。
② 胡风：《鲁迅还在活着——在人民祖国的第一年纪念鲁迅先生（一）》，见《胡风全集》（第4卷），湖北人民出版社1999年版，第183页。
③ 蓝棣之曾在《症候式分析：毛泽东心中的鲁迅什么样》一文中披露一则史实："中央档案馆里面有这样一篇文献，解放初期，江青出席文艺界一个会议时说，新中国文艺的指导思想是毛泽东文艺思想。胡风当场表示，在文艺上的指导思想应当是鲁迅的文艺思想。江青回家给毛泽东说了之后，毛泽东很不高兴。"但遗憾的是，蓝棣之文中并未注明确切的出处。参见何梦觉编：《鲁迅档案：人与神》，中国工人出版社2002年版，第216页。
④ 周扬：《新的人民的文艺》，见《中华全国文学艺术工作者代表大会纪念文集》，新华书店1950年版，第70页。
⑤ 臧克家：《关于〈有的人〉》，见《臧克家文集》（第6卷），山东文艺出版社1994年版，第721页。

有的人死了
他还活着。

有的人
骑在人民头上："呵，我多伟大！"
有的人
俯下身子给人民当牛马。

有的人
把名字刻入石头，想"不朽"；
有的人
情愿作野草，等着地下的火烧。

有的人
他活着别人就不能活；
有的人
他活着为了多数人更好地活。

骑在人民头上的，
人民把他摔垮；
给人民作牛马的，
人民永远记住他！

把名字刻入石头的，
名字比尸首烂得更早；
只要春风吹到的地方，

到处是青青的野草。

他活着别人就不能活的人，
他的下场可以看到；
他活着为了多数人更好地活着的人，
群众把他抬举得很高，很高。

  这里，诗人以对比和比兴的手法，塑造出的是一个毛泽东在《讲话》中进行了创造性解读的"横眉冷对千夫指，俯首甘为孺子牛"的鲁迅形象——"人民鲁迅"的形象。

  "人民鲁迅"，他"俯下身子给人民当牛马"，他"情愿作野草，等着地下的火烧"，"他活着为了多数人更好地活"，"给人民作牛马的，人民永远记住他"！"他活着为了多数人更好地活着的人，群众把他抬举得很高，很高。"——这样的人物，"毫不利己，专门利人"，不就是共产主义先驱吗？于是，鲁迅，开始走在金光大道上，成为"人民鲁迅"。

参考文献

[1] 北京鲁迅博物馆.胡风主编期刊汇辑[M].北京：国家图书馆出版社，2010.

[2] 孙照海.陕甘宁边区见闻史料汇编[M].北京：国家图书馆出版社，2010.

[3] 《红色档案：延安时期文献档案汇编》编委会.红色档案：延安时期文献档案汇编[M].西安：陕西人民出版社，2013.

[4] 《红藏：进步期刊总汇（1915—1949）》编辑出版委员会.红藏：进步期刊总汇：1915—1949[M].湘潭：湘潭大学出版社，2014.

[5] 周恩来.周恩来选集[M].北京：人民出版社，1980.

[6] 中共中央文献研究室.毛泽东书信选集[M].北京：人民出版社，1983.

[7] 陈云.陈云文选[M].北京：人民出版社，1984.

[8] 《回忆张闻天》编写组.回忆张闻天[M].长沙：湖南人民出版社，1985.

[9] 程中原.张闻天与新文学运动[M].南京：江苏文艺出版社，1987.

[10] 李维汉.李维汉选集[M].北京：人民出版社，1987.

[11] 中共中央文献研究室.周恩来书信选集[M].北京：中央文献出版社，1988.

[12] 毛泽东.建国以来毛泽东文稿[M].北京：中央文献出版社，1987-1998.

[13] 张闻天选集编辑组.张闻天文集[M].北京：中共党史资料出版社，1990.

[14] 毛泽东.毛泽东选集[M].北京：人民出版社，1991.

[15] 周申明.毛泽东文艺思想研究概览[M].石家庄：河北人民出版社，1992.

[16] 中共中央文献研究室.毛泽东文集[M].北京：人民出版社，1993-1999.

[17] 中共中央文献研究室.毛泽东年谱：1893—1949[M].北京：人民出版社，1993.

[18] 中共中央马克思恩格斯列宁斯大林著作编译局.马克思恩格斯选集[M].北京：

人民出版社，1995.

[19] 毛泽东.毛泽东在七大的报告和讲话集[M].北京：中央文献出版社，1995.

[20] 中共中央文献研究室.毛泽东传：1893—1949[M].北京：中央文献出版社，1996.

[21] 陈晋.毛泽东读书笔记解析[M].广州：广东人民出版社，1996.

[22] 中共中央文献研究室.周恩来年谱:1898—1949[M].北京：中央文献出版社，1998.

[23] 陈晋.文人毛泽东[M].上海：上海人民出版社，1997.

[24] 中共中央文献研究室.周恩来文化文选[M].北京：中央文献出版社，1998.

[25] 中共中央文献研究室.周恩来传[M].北京：中央文献出版社，1998.

[26] 北京大学中文系文艺理论教研室.马克思恩格斯列宁斯大林论文艺[M].北京：人民文学出版社，1999.

[27] 中共中央党史研究室张闻天选集传记组.张闻天年谱[M].北京：中共党史出版社，2000.

[28] 李涛.在总书记岗位上的张闻天[M].北京：中央文献出版社，2000.

[29] 中共中央文献研究室.毛泽东文艺论集[M].北京：中央文献出版社，2002.

[30] 中共中央马克思恩格斯列宁斯大林著作编译局.马克思恩格斯文集[M].北京：人民出版社，2009.

[31] 李维汉.回忆与研究[M].北京：中共党史出版社，2013.

[32] 中共中央文献研究室，中共湖南省委《毛泽东早期文稿》编辑组.毛泽东早期文稿[M].长沙：湖南人民出版社，2013.

[33] 中共中央宣传部.习近平总书记在文艺工作座谈会上的重要讲话学习读本[M].北京：学习出版社，2015.

[34] 中国社会科学院新闻研究所.中国共产党新闻工作文件汇编[M].北京：新华出版社，1980.

[35] 甘肃省社会科学院历史研究室.陕甘宁革命根据地史料选辑[M].兰州：甘肃人民出版社，1981-1986.

[36] 温济泽，李言，金紫光，等.延安中央研究院回忆录[M].长沙：湖南人民出版社，1984.

[37] 中央统战部，中央档案馆.中共中央抗日民族统一战线文件选编[M].北京：档

案出版社，1984-1986.

[38] 《延安自然科学院史料》编辑委员会.延安自然科学院史料[M].北京：中共党史资料出版社，1986.

[39] 中央档案馆.中共中央文件选集：1921—1949[M].北京：中共中央党校出版社，1989-1992.

[40] 西北五省区编纂领导小组.陕甘宁边区抗日民主根据地[M].北京：中共党史资料出版社，1990.

[41] 宋金寿，李忠全.陕甘宁边区政权建设史[M].西安：陕西人民出版社，1990.

[42] 韩辛茹.新华日报史：1938—1947[M].重庆：重庆出版社，1990.

[43] 吴介民.延安马列学院回忆录[M].北京：中国社会科学出版社，1991.

[44] 郭德宏，李玲玉.中共党史重大事件述评[M].北京：中共中央党校出版社，1998.

[45] 刘宪曾，刘端棻.陕甘宁边区教育史[M].西安：陕西人民出版社，1994.

[46] 王云风.延安大学校史[M].西安：陕西人民教育出版社，1994.

[47] 宋金寿.抗战时期的陕甘宁边区[M].北京：北京出版社，1995.

[48] 王恩茂.王恩茂日记：抗日战争[M].北京：中央文献出版社，1995.

[49] 中共中央宣传部办公厅，中央档案馆编研部.中国共产党宣传工作文献选编：1937—1949[M].北京：学习出版社，1996.

[50] 王敬.延安《解放日报》史[M].北京：新华出版社，1998.

[51] 杨奎松.毛泽东与莫斯科的恩恩怨怨[M].南昌：江西人民出版社，1999.

[52] 傅国涌.1949年：中国知识分子的私人记录[M].武汉：长江文艺出版社，2005.

[53] 于光远.我的编年故事：1939—1945[M].郑州：大象出版社，2005.

[54] 刘统.中国的1948年：两种命运的决战[M].北京：生活·读书·新知三联书店，2006.

[55] 沈志华.中苏关系史纲[M].北京：新华出版社，2007.

[56] 杨奎松.国民党的"联共"与"反共"[M].北京：社会科学文献出版社，2008.

[57] 杨奎松.开卷有疑：中国现代史读书札记[M].南昌：江西人民出版社，2009.

[58] 杨奎松."中间地带"的革命：国际大背景下看中共成功之道[M].太原：山西人民出版社，2010.

[59] 陕西省档案馆,陕西省社会科学院.陕甘宁边区政府文件选编[M].西安:陕西人民教育出版社,2013.

[60] 熊美杰,刘彤璧.抗日战争时期的西安八办[M].西安:陕西人民教育出版社,2013.

[61] 中共中央党史研究室,中央档案馆.中国共产党第七次全国代表大会档案文献选编[M].北京:中共党史出版社,2015.

[62] 李海文.在历史巨人身边:师哲回忆录[M].师哲,口述.北京:九州出版社,2015.

[63] 戴茂林,李波.中共中央东北局:1945—1954[M].沈阳:辽宁人民出版社,2017.

[64] 马蹄疾.许广平忆鲁迅[M].广州:广东人民出版社,1979.

[65] 陈漱渝.鲁迅史实新探[M].长沙:湖南人民出版社,1980.

[66] 鲁迅.鲁迅全集[M].北京:人民文学出版社,1981.

[67] 薛绥之.鲁迅生平史料汇编[M].天津:天津人民出版社,1981-1985.

[68] 唐弢.鲁迅的美学思想[M].北京:人民文学出版社,1984.

[69] 王瑶.鲁迅作品论集[M].北京:人民文学出版社,1984.

[70] 陈涌.鲁迅论[M].北京:人民文学出版社,1984.

[71] 鲁迅,景宋.鲁迅景宋通信集:《两地书》的原信[M].长沙:湖南人民出版社,1984.

[72] 中国社会科学院文学研究所鲁迅研究室.鲁迅研究学术论著资料汇编:1913—1983[M].北京:中国文联出版公司,1985-1989.

[73] 朱正.鲁迅回忆录正误[M].北京:人民文学出版社,1985.

[74] 王富仁.中国反封建思想革命的一面镜子:《呐喊》《彷徨》综论[M].北京:北京师范大学出版社,1986.

[75] 林贤治.人间鲁迅[M].广州:花城出版社,1986;1989;1990.

[76] 周海婴.鲁迅、许广平所藏书信选[M].长沙:湖南人民出版社,1987.

[77] 钱理群.心灵的探寻[M].上海:上海文艺出版社,1988.

[78] 孙郁.被亵渎的鲁迅[M].北京:群言出版社,1994.

[79] 许广平.许广平文集[M].南京:江苏文艺出版社,1998.

[80] 林贤治.娜拉:出走或归来[M].天津:百花文艺出版社,1999.

[81] 鲁迅博物馆,鲁迅研究室,《鲁迅研究月刊》.鲁迅回忆录:散篇[M].北京:

— 581 —

北京出版社，1999.

[82] 鲁迅博物馆，鲁迅研究室，《鲁迅研究月刊》.鲁迅回忆录：专著[M].北京：北京出版社，1999.

[83] 汪晖.反抗绝望:鲁迅及其文学世界[M].石家庄：河北教育出版社，2000.

[84] 李何林.鲁迅年谱[M].增订本.北京：人民文学出版社，2000.

[85] 张梦阳.中国鲁迅学通史[M].广州：广东教育出版社，2005.

[86] 周晔.鲁迅故家的败落[M].周建人，口述.福州：福建教育出版社，2001.

[87] 周海婴.鲁迅与我七十年[M].海口：南海出版公司，2001.

[88] 何梦觉.人与神：鲁迅档案[M].北京：中国工人出版社，2002.

[89] 陈明远.假如鲁迅活着[M].上海：文汇出版社，2003.

[90] 葛涛.鲁迅的五大未解之谜：世纪之初的鲁迅论争[M].北京：东方出版社，2003.

[91] 钱理群.远行以后：鲁迅接受史的一种描述[M].贵阳：贵州教育出版社，2004.

[92] 孔海珠.痛别鲁迅[M].上海：上海社会科学院出版社，2004.

[93] 朱正.鲁迅身后事[M].福州：福建教育出版社，2006.

[94] 张永泉.从鲁迅到周树人[M].上海：东方出版中心，2006.

[95] 王宏志.鲁迅与"左联"[M].北京：新星出版社，2006.

[96] 张宁.无数人们与无穷远方：鲁迅与左翼[M].上海：复旦大学出版社，2006.

[97] 刘运峰.鲁迅先生纪念集[M].天津：天津人民出版社，2007.

[98] 北京鲁迅博物馆.鲁迅译文全集[M].福州：福建教育出版社，2008.

[99] 钱理群.1948：天地玄黄[M].济南：山东教育出版社，1998.

[100] 孙郁.鲁迅与陈独秀[M].贵阳：贵州人民出版社，2009.

[101] 冯雪峰.一九二八至一九三六年的鲁迅：冯雪峰回忆鲁迅全编[M].上海：上海文化出版社，2009.

[102] 倪墨炎.真假鲁迅辨[M].上海：上海人民出版社，2010.

[103] 支克坚.从鲁迅到毛泽东：支克坚中国现代文学思潮论集[M].兰州：甘肃教育出版社，2010.

[104] 吴中杰.鲁迅的抬棺人：鲁迅后传[M].上海：复旦大学出版社，2011.

[105] 耿传明.鲁迅与鲁门弟子[M].郑州：大象出版社，2011.

[106] 王彬彬.鲁迅内外[M].南京：南京大学出版社，2013.

[107] 张梦阳.鲁迅全传：苦魂三部曲[M].北京：华文出版社，2016.

[108] 陈漱渝.搏击暗夜：鲁迅传[M].北京：作家出版社，2016.

[109] 姚锡佩.风定落花：品三代文化人[M].北京：生活·读书·新知三联书店，2020.

[110] 张梦阳.中国鲁迅学史[M].南京：江苏凤凰文艺出版社，2021.

[111] "人民日报"编辑部.关于胡风反革命集团的材料[M].北京：人民出版社，1955.

[112] 作家出版社编辑部.胡风文艺思想批判论文汇集[M].北京：作家出版社，1955.

[113] 北京大学、北京师范大学、北京师范学院中文系中国现代文学教研室.文学运动史料选[M].上海：上海教育出版社，1979.

[114] 上海图书馆，复旦大学分校中文系.迎接新中国：郭沫若香港战斗时期佚文[M].上海：复旦学报（社会科学版）编辑部，1979.

[115] 邵荃麟.邵荃麟评论选集[M].北京：人民文学出版社，1981.

[116] 茅盾.茅盾文艺杂论集[M].上海：上海文艺出版社，1981.

[117] 李何林.近二十年中国文艺思潮论：1917—1937[M].西安：陕西人民出版社，1981.

[118] 中国社会科学院文学研究所现代文学研究室."革命文学"论争资料选编[M].北京：人民文学出版社，1981.

[119] 冯雪峰.论文集[M].北京：人民文学出版社，1981.

[120] 中国社会科学院文学研究所现代文学研究室."两个口号"论争资料选编[M].北京：人民文学出版社，1982.

[121] 中国社会科学院文学研究所《左联回忆录》编辑组.左联回忆录[M].北京：中国社会科学出版社，1982.

[122] 刘增杰，赵明，王文金，等.抗日战争时期延安及各抗日民主根据地文学运动资料[M].太原：山西人民出版社，1983.

[123] 胡风.胡风评论集[M].北京：人民文学出版社，1984-1985.

[124] 夏衍.懒寻旧梦录[M].北京：生活·读书·新知三联书店，1985.

[125] 茅盾.茅盾全集[M].北京：人民文学出版社，1984-2006.

[126] 中共重庆市委党史工作委员会.南方局领导下的重庆抗战文艺运动[M].重庆：

重庆出版社, 1989.

[127] 瞿秋白.瞿秋白文集:政治理论编[M].北京:人民出版社, 1991.

[128] 晓风.胡风路翎文学书简[M].合肥:安徽文艺出版社, 1994.

[129] 舒芜.舒芜文学评论选[M].合肥:安徽教育出版社, 1994.

[130] 胡风.胡风自传[M].南京:江苏文艺出版社, 1996.

[131] 胡风.胡风回忆录[M].北京:人民文学出版社, 1997.

[132] 茅盾.我走过的道路[M].北京:人民文学出版社, 1997.

[133] 姚春树,袁勇麟.二十世纪中国杂文史[M].福州:福建教育出版社, 1997.

[134] 戴光中.胡风[M].北京:华侨出版社, 1998.

[135] 万同林.殉道者:胡风及其同仁们[M].济南:山东画报出版社, 1998.

[136] 张业松.路翎批评文集[M].珠海:珠海出版社, 1998.

[137] 舒芜.回归五四[M].沈阳:辽宁教育出版社, 1999.

[138] 胡风.胡风全集[M].武汉:湖北人民出版社, 1999.

[139] 舒芜,许福芦.舒芜口述自传[M].北京:中国社会科学出版社, 2002.

[140] 陈早春,万家骥.冯雪峰评传[M].北京:人民文学出版社, 2003.

[141] 王丽丽.在文艺与意识形态之间:胡风研究[M].北京:中国人民大学出版社, 2003.

[142] 晓风.我与胡风:胡风事件三十七人回忆[M].增补本.银川:宁夏人民出版社, 2003.

[143] 上海图书馆中国文化名人手稿馆.尘封的记忆:茅盾友朋手札[M].上海:文汇出版社, 2004.

[144] 林伟民.中国左翼文学思潮[M].上海:华东师范大学出版社, 2005.

[145] 晓风.梅志文集[M].银川:宁夏人民出版社, 2007.

[146] 郐贵鸣.乔冠华传:从清华才子到外交部长[M].南京:江苏文艺出版社, 2007.

[147] 舒芜.舒芜致胡风书信全编[M].上海:东方出版中心, 2010.

[148] 陈独秀.陈独秀文集[M].北京:人民出版社, 2013.

[149] 唐宝林.陈独秀传[M].北京:社会科学文献出版社, 2013.

[150] 胡风.胡风全集补遗[M].武汉:湖北人民出版社, 2014.

[151] 陈半湾.思想者的知情意:读忆舒芜[M].北京:人民文学出版社, 2014.

[152] 胡风.胡风致舒芜书信全编[M].北京:中华书局, 2014.

[153] 贾振勇.左翼十年：中国左翼文学文献史料辑[M].北京：人民出版社，2015.

[154] 王学典.左翼文学研究[M].北京：商务印书馆，2015.

[155] 张传敏.七月派文献汇编[M].北京：高等教育出版社，2015.

[156] 冯雪峰.冯雪峰全集[M].北京：人民文学出版社，2016.

[157] 《中央苏区文艺丛书》编委会.中央苏区文艺史料集[M].武汉：长江文艺出版社，2017.

[158] 王丽丽.七月派研究[M].北京：新华出版社，2017.

[159] 刘芝明.萧军批判[M].天津：知识书店，1949.

[160] 荃麟，胡绳，等.《大众文艺丛刊》批评论文选集[M].北平：新中国书局，1949.

[161] 中华全国文学艺术工作者代表大会宣传处.中华全国文学艺术工作者代表大会纪念文集[M].北京：新华书店，1950.

[162] 萧三.人物纪念[M].北京：作家出版社，1954.

[163] 林默涵.浪花[M].北京：作家出版社，1957.

[164] 刘芝明，等.萧军思想批判[M].北京：作家出版社，1958.

[165] 萧军.萧军近作：一九七九年诗文选辑[M].成都：四川人民出版社，1981.

[166] 周立波.周立波文集[M].上海：上海文艺出版社，1981-1985.

[167] 舒群.舒群文集：1-4[M].沈阳：春风文艺出版社，1982-1984.

[168] 艾思奇.论文化和艺术[M].银川：宁夏人民出版社，1982.

[169] 罗烽.罗烽文集[M].沈阳：春风文艺出版社，1983-1994.

[170] 李华盛，胡光凡.周立波研究资料[M].长沙：湖南人民出版社，1983.

[171] 萧三.萧三文集[M].北京：新华出版社，1983.

[172] 徐懋庸.徐懋庸选集[M].成都：四川人民出版社，1984.

[173] 周立波.周立波鲁艺讲稿[M].上海：上海文艺出版社，1984.

[174] 周扬.周扬文集[M].北京：人民文学出版社，1984-1994.

[175] 陈涌.陈涌文学论集[M].上海：上海文艺出版社，1984.

[176] 刘景清.周立波写作生涯[M].天津：百花文艺出版社，1986.

[177] 艾克恩.延安文艺运动纪盛[M].北京：文化艺术出版社，1987.

[178] 刘增杰.中国解放区文学史[M].开封：河南大学出版社，1988.

[179] 梁山丁.萧军纪念集[M].沈阳：春风文艺出版社，1990.

[180] 孙国林,曹桂芳.毛泽东文艺思想指引下的延安文艺[M].石家庄：花山文艺出版社，1992.

[181] 戴淑娟.文艺启示录[M].北京：中国戏剧出版社，1992.

[182] 艾克恩.延安艺术家[M].西安：陕西人民教育出版社，1992.

[183] 程远.延安作家[M].西安：陕西人民教育出版社，1992.

[184] 汤洛,程远,艾克恩.延安诗人[M].西安：陕西人民教育出版社，1992.

[185] 方午田,蒙人方.延安记者[M].西安：陕西人民教育出版社，1993.

[186] 温济泽,等.王实味冤案平反纪实[M].北京：群众出版社，1993.

[187] 胡乔木.胡乔木文集[M].北京：人民出版社，1993-1994.

[188] 艾青.艾青全集[M].石家庄：花山文艺出版社，1994.

[189] 胡乔木.胡乔木回忆毛泽东[M].北京：人民出版社，1994.

[190] 中国人民政治协商会议河南省潢川县委员会文史资料委员会.光州文史资料：王实味专辑[M].[内部出版]，1995.

[191] 中国鲁艺校友会.中国革命文艺的摇篮[M].[内部资料]，1998.

[192] 李书磊.1942：走向民间[M].济南：山东教育出版社，1998.

[193] 朱鸿召.王实味文存[M].上海：上海三联书店，1998.

[194] 王蒙,袁鹰.忆周扬[M].呼和浩特：内蒙古人民出版社，1998.

[195] 何其芳.何其芳全集[M].石家庄：河北人民出版社，2000.

[196] 黄昌勇.王实味传[M].郑州：河南人民出版社，2000.

[197] 朱鸿召.延安文人[M].广州：广东人民出版社，2001.

[198] 张炯.丁玲全集[M].石家庄：河北人民出版社，2001.

[199] 王海平,张军锋.回想延安·1942[M].南京：江苏文艺出版社，2002.

[200] 王本朝.中国现代文学制度研究[M].重庆：西南师范大学出版社，2002.

[201] 刘白羽.心灵的历程[M].新版.北京：解放军文艺出版社，2003.

[202] 周而复.往事回首录[M],北京：中国工人出版社，2004.

[203] 王培元.延安鲁艺风云录[M].桂林：广西师范大学出版社，2004.

[204] 陈明.我说丁玲[M].长沙：湖南文艺出版社，2004.

[205] 张永泉.个性主义的悲剧：解读丁玲[M].北京：中国社会科学出版社，2005.

[206] 江震龙.解放区散文研究[M].上海：上海三联书店，2005.

[207] 萧军.人与人间：萧军回忆录[M]，北京：中国文联出版社，2006.

[208] 李向东，王增如.丁玲年谱长编[M].天津：天津人民出版社，2006.

[209] 朱鸿召.延安日常生活中的历史：1937—1947[M].桂林：广西师范大学出版社，2007.

[210] 唐小兵.再解读：大众文艺与意识形态[M].增订版.北京：北京大学出版社，2007.

[211] 陈业.江潮集：刘芝明百年诞辰纪念[M].沈阳：辽宁人民出版社，2007.

[212] 袁盛勇.历史的召唤：延安文学的复杂化形成[M].北京：中国戏剧出版社，2007.

[213] 张根柱，付道磊.延安文学体制的生成与个性的嬗变[M].徐州：中国矿业大学出版社，2008.

[214] 郝怀明.如烟如火话周扬[M].北京：中国文联出版社，2008.

[215] 王雪伟.何其芳的延安之路：一个理想主义者的心灵轨迹[M].郑州：河南人民出版社，2008.

[216] 萧军.萧军全集[M].北京：华夏出版社，2008.

[217] 王德芬.我和萧军五十年[M].北京：中国工人出版社，2008.

[218] 艾克恩.延安文艺史[M].石家庄：河北教育出版社，2009.

[219] 黄科安.延安文学研究：建构新的意识形态与话语体系[M].北京：文化艺术出版社，2009.

[220] 周扬.周扬文论选[M].北京：人民文学出版社，2009.

[221] 李洁非，杨劼.解读延安：文学、知识分子和文化[M].北京：当代中国出版社，2010.

[222] 吴敏.延安文人研究[M].香港：香港文汇出版社，2010.

[223] 高陶.萧三佚事逸品[M].北京：文化艺术出版社，2010.

[224] 吴敏.宝塔山下交响乐：20世纪40年代前后延安的文化组织与文学社团[M].武汉：武汉出版社，2011.

[225] 李洁非，杨劼.共和国文学生产方式[M].北京：社会科学文献出版社，2011.

[226] 《胡乔木传》编写组.我所知道的胡乔木[M].北京：当代中国出版社，2012.

[227] 高杰.延安文艺座谈会纪实[M].西安：陕西人民出版社，2013.

[228] 史建国，王科.舒群年谱[M].北京：作家出版社，2013.

[229] 李向东，王增如.丁玲传[M].北京：中国大百科全书出版社，2015.

[230] 林默涵.林默涵文论[M].北京：文化艺术出版社，2016.

[231] 孙国林.延安文艺大事编年[M].西安：陕西师范大学出版总社，2016.

[232] 江震龙.失败的文学疗救：从"福建"到"延安"[M].上海：上海三联书店，2016.

[233] 袁盛勇.重构鲁迅和延安文学[M].北京：人民出版社，2023.

[234] 乐黛云.国外鲁迅研究论集：1960—1980[M].北京：北京大学出版社，1981.

[235] 葛兰西.狱中札记[M].葆煦，译.北京：人民出版社，1983.

[236] 阿尔都塞.保卫马克思[M].顾良，译.北京：商务印书馆，1984.

[237] 竹内好.鲁迅[M].李心峰，译.杭州：浙江文艺出版社，1985.

[238] 杰姆逊.后现代主义与文化理论：弗·杰姆逊教授讲演录[M].唐小兵，译.西安：陕西师范大学出版社，1987.

[239] 康德.历史理性批判文集[M].何兆武，译.北京：商务印书馆，1990.

[240] 卢卡奇.历史与阶级意识:关于马克思主义辩证法的研究[M].杜章智，任立，燕宏远，译.北京：商务印书馆，1996.

[241] 福柯.知识考古学[M].谢强，马月，译.北京：生活·读书·新知三联书店，1998.

[242] 史景迁.天安门：知识分子与中国革命[M].尹庆军，等译.北京：中央编译出版社，1998.

[243] 福柯.规训与惩罚：监狱的诞生[M].刘北成，杨远婴，译.北京：生活·读书·新知三联书店，1999.

[244] 福柯.疯癫与文明：理性时代的疯癫史[M].刘北成，杨远婴，译.北京：生活·读书·新知三联书店，1999.

[245] 萨义德.知识分子论[M].单德兴，译.北京：生活·读书·新知三联书店，2002.

[246] 陈越.哲学与政治：阿尔都塞读本[M].长春：吉林人民出版社，2003.

[247] 竹内好.近代的超克.[M]李冬木，赵京华，孙歌，译.北京：生活·读书·新知

三联书店，2005.

[248] 丸山升.鲁迅·革命·历史：丸山升现代中国文学论集[M].王俊文，译.北京：北京大学出版社，2005.

[249] 霍布斯鲍姆.民族与民族主义[M].李金梅，译.上海：上海人民出版社，2006.

[250] 李欧梵.中国现代作家的浪漫一代[M].王宏志，等译.北京：新星出版社，2010.

[251] 哈贝马斯.现代性的哲学话语[M].曹卫东，译.南京：译林出版社，2011.

[252] 李欧梵.铁屋中的呐喊[M].尹慧珉，译.杭州：浙江大学出版社，2016.

[253] 程鸿彬.延安"文抗"研究[D].北京：中国人民大学，2003.

[254] 胡慧翼.第一次文代会研究[D].北京：北京大学，2005.

[255] 李军.解放区文艺转折的历史见证：延安《解放日报·文艺》研究[D].郑州：河南大学，2006.

[256] 郭建玲.1945—1949年中国现代文学格局转型研究[D].上海：华东师范大学，2007.

[257] 斯炎伟.全国第一次文代会与"十七年"文学体制的生成[D].杭州：浙江大学，2007.

[258] 黄晓武.20世纪40年代"主观论"中的文学、政治与历史[D].北京：清华大学，2008.

[259] 韩晓芹.延安《解放日报》副刊与现代文学的转型[D].长春：东北师范大学，2009.

[260] 宋喜坤.萧军和《文化报》[D].长春：东北师范大学，2011.

[261] 王祺.战斗中的转向:邵荃麟抗战时期文艺思想研究[D].重庆：重庆大学，2019.

[262] 何蓓蓓.革命体制下萧军式"个人主义"的命运："萧军思想批判"始末（1946—1949年）[D].上海：华东师范大学，2020.

[263] 高鹏程.《大众文艺丛刊》对《在延安文艺座谈会上的讲话》精神的传播与实践研究[D].长春：吉林大学，2021.

后 记

　　本书是笔者"鲁迅与知识分子三部曲"的第二部。第一部《鲁迅与士人传统》是笔者的博士论文,已于2005年由中国社会科学出版社出版。第三部《后鲁迅时代及其文学》,目前正在撰写中。《鲁迅与士人传统》叙写的是鲁迅与中国传统士人如庄子、屈原、孔融、嵇康、章太炎等的精神关联,而上述先贤则构成了中国古代知识分子的优秀文脉——"狂人谱系"。2003年博士毕业后,笔者还想在这个研究领域继续深耕下去,但鉴于学力的不济,遂将研究的视域转向"后鲁迅时代及其文学",即"鲁迅之后",在鲁迅精神影响之下所形成的"鲁迅派"文人及其创作。但随着研究的深入,笔者发现还有一个比"鲁迅派"文人更为巨大的历史或精神存在——以毛泽东为代表的中国共产党在延安对鲁迅的热烈推崇和隆重纪念。在延安,鲁迅不仅被奉为中国现代新文化的"旗手"和革命"导师",而且还对当时及以后的中国新文艺乃至新文化建设产生了实质性的影响。探讨"鲁迅派"文人及其创作,"鲁迅在延安"是一个首先要直面而且绕不开的话题。于是,"鲁迅与延安文艺思潮"这一命题遂呼之而出。

　　2009年,笔者以"鲁迅与延安文艺思潮"为选题申报了当年的教育部人文社会科学课题,成功入选。接着,趁热打铁,2010年,由笔者主导成立了陕西师范大学延安文艺研究中心。2011年,国家社会科学重大课题"延安文艺与20世纪中国文学研究"获得立项,成为陕西师范大学文学学科历史上第一个国家重大课题,笔者的"鲁迅与延安文艺思潮"是子课题之一。"祸兮福之所倚,福兮祸之所伏",正当笔者跃跃欲试,夜以继日地写作,要完成这一课题之际,一场大病突降而至。2012年夏天，笔者前往济南参加一场学术会议，大会发言时，脑动脉血管瘤破裂，经抢救，免得一死，但又落下一怪病——格林-巴利综合征，四肢绵软无力，回到婴儿状，瘫痪在床达一年之久。后经诊治和康复训练，身体虽然基本恢复，但却元气大伤。这场大病后，本书的写作基本中断。

2021年，陕西师范大学出版总社拟出版"延安文艺与20世纪中国文学研究"丛书，承主编赵学勇、李继凯二先生之邀，《鲁迅与延安文艺思潮》一书有幸被列入丛书。在雷永利总编辑的鼓励之下，笔者又开始了本书的续写工作。本来已有二十多万字的底稿，后来竟越写越多，最后竟达五十多万字，这是笔者当初怎么也意想不到的。现在，本书历经十多年，终于有机会出版了。在本书即将付印之际，还是要感谢陈漱渝、张梦阳、阎庆生、贺立华等前辈多年的殷切指教和鼓励。林贤治先生、王培元先生的精神激励更是弥足珍贵。笔者的博士生郑鹏飞、刘茸茸、冉思尧、王文慧等，在本书的编辑和校对中做了大量辛劳的工作。还要感谢出版社的编辑梁菲女士，没有她的耐心鞭策和热情鼓励，本书能否完成都是个问题。笔者的夫人和女儿，多年来心心念念都是我的读书和写作……每忆及此，内心深处的感念不禁油然而生。下面，谨以龚自珍《己亥杂诗》表达笔者此刻的欣慰之情："浩荡离愁白日斜，吟鞭东指即天涯。落红不是无情物，化作春泥更护花。"

2023年12月于长安